Gérard Davet et Fabrice Lhomme sont grands reporters au *Monde*.

Gérard Davet
Fabrice Lhomme

« Un président ne devrait pas dire ça... »

Stock

La citation de Cioran p. 771 est tirée de *Syllogisme de l'amertume* © Gallimard

TEXTE INTÉGRAL

ISBN 978-2-7578-6698-6
(ISBN 978-2-234-07548-1, 1re publication)

Aux cinquante dernières années. Aux cinquante prochaines.
Aux souvenirs. À ma famille.

G.D.

À Françoise Lhomme, née Laurence, ma maman adorée, disparue soudainement le 7 juillet 2016, me laissant totalement inconsolable.
À André Lhomme, mon papa, si courageux...

F.L.

Hélas ! Combien de temps faudra-t-il vous redire
À vous tous, que c'était à vous de les conduire,
Qu'il fallait leur donner leur part de la cité,
Que votre aveuglement produit leur cécité ;
D'une tutelle avare on recueille les suites,
Et le mal qu'ils vous font, c'est vous qui le leur fîtes.
Vous ne les avez pas guidés, pris par la main,
Et renseignés sur l'ombre et sur le vrai chemin ;
Vous les avez laissés en proie au labyrinthe.
Ils sont votre épouvante et vous êtes leur crainte.

Victor Hugo

Délits d'initiés

Il nous fallait savoir.

Alors, ce mercredi 14 décembre 2016, on s'est lancés. Entre Brive et Tulle, où nous séjournions pour dédicacer *« Un président ne devrait pas dire ça... »*, nous avons adressé, à l'heure du déjeuner, un SMS à François Hollande, sur ce téléphone portable dont il ne se sépare jamais. En général, il répond dans la seconde. On a fait court et, du moins l'espérait-on, efficace : « Bonjour. Nous sommes sur vos terres corréziennes, pour parler du livre, deux mois après sa sortie. Il est temps de se revoir, si vous le souhaitez. Pour simplement discuter. Doit-on appeler votre secrétariat ou voir directement avec vous ? »

On le connaît par cœur, depuis le temps : on se doutait que, dans l'hypothèse – hautement probable – où le président de la République n'aurait pas une folle envie de nous revoir, il nous le ferait savoir à sa manière, c'est-à-dire… en ne disant rien. Chez Hollande, les grandes colères sont muettes.

Au terme de notre dernier dîner, le 25 juillet 2016, nous lui avions déjà fait part de notre volonté de pouvoir échanger de nouveau avec lui, une fois le livre sorti. Il avait eu cette réponse, positive : « À titre privé, à ce moment-là. Mais ce n'est pas la même chose. Là, je suis là pour le livre… » De fait, les termes de notre travail en commun avaient été posés clairement, dès le début de notre série d'entretiens, et respectés jusqu'au tout dernier rendez-vous. Nous lui avions d'ailleurs rappelé ceci, ce soir-là : « On a tenu à garder durant cinq ans des rapports purement professionnels. Parce que vous avez plein de copains journalistes, et nous, on n'a jamais été là-dedans… » Il avait opiné : « Non, parce que si on avait été là-dedans, après, on vous en aurait fait le reproche… »

Toujours est-il que cinq mois plus tard, ce 14 décembre 2016, notre texto est resté sans réponse. Le chef de l'État est resté muet.

C'est bien son droit.

François Hollande semble donc nous en vouloir. L'honnêteté conduit à juger cette réaction assez compréhensible. Cet ouvrage devait, dans son esprit, servir de rampe de lancement à sa seconde campagne présidentielle. « Il faut que vous soyez le livre de référence du quinquennat », nous avait-il ainsi lancé le 8 mai 2016. Et de préciser, le 22 juillet 2016 : « C'est votre livre, compte tenu de son importance, qui va compter. » L'avenir allait lui donner ô combien raison, mais pas vraiment dans le sens où il l'imaginait alors… « Le fait qu'il soit lourd, cela écrase les autres. J'explique en situation, c'est ça que vous avez eu », ajouta-t-il encore.

À l'arrivée, sa publication a en fait torpillé ses (minces) chances de réélection, au point de le contraindre à renoncer à se représenter, une première sous la Ve République…

Il serait parfaitement hypocrite de prétendre que nous n'avions pas conscience du potentiel explosif des multiples révélations contenues dans ce livre, publié par les éditions Stock le 13 octobre 2016. D'ailleurs, la première phrase de la « quatrième de couverture », ce petit résumé figurant au dos d'un ouvrage, annonçait la couleur : « Ce livre est une affaire d'État », écrivions-nous.

Pour autant, nous n'avions pas prévu qu'il le serait à ce point ! Comment imaginer que ce livre d'actualité deviendrait un ouvrage pour l'Histoire ? François Hollande a certes pris un risque en nous rencontrant à soixante et une reprises, en acceptant le principe d'un livre d'enquête sur les dessous de son quinquennat, qu'il nourrirait de ses propres réflexions. Il savait que l'entreprise, inédite, comportait son lot de dangers.

Si les innombrables conséquences politiques provoquées par *« Un président ne devrait pas dire ça... »* sont aujourd'hui connues de chacun, sa publication a également donné lieu à une avalanche d'exégèses, analyses et autres interprétations, parfois pertinentes, d'autres fois délirantes, souvent inattendues. Sans doute parce que cet objet littéraire non identifié, rebaptisé tout simplement « le livre » par de nombreux médias, ne ressemblait à rien de connu jusqu'alors.

Avec le recul, le plus frappant est de constater que les commentaires se sont focalisés, quasi exclusivement, sur la forme (Pourquoi Hollande s'est-il montré aussi loquace ? Comment a-t-il pu accepter de ne pas relire ses citations ? Fallait-il l'inviter à dîner à nos domiciles respectifs ? etc.) plutôt que sur le fond. On peut le regretter, bien entendu, mais en même temps, il faut l'accepter : une fois publié, un livre échappe à son ou ses auteur(s), pour le meilleur et pour le pire, et après tout, c'est très bien comme ça.

Les critiques n'ont pas manqué, bien sûr, et nous les acceptons volontiers. Chacun de nos choix éditoriaux était sans doute discutable, au sens propre du terme, c'est-à-dire susceptible de nourrir le débat.

En l'occurrence, il était tout à fait légitime que ce projet totalement atypique suscite des interrogations. Il ne va pas de soi de convier régulièrement à dîner le président de la République, de lui ôter la possibilité de relire ses propos, de révéler des informations relevant du secret-défense, de continuer dans le même temps à enquêter sur les dérives du principal opposant au chef de l'État ou de publier un ouvrage sur le quinquennat avant le terme du mandat…

Cette dernière critique a été souvent proférée, ces derniers mois : nous aurions avancé la date prévue de publication, sans l'accord du président, qui plus est. Rien n'est plus faux. D'une part, parce qu'il a toujours été convenu – nous l'avons du reste dit publiquement à plusieurs reprises depuis 2012 – que l'ouvrage paraîtrait avant la présidentielle de 2017, lorsque le quinquennat serait politiquement terminé, d'autre part parce que François Hollande lui-même souhaitait que l'ouvrage sorte le plus tôt possible !

Il nous confiait par exemple ceci, en juillet 2016, alors que nous lui faisions justement remarquer qu'il préférait, lui aussi, que la publication intervienne dès l'automne 2016 : « Oui, avait-il observé, d'une certaine façon, pour vous, c'est mieux d'un point de vue commercial, parce que je pense qu'après l'élection présidentielle, ou elle est gagnée et on s'intéresse à ce qu'on va faire, ou elle est perdue et on s'intéresse à celui qui va être élu. Mais pour moi, ajoutait-il, comme pris d'un mauvais pressentiment, il y a un risque quand même, parce qu'il ne faudrait pas que ce que je vous ai dit puisse être exploité négativement… »

Hollande n'est surtout pas cet être naïf que d'aucuns se complaisent parfois à décrire. Les dernières semaines avant la publication, il s'interrogeait, certes. Mais il se souvenait aussi que, durant ces presque cinq années passées en notre compagnie, il avait insisté pour que cet ouvrage soit publié avant que sa décision de se représenter ou non soit connue. « À tous égards, c'est mieux », nous assurait-il, le 6 novembre 2015.

Un an auparavant, le 6 septembre 2014, il nous disait même ceci, alors que nous envisagions encore une publication tout début 2017 : « Il faut réfléchir peut-être à une sortie plus avancée de votre livre… »

Mais l'essentiel n'est pas là, bien entendu. Si cet ouvrage a rencontré un tel succès public, dont nous avons pu mesurer concrètement la portée lors de multiples interviews, conférences et autres séances de dédicaces réalisées depuis octobre 2016 dans toute la France, mais aussi à l'étranger, c'est qu'il a touché juste, tout simplement. Loin de se réduire à cet « énième livre de confidences » décrit par certains, il a rencontré un large public attiré par la promesse d'être, enfin, dans le secret des dieux, de connaître le dessous des cartes. Les Français se délectent de la politique quand ils ont le sentiment d'être conviés à la table des puissants. Or, même si cela a été peu relaté dans la presse, ce livre comporte un certain nombre de révélations fortes, de scènes étonnantes, sans compter les propos tout aussi « cash » tenus par d'autres personnalités politiques de premier plan, de Manuel Valls à Nicolas Sarkozy en passant par Stéphane Le Foll ou Jean-Marc Ayrault… Ainsi, au-delà du choc provoqué par certaines déclarations spectaculaires de François Hollande, *« Un président ne devrait pas dire ça... »* a sans doute cristallisé un phénomène plus large, un sentiment général que l'on pourrait traduire ainsi : ras le bol de la langue de bois, des discours prémâchés, de la connivence, aussi…

C'est sans doute pour cette raison que le livre a tant choqué une partie du « microcosme », ce club informel et élitiste réunissant politiciens d'envergure, avocats puissants, grands chefs d'industrie, journalistes influents, habitués à discuter, dîner, parfois même à partir en vacances ensemble, et dont les conversations, bien entendu, ont vocation à rester confidentielles : hors de question que le citoyen lambda ait accès au contenu de ces discussions, réservées aux privilégiés.

Ce sont précisément ces « délits d'initiés » que nous traquons, quitte à briser les conventions, les tabous.

Et à nous faire pas mal d'ennemis.

Nulle démagogie dans notre démarche, juste la conviction que la première mission du journaliste est de révéler aux citoyens, quoi qu'il en coûte, ce dont ils n'ont pas connaissance – à condition bien entendu qu'il s'agisse de faits, de témoignages ou de documents d'intérêt public.

Pourtant parfaitement avisé de nos méthodes de travail, François Hollande, qui reste un homme politique « à l'ancienne », a sans doute cru – sans l'avoir jamais exprimé explicitement – que nous nous autocensurerions… Il n'en a rien été, évidemment.

Au-delà de ses fameuses « petites phrases » épinglant ici les magistrats, là les footballeurs, ou encore certains de ses amis politiques, le principal reproche adressé à François Hollande est en fait d'avoir « désacralisé » la fonction présidentielle.

Avec notre très active complicité, et nous le revendiquons haut et fort. Il est assez singulier que, sur ce point aussi, les reproches les plus vifs adressés au chef de l'État soient venus de son propre camp. Que d'hypocrisie ! Nombre de responsables de gauche qui dénoncent en permanence – et à juste titre – les travers monarchiques de la Ve République, y demeurent en réalité fermement attachés…

De par ses répercussions, d'une ampleur inattendue, l'ouvrage a donc conduit le chef de l'État à cette renonciation historique, actée lors d'une déclaration assez surréaliste, le jeudi 1er décembre 2016. Traits tirés, regard voilé, voix blanche… C'est un François Hollande terriblement éprouvé qui s'est invité ce soir-là à la télévision pour une courte allocution aux allures d'oraison funèbre. De fait, devant la France stupéfaite, il enterrait ses derniers espoirs de réélection et, avec eux, sa carrière politique.

Nous qui le connaissions si bien, désormais, l'avons à peine reconnu. Il semblait sonné, K.-O. debout.

L'« abdication » présidentielle à peine annoncée, nous avons évidemment été pressés de questions. L'une est revenue sans cesse : la décision de François Hollande, qui a pris de court tous les observateurs, nous a-t-elle surpris ?

Il aurait été valorisant de répondre par la négative, en nous appuyant sur notre parfaite connaissance du personnage. Cela aurait été tout simplement mensonger. Nous n'avons pas été plus visionnaires que la plupart des commentateurs sur ce coup-là : oui, jusqu'au bout, nous avons cru à une nouvelle candidature Hollande, comme lui d'ailleurs ! Intrigués mais aussi, il faut l'admettre, un brin vexés de ne pas avoir été plus perspicaces, nous nous sommes du coup replongés dans les verbatims de nos soixante et un entretiens avec le chef de l'État, traquant d'éventuels indices. Et si nous étions passés à côté de quelque chose ? Après tout, nous n'avions publié qu'à peine la moitié des propos que nous a tenus le chef de l'État.

L'exercice s'est révélé assez troublant.

En relisant les déclarations de Hollande, que nous avons souvent questionné, surtout à partir de l'année 2015, sur sa possible candidature à la présidentielle de 2017, nous nous sommes aperçus que le chef de l'État avait multiplié les signaux d'alerte, auxquels nous avions sans doute insuffisamment prêté attention. Comme s'il avait semé des petits cailloux destinés à nous éclairer sur le chemin – de traverse – qu'il pourrait emprunter. Certes, la publication du livre en elle-même, puisque réputée avoir été à l'origine de sa capitulation, a changé la donne, mais tout de même : à relire nos retranscriptions, la décision de François Hollande n'apparaît plus, avec le recul, si surprenante.

Elle semble même logique, en cohérence avec le personnage en tout cas. Dès le 6 septembre 2014, il nous dit sa hantise : « Le pire pour moi ce serait de rester et de ne rien faire. »

Et le 30 avril 2015, lorsqu'on lui demande s'il est persuadé de briguer un second mandat, il suggère plutôt l'inverse. « Pourquoi j'irais me présenter si je n'ai aucune chance de gagner ? » s'interroge-t-il. Il précise immédiatement : « Je dis : aucune. S'il y en a une, on n'a pas le droit de ne pas la saisir. Mais s'il n'y a aucune chance, pourquoi j'irais me fracasser, m'humilier ?… »

Sentant, pour la première fois peut-être, que finalement il ne bluffe pas, on lui lance ce jour-là : « Vous passeriez le relais à Valls ? »

« Ce que je pense, nous répond-il, c'est que si je n'y vais pas, aucun ne peut gagner. » Et d'enchaîner, à propos de celui qui est encore son Premier ministre : « Les gens diront : "Monsieur Valls, pourquoi vous réussiriez alors que vous avez été Premier ministre trois ans ?" Valls pourrait dire : "Hollande ne m'a pas laissé libre cours." On lui répondrait : "Il ne vous a pas laissé libre cours, et vous n'avez rien dit, alors pourquoi on vous croirait aujourd'hui ? Rien ne vous empêchait d'en faire davantage…" »

C'est sans doute le 25 juillet 2016, lors de cet ultime dîner, que François Hollande s'est le plus épanché sur l'échéance majeure à venir. Relire le verbatim de notre dernier grand entretien avec le président de la République est d'ailleurs fort instructif à plus d'un titre. Évoquant notre projet et le contenu de nos multiples entretiens, il lâche par exemple : « J'ai veillé – malgré tout, on n'avait pas des conversations totalement libres –, j'ai veillé à ne pas attaquer les personnes… » En clair, pour ceux qui en douteraient encore, François Hollande avait parfaitement conscience du statut très officiel de nos entretiens… et beaucoup moins de leur impact potentiel.

Ce soir-là en tout cas, Hollande nous assure n'avoir toujours pas pris sa décision. Elle dépendra, dit-il, des « circonstances, des possibilités »… Sondé sur une éventuelle non-candidature, il glisse : « Je vois bien l'idée que je n'assumerais pas ce qu'on a fait, mais assumer ne suffit pas. Dire : "voilà, je viens rendre compte et je ne me dérobe pas au jugement que les Français peuvent porter sur moi", ce n'est pas un argument suffisant. »

Et quand, évoquant le contexte politique qui lui est extrêmement défavorable, on lui demande : « Vous n'avez pas envie de dire, j'ai fait le métier cinq ans, je passe à autre chose ? », il répond sans hésiter : « Si. Je vous ai dit que ça ne serait pas pour moi, vraiment, un effondrement personnel. » Oui, François Hollande avait bien anticipé son désistement, tout en luttant contre cette fatalité.

Faut-il le croire quand il jure pouvoir regoûter aux joies d'une vie ordinaire, au plaisir de redevenir un citoyen… normal ? Oui, sans doute, tant il est épris de sa propre liberté. Même si, pour cet homme qui ne vit, depuis son adolescence, que par et pour la politique, abandonner le pouvoir constitue forcément un crève-cœur. Il ne l'avouera sans doute pas, mais nous sommes convaincus qu'il s'en voudra longtemps, peut-être même pour toujours, d'avoir accepté de se livrer comme jamais à deux journalistes. À tort ou à raison ?

Question de point de vue.

Nous, nous n'avons pas fini de nous en féliciter. Non pas au prétexte que nous aurions provoqué, ou précipité, la chute de François Hollande, ni même parce que nous serions désormais qualifiés de « tueurs de présidents » – au motif que nos écrits précédents auraient contribué aux mises en cause de Jacques Chirac, puis à la disqualification de Nicolas Sarkozy… Non, juste parce que nous avons éprouvé, dès la remise du manuscrit à notre éditeur, le sentiment du devoir accompli – la satisfaction d'avoir fait bouger quelques lignes, aussi.

Ni plus, ni moins.

La suite nous a simplement confortés dans notre intuition initiale : oui, comme nous l'indiquions dans la conclusion de la préface, les deux journalistes que nous sommes devaient écrire « ça ».

Gérard Davet et Fabrice Lhomme
Paris, le 6 janvier 2017

Préface

Cela devait arriver. Fatalement.

L'instant redouté a fini par survenir, un soir de mai 2016. Nous venions d'annoncer à François Hollande que notre projet éditorial, entamé près de cinq ans plus tôt, allait toucher à son terme. Soudain, il nous a lancé : « Je crois qu'il faut se mettre d'accord sur les citations, dans le livre… »

Oui, il fallait s'y attendre.

L'immense majorité des personnalités publiques fonctionnent ainsi, désormais. Lorsqu'elles acceptent d'être citées, elles exigent, en contrepartie, de pouvoir relire – et donc corriger – leurs déclarations avant toute publication. Langue de bois garantie, évidemment.

L'autre solution, que les politiques proposent souvent, est de reprendre leurs propos, mais sous le couvert de l'anonymat, les fameuses citations « off ». Un procédé parfaitement déloyal – pour le lecteur, en particulier.

Sans aucune valeur, donc.

Avec François Hollande, nous avions pourtant été clairs : nous ne fonctionnons pas ainsi. De notre point de vue, lorsqu'un responsable public s'exprime, il assume. Mais on se doutait bien qu'il avait oublié – ou alors, il n'y avait pas vraiment cru. Il a fallu le lui rappeler.

« On ne fait jamais relire, on ne cite jamais de propos off », lui a-t-on donc répondu.

Et l'on a ajouté : « Si l'on vous donnait à relire, ce serait totalement décrédibilisant, et pour vous et pour nous. » On a conclu en lui rappelant que nos entretiens ayant été enregistrés, ses propos ne risquaient pas d'être déformés. Tout juste nous autoriserions-nous à corriger ses quelques fautes de syntaxe et autres maladresses d'expression.

Le président de la République, c'est tout à son honneur, n'a pas insisté.

De toute façon, c'était non négociable.

Il faut le préciser : pendant ces cinq années d'un étrange compagnonnage, le chef de l'État a totalement joué le jeu. Il n'a jamais rompu le fil de nos entretiens, même lors des périodes de tension, pendant l'affaire Jouyet-Fillon, par exemple.

Drôle de discussion. Drôle de type. Drôle de livre, en fait.

Sa genèse remonte à la fin de l'été 2011. Nous venions de publier *Sarko m'a tuer*, ouvrage mettant au jour le côté obscur de la force sarkozyste, alors à son apogée. Anticipant la victoire de François Hollande lors de la présidentielle à venir, nous nous étions mis dans l'idée d'enquêter, à notre façon, sur la manière dont il exercerait son futur mandat.

Hollande ou l'anti-Sarkozy ultime, le contre-modèle absolu.

Le parallèle était tentant.

Dans *Sarko m'a tuer*, nous décrivions un pouvoir excessif et omnipotent, flirtant en permanence avec la ligne jaune. Or, François Hollande avait juré qu'il prendrait le contre-pied de son meilleur ennemi : encore fallait-il vérifier si, une fois qu'il serait élu, cet engagement résisterait à l'épreuve des faits.

Il n'a pas été très difficile à convaincre.

C'était dans son petit bureau de l'Assemblée nationale, à la rentrée 2011, alors que se profilait la primaire du Parti socialiste – elle allait le consacrer, le 16 octobre 2011.

Ce jour-là, nous avons donc exposé au député de

Corrèze notre objectif : en cas de victoire, faire le récit, de l'intérieur, de son quinquennat. En nous basant, notamment, sur ses déclarations, recueillies au cours de rendez-vous récurrents. Lui devait s'engager à se livrer sans retenue, en toute sincérité, en échange de quoi nous lui garantissions que chacun de ses propos resterait sous embargo total jusqu'à la sortie du livre. Rien ne filtrerait de nos échanges jusque-là. Si nous avions initialement envisagé de nous limiter aux cent premiers jours de son mandat, nous avons rapidement décidé d'étendre notre enquête à tout le quinquennat.

Il a dit oui tout de suite, sans réfléchir ou presque. Sans doute étonné que l'on tienne pour acquise son élection, un an plus tard, peut-être décontenancé par notre « profil », aussi... Nous sommes en effet étiquetés « journalistes d'investigation », c'est-à-dire supposément cantonnés au suivi des affaires sensibles, notamment judiciaires. Nous n'avons jamais goûté cette forme de catalogage, beaucoup trop réducteur à nos yeux. Nous sommes journalistes, c'est tout. Rien de plus, rien de moins.

Et quel plus beau sujet d'enquête, pour un journaliste, qu'un président de la République dans l'exercice de ses fonctions ?

Ce livre n'est en rien une biographie du chef de l'État, il y en a eu suffisamment. Ni un énième recueil de ces fausses confidences dont Hollande a le secret. Il ne saurait davantage être réduit à une analyse de sa politique, déjà parfaitement chroniquée, au fil du quinquennat, par de grands éditorialistes. Non, notre ambition était différente : éclairer les coulisses du pouvoir, avoir accès au dessous des cartes, être dans le secret des décisions. Comprendre, surtout.

Quitte à transgresser les conventions, briser les tabous.

Cet ouvrage hors norme est d'abord le produit d'une immersion inédite dans le cerveau d'un homme de pouvoir. Cinq ans dans la tête de François Hollande, en quelque sorte. Il nous a parfois fallu y entrer par effraction, car si l'homme est d'un abord aisé, il se découvre en réalité avec difficulté.

Mais, un peu contraint et forcé, il a fini par s'épancher, revisitant les moments forts d'un mandat aux allures de chemin de croix, de ses déboires privés aux attentats djihadistes, apportant d'incroyables révélations sur les événements comme sur les personnalités qui l'ont émaillé.

Jamais un président de la République ne s'était livré avec une telle liberté de ton. Peut-être nous a-t-il menti, parfois – au moins par omission. Sans doute a-t-il enjolivé son propre rôle, c'est humain. Et puis, certaines décisions se prennent entre puissants, sans notes, à l'abri des regards. Difficile de connaître tous les secrets des dieux. Heureusement, plusieurs documents confidentiels auxquels nous avons eu accès auprès de diverses sources proches de l'exécutif ainsi que de nombreux témoignages de première main nous ont grandement aidés.

Nous avons le sentiment d'avoir obtenu une forme de vérité, au final. La « vérité » d'un quinquennat, mais aussi celle d'un homme, candidat évident à sa propre succession, lesté d'une impopularité jamais vue sous la Ve République.

François Hollande n'intéresse plus les Français – si tant est qu'il les ait jamais intéressés. Il indiffère, au mieux. C'est ainsi : l'éternel second devenu premier, méprisé et jalousé à la fois, et ce à droite comme à gauche, n'« imprime » pas. Strictement rien ne lui sera crédité. Question d'époque, sans doute. De tempérament, aussi.

L'accusé Hollande est d'abord coupable de ne pas avoir su parler à ses concitoyens. Incapable de fendre son armure personnelle.

Tout cela a rendu notre enquête d'autant plus passionnante.

C'était notre pari fou : le « faire parler », vraiment, ce qui ne fut pas toujours une partie de plaisir. Il nous a souvent fallu revenir à la charge, le bousculer même, lorsque nous avions le sentiment qu'il tentait d'esquiver nos questions, à force de savantes analyses.

Il fallait bien cela pour tenter de percer le fameux « mystère Hollande », à supposer qu'il existe. Saisir pourquoi cet homme, intelligent, affable, et, jusqu'à preuve du contraire, intègre, avait pu devenir le président le plus impopulaire de la Ve République.

À plusieurs reprises, il a eu recours devant nous à cette curieuse formulation : « Il se trouve que je suis président... » Comme s'il n'y croyait toujours pas. Comme s'il n'y avait jamais cru.

Le président « normal » a accouché d'une présidence anormale.

Paradoxal ? Pas tant que ça. Après tout, son élection elle-même avait déjà constitué une anomalie.

Nous avons donc passé ces cinq dernières années plongés dans les méandres de la pensée complexe, voire parfois labyrinthique, du chef de l'État, pour une centaine d'heures d'entretiens. Toujours en tête à tête, et enregistrés, donc. Ritualisées, nos entrevues mensuelles, à l'Élysée, se tenaient le plus souvent le premier vendredi du mois, en général entre 19 et 20 heures. À chaque fois, sans conseiller ni témoin. Juste lui et nous.

C'était une condition impérative.

À ces rendez-vous, nous avons obtenu de pouvoir ajouter quelques déjeuners et, surtout, des dîners – une dizaine au total –, plus propices aux confidences. Certains à l'Élysée, les autres à nos domiciles respectifs afin de placer notre « sujet » d'enquête dans un autre environnement, le sortir de sa zone de confort, mais aussi pour ne pas prendre la mauvaise habitude de se goberger aux frais de la République.

Durant ces cinq années, nous avons soigneusement évité d'entretenir des relations amicales ou complices avec le chef de l'État. Il fallait garder une certaine distance. Ce furent donc des rapports courtois, cordiaux. Professionnels, tout simplement. Il est réputé pour son humour décoiffant ? En une soixantaine de rencontres, même si à l'occasion il n'a pas pu s'empêcher de lâcher quelques saillies drolatiques, nous n'avons jamais plaisanté ensemble. Aucune familiarité, pas de copinage.

Pas l'ombre d'un tutoiement.

Nous avons aussi, essentiellement au cours des deux premières années, recueilli les confidences de proches du chef de l'État : Manuel Valls, Bernard Cazeneuve, Stéphane Le Foll… Avant d'être contraints d'y renoncer, au cours de l'année 2014. Dénoncés par les porte-flingues de la Sarkozie – élus, avocats, journalistes… – comme deux journalistes à la solde du pouvoir, dont les rendez-vous avec le chef de l'État avaient pour but de conspirer contre son prédécesseur, nous devînmes assez vite infréquentables, y compris pour de nombreux responsables politiques de gauche, convaincus que nous étions suivis, voire espionnés.

Sur ce point, les faits, hélas, devaient leur donner raison…

Avant même d'être écrit, cet ouvrage aura décidément suscité de nombreux fantasmes. Et de violentes critiques. Certains s'en sont donné à cœur joie, assurant par exemple qu'il était choquant que des « journalistes d'enquête » – quel pléonasme – préparent un livre sur le président de la République (!), que le fait de rencontrer le chef de l'État régulièrement entachait notre impartialité…

Il aurait été aisé de répliquer à ces attaques absurdes et surtout insultantes, de renvoyer certains de nos détracteurs à leurs contradictions, mais on ne répond pas aux procès d'intention – surtout lorsqu'ils sont inspirés par la mauvaise foi et/ou la jalousie.

Et puis, après tout, si ce projet dérange les notabilités, bouscule les habitudes, contrarie les donneurs de leçons, déstabilise le microcosme politique et médiatique, tant mieux : ce livre est un peu fait pour ça, aussi ! Révéler ce que l'on devine mais que l'on ne peut jamais établir, écrire tout haut ce que les politiques – a fortiori le président de la République – disent tout bas, tel était notre but.

Avec cette certitude absolue : les citoyens doivent savoir ce que pense, au fond de lui-même, une fois les caméras et les micros débranchés, celui qui les représente. Au nom de la vérité, tout simplement. La politique sans filtre ne nuit pas à la santé de la démocratie, c'est même tout le contraire.

« Un président ne devrait pas dire ça, je suis enregistré… » Cette phrase, Hollande nous l'a lâchée, un jour où il s'emportait.

Il n'aurait pas dû « dire ça » ? Nous, nous devions l'écrire.

PROLOGUE

L'étoile

Ce sont les étoiles, les étoiles tout là-haut qui gouvernent notre existence.

William Shakespeare

À quoi tient un destin présidentiel ?

À une chaussure, peut-être.

Et à la maladresse d'un militant mécontent, en déficit de notoriété.

L'histoire est peu connue.

Ce 22 janvier 2012, devant 19 000 spectateurs réunis au Bourget, socialistes d'hier et d'aujourd'hui, de Lionel Jospin à Arnaud Montebourg, le candidat François Hollande s'apprête à prononcer le discours le plus important de sa vie.

Il l'a peaufiné, raturé, dans le petit bureau de l'appartement qu'il occupe, avec Valérie Trierweiler, rue Cauchy, dans le 15e arrondissement de Paris. Il est même parvenu à extirper de sa réserve naturelle quelques phrases très personnelles. Il lui faut convaincre. Dynamiter. « La gauche, je ne l'ai pas reçue en héritage, je l'ai choisie », lance-t-il sous les applaudissements, voix cassée, poussée à son maximum. Enfin, il se lâche.

Quel contraste entre le candidat et le président Hollande, se dit-on d'ailleurs avec le recul, près de cinq ans et quelques centaines de discours lénifiants plus tard.

Il ose tout, et ne dédaigne pas la bonne vieille démagogie électorale : « Mon adversaire, c'est le monde de la finance. » Ou encore, à propos des résistants corréziens pendus à Tulle en 1944 : « Eux, ils ne demandaient pas de stock-options. »

C'est ce jour-là que tout démarre, que Hollande s'installe dans la peau d'un futur président. Requinqués, les socialistes devinent l'esquisse d'un homme d'État.

Mais c'est aussi ce jour-là, donc, que le candidat aurait pu tout perdre.

Les caméras n'ont pas capté cet instant, et pourtant, l'épisode n'a jamais quitté la mémoire de Hollande.

« Je vous ai raconté cette histoire de chaussure, au Bourget ? » nous lance-t-il, le 17 février 2016, lors d'un dîner dans ses appartements élyséens. L'entretien porte alors sur 2017, et ses perspectives présidentielles. Quand se déclarer, avec qui s'allier, quel terrain idéologique arpenter…

Sa candidature, déjà, se dessine comme une évidence – en réalité, lui l'a toujours souhaitée.

D'un coup d'un seul, il repart en arrière, revisite l'année 2012. Pour constater qu'un avenir glorieux tient à si peu – Dominique Strauss-Kahn en sait quelque chose.

« Lorsque je fais le discours au Bourget, raconte-t-il, je commence, la salle est pleine, l'ambiance est bonne, et à un moment, une chaussure est lancée, elle arrive, glisse devant moi, sur l'estrade. Ce que la télévision n'a même pas vu. Mais imaginez que la chaussure me touche à la figure, ça change totalement. C'est terminé ! On ne retient que l'incident de la chaussure… Il y a toujours des imprévus, j'ai souvent pensé à cette histoire. »

Le résultat de l'élection en aurait-il été changé ? Lui semble vouloir le croire.

Quelques jours plus tard, le 1er février 2012, une déséquilibrée se risquera à l'asperger de farine, porte de Versailles, à Paris. Sans dommage médiatique. « La scène de la farine qui me tombe dessus n'est pas un problème, je suis dans une manifestation, je ne fais pas de discours », explique-t-il. Mais au Bourget, c'est l'instant clé, et Hollande aime à placer des repères historiques. Il sait qu'une bonne campagne, et donc une élection, tiennent à un démarrage réussi.

« Le Bourget, c'est LE discours, pas UN discours. Le grand discours, celui qui va marquer les esprits. Vous recevez la chaussure, vous êtes emmené par l'incident », soliloque-t-il. Tout à ses souvenirs.

Nous lui demandons, évidemment, si le lanceur de chaussure fut identifié. Il n'a jamais su qui avait bien pu sévir. « Mais je le remercie en tout cas pour sa maladresse, s'amuse-t-il. Moi, je l'ai vue la chaussure ! Et déjà, à l'époque, le moindre incident emporte tout. » Cet homme est une encyclopédie vivante des faits et gestes politiques des cinquante dernières années. Il se remémore trop bien les erreurs commises par Lionel Jospin, lors de la campagne présidentielle de 2002. « Jospin présentait son programme et, alors qu'il avait déjà attaqué Chirac sur son âge, il avait dit : "Voilà la proposition que je porte de mes vieux...", au lieu de "vœux". Ça arrive, un lapsus, mais comme il avait déjà fait cet écart... »

C'est souvent le souci des gens venant de loin, faits de peu, il leur faut prouver toujours plus que les autres, s'attacher aux moindres détails, ne rien laisser au hasard. François Hollande, dont on brocarde parfois le manque de cohérence politique, n'a jamais oublié ses débuts, son parcours balisé et chanceux à la fois. « Je ne me suis pas mis dans l'idée d'être candidat à une élection présidentielle dès mon plus jeune âge, ce n'est pas vrai. Je me suis mis dans l'idée de faire de la politique dès mon plus jeune âge, en me disant : on verra bien ce que la vie me réservera... », assure-t-il.

Confier sa destinée à une sorte de gouvernance céleste, en quelque sorte. Puis faire confiance à son intelligence aiguë, son sens de la conciliation, sa placidité rassurante. Croire en soi-même, tout simplement.

Il existe une étoile Hollande, là-haut.

Compagnon de route électorale, proche conseiller par la suite, jusqu'à déraper pour cause de chaussures trop bien cirées, et surtout vrai connaisseur du bonhomme, Aquilino Morelle nous avait prévenus, dès le début de l'année 2012. Attablé au Flore, il nous confia ceci : « François a toujours su qu'il était le meilleur, qu'il y avait une petite étoile, pour lui. C'est ce que Laurent Fabius par exemple n'a pas compris. Quand Jospin a choisi Hollande comme successeur pour le parti, en 1997, il avait convoqué Jean-Christophe Cambadélis et d'autres pour leur dire : "Je prends François car c'est le plus politique de vous tous." Il ne s'était pas trompé. »

L'étoile pâlit, parfois. Elle peut aussi s'enfoncer dans un trou noir, avec le temps.

Mais au tout début, elle resplendit.

« D'abord j'avais des étapes à franchir, devenir député », se souvient Hollande. Et puis, à l'époque, « être candidat à une élection présidentielle, pour un homme ou une femme de gauche, ça paraissait presque irréaliste ». En 1981, François Mitterrand est élu président de la République : « J'ai 26 ans, je ne me dis pas : "Voilà, après lui ce sera moi", ça n'avait aucun sens. »

« J'avais choisi Delors, ma vie politique aurait pu s'arrêter là »

Une carrière, ça se construit, patiemment, à coups de prises de risques, de rencontres opportunes.

Le hasard joue un rôle, aussi.

« Quand je pars pour être candidat contre Chirac en Corrèze, en 1981, le plus probable est d'être battu, et d'être député dans le meilleur des cas », rappelle-t-il par exemple. Il faut se souvenir, les images d'archives ne mentent pas, d'un jeune type alors encore un peu chevelu, insouciant, presque insolent, partant en campagne sur des terres imprenables, celles de Jacques Chirac. La scène fondatrice a été racontée, cette confrontation directe dans un meeting avec le maire de Paris, patron du RPR, ex-Premier ministre de surcroît ; le mépris affiché par le dieu politique local, quoiqu'un peu estomaqué devant tant d'audace. « Je suis celui que vous comparez au labrador de Mitterrand », ose alors Hollande. A-t-il seulement eu peur, à l'instant de la joute verbale, devant ce parterre d'affidés du RPR ? « Non, dit-il, il y a un côté jeu, un amusement. Un côté défi, aventure, j'ai 26 ans… »

L'ancien auditeur de la Cour des comptes, un temps chargé de mission à l'Élysée, finit par être élu député en 1988, est battu en 1993, puis devient maire de Tulle, président du conseil général…

À son tour, il est le cacique du coin.

Ce qui ne suffit pas à fabriquer un destin présidentiel, loin s'en faut. Il manque encore plusieurs pièces au puzzle. Il lui faut se trouver un mentor, qui le prendra sous son aile, le propulsera.

François Hollande va s'arrimer à Jacques Delors, puis à Lionel Jospin.

« Une carrière, comment elle se constitue ? Je n'ai pas voulu être premier secrétaire du parti socialiste, il se trouve que, à un moment, je deviens député, un peu connu, puis je perds mon siège, et je reste dans la vie politique alors que j'aurais pu partir dans le privé faire autre chose. Jospin est là, il revient, ç'aurait pu ne pas être Jospin. Moi, j'avais choisi Delors, ma vie politique aurait pu s'arrêter là. »

Mais effectuer le bon choix au bon moment n'est pas seulement une affaire de circonstances et d'opportunités. Comme un buteur au football, sport que Hollande a pratiqué dans sa jeunesse, à Rouen, il faut savoir ne pas rater l'occasion lorsqu'elle se présente. Jacques Delors refuse le combat électoral, en 1995, et laisse la place de candidat socialiste à Lionel Jospin. Celui-ci a repéré de longue date Hollande, ce député à l'échine suffisamment souple pour composer avec les différentes tendances du PS. Un type avenant, animateur des « Transcourants », proche des journalistes, confident et confesseur à la fois. « Jospin m'appelle parce que Claude Allègre lui dit (après, il l'a regretté !) : "Hollande pourrait faire un bon porte-parole du PS", se souvient le chef de l'État. On gagne en 1997 contre toute attente, Jospin ne sait pas qui choisir comme premier secrétaire, il me prend. Et voilà. Ce qui n'était pas forcément prévisible devient possible. »

Dissolution ratée oblige, Jacques Chirac a été contraint d'appeler à Matignon un Premier ministre socialiste, Lionel Jospin en l'occurrence, finaliste malheureux de la présidentielle deux ans plus tôt. En deux temps, trois mouvements, Hollande a pris la tête du PS. « Jospin est Premier ministre et mon rôle, mon devoir, mon choix, c'est de faire qu'il devienne président de la République », explique François Hollande.

Mais le « vieux » Chirac a encore de la ressource.

En avril 2002, Jospin, à la stupéfaction générale, est éliminé dès le premier tour, au profit de Jean-Marie Le Pen qui plus est, offrant à Chirac une réélection inespérée. Le parti socialiste est sonné. Pour longtemps.

« Si Jospin avait gagné l'élection présidentielle, dit Hollande, peut-être qu'il m'aurait choisi comme Premier ministre, c'était possible, il ne me l'a jamais dit. Mais il n'est pas élu, je suis premier secrétaire, je me retrouve, ce qui n'était pas imaginable, dépositaire de la gauche qui est par terre. Il n'en reste plus qu'un, c'est moi, qui dois relever le Parti socialiste. C'est une épreuve, je le fais. Mais imaginons que Jospin en 97 m'ait choisi comme ministre et pas comme premier secrétaire, je ne suis pas du tout dans le paysage. Une carrière, c'est fait de décisions personnelles, d'ambition, mais aussi de circonstances… »

À en croire François Hollande, c'est à partir de 2002, après « le choc du 21 avril », que l'ambition présidentielle est vraiment née, chez lui. Forgée au gré des évolutions de poste, des désillusions et disgrâces des concurrents potentiels. Et vu l'état de ruine dans lequel est le Parti socialiste... « Je me retrouve dans une responsabilité que je n'avais pas imaginée, c'est-à-dire pratiquement seul en scène. Donc, je reconstruis le PS en me disant : "Si j'y parviens, je pourrai éventuellement prétendre", même si dès cette époque, Fabius était lui-même dans l'idée d'être candidat, que Strauss-Kahn y songeait... »

Même pas un fantasme assumé, un truc à la Jean-François Copé, persuadé d'être né pour être président mais assez seul à le penser, non, juste une idée qui s'impose peu à peu, trace sa route dans un cerveau conçu comme un logiciel. Droit à l'essentiel. « Je me disais, relate Hollande, si je réussis mon parcours de premier secrétaire, je devrais pouvoir y parvenir. On ne peut concevoir une ambition que dans une préparation et dans une circonstance : il faut être prêt à relever un défi mais faut-il encore que la circonstance permette de le faire. »

C'est le propre des esprits cartésiens : rationaliser tout, y compris l'irrationnel.

En 2005, le premier secrétaire du PS prend de plein fouet le « non » au référendum sur le traité constitutionnel européen, dont il soutenait pourtant mordicus l'approbation. Il a le sentiment d'avoir mené le Parti socialiste, divisé, dans l'impasse. Son hussard préféré, Stéphane Le Foll, se souvient l'avoir vu décomposé. « Je l'avais trouvé abattu comme rarement, nous rapporte Le Foll. "Et si je m'étais trompé ?" me disait-il. Il avait peur d'avoir fait une connerie. Il y a une forme de résilience chez lui. Il est très urbain et sympa, mais c'est un dur, une lame. Une carapace douce, et un noyau de métal. Il peut être très dur, ce salopard, sans te le dire franchement !... »

Le coup est rude, mais la petite étoile en a vu d'autres, une petite éclipse et puis voilà, elle réapparaît.

Hollande surmonte l'obstacle européen.

Mais en 2006, nouvel écueil.

Plus délicat encore, surtout sur le plan personnel.

Face à lui, voici que s'avance Royal, Ségolène Royal. Compagne, mère de ses quatre enfants, bête de scène et lutteuse acharnée. Et la voilà qui s'empare du témoin ! Elle sera la candidate socialiste à l'élection présidentielle de 2007. « Pour moi, au-delà de ma situation personnelle avec Ségolène, ce n'est pas un problème, parce que je me dis, moi, je suis empêché par le traité constitutionnel européen qui a été repoussé… Donc je fais l'impasse sur 2007. Après, je me dis que, si Ségolène réussit à être présidente, ce sera elle, dans ma génération : si elle gagne et qu'elle est une bonne présidente, elle continuera… » Et lui renoncera à ses chimères présidentielles.

Il ne l'avoue pas, mais il se dit aussi que, si sa compagne, donnée perdante face à Sarkozy, échoue, il y aura un flambeau à ramasser…

On n'est pas forcément obligé de le croire sur parole, mais en tout cas, Hollande jure qu'il était prêt, alors, à jouer le rôle de « Premier Monsieur » à l'Élysée, en soutien de sa compagne présidente, avec qui il était pourtant en instance de séparation. Un First Mister à la française. « Si elle avait gagné, je n'en aurais pas du tout conçu de frustration, d'amertume ou d'aigreur, assure-t-il. À un moment, il faut savoir s'effacer. Mais elle ne gagne pas et ensuite le congrès qui suit est un congrès de déchirement dans lequel je ne suis déjà plus. Ça m'a beaucoup servi pour la suite. »

En effet, Hollande a rendu en 2008 son tablier de grand maître de la synthèse socialiste, avec une grosse envie présidentielle bien calfeutrée.

« J'ai longtemps été un second »

Personne ne l'attend ? C'est sa chance. Depuis toujours. « Là, je me dis : avec ce congrès raté, avec cette élection qui n'a pas pu être victorieuse, j'ai une possibilité. Et je m'y prépare, je m'y prépare encore plus intensément. »

Au PS, les « éléphants », les barons du parti, l'observent avec dédain, voire commisération. Quelle erreur. Ne jamais sous-estimer un adversaire, encore moins un rival. La politique, c'est l'art de la méfiance.

François Hollande a toujours été méprisé.

Ses concurrents n'ont pas su le voir revenir du tréfonds de l'oubli. De toute façon, ils ne l'ont jamais pris au sérieux.

Un second couteau ne devient pas une première lame, n'est-ce pas ? S'il croit en ses chances, il ne se rêve pas en conquistador, l'épée foudroyante hors du fourreau. Hollande, c'est d'abord un type qui a toujours été dans l'ombre, à la remorque de plus brillants, plus charismatiques que lui – il y en a eu beaucoup.

Cela crée une psychologie politique. « J'ai longtemps été un second, dit-il franchement. Comme souvent dans la vie politique, il faut être un second avant de devenir premier. J'ai été second de Delors, très longtemps, jeune trentenaire, second de Jospin, jeune quadragénaire. Et mon parcours s'est interrompu avec la défaite de Jospin en 2002. »

Le vrai handicap de François Hollande, le souci auquel il se heurte depuis toujours, c'est de surmonter le regard extérieur sur son apparence, tellement débonnaire. Il sait se faire apprécier, ça oui, mais pour ce qui est d'être respecté… Il encaisse, pleine face, une forme de délit de « sale gueule » politique. Trop commun, trop gentil, trop mou, trop terne…

Trop tout.

Il n'en disconvient pas vraiment. « Je suis obligé d'affirmer ma légitimité, qui est discutée. J'ai été obligé d'en rajouter dans l'affirmation. » Il a dû affronter l'éternel complexe de supériorité de ceux qui ont été ministres, les vrais décideurs. En simple apparatchik, Hollande, lui, était bon à régler les conflits en bureau national, à alimenter les conversations dans les antichambres du pouvoir.

« Moi, personne ne m'a vu arriver », dit-il.

Il continue à remonter le fil du passé, devant nous. « Quand je suis devenu premier secrétaire, c'est Jospin qui m'a choisi. Personne ne pense qu'il va le faire, il le fait. Jospin disparaît, on se dit : "Tiens, François Hollande devient premier secrétaire, mais ce n'est pas le vrai premier secrétaire, il ne devrait pas être là, c'est Strauss-Kahn ou Fabius qui devraient être là." Bon, c'est moi. Ensuite, quand je quitte la tête du PS en 2008, personne n'imagine que ça va être moi le candidat en 2012. C'est vrai, personne ! »

Il se lance dans la primaire socialiste en mars 2011, dans le scepticisme général : il démarre avec 3 % d'intentions de vote et des troupes clairsemées. Strauss-Kahn fait la course en tête, très largement. Mais le favori des sondages voit ses ambitions se fracasser dans une chambre d'hôtel à New York, et c'est Hollande qui rafle la primaire socialiste. Personne ne s'y attendait.

Sauf lui.

« Après, on dit : "Si Strauss-Kahn n'avait pas eu cette aventure new-yorkaise..." Mais moi, je pense que je l'aurais battu à la primaire », affirme Hollande. Il a toujours estimé qu'il l'aurait de toute façon emporté à la loyale sur DSK. Car l'ex-patron du FMI était trop exposé, selon lui. « Je ne voyais pas tellement d'attaques sur sa vie privée, en fait, explique Hollande, mais plutôt sur sa relation avec l'argent, son patrimoine... Là, on sentait une fragilité. C'est pour ça que je pensais vraiment l'emporter à la primaire. D'ailleurs, un sondage, qui n'a jamais été publié, au moment de la fameuse nuit où DSK est arrêté à New York, nous donnait bord à bord. »

Il jubile, mesurant le chemin parcouru : « Je n'étais pas dans les codes, pas Premier ministre, pas même ministre… »

Le Foll avait bien raison : « La pression, ça le stimule », nous disait-il à propos de son patron. Ou encore : « C'est quand il a la tête sous l'eau qu'il se montre le plus fort. » À cette aune, il sera imbattable en 2017…

« J'ai un sentiment de supériorité très très fort... »

On connaît la suite. Le Bourget, la victoire finale contre Nicolas Sarkozy, l'accession à l'Élysée. Une histoire authentiquement romanesque, le triomphe du Petit Chose de la politique, cet alchimiste de génie qui a su transformer le plomb en or, transcender les doutes et les sarcasmes pour en faire le moteur de sa réussite.

C'était son destin.

« Ça existe, cette étoile, puisqu'elle m'a conduit là, constate-t-il. Je suis candidat dans le cadre de la primaire, DSK est considéré comme le favori. Mais il se trouve que je suis président… »

Comme s'il devait son élection au hasard. À sa bonne fortune, plutôt.

Oui, vraiment, cette phrase dit tout du personnage. « Il se trouve que je suis président. » C'est lâché comme ça, sans ambages, le constat jubilatoire d'une évidence, mâtiné d'une légère pointe d'incrédulité, et qui sonne presque comme un aveu : « Ce n'est que du plus, je n'ose pas dire que du bonheur, mais que du plus. » Comprendre : que pourrait-il redouter désormais alors qu'il a déjà réussi l'impossible ?

Mais il ne voudrait pas conforter cette image de président par défaut, élu de la providence, alors il ajoute :

« Quand je regarde rétrospectivement, je me dis, finalement, c'était logique. Qui était le meilleur dans cette génération ? Qui avait anticipé ? Au-delà des aléas de la vie, il y avait sans doute une logique qui m'a conduit là. Il n'y a pas que du hasard. »

Obéissant à l'injonction du poète américain Ralph Emerson, il a « accroché un chariot à son étoile ». Il lui suffisait de croire à sa destinée, et de saisir les opportunités. Au risque de trimballer, aussi, un « chariot » de contempteurs, réduits – très provisoirement – au silence, au printemps 2012. Brinquebalés dans le sillage de l'étoile filante.

Les persifleurs d'antan, il les regarde du haut de son fauteuil présidentiel, aujourd'hui. La force du pouvoir. Il a tellement été moqué, pourtant. « Ça ne m'énerve pas, puisque je suis devenu président de la République. »

Il rit.

« Ceux qui se sont livrés à ce type de phrases ou de caricatures ne sont pas dans ma situation, observe-t-il presque cruellement. J'ai un sentiment de supériorité très très fort… C'est vrai, ce n'était pas gagné. Tous ceux qui ont essayé de réduire ma position, de me caricaturer ou d'affaiblir ma situation, l'ont fait parce que, d'une certaine façon, ils étaient en doute sur la légitimité qui était la mienne. »

Il ne leur en veut pas. Ou alors conserve sa rancœur par-devers lui. Il s'est construit dans l'adversité, de toute façon. Il les remercierait, presque.

Il faut se souvenir de Fabius le qualifiant de « fraise des bois » ou de « monsieur petites blagues », déléguant ses dévoués spadassins pour mieux assassiner oralement son rival. Il était « Flanby », « Culbuto », « Pépère »… Tous ces surnoms dont l'ont affublé ses concurrents. « Oui, mais regardez, aujourd'hui, Fabius, il est le plus loyal des ministres », nous fait-il observer, lors d'un dîner, le 9 octobre 2015, alors que l'ancien Premier ministre n'a pas encore quitté le Quai d'Orsay pour la présidence du Conseil constitutionnel. « Je me suis toujours dit : qu'a-t-on dit de Mitterrand ? Il faut toujours se référer à ses prédécesseurs. Quand je regarde Mitterrand, je me dis que des coups, j'en ai reçu moins que lui. C'est une erreur de penser qu'il était impassible. Il encaissait, il était très sensible, c'est pour ça qu'il n'a jamais apprécié Rocard, tous ceux qui l'avaient attaqué... Il avait la mémoire longue, Mitterrand... »

C'est le moment pour lui, entre deux verres de vin, dans l'un de ces dîners auxquels nous le convions parfois pour l'éloigner des pesanteurs de l'Élysée, de sortir sa boîte à outils politique.

Petit manuel de survie en milieu hostile.

« Il faut être totalement amnésique et ne rien oublier », énonce-t-il. Avant d'expliciter cette aporie d'anthologie : « Amnésique, parce que si vous commencez à avoir des rancunes à l'égard de tous ceux qui vous ont critiqué, vous êtes tout seul. Mais vraiment tout seul. Il y a toujours quelqu'un qui, à un moment donné, a dit quelque chose... Et en même temps, il ne faut rien oublier, parce que vous savez qui a pu à un moment dire ce qu'on sait. Mais s'il n'y a pas ce pardon... Quand je suis devenu président de la République, je me suis dit : tous ceux qui m'ont critiqué, je vais leur voter une loi implicite d'amnistie, ça n'a plus d'importance. Aucune importance. J'ai gagné, je dois rassembler. Si je gagne et que je règle mes comptes, en fait, j'ai perdu. »

On repense aux mots de Milan Kundera, le pessimisme fait écrivain, dans *La Plaisanterie*, son chef-d'œuvre : « Personne ne réparera les torts commis, mais tous les torts seront oubliés. » François Hollande semble postuler exactement l'inverse, en improbable disciple du philosophe Pangloss, imaginé par Voltaire dans *Candide ou l'Optimisme*.

Mais le dogme « hollandais » est surtout valable en cas de victoire. Car dans la défaite, on a moins tendance à pardonner, tout de même. Toujours se souvenir des confidences de Le Foll. Hollande, ce « noyau en métal » à l'aspect si trompeur. En 2012, il aurait eu la défaite amère, c'est sûr. « Là, j'en aurais voulu à ceux qui m'avaient critiqué, mais il se trouve que je n'ai pas perdu, j'ai gagné. Je n'en veux à personne. De mon camp. Celui qui a été le plus dur à l'égard de Mitterrand, c'est Pisani (Edgard Pisani, plusieurs fois ministre entre 1961 et 1985). Il était pour Rocard, il avait dit : "Si Mitterrand est élu, j'irai à la pêche." C'était quand même dur. Puis Mitterrand nomme Pisani ministre ! Il se dit : "Ce qui compte, c'est ce que l'homme peut me donner aujourd'hui." Il n'oublie pas, il l'a dans la tête. Moi aussi, je l'ai dans la tête. »

Nous pouvons en témoigner, Hollande se souvient de toutes les vilenies, des coups encaissés, des mauvaises manières et autres chausse-trapes. François Hollande n'a pas attendu 2012 pour être intronisé résilient de la République. Et depuis son élection, ses camarades, qui lui avaient tant manqué de considération, ne lui accordent pas beaucoup plus de respect – ceci expliquant sans doute cela.

Mais rien à faire, il ne déviera pas de sa ligne, cet athée fervent pardonnera jusqu'au bout à ceux qui l'ont offensé.

Il n'a rien oublié des gausseries de Montebourg et compagnie. Mais il ne les agonit pas d'injures – en tout cas pas devant nous. « Je sais tout, confie-t-il en novembre 2015. Mais je ne vais pas leur faire des procès. J'utilise leurs compétences. Fabius est un très bon ministre, même Montebourg, à l'époque, je pensais que c'était bien qu'il soit au gouvernement. Tenez, le cas Cécile Duflot. Un très bon cas. Je l'ai plutôt soutenue quand elle était ministre. Elle part du gouvernement, elle m'attaque. Mais si demain elle devait revenir au gouvernement, compte tenu des positions qui ont été les nôtres, je ne m'y opposerais pas. C'est la règle en politique. »

Sa règle, plutôt. Fondée sur un pragmatisme absolu. Hollande est un judoka, il se sert de la force de ses adversaires pour les désarmer. Un contorsionniste aussi, à l'occasion, capable d'échapper à leurs griffes lorsqu'ils pensent l'avoir neutralisé. Cet homme est né avec une carapace qui lui permet d'endurer les critiques les plus blessantes.

Un avertissement, tout de même : « Le plus dur, ce ne sont pas les gens qui vous traitent mal, ça fait partie de la politique. Le plus dur, ce sont les gens qui vous trahissent. Vous pensez qu'ils vont être là, mais ils ne sont pas là. C'est le plus dur. La trahison. Ce n'est pas la même chose que de dire du mal... »

Un Macron en cache toujours un autre...

Alors, la petite étoile peut-elle continuer à resplendir ? Il va falloir pour cela une sacrée conjonction des astres, un invraisemblable alignement des planètes. Hollande, c'est certain, y croit toujours. Et survivrait sans doute à une défaite en rase campagne. « Qu'est-ce que j'ai à perdre ? Rien », lâche-t-il.

De toute façon, il s'est déjà fait une raison. Car cet optimiste invétéré est d'abord un grand fataliste.

L'un n'empêche pas l'autre.

Candide pourrait aussi faire siens les mots de Diderot : « Tout ce qui nous arrive de bien ou de mal ici-bas était écrit là-haut. »

« Donc, ça continue ou ça s'arrête, nous dit-il en septembre 2015. Mais si ça doit s'arrêter, ce qui est tout à fait possible, ça s'arrête. Ce n'est pas une catastrophe personnelle. Sauf si je n'avais été qu'un gestionnaire – dans une situation qui avait déjà été considérée comme très difficile dès le départ – et qu'on ne retienne rien de ce passage. Mais je sais maintenant, au bout de trois ans que, de toute façon, il y aura des choses qui seront retenues. »

Le goût de la défaite, il l'a déjà ressenti. En 1993, à titre personnel. Puis, au nom du PS, dans un grand nombre d'élections. « Je n'ai pas peur de perdre. C'est vrai que ça peut être humiliant de perdre, quand on est sortant. Être désavoué, c'est humiliant. C'est aussi humiliant de se dire "je ne peux pas y aller". Même si j'ai donné des raisons. C'est humiliant de dire "je n'ai pas réussi, je n'y vais pas". Dans les deux cas, c'est humiliant… »

Au fond de lui, il a toujours voulu se représenter.

Le chariot est encore accroché à l'étoile.

« Je pourrais dire : "Écoutez, c'est moralement ma responsabilité de dire que je ne peux pas y aller parce que je n'ai pas réussi à atteindre mon objectif." Si ce n'est pas présenté comme une forme de fuite, mais comme une forme de courage et d'honnêteté. Et si je dois y aller, c'est aussi de dire : "Ce sera très difficile, je peux perdre, et alors, c'est la vie de perdre. Mais c'est mon devoir d'y aller." Et si je suis battu, eh bien voilà, c'est la démocratie. Je n'aurai pas de frustration et je n'en voudrai pas aux Français, je ne les considérerai pas comme des mauvais citoyens parce qu'ils n'ont pas voté pour moi. »

« La vie ne s'arrête pas là… », dit-il seulement, comme pour mieux conjurer l'hypothèse.

« J'aurai vécu cinq ans de pouvoir relativement absolu »

Il dit ne ressentir aucun remord, nulle amertume. « Finalement, quand je regarde mon parcours, je n'étais pas sûr d'arriver au résultat où je suis. C'est déjà formidable. Ma vie, elle a déjà été réussie, et pendant cinq ans, j'aurai fait ce que je pensais devoir faire, personne ne m'aura empêché de faire, personne ne m'aura conduit à faire ce que je n'aurai pas voulu faire. J'ai fait exactement ce que j'avais décidé de faire. Je n'ai pas d'excuses, et je n'ai pas non plus de regrets. »

Cinq années à la tête de la sixième puissance mondiale, cinq années confronté à l'horreur terroriste, à la crise économique, aux tourments de la gauche, aux procès en parjure, à la félonie…

Mais il aura goûté à la drogue ultime, le pouvoir suprême. « J'aurai vécu cinq ans de pouvoir relativement absolu, finalement, puisque c'est aussi ça la Ve République. J'impose à mon camp, qui n'y aurait sans doute pas consenti naturellement, des politiques que je considère comme justes. J'ai fait des réformes, il en restera quelques-unes. Le pire, c'est de partir avec un bilan où rien ne reste. Moi, je pense qu'on pourra retenir des choses. »

Il dit éprouver le sentiment d'avoir donné cent pour cent de lui-même. « C'est ça, la bonne attitude, faire ce qu'on pense devoir faire. Sans l'idée obsessionnelle d'être candidat. Et qu'il reste quelque chose. Ça ne justifie pas non plus de heurter son camp sous le prétexte d'être courageux. L'autre reproche qui m'est adressé, c'est : "Il pense que ça va s'arranger tout seul." Non. Je ne pense pas que ça va s'arranger tout seul. »

Parfois, il confesse tout de même « un devoir d'optimisme ».

Comme s'il devait entraîner derrière lui 66 millions de Français déprimés. Comme s'il pouvait accorder, à tous, le bénéfice de sa bonne destinée. On en revient là, toujours : « Je crois effectivement à une certaine bonne étoile, parce que rien ne m'avait porté facilement à ce destin. »

Jusqu'où le mènera-t-elle ? À une réélection ? Tout le monde ou presque la juge impossible.

À ses yeux, raison de plus pour y croire.

I

Le pouvoir

1

L'ascension

Dans votre ascension professionnelle, soyez toujours très gentil pour ceux que vous dépassez en montant. Vous les retrouverez au même endroit en redescendant.

Woody Allen

Les écologistes ? « Des cyniques et des emmerdeurs. » Sarkozy ? Un Dark Vador de la politique, qui ne s'adresse qu'à « la partie noire de chacun d'entre nous ». En ce 3 avril 2012, François Hollande, bien calé dans son siège, à l'arrière de sa vieille berline de campagne, se révèle d'humeur offensive.

Il arrose large.

La campagne électorale pour l'élection présidentielle de 2012 bat son plein, la France connaît un joli printemps, et le candidat socialiste oscille entre deux options : tout dire, essaimer le fond de sa pensée, en clair prendre des risques, ou gérer tranquillement son avantage, que traduisent les sondages, en père tranquille de la politique.

En tout cas, avec nous, il se lâche, à sa façon, tandis que défilent les paysages d'une France figée, intemporelle.

Parfois, pourtant, il disparaît dans ses pensées.

Inaccessible.

À quoi songe-t-il ce jour-là, entre Tours et Blois ? À cette phrase, qu'il vient de prononcer devant un parterre de fidèles : « Je suis sérieusement de gauche, et je suis pour une gauche sérieuse, celle qui ne décevra, ne déviera pas » ? Est-ce le même François Hollande qui promettait, en octobre 2011, dans l'ivresse de sa victoire à la primaire socialiste : « C'est le rêve français que je veux réenchanter » ? Ses supporteurs savent-ils que, dès 1988, dans le premier portrait qui lui était consacré dans *Le Monde*, ce même François Hollande, tout frais député, se réclamait cliniquement d'une « gauche triste », froidement réaliste ?

Déjà l'impossible grand écart, les germes de l'incompréhension. Il sait tout cela. On l'observe, ce curieux animal politique. Il nous fascine, au sens où sa personnalité à la fois nébuleuse et raisonnable paraît incongrue dans une époque de simplification extrême et de passions exacerbées.

Au fil des années, de son impopularité croissante, notre intérêt ne faiblira pas. Bien au contraire. Le contraste abyssal entre l'empathie que le candidat avait su provoquer et le rejet que le président a rapidement suscité a rendu notre sujet d'étude d'autant plus fascinant.

Mais notre place à nous, pour l'instant, c'est donc « à l'arrière des berlines » comme le chantait Alain Bashung, à ses côtés ou au fond des salles de meetings, un peu cachés. On se sent parfois en décalage, au cœur de ce cirque électoral qui vit en autarcie.

D'un rassemblement à l'autre, on suit Hollande. Enfin, on essaie. Le début d'une aventure journalistique sans pareille. Il enchaîne les réunions électorales, perd sa voix, conquiert les cœurs et les esprits de foules scandant immuablement « le changement, c'est maintenant ». Ce slogan de campagne, simpliste et donc efficace, qui lui colle à la peau, encore aujourd'hui, comme une combinaison de plongée un peu trop moulante dont il aurait du mal à s'extraire.

Il est vrai qu'il est descendu très loin, en apnée, promettant, créant une attente, un désir. Il éprouve une sensation nouvelle, au cours de cette campagne, un frisson qui l'étreint à chaque fois qu'il prend la parole, devant la foule frémissante. Comme s'il se révélait à lui-même.

Sous le technocrate perçait donc un tribun ?

C'est notre première vraie rencontre, ce 3 avril. « Sarkozy, on va le taper », vient-il de glisser, enhardi, à quelques journalistes. Il se laisse aller, l'espace de quelques minutes. L'intensité retombe. À l'arrière de sa voiture, sur la voie rapide, on s'apprivoise. Les allusions à François Mitterrand affleurent, évidemment, dès les premières phrases. Cela ne cessera d'être le cas, cinq années durant. Plus qu'un modèle, le premier président socialiste de la Ve République fait figure de référence absolue aux yeux de François Hollande.

Il a toutes les chances d'être élu, même si Nicolas Sarkozy, dans un sondage CSA publié la veille du premier tour, le distance très légèrement, avec 30 % contre 29 % des intentions de vote. Mais il reste donné gagnant au second tour. Il se projette. Échafaude toutes sortes d'hypothèses. L'ascension vers le sommet, c'est aussi une litanie de questions auxquelles il faut pouvoir répondre. Gouverner, c'est prévoir ? Oui, mais il faut aussi prévoir avant de gouverner.

Première interrogation majeure, comment incarner le pouvoir ?

Façon Valéry Giscard d'Estaing, de cette « manière hautaine et aristocratique qui lui a coûté cher », comme le dit Hollande ? Ou tel Nicolas Sarkozy, qui, selon lui, a « repris une forme monarchique, sans la hauteur du monarque » ? Il s'interroge à haute voix, plonge dans ses souvenirs. Sarkozy, « il n'y a que dans la dernière période où il s'est représidentialisé qu'il a pu échapper un peu à sa caricature », lâche-t-il.

Retour à la matrice originelle, François « Ier ».

« Mitterrand n'exerçait pas pleinement le pouvoir, se souvient Hollande, il laissait faire ses ministres, presque parfois trop. » Hollande a fréquenté l'Élysée, dès 1981, comme chargé de mission. Il connaît bien la maison. Il a pu observer de près l'arrivée de la gauche aux affaires. « Ce qui m'avait surpris, c'était de voir avec quelle rapidité Mitterrand s'était installé dans le faste du protocole, dans le silence même du lieu, dans la majesté, les gestes, les actes solennels. Je lui avais trouvé des circonstances, pas atténuantes, explicatives : il était le premier président de gauche de la Ve République, il devait montrer que la gauche pouvait occuper l'Élysée. »

Une anecdote lui revient à l'esprit. À l'époque, Ségolène Royal, sa compagne, joue les petites mains à l'Élysée, tout comme lui dont la principale mission est de fournir des notes, de mettre en branle son intellect hors norme détecté très tôt par les radars de Jacques Attali. Le G7 doit se réunir à Paris, il faut trouver un lieu pour recevoir les chefs d'État, organiser les dîners. Le château de Versailles est finalement choisi, alors que Ségolène Royal avait proposé des endroits moins connotés, comme les châteaux de Rambouillet ou de Chelles. Prémices de cette dérive monarchique dont sera accusé – plutôt à juste titre – François Mitterrand ? Pas du tout, à en croire Hollande : « Il recevait Reagan, Thatcher, il voulait leur montrer, et c'était totalement calculé, qu'ils étaient là non pas chez un président socialiste, avec des ministres communistes qui l'accompagnaient, mais dans la France éternelle. C'était son message, et il avait raison. Mitterrand devait donner des gages. Pour revenir à moi, il m'appartient de définir une nouvelle présidence. Je l'ai dite normale, cela ne signifie pas grise ou terne. »

Il pressent, déjà, les risques inhérents à toutes les ambiguïtés charriées par ce concept de « président normal ».

Hollande l'a bien compris, les apparences, ça compte. Il ne s'est pas astreint à se délester d'une dizaine de kilos, à changer de lunettes, de costumes, pour perdre la bataille de l'image dès les premiers jours. Il connaît la versatilité de l'opinion publique, son exigence, aussi. Remontent vers lui les images d'un Sarkozy, au lendemain de son élection, en 2007, bombant le torse, lors d'un jogging. « C'était vraiment... Le jogging, en gros je suis comme les autres, je ne change pas mon mode de vie. Moi, je ne crois pas du tout à ça. Les Français n'ont pas envie d'un président qui serait le président d'un relâchement, ils ont envie d'un président exemplaire. »

Il sait déjà qu'il n'emménagera pas à l'Élysée. Il veut rester dans l'appartement de la rue Cauchy, qu'il loue avec sa compagne Valérie Trierweiler. « On veut quelqu'un qui ait une vie », soutient-il. Même s'« il ne s'agit pas non plus de s'humilier ».

Un mantra : « Mettre de la simplicité. »

On lui demande quelles erreurs il convient d'éviter, dans les premiers temps d'une présidence. Il réfléchit. « L'alternance, dit-il, c'est l'alternance de la rancune et de la revanche. Il faudra calmer. » Il ne triomphera pas, son score, il en est déjà convaincu, n'aura rien d'un plébiscite, contrairement aux pronostics des sondeurs. « Si l'on gagne, prophétise-t-il, ça va être 51-52 % [il sera élu avec 51,56 %], donc cela veut dire qu'il y aura 48 % de gens pour qui ce ne sera pas la fête. Je pense que la période va être très difficile. Et puis les marchés vont me tester, ça peut branler dans le manche assez vite. »

Étonnante, tout de même, cette capacité à anticiper les difficultés, puis à s'y précipiter malgré tout, la tête en avant. Front haut. Cette forme de prescience ne le quittera pas du quinquennat.

Mais l'on s'avance. Pour l'heure, tout lui sourit. Les sondeurs le portent déjà en triomphe, l'accueil est partout enthousiaste, les courtisans, prompts à sauter dans la roue du vainqueur annoncé, ne le quittent pas d'une semelle. Son équipe semble soudée. Manuel Valls gère la communication, quand Bernard Cazeneuve, Stéphane Le Foll ou Pierre Moscovici conseillent, organisent, débroussaillent.

Il fonce, l'esprit libre, sur l'autoroute vers le pouvoir.

« Bernard Squarcini doit être la première personne à partir »

Le candidat a déjà quelques certitudes. Par exemple sur le devenir du très sarkozyste patron de la Direction centrale du renseignement intérieur, le contre-espionnage. « Bernard Squarcini doit être la première personne à partir, nous assure-t-il. Il ne faudra pas attendre les élections législatives. » La méfiance est profonde.

C'est même de la défiance. « Il faut faire gaffe maintenant, prévient même Hollande. À la DCRI, si on vire Squarcini rapidement, il y aura des rétorsions. »

Il est reproché à Squarcini d'avoir été vraiment très loin pour complaire au pouvoir précédent, jusqu'à surveiller la presse trop curieuse dans l'affaire Bettencourt, ou à mettre la DCRI au service du couple Sarkozy-Guéant, soucieux de mieux contrôler les gêneurs patentés.

Hollande est déterminé à faire le ménage. Même si certains dans son entourage, Julien Dray par exemple, lui suggèrent de prendre des précautions vis-à-vis de Squarcini. Car ce dernier, malin, prudent, a récemment donné quelques gages au futur président.

Hollande n'est pas très à l'aise sur ces sujets-là, à dire vrai, tant l'univers policier lui est étranger.

« Il faudra faire attention, modère-t-il toutefois. Il y a un danger terroriste, il ne faudrait pas donner le sentiment que c'est une forme d'irresponsabilité. J'aurai à m'en occuper moi-même. Pour la DCRI, il faudra trouver quelqu'un qui ne soit pas regardé comme un instrument de notre pouvoir. » Un autre sarkozyste peut préparer ses cartons : Frédéric Péchenard, le directeur général de la police nationale, ami d'enfance du président de la

République sortant. « Il faut lui laisser quelques mois. Il est tellement lié à Sarkozy... Mais on le traitera correctement... »

Il réfute toutefois l'expression de « chasse aux sorcières ». Il s'agit juste d'éloigner ceux qui, à ses yeux, ont fauté. Comme le procureur de Nanterre Philippe Courroye, autre fidèle du président « sortant », suspecté d'avoir tenté d'enterrer l'affaire Bettencourt (ce qu'il conteste), sans parler des surveillances, là encore, exercées sur des journalistes indociles : « Lorsqu'il s'agit d'une violation caractérisée de la loi, ce qui est le cas de Courroye, ce n'est pas possible de le garder, lâche violemment Hollande. Les premiers jours, il ne faudra pas perdre de temps. »

Dans trois semaines, c'est le premier tour de l'élection. Bientôt, on saura si François Mitterrand a un successeur potentiel.

Un président de gauche.

François Hollande se pense prêt. En 1997, se souvient-il, quand Lionel Jospin était arrivé à Matignon, « on n'était pas vraiment préparés ». Cette fois, les compétences professionnelles extérieures ont été repérées, elles sont prêtes à intégrer les postes à haute responsabilité. « Il y a une cohorte de gens dans l'administration qui ont travaillé avec la gauche, qui ont même pu être directeurs sous la droite, mais qui veulent travailler pour leur pays. En 1997, cohabitation oblige, on ne pouvait changer aucun directeur sans l'accord de l'Élysée », rappelle-t-il.

Et lui, saura-t-il supporter la curiosité publique ? Il a publié les informations liées à son patrimoine personnel – 1,17 million d'euros –, son dossier médical est disponible. « L'argent n'est pas un problème, ni une nécessité », philosophe-t-il. Il a eu le temps de prendre du recul. Une diète médiatique qu'il s'est imposée, en novembre 2008, après avoir cédé son poste de premier secrétaire du Parti socialiste à Martine Aubry. « J'avais été trop exposé : deux ans porte-parole et onze ans à la tête du PS. C'était voulu, de disparaître un peu. Le jeûne médiatique, ça fait du bien. » Jusqu'au 31 mars 2011, date de sa déclaration de candidature à la primaire de la gauche, il se fait donc discret. « À partir de 2009, je me prépare à être candidat sans que mes chances d'y parvenir soient très importantes. Ce qui est amusant, c'est comme le regard des commentateurs peut changer. On me voyait toujours comme le premier secrétaire du PS, le compagnon de Ségolène Royal... Et après, on m'a vu différemment. En fait, on ne sait plus si on change soi-même ou si c'est le regard des autres qui change. Sans doute les deux... »

2009, c'est une grande période de fragilité pour les socialistes. Aubry est contestée, Royal en souffrance. On sent poindre une demande de renouvellement. « Le paradoxe est que je l'incarne, alors que j'ai été le plus associé à la vie du PS », s'amuse-t-il, a posteriori.

Cet épisode de distanciation l'enchante. D'abord, il profite. Prend des vacances, bronze, fait du vélo, s'occupe de sa chère Corrèze. Il peaufine son projet, et son personnage, conseillé par sa nouvelle compagne journaliste, Valérie Trierweiler. Lance des clubs de réflexion, dans l'indifférence quasi-générale : « Répondre à gauche », puis « Démocratie 2012 ». Delphine Batho, l'une de ses porte-parole durant la campagne, l'a vu se préparer. « Il est incollable sur tous les sujets, nous confie-t-elle le 25 avril 2012, encore pleine d'admiration. Hollande, c'est à la fois le type qu'on sous-estime et qu'on jalouse, tant il est brillant. » Doté d'une bonne dose de confiance en lui-même, aussi. Hollande, c'est ce type sorti de l'ENA qui, réformé en raison de sa myopie, va contester cet avis médical pour effectuer pleinement son service militaire. « François est à l'aise avec lui-même, il s'aime, théorise devant nous Aquilino Morelle, lui aussi proche conseiller durant cette campagne. François a toujours su qu'il était le meilleur. »

Il vient de nulle part mais se sent à l'aise partout, c'est sa force.

Mais on peut détenir tous les savoirs du monde, avoir fait et refait cent fois dans sa tête les parcours initiatiques, arpenté les plus grandes salles de meetings de l'Hexagone, être finalement l'un des politiciens les plus expérimentés du pays, on n'est jamais vraiment prêt à gouverner. « Quand cela arrive, ça vous tombe dessus, reconnaît Hollande dès avril 2012. Il faut faire attention, on est saisi par la situation, il ne faut pas faire président avant de l'être. On ne s'appartient plus, après. » D'où l'importance d'être bien entouré, secondé.

Parmi la myriade d'interrogations, le casting à l'Élysée. Le rôle du secrétaire général de la présidence de la République est essentiel. Facilitateur, démineur, il est tout à la fois. La personne vers qui tout converge, le chef de gare. Hollande n'a pas finalisé sa réflexion, même s'il pense très fortement à Bernard Boucault, alors directeur de l'ENA. Un pur préfet de gauche, cordial, droit. « Sarkozy, résume-t-il, avait trouvé son Guéant, moi pas encore. Mais Guéant savait tout sur Sarko, pas sûr que Sarko savait tout sur Guéant… » Hollande veut quelqu'un de sûr à ce poste crucial. Tout sauf un aventurier qui prendrait la parole dès qu'on lui tend un micro, entre deux voyages confidentiels en Afrique.

« Guéant, cela allait au début, et puis c'est devenu un mauvais choix, quand il est devenu tout-puissant, estime Hollande. S'il n'avait pas commis l'erreur d'aller avec Sarkozy, c'était Jouyet qui était promis à ça, il aurait été le meilleur. » L'ami intime, le fidèle Jean-Pierre Jouyet, aurait dû faire partie de l'équipe de départ, évidemment. C'était sa place naturelle. Mais avoir accepté un strapontin dans l'équipe ministérielle de Sarkozy, en 2007, ne pouvait rester impuni. « En 2007, on a suspendu nos relations pendant un an, sans aucune communication, il m'a dit : "J'ai fait une erreur, laisse-moi le temps, je vais sortir de là" », raconte Hollande. Pour cette petite trahison, Jouyet, placé en quarantaine, devra patienter, purger sa peine. Enfin, façon de parler, puisqu'il atterrit à la tête de la Caisse des dépôts et consignations – ça ne s'invente pas.

Autre souci majeur : quid de l'équipe ministérielle ? Avec, en premier choix, l'hôte de Matignon. Qui désigner comme chef du gouvernement ? « Il faudra sans doute être injuste », concède le candidat dans un entretien informel avec des journalistes, le 16 avril. Durant la campagne, il a multiplié les points de contact avec la presse, délivrant ses messages par petites touches…

« Pour Matignon, il y a deux ou trois noms, nous dit-il. Martine Aubry, Jean-Marc Ayrault… »

Plutôt deux que trois, semble-t-il… Le match va se jouer entre la maire de Lille et celui de Nantes, c'est une évidence.

« Il n'y a pas de deal avec Martine, on se parle très peu, mais elle est très loyale, assure encore Hollande. Cela ne peut être qu'un socialiste, qui a une légitimité, une stature. » Laurent Fabius n'est pas dans la course : « On ne peut arriver en 2012 avec quelqu'un qui a été Premier ministre en 1984. Mais Fabius est utile, il sait faire travailler les autres, c'est une grande qualité. » Exit le loyal Stéphane Le Foll, également. « Le Foll est brutal », tranche-t-il, avant de préciser, dans un petit sourire : « Il en faut aussi… »

« On fera des contrôles fiscaux sur tous les ministres »

Et puis, une fois nommé le capitaine, il faut former une équipe. Pas une journée sans qu'un organe de presse ne parie sur les cotes des uns et des autres. Hollande en joue, en grand ordonnateur des ego. Il a pu, durant ces longues semaines passées à sillonner la France, évaluer les qualités et les défauts de ses potentiels futurs ministres. Certains ont perdu toutes leurs chances. Comme André Vallini, le député de l'Isère, pourtant un fidèle, empêtré dans une affaire judiciaire avec l'une de ses anciennes assistantes. « C'est un souci, soupire Hollande. J'avais pensé à lui pour la Justice. On fera une inspection complète de son cas. »

Le candidat les laisse tous mijoter. Aucun des postulants n'ose aborder son cas personnel devant lui.

Le quinquennat de Sarkozy se conclut dans un carambolage judiciaire ? Hollande ne veut surtout pas de ça. « Je ne prendrai aucun risque, prétend-il. On fera des contrôles fiscaux sur tous les ministres, pour ne pas que l'on soit embêtés. » Des propos qui résonnent drôlement aujourd'hui…

« Il y a un devoir d'exemplarité, voire d'invulnérabilité », ajoute-t-il. Tout Hollande est résumé dans cette phrase. Attaché à la morale publique, certes, mais aussi à anticiper les attaques du camp d'en face…

Politique, si politique.

Il apprécie son staff de campagne en tout cas. « J'ai confiance en ceux que j'ai agrégés. J'ai rarement connu une campagne aussi harmonieuse. Leur intérêt, c'est de réussir pour préparer 2022. »

Notez bien, 2022, pas 2017…

« Si on se plante, aucun de nous ne pourra réussir », prévient-il.

Ce 18 avril, nous voici encore dans son véhicule de campagne, direction Montataire, dans l'Oise, où Hollande va vanter la réindustrialisation de la France aux ouvriers de l'usine Still Saxby, promis au chômage. En arrivant sur place, il va serrer les mains de salariés qui tiennent une banderole proclamant : « On ne ferme pas une usine qui gagne. » Il est accueilli aux cris de « François avec nous ! », il est à l'aise, forcément.

Sur le chemin du retour, il revient sur ce principe de précaution qu'il entend imposer, comme un bouclier de protection. Même les plus proches amis ne doivent s'attendre à aucune faveur. Prenez Jean-Pierre Mignard, l'avocat réputé, le confident aussi, l'homme qui a su éviter les bris d'assiette lors de la séparation entre ses deux grands amis, François et Ségolène.

Gardien des secrets du couple Hollande-Royal, il se verrait bien, c'est logique, garde des Sceaux du premier. « Le meilleur orateur que j'aie jamais connu », apprécie Hollande. Mais celui-ci n'a jamais été un grand partisan des personnalités civiles propulsées au gouvernement. « Ministre de la Justice, c'est difficile quand on n'est pas parlementaire. Badinter pouvait y arriver, mais Mignard... » Même sort pour Eva Joly, la candidate écologiste, ex-juge d'instruction. « On ne peut pas la mettre ministre de quelque chose », estime Hollande, qui lui reproche ses propos à l'emporte-pièce contre... Nicolas Sarkozy. L'ancienne juge a accusé publiquement Sarkozy d'avoir été financé illégalement par les Bettencourt. « Ce qu'elle dit sur Sarko en ce moment, alors qu'elle est magistrate... Elle n'a pas de preuves », déplore Hollande.

En revanche, Cécile Duflot, secrétaire nationale d'Europe Écologie-Les Verts, jugée « fine mouche », sera elle du casting. Comme Arnaud Montebourg, le flamboyant, fort de ses 17 % obtenus lors de la primaire socialiste. « Il faut l'utiliser, il joue le jeu, pas toujours adroitement, mais sincèrement », juge le candidat socialiste. Même principe pour le feutré Bernard Cazeneuve, député et maire de Cherbourg, « très malin, la révélation de la campagne ».

Il faut le voir à l'œuvre, Cazeneuve, susurrer à l'oreille des journalistes, de sa petite voix à peine audible. La tempérance incarnée, il a cette allure de clerc de notaire provincial qui l'arrange bien, elle lui permet de dissimuler une vivacité d'esprit hors norme et une ironie mordante, à la hauteur de celle de son mentor politique. Les deux font vraiment la paire.

Il faut aussi penser aux alliances politiques. Les Verts, Hollande les maîtrise. Si tant est que quelqu'un puisse comprendre ce jeu de go perpétuel entre les écologistes français. « Cyniques et emmerdeurs », oui, mais enfin, un accord programmatique a été scellé entre Aubry et Duflot, au nom du PS et d'EELV, et ce « deal » l'engagera, une fois élu. « Je ne suis pas inquiet avec eux, pense à voix haute Hollande. Ils feront un petit score à la présidentielle, et pas lourd aux législatives. »

Ils ne seront donc pas en mesure de se montrer trop exigeants selon lui. Le Front de gauche présente pour sa part son héraut Jean-Luc Mélenchon, l'agressivité politique faite homme, harangueur-né, jusqu'à traiter son ancien camarade du PS de « capitaine de pédalo ».

Pourquoi tant de haine ? « Sans le vouloir, tente d'expliquer Hollande, j'ai pu exercer sur lui une forme de négligence affective ou de déconsidération volontaire. Je le voyais à chaque bureau national, tous les mardis soir. J'avais droit à cinq minutes de Mélenchon, cela pouvait susciter de ma part de la suffisance. Alors qu'il a du talent, c'est une belle machine intellectuelle. Me traiter de "Capitaine de pédalo", c'était maladroit, car l'argument de la droite c'était la crédibilité, donc c'était peu responsable de sa part. D'autant que la plaisanterie à son égard lui est insupportable. »

Mélenchon et ses amis ne seront pas du gouvernement. En tout cas pas du premier. « Il y aura deux gouvernements, prévoit le candidat. Avant les législatives, et après. C'est plus facile dans l'hypothèse Ayrault que dans l'hypothèse Aubry, car elle voudra logiquement imposer des noms. Je n'ai pas d'obligations. De toute façon, elle aura un ministère. »

Ou pas. Car ces deux-là, s'ils se soutiennent, ne s'apprécient pas. Question de tempéraments, mais aussi de ligne politique. Et pourtant, Hollande demeure fidèle à Jacques Delors, le père de Martine Aubry. « Après la primaire, Aubry m'a dit qu'elle ne voudrait pas de responsabilités. Elle a été loyale, enjouée. » Hollande veut s'entourer de femmes, faire respecter la parité. Et contribuer à l'émergence d'une génération : Najat Vallaud-Belkacem, « elle en veut », Delphine Batho, « elle a du talent ». Anne Lauvergeon ? « Son livre est mal tombé, la nommer ferait règlement de comptes », tranche le futur président, à propos de l'ex-patronne d'Areva, qui vient de publier un ouvrage, *La femme qui résiste*, très à charge contre Sarkozy. « Dans son livre, elle en dit trop ou trop peu, on ne peut pas faire ça dans une campagne électorale. Il faut prouver ce qu'on avance », tacle Hollande.

« Je fonctionne par cercles, sans que jamais ils ne se croisent »

Il se méfie du patronat. De ce monde de l'entreprise qu'il a beaucoup fréquenté, un temps, lui l'ancien d'HEC, l'ex-prof d'économie à Sciences Po. « Je fais attention, depuis quelques années », reconnaît-il. Il fuit les invitations, les dîners entre puissants. Certains de ses amis ont de l'argent, des relations. Comme le trésorier de sa campagne, Jean-Jacques Augier. Ou encore André Martinez, qui lui pond des notes. « Quand on est dans une campagne, c'est toute sa vie qui défile, il faut des gens sûrs. » Il leur fait confiance, à ces amis de toujours. Même s'il prend des précautions. « Je fonctionne par cercles, sans que jamais ils ne se croisent », explique-t-il, théorisant ainsi la technique du cloisonnement dont il est le maître incontesté. Nombre des anciens de la promotion Voltaire (1980) à l'ENA, « sa » promo, se sont manifestés depuis son entrée en campagne. « Ils apportent un peu de sous, des notes… Les intéressés, ils arrivent à la fin, on les voit venir. Cela me rappelle Mitterrand, avec ses amis de captivité... »

Il sourit. Pas dupe.

Et puis, il y a Ségolène. La mère de ses enfants. Celle avec qui tout paraît si simple, tant ils se connaissent. Mais la situation n'a jamais été aussi complexe, en réalité. Car la compagne de Hollande, Valérie Trierweiler, est jalouse, maladivement, de cette relation à nulle autre pareille. Lui voudrait que Ségolène Royal soit présidente de l'Assemblée nationale. Encore faut-il qu'elle soit élue, dans la circonscription qu'elle s'est choisie, à La Rochelle. Or, l'élu socialiste dissident Olivier Falorni a promis de lui barrer la route. « Ce n'est pas facile, ni pour elle ni pour moi, certains lui mettront des bâtons dans les roues », confie-t-il, loin d'imaginer à quel point les faits vont bientôt lui donner raison.

Cela avait débuté quatre mois plus tôt, lors du discours du Bourget, le 22 janvier 2012. Un film est projeté, mais il s'arrête en 2002. Pas de traces de la campagne présidentielle 2007 conduite par Ségolène Royal. Effacée de la photo. À l'ancienne. Dès le lendemain, mortifiée, l'ancienne candidate réclame du « respect ». Un accroc dans le contrat tacite censé la lier à son ex-compagnon. « L'oublier dans le film de campagne, ce n'était pas voulu, déplore François Hollande. C'était une maladresse, c'était blessant. Ce sont des gens qui ont cru anticiper mes désirs, sans m'en parler. »

Tous, autour du candidat, savent à quel point la crise couve, entre Royal et Trierweiler. D'autant que cette dernière n'a pas su se faire accepter par le staff de campagne. Trop entière, exclusive. Et François Hollande, de son côté, ne dissimule pas l'infinie tendresse qu'il conserve pour la mère de ses enfants. Il avait été ému par les images montrant son ex-compagne en larmes, craquant en direct, après son échec à la primaire socialiste, en octobre 2011. « J'avais été la voir », se souvient-il.

« Nos relations sont normalisées, nos patrimoines séparés. J'ai fait en sorte que ça se passe bien. » Les enfants ont su jouer les intermédiaires, aussi. Soutenir leur mère. « 2007 a été une épreuve, 2012, non. Ils avaient tous anticipé qu'elle ne gagnerait pas, ils l'ont protégée », témoigne le candidat. Lui connaît la vérité familiale. Sa vérité en tout cas. « Le politique du couple, c'était moi, les enfants l'avaient compris », assure-t-il. Élu « à sa place », il veut pouvoir compter sur cette femme qu'il respecte plus que quiconque. « Elle a le sens de l'imagination et de l'initiative, elle n'est pas conformiste », décrit-il.

Ce couple politique sera un atout pour son quinquennat, il en est persuadé. Comme son amour de la concorde, à laquelle il est tant attaché. Conscient que c'est aussi un point faible, il ajoute : « La droite a installé cela vis-à-vis de moi, l'homme qui ne sait pas trancher. » Pour l'instant, cette image d'homme du consensus, qui bientôt l'accablera, il en joue. Au moins lui correspond-elle totalement. « Je dis toujours oui a priori, je trouve insupportable les gens qui disent toujours non. Cette méthode n'a pas dû être mauvaise pour en arriver là où j'en suis ! Mitterrand faisait cela, il laissait les choses croupir, et ensuite il prenait les décisions. Jospin, lui, avait théorisé l'équilibre. Il fallait toujours être à l'équilibre. »

Quelque part, l'esquisse d'une méthode. Une ligne de crête entre Mitterrand et Jospin. Ses deux matrices. L'un a su gagner deux élections présidentielles, l'autre en a perdu autant. Qu'est-ce qui a fait pencher la balance ?

Cette interrogation majeure a hanté la carrière de François Hollande, nourri sa résistible ascension. « Être efficace, avant tout », c'est une petite phrase qu'il lâche devant des journalistes, un soir de meeting. Ils n'y prennent pas forcément garde, le propos semble si banal… Et pourtant, il le définit tellement. Perdre une élection, on l'a dit, ça lui est arrivé. Et il a détesté. « Je préfère gagner une élection avec un peu moins d'enthousiasme que de la perdre avec beaucoup plus de ferveur », déclare-t-il au *Monde*, le 16 mars 2012.

Il se montre donc « efficace », le 22 avril 2012. Au premier tour de l'élection présidentielle, il obtient 28,63 % des voix, contre 27,18 % à son rival, Nicolas Sarkozy. L'écart est plus faible qu'espéré ? Il vire en tête, c'est l'essentiel. Être premier confère un avantage psychologique certain, installe une dynamique.

En bon sportif de canapé, féru du Tour de France, il sait qu'au sortir du dernier virage, mieux vaut s'extraire de la meute, même légèrement, pour gagner le sprint.

Il enchaîne les rencontres, à partir du 22 avril, avec un peuple de supporteurs quasi enamouré. Il a su créer une envie de lui. Pure sensation de joie, un feeling étourdissant. Le 24 avril, on le retrouve dans le wagon d'un TER qui le conduit dans l'Aisne. Un essaim de journalistes le suit, index sur l'iPhone, prêts à twitter. Il est sur ses gardes, la nouvelle doxa médiatique fait la part belle à l'immédiateté, source de grands dangers. Alors, face à nos confrères, il « verrouille ». Le plus sûr dans ces cas-là est de se réfugier derrière quelques propos creux dont il a le secret.

Assis en face de lui, dans le train, l'affable René Dosière a pris ses aises. Le ventre débordant un peu du pantalon, le député socialiste de l'Aisne figure vraiment le prototype de l'élu amateur de bonne chère. Mais gare aux apparences. Dosière, c'est surtout un redoutable spécialiste de la dépense publique, dont il traque les dérives, inlassablement. D'ailleurs, sa discussion avec le candidat du PS bascule rapidement sur le budget de l'Élysée. « On peut réduire de 30 % ? » lui demande Hollande. « Et Brégançon, et la Lanterne ? » questionne-t-il encore, en faisant référence aux résidences présidentielles fournies par la République. Et puis, il y a aussi ces frais de bouche et ces dîners fastueux, à réduire impérativement.

« C'est de l'ordre du symbole, mais c'est important, lui répond Dosière. Le budget de l'Élysée, c'est 140 millions d'euros, ton salaire, c'est 18 000 euros net environ. Le magistrat de la Cour des comptes qui contrôle l'Élysée, c'est un bon, il faut garder le contrôle avec lui. » Dès août 2012, Hollande baissera le salaire présidentiel de 30 %, pour l'amener de 21 300 à 14 900 euros brut par mois.

S'il a maigri, Hollande a pris une sacrée épaisseur politique. C'est fou le poids de 10,2 millions de voix. Il semble différent, changé. On peine à définir précisément cet état de lévitation politique, car la transformation est subtile. Un ton peut-être légèrement plus ferme, un regard empreint d'une nouvelle assurance…

« C'est le meilleur des scénarios », dit-il du premier tour de l'élection, en constatant que Mélenchon doit se contenter de 11,1 % des suffrages. C'est loin d'être un score dérisoire, bien sûr, mais il semble insuffisant pour obtenir des concessions du candidat socialiste : « Il aurait fait 15 %, il aurait haussé la voix, ce qui aurait été assez légitime », dit-il, plus darwiniste que jamais.

« Je n'ai pas encore ressenti le moment où l'on devient président, confie-t-il encore. Il y a plus de ferveur chez les gens. C'est une élection où il y a de la retenue, de la gravité, de la colère. Je ne peux pas dire que c'est fait. Il ne faut pas être sur la défensive, il faut attaquer. »

Alors, il cogne. Il critique Sarkozy sur son « train blindé » : lui président, il jure qu'il ne déploiera pas de moyens inconsidérés pour se déplacer, qu'il évitera l'avion. Il est encore dans le mythe du président normal. Ça lui passera.

Les meetings se suivent, se ressemblent. La voix s'éraille, prend du grain. Il est en mode conquête, quasi messianique. Il l'avait dit, il ne s'appartient plus, les rendez-vous s'enchaînent, ses secrétaires s'épuisent, son service de sécurité enfle à vue d'œil.

Il reste une étape, incontournable rituel de la présidentielle, le débat télévisé entre les deux finalistes. Il s'y prépare, avec, dans le rôle du puncheur de l'ombre, *sparring partner* rêvé, le poids lourd Stéphane Le Foll. Des arguments sont rodés, des phrases soulignées en rouge sur un petit papier. Le 2 mai 2012, il affronte donc Nicolas Sarkozy dans un combat dont il restera, pour la postérité, la célèbre anaphore : « Moi, président… » Même pas préparée. Pourtant, quand on connaît Hollande, on sait à quel point il aime polir, répéter ses effets oraux.

On a revu le match. L'exercice est toujours instructif. Sarkozy, sur la défensive, doit répondre aux accusations d'un Hollande résolument impitoyable : « Vous avez nommé partout vos proches… », « Vous avez à la fois plus de pauvres et des riches plus riches », etc.

« J'ai vu de la haine dans ses yeux »

Stéphane Le Foll assiste au duel, d'abord décontenancé, puis soufflé. « On avait préparé une série de phrases clés, avant, dans des réunions préparatoires, raconte-t-il. J'avais préconisé une attaque plus musclée. J'ai dit que je le voyais bien attaquer directement sur le thème : "Monsieur Sarkozy, comment pouvez-vous incarner le rassemblement alors que vous n'avez cessé de diviser les Français ?" François a pris note, comme il fait toujours. Mais c'est lui qui décide ! À l'arrivée, il a décidé de commencer plus soft. Du coup, j'ai trouvé le début un peu mou. Et puis, très vite, il a repris cette idée, en attaquant sur ce thème. En tout cas, même moi qui le connais bien, il m'a impressionné, notamment pour sa pugnacité. Et même les aubryistes nous ont dit après que Martine n'aurait pas pu être à ce niveau, être aussi efficace et intégrer à ce point la posture présidentielle. »

Aquilino Morelle est présent lui aussi, dans les loges, avec Valérie Trierweiler et quelques proches. Quand

Hollande sort du studio, il leur raconte l'affrontement verbal, l'ambiance au couteau, sur le plateau. Le candidat socialiste se souvient du regard de Sarkozy, quand il lui a lancé en pleine face son anaphore : « J'ai vu de la haine dans ses yeux », dit-il presque gravement.

Mouché en direct, Sarkozy ne pardonnera pas cet instant historique à Hollande. C'est donc ce « Moi, président », improvisé par un socialiste patelin, qui restera dans les annales télévisuelles, aux côtés du « monopole du cœur » inventé par Giscard, ou de « l'homme du passif » sorti du chapeau mitterrandien.

Sarkozy aurait dû se méfier davantage. Ne pas sous-estimer son contradicteur. Il a une circonstance atténuante : qui n'a pas, un jour, sous-estimé François Hollande ? Personne ne l'a vu venir, avec son allure pataude, son tempérament douceâtre, ses faux airs de chef de bureau… Ce manque de considération, l'ancien député de Corrèze en a fait une force redoutable, le moteur de sa réussite.

Le 6 mai 2012, il est élu président de la République française.

L'ascension est terminée. Il a planté son drapeau au sommet.

Attention, l'oxygène se raréfie, tout en haut.

2

Le lauréat

Un voyage de mille lieues commence toujours par un premier pas.

Lao Tseu

Voilà donc à quoi ressemble un président fraîchement élu.

Un type fatigué, toujours entre deux coups de fil, claquemuré dans son QG. Pas d'euphorie, surtout pas. En fin de campagne, il avait déjà forci, un peu, les buffets ont rempli leur inévitable office, et le costume semble froissé, mal ajusté.

Mais qu'importe.

Nous sommes le 10 mai 2012. Trente et un ans très exactement après le couronnement de François Mitterrand, le nouveau président socialiste de la République française s'appelle François Hollande.

C'est l'heure des premiers pas.

Le lauréat est dans la place.

Quatre jours après la victoire, devant son QG de campagne, au 59 de l'avenue de Ségur, dans le très chic 7e arrondissement parisien, les télévisions sont en édition spéciale permanente. Le président n'a déjà plus une minute à lui.

Le pouvoir, c'est d'abord accepter de ne plus s'appartenir. François Hollande ne s'y est jamais vraiment résigné, il en paiera le prix fort.

Les chefs d'État du monde entier se pressent pour lui présenter leurs hommages. Son ton n'en laisse rien paraître, toujours égal, car chez lui les grandes joies aussi sont muettes, mais son visage porte les stigmates des folles heures victorieuses, de Tulle, où il a vécu les premiers instants de son triomphe, jusqu'à la fête de la Bastille, à Paris. Avec ce curieux baiser, prémonitoire, arraché presque de force par sa compagne, sur une scène corrézienne, au son de l'accordéon, puis l'avion privé, le retour à Paris, la liesse.

Tout est historique, désormais.

Ce jeudi 10 mai, nous reprenons le fil de nos échanges, interrompus plus de deux semaines. Un peu naïvement, nous avions espéré pouvoir le suivre, au plus près, durant l'emballement final. Il n'en a rien été, le candidat a disparu de nos écrans radars, nous convainquant ainsi de « redimensionner » notre projet. Dire que nous avions initialement pensé pouvoir enquêter sur les « cent jours », soit les trois premiers mois de son mandat...

Place donc au président.

« C'est vraiment à 20 heures, quand votre visage apparaît sur l'écran, que vous réalisez. Et tout de suite, vous basculez dans l'après », nous dit-il. Les médias à ses trousses, la sécurité omniprésente... D'ailleurs, il est temps de choisir, soigneusement, les gardes du corps (dé)voués à l'escorter pendant les cinq années à venir. Ces hommes et femmes vont tout savoir du président, ils seront son ombre portée. Hollande a pu compter, en la matière, sur les conseils de Daniel Vaillant, ancien ministre de l'Intérieur, et de Lionel Jospin. Ils lui ont glissé des noms. Ses nouveaux officiers de sécurité sont « sûrs ». Ce ne sont pas forcément les plus costauds, mais au moins n'ont-ils jamais été pris en flagrant délit de sarkozysme débridé.

Le premier coup de fil du président Hollande a été familial.

« Dès l'élection connue, j'ai appelé mon père en premier. Il a 89 ans. Il m'a dit : "Tu vas avoir plein d'ennuis." Il aurait voulu pour moi une existence qui me permette de bien gagner ma vie, sans exposition médiatique, sans soucis. C'est raté. » Il sourit. « Je pense qu'il a voté pour moi », lâche-t-il, précisant aussitôt : « Par passion paternelle. » Les affinités politiques de cet ancien médecin, dont François Hollande parle si peu, sont anglées très à droite.

Il garde en tête les tout premiers instants. Savoure. « Après ma victoire, Sarkozy m'a appelé. Comme d'habitude, il ne parlait que de lui, en mélangeant le public et le privé. Il m'a dit : "Tu verras, c'est dur, il faut que Valérie appelle Carla..." » Il baigne dans une douce allégresse, jongle aisément avec les dossiers qui, déjà, s'empilent dans un cerveau parfaitement configuré. Lui qui, depuis toujours, ne vit que pour la politique, touche son graal. « Le gouvernement ? Je ne veux aucune fuite, donc personne ne sait, à part moi, dit-il. J'ai choisi mon Premier ministre. Il ne le sait pas. »

À l'Élysée, finalement, c'est Pierre-René Lemas, directeur du cabinet du président du Sénat, qui va occuper le poste de secrétaire général. Un type bon homme, ouvert, fumeur invétéré et humaniste incorrigible. Préfet, la droite l'avait violemment débarqué, il tient sa revanche. Un temps pressenti pour le poste, Bernard Boucault, autre haut fonctionnaire de gauche, prend finalement la tête de la préfecture de police de Paris, emplacement stratégique s'il en est.

Une secrétaire passe la tête. « François, le président tunisien Moncef Marzouki souhaite te parler. » Hollande interrompt la conversation, va se poster derrière son bureau. Il met le téléphone en mode haut-parleur. L'heure est à la transparence.

« Monsieur Hollande, on s'était rencontrés à Dijon, lors d'un congrès, entame Marzouki. À l'époque, qui aurait dit que je serais aujourd'hui à Carthage, et vous à l'Élysée… – Oui, je ne sais pas ce qui était le plus improbable, d'ailleurs, ironise Hollande. – Passer de 3 % à 52 %, c'est un sacré chemin. Tous les Tunisiens ont voté pour vous. Votre prédécesseur m'avait invité à Paris, je n'étais pas très enthousiaste…, le flatte Marzouki. – Je viendrai le plus rapidement possible », promet le président français. « L'état de grâce, cela ne dure pas longtemps », prévient pour conclure son homologue tunisien.

L'agenda présidentiel est bouclé. Le premier voyage officiel sera pour la chancelière allemande, la conservatrice Angela Merkel. Le germanophone Jean-Marc Ayrault est mandaté pour discuter, de son côté, avec le SPD, les sociaux-démocrates allemands, histoire d'exercer une subtile pression sur Merkel. Le nouveau président a promis d'assouplir les positions européennes, plus particulièrement celle de l'inflexible Angela, et de créer les conditions d'un pacte de croissance.

Il s'y attelle.

« Mitterrand a tué le match ! Après le Panthéon, que voulez-vous faire ? »

Nous le revoyons le jeudi 17 mai. Jour de son premier Conseil des ministres, à l'Élysée. La passation de pouvoirs a eu lieu, deux jours plus tôt. Peu appréciée par Nicolas Sarkozy, c'est un euphémisme. Cet homme, qui avait érigé l'humiliation comme méthode bis de gouvernance, ne supporte pas qu'on le batte froid. Or Hollande, lors de son discours d'intronisation, n'a pas un mot sur l'action de son prédécesseur, ses cinq années passées à l'Élysée. Pas un geste de réconfort. Rien. Sans parler de l'affront consistant à ne pas raccompagner Sarkozy jusqu'à sa voiture.

Ceux qui ne connaissaient pas Hollande et son caractère déterminé en sont surpris.

Pas ses proches. « On ne voulait pas être gentils, nous confie alors le conseiller politique Aquilino Morelle. S'ils sont vexés, qu'ils aillent se faire foutre ! Ceux qui pensent que François est un gentil et un mou se trompent, c'est même n'importe quoi de penser ça. »

Pour son entrée en fonction, Hollande n'a rien voulu de fastueux. Pas de cérémonie tape-à-l'œil, ni de geste spectaculaire et symbolique. « Mitterrand a tué le match ! Après le Panthéon, que voulez-vous faire ? » s'exclame-t-il. Alors, il ira simplement rendre hommage le 15 mai à Jules Ferry et à Marie Curie, presque modestement, pour se mettre ensuite au travail. Au vibrion « bling-bling » a succédé un homme simple, entièrement concentré sur sa tâche : tel est en substance le message qu'entend diffuser le nouvel élu.

C'est évidemment Jean-Marc Ayrault qui est choisi pour conduire le premier gouvernement de François Hollande. Nulle surprise dans ce choix. Le député et maire de Nantes, président du groupe socialiste à l'Assemblée nationale, est un homme rigoureux et discret, sans aspérités apparentes, estimé au Parti socialiste, et surtout d'une fiabilité totale, peu susceptible par exemple de jouer sa carte personnelle dans un futur proche. Il manque de charisme ? Pas grave, l'époque n'est plus à cela, pense Hollande. Et puis, l'important, c'est sa valeur ajoutée.

Il ne trahira pas.

Un peu par hasard, on tombe sur le tout nouveau Premier ministre au premier étage de l'Élysée, le 17 mai. Sagement assis sur le canapé bleu et or, dans le vaste hall d'accueil donnant accès au bureau du président de la République. On ne se connaît pas. Des boissons fraîches nous sont servies cérémonieusement par des huissiers porteurs de lourds colliers protocolaires d'un autre temps. Il est 14 h 30. Nous nous présentons. Rapidement, face à nous, Ayrault regrette l'image souvent donnée de lui. « Ces portraits que l'on fait de moi, où l'on parle de mon soi-disant manque de charisme… C'est drôle ce décalage entre cette image caricaturale d'homme distant et froid, et ce que je suis vraiment », nous glisse-t-il, à peine fâché.

Quelques minutes plus tard, François Hollande franchit le seuil du salon Vert, la salle de réunion qui jouxte son bureau. C'est ici, dans cette pièce où trône une table interminable, qu'ont lieu les brainstorming, les réunions de cabinet… Au fond, à gauche, la porte qui donne sur le bureau présidentiel. Il nous convie dans son nouvel antre. Tous les trois.

Il est 14 h 50, cet après-midi-là, et, un peu surpris, on suit à grands pas le président et le Premier ministre, qui s'apprêtent à tenir la traditionnelle réunion précédant le Conseil des ministres.

La scène est savoureuse : Hollande, assis à son bureau déjà couvert de dossiers. Le président a un sens de l'ordre qui lui est propre. Et Ayrault, face à lui, le séant en équilibre précaire sur une chaise, penché en avant.

Le proviseur et l'ancien professeur d'allemand.

Pas un bruit, si ce n'est le tic-tac de l'horloge, qui sonne tous les quarts d'heure. On s'est assis, quelques mètres en retrait. Rien n'a été dit explicitement, mais on en a déduit que nous étions autorisés à écouter, à condition de nous faire discrets.

« Où en est-on pour le décret ? » attaque Hollande. « J'ai saisi ce matin la Cour des comptes pour une évaluation de l'état de nos comptes », répond Ayrault. « Ce serait bien d'avoir ça pour le 1er juin, avant les élections législatives », observe Hollande.

Bien pensé. Mais irréalisable.

Les élections se déroulent les 10 et 17 juin, l'audit de la Cour des comptes ne sera finalement rendu que le 2 juillet 2012, avec un diagnostic très pessimiste des magistrats de la rue Cambon. La France va mal, la dette publique s'est creusée sous le quinquennat Sarkozy marqué, c'est vrai, par la terrible crise de 2008. De toute façon, Hollande est convaincu qu'il ne pourra pas capitaliser aux législatives sur l'échec de la politique économique de son prédécesseur. C'est peut-être là sa grande erreur initiale.

Ayrault reprend : « Pour les législatives, je t'ai dit que je voyais Martine [Aubry] demain ? Elle a bon esprit. Elle a accepté qu'on se voie à Matignon. » « C'est bien, répond Hollande. Il faut préciser tous les décrets d'attribution des ministres. Tu auras quelques frottements : Mosco-Montebourg, et un deuxième, Duflot-Bricq. Mais il faut faire attention à l'expression. » Surtout, ne pas donner le sentiment d'un gouvernement d'amateurs, ou d'écoliers en quête de récompenses.

Hollande se lève soudain. Les deux hommes s'écartent, se placent près de l'une des immenses fenêtres qui donnent sur le jardin de l'Élysée. Curieux moment. Nous sommes les témoins d'une scène de cinéma, vue cent fois, au cœur des récits politiques portés à l'écran. Deux puissants de ce monde, mains croisées dans le dos, qui devisent à voix basse devant de lourds rideaux, réglant le sort des uns et des autres. Ils semblent vraiment nous avoir totalement oubliés. D'invités, nous sommes devenus voyeurs. Sensation étrange.

On tend l'oreille, évidemment.

« 350 000 euros à ne rien faire, c'est fou... »

En l'occurrence, c'est de Jean-Paul Faugère dont il est question. « Fillon ne m'a demandé qu'un seul service, recaser son directeur de cabinet », commence Ayrault. La tradition républicaine réserve de fait un « traitement de faveur » au principal collaborateur du Premier ministre en cas d'alternance politique. Et François Hollande n'entend pas y déroger.

Mais s'agissant de Jean-Paul Faugère, il y a un gros souci. « Pour Faugère, il y a un problème de rémunération, 350 000 euros, c'est trop, il faut moraliser tout cela. 350 000 euros à ne rien faire, c'est fou... », lâche Hollande. Faugère doit incessamment être nommé président du conseil d'administration de CNP Assurances, ex-Caisse nationale de prévoyance, le premier assureur-vie français.

Le 29 juin, Faugère obtiendra tout de même son poste.

Deux autres fidèles de Sarkozy vont obtenir des lots de consolation appréciables. Guillaume Lambert, ex-directeur de la campagne du candidat de l'UMP, sera nommé préfet. S'agissant de Xavier Musca, secrétaire général de l'Élysée de 2011 à 2012, Hollande confie ceci à son Premier ministre : « Musca, Sarkozy m'avait demandé de le caser à la Caisse des dépôts... » Un poste trop sensible. Musca deviendra finalement, le 13 juin 2012, directeur général délégué du Crédit agricole.

Subitement, le président s'éclipse. Quelques minutes.

Seuls dans le bureau présidentiel, on profite de l'occasion pour rediscuter avec le Premier ministre. « On s'apprécie avec Fillon, on s'est beaucoup parlé, nous confie-t-il. Il m'a dit que la seule nomination qu'il a vraiment regrettée, c'est celle de Bernard Squarcini », le patron du contre-espionnage. « Fillon a souffert avec Sarko, reprend Ayrault. Il m'a dit : "Si vous pouvez virer Squarcini, ce serait formidable. C'est la seule nomination que je n'ai pas pu empêcher. Quelle déception ce Squarcini..." »

Quelques jours plus tard, à Matignon cette fois, Ayrault nous affirmera que François Fillon se serait aussi beaucoup plaint de Claude Guéant (secrétaire général de l'Élysée de 2007 à 2011). « Fillon lui en voulait terriblement, à Guéant. Il lui reprochait la diplomatie parallèle, les ventes d'armes, l'affaire libyenne... Guéant était arrivé dans un sentiment de toute-puissance. Fillon n'a pas aimé certaines nominations, et ce milieu des intermédiaires, que fréquentait Guéant, ce n'est vraiment pas sa culture. »

Ce sont surtout les écoutes téléphoniques et autres surveillances illégales que le prédécesseur d'Ayrault n'a pas digérées, apparemment : « Fillon a été blessé là-dessus. Tout se décidait à l'Élysée. » Ayrault conclut, sèchement : « Nicolas Sarkozy a dégradé sa fonction dès le début. »

Ce jeudi 17 mai en début d'après-midi, le moment est solennel. Le Conseil des ministres approche. Le premier du nouveau président. Un authentique rite républicain. Dans le bureau attenant à celui du chef de l'État, quatre secrétaires effectuent un rapide tour d'horizon. Une sorte d'état des lieux. Trois d'entre elles étaient déjà dans le staff de campagne du candidat socialiste. Discrètes, courtoises, professionnelles. En privé, elles tutoient le président, le protègent tant qu'elles le peuvent.

Les stylos ont disparu, mais surtout, les disques durs des ordinateurs ont été changés. À chaque alternance, c'est le grand ballet des broyeuses, paraît-il. L'équipe Sarkozy a fait le métier, comme on dit. « Mon ordinateur ne fonctionnait pas, raconte le secrétaire général Pierre René-Lemas, il a fallu une journée pour remettre en fonction les téléphones… Et il n'y avait aucune archive, rien ! »

Déjà, l'Élysée bruisse de l'arrivée des ministres, les uns après les autres. Les berlines noires se garent sagement dans la cour, sur les graviers. Les photographes hèlent les stars du gouvernement : Montebourg au Redressement industriel, Valls à l'Intérieur, Duflot au Logement, Taubira à la Justice… Dix-sept hommes, dix-sept femmes. Dans le hall, au premier étage, un coiffeur et une maquilleuse sont présents. Le président doit être impeccable. « Bon, que prévoit le protocole, par où j'arrive dans la salle du Conseil des ministres ? » interroge Hollande en vrai bleu, lui qui n'a jamais fait partie du moindre gouvernement. Ce Conseil des ministres, c'est une première, pour lui aussi. « Vous passez par la gauche, monsieur le Président », lui répond un huissier.

Logique.

À son arrivée, le nouvel élu semble bénéficier d'une belle cote d'affection parmi le personnel de l'Élysée. Il les a réunis, huissiers, cuisiniers, employés de maison, assistantes, leur demandant ce qu'ils souhaitaient, quels changements il pouvait apporter à leur quotidien… Malin. À rebours, là encore, de la période précédente : des membres du personnel nous ont par exemple confié que les collaborateurs n'avaient pas le droit de traverser le hall du premier étage – il n'était pas rare que des éclats de voix percent les murs du bureau présidentiel. Hollande nous en fait une description apocalyptique : « Il faut voir la violence qui existait ici. Les huissiers, les secrétaires, nous disent : "Vous n'imaginez pas ce que c'était la vie sous Sarkozy." Ça hurlait, ils entendaient des cris, ils se faisaient insulter, les dossiers volaient, les gens avaient peur. »

Lemas se souvient de l'installation à l'Élysée. « Un jour, Hollande est entré dans mon bureau, et il m'a dit : "Viens, on va faire un tour des bureaux." On a été serrer des mains dans les couloirs, puis dans les cuisines. Le simple fait que le président dise bonjour aux secrétaires, c'est rien, mais en même temps, c'est tout. J'ai senti en arrivant ici que le personnel était stressé, surtout sous Guéant secrétaire général. Le système de gestion de Sarko est fondé sur le stress, il l'a presque théorisé. »

À ce niveau-là, au moins, le changement, c'est vraiment maintenant.

En ces premiers jours, l'euphorie règne parmi les collaborateurs du président. Lyrique, Aquilino Morelle nous confie même être « totalement bluffé » par les débuts du président Hollande, « tellement supérieur » à son prédécesseur, bien entendu.

À l'évidence, les proches du nouveau locataire de l'Élysée ne sont pas encore dégrisés. Bientôt, on va s'entendre dire que la France est passée « de l'ombre à la lumière », pour reprendre la formule malheureuse de Jack Lang fêtant la victoire socialiste, au printemps 1981…

Ils déchanteront vite.

« Je suis simple, oui. C'est mieux que "normal" »

Hollande en tout cas ne force pas son personnage : il conçoit sa nouvelle vie à l'image de sa campagne, tout en sobriété. Dans son bureau, il a ajouté une table de travail, retiré une banquette. « Je ne veux pas personnaliser à l'excès. Les lieux, je les connaissais, ça a aidé. En fait, peu de choses ont changé dans le décor, c'est même extraordinaire », note-t-il, rappelant son rôle de conseiller officieux de François Mitterrand dès mai 1981. Ce qui a le plus évolué, dans son nouveau statut ? « Le regard sur moi a changé, tranche-t-il. J'en étais sûr. Avant, j'entendais : "Nicolas Sarkozy, il fait président." Maintenant, c'est moi. C'est du jour où l'on est président que l'on fait président. Cette fonction, il faut s'en pénétrer. »

Et parfois s'en dépêtrer.

Le jour de la visite de Vladimir Poutine à Paris, le 1er juin, Hollande a ainsi débarqué à l'improviste dans un appartement bondé de son immeuble de la rue Cauchy, à l'occasion de la traditionnelle fête des voisins ! « La tête de mes voisins, s'amuse-t-il, ils n'en revenaient pas. » Il ajoute : « Je suis simple, oui. C'est mieux que "normal". D'ailleurs, j'ai conservé mon numéro de portable, tout simplement parce que, comme ça, les gens qui veulent me joindre peuvent toujours le faire. » Manuel Valls n'est pas loin de s'en étrangler. « Quand il a, avec son téléphone non crypté, une conversation avec un chef d'État étranger, je le sais, nous confie-t-il. Je lui dis : "Heureusement que c'est moi ton ministre de l'Intérieur, toute la conversation a été captée." Il me répond : "Ah bon…" »

François Hollande sera donc un président de la République à la mode *Borgen*, la série télé danoise, un type banal, dont tout le monde ou presque connaît le numéro. Enfin, c'est comme ça qu'il voit les choses, à ce moment-là…

Simple, le nouveau président, mais ferme, aussi. Hollande a décidé de marquer le coup, pour ce premier Conseil des ministres, qu'il veut exemplaire : baisse de 30 % des salaires du président et des ministres, signature collective d'une charte de déontologie… Pour ceux qui espéraient une séance en forme de jouissance collective, c'est raté. L'heure est au sérieux, au travail. Un mot d'ordre : e-xem-pla-ri-té. Et le discours du président ne laisse pas de place à l'autosatisfaction.

Hollande met en garde ses ministres, dans un propos que nous avons exhumé des archives de l'Élysée : « Aucune expression publique d'une opinion divergente, quelle qu'en soit la forme, ne saura être acceptée. Même si chaque membre du gouvernement garde sa sensibilité politique, il est au service d'une équipe. Et il ne peut s'en détacher. » Il exige donc « l'exemplarité dans les comportements », « le sens de la rigueur, du devoir et de l'honneur ». Les conflits d'intérêts éventuels sont bannis. Et il termine avec cet avertissement : « En ce lieu, l'amitié demeure. La familiarité disparaît. »

Le tutoiement n'a plus cours.

« François » est devenu monsieur le Président.

« Un seau d'eau froide, se souvient Valls. Il a été dur, sans doute exprès, pour se protéger en quelque sorte. » Pour les très proches de Hollande, le changement est plus que perceptible. Presque difficile à accepter. « Il s'est glissé dans les habits de président très vite, observe Stéphane Le Foll. Ce premier Conseil des ministres, c'était curieux, tendu. On a eu droit à un discours très formel. Puis il y a eu la charte de déontologie, et ensuite la baisse des salaires. Pfff... On s'est tous dit : "C'est hard !" À la fin, il m'a dit : "Reste..." On s'est vus dix minutes en tête à tête, dans la pièce à côté de la salle du Conseil des ministres. Là, je lui ai dit : "Regarde le chemin parcouru..." Il a opiné. »

Ce qui unit Le Foll et Hollande est de l'ordre de l'indicible. Il sera toujours le dernier des grognards, lui dont les manières, la trajectoire aussi, sont à l'opposé de son mentor. Mais leurs liens sont indéfectibles. Le nouveau ministre de l'Agriculture a toujours secondé Hollande, que ce soit au PS ou ailleurs, souvent pour faire le sale boulot, quand il fallait marteler, frapper du poing sur la table. Il a toujours su, aussi, lui dire franchement les choses. Alors, ce 17 mai, à l'Élysée, Hollande sait très bien ce qu'il doit à son fidèle soldat. Cette petite entrevue est une manière de le lui rappeler.

Les toutes premières mesures de la présidence Hollande reçoivent un bon accueil : prolongation de la trêve hivernale pour les sans-abri, revalorisation de 25 % de l'allocation de rentrée scolaire, retour partiel par décret à la retraite à 60 ans, coup de pouce au SMIC, abrogation de la circulaire Guéant sur les étudiants étrangers, retrait des troupes d'Afghanistan...

Il s'échine, aussi, à proposer un pacte de croissance à ses partenaires européens.

Les ministres, eux, prennent leurs quartiers. Manuel Valls, à l'Intérieur, est aux anges. Il marche dans les pas de son héros, Georges Clemenceau. Ce ministère est essentiel à la bonne marche d'un quinquennat. Encore faut-il pouvoir compter sur des hommes et femmes fiables. « J'ai été surpris, en arrivant, de la "désarkoïsation", très rapide, nous dit-il. Tout simplement parce que le désamour a été très fort à l'Intérieur, aussi. Il y a eu maldonne. » Bernard Squarcini est donc promptement débarqué, et remplacé par son adjoint, un pur policier,

Patrick Calvar. Même sanction pour Michel Gaudin, préfet de police de Paris. « Squarcini, il était amer, rapporte Valls. Il voulait être préfet responsable de la zone de défense de l'Île-de-France. Je lui ai dit non, en face. Au-delà du fait qu'il n'est pas facilement reclassable, avec son implication dans plusieurs affaires comme celle des fadettes, c'était juste impossible. »

Le préfet Gaudin tente de se débattre, lui aussi. Mais les arguments du futur directeur du cabinet de Sarkozy ne trouvent pas beaucoup d'écho. « Il m'a dit : "Mais je ne fais pas de politique !" raconte Valls. J'ai souri et je lui ai répondu : "Quand même !" Gaudin et Squarcini ont oublié ce qu'ils ont fait. Il y a des gens qui ont été humiliés. Ces deux-là, comme Guéant, Sarkozy les a pervertis. Ils se sont perdus dans le sarkozysme. » Autre titulaire d'un poste clé, le patron de la police judiciaire de Paris est ciblé lui aussi. Christian Flaesch, grand flic par ailleurs, a le tort d'avoir les faveurs des sarkozystes. « Il partira d'ici janvier ou février, nous annonce Valls en juillet 2012. L'idée est de traiter correctement les gens que l'on remplace. » L'éviction de Flaesch sera plus tardive mais surtout plus brutale que prévue. Il sera limogé en décembre 2013, quelques jours après que nous aurons révélé, dans *Le Monde*, l'existence d'un coup de fil compromettant. Le patron de la PJ parisienne a commis l'erreur de prévenir son ancien ministre de tutelle, Brice Hortefeux, de sa prochaine convocation par les juges de l'affaire libyenne…

Pour chacun de ces mouvements dans la police, Ayrault est évidemment consulté. « Pour nous, la police, c'est un secteur clé, confirme-t-il. On voyait bien que Squarcini, ça n'allait pas, il a eu un comportement inacceptable. »

Généralement modéré dans ses appréciations, le Premier ministre semble vraiment en vouloir à l'équipe Sarko. Sans doute parce qu'elle s'était chargée, pendant la campagne, de rappeler son passif judiciaire. Une condamnation en 1997 à six mois de prison avec sursis pour un délit de favoritisme, alors qu'il a été réhabilité en 2007, ce qui signifie que le simple rappel de cette sentence constitue théoriquement une infraction. Ayrault cible tout particulièrement Franck Louvrier, responsable de la communication à l'Élysée entre 2007 et 2012. « C'est Louvrier qui a sorti ça. C'est un type sans foi ni loi, comme son maître », s'emporte devant nous le placide Ayrault.

À l'Élysée, l'équipe est constituée. Il faut maintenant organiser le travail au quotidien. Hollande connaît le principal danger des palais nationaux : l'isolement.

Le syndrome de la tour d'ivoire, auquel tous les occupants des lieux ont fini par céder.

Alors, pour briser le sort, Hollande ouvre grandes les portes du « Château ». Le 1er juin, il accepte d'ailleurs notre présence à la première réunion de son cabinet au grand complet.

« Ceux qui veulent démissionner, c'est encore possible »

Quarante-six conseillers conviés dans le salon Napoléon pour prendre note des consignes présidentielles. Tous les secteurs sont représentés, logement, communication, justice, sports… Sauf la police. « C'est volontaire, on n'en a pas besoin, nous explique Lemas. On ne va pas reproduire ce que l'on a dénoncé. Il faut refermer la période sarkozyste. » Le président a surveillé la réorganisation de la « Grande Maison » de très loin. « Dans la police, ils sont soulagés, car ils avaient une pression maximale depuis dix ans, avec les réseaux, etc. », nous glisse Hollande.

Comme à son habitude, il a soigneusement préparé son discours. Il remercie d'abord ses collaborateurs d'avoir accepté de venir à ses côtés, dans ce qu'il appelle curieusement « le palais de la grisaille ». Cette équipe doit être à son service, mais aussi au chevet de la France. « Le danger est que je puisse apparaître comme étant éloigné des Français, prévient-il. Je ne veux pas être chef de tout. Celui qui doit arbitrer, c'est le Premier ministre. Vous êtes des conseillers normaux d'une présidence normale. Il n'y a qu'en France que l'on a installé le pouvoir dans un palais. On se sent à l'abri de tout, c'est une grave erreur, le protocole vous aspire. »

Cet expert en médias met en garde son équipe. Pas question de se disperser dans la presse. « On ne parle pas au nom du président de la République sans en avoir reçu mandat, assène-t-il. Vous devez prendre garde à la médiatisation. Les journalistes vont chercher de l'information, des histoires, des portraits. Vous devez faire des éclairages, mais pas leur donner des informations. On n'a pas que des amis, cela ne vous a pas échappé. »

En expert de cette bonne vieille langue de bois qu'il parle couramment, il donne ce conseil avisé : « Il faut être pédagogique car, plus on est pédagogique, moins on donne d'informations. » Les conseillers, autour de la grande table dressée pour l'occasion, écoutent, attentifs. C'est un mode d'emploi du pouvoir que leur délivre le président. « Je ne veux pas avoir de rapport direct avec les ministres, cela doit être exceptionnel, reprend Hollande. Si je dois intervenir, je le fais auprès du Premier ministre. C'est très important pour son autorité. » Il termine, en souriant : « Ceux qui veulent démissionner, c'est encore possible. Vous pouvez regagner vos quartiers sombres. Attention au mois d'août, j'espère que vous n'avez rien prévu pour vos vacances ! »

L'été ne s'annonce pourtant pas meurtrier. Hollande bénéficie encore d'une cote de popularité acceptable, 59 % selon l'IFOP, et le nombre de chômeurs reste sous la barre des 3 millions, en catégorie A. La conférence sociale est sa grande priorité. Prévue les 9 et 10 juillet 2012, elle doit lancer les grands chantiers qui lui sont chers, et inaugurer une nouvelle méthode pour gouverner, davantage fondée sur le dialogue. « Il faut chercher un lieu symbolique, indique-t-il à ses troupes. Ici, le social n'est pas renvoyé par les murs… » Le palais d'Iéna est choisi, finalement : « Le Conseil économique et social, c'est une bonne idée. Et ça ne nous coûte rien », se félicite-t-il.

Les fameux couacs de ses jeunes ministres n'ont pas encore gangréné l'image du gouvernement. Seule Cécile Duflot, en bonne écologiste indisciplinée, se fait remarquer en vantant dès le 5 juin les mérites de la dépénalisation du cannabis. « Duflot, nous dit alors Ayrault, je lui ai dit de choisir entre son parti et le gouvernement. Après la gauche caviar, on ne va pas avoir la gauche pétard ! »

Et le président au fait, quelle est sa position, sur le fond ? Il se livre rarement sur les sujets de société, qui ne l'intéressent pas beaucoup. « Ça, je suis contre, tranchera-t-il devant nous en novembre 2015. Est-ce que cela empêcherait d'autres trafics ? Non, ce serait sur d'autres drogues que cela s'organiserait. Deuxièmement, cela suppose de faire des débitants de tabac ou des pharmaciens des organisateurs de ce commerce-là, des dealers. Au moment où on fait en sorte de faire le paquet neutre, ce serait quand même paradoxal ! – Vous avez déjà fumé, vous, des joints ? » tentera-t-on. Sa réponse ne nous surprend pas : « Non, jamais. Même si, dans ma génération, des drogues dures comme le LSD circulaient. Je n'avais pas envie de me retrouver dans cette situation. »

Les élections législatives approchent, cruciales. À quoi servirait une victoire présidentielle en mai, si Hollande, mis en difficulté, se trouvait, en juin, contraint à une godille permanente au Parlement ? Il lui faut une majorité claire avant de pouvoir composer un deuxième gouvernement.

Il est fier du premier, en dépit des déceptions engendrées chez ses amis non retenus. « François Rebsamen, André Vallini, Claude Bartolone… égrène-t-il. C'est injuste, évidemment, ils auraient pu faire de bons ministres, mais ils ont été les variables d'ajustement de la parité. Pour Aubry, l'idée aurait été un grand ministère de l'Éducation et de la Jeunesse. Mais elle a été claire dès le début : ce sera Matignon ou rien. »

Rien, donc.

En tout cas, Martine Aubry à Matignon, cela « aurait été possible », confie-t-il. Mais son sort dépendait de « l'élection présidentielle et des rapports de force » qui en découleraient. De fait, un score plus élevé de Mélenchon et des Verts au premier tour aurait probablement poussé Hollande à « gauchiser » son équipe. Le chef de l'État qui, comme il nous le confie encore le 13 juin, « souhaite des ministres communistes au gouvernement ».

Mais finalement, il s'accommode parfaitement du profil hyperconsensuel d'Ayrault, dont le positionnement au sein du PS lui correspond bien plus. Sans doute sous-estime-t-il, en revanche, le pouvoir de nuisance de « la dame des 35 heures ».

« On ne va pas la laisser tomber, Ségolène... »

« Je suis satisfait des premiers pas du gouvernement, malgré les attaques contre Christiane Taubira. Mais elle a bien répondu, et ça n'a pas marché sur le plan électoral », se réjouit-il. Au premier tour des élections, trois jours plus tôt, le 10 juin 2012, la majorité présidentielle a obtenu 39,8 % des voix. Un bon score. Mais le président est préoccupé. D'abord pour son ex-compagne, Ségolène Royal, en très grande difficulté à La Rochelle, face au local Olivier Falorni, qu'il a vainement tenté de ramener à la raison. « C'est décevant. On ne va pas la laisser tomber, Ségolène, car elle a été notre candidate, quand même. » Et la mère de ses quatre enfants, aussi. Il lui avait conseillé, en vain, de reprendre la circonscription qu'elle avait cédée à Delphine Batho.

Hollande s'alarme surtout des scores du Front national. Il voit, déjà, poindre une convergence de pensées entre la droite et son extrême. Au second tour des législatives, la majorité présidentielle gagne son autonomie : 331 députés, avec 49,9 % des voix. Une seule victime, de taille, Ségolène Royal.

Les premiers pas du nouveau président paraissent assurés. « Je ne suis pas surpris qu'il soit à la hauteur, témoigne Valls. Ce que j'ai vu et découvert dans sa campagne, c'est son énorme concentration, sa connaissance des dossiers, et son obsession à ne pas faire de conneries. » Ne pas faire de « conneries », donc, en particulier à l'étranger, où il s'est très vite rendu, dès le 19 mai, pour rencontrer Barack Obama en tête à tête, puis pour assister au G8, à Camp David, la résidence d'été des présidents américains. « J'étais attendu là-dessus, et j'ai imposé des thèmes », s'applaudit Hollande. Il s'est surtout fait remarquer en refusant de tomber la cravate, contrairement à ses homologues. Erreur de bizut ? À l'en croire, pas du tout. « Je n'aime pas les codes, y compris celui qui impose de ne pas mettre de cravate ! » rétorque-t-il dans une pirouette.

Aquilino Morelle accompagne le président aux États-Unis. Toujours en pâmoison, le conseiller se dit presque surpris par l'agilité avec laquelle Hollande s'est glissé dans le costume de grand de ce monde. « Sur la séquence étrangère, il a été impressionnant. Tellement à l'aise... Il faut dire qu'il a beaucoup bossé, ingurgité je ne sais combien de notes. On passe notre temps à vomir sur nos élites, mais elles sont très bien formées. Hollande est beaucoup plus fort que Merkel par exemple, il n'a fait aucune faute », s'enflamme le conseiller.

La crise de la zone euro cueille tout de même de plein fouet le nouveau président. « D'emblée, nous dit-il, c'est un sentiment de grande pression. Il y a bien un état de grâce, mais ni politique ni social. Des bonnes nouvelles, il n'y en a pas autant qu'on le voudrait. » L'équipe sortante lui a légué plusieurs cadeaux empoisonnés. Peugeot par exemple, qui va mal, très mal.

Le 12 juillet 2012, le patron de PSA, Philippe Varin, annonce un plan de suppression de 8 000 emplois. Hollande n'est pas surpris : « Je savais parfaitement quand je suis arrivé que Peugeot allait faire une annonce très forte, puisque Varin m'avait dit pendant les élections qu'il se préparait quelque chose. Il l'avait repoussé à la demande de Sarkozy… »

Montebourg, lui, fait du Montebourg. Il gronde, tempête, pointe publiquement « la responsabilité de la famille Peugeot », dénonce des « dissimulations »… Hollande de son côté joue de sa complicité avec Ayrault. L'assemblage est complémentaire.

Verbe haut contre profil bas.

Nonobstant les coups de menton, reste une pénible réalité : le groupe automobile brûle 200 millions d'euros de trésorerie chaque mois. C'est le premier dossier chaud du chef de l'État, sur le plan économique. « Montebourg, nous dit-il, ne pouvait pas faire autrement qu'interpeller l'entreprise, par rapport à un plan social qui était lourd, et par rapport au report d'une décision connue depuis au moins un an. Il pouvait à juste raison mettre en cause l'actionnaire, qui n'avait pas apporté assez de capitaux et avait exigé beaucoup en retour en termes de dividendes. Varin n'est pas de mauvaise composition. Ce n'est pas lui qui a demandé à reporter la décision, c'est Sarkozy. Et puis Montebourg, ce n'est pas le gars qui a une dimension uniquement tribunitienne, le gars qui interpelle… Il est dans la préparation stratégique. »

Plus réservé sur le style Montebourg, Le Foll lâche : « Arnaud, il part sabre au clair, mais dans ces cas-là, il faut quand même regarder s'il y a des troupes qui suivent derrière ! Et puis, il y a son travers perpétuel, donner des leçons à tout le monde. »

« Je ne dirai pas le mot austérité, sûrement pas... »

Entre la France et son nouveau chef, la lune de miel semble déjà terminée. Elle aura duré à peine quelques semaines. Place aux conflits, à la litanie des plans sociaux. Le patronat redevient ce redoutable prédateur, prêt à dévorer des socialistes un peu trop naïfs.

Lors de son intervention du 14 juillet, Hollande s'exprime depuis l'hôtel de la Marine, afin de respecter l'une de ses promesses, ne plus inviter, tel un monarque, les journalistes à l'Élysée pour l'entretien télévisé traditionnel. « Sinon, on dirait que rien n'a changé », nous confie-t-il avant cet exercice obligé. En revanche, pas question de prononcer lors de cette émission les termes « rigueur » ou « austérité », beaucoup trop « connotés » selon le chef de l'État. « Je serai interrogé sur mes engagements, devine-t-il. Je vais dire qu'il y a un effort à faire. Je ne dirai pas le mot austérité, sûrement pas, mais je peux parler d'une gestion rigoureuse, ça ne me dérange pas. On est entraîné dans des querelles sémantiques... Si je dis rigueur, immédiatement la presse dira : "Il avoue la rigueur." Si je ne le dis pas, elle dira : "Il y a déni." Très bien, on va trouver un autre mot... »

En ces premiers mois, il soigne son image de président modeste. Par exemple, il se rend à Bruxelles en train. « Ce n'est pas par anti-sarkozysme, prétend-il. Mais je trouve incroyable de mobiliser deux avions pour aller à Bruxelles. Il faut un État moins ostentatoire. » Une position de principe qui ne résistera pas à l'épreuve de la réalité. Et puis, est-il totalement sincère lorsqu'il joue l'homme normal, le politicien proche du peuple ? La communication est une arme de séduction massive. « Ce que je peux dire, glisse d'ailleurs son ami Le Foll, c'est qu'il a créé son personnage, il l'a pensé. »

Sur le plan politique, le congrès du PS, à Toulouse, est une formalité. Jean-Marc Ayrault et Martine Aubry déposent une motion commune. « Hollande est un peu au-dessus de tout ça, maintenant, dit Le Foll. Son truc, c'est : "Comment je fais pour avoir le moins d'emmerdes ?" Donc, Aubry-Ayrault, ça lui va. » Mais le premier carré des hollandais redoute, à juste titre, la reconstitution d'une ligue aubryiste, dangereux contre-pouvoir potentiel. « Aubry, on lui a redonné les clés, s'inquiète Le Foll. On s'y est pris comme des manches… Mais je pense que François ne voulait pas donner l'impression de tout prendre, y compris le parti. »

Nous voici mi-juillet, et ce n'est déjà plus l'ère des premiers pas.

Plutôt l'entame d'un très long chemin de croix.

Le 14 juillet, premier défilé militaire sur les Champs-Élysées. Hollande est à l'aise. Il n'est pas encore sifflé, comme cela lui arrivera souvent les années suivantes. Tout se passe si bien. Et soudain, un parachutiste se blesse en atterrissant, sous ses yeux. Incident rarissime. Il se précipite pour l'aider. « Je savais qu'il allait y aller, sourit Le Foll. Ce n'est pas une posture, c'est vraiment lui. Sur le fond, il n'a pas changé. »

Mais ce militaire qui trébuche, c'est comme un signe du destin. Un avertissement tombé du ciel, au sens propre. La preuve que rien n'est acquis. Que des milliers d'heures d'entraînement peuvent s'effacer devant un coup du sort.

Que rien ne se passe jamais comme prévu.

Hollande a fait ses premières armes. Sans trop de dégâts. Il a mis à profit sa longue expérience, ce capital politique accumulé tout au long de décennies de labeur.

Il va maintenant découvrir, très vite, que gouverner, c'est subir.

« Ma cote de popularité va s'effondrer », pronostique-t-il devant nous, le 11 juillet 2012. « Les difficultés vont s'amonceler, donc on va retrouver les clivages politiques, on va perdre du pouvoir d'achat, le chômage croît… On va en payer le prix. »

« Il » va en payer le prix.

3

Le tête-à-queue

C'est une chose redoutable que les propos du peuple animé par le ressentiment, et l'on paye toujours sa dette à la malédiction populaire.

Eschyle

Deux ans plus tard.

Un jappement joyeux.

Le nouveau Premier ministre se repose enfin chez lui, ce 14 avril 2014, après quinze jours de folie médiatique. Son chien Homère, un cairn terrier, arpente le bel appartement agrémenté de deux terrasses, situé dans le 11e arrondissement parisien, en plein territoire « bobo ». Pour y accéder, prière de se munir d'une corde et d'un piolet, tant l'escalier est raide. Un peu à l'image de son occupant.

Manuel Valls est à Matignon depuis le 31 mars.

Exit Jean-Marc Ayrault.

Valls est à fond. En mode « ça passe ou ça casse », tant il sait à quel point ces deux années ont défilé vite, trop vite, sans laisser autre chose qu'une trace d'amateurisme persistant. « Ce qui est aujourd'hui mis à nu, nous assure-t-il, c'est l'impréparation du PS. Ces deux années sont ratées, au-delà du problème sérieux de méthode, car en fait on ne s'est pas préparés. Aubry a fait marcher le PS sur la tête, et la primaire, au lieu de désigner Aubry, désigne Hollande, un challenger. On paye toutes les contradictions. On arrive non préparés, mais je ne pensais pas à ce point-là : le nucléaire, le rôle de l'État, la famille, les impôts… L'électorat de gauche nous dit : "Désamour, y en a marre." »

Propos troublants. Il reste trois ans à l'exécutif pour se refaire une santé, et le tout nouveau Premier ministre, pourtant pas du genre à baisser les bras, paraît résigné.

Comme s'il était déjà trop tard.

À peine deux années au pouvoir, donc, et tout semble s'être délité.

Un étrange maléfice s'est abattu sur l'Élysée. Des forces obscures et hostiles semblent avoir décidé de faire payer son outrecuidance à l'apprenti parvenu au sommet. En vingt-quatre mois, de mai 2012 à avril 2014, le président de la République a vu sa cote de popularité chuter de 61 à 23 %.

Du jamais vu sous la Ve République.

Hollande espérait laisser une trace dans l'Histoire, mais pas celle-là.

Une telle fessée, personne ne peut s'en remettre, a priori. « Ma voix est faible, et même un peu profane », disait Voltaire. Hollande pourrait faire siens ces mots. Car très rapidement, le candidat « à l'écoute » des Français a laissé place au président inaudible.

Taxé d'incompétence.

« Le tout, c'est de mieux terminer le mandat qu'il n'est commencé »

Il l'avait anticipée, cette débâcle, pourtant. Peut-être pas à ce point, tout de même… Le 1er juin 2012, le tout nouveau chef de l'État lance, devant nous, aux membres de son cabinet : « Nous allons travailler une grande partie de l'été. Il y aura une mobilisation de toutes les énergies pendant juillet… »

« Mon échelle de temps, c'est cinq ans », leur dit-il, mais c'est pour aussitôt préciser : « On doit bien réussir les premiers mois, il faut des lois utiles et efficaces. » Il a enfin cette phrase prémonitoire : « Le quinquennat se joue dans les premiers mois, il crée de l'irréversible. » Nouvelle prédiction, à notre seul endroit, le 26 juillet 2012 : « Ma cote de popularité va baisser, forcément. Les gens vivent le chômage, les décisions fiscales… On l'avait anticipé. » Il s'arrime à cette conviction : « Le tout, c'est de mieux terminer le mandat qu'il n'est commencé. »

Oui, ces deux premières années du quinquennat Hollande sont celles d'un grand gâchis. Personnel et collectif. Dès juillet 2012, le politologue Gérard Le Gall, proche du PS, relève une « rupture d'opinion » entre le peuple de gauche et le président. Paradoxalement, à rebours de l'image d'immobilisme total qu'il renvoie, en vingt-quatre mois, celui-ci a agi. Si la présidence Hollande souffre d'un handicap rédhibitoire, c'est bien cette totale incapacité à faire valoir son action.

Mais que lui manque-t-il donc ?

Voici une liste non exhaustive des principales réformes mises en place durant ce laps de temps : retour partiel à la retraite à 60 ans, emplois d'avenir, contraception gratuite pour les mineurs, fin du délit de solidarité aux sans-papiers, crédit impôt recherche pour les PME, pérennisation de la création de mille emplois annuels pour la police et la gendarmerie, contrats de génération, mariage pour tous, adoption pour les couples homosexuels, sécurisation des parcours professionnels, non-cumul des mandats, mesures pour la moralisation de la vie publique, et bien sûr le crédit d'impôt pour la compétitivité et l'emploi (CICE) et le pacte de responsabilité… Soit une bonne dose de réformes, parmi lesquelles nombre de mesures sociétales dites de gauche, accompagnées de dispositifs économiques destinés à booster l'emploi.

Alors, pourquoi cette impression prégnante d'échec total, ce discours général catastrophiste, ces commentaires si sévères sur le début du quinquennat de Hollande ? Sans doute parce que, sur le point principal aux yeux des Français, le chômage, les résultats n'ont pas été au rendez-vous : le nombre de chômeurs, en catégorie A, franchit d'ailleurs la barre tristement emblématique des trois millions dès l'été 2012. Mais il n'y a pas que ça.

Non, les péchés originels peuvent se résumer en trois mots : impréparation, cacophonie, normalité. Le tout débouchant sur un gigantesque malentendu entre Hollande et les Français.

L'impréparation, d'abord. Bien sûr, Hollande a potassé, Fabius aussi a planché sur les premières réformes, mais les socialistes ont quitté le pouvoir en 2002. Dix années passées à s'entre-déchirer, puis à s'opposer, à contester, et enfin à surfer sur la vague anti-sarkozyste. Trop facile.

Le PS est équipé pour gérer des villes, des départements, des régions, mais gouverner un pays, traiter une opinion fragile, c'est autre chose. Du coup, l'été 2012 est balbutiant, on y aperçoit le président barboter à Brégançon, avec Valérie Trierweiler. Il ne perçoit pas le danger. À trop vouloir rassurer, il crée une forme de quiétude émolliente, peu compatible avec l'attente et l'impatience qu'il a suscitées pendant sa campagne présidentielle. Le moteur gouvernemental tourne à vide. Son refus de dramatiser la situation, son incapacité à enflammer les consciences donnent le sentiment d'un président dépassé par les événements, inexpressif gestionnaire d'une crise dont on ne voit pas la fin.

Il ne peut que décevoir.

Valls, en bon communicant, identifie le danger devant nous en octobre 2012 : « Cet été a été très mauvais, à l'évidence, on a perdu deux mois préjudiciables car il n'y avait pas de rythme en juillet : un mauvais 14 juillet, Ayrault qui ne fait pas le discours de vérité qu'il voulait faire, les vacances du président à Brégançon… Ce qui est vrai, c'est que je me suis moi-même étonné qu'on n'ait pas pensé à l'exercice du pouvoir, dans l'économie ou l'industrie. Je l'ai constaté au mois de juillet : aucun texte fort qui marque les esprits. Hollande, pour rompre avec Sarkozy, a tenu un faux rythme. Si on avait mis un grand texte en juillet, on aurait donné le sentiment de bouger. »

Rencontré à l'Élysée le 26 juillet 2012, le président s'inquiète déjà de son image : « La presse dit : "Montrez que vous êtes courageux et on dira que vous êtes un bon gouvernant." Mais je ne vais pas me précipiter tout de suite pour matraquer les Français, alors qu'on leur demande déjà des efforts. » Il a sa méthode. Elle est mal comprise, ou plutôt incomprise ? Rien à faire, il ne veut pas en démordre.

Il s'entête, jusqu'à honorer de mauvaises promesses.

Parfait exemple, l'affaire de la TVA sociale. La loi qui relève le taux de cette taxe de 1,6 point, votée par le gouvernement de François Fillon le 29 février 2012, doit entrer en vigueur le 1er octobre 2012. Le 7 janvier 2012, lors de ses vœux aux militants socialistes réunis à Tulle, chez lui, en Corrèze, le candidat Hollande avait fait cette promesse : « S'ils relèvent la TVA, je prendrai la décision d'abroger cette mauvaise réforme. » Il tient parole le 31 juillet 2012, dans le cadre de la loi de finances rectificative.

Avec le recul, Hollande s'est rendu compte de son erreur. À trop s'opposer systématiquement, on en perd parfois le bon sens.

Puisqu'il s'est opposé à la création de la TVA sociale, il va la faire disparaître. Et tomber dans le piège : en supprimant des recettes prévues, le voici contraint d'en inventer d'autres. Il augmente donc dans le même temps les impôts. Hollande sait, aujourd'hui, qu'il s'est trompé. Faute d'avoir suffisamment anticipé sa prise de pouvoir d'un État exsangue.

Il s'explique : « Cette TVA avait été inventée par mon prédécesseur, mais elle n'était pas effective, il l'avait fait voter et il l'avait renvoyée au 1er octobre 2012. J'avais dit qu'on ne respecterait pas cette décision. C'est vrai qu'il aurait été plus simple de dire : "Puisqu'il a augmenté la TVA, je prends cette TVA, et ça me permettra de réduire les déficits ou de faire une mesure compétitivité, sans que j'aie besoin d'en appeler à des prélèvements supplémentaires..." Mais la force de l'engagement, de la campagne, faisait que je ne pouvais pas... »

Quelle aurait été la bonne solution ? Sans doute ne pas se laisser emporter par les vapeurs enivrantes d'une campagne victorieuse, ne pas s'engager à revenir sur cette mesure.

Mais sans promesses, la victoire aurait-elle été possible ?

« Le regret que j'ai eu, nous dit-il, ce n'est pas ce que j'ai fait après la campagne, mais dans la campagne. J'aurais pu dire : "Je ne prends pas d'engagement là-dessus." C'est vraiment ce que je pense : si Sarkozy avait augmenté la TVA, et si la mesure avait été appliquée dès le 1er avril, je l'aurais gardée. Ça ramenait dix milliards, pas forcément beaucoup d'argent, mais dix milliards que je n'aurais pas eu besoin de demander sous une autre forme. Le problème, ce que je lui reproche, à Sarkozy, c'est qu'il l'a renvoyée au 1er octobre 2012 : c'était à moi d'augmenter la TVA qu'il avait lui-même décidée, c'était quand même compliqué ! Après, les commentateurs n'auraient pas manqué de dire : "Comment ça se fait que vous appliquez ce que vous avez critiqué avant ?" Ce n'était pas possible. »

« Ils n'ont pas fait ce qu'un gouvernement de droite aurait dû faire »

Hollande avait déjà dû supporter le poids social des plans de licenciements massifs chez Peugeot, reportés de quelques mois afin de tomber juste après sa victoire. Et le voici contraint d'augmenter les prélèvements fiscaux. Il est amer. Sans doute Hollande aurait-il dû, aussi, insister davantage sur le délabrement des finances publiques – dû selon lui, on s'en serait douté, à l'incompétence de ses prédécesseurs.

« Sarkozy et Fillon ont-ils mal travaillé ? » lui demande-t-on.

« Oui », répond-il, sec et sûr de lui. « Même d'un point de vue de droite, ils n'ont pas fait ce qu'un gouvernement de droite aurait dû faire. Ils diront : "Si, si, on a fait la réforme des régimes spéciaux [de retraite]", mais ça n'a pas produit d'effet, ils ont fait le service minimum. Là où ils auraient dû agir, de leur propre point de vue – je ne parle même pas des déficits publics, il y a eu la crise, les déficits ont été immédiatement creusés –, c'était sur la compétitivité. Ils auraient dû prendre des mesures qu'ils avaient d'ailleurs annoncées au départ : la TVA sociale, puis baisser les cotisations sociales… Ils ne l'ont pas fait. Ils l'auraient fait, peut-être que nous, on n'aurait pas été amenés à en faire autant sur la compétitivité. »

Une chose est certaine, les Français trinquent.

Le processus législatif est, lui, poussif, dans ces premiers mois, le discours public peu clair. Contrarié, en outre, par l'accumulation des conflits au sein même de l'exécutif.

C'est le deuxième boulet de Hollande, la confusion au sein du gouvernement. La presse se repaît des « couacs », ces « sons discordants proférés de manière accidentelle », si l'on en croit le Larousse. L'opposition, elle, répand avec succès l'idée que le nouveau pouvoir pèche par « amateurisme ». Le terme fait florès.

Sans doute parce qu'il touche juste.

C'est Vincent Peillon, le ministre de l'Éducation, qui, le 17 mai 2012, à peine nommé rue de Grenelle, annonce le retour de la semaine de cinq jours à l'école, et ce dès la rentrée 2013, sans même en avoir discuté avec les syndicats. Gênant pour un pouvoir prônant la concertation.

Et le festival se poursuit : Cécile Duflot, ministre du Logement, se prononce le 5 juin en faveur de la dépénalisation du cannabis, alors que Hollande est sur une position contraire.

Le tweet assassin de Valérie Trierweiler, torpillant la candidature de Ségolène Royal à l'élection législative de La Rochelle, vient ensuite brouiller l'image personnelle de François Hollande.

Il y a encore la gaffe d'Aurélie Filippetti, la ministre de la Culture, qui déclare envisager de taxer les ordinateurs comme le sont déjà les postes de télévision...

Le 13 juin 2012, la ministre de l'Environnement Nicole Bricq annonce sans coup férir la suspension de tous les permis de forages exploratoires d'hydrocarbures au large de la Guyane. Huit jours plus tard, elle est exfiltrée en catastrophe, à la faveur du remaniement suivant la victoire socialiste aux élections législatives. Le 21 juin 2012, elle devient ministre du Commerce extérieur, et Delphine Batho lui succède à l'écologie. Que s'est-il passé ?

Le Monde révèle l'affaire. Bricq a un caractère de chien, déjà. Impossible pour son sous-ministre aux Transports, le placide Frédéric Cuvillier, de travailler avec elle. Mais surtout, elle a suspendu les permis de forages sans en référer à Ayrault ! Hollande nous explique les dessous d'une décision mal comprise – une intervention en sous-main du lobby pétrolier étant clairement suspectée. « Nicole Bricq, on savait qu'elle avait des rapports pas faciles avec les uns et les autres, elle a eu des conflits dès le départ avec Fabius et Batho, j'ai mis ça sur le compte de son caractère et puis, après tout, cela peut être une qualité, explique-t-il. Mais là, c'est Jean-Marc Ayrault qui a considéré ne pas avoir été informé, il a dit qu'il ne pouvait accepter cela, il s'en est expliqué avec elle. »

« Batho aussi, il fallait la changer... »

Il réfute devant nous toute intervention des pétroliers : « Ce n'est pas le lobby pétrolier, elle aurait pu prendre une décision différente sur les forages, cela aurait été la même chose. » Manuel Valls observe le jeu de chaises musicales, depuis son poste de vigie, à Beauvau : « Bricq ? Elle a d'abord été victime de son tempérament. Sa résistance et sa mauvaise humeur lui ont coûté son poste. »

Delphine Batho récupère donc l'environnement, après avoir galéré un mois et deux jours exactement place Vendôme, aux côtés de Christiane Taubira, en qualité de ministre déléguée à la Justice. « Batho aussi, il fallait la changer, relève Hollande. Au départ, on pensait qu'elle pourrait aider Taubira, et puis ça a été l'inverse. Ça ne pouvait pas continuer. »

Malgré cette impressionnante succession de ratés, Hollande nous assure toujours, en juillet 2012, être « content » de son gouvernement. « Même si, dit-il, j'ai engueulé gentiment Aurélie Filippetti, comme Vincent Peillon, ils se sont exprimés trop vite. On connaît la société médiatique... »

Mais le remaniement n'y fait rien, les dissonances perturbent toujours l'orchestre gouvernemental. Le très pâle Jean-Marc Ayrault n'a manifestement pas la trempe d'un chef d'orchestre. Alors, la cacophonie la plus totale règne au sein du gouvernement.

Arnaud Montebourg, ministre du Redressement productif, désigne, le 27 août 2013, le nucléaire comme une « filière d'avenir », au grand dam de ses collègues Verts. Peillon, à nouveau, en récidiviste assumé, revendique lui aussi la dépénalisation du cannabis, le 14 octobre. Le 24 octobre, c'est Jean-Marc Ayrault lui-même qui annonce une décision du Conseil constitutionnel… avant que les sages aient eu le temps de statuer !

Entre-temps, il y a eu le coup de tonnerre Batho.

Le 2 juillet 2013, la ministre de l'Écologie se met gravement à la faute. Sur RTL, à quelques heures des débats budgétaires, elle affiche sa « déception à l'égard du gouvernement », regrettant une baisse de 7 % de ses crédits. « C'est un mauvais budget », assène-t-elle, déplorant « un affichage qui n'est pas bon ». Elle est remerciée dans la journée.

Sèchement.

Hollande ne badine pas avec la solidarité budgétaire. Et puis, pas de chance pour Batho, ce matin-là, Hollande écoutait RTL.

« Votre degré de liberté est fonction de votre taille politique »

« Quand un ministre fait une déclaration, il y a toujours deux interprétations : ou il a vraiment voulu dire ce qu'il a dit, ou il s'est fait piéger, nous explique-t-il après coup. C'est comme Peillon avec les histoires de haschich, on voit bien qu'il est poussé et qu'il dit : "Bon, finalement…" » Hollande revient à Batho : « Donc elle fait cette déclaration, je me dis, quand même, il y a un problème… Elle élargit même son propos au budget en général. Et il se trouve qu'elle était ensuite en réunion, le matin, avec Duflot et Ayrault. Et Ayrault, lui, il n'avait pas entendu… La discussion se passe gentiment, et en sortant de la réunion, Ayrault voit la dépêche, il envoie un texto à Batho et lui dit : “Écoute, maintenant, tu fais un rectificatif ou tu démissionnes.” »

Au déjeuner qui suit, le Premier ministre appelle Batho, réclame un communiqué d'explications, même alambiquées. Elle promet que sa déclaration publique tombera sous peu. « Et puis le communiqué n'arrivait pas, se souvient le chef de l'État. Je fais appeler Pierre-René Lemas, et elle lui dit : “Mais je n'ai pas envie de faire ce communiqué”, et Pierre-René Lemas lui répond : “Mais fais ce communiqué parce que sinon ça va mal se passer.” Elle renâclait… »

Hollande va tenter de la rattraper par la manche, à sa façon, c'est-à-dire en essayant de ménager toutes les susceptibilités. « J'appelle Batho et je lui dis : “Le Premier ministre va te convoquer, tu vas aller le voir, et vous allez trouver une sortie honorable.” Elle pouvait très bien dire : “Eh bien voilà, j'ai effectivement un budget qui n'est pas excellent, mais j'ai obtenu sur les programmes d'investissement d'avenir, la transition énergétique, un certain nombre de choses.” »

Mais Delphine Batho et Jean-Marc Ayrault ne trouvent pas d'accord. La jeune femme est du genre têtu, elle a de fortes convictions, nourries aussi, sans doute, par le sentiment secret que Hollande n'osera jamais la virer. Il a déjà accepté tant de dérapages non contrôlés, pourquoi lui ferait-il subir cette infamie, à elle ? Elle se trompe lourdement, omettant un aspect essentiel de la personnalité du président : il a en tête un seul indice, celui du dommage politique.

Or, Batho ne pèse rien ou presque.

Ce froid réalisme, Hollande l'assume avec une franchise presque déconcertante : « Prenons Laurent Fabius, nous dit-il. Imaginons qu'il fasse une bévue, une boulette, ce qui peut arriver. Bon, vous ne virez pas Laurent Fabius comme un jeune ministre. Parce qu'il a été Premier ministre, parce qu'il a un poids politique…

Donc votre degré de liberté est quand même fonction de votre taille politique. Mais Delphine Batho, elle représentait quoi ? Elle avait été porte-parole de ma campagne, bon... »

Bon. Exit Batho, donc.

« J'ai été obligé de lui dire : "On ne pourra pas te garder", confirme Hollande. Je crois qu'elle a pensé que ça ne se produirait pas, et après elle s'est mise dans une posture, une forme d'enfermement personnel, un problème psychologique, dont je peux aussi me trouver responsable. Quand un ministre a une difficulté à assumer une tâche, ou un contentieux avec son cabinet, son Premier ministre, on peut se dire qu'il y a là une alerte, donc j'aurais dû être plus vigilant. Mais... »

Histoire d'alourdir un peu plus une ambiance plombée, Delphine Batho convoque alors une conférence de presse où elle s'en prend au poids des lobbies, et cite nommément un industriel, le mari de Sylvie Hubac, la directrice du cabinet de François Hollande. « Ah, vraiment, ça, ce n'était pas bien, tonne le chef de l'État. Il n'est jamais venu se plaindre d'elle. Donc, le poids des lobbies est nul. »

Avec cet acte d'autorité, le chef de l'État espère mettre un terme au chaos au sein de l'exécutif, au désordre régnant dans son gouvernement. Il pense, aussi, avoir restauré son image, lui si souvent taxé d'indécision chronique. L'affaire de Florange, en décembre 2012, l'avait déjà beaucoup écornée, faisant de Montebourg un martyr de la cause ouvrière sacrifiée au nom du réalisme économique. Désavoué, le ministre du Redressement productif avait eu des mots très durs à l'endroit du Premier ministre. Sans autre conséquence pour lui qu'un crédit budgétaire élargi ! Mais Montebourg avait conquis sa liberté, bien avant, avec ses 17 % de votes obtenus à la primaire socialiste.

Lui pèse lourd.

Hollande en convient : « J'avais fait une déclaration, même deux, en disant : "Attention, à la première incartade, il y aura une sanction." Si bien que les premières réactions des journalistes, quand il y a eu la déclaration de Batho, les premiers tweets qui sortaient, c'était : "Alors ? On va voir s'il tient ou s'il ne tient pas..." Sans doute que si j'avais obtenu de Delphine qu'elle fasse ce communiqué correcteur je ne l'aurais pas virée, et j'aurais eu la critique : "Vous voyez, c'est un sabre de bois, il avait dit qu'à la première incartade il sanctionnerait, il n'a pas sanctionné." Quant à Montebourg... Montebourg fait toujours très attention... »

Sous-entendu, il sait jusqu'où ne pas aller trop loin. En tout cas, à l'époque...

« La parole est libre à l'intérieur du gouvernement, et non sur la place publique »

Reste l'aspect purement humain. N'est-il pas pénible de se séparer ainsi d'un ministre, en prenant le risque de l'humilier publiquement ? Pas tant que ça, apparemment. « Il m'en coûte parce que, sur le plan personnel, ce n'est jamais agréable », commence-t-il, mais c'est pour ajouter aussitôt : « Je connais trop la vie politique pour savoir l'effet que ça va avoir. » En clair, il redoute surtout les dommages collatéraux sur son image. Craint-il en l'occurrence d'être attaqué pour avoir congédié brutalement sa jeune ministre ? « Ce ne sont pas les amis de Delphine Batho qui vont protester, il n'y en a pas ! » lâche-t-il méchamment.

On comprend mieux, à travers l'épisode Batho, le fonctionnement de François Hollande. Une indulgence presque totale, dont seuls les sans-grade ne bénéficient pas.

Le message a été reçu, mais pas dans le sens où l'espérait le chef de l'État. Car les incartades ne vont pas cesser, par la suite. Sans dommage pour leurs auteurs. Bisbilles entre Manuel Valls et Christiane Taubira, prises de parole de Philippe Martin, le nouveau ministre de l'Écologie, qui agacent les Verts…

Le 18 septembre 2013, le couple exécutif lui-même laisse entrevoir des divergences de vues. Face à la montée en puissance du « ras-le-bol fiscal » – un terme employé par son ministre Pierre Moscovici, ce qui l'a singulièrement agacé –, le chef de l'État avait décrété fin août dans *Le Monde* une « pause fiscale » pour 2014. Mais quelques jours plus tard, Jean-Marc Ayrault annonce dans un entretien à *Metronews* que cette « pause » ne sera effective qu'en 2015 ! Qui croire ?

Le 26 septembre 2013, c'est Cécile Duflot qui s'en prend vertement à Valls, pour qui il est « illusoire de penser qu'on réglera le problème des camps de Roms à travers uniquement l'insertion ». L'écologiste accuse le ministre de l'Intérieur de « mettre en danger le pacte républicain ».

Ce n'est plus un gouvernement, mais une pétaudière. Hollande ne sait plus où donner du coup de martinet. « Ayrault, qu'est-ce qu'il avait besoin de faire une interview à *Metro* ? *Metro* ! La vérité, c'est que les gens, quand ils entendent "pause fiscale" et qu'ils reçoivent leurs feuilles d'impôts, ils se disent : "Là, il y a quelque chose qui ne va pas." Ils confondent entre l'annonce d'une pause fiscale pour l'année prochaine et la réalité… »

En fait, le problème est plus global, il va au-delà des simples manifestations de mauvaise humeur des uns et des autres. C'est un bug géant de communication qui menace d'emporter l'exécutif. La bête médiatique se gave des inconséquences des ministres, qui profitent allègrement de la faiblesse du chef du gouvernement et du laxisme présidentiel.

Comme toujours, surtout quand ça va mal, c'est-à-dire très souvent, François Hollande convoque les mânes de ses prédécesseurs – essentiellement François Mitterrand, à dire vrai. Il aime à penser que l'Histoire se répète. Devant nous, assis à son bureau, ce jour d'octobre 2013, il se lève brusquement, farfouille dans ses dossiers, et exhume des documents que ses services lui ont fait passer. Il s'agit de notes restituant les recommandations formulées par Mitterrand à ses ministres au début des années 80. « Ces phrases, j'aurais pu les prononcer », confesse Hollande, qui nous en fait la lecture : « Vivez comme les autres Français, au milieu d'eux [...]. Il m'arrive d'être doublé par un secrétaire d'État avec gyrophare et pin-pon [...]. Vous devez vous exprimer d'une seule voix, je ne tolérerai pas une discordance [...]. Ceux qui ne sont pas solidaires devront partir. Abstenez-vous à la sortie du Conseil de vous répandre en commentaires... »

Hollande se montre catégorique : « Il y aura peut-être toujours des déclarations un peu approximatives. Mais là, comme ça, une bataille entre ministres, non. » À la même période, à l'automne 2013, il décide de taper du poing sur la table... du Conseil des ministres. Il y fait installer des micros – « pour l'Histoire », nous assure-t-il –, et surtout tance vigoureusement sa classe d'élèves turbulents. « Collégialité, solidarité, responsabilité. Tels sont les principes qui doivent prévaloir dans un gouvernement, leur dit-il dans un discours que nous nous sommes procuré. Je demande à chaque ministre d'être pleinement conscient des exigences de sa mission, dans son comportement, dans son expression, et bien sûr, dans son action. Chaque ministre doit être pleinement à sa tâche. Et si un problème surgit, il doit être réglé par mon arbitrage. La parole est libre à l'intérieur du gouvernement, et non sur la place publique. Il n'y aura ni relâchement ni diversion. »

Un rappel à la loi gouvernementale plutôt ferme. Un aveu d'impuissance, aussi.

« Le premier gouvernement est un gouvernement où l'on tâtonne forcément »

Hollande paye le prix fort de ses choix initiaux. D'avoir accepté la mise en place, dès avant son élection, d'une majorité hétéroclite, composée de ministres dont l'expérience est inversement proportionnelle à l'ego. En moins de deux ans, on a recensé pas moins de vingt couacs d'importance, dont treize ont nécessité un recadrage présidentiel.

C'est trop, beaucoup trop.

Encore aujourd'hui, Hollande réfute pourtant l'étiquette d'amateurisme accolée à ce gouvernement. « Non, jure-t-il. Quand je regarde ce qui s'est passé dans les derniers gouvernements… Vous vous rendez compte, sous Sarkozy, la visite de Kadhafi, avec la ministre des Droits de l'homme Rama Yade qui dénonce le tapis rouge qu'on lui tend. Il y a eu plein de couacs : Dati, etc. Chirac fait un remaniement avec les "jupettes", sans compter que Madelin est viré dès le mois d'août… Et sous Rocard, Schwartzenberg est resté huit jours au gouvernement ! Et même Giscard, en 74, avec Servan-Schreiber qui a dû rester en poste une semaine… »

Pour autant, il ne se défile pas quand nous l'interrogeons en ces termes, en mai 2013 : « Vous pensiez que vous vivriez une année aussi compliquée ? »

« Non. Non », concède-t-il.

Nous insistons : « Y a-t-il des décisions que vous regrettez ? »

« On aurait pu mieux gérer l'affaire Florange », répond-il. Il admet aussi avoir été trop loin dans la hausse des impôts. Et puis, comme toujours, il est repris par ses vieux démons, la réflexion a posteriori, le constat purement analytique. « Le premier gouvernement est un gouvernement qui reflète la campagne qui a été menée et le rassemblement qui s'est fait autour du candidat, réfléchit-il à haute voix. Donc, à l'exception de Martine Aubry, qui néanmoins était représentée par d'autres personnes, le gouvernement était le reflet de la primaire. Deuxièmement, le premier gouvernement est un gouvernement où l'on tâtonne forcément, y compris dans l'expression. Celui qui s'est fait piéger dans l'expression le premier n'est pas le plus inexpérimenté, c'était Peillon, sur le rythme scolaire, sur la drogue. Alors que Peillon est un homme intelligent, connaissant très bien son sujet, mais gouverner, c'est une expérience. »

« Gouverner, c'est une expérience »... Il ne lui viendrait pas à l'idée d'appliquer la formule à son propre cas. Car il ne doute pas de lui. Jamais. Des autres, sûrement. Comme disait Aquilino Morelle, « il s'aime »...

« Vous avez des doutes sur vos compétences ? » lui demandera-t-on en septembre 2014, après ces deux années globalement ratées. « Non, sur la compétence, non », certifie-t-il. Il ajoute : « Sur l'exercice du pouvoir, non. C'est plutôt sur... sur la gestion des institutions. Peut-être n'aurais-je pas dû être aussi présent dans la direction du pays, dans les choix à faire, et prendre un peu plus de hauteur, pour me protéger. On peut considérer qu'il fallait se mettre dans l'action, et parfois dans la mêlée. Je ne me suis pas protégé. Ce n'est pas d'ailleurs ma façon de faire. Peut-être que cela aurait été plus facile de prendre de la hauteur... »

On croirait entendre, ou plutôt lire, Nicolas Sarkozy expliquant sur le tard, pour tout mea culpa, que son échec en 2012 était d'abord dû à son « surinvestissement ». « Je confesse une difficulté à déléguer. Mon idée du leadership me conduisait à prendre tous les jours la tête du combat », écrit l'ancien président dans *La France pour la vie* (Plon), son livre publié en janvier 2016.

C'est sans doute ça, être président : concéder des erreurs uniquement si elles soulignent vos qualités...

« On est victime de sa propre posture »

De toute façon, comment Hollande pourrait-il se hisser au-dessus de la mêlée, loin des bourrasques, quand il s'évertue à jouer les présidents normaux ? Impossible, évidemment. C'est la troisième faille. La volonté affichée par Hollande d'apparaître pour ce qu'il est, sans comprendre ce qu'il est devenu.

La méprise vient de là, assurément.

Dès le 1er juin 2012, quelques jours après son élection, il s'adresse en ces termes à ses conseillers, à l'Élysée : « Vous êtes des conseillers normaux d'une présidence normale. » Au départ, l'intention est louable. Elle a été discutée avec ses proches. Dont Aquilino Morelle. « Sur la normalité, la com existe, bien sûr, nous explique alors ce dernier, mais elle se fonde sur une réalité. Par exemple, prendre le train, c'est juste logique, le Thalys, c'est quand même plus simple et confortable. Il y a de la com, mais ce n'est pas artificiel, c'est lui. "Normal", étymologiquement, c'est "la norme", c'est-à-dire définir comment on doit se comporter. Ce n'est pas seulement par rapport à Sarkozy, mais aussi par rapport à Mitterrand. François ne sera pas le monarque, c'est aussi par rapport à ça qu'il se veut "normal". »

Pendant quelques mois, au gré de nos rencontres, le chef de l'État continuera à se revendiquer ainsi. « Une présidence normale, elle fixe des règles », nous dit-il. Ou encore : « Je suis comme un Français normal. » Puis, à partir de 2013, on note une légère inflexion dans le vocabulaire utilisé. Finalement, le 5 mai 2013, devant nous, il enterre définitivement ses rêves de normalité.

« À partir du 20 août 2012, la pression est tout de suite sur moi, se remémore-t-il. On dit : "Qu'est-ce qu'il fait ? Il est parti en vacances, il prend le train, il n'a pas encore sauvé la Syrie, il n'a pas pris de décision sur la compétitivité…" Tout de suite. Le fait d'avoir dit "président normal", ça devient : "En fait, il ne travaille pas." Donc on est victime en fait de sa propre volonté, de sa propre posture. »

Il y a aussi des victimes collatérales. Comme son Premier ministre Jean-Marc Ayrault, démonétisé avant même d'avoir existé. Deux types « normaux » au sommet de l'État, cela en fait un de trop.

Au moins.

« Je me suis aperçu qu'en étant président normal, ça l'écrasait, reconnaît le chef de l'État. Donc qu'il fallait revenir à une conception plus institutionnelle… »

Et retrouver une geste régalienne, plus… présidentielle. Sans pour autant tomber dans les excès du quinquennat précédent. Hollande a saisi, un peu tard, que les Français n'adhèrent pas forcément à sa conception de l'exercice du pouvoir. Lui veut sa liberté, revendique son autonomie de pensée, eux souhaitent un chef, avec les idées claires. « Je crois que dans cette période, avec plus de difficultés, ils ont besoin d'une relation avec l'autorité, finit-il par admettre. Il faut qu'il y ait de la force. Et un des défauts de la présidence normale pouvait être une espèce de banalisation, qui fasse que le propos n'imprime pas. Parce qu'il n'est pas encadré, il n'est pas contextualisé, il n'est pas mis en scène. »

Tout de même, n'est-ce pas une prise de conscience très tardive ? Il répond : « Moi, je pensais que les premiers mois, compte tenu de ce qu'avait été la présidence de mon prédécesseur, exigeaient de l'apaisement. Donc une forme de distance, de simplicité, et presque de douceur : on ne va pas heurter. Mais ensuite, la droite, Mélenchon d'une autre façon, ou la presse, dans ses titres, et puis les manifestations ensuite contre le mariage pour tous, il y a eu beaucoup d'attaques… Il y a un moment, il faut avoir de la force. Si vous n'avez pas de force, les autres avancent sans arrêt, ils ne vous respectent pas. »

C'est exactement ce qu'il s'est passé, durant les premiers mois du quinquennat.

Un triple déficit de préparation, d'autorité et d'incarnation a conduit à un affaiblissement sans précédent de la fonction de président de la République. Les ministres se sont cru tout permis – un peu comme sa compagne, Valérie Trierweiler, d'ailleurs. Et très vite s'est installée l'idée de l'illégitimité du chef de l'État. « Qu'est-ce qui s'est engagé dans les premiers mois de la présidence ? questionne Hollande. C'est quand même un irrespect : irrespect du résultat, irrespect du Premier ministre, irrespect de la légitimité du pouvoir, irrespect de la personne du président… Beaucoup d'irrespect. Donc, il faut mettre du respect. »

Plus facile à dire qu'à faire. Surtout, quand une image vous colle à la peau, il est difficile de s'en détacher.

Le voilà contraint, au bout d'un an d'exercice, à assumer une transition brutale, de la présidence normale à la présidence « revendiquée », pour reprendre ses propres mots. Mais qu'on ne s'y méprenne pas, il reste au fond de lui persuadé des vertus d'un magistère discret. « Je suis tout à fait convaincu que la présidence doit être normale au sens : simple, directe, économe, sans un protocole excessif, sans une multiplication des moyens autour d'elle. Mais, beaucoup l'ont compris comme une présidence relative, comme une présidence effacée. Et, c'est un autre piège, pour ne pas être ce président disons… relatif, il faudrait être un président absolu ? Ça, non. C'est ce qu'on a connu. »

Il a donc dû faire machine arrière. Remiser ses envies d'une démocratie de type scandinave, avec un Premier ministre descendant ses poubelles lui-même et se déplaçant en métro ou à vélo, ordinaire jusqu'au bout des ongles. « Quand j'avais dit "président normal", j'avais ça à l'esprit : on va se faire une vie à peu près comme les autres. Mais non, même si on le veut et qu'on ne fait pas d'excès, ce n'est pas possible. On peut être normal, la vie n'est plus normale. Cette situation n'est pas normale. »

« Peut-être ai-je été victime de l'histoire du président normal, dit-il encore. Qui n'était pas du tout une volonté de banaliser, c'était une volonté de ne pas mettre des excès, des outrances. Et on a pensé qu'être normal c'était être banal. »

Or, la banalité ne sied pas à un président de la République.

Tout disparaît, y compris les actes les plus forts, les plus symboliques, si l'on ne sait entretenir la flamme.

Il y a eu maldonne. Puis tête-à-queue.

Manuel Valls l'avait compris, dès le début.

Sa nomination à Matignon correspond aussi à ce besoin de recréer une attente. Un désir. L'homme sait emballer une foule. Susciter une forme de crainte.

Il le sait, en joue.

« Beaucoup de gens nous disent : "Le quinquennat commence, ou plutôt recommence" », nous confie Valls, en avril 2014, juste après sa nomination. « Trois ans c'est trop court, ajoute-t-il. Il y a des gens qui croient qu'il y a eu un changement de majorité, que je vais faire des miracles, les députés se sont précipités vers moi en me disant : "Tu nous as rendu de la fierté." C'est exagéré, ça me met une pression monumentale, en une semaine on a embarqué le truc, c'est pour ça que Hollande est content, mais il aurait dû le faire avant. Dès l'automne 2012, on lui avait dit… »

Mais il n'écoutait pas.

Ou alors il ne voulait pas entendre.

4

Le sacrifié

Entre méchants, lorsqu'ils s'assemblent, c'est un complot et non une société. Ils ne s'aiment pas mais se craignent. Ils ne sont pas amis, mais complices.

Étienne de La Boétie

Cela se passera le 7 décembre 2013.

C'est certain, calé. Prière de se taire.

La date a été soigneusement cochée sur les agendas respectifs et confidentiels du président François Hollande et du ministre de l'Intérieur Manuel Valls. En toute discrétion. Sans que le Premier ministre Jean-Marc Ayrault n'en sache rien, bien évidemment.

Puisqu'il s'agit de le débarquer, brutalement...

C'est l'histoire d'une conjuration vieille comme la politique, celle de ministres aux dents longues voués à la perte du premier d'entre eux, trop insipide, trop inconsistant, trop provincial. Pas assez ambitieux, surtout.

Pour renaître, quand on est président, il faut parfois faire tomber les têtes, parier sur un souffle nouveau. Trouver un type que l'on pourra sacrifier sans risques. Se séparer de Jean-Marc Ayrault, ce Premier ministre exemplaire, quoique singulièrement effacé, c'est donner le signe d'un chambardement. D'une volonté de tout casser, d'aller de l'avant. Pour François Hollande, c'est certes un crève-cœur, mais les sentiments n'ont rien à faire au sommet du pouvoir. L'arrivée de Valls à Matignon, et le jeu de chamboule-tout qui s'ensuivra, restera le tournant politique de son quinquennat.

En voici l'histoire.

Au début, au tout début, Ayrault et Hollande, c'est une relation consentie, assumée. Un mariage de raison plus que d'amour, qui s'est imposé comme une évidence. Le président a fait son choix, au printemps 2012, le maire de Nantes sera son Premier ministre. Et il fera en sorte, jure-t-il alors, de ne jamais empiéter sur ses prérogatives, il en intime même l'ordre à son cabinet, à l'Élysée. C'est donc un Jean-Marc Ayrault serein, sûr de son autorité, que nous rencontrons, le 8 juin 2012, à Matignon. Il veut croire aux promesses de François Hollande : « Il ne parlera pas de moi comme d'un collaborateur. C'est une faute politique et psychologique qu'avait commise Sarkozy en disant ça de Fillon. Fillon en a souffert. C'était dur pour lui. » Ce jour-là, au cours de notre entretien, le Premier ministre est soudainement interrompu par une secrétaire qui lui apporte la copie d'un article pêché sur le site internet du *Monde*, relatif aux révélations sur l'indemnité municipale de Manuel Valls, son tout nouveau ministre de l'Intérieur.

En effet, le 3 juin, le nouvel occupant de la place Beauvau a abandonné son mandat de maire d'Évry, qu'il assumait depuis 2001, au profit de son premier adjoint, Françis Chouat. Il devient simple adjoint au maire. Or, un conseil municipal extraordinaire a fixé son indemnité à 1 700 euros, soit 600 euros de plus que ses collègues. Scandale.

Et colère rentrée de Jean-Marc Ayrault. « Je pense que Manuel Valls a fait une erreur. Il faut qu'il renonce à cette indemnité. C'est con. Moi, si je reste conseiller municipal, je demanderai zéro indemnité. Je ne sais pas pourquoi il a fait ça, ce n'est pas bien, ce n'est même pas à son image, en plus. Il dit que tout est transparent, OK, mais ça ne change rien ! »

Le jour même, le 8 juin, Manuel Valls abandonne l'indemnité controversée. L'ancien responsable de la communication de Lionel Jospin à Matignon connaît ses classiques : en éteignant immédiatement le petit foyer, on évite le grand incendie.

L'eau et le feu.

Ayrault et Valls.

Tout est dit dans l'anecdote : les deux hommes n'ont rien en commun. Quand l'un pâtit de son image de professeur d'allemand paisible, avec son fameux Combi Volkswagen, l'autre jouit de son aura d'élu banlieusard rebelle et novateur. L'un ne sait ni n'aime communiquer, l'autre raffole des médias, qu'il maîtrise et comprend.

Dans ces premiers instants du quinquennat, Hollande ne veut pas trancher entre les deux hommes. Il laisse à chacun les coudées franches, quitte à devoir arbitrer les conflits à venir. Le président a, de toute manière, une vision très claire de l'avenir. Jean-Marc Ayrault bénéficie d'un CDD un peu particulier : son contrat ne sera pas renouvelé, mais il en ignore le terme. « Dans un quinquennat, nous dit le chef de l'État début 2014, il y a la probabilité d'avoir deux Premiers ministres, et vous verrez que le choix du second Premier ministre sera regardé comme une émancipation du Premier ministre. Ce qui est d'ailleurs vrai, le second Premier ministre a plus de liberté que le premier. » Et il explicite sa vision du poste, puis d'un éventuel remaniement : « Le premier Premier ministre, vous le choisissez parce que vous êtes totalement libre de le choisir, le second, vous le choisissez mais vous n'êtes plus totalement libre. Vous n'êtes pas dans la même situation. Dans le premier cas, vous venez de gagner, dans le second cas, vous venez de perdre une élection intermédiaire. Vous ne changez pas de Premier ministre quand vous gagnez ! »

« Il faut utiliser Ayrault jusqu'au bout, puis après en changer »

Conclusion présidentielle : « J'ai toujours considéré qu'il ne pouvait pas y avoir plus de deux Premiers ministres dans un quinquennat. Il peut n'y en avoir qu'un, c'est arrivé, mais je ne crois pas que ce soit une bonne démarche, donc il y en aura deux. Si on en a trois, comme Mitterrand de 1988 à 1993, ce n'est pas bon signe… Donc ça veut dire qu'il faut utiliser Ayrault jusqu'au bout, puis après en changer. »

Oh, bien sûr, c'est dit sans méchanceté. Mais l'expression est sans équivoque. Tellement révélateur du personnage, aussi. « Utiliser Ayrault »… Hollande « utilise » un Premier ministre, comme il ferait usage d'un vulgaire outil, avant d'en changer pour cause de péremption…

« Ayrault ? reprend le président. Le problème est posé depuis sa nomination. Il est à la fois loyal, fidèle, ne cherchant rien pour lui-même… » Pourtant, pense-t-il, sans formuler de reproches précis, « cela ne suffit pas. Et des ministres considèrent qu'ils peuvent avoir une certaine autonomie ; ou des personnes, pensant qu'Ayrault n'est pas éternel, qu'il y a une possibilité qui peut s'ouvrir ». Hollande a déjà trouvé le bon créneau pour un remaniement : « Le meilleur moment est entre les municipales et les européennes. »

Nous sommes alors en février 2014, à respectivement un et trois mois de ces deux scrutins qui s'annoncent pour le moins délicats.

Mais en réalité, l'éviction prochaine du Premier ministre est actée depuis l'automne 2013. « Fin novembre 2013, la question du remplacement d'Ayrault s'était déjà posée, et avec Manuel Valls, j'avais évoqué cette hypothèse, révèle François Hollande. Je lui ai dit : “Si la situation se dégrade, je peux procéder à un changement.” On avait calculé le

7 décembre, en fonction de mes agendas… » Le président consulte alors à tout va. Le mutique et fidèle Jean-Yves Le Drian est invité à donner son avis. « Il a toujours été favorable à Valls, relate Hollande. Dès le mois de novembre, il me dit : “Tu devrais changer assez vite pour Valls.” »

Manuel Valls se souvient parfaitement de cette conversation avec le président, à l'Élysée. « Fin novembre, il s'est questionné ouvertement sur ce qu'il devrait faire, il en a parlé avec Le Drian, Fabius, Dray, Le Foll, et avec moi. On est entrés dans une discussion sur les rapports entre président et Premier ministre. C'était étrange, il ne m'a jamais dit : “Tu seras Premier ministre.” On a parlé à la fois du fonctionnement et du gouvernement. »

Dès la rentrée 2013, l'idée qu'Ayrault n'est pas au niveau requis s'est imposée dans le cerveau présidentiel. Trop d'indicateurs virent au rouge vif, en cet automne pourri – il y en aura d'autres. La cote de popularité du président stagne à 23 %, les chômeurs de catégorie A n'ont jamais été si nombreux, près de 3,3 millions. Le ras-le-bol fiscal s'est installé dans les esprits, le gouvernement baigne dans le tumulte, et l'affaire Leonarda, cette jeune Kosovare mineure expulsée loin de France, a symbolisé l'impuissance d'un exécutif jugé unanimement à la fois faible et divisé.

Il faut réagir. D'où cette volonté du président, encouragée par certains de ses proches, mais aussi par quelques ministres à l'ambition débordante, de changer de braquet.

Ils dressent tous le constat que le boulet Ayrault est en train de l'entraîner par le fond. Valls le premier.

« En novembre, on est allés assez loin, se souvient Valls. À l'époque, j'ai dit à Hollande : “Tu te sens totalement libre, c'est une discussion ouverte, si tu ne me nommes pas, moi je ne t'en veux pas, c'est pour toi qu'on fait ça.” On a été nombreux à lui dire qu'il fallait changer. » En toile de fond, les élections municipales. « On lui dit que cela va être un désastre, lui, il nous dit : “Non, vous exagérez” », rapporte Valls.

De son côté, Jean-Marc Ayrault fait de la politique depuis trop longtemps pour ignorer les règles en la matière. Il devine les forces à l'œuvre, dans l'ombre, n'ignore pas que certains, dont Valls, l'estiment incapable de redresser la barre.

« Il est tellement loyal qu'il est inaudible »

Seule solution pour défendre son poste, attaquer. Ou plutôt contre-attaquer, tant les flèches le visant ont depuis longtemps quitté leurs carquois. Alors, Ayrault va forcer sa nature. Assez habilement, sur le fond. Le 19 novembre 2013, dans *Les Échos*, le Premier ministre estime que « le temps est venu d'une remise à plat, en toute transparence, de notre système fiscal ». Il annonce des rencontres à venir avec les partenaires sociaux. Le débat portera sur la fiscalité des ménages et des entreprises, mais aussi sur le niveau des dépenses publiques. La fusion de la contribution sociale généralisée (CSG) et de l'impôt sur le revenu « fera partie du débat ». L'objectif est de parvenir à « des règles plus justes, plus efficaces et plus lisibles » d'ici au budget 2015.

La contre-offensive de Jean-Marc Ayrault est une réussite. Le président, au Conseil des ministres, n'a d'autre issue que de saluer le projet, le jugeant « utile ».

Comment écarter Ayrault, après une telle salve ?

Hollande en convient : « Ayrault a repris l'initiative, avec la réforme fiscale, il voulait rasseoir son autorité sur le groupe socialiste. » Hollande s'évite aussi, en conservant son Premier ministre, un débat avec les écologistes. Et puis, au fond, le président conçoit une grande estime pour Ayrault. Il l'avait choisi en connaissance de cause, en 2012.

Il n'a été ni déçu ni surpris.

« Il fait le métier », nous confie-t-il ainsi dans les premiers mois du quinquennat, sans enthousiasme excessif. « Bon, parfois je voudrais lui dire : "Mets un peu plus d'envie." Mais c'est son caractère, il est sérieux. » Ayrault est « loyal », n'a de cesse de nous répéter le président. Il ajoutera, le 5 mai 2013 : « Il est tellement loyal qu'il est inaudible. »

Inaudible, Ayrault ? Il n'est pas le seul...

En tout cas, Hollande a pu mesurer le dévouement de l'ancien maire de Nantes lors de l'épisode de Florange, fin 2012, quand Arnaud Montebourg, alors ministre du Redressement productif, apôtre de la nationalisation partielle du site industriel, a défié ouvertement son Premier ministre, campé sur une autre ligne. Hollande : « Le choix qui était posé pour Matignon entre Martine Aubry et lui, on le comprend, là. Je ne dis pas que Martine m'aurait tiré dans les pattes, mais Martine aurait fait ce qu'elle aurait pensé devoir faire, avec plus d'autonomie. »

Autonome, Ayrault ne l'est pas forcément. Mais il est fiable. Et solide, plus qu'il n'y paraît. « Il est fort, convient Hollande, il a de la constance, même du courage. Il lui manque la part de rondeur, de légèreté, au sens de la capacité à faire un compliment, entraîner l'autre. Mais s'il avait tout ça, il serait président, il ne serait pas Premier ministre ! Si un Premier ministre est meilleur que le président, c'est un problème ! » Et Hollande, ravi de son effet, s'esclaffe.

Plus important encore aux yeux du chef de l'État, Ayrault « n'a pas d'objectif personnel, après ». Donc, pas de trahison en vue, a priori.

Seul gros souci : Hollande s'estime insuffisamment abrité par son Premier ministre. « Il ne protège pas dans le sens où il n'est pas tout de suite au front sur un sujet », résume le chef de l'État. Il le rêverait plus déterminé, montrant ses muscles à l'occasion... Mais on ne se refait pas.

Voici donc qu'arrivent les élections municipales, programmées les 23 et 30 mars 2014. Entre les deux tours, Hollande comprend qu'il est temps de prendre des décisions. Une décision. Il reçoit, à l'Élysée. Tâte le terrain, consulte, écoute. Sans rien dire de ses intentions. Il n'est pas encore totalement décidé. Il nous l'a dit. Virer Ayrault le dérange. Les deux hommes ont eu une franche discussion sur le sujet, en tête à tête. Le locataire de Matignon ne se rendra pas sans combattre. « Ayrault, c'est compréhensible, il voudrait poursuivre, nous rapporte Hollande le 7 mars, peu avant le scrutin. Il me dit : “J'ai préparé le pacte de responsabilité, l'accord avec les écolos, j'ai vocation à...” Je lui dis : “Travaille.” C'est humain et politique. Il n'a pas envie d'arrêter. »

Conclusion, toute « hollandienne » : « Il n'est pas exclu qu'Ayrault poursuive. Il ne faut pas se rater sur le moment et la personne. » En clair, en cas de « défaite maîtrisée », c'est-à-dire si la gauche évite la claque que les sondages lui prédisent, Ayrault sauvera son poste. Enfin, pour quelques mois.

« Dans ce scénario, nous dira plus tard Hollande, Ayrault allait jusqu'aux européennes [fin mai 2014], obtenait entre-temps la confiance de l'Assemblée en avril, et partait à l'été. »

C'est que le président n'est pas ébloui par la qualité des candidats, souvent autoproclamés, qui font montre de leur ambition dans les colonnes des journaux. « Le nombre de personnes est assez limité, dit-il début mars 2014. Claude Bartolone, non. Il n'a pas l'envergure. » Il reconnaît bien sûr de nombreuses qualités au président de l'Assemblée nationale : « Il est intelligent, malin, tacticien, réaliste. » Certes, mais voilà, grossière erreur, « il a eu des paroles blessantes vis-à-vis de l'Allemagne ». Bartolone avait en effet appelé à une « confrontation » avec Berlin, afin d'infléchir la politique rigoriste prônée par Merkel. En outre, observe Hollande, « il n'est pas très connu, et le jour où il le deviendrait, il n'a pas un charisme considérable ».

Il songe à Bertrand Delanoë, qui « a géré une équipe, Paris, et peut être dur » ; s'amuse de l'hypothèse Laurent Fabius : « L'appétit vient en mangeant, au départ il ne l'avait pas, mais comme il est cité… » Oui, mais « il a été Premier ministre il y a trente ans ». Reste Manuel Valls. Avec cette interrogation majeure : « Le jour où il est nommé à Matignon, il n'aura plus un seul soutien de la droite et les écologistes seront en colère. » « Manuel peut apporter plus de fraîcheur, mais on ne sait pas ce qu'il peut donner sur l'économie », dit-il encore.

Ce ne peut donc être que l'ancien maire d'Évry. Populaire, suffisamment jeune, volontaire, communicant à souhait. Reste à convaincre les écologistes. François Hollande reçoit Cécile Duflot, l'encore ministre du Logement ; elle fait part de ses extrêmes réserves. Elle lui dit même, pour pourvoir le poste bientôt vacant à Matignon : « Tu mets n'importe qui ! » Pour Duflot, c'est « TSV ». Tout sauf Valls. Le chef de l'État s'étrangle : « On ne met pas n'importe qui au gouvernement de la France, ça n'a pas de sens. »

Hollande multiplie les consultations, à gauche.

« J'ai reçu beaucoup de personnalités, raconte-t-il. Emmanuelli, qui ne voulait pas de Valls. Duflot, qui m'avait averti que si Valls venait elle quitterait le gouvernement. Hamon, qui m'avait dit que l'option Valls était possible mais risquée. [François] Lamy, pour les amis d'Aubry, qui m'avait dit que, pour eux, il valait mieux garder Ayrault… » Conclusion : « Il n'y avait pas grand monde en faveur de Valls. »

Raison de plus pour le nommer ?

Dimanche 30 mars 2014. Les résultats, décevants pour la gauche, tombent les uns après les autres dans une salle affectée à cet effet, place Beauvau. C'est un camouflet pour le pouvoir. Sur les 509 communes de plus de 10 000 habitants, détenues par la gauche depuis les élections de 2008, elle n'en conserve que 349. Parmi les pertes importantes : Toulouse, Amiens, Angers, Caen, Limoges…

Sans parler des onze villes détenues désormais par l'extrême droite.

Dans son vaste bureau, place Beauvau, le ministre de l'Intérieur est informé en temps réel. La défaite n'est absolument pas « maîtrisée ». Ayrault est condamné.

Valls l'a compris, son heure approche. Alors, il va précipiter le mouvement présidentiel et bousculer, avec le respect nécessaire, le président. « Il a fallu qu'il soit dos au mur, un couteau sous la gorge, le pistolet sur la tempe, confie Valls. Le dimanche soir, au téléphone, j'étais à Beauvau pour les résultats, j'ai fait sortir mon cabinet pour parler franchement au président : "Demain soir, tu annonces qu'il y a un nouveau gouvernement… – Oui bien sûr, mais les Verts… – C'est toi qui es en cause, si tu n'annonces pas un changement puissant, tu te retrouves à poil devant les Français." Cela a été rude. » Efficace. Vallsien.

L'ancien maire d'Évry a su capitaliser. Il connaît par cœur le chef de l'État. Il parvient à décrypter ses humeurs. C'est l'effet d'une campagne présidentielle réussie, dans l'ombre du candidat. Il a humé le vent venu de l'Élysée, lors de la contre-attaque d'Ayrault appelant à une réforme fiscale : « Quand Ayrault prend son initiative, qui est presque à caractère présidentiel et non concertée qui plus est, il casse en grande partie la confiance déjà très entamée entre lui et Hollande », estime Valls.

Hollande dort peu, ce dimanche soir.

Il tourne et retourne les solutions dans sa tête. Anticipe les ennuis à venir, les hypothèses injouables, les commentaires des médias. Il regarde la télé. Déjà, entre les deux tours des élections, il avait été consterné par la déclaration télévisée de Jean-Marc Ayrault, qui, d'un ton comateux, avait fait part de sa déception. « Le premier tour des municipales s'est déroulé dans un contexte économique et social difficile pour les Français, avait-il affirmé. Certains électeurs ont exprimé par leur abstention ou leur vote leurs inquiétudes, voire leurs doutes. » « L'intervention qu'il a faite au premier tour a été sinistre », résume Hollande.

Dans les rangs socialistes, certains se déchaînent. Ils sentent le Premier ministre affaibli, et se disputent le droit de porter l'estocade. Cruelle loi de la politique. La charge la plus rude vient de Delphine Batho, l'ex-ministre de l'Écologie congédiée par Ayrault. Au *Parisien*, qui lui demande s'il convient de changer de Premier ministre, elle répond ceci, le 24 mars 2014 : « Ça me paraît indispensable et même le minimum. Ça fait longtemps qu'il y a un problème de gouvernance, un désordre institutionnel avec les couacs à répétition. » On croit rêver…

Hollande le sait, il n'a plus le choix. « Le risque le plus grand était que le non-changement crée aussi un trouble chez les socialistes et dans l'opinion, nous dit-il. Dès dimanche soir, mon choix est fait. »

Au soir du second tour, dimanche 30 mars, Jean-Marc Ayrault s'exprime en direct. Et livre un énième discours lisse, sans étincelle. « Ces élections ont été marquées par la désaffection significative de celles et ceux qui nous ont fait confiance en mai et juin 2012, reconnaît-il. Elles sont l'occasion pour les citoyens d'adresser un message. Ce message est clair, il doit être pleinement entendu. »

Le lendemain de cette débâcle électorale, première d'une longue série, François Hollande convoque son Premier ministre à l'Élysée. À 10 heures du matin. Le dialogue est serré, les deux hommes savent à quoi s'en tenir, même si l'ancien maire de Nantes espère encore. Le pacte scellé entre Arnaud Montebourg, Benoît Hamon et Manuel Valls pèse lourd. Ces trois-là ont su se retrouver au bon moment. Pourtant, cela n'allait pas de soi, surtout entre Montebourg et Valls. Sur des lignes parfaitement opposées, les deux hommes avaient échangé quelques amabilités, au temps de la primaire du Parti socialiste. Montebourg avait estimé que son concurrent, partisan de la TVA sociale, n'avait qu'« un pas à faire pour aller à l'UMP ». Valls, lui, avait jugé la « démondialisation » chère à son rival « dépassée » et « même franchement ringarde »... Leur rapprochement de circonstance s'est opéré par l'entremise de leur ami commun, Aquilino Morelle, encore conseiller à l'Élysée.

« Ce n'est pas possible que tu puisses rester »

Quant à Hamon, il confie alors au *Monde* : « Le combat politique n'empêche pas d'être intelligent : on n'est pas forcément obligé de dégommer celui qui est le plus populaire dans notre camp. » En outre, Montebourg et Hamon s'estiment insuffisamment considérés dans le gouvernement Ayrault, leurs périmètres respectifs sont trop étroits à leur goût.

Valls a su tirer parti de leurs états d'âme.

Impossible pour Jean-Marc Ayrault, trop affaibli, de lutter à armes égales. Au président, il confie son amertume. Le ministre de l'Intérieur en prend pour son grade, Ayrault est convaincu qu'il lui a savonné la planche. Hollande nous le confirme : « Valls a joué perso, Ayrault me l'a dit : "Tu sais, cela n'a pas été facile d'avoir des ministres qui ne reconnaissaient pas mon autorité, qui me contournaient... Valls, sans franchir une ligne, ou alors une ou deux, n'a pas été derrière moi..." »

« Mais les as-tu assez associés ? répond Hollande. Valls a été vibrionnant, mais qu'est-ce qui t'empêche de l'être ? » Avant de conclure : « Ce n'est pas possible que tu puisses rester. » Ayrault se débat, argumente : « Réfléchis bien, lance-t-il au président. Je suis loyal, dévoué, je ne te manquerai jamais, je peux t'apporter la majorité. » « Si je choisis, ce sera Valls », rétorque Hollande. « Si c'est Manuel, est-ce que tu te rends compte ? Les Verts vont sortir… »

Hollande ne cède pas, sa décision est irrévocable : « Je vois bien qu'il y a un risque, te garder, nous séparer… Je vais encore voir Valls, puis je te rappellerai en début d'après-midi pour te demander ta lettre de démission. »

À 16 heures, précisément, le coup de fil définitif est passé.

« Je te confirme ma décision, assène le chef de l'État à Ayrault, je te demande ta lettre de démission. »

Cette lettre, dont nous avons eu copie, comporte quelques mots convenus. Mais également un avertissement. Elle est adressée au président, ce lundi 31 mars 2014 : « À l'occasion des élections municipales, les Français ont envoyé un message clair : ils souhaitent davantage de justice dans l'effort de redressement de notre pays que mon gouvernement a engagé sous votre autorité. » Et Ayrault de préciser : « Il vous appartient désormais d'en tirer les enseignements. »

François Hollande est placé devant ses responsabilités.

Les deux hommes échangeront encore longuement, une dernière fois. Devisant, entre vieux compagnons. L'ex-Premier ministre regrette de ne pas avoir dénoncé plus tôt la catastrophique situation de la France, imputable, selon lui, au pouvoir précédent. Il aurait dû aussi, dira-t-il au président, resserrer davantage son gouvernement. Et rappeler plus vigoureusement à l'ordre les ministres rebelles, tel Montebourg.

« Florange reste une blessure profonde pour lui, il aurait voulu que je lui donne plus de possibilités pour agir. Il reconnaissait aussi : "En même temps, je n'ai pas travaillé assez collectivement" », raconte le chef de l'État.

Ayrault s'est également plaint d'avoir été, dans ses rapports avec les membres de son gouvernement, régulièrement court-circuité par l'hôte de l'Élysée. « Heureusement que les ministres m'alertent ! Ça ne met pas en cause le fonctionnement du gouvernement. Faut arrêter avec ce truc. Heureusement que les gens se parlent. Ce qui n'est pas acceptable, c'est quand cela sape l'autorité du Premier ministre... », se défend Hollande, oubliant pour l'occasion ses promesses initiales, lorsqu'il promettait à ses quarante-six conseillers, le 1er juin 2012, qu'il n'aurait « pas de rapport direct avec les ministres »...

Lorsqu'il parle de l'ancien maire de Nantes, Hollande le fait comme s'il s'agissait d'un grand brûlé de la vie politique. Un jour, il nous fit cette confidence : « Il y a quelque chose chez Ayrault qui est très personnel, alors qu'il a réussi parfaitement sa vie politique, il y a comme une blessure et une douleur, que je n'arrive pas à... Une souffrance quelque part, peut-être de ne pas être reconnu comme il aurait dû l'être... »

Pas aux yeux de Hollande, au moins. D'autant, sans doute, que le chef de l'État se reconnaît en lui. « Les Français ne le connaissent pas, nous dit-il peu après l'avoir remercié. C'est très injuste. Il était un vrai Premier ministre, pas un Premier ministre soumis, d'apparence, de façade, collaborateur... Il connaissait bien ses sujets. Que lui manquait-il ? Un vrai Premier ministre, ce n'est pas celui qui a les moyens d'agir, c'est celui qui peut s'exprimer, porter la parole pour protéger le président. Il faisait son travail, mais il n'utilisait pas cette responsabilité pour porter la politique. Quand il y avait un problème, c'est sur moi que ça revenait, c'est pour ça qu'un Premier ministre qui fait de la communication, c'est parfaitement nécessaire. Je pensais que Ayrault pourrait avoir cette qualité, mais il a eu du mal assez vite, il s'exprimait assez peu et quand il s'exprimait, ça n'imprimait pas. »

Sur ce dernier point, Ayrault serait fondé à lui renvoyer le compliment...

Apparemment, le mal est contagieux, puisque Hollande nous dit aussi ceci, en avril 2013 : « Il y a des ministres qui devraient plus imprimer, comme Mosco. Il fait son boulot, mais il ne le montre pas suffisamment. Sapin est très bon, mais qui connaît Sapin ? »

« Pour 2017, un plan à la Balladur ? Non, notre sort est scellé »

Valls est nommé à Matignon le 31 mars 2014. Et le chef de l'État l'assure, il n'a « pas fait un choix par défaut. Si ce n'était pas Ayrault, cela ne pouvait être que Valls. Dans un quinquennat, il faut une nouvelle phase ».

Et puis, Manuel Valls a la cote. Il plaît. À tel point que cela pourrait, on ne sait jamais, rejaillir sur le président, crédité de 18 % d'opinions favorables en avril 2014. Jamais il n'était descendu si bas, quand son nouveau Premier ministre culmine à 61 %.

L'écart est vertigineux. Hollande ne s'en inquiète pas. « Avec Valls, je l'ai bien vu, les décisions se prendront encore davantage avec moi, mais il les défendra lui personnellement. J'ai tout intérêt à ce que Valls soit le plus populaire possible, le plus efficace, pour rehausser le président de la République. Mais on est dans une phase difficile, il va prendre des coups, sa popularité va chuter… »

Craint-il, en ce printemps meurtrier de l'an 2014, l'ambition présidentielle à peine dissimulée de son nouveau Premier ministre ? « Pour 2017, un plan à la Balladur ? Non, assure le président. Notre sort est scellé. Nous ne réussissons pas, le chômage reste élevé ? La déception sera grande, que ce soit lui ou moi, avec le risque d'arriver troisième. Si on réussit, c'est forcément ensemble. Et il n'y a pas de primaire entre un président et un Premier ministre. Lui peut se dire : "Si on échoue, tant pis pour

Hollande, j'aurai toujours cinq ans après l'occasion de revenir devant le pays pour prétendre." »

Manuel Valls abonde dans ce sens. À peine nommé, il confie : « Il y a un risque dans les prochains mois, c'est que lui ne bouge pas dans l'opinion, et que moi je reste très haut. Puis que je descende, et qu'il reste très bas. Il ne doit pas croire que, mécaniquement, il va remonter. À terme, oui. Les Français sont d'une grande intelligence. »

Dirait-il la même chose, aujourd'hui ?

Quoi qu'il en soit, Manuel Valls a réussi son OPA sur Matignon. Ce qu'il ne pouvait prévoir, c'est le retour de Jean-Marc Ayrault dans son gouvernement, comme ministre des Affaires étrangères, en février 2016. Par la seule volonté du président.

Qui n'oublie pas les services rendus, certes, mais encore moins où se situe son intérêt. Reprendre Ayrault, c'est à la fois s'assurer la présence d'une personnalité au quai d'Orsay et « gauchiser » un peu un gouvernement qui en avait bien besoin. Nul affect dans la décision de Hollande, du réalisme pur. Comme toujours.

Au printemps 2016, il nous expliquera son choix en ces termes : « C'était bien de donner une cohérence au quinquennat, de montrer qu'il n'y avait pas de rupture. Jean-Marc Ayrault a été le Premier ministre sous mon autorité qui a fait les choix économiques les plus courageux, le rapport Gallois, la compétitivité, le CICE, les rééquilibrages budgétaires, y compris par des maîtrises de dépenses comme par des augmentations de recettes… »

Bel hommage posthume.

Pas sûr qu'il suffise à Ayrault pour oublier la cabale initiée contre lui à l'automne 2013.

5

L'allié

Nous sommes solidaires, emportés par la même planète, équipage d'un même navire.

Antoine de Saint-Exupéry

Tout le gouvernement s'est déplacé.

Même les secrétaires d'État, d'ordinaire tenus à l'écart.

Nous sommes le 22 octobre 2014, et voilà maintenant six mois que Manuel Valls a été nommé Premier ministre de la France. Il est temps de sacrifier au cérémonial républicain, histoire de donner aux citoyens une belle image d'unité. Dans un grand salon de l'Élysée, François Hollande va remettre au chef du gouvernement les insignes de grand-croix de l'ordre national du Mérite. Une tradition instaurée en 1974, lorsque Valéry Giscard d'Estaing avait élevé Jacques Chirac à cette distinction.

Autant dire que l'hypocrisie n'est jamais absente de ce type de cérémonie.

Hollande commence par féliciter son Premier ministre : « Vous avez préparé un budget, qui a d'ailleurs été voté pour la partie recettes. Je salue les députés qui ont eu cette conscience de leur rôle. » Au passage, un tacle appuyé en direction des ministres récalcitrants, remerciés les mois précédents, les Hamon, Filippetti,

Montebourg et autres Duflot… Puis il enchaîne, de ce petit ton acéré généralement annonciateur d'une flèche à venir : « Vous aimez citer de grands républicains, vous vous inscrivez dans cette tradition. […] Une des figures qui vous sert de référence, c'est celle de Clemenceau. C'est un personnage controversé, y compris au sein de la gauche française. C'est sans doute pour cela que vous l'utilisez. Car vous aimez la controverse, à condition qu'elle soit un facteur de débat, de contradiction et en même temps de synthèse. Car il faut aussi qu'il y ait des hommes de synthèse dans la République. C'est très important. »

Valls s'est déjà un peu fermé. Il ne fait pas semblant, quand il est en colère. Même si Clemenceau est bien l'une de ses références, devant ses proches, présents pour l'occasion, il aurait aimé un compliment plus éclatant, moins lourd de sous-entendus… Et Hollande porte alors l'estocade : « Clemenceau n'est pas devenu président de la République, mais on peut aussi réussir son existence sans être président de la République. »

Valls peut bien recevoir avec un sourire figé l'écharpe bleue et l'étoile en vermeil à six branches portée côté gauche, il goûte très moyennement l'instant. Il devine les commentaires à venir dans les médias, conviés à l'événement. Et cela ne manque pas. Les chroniqueurs ironisent, le jour même, s'amusent de l'embarras manifeste du Premier ministre, et en tirent leur propre leçon : Hollande a voulu rabaisser Valls, lui signifier qu'il ne devait pas lorgner son trône présidentiel. Ou alors plus discrètement.

Un rappel à l'ordre très peu protocolaire, finalement.

Des mois, voire des années, que l'on glose, dans le microcosme, sur ce couple Hollande-Valls, en pronostiquant la mise sur orbite présidentielle du Catalan dès 2017, stigmatisant son ambition démesurée. L'affaire de la décoration vient étayer une thèse tellement logique.

« On peut aussi rater sa vie en étant président de la République ! »

Mais entre Hollande et Valls, est-ce si simple ?

Évidemment, non. Leur histoire commune dépasse largement la somme de leurs intérêts individuels. Depuis le début du quinquennat, ils se savent indispensables l'un à l'autre. Différents, qu'il s'agisse de leur positionnement au sein du PS et, surtout, de leur personnalité, ils sont, du coup, parfaitement complémentaires. Certains, surtout, que si l'un échoue, l'autre en subira inévitablement les conséquences. Deux partenaires particuliers, liés par une communauté d'intérêts.

Devant nous, Hollande s'étonne d'ailleurs de l'interprétation donnée par les médias de la cérémonie du 22 octobre 2014. Même s'il ne paraît pas fâché d'avoir remis quelques pendules à l'heure… Est-il sincère ? On ne peut l'exclure totalement.

En tout cas, voici comment il justifie sa sortie : « Clemenceau a réussi sa vie bien plus qu'un président de la IIIe République, il a été battu par Deschanel qui, on le sait, a été reconnu irresponsable… Clemenceau n'a jamais été président de la République, mais il a été un grand président du Conseil, c'est ça que je voulais dire. » Conclusion de Hollande : « Valls est Premier ministre, peut-être qu'il deviendra président de la République, mais on peut réussir sa vie en étant Premier ministre… »

Seuls les mauvaises langues, les rivaux de Valls, les journalistes forcément mal intentionnés, y auraient donc vu une pique à l'adresse de son Premier ministre, afin de refréner ses ardeurs ? « Je pense profondément qu'on peut réussir sa vie politique sans être président de la République, martèle Hollande. J'aurais pu ajouter, mais je me suis dit, là, je me retiens, car cela peut être retenu contre moi : “On peut aussi rater sa vie en étant président de la République !” J’ai bien fait de m’arrêter là ! »

Le vrai message que Hollande dit avoir voulu faire passer en absolue priorité, c’est la parfaite complémentarité de leur attelage : « Clemenceau était un homme de controverses, ce qui est vrai : Dreyfus, les communards et leur amnistie, la répression des vignerons, et les procès Caillaux et Malvy… Alors que d’autres personnages, Jaurès, Blum, étaient des gens de synthèse. Ça, c’est un vrai débat, mais ça n’a pas été relevé. »

Synthèse d’un côté, autorité de l’autre ? Un peu trop caricatural, bien sûr. Et pourtant… Si les deux hommes s’apprécient tant, c’est sans doute bien parce que les défauts de l’un permettent de mettre en valeur les qualités de l’autre – et réciproquement. « Valls, il s’est fait un personnage, ce qui est déjà important en politique, observe Hollande en juillet 2013. Bon, après, le problème c’est qu’il faut que la gauche soit raisonnable pour qu’elle choisisse Valls. Or… » « Valls, quelquefois, tend les choses », constate encore le chef de l’État. Il se souvient, notamment, du déplacement du ministre de l’Intérieur en Corse, le 22 avril 2013, peu après l’assassinat du directeur du parc naturel régional, Jean-Luc Chiappini. Valls a alors eu cette phrase : « Je sais que cette violence est profondément enracinée depuis des décennies dans la culture corse. » Il réitère ses propos plusieurs jours plus tard, sur France Inter. Hollande tique. « Au nom d’une posture d’autorité, quelquefois il y a des phrases qui passent bien dans l’opinion mais qui heurtent quand même… J’étais en Corse, il a sorti cette phrase sur la violence qui était quasiment inhérente aux Corses… Bon !… On peut dire, oui, il y a une histoire de la violence en Corse – c’est quand même incontestable, il y a une histoire de la violence –, maintenant, est-ce que… »

Il ne termine pas sa phrase. Ce n’est pas grave, on a l’habitude.

Si Hollande regrette que Valls simplifie et généralise parfois un peu trop son discours lors de ses interventions publiques, pour autant, il apprécie vraiment la bête politique, sa solidité, sa cohérence, son talent oratoire... Même son inextinguible ambition trouve grâce aux yeux du président. « Valls, vous ne trouvez pas qu'il joue un peu perso, parfois ? » lui demande-t-on au printemps 2013. « Si, répond-il. Mais la fonction fait ça. Ministre de l'Intérieur, vous jouez perso. »

Valls, lui, s'incline devant le mécanisme intellectuel propre au chef de l'État, cette facilité à jongler avec les chiffres, les théories. Et les gens. « Il a d'immenses qualités, remarque Valls. Il nous énerve tous par ses indécisions, quand il fuit... Il n'a pas fait un grand discours depuis Le Bourget, mais il est d'une très grande intelligence politique. Sarko, c'était le bonapartisme. Hollande est très intelligent, honnête, comme moi d'ailleurs. On a ce point commun : on est toujours à découvert ! »

Manuel Valls est nommé Premier ministre le 31 mars 2014. Inéluctable.

Des mois que cela taraudait Hollande. Jean-Marc Ayrault a atteint ses limites. D'autant plus rapidement qu'on lui a consciencieusement savonné la planche. Il fallait créer un électrochoc, indiquer un nouveau cap. Lorsqu'en novembre 2013, Hollande consulte, reçoit les avis des uns et des autres, il peaufine le pacte de responsabilité qu'il s'apprête à lancer. C'est un virage économique – et donc politique – majeur qu'il s'apprête à emprunter.

Le chef de l'État et ses conseillers en tombent d'accord. Il doit d'abord impulser le changement de cap avant de s'atteler à celui des hommes. Le 31 décembre 2013, lors de ses vœux télévisés, il annonce la création du pacte de responsabilité, et promet aux entreprises des allégements de charges. Quinze jours plus tard, le 14 janvier 2014, lors de sa conférence de presse semestrielle, il crée la surprise, exhortant les patrons à s'engager derrière lui. « S'il me nommait à ce moment-là sans avoir lui-même donné le cap, décrypte Valls, je lui imposais "Valls le social-libéral", je lui imposais la ligne. Il le sentait. Ce n'est pas moi qui ai inventé le pacte, c'est lui. La nouvelle étape du quinquennat, elle a commencé le 14 janvier. »

Fin mars 2014, les élections municipales sonnent donc le glas de Jean-Marc Ayrault.

Valls dit : « Je n'imaginais pas la bérézina des municipales. » En tout cas, il sait que Matignon lui est promis, d'autant que lui aussi a conclu un pacte, confidentiel celui-là, avec les ministres les plus « gauchisants », Arnaud Montebourg et Benoît Hamon, dans le but d'évincer Ayrault.

Seuls les Verts peuvent encore bloquer la promotion de l'ancien maire d'Évry, qu'ils ne peuvent littéralement pas supporter. Valls incarne l'autorité abrupte, et n'a cessé de se chamailler avec Cécile Duflot, les mois précédents.

La veille du second tour, le samedi 29 mars au soir, Hollande reçoit son ministre de l'Intérieur, à l'Élysée. Dans la plus grande discrétion. La discussion se prolonge. « On a refait la composition du gouvernement, précise Valls. Je lui ai dit : "C'est bien, ça fait deux fois qu'on fait le même exercice, c'est rafraîchissant..." Il n'a jamais eu d'autre hypothèse que moi. C'était moi ou Ayrault. »

Manuel Valls jubile. Trente ans qu'il transgresse et progresse au sein du Parti socialiste.

Hollande, s'il applaudit à son extrême efficacité, apprécie sa loyauté, s'en méfie quand même un peu. Il a peu d'appétence pour les réseaux tissés par l'ancien maire d'Évry avec certains de ses amis : l'incontournable lobbyiste Stéphane Fouks, de l'agence de communication Havas, Alain Bauer, un franc-maçon « crypto-sarkozyste », omniprésent dans les médias sur toutes les questions de criminalité...

Des hommes de grande influence. Un peu trop aux yeux de Hollande.

« Les observateurs ne comprennent pas mon positionnement au sein du PS, explique Valls. Cela fait trente-cinq ans que je suis dedans, je les connais tous. Je sais ce que c'est que diriger une majorité départementale, la gestion d'un groupe, d'une majorité relative ou absolue… Mais ils ne comprennent pas ça, ils disent : “Il est isolé.” Mais ça ne veut rien dire, j'ai des dizaines de parlementaires avec moi. Et puis, il n'y a plus de courants. Aujourd'hui, c'est l'individualisme, la force va à la force. »

Valls a donné des gages à Hollande, dès le départ, prenant ses distances avec ses amis de toujours. « Alain a démissionné de tout, ce qui est très agréable à mon égard, nous dit-il en juillet 2012 à propos de Bauer. Après, c'est les injustices de la vie, pour Fouks comme pour Bauer. Bauer, il aime trop les gens, il a trop aimé Sarko. Là, il a été trop loin. Et ça fait plus de quinze ans que je ne suis plus franc-maçon, mais on continue à fantasmer sur mon prétendu réseau… »

Sans surprise, le nouveau gouvernement, ce sera sans les Verts. Tant pis. Ou plutôt tant mieux, juge Valls.

Le 8 avril 2014, il prononce son discours de politique générale à l'Assemblée nationale, et la France découvre un rhéteur. Un type capable de transformer un vague propos sur l'Éducation nationale en morceau de bravoure. Le Premier ministre se souvient de la genèse de ce discours, dans lequel Hollande a mis sa patte. « On prépare un premier discours, une heure quinze, un peu lourd, trop long, Hollande l'a pris, l'a élagué et a rendu le verbe plus tranchant. Mais j'ai gardé des formules que j'avais prévues. Je l'ai vu tailler en pièces des beaux discours pour garder “la” phrase. »

Justement, les phrases claquent. « Il y avait une telle tension dans l'hémicycle. Je me suis adressé aux Français, je sentais une droite qui n'était pas au niveau, qui cherchait à me déstabiliser – mais je ne les écoutais pas –, et des socialistes pétrifiés. »

Les députés sont debout, certains sonnés, surtout à droite. Le trop terne Ayrault est déjà oublié.

« Trop de souffrance, pas assez d'espérance, telle est la situation de la France, harangue Valls. [...] La France a cette même grandeur qu'elle avait dans mon regard d'enfant, la grandeur de Valmy, celle de 1848, la grandeur de Jaurès, de Clemenceau, de De Gaulle, la grandeur du maquis. C'est pourquoi j'ai voulu devenir français. [...] Voilà ce que nous sommes et ce que nous devons rester. Ne rétrécissons pas la France, ne rétrécissons pas ses rêves. »

Il finit trempé, vidé, euphorique. Il a réussi son grand oral. Hollande peut se réjouir, Valls, c'est sûr, va donner un nouveau souffle à son quinquennat. Il le faut, de toute façon.

Les deux hommes ont embarqué à bord de la même galère. Leurs intérêts liés, leurs destins associés. L'un, accro aux sondages, est encore très populaire. L'autre voit sa cote sombrer un peu plus, jour après jour. « Nous n'avons pas le choix, dit Valls. Soit on échoue tous les deux et dans un an je suis à 15 % dans les sondages. Si je réussis, il remonte », nous dit-il alors. Mais d'alliés, les deux hommes ne risquent-ils pas de devenir rivaux ? Il balaye l'hypothèse. « Nous affronter ? C'est impossible. » Il rappelle, lui aussi, le précédent Édouard Balladur, Premier ministre, entre 1993 et 1995, surfant sur des sondages le donnant gagnant de la présidentielle à coup sûr, face à un Jacques Chirac marginalisé, encalminé. « Et on sait comment ça s'est terminé, je connais l'histoire », souligne Valls.

Il sait où il met les pieds. Manuel Valls a servi Lionel Jospin à Matignon, en 1997, quand François Hollande gardait les clés du camion socialiste. « On est en très grande complicité, on se parle beaucoup, dit-il du chef de l'État. On est un tandem. Mais le vrai sujet, c'est lui, maintenant. »

En attendant, en ce printemps 2014, le Premier ministre sature l'espace médiatique, c'est le temps béni où l'on s'arrache la moindre de ses interventions. Le nouveau gouvernement voulu par Hollande a trouvé un espace, une exposition. « J'ai changé de dimension, note Valls. Le risque c'est qu'il n'en profite pas. Il ne doit pas pédaler avec moi, il doit changer, je lui dirai, à ma manière. Il a un problème d'attitude. Il faut qu'il pilote la maison France avec moi. Je lui ai dit : "Tu es le P-DG, je suis le DG, c'est toi le président, on travaille ensemble." »

Contrairement à nombre de ses collègues socialistes, Manuel Valls n'a jamais sous-estimé le président. Il a travaillé de très près avec lui, lors de sa campagne présidentielle, en tant que responsable de sa communication, et son jugement s'est affiné, encore : « Il est très habile, il va très vite, parfois trop même. »

Dès sa nomination, Valls a envisagé clairement son avenir. Il nous a toujours assuré qu'il ne se lancerait pas dans l'arène présidentielle en 2017, qu'il n'intriguerait pas contre le chef de l'État.

Valls ne sera pas le Iago de Hollande.

« Si on réussit notre affaire à deux, je ne sais pas ce que je deviendrai après… Je retournerai sans doute à l'Assemblée », nous dit-il le 14 avril 2014. Loyal ? Sans doute, mais lucide aussi. Il sait pertinemment que, si Hollande n'est pas en état de se présenter, cela signifiera que le gouvernement qu'il dirige a échoué. Son seul horizon, depuis toujours, c'est 2022.

De toute façon, il est comblé. À cette époque, il n'a pas encore réellement vécu l'enfer de Matignon, quand il s'agit de prendre une décision par minute et de gérer les ennuis qui volent en escadrilles, du côté de la rue de Varenne. « Je suis très heureux d'être à Matignon, nous confie-t-il. Je me suis posé au milieu du parc, je me suis dit : “Putain, tu es là…” J’étais seul, je traversais le parc, je n’avais même pas eu le temps de me dire : “Je suis le Premier ministre.” Ça va vite. J’arrive, je fais 5 % à la primaire, je deviens ministre de l’Intérieur, puis Premier ministre. »

Son pari désormais, son défi plutôt, c’est de concilier l’art très hollandais du compromis permanent avec le naturel vallsien, la prise de décision autoritaire. « Hollande cherche à tout concilier, mais on ne peut pas tout réconcilier, dit-il. Il a un peu de temps, les Français doivent se dire : “Bravo Valls, mais c’est Hollande le patron.” Les Français veulent se reconnaître en lui, Hollande doit leur raconter une histoire. »

Du coup, Valls va se différencier, très vite. « Je ne jouerai pas au président bis, veste ouverte, pour essayer de faire jeune. Je suis dans la vie politique réelle, je n’ai pas besoin de changer. » Il ne se laissera pas malmener par les médias, foi de communicant, mais dictera sa loi. « Je veux que les journalistes me respectent », martèle-t-il.

Peut-être se trompe-t-il d’ennemis. Car très vite, c’est au sein même du gouvernement qu’il se découvre une adversité. Les Verts sont partis, certes, mais Montebourg et ses amis pestent contre sa ligne clairement libérale. En août 2014, le ministre de l’Économie, après une ultime provocation, est congédié prestement. L’occasion d’une « clarification » qui entraîne aussi le départ de Benoît Hamon, et fracture durablement la majorité.

À gauche, la cote des « frondeurs » est à la hausse. Celle du Premier ministre, elle, ne va cesser de plonger. À Matignon, la magie Valls n’opère plus. Incapable d’enrayer la hausse du chômage, l’ancien maire d’Évry rejoint Hollande dans sa chute.

Les deux hommes se serrent les coudes. Si le navire coule, ils sombreront tous les deux. Leur frêle esquif essuie plusieurs grains inattendus, car voilà que le Premier ministre, pourtant généralement très attentif, se fait piéger par ses emportements, ses passions. Cela ne lui ressemble pas.

L'ivresse des cimes, peut-être.

« J'ai dit à Manuel : "Tu vois, il faut réfléchir..." »

Le 6 juin 2015, il se déplace avec ses deux fils, dans un avion de la République, pour assister à la finale de la Ligue des champions opposant son club de cœur, le FC Barcelone, à la Juventus Turin. L'aller-retour, depuis Poitiers, en plein congrès socialiste auquel il assiste, jette un froid. Valls fait front, assure avoir été invité par Michel Platini, alors président de l'UEFA.

La polémique enfle. Valls a compris le danger, il doit reconnaître sa faute. « C'est une leçon à retenir. Ce fut une erreur, une bourde. J'ai pu donner l'impression aux Français que je ne me consacrais pas entièrement à eux. Je le regrette », dit-il finalement au *Journal du dimanche*, après avoir pataugé pendant une semaine.

Deux Français sur trois considèrent que ce voyage est une chose « grave », et 68 % estiment que l'image du Premier ministre s'est détériorée, selon un sondage Odoxa. Pour calmer les esprits, le Premier ministre annonce le 11 juin sa décision de « rembourser personnellement » la prise en charge du voyage pour ses deux enfants, soit 2 500 euros selon ses calculs. François Hollande le soutient, dans une interview accordée à *Sud-Ouest*. « Manuel Valls mène un travail particulièrement difficile au service des Français. Il le fait avec énergie et efficacité. Il ne ménage pas sa peine à la tête du gouvernement. C'est un bon Premier ministre. Il a toute ma confiance », déclare le chef de l'État.

Devant nous, le soutien de Hollande se fait un peu moins ferme. « Il y a eu deux choses qui se sont enchevêtrées, nous dit-il. La première, c'est qu'il allait au congrès du PS, puis qu'il est revenu au congrès du PS. C'est donc un aller-retour pour le congrès d'un parti… Imaginons qu'il n'y ait pas eu le congrès du PS, ou que le congrès soit achevé, il allait à Berlin et personne n'y aurait rien trouvé à redire. Et puis, si je savais pour l'avion, je ne savais pas pour ses enfants, même si c'est vrai que ça ne coûtait rien de plus. Ce qui pouvait être discutable, et a été discuté à juste raison, c'est de faire l'aller et le retour. Il avait un discours le samedi, il pouvait dire : "J'ai fait mon discours, voilà, je ne reviens pas, j'ai une obligation à Berlin qui est aussi un plaisir, je pars à Berlin, vous ne me revoyez plus." Je ne suis pas sûr qu'il y aurait eu une polémique aussi intense. Personne n'aurait su que les enfants étaient dans l'avion. Après, c'est l'argumentation. Si c'était un plaisir, c'est normal qu'il y ait ses enfants. J'ai trouvé que c'était lourd, dur, il en a pris plein la figure. »

Les deux hommes se sont expliqués, en tête à tête. « Je lui ai dit que ce qui était maladroit c'était l'histoire du congrès, raconte Hollande. Mais je n'avais pas pensé aux remboursements, il l'a fait lui-même. »

S'il lui a gentiment fait la leçon, Hollande n'a pas accablé pour autant son Premier ministre. « Ce que je lui ai dit, c'est que ce qui était possible il y a quelques années ne l'est plus. Je lui ai rappelé, pour le consoler, ce qui s'est passé quand je suis arrivé à l'Élysée : "président normal", je vais prendre le train pour aller à Bruxelles. Au lieu de me féliciter, les journalistes me disent : "Quand même, est-ce que ça ne coûte pas plus cher, des gens pour vous surveiller, des gens dans le train que vous exposez à des attentats…" C'est quand même étrange. À la fois on me demande d'être sobre, économe, et quand je prends le train… J'ai dit à Manuel : "Tu vois, il faut réfléchir", on fait avec les moyens de l'État, on est critiqué, on fait sans, on est également critiqué. On n'est pas assez proche, on est distant ; on est très proche, on n'est plus présidentiel. Il faut à chaque fois penser à tout, faire attention à tout. »

Hollande avait anticipé une offensive de la droite sur ce sujet. Et potassé les archives des déplacements ministériels, sous Sarkozy, afin de pouvoir contre-attaquer. « La droite a fait très peu de polémiques. J'avais une fiche de tous les déplacements de la droite : Fillon dans sa circonscription… Sarkozy allait dans la maison de Carla Bruni, en avion. C'est pour ça qu'ils n'ont rien dit, ils pensaient qu'on avait la fiche à disposition… C'était le cas ! » Et il rit.

Mais le président n'a pas fini de souquer. Car Valls à Matignon, c'est l'assurance d'une prise de parole musclée, à tout instant. Il y avait déjà eu l'apartheid social, les Roms qui ne veulent pas s'intégrer… Quelques jours après l'affaire de l'aller-retour à Berlin, un chef d'entreprise est décapité, dans l'Isère, au nom du djihad. Le 28 juin 2015, Valls, invité du *Grand Rendez-vous* Europe 1-i-Télé-Le Monde, dit ceci : « C'est au fond une guerre de civilisation », en faisant référence aux attaques terroristes perpétrées en France par les islamistes.

Là encore, il divise, clive. Renforce son image de « Sarkozy de gauche ».

Et Hollande, qui a écouté l'émission, qu'en dit-il ? Souscrit-il, lui aussi, à la vision de son Premier ministre ? « Non, nous répond-il clairement. Je ne suis pas d'accord avec ce concept, car cela voudrait dire que le terrorisme djihadiste est une civilisation, c'est totalement faux. Je lui en ai parlé, il a rectifié, d'ailleurs. Je l'ai appelé, je lui ai dit : "Je t'ai entendu, moi, je n'ai pas de doute sur ce que tu voulais dire." On n'est pas dans une espèce de ralliement aux néoconservateurs… Il est surtout dans une émission de radio qui met une espèce de pression, vous pouvez aller vite dans une formulation. »

Un nouveau front s'ouvre le 13 février 2016, quand Manuel Valls s'en prend, à Munich, à la politique migratoire d'Angela Merkel. Et dire qu'il devait célébrer, lors de cette conférence, la solidarité et la détermination des deux pays face au terrorisme…

Tollé en Allemagne. Et malaise en France, où une coalition hétéroclite, de Martine Aubry à Dany Cohn-Bendit, s'en prend au Premier ministre dans une tribune publiée par *Le Monde*. Encore une fois, Hollande doit expliciter, se démultiplier, pour calmer les esprits. En gardant un ton compatissant envers son Premier ministre. « Il faut voir ce que c'est, Premier ministre, avec le contexte des attentats, lui-même étant sur les questions de sécurité très mobilisé, et très conscient de la menace », nous dit Hollande.

« C'est ça, l'enfer de Matignon »

Comme toujours en pareil cas, il l'a appelé, dans la foulée. Trouvant un Valls sincèrement contrit. « Je lui dis : "Là, vraiment, attention, ce n'est pas ce que tu as dit, c'est que tu l'aies fait là-bas." Ça n'a pas eu d'ailleurs un écho considérable en France, honnêtement, c'est en Allemagne que ça a eu beaucoup de conséquences. Moi dès le lendemain j'avais le rapport de l'ambassadeur, ça a mis tous les chroniqueurs, toute la presse sur des charbons ardents… »

Manuel Valls assure au chef de l'État avoir retenu la leçon. Hollande sait le poids qui pèse sur les épaules du Premier ministre. « Moi je m'exprime assez peu, dit-il, lui est obligé de s'exprimer très souvent. Il a de l'appétit pour ça, il fait des matinales à la radio, il est à l'Assemblée nationale les mardis, les mercredis, parfois même au Sénat aussi, il est dans des déplacements sur le terrain… C'est ça, l'enfer de Matignon. Voilà, il est tout le temps sur la brèche. C'est vrai de lui, comme c'était vrai de ses prédécesseurs, de Jean-Marc Ayrault… Il y a à un moment une forme d'usure de la parole, et de la fatigue physique. »

L'usure, Valls l'a ressentie, sans doute beaucoup plus vite qu'il le pensait, rejoignant Hollande dans des abîmes d'impopularité. Et dire que le chef du gouvernement, longtemps chouchou des médias et star des sondages, espérait lors de sa nomination entraîner dans son sillage un président dévalué, pour lui permettre de sortir la tête de l'eau... C'est tout le contraire qui s'est produit, le chef de l'État entraînant rapidement son Premier ministre par le fond. Au moins sont-ils restés solidaires jusqu'au bout, au risque de se noyer tous les deux.

Pour affaiblir le Premier ministre, on peut aussi compter sur les snipers, en dehors du gouvernement, souvent proches de Martine Aubry, pré-positionnés, prêts à dégainer au moindre excès de Valls. Hollande le sait bien, et du coup pardonne les écarts de son Premier ministre. « Valls aime prendre des mots et des concepts, c'était vrai dans la primaire, ou comme ministre de l'Intérieur. Martine Aubry, elle, a toujours besoin d'une figure pour dire : "Voilà ce que je ne veux pas." Cela a été moi, à un moment, quand j'étais candidat à la primaire. »

Le président en est certain, on prête trop d'intentions malignes ou droitières à son Premier ministre, avec qui il a toujours eu le désir de terminer son mandat. « Elle [Aubry] surestime ça, Valls n'est pas aussi libéral que certains le prétendent. S'il y en a un qui est dans la culture socialiste depuis qu'il est jeune, c'est bien Manuel Valls. S'il y en a un qui est bien au clair sur ce qu'a été l'évolution de la social-démocratie en Europe, c'est bien Valls. Ce n'est pas comme Macron, qui vient de l'extérieur... »

Et le chef de l'État de nous dire sa satisfaction, fin 2015 : « J'ai de très bons rapports avec Valls, d'une loyauté je pense très grande. Ce n'est pas un ami personnel, c'est un homme politique de toute confiance. On s'écrit tous les jours, on s'envoie des textos, c'est celui que je vois le plus. Il est parfait. Il est bon comme Premier ministre. »

L'enthousiasme du président contraste terriblement avec le visage fermé qu'affiche désormais le chef du gouvernement. Mâchoire crispée, regard noir, traits tirés… Valls s'est littéralement métamorphosé, au fil des épreuves dantesques endurées depuis sa nomination à Matignon. Au paroxysme de la crise liée à la loi travail, il incarnera même sa propre caricature, jusqu'à envisager d'interdire une manifestation. Où est passé le Valls détendu, léger, en bras de chemise, le clin d'œil complice, s'amusant à chahuter la gauche comme on asticote un vieux copain un peu trop coincé pour le faire sortir de sa gangue ? Disparu, envolé, croulant sous le poids des attaques de toute nature, pleurant une belle cote d'amour envolée. Le voici désormais incapable de se départir de cette mine sévère, cette raideur implacable, ce ton empreint d'une gravité presque oppressante, qui le renvoient à son vilain double, un psychorigide acariâtre…

« Il avait pensé que c'était plus facile, conclut Hollande. C'est facile d'être ministre, c'est très dur d'être Premier ministre. Enfin, facile, c'est beaucoup dire… Mais Premier ministre, il faut faire travailler tout le monde, et puis vous êtes exposé, c'est vraiment très dur. » Peut-être, en prononçant ces paroles, pense-t-il aussi à sa propre situation.

Alors, ils rameront, et, éventuellement, couleront, ensemble. « Je pense, j'en suis même sûr, que j'irai jusqu'au bout avec Valls », nous confiait Hollande dès le mois d'avril 2015.

Hollande-Valls. L'attelage semble cohérent. Le premier décide, l'autre exécute – à moins que ce ne soit l'inverse.

L'un à l'Élysée, l'autre à Matignon.

Chacun son enfer.

6

Le mécanicien

Il est désormais possible de renverser l'opinion, comme le mécanicien de locomotive renverse la vapeur.

Georges Bernanos

Soixante-treize ministres nommés, en moins de cinq ans.

Ce chiffre interpelle.

Il s'agit d'un record sous la Ve République. Significatif, car il illustre l'amour de François Hollande pour le maquignonnage politique, cet art fondé sur la subtile répartition des ego, l'évaluation des rapports de force et le goût de l'intrigue. Le pouvoir, c'est aussi cette capacité à promouvoir les uns, déstabiliser les autres. À transmettre le flambeau, également.

Hollande est un mécanicien politique de premier ordre, un ouvrier spécialisé en matière humaine. Son goût prononcé pour la *combinazione* à la française, cette prérogative exorbitante donnée à un seul de faire et défaire les carrières de tous, au gré de ses propres intérêts. Il en use, en abuse parfois, surtout lorsque sa survie est en jeu. Durant son quinquennat, il n'aura cessé de pratiquer ce sport cruel, dont il maîtrise toutes les règles. Onze années passées à la tête du PS, à gérer les ambitions, tempérer les ardeurs, maintenir un fragile équilibre, ça forge une expérience.

À l'examen minutieux de ses choix, il apparaît qu'il aura aussi tenu compte, parfois, d'un autre paramètre que celui de l'efficacité pure : l'affection. Deux femmes au moins ont bénéficié de sa considération, voire de son indulgence : Christiane Taubira, cet OVNI politique qui lui a tant coûté, par ses maladresses, et tant rapporté, aussi, sur le plan du crédit politique. Et Ségolène Royal, bien sûr, sa vraie muse, dont il admire la force, la loyauté, l'inventivité. S'ils ont changé de nature, ses sentiments envers son ex-compagne n'ont rien perdu de leur intensité.

Ces deux femmes, il n'aura cessé de les protéger.

Mais voyons plutôt l'artiste à l'œuvre.

Le quinquennat a connu deux grands remaniements : celui d'avril 2014, avec l'arrivée de Valls suivie cinq mois plus tard des départs de Montebourg et d'Hamon, conjugués à l'arrivée d'Emmanuel Macron ; celui de janvier 2016, avec la démission de Taubira et le retour des écologistes.

Deux occasions pour le chef de l'État de marquer son savoir-faire. Et d'assouvir sa soif de « coups » politiques.

2014, d'abord.

Il faut entendre le chef de l'État nous expliquer, la mine gourmande, l'œil scintillant, comment il a composé lui-même, sur un bout de papier, en mars 2014, le gouvernement Valls I, dans le secret de son bureau. Appliqué, penché sur son croquis rudimentaire. Dix-huit noms à trouver, dix-huit cases à cocher, puis seize ministres à l'arrivée. Et deux schémas différents, selon que les écologistes acceptent de cohabiter avec Manuel Valls ou non.

Pas de doute, c'est pour ces instants-là qu'il a voulu faire de la politique. Et devenir président de la République, le décideur ultime, celui qui tire les ficelles. On s'est souvent demandé, durant ces cinq ans passés à essayer de s'introduire dans son cerveau, quelles autres passions pouvaient animer François Hollande, en dehors de la politique. Le cinéma, le sport, la littérature, les femmes... ?

On aura perdu beaucoup de temps, avant de trouver la réponse : la politique, la politique et la politique.

Composer un gouvernement requiert du doigté. Une capacité hors norme à évaluer les rapports de force et à anticiper les réactions des impétrants potentiels. Pour avoir trop voulu respecter les précaires équilibres issus de la primaire socialiste, et s'être rendu prisonnier des accords passés entre Martine Aubry et les écologistes, Hollande a dû écoper, entre 2012 et 2014. Une succession de couacs, d'opinions dissidentes, a contribué à rendre illisible et même à discréditer son action globale.

Il ne refera pas cette erreur, jure-t-il, en ce printemps 2014. Valls, lui aussi, veut des professionnels, sans états d'âme. Il n'est donc pas fâché que les Verts rendent leurs tabliers ministériels, effrayés à l'idée de devoir obéir à ce grand Satan, beaucoup plus libéral que social à leurs yeux. Quant à Arnaud Montebourg et Benoît Hamon, eux qui voulaient tant faire la peau à Jean-Marc Ayrault, ils ont juré au chef de l'État et surtout au Premier ministre qu'ils ne les gêneraient pas dans leur action. Ils ont obtenu gain de cause, négocié des postes plus importants : l'Éducation nationale pour Hamon, l'Économie pour Montebourg. Certains ministres, les valeurs sûres de Hollande, comme Laurent Fabius au Quai d'Orsay ou Jean-Yves Le Drian à la Défense, ne posent pas le moindre souci. D'autres en revanche, tels Pierre Moscovici ou Vincent Peillon, passent à la trappe.

« Je dis à Valls : "Il vaut mieux ne pas le mettre à l'Intérieur" »

Quelques jours après l'intronisation du gouvernement Valls I, le chef de l'État nous explique ses choix de manière lapidaire : « J'enlèverais Fabius ? Pourquoi ? Le Drian ? Pourquoi ? Sapin ? S'il n'a pas inversé la courbe du chômage, ce n'est pas sa faute. Moscovici et Peillon, eux, avaient de mauvais rapports avec Ayrault, ils s'étaient mis dans une situation psychologique de retrait, et Mosco portait son fardeau, son malheur. On voulait quelqu'un qui incarne. Je n'allais pas enlever Montebourg. Le renouvellement, c'était Valls et un gouvernement à seize. Si Bertrand Delanoë avait voulu, il y venait, Aubry aussi. »

Mais la maire de Lille boude, Valls n'est définitivement pas sa tasse de thé. Quant à l'ancien maire de Paris, il profite de sa nouvelle vie, alors qu'il aurait pu rêver à un très beau poste : « Delanoë avait ce qu'il voulait, confirme Hollande. Il m'a dit : "Je n'ai pas envie." »

Et puis, il faut remplacer Manuel Valls à l'Intérieur. Par un homme de confiance, forcément. Le président de la République a pu apprécier l'efficacité de Valls, place Beauvau. « Manuel a su s'entourer, nous dit-il. Le ministère est bien géré, avec les bonnes personnes. Quatre ou cinq personnes, et c'est tenu. »

Sous la Ve République, la place Beauvau est un lieu stratégique. Ce n'est pas pour rien si Nicolas Sarkozy s'est battu pour en obtenir les clés, en 2002. Il ne s'agit certes pas d'une sinécure, mais tout remonte au ministre. Ici, tout se sait. On peut peser sur des destins individuels, détenir des informations sensibles, protéger le président, aussi. Et ça, Valls a su le faire.

Donc Hollande ne prend pas ce choix à la légère.

Ami de François Hollande, le sénateur et maire de

Dijon, François Rebsamen, est dans les starting-blocks. Il a raté le coche en mai 2012, cette fois, il n'en doute pas, c'est son tour. « Rebs » piaffe d'impatience.

Un peu trop.

Certes, il connaît bien la boutique. Mais celle d'avant, époque Pierre Joxe. Une chose est sûre, Hollande apprécie le compagnonnage de Rebsamen, et encore plus sa fidélité, jamais démentie.

Le lundi 31 mars 2014 au soir, à l'Élysée, Valls et Hollande dînent ensemble, bâtissant de concert le gouvernement. Ils font et refont leurs calculs, triturent les postes, biffent des noms…

Ils tombent d'accord sur le cas Rebsamen. « Je dis à Valls : "Il vaut mieux ne pas le mettre à l'Intérieur", raconte le président. Valls est d'accord, dans l'intérêt même de Rebsamen. Valls a réussi à Beauvau, Rebsamen aurait essayé de faire ministre encore mieux que Valls, et avec des réseaux différents. Cela m'a rappelé Vaillant après Chevènement, il a été un bon ministre de l'Intérieur, mais il n'incarnait pas la fonction, contrairement à Chevènement. Valls incarnait le ministère de l'Intérieur, donc pour Rebsamen, qui est un ami, ce n'était pas lui rendre service. Et puis, je sentais les préventions de Valls, il me disait qu'il n'aurait pas un rapport facile avec lui. Il était bien placé pour le savoir. »

Manuel Valls confirme le ton de la discussion : « Rebs a du métier, mais je ne voulais pas d'un sniper derrière moi. Je ne voulais pas vivre ce que Rocard a vécu avec Joxe, je ne voulais pas des réseaux franc-macs, FO… À tort peut-être. Peut-être que j'en mets trop sur Rebs. Je lui ai dit : "Honnêtement, ce que je crois, c'est que tu es trop attendu, tu t'es trop préparé, ça devait être il y a deux ans, là, tu arriverais dans de mauvaises conditions." »

Mais il est déjà 1 heure du matin, et rien n'est conclu.

Dans ce complexe puzzle politico-humain, les pièces ne s'assemblent pas encore.

Coup de fil présidentiel à Bernard Cazeneuve, le couteau suisse du gouvernement, l'efficacité faite homme et d'une fiabilité totale. C'est un peu le pompier de service, aussi : après les Affaires européennes, il a été bombardé en catastrophe au Budget, en raison du bug Cahuzac. Cette fois, il a le choix entre l'Intérieur, les Finances et le secrétariat général de l'Élysée. C'est dire la confiance que lui témoigne le chef de l'État. « Je l'appelle, raconte Hollande, et lui dis : "J'ai beaucoup apprécié ce que tu as fait." J'ai senti que l'Intérieur l'intéressait, je lui ai dit que je le rappelais le lendemain. »

Les mêmes questions, encore, toujours. L'accouchement du nouveau gouvernement, dans ces heures de réflexion nocturnes, se révèle humainement douloureux. « J'ai appelé Rebsamen, se souvient Hollande, qui lui lance d'emblée : "Tu ne seras pas ministre de l'Intérieur." Il me dit : "Je te rappelle." Il me rappelle, et dit : "Je ne peux pas accepter, pourquoi Manuel fait-il obstacle ?" » Le président lui propose la décentralisation, François Rebsamen, vexé, refuse. Recontacte le président. Meurtri, il voit le rêve de sa vie politique lui passer sous le nez. « Mais pourquoi vous ne voulez pas ? » rabâche-t-il auprès de Hollande, qui, de guerre lasse, le renvoie vers son Premier ministre. « Appelle Valls », lui dit-il, un peu fatigué par tant d'insistance.

« Valls, raconte Hollande, lui a expliqué que ce n'était pas son intérêt : "Il y a un rapport de confiance, tu auras du mal à tenir les réseaux que tu connais..." »

Hollande, Valls est bien placé pour le savoir, se méfie des cercles fermés, des sociétés secrètes et autres coteries.

« Il fallait un type différent de Valls »

Finalement, le ministère du Travail, où doit s'élaborer une réforme essentielle pour le quinquennat, devient la bouée de secours du maire de Dijon. Rebsamen, revenu à de meilleurs sentiments, accepte le poste. Il n'est ni le premier ni le dernier à ravaler sa fierté pour un beau maroquin.

Et le subtil Bernard Cazeneuve atterrit place Beauvau. « Il fallait un type différent de Valls, explique Hollande. Une autorité en nuances, en phrases sibyllines. Et il connaît les affaires difficiles. Il va garder le même cabinet ou presque. Il est intelligent, travaille, a beaucoup d'humour… »

François Hollande poursuit son jeu de construction. Il cherche quelqu'un de costaud à placer à Bercy, aux Finances, en face d'Arnaud Montebourg, qui a pris du poids. Il sonde Didier Migaud, premier président de la Cour des comptes depuis 2010. L'ancien député socialiste refuse tout net. Regrets du chef de l'État : « Cela avait un intérêt, car c'est une marque. » Là, c'est l'ancien professeur d'économie qui parle. Oui, Migaud est une « marque », il est celui qui, président de la commission des finances à l'Assemblée nationale, a tenu tête à Nicolas Sarkozy. Mais Migaud reste inflexible : « J'ai fait le choix de quitter la vie politique », dit-il au président.

L'hypothèse Pascal Lamy, ancien directeur général de l'Organisation mondiale du commerce (OMC), est également envisagée. En dépit de « son image un peu droitière », Hollande dixit. Qui passe vite à autre chose. Louis Gallois ? Impossible, il est trop heureux à la tête du conseil de surveillance de Peugeot. Quant à l'autre figure de gauche du monde des affaires, Anne Lauvergeon, ancienne patronne d'Areva, elle paye son implication dans une procédure judiciaire. Comme souvent, le dernier nom sorti du chapeau est le bon. Michel Sapin, vétéran matois et hollandais historique, fera bien l'affaire à Bercy.

Voilà, le casting semble au point, cette fois. Même si Manuel Valls et François Hollande trouvent que tout cela manque un peu de nouveauté. « On était même un peu désespérés de ne pas avoir plus de matériel humain pour innover », se souvient le Premier ministre. Qui confesse deux regrets : « J'aurais aimé que le ministre des Finances soit un profil genre Macron, un peu neuf. Hollande ne voulait pas, et puis il y avait de vrais risques. » Eh oui, en ce printemps 2014, Valls est le premier supporteur d'Emmanuel Macron !

« Mon autre regret, ajoute Valls, c'est Marylise Lebranchu, parce que franchement… » L'ancien maire d'Évry souhaitait évincer la ministre de la Fonction publique. Mais pas question pour François Hollande de fâcher Martine Aubry, avec qui Lebranchu est réputée copiner ferme. Elle reste en poste. « Et puis on s'aperçoit après qu'en fait Aubry et Lebranchu ne se parlent plus ! » s'amuse Manuel Valls devant nous, à la mi-avril 2014.

Et l'on en arrive aux femmes du président.

D'abord, Christiane Taubira, la sauvageonne, rétive à toute autorité mal placée, poétesse politique et femme libre. Haïe par la droite réac, adulée par la gauche morale, notamment depuis qu'elle a porté, avec sa flamme coutumière, LA réforme symbolique du quinquennat, permettant aux homosexuels de se marier. En revanche, son union avec Manuel Valls, à l'évidence contre-nature, a fait long feu. L'heure de prononcer le divorce semble venue : ces deux personnalités, aux tempéraments antinomiques, ont connu, durant ces deux premières années, trop de différends, bien au-delà des traditionnelles bisbilles entre ministres de l'Intérieur et de la Justice, pour pouvoir continuer à travailler ensemble. Du moins le croit-on.

« Travailler avec Taubira, ce n'est pas simple »

C'est oublier l'estime dans laquelle Hollande tient cette femme à la personnalité si particulière. Il est par ailleurs conscient de ce qu'elle représente sur le plan purement politique. Face à un Premier ministre campé sur une ligne droitière, l'icône de la gauche romantique apporte au gouvernement la caution dont le président a besoin.

« On aurait dû changer Taubira, nous confie Valls quelques jours après la formation de son gouvernement. On a imaginé la mettre à l'Éducation. Elle n'était pas contre. Mais on s'est rendu compte que soit elle quittait le gouvernement, soit elle restait à la Justice. Parce qu'elle aurait foutu le même bordel à l'Éducation. Hollande n'a pas voulu son départ, il m'a dit : "Ne nous fragilisons pas plus." Mais c'est reculer pour mieux sauter, la question se posera... », prédit le Premier ministre, qui pense dès ce printemps 2014 que « le mieux serait qu'elle parte d'elle-même ».

« Travailler avec Taubira, ce n'est pas simple », confesse Hollande à la même période. Pour aussitôt prendre la défense de celle qui est devenue la cible favorite de la « fachosphère », mais aussi d'une grande partie de la droite parlementaire. « Elle a été insultée, cette femme, attaquée, s'indigne Hollande. La faire partir, cela aurait été céder à ces salopards qui ont essayé de la discréditer. La mettre à un autre poste, cela aurait été possible, on a pensé la mettre à l'Éducation, mais cela voulait dire qu'on ne lui faisait pas confiance à la Justice. » « Du premier jour où Taubira a mis les pieds à la chancellerie, elle a été désignée comme une cible, ajoute-t-il. Ç'aurait été une autre, ç'aurait été la même chose, sauf que pour Taubira s'ajoutait le fait que c'est une femme, qu'elle est noire et qu'elle défendait en plus le texte sur le mariage. »

Va pour le maintien de Christiane Taubira place Vendôme, donc, et tant pis pour son cabinet, épuisé par ses sautes d'humeur, les syndicats de magistrats, qui se lamentent devant l'absence de réponses à leurs doléances, et le Premier ministre, contraint d'avaler cette première couleuvre. Valls n'en conçoit nulle amertume.

C'est le job qui veut ça.

Le chef de l'État est intarissable sur Taubira. Il admire son éthique. Sa vision de la vie. Sa droiture. « Ses engagements, par rapport à la mémoire de l'esclavage, par rapport à des valeurs morales qui correspondaient bien à la conception que j'ai de la justice. Puis ensuite, elle s'est emparée, alors que ce n'était pas son sujet, mais c'était de sa compétence, du dossier du mariage, elle s'est beaucoup dépensée pour ça... »

Quelque part, cette femme, dont les méthodes iconoclastes sont aux antipodes de sa façon de travailler à lui, le fascine. Il l'a cajolée, la recevant sans cesse, quand elle ployait sous les attaques, lasse, si lasse. « Là où elle était sans doute plus en difficulté, constate-t-il, c'est dans ses rapports avec les juges eux-mêmes, l'administration... Parce que ses méthodes sont quelquefois originales, personnelles. Et qu'elle a son franc-parler. Mais l'Histoire retiendra qu'elle a plutôt été une garde des Sceaux qui a fait voter des textes importants, aussi bien pour la société que pour la justice. »

Inutile d'insister, il n'en dira pas de mal. « Elle a porté une grande loi, le mariage pour tous, avec brio, courage. Et ensuite, elle a porté d'autres lois, ce serait injuste de dire qu'elle n'a fait que le mariage... La justice, c'est un ministère difficile et elle n'a pas toujours eu les moyens non plus de moderniser autant qu'elle aurait voulu cette administration, mais elle a été tellement attaquée, et de manière si violente... Elle n'a pu mener à bien tous les projets, notamment sur la justice des mineurs, qu'elle aurait pu réaliser si elle n'avait été à ce point la cible de la droite, qui a voulu en faire le symbole du laxisme, qu'elle n'était pas... » Il lui reproche bien une « maladresse de gestion, sur les écoutes Sarkozy, mais là encore, en aucune façon elle n'a commis d'erreur. Elle a été une grande ministre de la Justice, sur le plan de lois qui resteront gravées dans l'Histoire ».

Avant sa séparation avec le président, par consentement

mutuel, en février 2016, la voici donc maintenue à son poste, contre toute attente.

« Celle qui me connaît le mieux, c'est Ségolène, quand même »

Mais la grande affaire de ce remaniement, au printemps 2014, c'est évidemment l'arrivée de Ségolène Royal au ministère de l'Écologie, de l'Énergie et du Développement durable. Ce n'est pas une surprise tant ces deux-là, Hollande et Royal, demeurent indissociables.

« Celle qui me connaît le mieux, c'est Ségolène quand même, c'est vrai, confesse Hollande. Celle dont je suis le plus proche, c'est Ségolène. » Il l'avoue, ils se voient souvent – « elle est là quand j'ai besoin d'elle », dit-il –, d'autant plus maintenant que la rivale, Valérie Trierweiler, a disparu du paysage. « On était assez fusionnels tous les deux », dit encore Hollande, ravi d'avoir reconstruit avec la mère de ses quatre enfants une forme de couple, « au-delà de la vie affective ».

De fait, elle ne lui a jamais fait défaut, même, voire surtout, au plus fort du scandale Trierweiler. Toujours présente quand il s'est agi de défendre le président sur les plateaux de télévision, de mettre en valeur son humanisme… Du début à la fin du psychodrame Trierweiler, « Ségo » a fait preuve d'une élégance remarquable que son ancien compagnon a particulièrement appréciée.

« Ségolène, pas besoin de passer un coup de fil », dit Hollande au moment d'expliquer son choix de la nommer à l'Environnement. « Il y avait une forme d'injustice à son égard, dit-il encore. Si les Verts avaient accepté le poste, Ségolène aurait été à l'Éducation, ou ailleurs. On ne peut pas dire qu'elle ait intrigué, ce sont les Verts tout seuls qui se sont exclus. Il n'y avait pas de raisons privées qui pouvaient s'opposer à ce qu'elle entre au gouvernement. Notre histoire a été, elle ne doit pas être un empêchement, ni un favoritisme. Elle est au gouvernement car c'est Ségolène Royal, pas la mère de mes enfants. Elle ira au combat. Elle est détestée par certains mais reste populaire. »

Il a toujours été émerveillé par son tempérament de feu, sa force de conviction. Son imagination, aussi, voire cette forme de prescience, dont il est dépourvu, lui le rationnel. « Ségolène a trouvé des formules. Elle n'était pas politique, politicienne en tout cas, elle avait compris beaucoup de choses avant les autres. On la croyait un peu farfelue, alors qu'elle avait… Elle a eu tort de penser que c'était du machisme, qu'on la contestait parce qu'elle était une femme. Ce n'était pas vrai. On la contestait parce qu'elle n'était pas dans les codes de la politique. Et maintenant, elle est à son affaire. »

Si elle fut aussi, un temps, sa rivale, il ne nourrit plus la moindre inquiétude sur ce plan. Royal a abdiqué toute prétention présidentielle, du moins le croit-il. « Je ne crois pas qu'elle en ait envie, soutient Hollande. Elle a eu un moment une possibilité, en 2007, qu'elle a su saisir. Elle m'est très utile, d'autant plus que les Verts ne sont plus là. » Il l'observe avec amusement, doit parfois composer avec ses emportements, comme lorsqu'elle conteste la place de leader de Laurent Fabius pour la COP 21, en s'exprimant de manière véhémente, dans *Le Monde*, en juin 2015. « Fabius était en pleine négociation, se souvient le président, il m'a appelé, m'a dit : "Pourquoi cette interview, maintenant ?" Elle ne me prévient de rien. Je l'ai appelée, elle m'a dit : "Je ne pensais jamais que ça ferait la une du *Monde*." »

La Royal serait-elle impossible à contrôler ? « Si, si, on peut », assure son ex-compagnon, au début de l'été 2015. Il rappelle au passage qu'« elle est aussi très médiatique, elle a été candidate à l'élection présidentielle, elle est très connue, elle a une voix qui porte. Elle est très populaire aujourd'hui, il y a deux ans elle était plus bas, donc elle en est très heureuse. Elle incarne son sujet, c'est important d'être en adéquation avec le sujet que vous traitez. Elle prend des initiatives qui quelquefois… Ce n'est pas toujours facile pour son cabinet. Mais elle ne le fait jamais avec un esprit partisan, ou une stratégie politique au sens personnel. Elle n'est pas dans un scénario ».

Au début, les journaux s'en donnent à cœur joie, la reformation de ce couple à nul autre pareil a tout pour plaire. Les gazettes publient la photo d'une Royal réjouie, euphorique, même, quand elle accueille en souveraine, sur les marches du palais présidentiel, le couple royal espagnol, le 2 juin 2015. Pourquoi elle ? « C'est la numéro 3 du gouvernement », justifie Hollande. « C'était amusant, ajoute-t-il. Je l'ai vue à l'Arc de triomphe et elle m'a dit : "C'est moi qui suis dans la voiture de la reine." Les Espagnols en étaient très heureux, ça leur faisait une très belle image. Elle était visiblement ravie. »

« Najat, je pense qu'elle en veut plus que les autres »

Mais 2014, c'est aussi l'année de l'éviction d'Arnaud Montebourg et de Benoît Hamon du gouvernement, le 25 août, après qu'ils ont contesté la politique économique incarnée par Manuel Valls. S'agissant de Montebourg, qui s'est publiquement moqué du chef de l'État, ce dernier nous dit ceci, le 6 septembre 2014 : « Quelqu'un qui est au gouvernement, il ne va pas jusque-là ! Mais Montebourg, il a cette forme de légèreté ou de vulgarité. Si je le gardais au gouvernement, les gens auraient dit : "Finalement, on peut tout dire, tout faire, tout déclarer." » Du fait de l'éviction du duo Montebourg-Hamon, l'équipe est remodelée en cette rentrée 2014 : on note l'arrivée du jouvenceau Emmanuel Macron. L'aguichant ex-secrétaire général adjoint de l'Élysée, ancien banquier d'affaires chez Rothschild, est propulsé à l'Économie. Plus en phase, pour le coup, avec la politique « pro-business » voulue par le chef de l'État. Les fauteurs de trouble, telle Aurélie Filippetti, remplacée au ministère de la Culture par Fleur Pellerin, ont disparu du paysage. L'ordre règne au sein de l'exécutif.

Le chef de l'État apprécie ce recentrage politique. « Le gouvernement, il fonctionne, confie-t-il fin août 2015. Il peut y avoir des voix éclatantes, Ségolène qui peut faire une déclaration, mais on n'entend aucune voix contester la politique. C'est ça qui était lourd à vivre… Les couacs, même s'il y en a encore – il y en a toujours –, ce n'est pas vécu de la même manière. Ensuite, c'était pénible l'idée qu'il pouvait y avoir deux lignes au sein du même gouvernement, qu'à Bercy il pouvait presque y avoir deux politiques… Là au moins, c'est cohérent. Quand on avait Duflot qui critiquait Valls, ou Valls qui pouvait mettre en cause Taubira, la presse faisait apparaître ce type de confrontations… »

Il se félicite des jeunes pousses socialistes, qu'il met en avant. Il prend un grand plaisir, ainsi, à écouter les interviews de Najat Vallaud-Belkacem, propulsée à l'Éducation nationale. Jamais une faute de goût, toujours dans la « ligne », avec cette capacité fascinante à parler longuement sans jamais rien dire d'essentiel, de compromettant en tout cas. « Elle est bonne, Najat, très forte en langue de bois, confirme Hollande dans un grand sourire. Ségolène l'avait repérée. Najat, je pense qu'elle en veut plus que les autres. Elle est ambitieuse. Je sens ça. C'est quelqu'un d'extrêmement déterminé. Najat, ce n'est pas une intellectuelle, elle n'a pas fait l'ENA, c'est quelqu'un qui en veut. Dans la vie, il y a ceux qui en veulent plus que les autres, et elle en veut plus que les autres. Elle travaille, elle est claire, simple, elle est solide, rien ne l'arrête. Elle a une ambition. Elle me rappelle Ségolène dans les années 80, avec cette force. Avec plus de formatage. Elle est très formatée, Najat. Elle est jeune, elle a quelque chose. Dans ce gouvernement, de sa génération, c'est elle qui a le plus de volonté. »

C'est évident, il apprécie vraiment ce gouvernement qui lui ressemble, enfin. Il n'était que temps. « Oui, il est meilleur, tranche-t-il. Montebourg créait de l'agitation, Macron donne le sentiment d'agir. Macron connaît le monde des affaires, c'est ça la différence entre Montebourg et lui. Macron, il connaît les règles, ou l'absence de règles, il a été banquier d'affaires. Montebourg était dans la déclamation. »

Au passage, Hollande a résolu une autre difficulté qui handicapait son action. En l'occurrence, Harlem Désir, le premier secrétaire du PS, résolument transparent. « Il n'est pas bon, parce qu'il n'anticipe pas », juge Hollande dès juin 2013. Valls offre donc un strapontin gouvernemental à l'ancien leader de SOS Racisme, et c'est l'expérimenté Jean-Christophe Cambadélis, l'architecte de la gauche plurielle en 1997, un homme sûr, qui lui succède rue de Solférino. Hollande s'en félicite.

De fait, il n'aura jamais à regretter son choix. Et qu'importe si « Camba » fait un peu tâche dans la République « irréprochable » que le chef de l'état appelle de ses vœux. Reconnu coupable en 2006 dans l'affaire des emplois fictifs de la MNEF, Cambadélis avait déjà été condamné en 2000 à cinq mois de prison avec sursis pour avoir bénéficié d'un emploi de complaisance dans une société gérant des foyers de travailleurs immigrés, structure dirigée par un ancien cadre… du Front national. Apparatchik à l'ancienne – à la Hollande, en fait –, le roué Camba se révélera un soutien précieux pour le chef de l'État. Jusqu'à lui dégager la piste d'atterrissage de la primaire de la gauche, en 2016.

Le chef de l'État doit en revanche subir les rodomontades et remontrances publiques d'un Montebourg désormais affranchi. Le héraut du « made in France » prétend ainsi faire la leçon au chef de l'État, le 24 février 2015, devant les étudiants de l'université américaine de Princeton. « Il faut changer de politique parce que l'actuelle ne marche pas, et nous risquons d'arriver à la fin du quinquennat avec 800 000 chômeurs de plus », harangue l'ancien ministre de l'Économie, qui avait été, quelques jours plus tôt, blessé à New York, dans un café, par la chute d'un imposant miroir. « S'il avait été dans une usine française entouré d'ouvriers, pour tenir ce discours, ç'aurait été plus redoutable qu'à Princeton, après avoir pris un miroir sur la figure », grince Hollande.

Il ne reste donc plus au gouvernement, pour prétendre incarner la gauche idéaliste, que la figure contestée d'une Christiane Taubira plutôt mal à l'aise. L'affaire de la déchéance de la nationalité va finir par avoir raison de sa résistance. Le 27 janvier 2016, elle annonce son départ, pour cause de « désaccord majeur ».

Un nouveau gouvernement est donc présenté, le jeudi 11 février 2016, via un communiqué. Le mécanicien suprême est de retour. Même s'il a enregistré un premier échec. Il aurait bien voulu récupérer le médiatique barde de l'écologie, l'ancien animateur de télévision Nicolas Hulot, qu'il avait su attirer à ses côtés à l'Élysée, en tant que conseiller, pour préparer la très réussie COP 21. « J'ai eu une discussion avec lui et je lui ai dit : "Qu'est-ce que vous voulez faire maintenant ? Vous avez été un très bon ambassadeur pour le climat, vous avez parcouru le monde, vous avez une notoriété… Qu'est-ce que vous voulez en faire ?" Hulot me dit : "Dans le gouvernement, pourquoi pas, il faut que je réfléchisse." »

Nicolas Hulot est aperçu à l'Élysée, les premiers articles paraissent, il le vit mal, se demande si l'on n'essaie pas de lui forcer la main. « Je ne sais pas si ça l'a braqué, mais il n'avait pas envie d'être soumis à une pression comme ça, je crois, il a répondu très vite : non », se souvient le président.

Hollande doit ranger la carte Hulot. Avec regret,

« parce que c'est une personnalité connue », et qu'un peu de notoriété ne fait jamais de mal.

Du coup, les autres pioches du chef de l'État paraissent un peu fades. Il a pu persuader quelques écologistes d'entrer au gouvernement, mais ce sont des Verts en rupture de parti, accusés de haute trahison. Comme l'ex-patronne d'Europe Écologie-Les Verts, Emmanuelle Cosse. « Ce qui m'importait, c'était d'avoir des écologistes », explique le président, soucieux de ne pas donner prise aux critiques, sur le thème des manœuvres politiques à la petite semaine. Sans vraiment convaincre. « C'est vrai que ça donnait l'impression, avec Emma Cosse, qui n'est pas connue, qu'on était plus dans la combinaison, c'est dommage », concède-t-il.

« Je me moque bien de savoir s'il est vallsiste ou pas »

D'autant que les arrivées du radical Jean-Michel Baylet ou d'un autre écologiste, Jean-Vincent Placé, réputés être prêts à tout pour entrer au gouvernement, prêtent elles aussi le flanc aux critiques. Hollande préparerait-il déjà l'élection présidentielle de 2017 en s'achetant des soutiens à coups de postes ?

Le fait est qu'il a tenté, aussi, de rapatrier des proches de Martine Aubry. « J'ai eu Martine Aubry au téléphone le jour du remaniement, raconte le chef de l'État fin février 2016. Contrairement à ce qui s'est écrit, elle ne demandait rien pour elle-même ou pour ses proches. Elle m'a dit qu'elle souhaitait une correction de la ligne économique. Elle est toujours sur la même position. Quant aux frondeurs, qui non seulement sont contre la déchéance – mais ça, ce n'est pas le problème, parce qu'il y a des gens qui sont entrés au gouvernement et qui sont contre la déchéance –, mais qui sont sur une autre ligne économique, qu'est-ce qu'on aurait pensé ? Et moi, ce que je veux, c'est rester sur la même ligne, en élargissant. »

Hollande/Aubry, ou le choc de deux logiques définitivement irréconciliables.

Le président tente tout de même de débaucher la députée socialiste Karine Berger, qui renâcle. Impose le choix d'un homme fiable à la Justice, pour remplacer Taubira, le député vallsiste Jean-Jacques Urvoas. « Urvoas, ce qu'il espérait, il fut un temps, c'est d'être ministre de l'Intérieur, pas d'être garde des Sceaux, mais il se trouvait que l'on avait besoin d'un garde des Sceaux, pas d'un deuxième ministre de l'Intérieur. Je me moque bien de savoir s'il est vallsiste ou pas, c'est lui qui était le mieux placé, dans ce moment-là », décrypte Hollande.

« C'est très difficile, la culture [...] C'est un milieu très ingrat »

Et, comme dans tout remaniement, il y a quelques évictions brutales. Fleur Pellerin est ainsi remerciée sans préavis, plutôt sèchement. Elle doit céder son poste au ministère de la Culture, prévenue par un simple coup de fil alors qu'elle s'apprête à défendre un projet de loi à l'Assemblée nationale. « C'est vrai, c'est très violent, un remaniement, admet le président. C'était impossible de prendre des gants. Oui, c'est violent, j'ai conscience de ça. Fleur Pellerin n'a pas démérité. C'est très difficile, la culture. Je trouve que c'est un milieu très dur, très exigeant, très ingrat. Elle a fait des choses qui, à un moment, on le voit bien, ont porté critique. Je n'ai pas pris cette décision seul, mais je l'ai prise. »

La proximité de la jeune femme avec le Premier ministre n'a pas suffi. « Valls l'a défendue au sens où c'est une amie, il avait conscience que c'était difficile, mais peut-être qu'on aurait dû lui proposer autre chose... », glisse Hollande. Il réfléchit un temps, puis lâche : « Oui, mon regret est celui-là, on aurait dû lui proposer autre chose. »

Fleur Pellerin est balayée du paysage politique. Elle n'a pas su amener les faveurs du milieu culturel au président. Dès le départ, elle avait, il est vrai, cumulé les impairs. Avouant à la télé, par exemple, ne pas avoir lu Patrick Modiano, le Prix Nobel de littérature. Victime, aussi, des propos un peu trop cash tenus par Manuel Valls et François Hollande et captés par les caméras du documentariste Yves Jeuland dans son film *Un temps de président*.

« Ce milieu s'est coupé d'elle, dit-il à propos de Pellerin. Et moi-même, je m'en veux, parce que le film de Jeuland, franchement, ça l'infantilisait dès le départ. »

Curieux, tout de même. La culture reste un domaine où la gauche est attendue, espérée. Aimée, même. Mais voilà que deux ministres, deux femmes intelligentes, brillantes, échouent, l'une après l'autre, incapables d'imprimer leur marque. Aurélie Filippetti comme Fleur Pellerin n'auront pas su incarner la culture.

Le président en conçoit des regrets. « C'est injuste, parce que Aurélie est une femme cultivée, aimant la littérature, étant elle-même une écrivaine de qualité. Et Fleur Pellerin a fait énormément pour le cinéma, notamment le crédit d'impôt. Mais, peut-être à cause d'un entourage qui n'était pas excellent, peut-être aussi à cause de quelques fautes dont elles ne sont pas responsables, il y a eu un éloignement… »

Peut-être aussi parce que François Hollande n'a jamais conçu le moindre grand dessein culturel.

Sa nouvelle protégée rue de Valois s'appelle Audrey Azoulay. La fille d'un conseiller historique du roi du Maroc, elle-même conseillère à l'Élysée, énarque discrète et influente. « C'est mon idée, plastronne le chef de l'État. On verra, peut-être qu'elle va être détruite, comme Aurélie avait été critiquée, comme Fleur avait été critiquée, mais elle a une capacité empathique. Elle m'est apparue comme connaissant bien la culture, le cinéma.

Or la culture a besoin d'enthousiasme, et elle dégage quelque chose. Incontestablement. »

Bien sûr, les critiques ont fusé, immédiatement. Sa proximité avec Julie Gayet, la compagne « officieuse » du président, a été montée en épingle. « Pas du tout, rétorque sèchement Hollande. Elle était directrice adjointe du CNC (Centre national du cinéma et de l'image animée), elle connaît tous les acteurs et producteurs. »

Et le président d'ajouter : « Elle peut réussir mais ce n'est pas sûr, il suffit de faire une faute. Vous contrôlez… jusqu'au moment où vous ne contrôlez plus. »

II

L’homme

1

La première dame

On est fidèle à soi-même, et c'est tout.
Jean Anouilh

Resplendissante, une boîte de chocolats estampillée « Élysée » à la main, ce 16 décembre 2013, Valérie Trierweiler est belle… et bien là. Souriante. Un peu tendue, aussi.

Sur ses gardes.

Elle ne connaît personne. Son compagnon, François Hollande, serre des mains, embrasse des enfants. Un président de la République en représentation privée. Nous l'avions invité à deviser une soirée entière, avec des Français de tous âges de notre connaissance. Il n'était pas prévu que Valérie Trierweiler l'accompagne. C'était une session de travail, détendue et conviviale certes, mais nous voulions le voir à l'œuvre en petit comité, débarrassé de sa cour, au contact direct des « vrais » gens. En difficulté, aussi, pourquoi pas.

Elle, nous ne l'avions jamais vue. Ce sera notre première et seule rencontre. Elle est venue au dernier moment. Elle s'est imposée, en fait, on l'a su après. Vraie curiosité ou désir de contrôler les sorties de son compagnon dont elle pressent, déjà, les infidélités ? On ne savait pas encore, en cet hiver 2013, que le couple présidentiel battait de l'aile.

On ignorait tout du désarroi intime de cette femme trompée.

Valérie Trierweiler s'assoit sur un canapé en cuir blanc qu'elle ne quittera pas de la soirée, un verre de rosé Minuty Prestige posé devant elle. Elle picore, quand lui, près du buffet, engloutit des mini-parmentiers de canard. Elle ne quitte pas des yeux son homme qui, déjà, répond aux nombreuses questions de l'assistance, direct, clair, précis.

Dans son élément. À cent lieues de l'image qu'il renvoie quand il paraît à la télévision.

« Je n'étais pas au courant de cette invitation, nous confie la compagne du chef de l'État. Le secrétariat de François a tendance à penser qu'il leur appartient... » Nous reviennent alors en mémoire ces phrases glanées à l'Élysée, ces échos désignant Valérie Trierweiler comme une gêneuse, dotée d'un caractère ingérable. Fougueuse, tourmentée, excessive.

Possessive, aussi. Ce soir-là, elle parle de leur couple, de leur vie.

De « sa » vie, en creux.

« L'obsession de Valérie, c'était Ségolène »

Elle est étonnamment prolixe, ne cache pas son admiration pour « François ». Elle l'assure, « François a changé, il s'est endurci ». « Il est le meilleur, il le sait, pense-t-elle. Il voit tout avant les autres. Il décide seul, personne n'a d'emprise sur lui, même pas moi. À l'Élysée, il n'est pas bien entouré, il lui manque des gens pour déminer les situations. »

Elle se plaint des réseaux sarkozystes, des démêlés de ses enfants avec les médias...

À l'évidence, une femme sous pression. « François a

beaucoup souffert de son impopularité, même s'il dit le contraire, assure-t-elle. Son problème, c'est qu'il n'a pas d'adversaire. Il n'est jamais meilleur qu'avec un adversaire en face de lui. C'est pour ça qu'il a été si bon en campagne. »

Et puis surgit cette réflexion, en fin de soirée, lâchée en fixant du regard son compagnon, à l'autre bout de la pièce : « Je suis raide dingue de lui. Mais ce n'est pas facile, il ne se livre pas. Jamais. » Elle aimerait probablement plus de folie, d'excès. D'engueulades.

Savoir qui est cet homme étrange. Comme tous les Français, en fait. « François est toujours à relativiser les choses, dit-elle. Par exemple, l'affaire Strauss-Kahn. On l'a apprise par un coup de fil en pleine nuit. Je le dis à François, et il me répond : "Rendors-toi, ce sont des conneries." Et non, finalement… »

S'est-elle du coup sentie poussée à en faire un peu trop, histoire d'attirer son attention, de le piquer ?

« Quand j'ai fait mon tweet, il m'a fait la gueule pendant quatre jours. Et est passé à autre chose. Il ne regarde jamais en arrière. Ainsi, quand il ne raccompagne pas Sarkozy à sa voiture, à l'Élysée, ce n'est pas pour l'humilier, mais il est déjà dans l'après. Enfin, pour le tweet, il était responsable de cette situation, aussi… »

Il y avait de tout dans ces phrases jetées devant nous, au débotté. De l'amour, bien évidemment, de l'incompréhension, aussi. Une vaine attente. Et cette référence à ce fameux tweet, écrit si rapidement, si furieusement, le 12 juin 2012, pour soutenir Olivier Falorni, le rival de Ségolène Royal à l'élection législative en Charente-Maritime, candidat PS dissident en outre. Et si leur relation avait commencé à péricliter à ce moment-là, quelques semaines seulement après l'accession à l'Élysée ?

François Hollande déteste parler de sa vie privée.

Il refuse toute immixtion dans ses sentiments. C'est sa nature. Son droit, aussi. Longtemps, il a pu vivre relativement tranquille, même après la séparation douloureuse avec Ségolène Royal en 2007. C'est en 2010 que sa relation avec la journaliste de *Paris Match* est officialisée. Une liaison entretenue depuis plusieurs années. Il s'installe rue Cauchy, dans le 15e arrondissement, avec sa nouvelle compagne. Un appartement simple, moderne, où défilent les enfants d'une famille recomposée.

Nous l'avions brièvement visité, quand, dans les premiers temps, il y rentrait tous les soirs, depuis l'Élysée. Un appartement aussi « normal » que son occupant : un bureau, banal, où il a écrit son discours du Bourget, transformé depuis en chambre pour l'un des enfants de Valérie, une jolie terrasse, très imprudemment ouverte à toutes les curiosités de voisinage. Et un vélo d'intérieur, situé dans la chambre à coucher principale. « C'est pour Valérie... », nous avait-il précisé. Une vie heureuse, finalement, surtout entre 2010 et 2012. Ses meilleures années avec Valérie Trierweiler. Loin de toute attention, il ne s'occupe plus du PS, il réfléchit et profite d'une sorte de félicité personnelle. Il perd des kilos, avant la campagne, se prépare intellectuellement. La journaliste politique l'accompagne, le guide, en experte. Surviennent la primaire socialiste puis la présidentielle, les inévitables tensions avec l'équipe de campagne, la mise à l'écart de Julien Dray et de tant d'autres, qu'elle n'appréciait pas.

Et enfin l'entrée à l'Élysée, en mai 2012. Elle n'est pas prête à cette exposition maximale. Il n'est pas certain qu'il le soit beaucoup plus. La lumière est crue, le moindre comportement scruté, les failles apparaissent au grand jour. Les fêlures s'élargissent. Ce qui se savait, se disait sous cape, devient évident.

Valérie Trierweiler est jalouse. Maladivement.

De tout. Des médias, de ces confrères qui la courtisent, de leur liberté professionnelle, elle désormais si contrainte. Jalouse aussi, surtout, de Ségolène Royal. « En fait, l'obsession de Valérie, ce n'était pas Julie ou une autre, c'était Ségolène. » C'est François Hollande qui s'exprime. À contrecœur. Il ne goûte guère les épanchements, quels qu'ils soient. Mais nous l'avons interrogé, à plusieurs reprises, sur sa relation avec Valérie Trierweiler. Parce que nous estimons, et nous sommes loin d'être les seuls, que pendant au moins deux ans cette vie conjugale frappée du sceau de la désharmonie a pu obscurcir, voire à l'occasion dénaturer, l'action publique du chef de l'État.

Après tout, sur le plan sentimental, les premiers mois de Nicolas Sarkozy à l'Élysée n'ont pas été des plus sereins non plus, principalement du fait de ses difficultés avec Cécilia, dont il s'est séparé à peine élu. Un président de la République reste un homme, soumis à ses tourments, ses exaltations, ses erreurs parfois.

François Hollande livre donc quelques clés, à notre demande insistante, et explique la genèse de cette affaire privée qui l'a profondément affecté, même s'il tente de n'en laisser rien paraître, conformément à son habitude. Valérie Trierweiler, d'après lui, vivait douloureusement son indéfectible attachement à la mère de ses quatre enfants, Ségolène Royal. « C'était obsessionnel, explique-t-il. Ses sentiments étaient réels, elle les a exprimés, et elle n'était jamais rassurée. Parce qu'elle pensait toujours que Ségolène allait revenir. Valérie aurait dû être totalement rassurée, en disant : “Il m'a choisie, il m'aime.” Elle était toujours dans une espèce d'inquiétude par rapport à Ségolène. Au point de faire ce tweet ! Alors qu'elle aurait pu dire, finalement : “Qu'est-ce que j'en ai à faire, Ségolène, elle revient à l'Assemblée nationale, très bien...” Moi, j'avais choisi Valérie en quittant Ségolène. Mais ça a créé entre nous cette espèce de tension... »

En juin 2012, les élections législatives sont donc l'occasion d'une première dispute, sévère, quand bien même, avec François Hollande, le ton ne dépasse jamais une certaine mesure. Aux coups de chaud, il préfère les colères froides. Il a passé un pacte avec Ségolène Royal.

Il l'aidera à devenir présidente de l'Assemblée nationale. Mais au préalable, évidemment, elle se doit de redevenir députée. Ce sera en Charente-Maritime, elle en a décidé ainsi. Lui aurait préféré la voir présenter sa candidature dans une circonscription plus favorable. Car Olivier Falorni, cacique local du PS, ne l'accepte pas. Il se présente, lui aussi, malgré les remontrances du parti, et même les pressions personnelles exercées par François Hollande. « J'ai tout fait pour lui demander de se retirer », confirme ce dernier. En vain.

Mardi 12 juin 2012, vers 10 heures, François Hollande fait savoir qu'il soutiendra personnellement Ségolène Royal. Alors même que, selon Valérie Trierweiler, il lui aurait juré ne pas vouloir s'engager aux côtés de son ex-compagne. Deux heures plus tard, juste avant midi, Valérie Trierweiler balance donc un tweet assassin : « Courage à Olivier Falorni, qui n'a pas démérité, qui se bat aux côtés des Rochelais depuis tant d'années dans un engagement désintéressé. »

Une bombe, forcément. Première vraie brèche dans le mur de crédibilité que tente de bâtir Hollande. S'il ne parvient pas à contrôler sa compagne, peut-il maîtriser la France ? Facile, bien sûr, mais l'époque se prête aux raccourcis. François Hollande nous reçoit le lendemain, soit le mercredi 13 juin 2012. « La genèse de cette histoire, dit-il, c'est que Valérie a cru pouvoir s'exprimer alors qu'elle ne le peut pas. Il y a des règles qu'il va falloir poser. Une présidence normale, elle fixe des règles. » Il s'accroche encore, en ce début d'été 2012, à son concept de présidence normale.

« Je ne suis pas mandaté pour contrôler ma femme »

Il ne semble pas énervé, feint même une relative indifférence. Tout cela n'est qu'apparence, comme nous le confiera en septembre 2014 l'ami intime Jean-Pierre

Jouyet. « J'ai déjeuné avec lui le jour du tweet, se souvient Jouyet, il m'a convoqué, il m'a dit : "Viens me voir." Il me dit : "Qu'est-ce que je fais ?" Je lui dis : "Tu t'en sépares. Tu ne peux pas rester vis-à-vis de Ségolène, vis-à-vis de tes enfants." Il fallait sortir Valérie après le tweet. » Ce n'est pas forcément dit de manière très élégante, mais au sommet de l'État, l'air est froid et n'incite pas toujours à la compassion. François Hollande écoute, puis tranche. Il préfère laisser sa chance, privée et publique, à Valérie Trierweiler.

Il raisonne, comme souvent. « Ce n'est plus une personne privée. Il y a sans doute eu de sa part une erreur d'interprétation. Elle a voulu montrer qu'elle était une personne comme les autres, mais on voit bien que c'est difficile. Elle ne s'est pas rendu compte. Mais les germes étaient là, dans la presse. En affichant sa différence, elle avait suscité des articles sur elle… »

Sa « différence ». Quelle différence ? Toute journaliste politique expérimentée qu'elle soit, Valérie Trierweiler ne parvient pas à gérer son nouveau statut, ne s'y acclimate pas. Elle veut conserver son poste à *Paris Match*, tenir à l'écart de sa nouvelle vie ses collègues, refréner les curiosités, bien ou mal placées. Écartelée entre ses deux passions, en décalage permanent. « François, lui, était président avant d'être élu. J'ai toujours eu un temps de retard », confie-t-elle au *Monde*, en décembre 2012, plaidant un « refus inconscient du rôle ».

Elle apparaît apeurée dans l'objectif des caméras, prise au piège d'une célébrité mal vécue. Mise sur la touche sur le plan professionnel, sa vraie fierté, elle qui vient de si bas, de si loin. « Elle est journaliste, une excellente journaliste politique, confirme François Hollande. Or, elle ne pouvait plus exercer son métier, elle a vécu cela durement. C'est difficile de dire à quelqu'un qui a 45 ans : voilà, c'est fini. S'occuper d'une fondation, ce n'est pas la vie qu'elle souhaitait. » Manuel Valls, tout frais ministre de l'Intérieur, est encore proche de Valérie Trierweiler, à l'époque. « Moi, j'ai beaucoup d'affection pour Valérie, nous confie-t-il alors. Elle avait une crainte viscérale de perdre son job et son indépendance. Et Hollande respecte ça. Mais c'est sûr qu'à un moment c'est un problème... »

Et puis, elle voit son compagnon s'escrimer sur son téléphone portable, répondre sans cesse aux SMS de journalistes qui l'assaillent. « Ça, c'était son obsession, elle pensait que je répondais à la terre entière », dit Hollande. À tort ? « Ça a pu m'arriver au début, concède-t-il. Le problème de Valérie est qu'elle était finalement jalouse de ce rapport journalistique qu'elle n'avait plus, elle qui comme journaliste avait tant correspondu avec moi », pense le chef de l'État. En clair, Valérie Trierweiler se sentait plus proche de François Hollande lorsqu'elle était journaliste politique que depuis qu'elle partage sa vie...

Étonnant ? Oui, mais crédible, quand on connaît un peu le personnage Hollande.

Est-ce l'effet du tweet ou de la météorologie politique purement locale ? En tout cas, Ségolène Royal accuse le coup et est balayée au premier tour. Elle ne sera donc pas présidente de l'Assemblée nationale.

L'échec est rude.

« Chez Valérie, l'envie de régler des comptes est plus forte, alors qu'elle sait très bien comment ça marche. Mais il ne faut pas que ça recommence, une fois ça va. » C'est Stéphane Le Foll, ministre de l'Agriculture, qui examine les dégâts, devant nous, en juillet 2012. Les quatre enfants Hollande prennent logiquement fait et cause pour leur mère, et le chef de l'État se trouve contraint au grand écart. Intenable position, insupportable conflit familial, détestable humiliation publique. Lui, si mal à l'aise dans le conflit et l'exhibition, voit partir en lambeaux sa quiétude personnelle, mise à mal aux yeux de tous. Il enrage, même, quand Ségolène Royal demande, après sa défaite, meurtrie, « à être respectée en tant que femme politique ».

Il sait bien qu'elle n'a pas tort, qu'il n'a pas été à la hauteur aux yeux de son ex-compagne, dont il respecte tant le jugement.

Avait-il été prévenu des initiatives de Valérie Trierweiler ? « Le tweet, je l'ai découvert au dernier moment, plaide-t-il. Le bloquer ? Je ne sais pas si c'est possible techniquement. C'est un couac qui ne m'appartient pas, difficilement compréhensible pour les Français. Mais je ne suis pas mandaté pour contrôler ma femme. Elle a le droit d'avoir des émotions, a-t-elle le droit de les exprimer ? »

Valérie Trierweiler, elle, a emporté une victoire personnelle.

Mais à quel prix !

Plus rien ne sera comme avant. Elle est sous étroite surveillance désormais. Elle tente de se tempérer elle-même, et cela fonctionne, un temps. Quelques mois. Parfois, elle se lâche, impétueuse en diable. Comme en pleine affaire Leonarda, du prénom de cette jeune collégienne d'origine kosovare arrêtée et expulsée avec ses parents, à l'automne 2013. Ses mots, à France 3, le 18 octobre 2013, sonnent comme un désaveu pour Manuel Valls : « Il y a sans doute des frontières à ne pas franchir, et cette frontière, c'est la porte de l'école. » Clinique. Déloyal surtout, pense le ministre de l'Intérieur, avec qui la brouille sera durable. D'autant que François Hollande ne s'est pas encore exprimé sur le sujet.

2013, c'est une année agitée sur le plan personnel pour le couple présidentiel. Les rumeurs courent Paris. On prête au chef de l'État une liaison avec l'actrice Julie Gayet. L'indiscrétion nous est rapportée une première fois. On l'oublie aussi vite. Quelle importance ? Nicolas Sarkozy, que nous rencontrons en novembre 2013, évoque aussi les discrètes sorties en scooter du chef de l'État. Évidemment, tout cela arrive jusqu'aux oreilles de Valérie Trierweiler.

Un jour, excédée, elle demande à son compagnon de lui dire la vérité. « Elle avait eu connaissance de rumeurs qui circulaient, nous confirme François Hollande. Je connaissais Julie Gayet depuis la campagne 2012, mais je n'avais aucune relation particulière avec elle. Au moment où elles ont commencé à circuler, ces rumeurs étaient fausses. » Hollande conteste toute liaison, donc, devant Valérie. À plusieurs reprises, pressé par sa compagne, il va démentir.

Et mentir.

Malgré nos réticences à nous immiscer dans son intimité, nous lui posons la question, tout de même. À peu près aussi embarrassé que nous le sommes nous-mêmes, il admet juste : « Quand il y a eu la rumeur, elle m'a posé la question. – Et vous avez répondu que c'était faux ? lui demande-t-on. – Euh, ça... », élude-t-il, dans un petit rire nerveux. On n'a pas insisté. On était déjà allés très loin – peut-être trop. Il nous révélera, plus tard, que sa relation avec Julie Gayet avait en fait commencé au début de l'année 2013.

« Je pense qu'elle souffrait depuis des mois et des mois »

Quand nous l'avons rencontrée, le 16 décembre 2013, Valérie Trierweiler était donc déjà une femme déchirée, dans le doute. Pour d'autres raisons que l'infidélité supposée de son compagnon, tente de se rassurer le chef de l'État. « Je pense qu'elle souffrait depuis des mois et des mois. Non pas tellement de cette situation, puisqu'elle ne la connaissait pas. Mais elle souffrait des coups qu'elle avait pris. Tout ce qui s'était passé avec le tweet. Les attaques incessantes sur le fait qu'on n'était pas mariés, qu'elle était quasiment là par effraction... » Une explication qui a le mérite de le dédouaner de ses responsabilités, qui sont tout de même lourdes...

Cela étant, il est incontestable que Valérie Trierweiler a subi de cruelles attaques, à peine entrée à l'Élysée. Les commentaires moqueurs des uns et des autres, y compris à gauche, les lazzis, « alimentés par la droite » selon Hollande... Oui, elle a été critiquée, scrutée, passée aux rayons X de l'avidité populaire. Encore plus qu'une autre, peut-être.

Le plus grave est à venir. C'est bien sûr la sortie du numéro de *Closer*, le vendredi 10 janvier 2014, révélant les escapades nocturnes de François Hollande et son idylle avec une blonde et accorte actrice.

À l'Élysée, c'est un mini-séisme. Le président est atterré. Son image publique est piétinée. Lui qui revendique son absolue liberté, dans tous ses actes, découvre que sa vie sentimentale ne lui appartient plus. Il regrette, aussi, de n'avoir pas su – voulu – choisir entre deux femmes. « Et si c'était à refaire ? » lui demandera-t-on un jour. Un président de la République s'échappant de son palais pour retrouver sa maîtresse, dissimulé sous le casque de son scooter, quand même... « La question, ce n'est pas tellement celle-là, mais c'est de dire : est-ce que je n'aurais pas dû, plus tôt, procéder à une décision ? » nous répondra-t-il. La litote traduit autant sa pudeur naturelle que sa gêne ponctuelle. Car « procéder à une décision » signifie en réalité « quitter Valérie ». Il faut traduire le « hollandais ». Comme avec Ségolène, comme si souvent, n'a-t-il pas laissé pourrir une situation vouée à mal se terminer ? Toujours ce rejet du conflit... « Il y a eu des moments où cela aurait été possible. Si je ne l'ai pas fait, c'est qu'il y avait des raisons... » Qu'il se gardera bien de nous donner, évidemment.

Quoi qu'il en soit, il faut gérer la crise. Et déjà s'occuper de sa compagne, très touchée, affaiblie. Elle est hospitalisée. Les amis fidèles sont réquisitionnés,

Jean-Pierre Jouyet, l'avocat Jean-Pierre Mignard. Et l'incontournable Stéphane Le Foll, bien sûr. « Je lui ai conseillé deux options, nous raconte ce fin connaisseur de la psyché hollandaise, fin janvier 2014. La meilleure, c'est de quitter Valérie, de se reporter sur Julie. Cela rejoint ses sentiments. Valérie n'est pas aimée, il faut repartir sur quelque chose de neuf. S'il reste avec Valérie, il sera dans une logique de reconnaissance de tromperie. Et il ne veut pas l'humilier. Bon, le souci, c'est qu'il a peur que Valérie parle. Valérie, c'est une grenade dégoupillée. » Visionnaire, Le Foll.

Influencé ou pas, François Hollande a pris sa décision, il va se séparer de Valérie Trierweiler. Même si elle doit en pâtir. Mais comment quitter une femme bafouée, publiquement qui plus est ? Aucune solution n'est bonne. Il doit aller vite, il n'a pas le choix. En effet, se profile, au début du mois de février 2014, un voyage officiel aux États-Unis.

Le couple Obama attend le couple Hollande-Trierweiler, mais c'est un homme seul, un célibataire pas très fier de lui, qui va devoir arpenter les couloirs de la Maison-Blanche.

Il faut donc officialiser la rupture, même si Valérie Trierweiler, elle, semble prête à reprendre la vie en commun. Elle a quitté l'hôpital, rejoint la résidence présidentielle de la Lanterne, dans la banlieue ouest de Paris. Le 14 janvier 2014, le chef de l'État, lors de sa conférence de presse semestrielle, a assuré qu'il allait « clarifier la situation ».

Avec Valérie, les discussions sont longues, orageuses. Amères. « Il y avait trois possibilités, résume le président. La première, c'était que Valérie fasse elle-même un communiqué en disant : “Je prends acte et je décide de me séparer.” Mais elle ne souhaitait pas le faire. Il y avait une deuxième décision, qui pouvait être prise ensemble, c'était de dire : “Voilà, nous avons décidé de nous séparer." Elle ne le souhaitait pas non plus, puisqu'elle faisait la proposition de continuer à vivre ensemble. » Oui, Valérie Trierweiler ne nous avait pas menti, elle était bien « raide dingue » de François Hollande, à qui elle était prête à pardonner ses outrages.

Reste donc la troisième option, à laquelle l'hôte de l'Élysée, faute d'accord amiable, doit se résoudre : acter lui-même la rupture.

Du coup, le 25 janvier 2014, l'agence France-Presse publie ces quelques mots que François Hollande a soigneusement pesés : « Je fais savoir que j'ai mis fin à la vie commune que je partageais avec Valérie Trierweiler », lit-il, au téléphone, à Sylvie Maligorne, la chef du service politique de la grande agence de presse. Froid, triste, laconique. Il précise qu'il s'exprime « à titre personnel » et non en sa qualité de chef de l'État, comme s'il se raccrochait inconsciemment à l'espoir irrationnel que les médias cesseront de chroniquer ses déboires sentimentaux...

Qualifiée au choix de glaciale, inhumaine voire machiste, la courte déclaration de François Hollande lui sera beaucoup reprochée. « Je ne pouvais pas faire un autre communiqué que celui que j'ai fait, je n'avais pas le choix, se défend-il. Parce que si j'avais fait un communiqué qui aurait dit : "Voilà, j'annonce que nous avons décidé de nous séparer, de mettre un terme à la vie commune", Valérie aurait dit : "Mais non, ce n'est pas vrai, puisque moi je n'y consens pas..." J'ai beaucoup réfléchi aux mots que j'ai utilisés. Je pouvais aussi dire, mais imaginez ce que ça aurait produit comme effet : "Je remercie Valérie pour tout ce qu'elle a fait depuis dix-huit mois à mes côtés, pour jouer – ce qui est vrai – son rôle de conjointe du président de la République avec beaucoup de qualités et d'intelligence." Comme si je me séparais d'un Premier ministre... »

Si Valérie Trierweiler a été traumatisée par cette rupture, François Hollande en a lui-même beaucoup souffert. On l'a bien senti, tout au long de nos entretiens, il lui a été extrêmement pénible de donner sa vision de cette affaire si personnelle, dans laquelle, en outre, il n'a pas endossé le rôle le plus admirable. Ainsi, ce 14 février 2014, lorsqu'on lui fait observer qu'il passe désormais pour un homme à femmes aux yeux du monde entier. « Je ne suis pas sûr que ce soit flatteur, grimace-t-il... Et puis, ce n'est pas du tout dans mon comportement... » Choqué à l'idée de devoir assumer une réputation de don Juan, il lâche : « En fait ce qui m'a coûté le plus, en plus de la douleur de la séparation, c'est l'intrusion dans la vie privée, dans l'intimité. Cette espèce d'exhibition involontaire... »

« C'est le pire moment personnel du quinquennat »

C'est d'autant plus traumatisant pour le chef de l'État qu'il avait promis, sur ce point aussi, de prendre le contre-pied de son prédécesseur, plutôt enclin à exposer sa vie privée. La comparaison le choque. « Comme si je voulais moi-même mettre en scène une espèce de vie amoureuse, ou sentimentale ! C'est pour ça que je me suis refusé à tout commentaire. Par respect des personnes et de la fonction. »

Pour nous, il finit toutefois par se livrer, un peu. Lâcher prise, enfin. « C'est le pire moment personnel du quinquennat, confesse-t-il donc. Parce que la relation avec Valérie est une relation très forte, donc c'est très dur. Très éprouvant. C'est violent tout ça, tellement violent, terrible... C'est également très éprouvant du fait de cette intrusion dans le domaine de l'intime, de la vie privée. Donc c'est vrai que, sur le plan personnel, c'est ce qu'il y a eu de plus dur. Sur le plan politique, non, j'en ai connu d'autres... Politiquement, il y a eu pire. L'affaire Cahuzac par exemple, qui, elle, touche à la morale. Celle d'un homme, bien sûr, mais ça peut entacher… Là, c'est très désagréable, mais ça ne concerne que moi. C'est moi qui ai à le vivre… »

Après avoir un peu hésité, on lui pose tout de même la question que nous n'osions pas vraiment formuler : « Vous êtes un peu fautif en plus, concrètement, d'un point de vue privé, humain, non ?… » Embarrassé comme jamais, il lâche : « Oui, d'un point de vue, disons… de la vie… » Dans un petit rire nerveux, il met un terme à la conversation : « Oui, bon… Voilà. »

Voilà. Drôle d'histoire, tout de même. Non contents de l'avoir interrogé sur ses relations avec sa maîtresse, il nous a fallu demander au président de la République s'il ne se sentait pas coupable d'avoir trompé sa compagne… Mais avait-on le choix ? Ne fallait-il pas, sur une affaire devenue « d'État », le pousser dans ses retranchements, y compris les plus intimes ? Lui qui, pour se protéger, cloisonne, dissimule. Enfouit. Un jour, il nous dira, essayant de tirer les leçons de cette séquence si douloureuse : « Je n'ai pas montré d'affect, mais j'ai souffert. »

Il aura aussi cette phrase, qui en dit beaucoup sur lui, et plus encore sur son rapport aux Français : « Je ne montre rien à l'extérieur, je ne donne pas beaucoup aux uns et aux autres. »

Même après la rupture, François Hollande continue d'adresser des SMS d'affection à son ex-compagne. « Ils ont des rapports très complexes, il ne savait pas s'il devait rompre ou ne pas rompre », rapporte Jouyet.

Singulier personnage, indéchiffrable, alambiqué, jusque dans ses propres sentiments. Lorsque nous le revoyons, le 7 mars 2014, la tempête paraît avoir gagné d'autres cieux : « Valérie, je l'ai revue, cela a l'air d'aller mieux, je lui ai dit : on aurait dû faire les choses autrement… » Avec le recul, il semble regretter le ton pour le moins sec de son communiqué de rupture, même s'il n'en assume pas vraiment la paternité : « Ce n'est pas la même chose si on fait un communiqué ensemble, en disant : "On se laisse du temps pour…", cela aurait été mieux, mais elle était totalement bloquée. J'ai été obligé de faire ce communiqué à la première personne, qui a été encore plus violent pour elle. »

Tout juste admet-il une « erreur », commise selon lui « avec Valérie » : « C'est qu'elle vienne ici, à l'Élysée. Cela aurait été plus protecteur pour elle de dire : "Je continue mon travail." Valérie a explosé sous la pression, c'est très dur. Mettre quelqu'un ici, c'est le vitrifier. » Une explication qui a le grand mérite de l'exonérer de ses propres responsabilités dans l'explosion du couple.

En ce printemps 2014, il veut croire que le tourbillon médiatique, cet incessant ballet des opinions carrées et des regards intrusifs, a quitté les graviers de la cour de l'Élysée. Loin de se douter que son ex-compagne n'a pas ravalé sa fierté brocardée. En plus, elle est journaliste jusqu'au bout de ses ongles manucurés, elle sait écrire, décrire. C'est bien une « grenade dégoupillée », comme l'a dit Stéphane Le Foll.

Elle explose à la rentrée 2014.

La déflagration prend tout le monde de court, le jeudi 4 septembre 2014. Comme souvent à l'Élysée en l'absence de démineur patenté, personne n'a vu venir l'assaut. Le mercredi 3 septembre, les plus proches collaborateurs du président en ont été réduits à contacter les rédactions parisiennes pour se procurer en urgence les bonnes feuilles de l'ouvrage rédigé en secret par Valérie Trierweiler. Le brûlot, intitulé *Merci pour ce moment*, paraît aux éditions Les Arènes. Il est dévastateur. On y apprend ainsi que le président qualifierait les pauvres de « sans dents », qu'il mentirait à tout va, éperdu de lui-même, de sa popularité en berne. Le portrait du président est acerbe, désenchanté. C'est un livre déprimant, désespérant, peu intéressant à dire vrai. Dérangeant, aussi, puisqu'il transforme ses lecteurs en voyeurs. Mais surtout ravageur, pour l'image qu'il renvoie du président de la République, décrit dans son intimité, peu à son avantage.

Nous sommes tous un peu ridicules, dans notre salle de bains…

Le chef de l'État n'échappe pas à cette règle. La politique n'a sans doute pas grand-chose à gagner en s'affranchissant de la barrière vie publique-vie privée. François Hollande, en tout cas, y a déjà beaucoup perdu.

Il a vacillé, ce jour-là. Totalement pris au dépourvu par la parution et surtout le contenu du livre. « Elle avait dit qu'elle réfléchissait », nous confie-t-il, quelques semaines plus tard, confondant de naïveté. Jamais il n'aurait pu soupçonner que son ancienne compagne, des mois durant, avait mûri dans l'ombre une si implacable vengeance.

« Elle m'a dit : "Tu m'as trahie en m'abandonnant, je te trahis en publiant." »

« Elle m'avait appelé, mardi 2 septembre, pour m'avertir. Elle m'a dit : "Tu verras, il y aura des conséquences." Pas pour prévenir ou s'excuser, pour se justifier. Elle m'a dit : "Tu m'as trahie en m'abandonnant, je te trahis en publiant." C'est confondre vie privée et vie publique, oublier le sens des responsabilités. Je pense que c'est une femme vulnérable, qui a été prise en main par un éditeur qui a vu le profit qu'il pourrait en tirer, le livre est un rapport à l'argent. Moi, je n'ai pas de rapport à l'argent, ça n'a jamais été un problème, d'ailleurs Ségolène était aussi une femme d'un milieu très modeste. Son père était officier, mais il avait quitté l'armée, c'était encore plus modeste peut-être. Ségolène était fille, comme Valérie, d'une famille de six, sept enfants, elle n'avait pas de patrimoine, rien. »

Mais de là à en raconter autant. À coucher sur le papier les secrets d'alcôve d'un couple… Et lui faire ça, à lui !

Alors, presque pour se rassurer, il qualifie cet ouvrage,

qu'il n'a même pas réussi à ouvrir et ne lira jamais, de « thérapie mise sur papier ». Et de poursuivre : « Elle avait déjà fait un tweet, là elle fait un livre, mais la transgression était déjà là. C'était quand même une transgression de faire un tweet sur la mère de mes enfants… »

Publiquement, il n'a jamais vraiment répondu aux multiples reproches formulés par son ex-compagne. Sur les « sans dents », par exemple, sale expression qui le poursuivra longtemps.

On l'a questionné sur le sujet, il fallait démêler le vrai du faux, aller au bout de cette polémique nauséabonde. « Souvent, précise donc le chef de l'État, j'ai expliqué ça à Valérie : quelle est la preuve de la pauvreté ? C'est que les gens sont sans dents. C'est vrai. Je lui ai dit : "Je vois les gens qui viennent vers moi dans les manifestations, ce sont des pauvres, ils sont sans dents." Bien sûr que je lui ai dit ça. Mais ce n'est pas une plaisanterie, c'est une vérité. Je connais ces gens-là, je les ai soutenus, accompagnés. C'est ignoble de… »

À le voir tenter de s'expliquer, devoir se justifier, on le devine vraiment ému, touché. Jamais, au cours de ces presque cinq années d'entretiens, nous ne l'aurons senti aussi atteint qu'à cette période-là. La mine défaite, la voix hésitante, le regard perdu… « C'est odieux, c'est une trahison. Rien n'est inventé, tout est déformé. Quand je dis : "J'aime les gens", c'est vrai. C'est toute ma vie, ma conception de l'engagement… »

François Hollande évolue dans une sphère privilégiée. Mais il a conservé cette capacité d'écoute, d'empathie non feinte, que lui reconnaissent même ses pires ennemis. À l'instar d'un Jacques Chirac, tropisme corrézien oblige, peut-être, il se sent à l'aise au contact direct des gens, y compris les plus démunis. Alors, bien plus que la dégradation de son image publique, il ne supporte pas l'atteinte à ses valeurs, à tout son être. « Je n'ai pas lu le livre, c'est impossible pour moi, répète-t-il. Le reproche qu'elle me fait, en disant que je ne vois pas les gens plus modestes, que je ne vois pas de pauvres... Mais j'ai passé toute ma vie avec les gens qui sont dans ma circonscription de Corrèze, les agriculteurs, les ouvriers !... Les vrais gens, je les ai toujours côtoyés, qu'ils soient avec ou contre moi. Et mes amis, ce ne sont pas des gens qui se trouvent être des puissants. »

Un autre passage l'a profondément heurté, celui où Valérie Trierweiler, née pauvre et Massonneau, lui prête cette phrase : « Elle n'est quand même pas jojo, la famille Massonneau. » Il ne nie pas avoir pu la prononcer : « Je l'ai peut-être dit pour plaisanter. Comme elle a dû dire des choses sur ma famille. C'est honteux. Ça, c'est vraiment le pire. » Et ce constat, amer : « Tout atteint. »

Esseulé dans la tourmente, Hollande passe des journées terribles. Quoi qu'il dise publiquement pour se défendre, contester, protester, il ne convaincra pas, il le sait. Le mal est fait. On ne répond pas aux accusations d'une femme trompée. « Il a beaucoup souffert », témoigne Jean-Pierre Jouyet. Et au-delà de cette douleur personnelle, impossible de ne pas s'interroger sur ses éventuelles répercussions sur son action au quotidien. Tous les hommes ou femmes parvenus au pouvoir suprême ont le même discours : ils assurent faire la part des choses, ne pas se laisser démolir par leurs affaires privées.

C'est faux, évidemment.

Évoquant les relations entre François Hollande et Valérie Trierweiler, Jean-Pierre Jouyet dit sa vérité, de son poste d'observation privilégié : « Il devait régler à la fois les problèmes de l'État et les problèmes personnels. Ça a vraiment pourri deux ans sa réflexion, sa hauteur de vue. Après, le soir, il se faisait engueuler, c'est jamais marrant. Quand je suis arrivé, je lui ai dit : "T'es tout seul." Il m'a répondu : "Vaut mieux être tout seul que se faire engueuler tous les soirs." » Hollande n'ignore pas de toute façon que sa relation tumultueuse avec Valérie Trierweiler et son invraisemblable dénouement n'ont pas arrangé sa cote de popularité. « Elle pensait que je lui en voulais à cause du tweet, que je lui faisais porter la responsabilité d'un début de quinquennat qui était quand même chaotique », dit-il, comme si elle s'était leurrée. Et pourtant, à la réflexion, il le pense sincèrement ! « Au fond, oui, c'est vrai, je pense que ce tweet a quand même dégradé l'image, profondément », reconnaît-il.

Quand nous revenons sur le sujet, le 9 octobre 2015, un an après la sortie du livre, François Hollande semble avoir tiré un trait sur ces deux années de déchirure sentimentale. « Valérie, je ne la vois plus, annonce-t-il. Ce livre n'était pas un acte malveillant, mais l'acte d'une femme malheureuse. Moi comme elle, on n'avait pas mesuré ce qu'être élu allait signifier comme contraintes. »

Comme toujours, il est rapidement passé à autre chose. Il règle une partie du loyer de l'appartement de son ex-compagne, rue Cauchy, et estime aujourd'hui en avoir fini avec cette affaire. Lui en tout cas l'a classée unilatéralement sans suite.

Ne pas se retourner sur le passé, surtout pas.

« Il ne regarde jamais en arrière… »

Valérie Trierweiler, sur ce point-là au moins, ne s'était pas trompée.

2

La deuxième dame

Parfois, le mensonge explique mieux que la vérité ce qui se passe dans l'âme.

Maxime Gorki

Au bout du fil, la voix est sourde, étouffée, presque méconnaissable. Le ton est grave, le débit mécanique.

Ce lundi 13 janvier 2014 en début de matinée, ce n'est pas au président de la République que nous parlons, sur son portable, mais à un homme en pleine détresse, pris dans une tempête médiatique d'autant plus terrifiante qu'elle puise sa source dans le dévoilement de sa vie amoureuse, pis, de son infidélité. Comme dans un mauvais rêve, cet homme, obsédé par la préservation de son intimité et qui a érigé le secret en règle de vie, doit maintenant subir un grand déballage public, presque obscène à ses yeux… Un vrai cauchemar, oui. Dans un quinquennat au cours duquel il aura collectionné les coups durs, celui-là restera pour lui le plus douloureux, et de loin.

Durant cette courte conversation téléphonique – l'une des seules que nous aurons avec le président durant son quinquennat –, enfermés dans un petit bureau, dans les locaux du *Monde*, nous ne sommes pas très à l'aise non plus. Nous avons toujours considéré que la vie privée des personnalités politiques devait le rester, à condition bien entendu qu'elle n'interfère pas directement avec la conduite des affaires publiques. Mais la frontière est de plus en plus brouillée, comme l'ont illustré ces dernières années de multiples polémiques, de la fille cachée de François Mitterrand aux frasques de Dominique Strauss-Kahn en passant par la santé de Jacques Chirac…

Ce jour-là, ces interrogations existentielles n'ont plus beaucoup de sens. En publiant, le vendredi précédent, des photos de François Hollande, casque de scooter sur la tête, qui sort d'un appartement rue du Cirque à Paris où il a retrouvé clandestinement une femme, le magazine people *Closer* a violé un tabou, et accessoirement provoqué un scandale totalement inédit. Immortalisé dans une posture ridicule, le chef de l'État assiste, impuissant, à la destruction du couple qu'il formait avec Valérie Trierweiler. La journaliste découvre, et la France entière avec elle, que son président de compagnon entretient une relation avec une belle actrice, Julie Gayet.

Nos réserves de principe ont rapidement été balayées, pulvérisées. Depuis le week-end, la planète entière ne parle plus que des aventures extraconjugales du président français, l'événement est devenu incontrôlable. Et incontournable. La direction de la rédaction du *Monde*, qui partage nos questionnements éthiques et déontologiques, n'a pas plus le choix. Elle nous a donc demandé d'écrire, pour le journal paraissant lundi après-midi, un grand article racontant les dessous du « Closergate », en particulier les aspects liés à la sécurité présidentielle.

Délicat.

Le chef de l'État a accepté, la veille, le principe d'un entretien informel, au téléphone, à la seule condition que l'on ne le cite pas entre guillemets dans l'article du lundi après-midi. Il sait pourtant qu'il va devoir s'exprimer publiquement sur le sujet très rapidement puisque, hasard du calendrier, sa conférence de presse semestrielle, programmée de longue date, tombe le lendemain. Mais à ce moment-là, il veut pouvoir contrôler à cent pour cent sa communication, seule chose qu'il pense pouvoir encore gérer dans cette affaire. Il tient absolument à ce que l'on qualifie, dans notre article, sa liaison avec Julie Gayet de « supposée ». Difficile de ne pas lui donner satisfaction : après tout, nous ne savons pas ce qu'il en est précisément...

Nous voici donc contraints, au téléphone, de demander au président de la République depuis combien de temps, et à quelle fréquence, il retrouve sa maîtresse dans un appartement du 8e arrondissement, à deux pas de l'Élysée... La voix hésitante, il bafouille, ce qui n'est vraiment pas dans ses habitudes, et confie : « Oh, je dirais... j'ai dû y aller... une dizaine de fois... depuis l'automne dernier... » Heureusement, nous avons d'autres questions, un peu moins indiscrètes, à lui poser. L'une d'elles a trait à sa sécurité, donc. Ne l'a-t-il pas mise en péril par ces escapades à répétition ? « Non, non, j'ai toujours été accompagné, comme je le suis partout. Partout où je vais, disons, à titre privé, je suis toujours escorté de deux policiers. À aucun moment ma sécurité n'a été menacée, d'autant moins que c'était à quelques mètres de l'Élysée. »

Il conteste que ses anges-gardiens aient manqué de vigilance : « Ma sécurité n'avait repéré aucun photographe. Mais il semble que les paparazzis aient loué un appartement en face », les défend-il. Désireux de couper court à d'éventuelles critiques, il précise : « Aucun agent de sécurité n'a jamais été attaché à Julie Gayet. Aucun moyen de l'État n'a été déployé pour elle. Je suis simplement allé la chercher une fois au Flore accompagné de mes officiers de sécurité. » Nous l'interrogeons surtout sur sa connaissance des occupants de l'appartement. En effet, certains médias avaient assuré durant le week-end avoir découvert une connexion avec le grand banditisme. Ennuyeux…

Le soupçon se dissipera rapidement. L'appartement était en fait loué au nom d'une comédienne amie de Julie Gayet. Or, cette actrice est l'ancienne compagne de Michel Ferracci, apparu dans la série *Mafiosa*, mis en cause dans l'affaire du cercle Wagram. Il fut directeur des jeux de cet établissement, théâtre de détournements de fonds au profit de membres du gang corse de la Brise de mer. Bien que le couple se soit séparé plusieurs années auparavant, le nom de Ferracci figurait toujours sur la boîte aux lettres de l'appartement, car leurs enfants, qui ont gardé le nom du père, vivaient toujours à cette adresse, avec leur mère.

Manque de curiosité, imprudence ? En tout cas, François Hollande assure qu'il ignorait tout cela. « Je savais que c'était un appartement que Julie Gayet utilisait parce que ses propres bureaux qui sont rue du Faubourg-Saint-Honoré, c'est-à-dire juste à côté, étaient en travaux, explique-t-il. Et que c'était une amie – je le savais puisque son nom était inscrit sur la porte –, elle-même actrice de cinéma, avec laquelle Julie Gayet était unie depuis une vingtaine d'années, qui lui prêtait. Voilà tout ce que je savais. Je n'ai jamais su pour les liens avec Ferracci, d'ailleurs le nom de Ferracci ne figure pas sur l'interphone. »

Conformément à ses engagements publics sur ce point, il nous indique qu'il ne traînera pas *Closer* en justice pour atteinte à la vie privée. « Non, je ne déposerai pas plainte, je ne veux pas utiliser mon immunité contre la presse. » En effet, l'inviolabilité pénale attachée à sa fonction de président le protège, et il entend ne pas en abuser en retour. Et puis, de toute façon, il sait que le mal est fait.

On conclut cet entretien téléphonique plutôt baroque sur la question d'une éventuelle instrumentalisation du magazine *Closer*. Par les réseaux sarkozystes, par exemple.

Quelques semaines auparavant, le 18 novembre 2013, Nicolas Sarkozy, qui avait accepté de nous recevoir dans ses bureaux de la rue de Miromesnil (ainsi que nous l'avons raconté dans le livre *Sarko s'est tuer*, en novembre 2014), avait fait allusion à la double vie de son successeur. « Et lui, Hollande, qui sort trois fois par semaine de l'Élysée en scooter pour aller voir sa bonne amie… Que font les journalistes ? Rien, bien sûr », avait déploré l'ancien président. Il est vrai que la liaison « secrète » de François Hollande l'était de moins en moins, et que son prédécesseur n'était manifestement pas le seul à en avoir eu connaissance…

« Je pense que Sarkozy avait des informations par les policiers qui peuvent, éventuellement, travailler avec lui »

D'ailleurs, le 8 décembre 2013, Manuel Valls lui-même nous avait confié que des « bruits [lui étaient] revenus aux oreilles ». « Ça m'inquiète un peu, Hollande doit être prudent. Mais je n'ose pas lui en parler, je ne sais même pas si c'est exact, juste que tout Paris bruisse des mêmes rumeurs… » Nous reverrons le ministre de l'Intérieur au moment où l'affaire éclate, le dimanche 12 janvier précisément. « Hollande est très dur à protéger, il veut rester libre, mais il est imprudent, voire inconscient », nous dit-il ce jour-là, presque fataliste.

Le chef de l'État pèche aussi par naïveté. Car il n'ignorait pas qu'il était devenu une cible. Il en avait même été prévenu personnellement, par Pascal Rostain, un paparazzi, ami de Valérie Trierweiler : « Je dois dire que Rostain était venu me voir, un an après que je suis arrivé ici, pour me dire : "Attention, tu es suivi par…" Il ne m'avait jamais donné le nom… »

Un avertissement dont Hollande n'a absolument pas tenu compte.

Dans son entourage en tout cas, certains ont vu,

derrière la parution de *Closer*, l'action souterraine des réseaux sarkozystes. Lorsque nous l'interrogeons sur cette hypothèse, lui-même admet franchement ne pas pouvoir la confirmer : « Je n'ai pas d'éléments, dit-il. Ce que l'on sait, c'est que dans les services de police, y compris le GSPR (groupe de sécurité de la présidence de la République), il y a encore des éléments qui avaient servi sous Sarkozy et qui lui font remonter des informations. On n'a pas fait de chasse aux sorcières », lance-t-il, anticipant la question, voire la critique suivante. Les manœuvres, dans l'ombre, des réseaux sarkozystes reviendront souvent dans nos discussions tout au long du quinquennat.

Un mois et un voyage aux États-Unis plus tard, c'est un François Hollande nettement plus décontracté que nous retrouvons dans son bureau de l'Élysée, ce 14 février 2014. Cela ne le ravit pas, bien entendu, mais il nous faut revenir, « à froid », sur l'affaire Gayet. Et d'abord, donc, sur le rôle prêté par certains de ses proches – qui nous en ont à nouveau fait part – aux cercles sarkozystes dans la diffusion de l'information, voire la publication de la photo. « Je pense que Sarkozy avait des informations par les policiers qui peuvent, éventuellement, travailler avec lui, ou être dans le "grand environnement", mais pas plus », nuance-t-il. Convaincu que son prédécesseur n'a en fait rien à voir avec le « scud » de *Closer*, François Hollande pense qu'« il était plutôt dans l'idée de véhiculer la rumeur ».

Beaucoup plus mal à l'aise lorsqu'il s'agit d'évoquer la déchirure de son couple provoquée par ses infidélités, il tente de placer les débats sur un terrain davantage à sa mesure. « Cette histoire pose la question de la vie privée du président de la République. Cela voudrait dire que je ne pourrais sortir nulle part sans que je sois suivi ? » fait-il mine de s'interroger. « L'histoire du scooter, par exemple, n'a pas de sens. Sauf à dire que le président de la République ne peut jamais être en scooter – que je ne conduisais pas d'ailleurs dans cette affaire... Est-ce que c'est un problème de sécurité ? Ça peut se discuter. Ou est-ce un problème d'image : le président ne doit pas être sur un scooter ? Je ne suis pas plus ou moins ridicule en scooter qu'en tenue de jogging, ou photographié sur une plage, comme je l'ai été. Ce que tout cela signifie, compte tenu des transgressions commises depuis plusieurs années, et encore confirmées ces dernières semaines, c'est qu'il n'y a tout simplement plus de vie privée pour le président de la République. »

Trop heureux de pouvoir éviter le sujet qui fâche, il s'attarde sur « le risque d'emmurement, voire de bunkerisation » menaçant un chef de l'État potentiellement traqué par des photographes dès sa sortie du palais. Avec une certaine candeur, il admet avoir sous-estimé, à l'époque des téléphones-caméras, les risques inhérents à sa notoriété... et à son mode de vie. « Oui, en effet, je pense qu'aujourd'hui tout est possible. Y compris une conversation personnelle enregistrée, une scène de la vie personnelle filmée par un portable... Demain, je rencontre un type, il me serre la main, il s'avère que c'est un malfaiteur, et c'est filmé ou photographié : je suis complice... Désormais, tout est publiable. »

François Hollande paierait aussi, à l'en croire, sa trop grande bienveillance à l'égard de la presse. Le chef de l'État rappelle, à juste titre, que contrairement à son prédécesseur il s'est toujours interdit d'assigner en justice le moindre média, du fait de cette fameuse immunité, qui rend en effet les débats déséquilibrés : le président peut ester en justice, mais il est impossible de le poursuivre. « Comme j'ai décidé de ne pas attaquer, je laisse colporter des fausses informations », assène-t-il.

Sans compter, mais ça il ne le dit pas, qu'à la différence d'un François Mitterrand ou d'un Nicolas Sarkozy, François Hollande ne fait pas « peur » à cette presse qu'il connaît trop bien – et réciproquement. Longanimité naturelle ou faiblesse coupable ? Les deux, sans doute. Dans tous les cas, une chose est sûre : l'homme n'aura jamais su se faire respecter durant son quinquennat, et cela ne vaut pas seulement, loin de là, pour les médias.

Pour illustrer son raisonnement, Hollande prend pour exemple la rumeur d'un déplacement en hélicoptère qu'il aurait effectué, en août 2013, pour rendre visite aux parents de Julie Gayet. « Ça a été publié dans *Le Journal du dimanche* ! s'exclame-t-il. Bon, je ne vais pas faire un communiqué, parce que si je dois faire un communiqué à chaque fois pour démentir toutes les rumeurs… Mais du coup, cette histoire s'est propagée, et c'est devenu une question écrite d'un député [Claude de Ganay, élu Les Républicains du Loiret] demandant combien avait coûté le déplacement en hélicoptère ! À ce moment-là, le Premier ministre est intervenu pour dire qu'aucun hélicoptère, bien sûr, n'avait été utilisé, puisque je n'avais fait aucun déplacement chez les parents de Julie Gayet !… Mais ça signifie donc que n'importe quoi peut se dire ou s'écrire. »

Il se remémore aussi ce déplacement en Turquie, fin janvier 2014, et raconte, hilare, ce qu'il qualifie lui-même de « gag ». « J'étais à Istanbul, un journaliste me dit : "Julie Gayet est en Turquie." Et l'information commence à circuler : Julie Gayet est en Turquie ! C'était évidemment faux, sauf qu'il y avait bien une passagère d'un vol pour Istanbul qui s'appelait Julie Gayet ! C'est extraordinaire, l'homonymie parfaite. Mais cela signifie tout de même que quelqu'un ayant la liste des passagers l'avait donnée à la presse. »

Intarissable sur les médias et leurs dérives, François Hollande est beaucoup moins prolixe lorsqu'on tente de le ramener sur l'affaire Gayet elle-même.

Il élude, esquive nos questions…

On revient malgré tout à la charge, parce que, sans sombrer dans le voyeurisme, ses escapades privées sont devenues à l'évidence un sujet d'intérêt général. Les célèbres photos prises rue du Cirque ne valent pas seulement par ce qu'elles suggèrent – une relation extra-conjugale –, mais aussi par ce qu'elles établissent : un chef d'État imprudent, un chef d'État pisté, espionné et photographié à l'insu de son entourage, de ses officiers de sécurité…

François Hollande va alors effectuer, devant nous, un numéro de haut vol, entre mauvaise foi et autosuggestion. « J'ai été photographié, mais pas avec quelqu'un », commence-t-il. « C'est un présupposé. On a dit : "Tiens, il est entré dans un immeuble, quelqu'un d'autre est entré dans un immeuble…" Donc on en tire la conclusion… » Surréaliste.

François Hollande est tellement dans le déni qu'il en vient à nous expliquer que les clichés de *Closer* ne le montrant pas physiquement aux côtés de Julie Gayet – dont il ne cite d'ailleurs jamais le nom –, ils ne prouvent rien ! Devant nos mines incrédules, il tente de se justifier : « Je reste au niveau des faits. En tout cas, je constate qu'il n'y a pas eu démonstration autre que rapprocher une entrée, une sortie, sans photographie de moi avec quelqu'un d'autre. » Il insiste : son infidélité est « supposée ». « Elle n'est pas démontrée ! Ni avouée, ni démentie. Si on m'avait vu, sur une photographie, dans une situation non équivoque avec une femme, d'accord. Mais là, c'est une relation déduite. »

Un peu plus que déduite, tout de même… D'ailleurs, lorsqu'on lui redemande à brûle-pourpoint de dater précisément le point de départ de sa relation avec Julie Gayet, il répond cette fois après avoir réfléchi quelques secondes : « Hmm… Début 2013… Et de manière en fait assez peu… répétée. » En revanche, pas question de lui extorquer la moindre confidence sur les sentiments profonds qu'il éprouve pour la jolie comédienne. On devra se contenter de quelques banalités : « C'est une belle femme », « une fille bien », « admirable par la totale discrétion dont elle a fait preuve dans cette histoire », etc. Un coup de foudre ? « Non, je ne dirais pas ça, parce que je… Non, je ne dirais pas ça. »

Il ne dira rien du tout, en fait.

Mais pour cet homme dont les pensées intimes sont mieux protégées que le code nucléaire dont il a la charge, c'est sans doute déjà trop, beaucoup trop…

« Julie essaye d'avoir sa vie, ce qui n'est pas si facile »

Il faudra attendre juin 2014 pour qu'il accepte de nous reparler, un peu, de Julie, que nous ne rencontrerons jamais. « J'évite de la revoir », nous assure-t-il. Nous ne sommes pas certains de pouvoir vraiment le croire. « Elle est suivie, à mon avis. En permanence », justifie-t-il. Il nous redit l'admiration et surtout la reconnaissance qu'il lui voue, la discrétion totale dont elle a fait preuve depuis le départ : « Parce que si elle avait voulu se faire une promotion sur mon dos, ç'aurait été très facile. Même pour dire : "Il n'y a plus rien", ou : "Il n'y a jamais rien eu." Enfin, elle pouvait dire tout ce qu'elle voulait. Et elle ne l'a pas fait, elle ne s'est jamais exprimée, c'est admirable. »

Un an plus tard, au printemps 2015, il paraît enfin prêt à assumer sa liaison avec la comédienne. Devant nous, en tout cas. « Elle essaye d'avoir sa vie, ce qui n'est pas facile », raconte-t-il, s'inquiétant d'un papier de *L'Express* à venir. Il croit connaître la thèse qui y serait développée : « Julie Gayet est avantagée dans ses productions, ce qui n'est pas vrai ; parce qu'elle trouve des financements, ce qui n'est pas vrai non plus. Deuxièmement, elle influencerait mes choix culturels, ce qui est tout aussi faux. Et troisièmement, elle est protégée par la police pour ses déplacements, ce qui peut être vrai de temps en temps. En vérité, normalement, elle devrait être protégée tout le temps. Parfois, dans un déplacement, je lui envoie quelqu'un pour éviter qu'elle soit embêtée, mais, franchement, ce ne serait pas illogique qu'elle soit protégée en permanence… »

Le plus simple serait, à l'évidence, d'officialiser les choses. « Qu'est-ce que ça changera ? Rien ! réfute-t-il. Ça se sait quand même qu'on est ensemble… Sans plus. C'est bien. Mais si je dis : "On est ensemble", on va me demander pourquoi elle n'est pas là, on voudra la voir, elle-même sera gênée dans son travail alors que c'est déjà très difficile… Si elle a un rôle, on dira que c'est grâce à ça, etc. Ça va être : qui est Julie Gayet, de quoi vit-elle, quelles sont ses productions ?… Je lui dis souvent : "Je ne sais pas ce que j'ai grillé dans cette histoire, mais toi, tu y as perdu." C'est vrai. »

Au passage, de manière inattendue, il vole même au secours de la femme de son prédécesseur, elle qui ne manque pourtant pas une occasion de le tourner en ridicule : « C'est dur pour tout conjoint. Pour Carla Bruni, je pense que ça a dû être très difficile, quand elle a perdu son statut. D'un seul coup, elle devient la chanteuse officielle. Je compatis. »

Alors, pour protéger son couple putatif, François Hollande, comme il nous le confie un soir d'octobre 2015, met un point d'honneur à faire comme si… il n'existait pas : « Je veille à cela. C'est la partie de ma vie intime que j'ai réussi à préserver. Sinon, ce serait un bazar épouvantable. » Il ne doit pas trop lui en coûter : n'a-t-il pas fait du non-dit une marque de fabrique ?

Apparemment, Julie Gayet, elle, est moins à l'aise dans l'ambiguïté.

Elle souhaiterait être reconnue pour ce qu'elle est, désormais : la compagne du président de la République. « Oui, admet-il, elle est demandeuse pour le faire. Ça brûle. Pour une femme, c'est quand même une reconnaissance affective, pas pour le prestige. Mais je ne veux pas officialiser cela. D'abord parce qu'on ne me le demande pas, et si je le faisais, on dirait que c'est un acte de campagne, un acte politique, inévitablement. C'est désagréable de penser qu'on fait des actes privés pour des choses publiques. Il n'en est pas question. »

Julie Gayet devra donc accepter cet entre-deux tout de même inconfortable. D'ailleurs, quand on demande au chef de l'État s'il est légitime de la présenter comme sa compagne, il répond : « Oui, ça l'est. En même temps, ça reste une liaison supposée, et je fais en sorte que ça le demeure. Il n'y a pas de photos, il n'y a jamais eu de photos. » Liaison supposée… Rien à faire, il y tient vraiment à cette expression, si ambivalente.

Tellement « hollandaise ».

« On est dans un système vorace, où l'on veut toujours plus, ajoute-t-il. Personne n'est préparé à cela. Des hélicoptères ont survolé sa maison, pas la mienne. Ce n'est pas une compagne au sens classique, sinon je serais tous les jours avec elle, et je ne suis pas tous les jours avec elle. Et je fais attention que ce ne soit pas public, même si c'est connu. Valérie était une compagne officielle, Valérie, quand je recevais un chef d'État, était là, c'était normal, Julie, non, puisque je ne l'ai pas officialisée. Ça la protège, ça me protège. Je la vois régulièrement, pas aussi souvent qu'on le voudrait… Si je n'étais pas président, je serais avec elle, personne ne viendrait me chercher, ne le saurait. Moi je pensais que les gens n'élisaient pas un couple, qu'ils élisaient un président. Qui pouvait changer de partenaire s'il le voulait. C'est arrivé à mon prédécesseur, ça m'est arrivé… »

Est-ce l'effet du vin rouge, dont il n'a pourtant pas abusé ?

En tout cas, on dirait maintenant qu'il réfléchit à haute voix : « L'idéal, c'est vraiment ce que je pense, est que le président soit seul. Non pas dans la vie, mais dans la responsabilité. Pas de "première dame" ou de "premier homme". Regardez Mme Merkel, il existe un monsieur, qui n'est pas “monsieur Merkel” d’ailleurs. Vous ne le voyez jamais. Non pas parce qu’il se cache, mais ça ne l’expose pas. »

Il dresse un autre parallèle, avec la mère de ses enfants cette fois, Ségolène Royal. « Si j’étais resté avec Ségolène, qu’est-ce qu’on aurait dit ? “Il met sa femme comme ministre de l’Écologie !” Cela aurait été scandaleux de dire cela car Ségolène a une existence par elle-même, elle a été candidate à l’élection présidentielle… Le fait qu’on ait été séparés m’a en fait permis de la mettre là où elle est. Sinon, cela aurait été très difficile. “Dans quelle République est-on ? Vous avez déjà vu un président nommer sa femme ministre ?” C’est ça qu’on aurait dit, j’en suis convaincu… Grâce ou à cause de notre séparation, Ségolène peut être pleinement ministre et moi président, sans que personne ne dise rien… C’est terrible, finalement. »

Et Julie dans tout ça ? Condamnée à une peine d’invisibilité, « elle souffre de cette situation », François Hollande le reconnaît lui-même. D’autant qu’on lui prête une influence qu’elle n’a pas, selon lui. « C’est vraiment incroyable, Julie n’a jamais fait une intervention pour qui que ce soit. Elle ne joue aucun rôle, et ne s’en porte pas plus mal. Mais chaque fois qu’on peut lui imputer quelque chose, on le fait, même si ça n’a pas de réalité. Je lui conseille de faire le plus de choses professionnelles pour exister par elle-même. » « Donc, il n’y aura pas d’officialisation, décrète-t-il fermement. Y compris pour le second quinquennat, il n’y a pas de raison. »

Au passage, on notera que Hollande, acte manqué ou simple maladresse, évoque la perspective d’un nouveau mandat sans s’embarrasser du conditionnel…

Surtout, en cette douce soirée d’octobre 2015, il conclut sa tirade par un formidable aphorisme : « Clarifier n’aide à rien du tout. » En écoutant François Hollande formuler cet aveu, il faut admettre que nous n’avons pas seulement pensé à sa situation sentimentale.

3
L'inaudible

Il ne sert à rien d'éprouver les plus beaux sentiments si l'on ne parvient pas à les communiquer.

Stefan Zweig

François Hollande paraît presque désemparé, devant nous, ce 7 novembre 2013.

Au moment de tirer les enseignements de la calamiteuse affaire Leonarda, qui a éclaté un mois plus tôt, il soupire : « Tout remonte vers moi… C'est moi qui protège mon camp, à mes risques et périls, et pas mon camp qui me protège. Le Parti socialiste devrait être en rempart, le gouvernement en protection, le Premier ministre en bouclier, le ministre de l'Intérieur en sac de sable… Alors, comment faire ? »

Le constat et l'interrogation qui en découle traduisent à la fois le désarroi et l'impuissance du président de la République. Un mois déjà qu'il se débat dans une histoire ridicule, piégé par une communication personnelle désastreuse. La parfaite illustration de ses carences en la matière. François Hollande est décidément un paradoxe à lui seul. Comment cet homme, pour qui l'univers des médias n'a quasiment aucun secret et dont le sens du contact a peu d'équivalent dans la classe politique française, s'est-il mué en un si médiocre communicant, incapable de nouer une vraie relation avec ses compatriotes ?

Il faut remonter au 19 octobre 2013 pour mieux appréhender ce qui restera, à n'en pas douter, l'une des journées les plus baroques du quinquennat, et il n'en a pas manqué. Elle aura vu le président de la sixième puissance mondiale humilié en direct à la télévision par une adolescente... L'affaire Leonarda, ou le climax d'une communication présidentielle souvent catastrophique, du début à la fin du quinquennat.

Le samedi 19 octobre 2013, donc, à l'heure du déjeuner, François Hollande intervient solennellement depuis l'Élysée, à la télévision, pour mettre fin, du moins l'espère-t-il alors, au psychodrame politique né de l'expulsion, dix jours plus tôt, d'une famille rom d'origine kosovare, en situation irrégulière sur le territoire français. Énième illustration de son obsession de la synthèse, le chef de l'État propose une solution médiane : le retour en France de la seule Leonarda, dont l'interpellation, devant ses camarades de classe, avait considérablement choqué, les autres membres de sa famille restant indésirables dans l'Hexagone. À l'évidence, une telle histoire ne méritait pas que le président de la République s'expose ainsi. La sanction tombe d'ailleurs immédiatement : l'intervention de François Hollande à peine terminée, la jeune fille, interviewée en direct par BFMTV, lui répond sans ménagement, depuis Mitrovica, repoussant dédaigneusement sa proposition.

L'image est dévastatrice, le symbole, terrible. Sans compter qu'en tentant de ménager tout le monde, une nouvelle fois, François Hollande a fait l'unanimité contre lui. Les uns lui reprochent d'avoir essayé de transiger avec une gamine, les autres d'avoir choisi une solution inhumaine en la coupant de sa famille...

Du point de vue de l'image présidentielle, c'est un naufrage.

« Je pense que ce n'était pas à moi de parler »

Quelques semaines plus tard, François Hollande va tenter, devant nous, de justifier cette séquence cataclysmique. D'une façon formidablement révélatrice, d'ailleurs, qui en dit long sur la double incapacité qui aura été la sienne, tout au long de son mandat, à créer un authentique lien avec les Français et à définir sa conception du rôle de président de la République – ceci expliquant sans doute cela. Évoquant ce jour-là différents dossiers délicats à gérer pour l'exécutif, de l'écotaxe à la dégradation de la note de la France par l'agence Standard's and Poors, il constate, pour le déplorer, qu'« à chaque fois, on évoque la responsabilité du président de la République ».

Comme s'il découvrait les travers du système présidentiel…

Et le chef de l'État d'enchaîner : « L'affaire Leonarda est un autre exemple, c'est-à-dire que ceux qui disent "mais pourquoi François Hollande a parlé" étaient les mêmes qui me demandaient de le faire ! Imaginons que Valls ait parlé à ma place, il aurait dit la même chose que moi, mais alors on aurait dit : "Oui, mais ça, c'est la position de Valls. Qu'en pense le président, est-il vraiment d'accord ?" Donc je pense que ce n'était pas à moi de parler, mais si je ne l'avais pas fait, on m'aurait reproché mon silence. Rétrospectivement, il valait mieux ne pas intervenir, j'aurais à le refaire, je ne suis pas sûr que je le ferais de la même manière. » Devant nous, il paraît cogiter à haute voix : « Vous, les journalistes, dites vous-mêmes : le président, il faut qu'il tranche. Bon, on tranche… »

« On » plutôt que « je », car l'idée d'accepter de faire revenir dans l'Hexagone la seule Leonarda émanait, semble-t-il, de son ministre de l'Intérieur. « Oui, confirme-t-il. Valls a dit : "Il faut trouver une solution pour la jeune fille." Je lui ai dit : "Qu'est-ce qu'on peut faire pour elle ?" Lui, il avait plusieurs hypothèses. La première, la scolariser dans un établissement, là-bas au Kosovo. Deuxièmement, lui permettre d'avoir un accompagnement personnel si elle ne veut pas aller à l'école française, qui est assez loin de chez elle. Et puis, autre solution, la faire revenir seule, comme avec une bourse scolaire... Tout le monde a dit : "Oh la la, quand même, on va l'enlever de sa famille !" Mais enfin, ça arrive constamment ! Pour les joueurs de foot, qui partent dans les centres de formation, à 14-15 ans... Et les pensionnaires, français, hein ? Quand on a été pensionnaire, on a été séparé de ses parents, quelquefois pendant un an ou deux. »

Comme requinqué par ses propres arguments, il tente de positiver et de nous (se ?) convaincre que, si raté il y a eu, il ne saurait lui être imputable, dans l'une de ces séances d'autopersuasion dont il a le secret. « Bon, est-ce qu'il y a des mouvements de jeunes, finalement ? Non. Leonarda, c'est terminé, balaye-t-il. Ce qui n'a pas fonctionné, dans cette histoire, c'est qu'il y a eu une polémique à l'intérieur de la gauche... C'est une histoire sortie par le PS. »

On le ramène tout de même à son intervention télévisée pour le moins malheureuse : « Mais, à l'arrivée, vous vous trouvez à discuter avec une gamine kosovare. »

Dépité, il bafouille : « Je n'ai pas... non, mais... »

On insiste : « Ça a été vécu comme ça. »

« Oui, ça a été vécu comme ça, finit-il par concéder. Mais je n'ai discuté avec personne, ce sont les chaînes d'information... » Hollande ajoute qu'avec le recul il aurait dû « laisser Valls régler ce truc, ce qui aurait été la meilleure des solutions ». À l'en croire, son ministre de l'Intérieur, justement, aurait sa part de responsabilité dans ce loupé : « Mais comme mon intervention venait après l'affaire des Roms ça a tendu… L'histoire Leonarda, sans la phrase de Valls sur les Roms, serait sans doute mieux passée. » Le 25 septembre 2013, sur France Inter, Manuel Valls avait évoqué l'impossibilité pour le pays, sauf pour « quelques familles », d'intégrer les Roms, dont les « modes de vie extrêmement différents des nôtres » entreraient « en confrontation » avec les populations voisines. Ces propos avaient suscité un concert d'indignation à gauche.

Sur le fond pourtant, le chef de l'État est exactement sur la même ligne que son ministre : « On a des éléments sur les faits délictueux qui sont quand même commis, je ne dis pas majoritairement, mais enfin avec une présence très forte de noms à consonance roumaine… Alors, ce n'est pas que les Roms, c'est des populations roumaines, bulgares, kosovares, etc. De la même manière que les élus de gauche, du PC, en Seine-Saint-Denis, s'ils ne le disent pas publiquement, viennent tous voir Valls en disant : "Faut nous débarrasser, c'est pas possible, ça va exploser", etc. Donc je n'ai pas de doute du tout sur le fait qu'il faille évacuer, expulser, traiter, insérer quand c'est possible, mais ce n'est pas toujours le cas des populations en cause, qui ne veulent pas… On a plein d'exemples de gens à qui on propose des logements – au détriment d'autres, quand même – et qui disent : "Non, non, c'est tout le monde ou personne." » Valls aurait donc eu le tort de dire tout haut ce que Hollande pense tout bas.

Autre reproche fait à son ministre, un communiqué, publié le 15 octobre, dans lequel Valls justifiait l'expulsion. « Valls n'aurait pas dû faire un communiqué de défense tout de suite, il empêchait tout mouvement », regrette le chef de l'État. Enfin, derniers coupables à ses yeux – ce sera une constante dans son discours tout au long de nos presque cinq années d'entretiens –, les médias, et singulièrement les chaînes d'info en continu, coupables de traquer l'information spectaculaire, de diffuser et rediffuser, en boucle, jusqu'à l'écœurement, les mêmes images, de monter en épingle des histoires qui, à ses yeux, ne mériteraient pas une telle médiatisation...

« Dans l'histoire Leonarda, il y a toutes les chaînes qui sont là, déplore-t-il. Avant, on virait quelqu'un, on n'allait pas le retrouver au Kosovo ! Maintenant, on le retrouve au Kosovo, donc ça fait un événement. Aujourd'hui, dans la société de l'information, le tweet, la chaîne d'information... Tout ça fait masse. »

Tous fautifs. Sauf lui.

Sur le sujet de l'information sans fin, François Hollande est intarissable. Si l'on suit bien son raisonnement, c'est donc moins sa communication qui serait en cause que ceux qui sont supposés la relayer. « Les chaînes d'info, c'est terrible », nous lâchera-t-il un jour, volant même au secours de l'ex-conseiller de Nicolas Sarkozy, le très droitier Patrick Buisson, pourchassé par la justice... et les médias. « C'est comme ce qu'avait fait une chaîne d'info en poursuivant Buisson... C'est monstrueux... »

« Enfin, on est chez les fous, quoi ! »

Autre exemple emblématique à ses yeux, le coup de force de membres de la Confédération paysanne qui avaient, en mai 2014, retenu quelques heures à la préfecture de Rodez son conseiller agriculture, alors que lui-même était en visite dans la ville.

Événement qui, selon lui, aurait été dramatisé à l'excès par les médias. « Le conseiller était dans une pièce à la préfecture, et puis il discute avec les types de la Confédération paysanne qui lui disent : on va attendre un peu... C'est à la préfecture ! Il n'y a qu'un mot à dire, on envoie trois flics contre quatre types de la Confédération paysanne et c'est réglé ! Et pour les chaînes d'info [il rit], c'est, quasiment, une prise d'otage... Enfin, on est chez les fous, quoi ! C'est terrible. C'est terrible parce que aucun déplacement ne peut se faire. »

C'est un énorme souci pour François Hollande, qui avait bâti sa campagne électorale de 2012 autour de ses « déambulations », en toute liberté, un peu partout en France, quand Sarkozy verrouillait chacune de ses apparitions. Il espérait pouvoir les perpétuer, une fois installé à l'Élysée. Ces fameux déplacements présidentiels, sur le terrain, ce sont les espaces réservés de la communication du chef de l'État. Leur but ? Créer une image publique, prémâchée, agencée au millimètre, mettant en scène un homme simple, à l'aise au milieu de ses concitoyens.

Or les bravos ont rapidement cédé le pas aux quolibets.

Mais pour François Hollande encore une fois, si nombre de ses sorties au contact du « pays réel » ont parfois été émaillées de sifflets, injures et autres incidents, les médias, surtout les télés, y seraient pour beaucoup. « Par exemple, nous explique-t-il en juin 2014, j'étais en déplacement en Normandie, où il y avait une ambiance formidable. Il y avait quand même une bonne femme, mais pas méchante, pour me dire : “Ah, moi j'ai voté pour vous, mais l'emploi...” Et là, je me suis dit : s'il y a une chaîne d'info, j'y ai droit !... Il suffit d'un type pour crier : “Démission !” – il y en a toujours un... Et ça fait le tour des télés. »

Il dira encore : « Il suffit qu'il y en ait un qui gueule pour faire la une. Quand il n'y a pas la presse, les gens ne gueulent pas, et sinon, la presse ne restitue pas. Dès que les gens voient une caméra, ce n'est pas pareil... »

Faire porter la responsabilité de l'impopularité de François Hollande aux seules chaînes de télévision serait totalement ridicule, lui-même s'y risque d'ailleurs du bout des lèvres.

Toutefois, le fait que de minuscules incidents aient parfois été amplifiés de manière déraisonnable n'est pas discutable.

La force de l'image. L'entêtant refrain des mots prononcés haut et fort, à l'emporte-pièce. La caméra aime l'anonyme, le citoyen qui s'en prend aux puissants. Quelques sifflets lors d'une visite sont hyper-médiatisés, mais si celle-ci se passe sans la moindre anicroche, cela ne sera pas mentionné.

Un exemple, puisé aux meilleures sources. Le hasard a voulu que le chef de l'État, au cours de l'été 2015, se rende pour une inauguration dans un petit village de Savoie, Le Châtelard-en-Bauges, où l'un de nous deux séjournait en vacances. Amusés, nous nous sommes glissés, incognito, dans la foule. Sur des terres pourtant très à droite, l'accueil réservé au président fut plutôt chaleureux, au point que le cortège présidentiel s'ébranla, au terme de la visite, sous les applaudissements des habitants présents. Ce qui ne fut pas relevé…

Cela restera sans doute le grand drame de François Hollande durant ce quinquennat : avoir atteint des sommets historiques d'impopularité alors que tous ceux qui l'ont rencontré un jour en tête à tête louent son accessibilité, sa grande capacité d'écoute.

Cette contradiction nous est apparue de manière flagrante un soir de décembre 2013. Afin de le « tester » dans une confrontation directe avec des Français, nous avions eu l'idée d'organiser une rencontre, sous forme de buffet, entre lui et une vingtaine de personnes. Des « vrais gens », comme l'on dit. La plupart étaient de sensibilité de gauche, fort déçus, déjà, par l'exécutif, et venus avec des questions plutôt dérangeantes. En quelques heures, sous les yeux de Valérie Trierweiler, ils étaient dévorés à la sauce hollandaise.

Souriant et décontracté, souvent incollable sur le fond, concédant au coup par coup quelques erreurs de son gouvernement, mais seulement pour mieux mettre en valeur ses réussites, il retourna son auditoire avec maestria, tenant un discours volontariste, en particulier sur le chômage. Au passage, évoquant sa stratégie de communication, il fit cet aveu : « Il faut imposer un objectif, même s'il n'est pas atteint. »

Un vrai slogan hollandais…

Reste à comprendre pourquoi cet homme si à l'aise et persuasif en petit comité semble guindé et fuyant lorsqu'il s'adresse au plus grand nombre.

Moins de deux mois auparavant, le 31 octobre 2013, nous avions justement abordé avec Manuel Valls les difficultés éprouvées par le chef de l'État à communiquer, son incapacité chronique à fendre l'armure, bref, son rapport compliqué aux Français : « Il a effectivement un vrai problème de communication, ce qui est rageant quand on voit à quel point il est excellent en tête à tête », avait regretté le futur Premier ministre. Déjà, en mai 2013, Manuel Valls, qui sait de quoi il parle puisqu'il fut le directeur de la communication du candidat Hollande en 2012, avait identifié le problème devant nous : « Je lui dis qu'il doit être mieux entouré, il me répond : "Oui, mais qui ?" Il faut changer beaucoup de choses à l'Élysée, en communication, en gestion des affaires… Sérillon [Claude Sérillon, éphémère conseiller en communication à l'Élysée], le président ne vous le dira pas, mais il fait de la com des années 60. Et Gravel [Christian Gravel, alors conseiller presse] est un exécutant, pas un stratège. Il manque un politique qui fasse de la com, comme moi pendant la campagne », avait diagnostiqué Manuel Valls.

Au début du mois de janvier 2014, on interroge François Hollande sur ce fossé qui, loin de se réduire, n'allait cesser de s'accentuer les années suivantes. « Oui, oui, oui, bien sûr, j'ai conscience de ce décalage, attaque-t-il ce jour-là. Mais à la télévision, soit c'est un discours solennel, et ça ne donne pas beaucoup d'émotions, ni d'attention, ni d'empathie, ni de compréhension ; soit c'est une interview avec des journalistes, et ça devient trop pédagogique, trop technique, je parle trop des chiffres. »

Devant nous, il se demande si « la meilleure des façons, peut-être, ne serait pas d'inviter des Français, mais à la télévision, comme Sarkozy l'avait fait. Attendre qu'ils posent des questions, et y répondre… »

Exactement le dispositif mis au point pour l'émission *Dialogues citoyens* du 14 avril 2016, sur France 2. Une énième tentative de réhabiliter le débat public en contournant le filtre professionnel des journalistes. Comme si le « participatif » allait restaurer, dans un même élan, l'image brouillée des médias et des politiques, alors qu'il a souvent au contraire pour effet, au moins en creux, d'accentuer leur délégitimation, et donc de renforcer leur discrédit.

L'émission en tout cas se solde par un échec patent. L'audience n'est pas au rendez-vous, à peine 3,5 millions de téléspectateurs en prime time. Le contenu est décevant, les commentaires de la presse, négatifs.

Au moins en reste-t-il le « ça va mieux », martelé à cette occasion. Mais la discussion avec les Français s'est révélée monotone, sans surprise…

« J'ai tendance, moi, à parler aux journalistes pour les journalistes »

« Il n'y avait aucune annonce, c'était hors actualité, justifie Hollande, il n'y avait pas de curiosité très grande, il n'y avait pas d'annonce à faire. Mais si je voulais faire de l'audience, il fallait soit refaire un journal télévisé avec les deux chaînes, soit aller sur TF1, qui fait sur ces émissions deux millions de plus que France 2. » Les commentaires négatifs ? « Ça n'a rien à voir avec l'émission. La presse dans cette période-là avait décidé d'être mauvaise. »

Le souci est que « cette période-là » aura duré cinq ans.

Il sait pourtant le pouvoir des images, même s'il ne déclenche pas de réflexe de curiosité chez les téléspectateurs, à la différence d'un Sarkozy par exemple. « Les vœux, dit-il, même si c'est moins regardé qu'avant, c'est quand même dix millions de personnes. Mais si je me fais interroger par un journaliste, au bout d'un certain temps, on n'écoute plus. Parce que les questions sont : "Vous allez garder le Premier ministre ? Et le gaz de schiste ? Le nucléaire ?..." Enfin, bref, ce sont toujours les mêmes questions qu'on me pose. Ce sont des journalistes qui parlent aux journalistes. Et j'ai tendance, moi, à parler AUX journalistes POUR les journalistes. Or, il faut parler aux Français. Ce n'est pas la même chose... »

Comme souvent, François Hollande analyse avec lucidité les difficultés qu'il rencontre, mais éprouve toutes les peines à les résoudre... « La presse, dit-il, me parle de ce que j'ai peut-être envie de lui dire, mais ce n'est pas ce que les Français ont envie d'entendre. Et deuxièmement, il faut avoir un langage plus simple. Mais on ne peut pas non plus être dans un discours purement rationnel, purement pédagogique... C'est vrai qu'il faut une relation plus personnelle. Parce que ce qui me frappe, c'est que les Français me connaissent peu. »

En effet, mais est-ce bien surprenant s'agissant d'un homme obsédé par le cloisonnement, rétif à toute exhibition ?

Dans un très intéressant entretien accordé le 30 septembre 2013 au *Monde*, Denis Pingaud, auteur de *L'Homme sans com*, avança une explication : « François Hollande considère que la communication politique est avant tout explication, d'où l'insistance permanente sur la nécessité de faire la "pédagogie" des décisions prises. En se bornant à considérer qu'elle n'est qu'affaire d'explication, François Hollande oublie que la communication est avant tout affaire de relation. Or, cette relation-là, le président a beaucoup de mal à la tisser. »

Au terme du quinquennat, le constat vaut toujours… Encore plus frappant, Hollande a décidé depuis de rencontrer Pingaud, puis recueilli ses conseils.

Pour mieux s'abstenir de les mettre en pratique ?

François Hollande a pourtant pris des initiatives, tenté des coups. Non payants, pour la plupart. Il est ainsi le premier président à avoir tant joué la carte de la transparence, à l'Élysée, en permettant le tournage sur place de documentaires télé au long cours.

Initiative louable, mais à l'arrivée contre-productive.

Le 28 septembre 2015, France 3 diffuse *Un temps de président*, d'Yves Jeuland. Le réalisateur a obtenu l'autorisation de filmer, six mois durant, le président de la République « au plus près ». Pour François Hollande, le résultat, en termes d'image, n'est pas loin d'être désastreux. Dans le documentaire, il apparaît comme un personnage désincarné, sous la coupe – quel paradoxe – de son communicant, Gaspard Gantzer, en fait la vraie vedette du film… Deux semaines après sa diffusion, François Hollande nous fait cet aveu : « On dit : c'est un film sur Gaspard. Mais comme il n'arrivait pas à me filmer moi, il n'a que Gaspard ! » Plus généralement, il juge que le réalisateur « semble avoir été fasciné par le lieu, et du coup n'a pas forcément eu la curiosité de regarder ce qui s'y passait vraiment ». « C'est la règle dans ce genre de films, comme il n'y a aucune réunion qui est montrée, aucune décision… Mais c'est de ma faute. Donc, comme il n'y a pas de scène où il y a de la décision, de la délibération, le film tombe assez rapidement dans l'anecdote. »

« Le pouvoir ne se filme pas »

Peu à l'avantage du président, le film a aussi eu le don de braquer ses conseillers, ulcérés de voir Gantzer prendre toute la lumière. « C'est vrai qu'ils étaient en colère. Gaspard lui-même était gêné. Il ne pensait pas qu'il serait autant à l'écran. Il y a une partie des conseillers qui disent : "Mais alors, nous, on n'existe pas..." Je leur ai dit : "Eh bien non, vous n'existez pas, au sens où il n'y avait pas de raison de vous filmer." Je leur ai dit de n'en concevoir aucune amertume. Il y a une forme de logique. D'une certaine façon, le film est sur Gantzer, sur Jouyet, sur ceux qui sont les plus proches. Qui peuvent-ils filmer ? Patrick Rotman [auteur en 2013 d'un documentaire, *Le Pouvoir*, consacré aux premiers pas de Hollande à l'Élysée] avait aussi fait des images de l'Élysée. Les lieux de pouvoir se filment, les ambiances de pouvoir se filment, les Conseils de ministres, les réunions, oui... Mais le pouvoir lui-même ne se filme pas, parce que le pouvoir, c'est tellement intime... Une prise de décision, ça ne se filme pas. »

« Mais pourquoi acceptez-vous, alors ?! » s'exclame-t-on, ce soir d'octobre 2015.

« Je pense que ça peut me servir, ça devrait, normalement. Enfin, je l'espérais. Mais aussi pour des raisons de transparence. Quand vous-mêmes vous venez me voir la première fois, vous n'êtes pas sur un projet de livre sur le quinquennat, vous êtes sur l'idée de raconter les cent jours. Et de quoi vous vous apercevez ? C'est que c'est vain. Vous auriez eu une caméra, cela aurait été la même chose. Qu'est-ce qu'on voit ? Des scènes... Au début on se dit, tiens, on va voir ce qui se passe. C'est juste pas possible. Vous ne pouvez pas "entrer"... »

Il revient sur le film de Jeuland, et sur deux passages qui ont marqué l'opinion. La caméra le filme, ainsi, avec Manuel Valls, en train de « briefer » comme une enfant la nouvelle ministre de la Culture, Fleur Pellerin.

« La scène où je parle avec Fleur Pellerin, c'est celle qui reste du film, alors que ça n'a aucun intérêt, déplore-t-il. À ce moment-là, je ne savais pas qu'il enregistrait. Cela dit, sur le fond, ce que je dis ne me gêne pas, "va voir Jack Lang", "il faut que tu te tapes des spectacles", "les artistes veulent être aimés", tout ça, je l'ai dit et je le pense. Quand on est ministre de la Culture c'est comme quand on est ministre des Sports, il faut dire aux sportifs qu'on les aime… » Autre séquence forte, quand, dans sa voiture, il parcourt tranquillement la presse, tandis qu'en fond sonore la radio évoque la sortie du livre de son ex-compagne Valérie Trierweiler, dans lequel elle l'éreinte violemment. Cette scène, il la trouve « un peu malhonnête » : « C'est un montage, car à ce moment-là, je n'écoutais pas la radio. Je connaissais la nouvelle, mais je n'écoutais pas la radio. Je lui ai dit. Jeuland quand il me filme, il ne sait même pas forcément ce qu'il se passe. Bon, la scène ne me gêne pas, on se dit : tiens finalement, François Hollande il est stoïque ! En même temps, je n'aurais pas crié dans la voiture ! »

« Il n'a pas voulu faire mal, Jeuland, il n'avait aucune mauvaise intention, mais son film ne me rend pas justice, conclut le chef de l'État. Il y a quand même des gens que ça intéresse, les palais officiels, les histoires de pouvoir, le film a été quand même regardé. Mais ce qui en ressort, à mon avis ? Rien… »

On récapitule : des déplacements ratés, des interviews sans aspérité, des reportages superficiels. Et pour couronner l'ensemble, des discours officiels qui ne rencontrent pas plus d'écho…

Hormis, sans doute, au moment des attentats de 2015, jamais le président n'aura su véritablement renouer avec le lyrisme du candidat, incarné lors du fameux meeting du Bourget en janvier 2012. Cette incapacité à frapper l'opinion est probablement l'une des raisons majeures de l'indifférence puis du rejet suscités par François Hollande. Le chef de l'État aura retrouvé le souffle du candidat en toute fin de mandat, à l'occasion du discours prononcé salle Wagram, le 8 septembre 2016. Tard, bien trop tard…

Au tout début du mois de janvier 2014, alors qu'il

vient d'annoncer, lors de ses vœux pour la nouvelle année, la création d'un « pacte de responsabilité » pour les entreprises, véritable tournant de son quinquennat, nous l'avons justement questionné sur la façon dont il élaborait ces discours.

« Il se trouve que j'étais parti en Arabie saoudite pendant deux jours (il y séjourna les 29 et 30 décembre 2013), donc j'avais demandé que ceux qui avaient des idées me passent des choses. Et puis quand je suis revenu, j'ai écrit mon texte dans l'avion qui me ramenait de Riyad. Et je l'ai fini le matin même du 31… »

Le rôle de ses conseillers serait mineur. Pas étonnant, François Hollande déteste déléguer autant qu'il aime compartimenter : « Ils me donnent quelques notes. Mais, par exemple, sur le "pacte", c'est moi qui ai écrit ce terme. » Restait à trouver un lieu. Il raconte : « Avant que je ne parte pour l'Arabie saoudite, j'ai dit : "Où on fait les vœux ?" Première solution, les faire derrière le bureau, ce qui était la tradition… »

C'est encore lui qui va trouver « sa » solution. En se référant au passé, comme toujours. Il désigne ainsi, devant nous, un épais ouvrage posé sur une petite table et traitant de la cérémonie des vœux sous la Ve République. « J'ai potassé ça, c'était intéressant ! » dit-il en souriant.

Il énumère : « Sarkozy l'a fait une fois derrière le bureau. Chirac, une ou deux fois, puis après l'avait fait debout. Mitterrand l'a toujours fait derrière le bureau. Donc, c'était une hypothèse, mais je me suis dit : ça va être un peu bizarre que les Français me voient d'un seul coup derrière un bureau, comme si je voulais montrer que j'étais au travail. Donc je me suis dit, non, faut le faire debout… Et après, où le faire ? Finalement je l'ai fait dans le studio de l'Élysée. Je l'ai enregistré à 18 heures. »

Ces références à ses prédécesseurs, constantes chez lui, ne doivent rien au hasard. « L'idée, c'était de connaître le rite. En fait, ces vœux, ils sont souvent assez courts.

D'autre part, je me suis aperçu que c'était très répétitif d'une année sur l'autre. Je ne parle pas simplement des mots employés. Par exemple, sur les gens qui sont seuls, les soldats, l'outre-mer, les personnes âgées, etc. »

Il s'amuse en évoquant ces passages obligés, ces figures imposées de la politique. « Et c'est souvent presque la même architecture : "On a traversé une année difficile, mais on va gagner la suivante." C'est presque tragique de banalité ! Tenez, prenez Mitterrand en 82, donc c'est un an après le changement... » Il s'interrompt, plonge dans le livre et, triomphalement, exhume cette phrase de Mitterrand : « Nous venons de vivre une année difficile... »

Il rit, de nouveau : « 82 ! Ah, ah, ah ! » Il feuillette encore l'ouvrage : « Et Sarko ! Je le cite : "Pour tous les Français, cette année a été difficile..." »

Redevenu sérieux, il poursuit : « Donc quand on voit ça, si je fais la même chose, "ça a été difficile mais ça ira mieux demain", c'est assez convenu. Donc je me suis dit, d'autant que je ne m'étais pas exprimé depuis un certain temps, je vais transformer les vœux en une annonce. Ce qui est très très rare. »

Plutôt satisfait de lui, il relève que ses vœux pour 2014 ont « surpris les journalistes, parce qu'il y avait quelque chose ».

C'est du reste un fait récurrent : après chacune de ses interventions publiques, qu'il s'agisse d'un grand discours, d'une déclaration solennelle ou d'une interview, dont peu pourtant ont marqué les esprits, il considère systématiquement avoir réussi l'exercice. La cérémonie d'hommage à Pierre Brossolette, Geneviève de Gaulle Anthonioz, Germaine Tillion et Jean Zay, au Panthéon, le 27 mai 2015, en est une autre illustration. Un discours impeccable, mais qui ne restera pas dans les mémoires. Il assure l'avoir rédigé lui-même, comme (presque) toujours. À quoi sert alors son armée de collaborateurs, par exemple l'écrivain Pierre-Louis Basse, conseiller présidentiel aux « grands événements » ? « Pierre-Louis Basse, c'était à la Pierre-Louis Basse, il y avait du talent, mais ça ne collait pas, sauf la première phrase qui est de lui. "Aujourd'hui la France a rendez-vous avec le meilleur d'elle-même", c'est de lui », révèle-t-il.

« Le slogan présidentiel n'existe pas »

Ses collaborateurs osent-ils vraiment lui dire ce qu'ils pensent de sa communication ?

« Oui, je n'ai aucun doute là-dessus, assure-t-il. Gaspard le fait. Jouyet le fait librement, même si quelquefois c'est avec la réserve de l'ami. Un ami vous dit, mais ne vous dit pas tout, pour ne pas vous blesser. Mes enfants le font. Thomas le fait : "Tu as été bien, pas bien..." »

De fait, ce discours du 27 mai 2015 gagne à être relu : il était incontestablement d'une grande qualité. Pourtant, il n'a pas marqué. Lors de la campagne 2012, François Hollande était parvenu à trouver ce rythme oratoire, à frapper son auditoire par des phrases-chocs...

« Les discours de campagne marquent plus, explique-t-il. Mais, à l'image du "changement c'est maintenant", ce sont d'abord des slogans. Or, le slogan présidentiel n'existe pas. C'est en meeting qu'on se souvient des phrases. Ou dans des moments de tension. De toute façon, la phrase, il faut essayer de l'imposer, mais il ne faut pas tomber dans la formule. Ou dans l'artifice de communication. Je sais très bien quel type de phrases peuvent être reprises. La phrase, pour qu'elle soit reprise, est toujours, d'une certaine façon, une violence. Une attaque. »

Il ne souhaite pas sous-traiter la fabrication du texte. Embaucher des spécialistes, des artisans du mot. « C'est vrai qu'aux États-Unis, ou en Angleterre, il y a des communicants, mais moi, je ne fais pas comme ça. »

En réalité, et peut-être est-ce finalement la source du problème, François Hollande n'attache pas une grande importance à sa communication. « Ce n'est pas parce qu'il y aurait une com défectueuse – la mienne peut être meilleure, j'en conviens – qu'il y aurait de l'impopularité, assure-t-il. C'est parce que la politique menée n'a pas les résultats qui sont espérés par les Français. L'idée qu'avec une bonne com on peut avoir une bonne popularité, c'est illusoire. On peut mettre un beau décor, si la marchandise est toujours la même, ça ne change rien, absolument rien. Ce qui est le plus important, c'est la politique, pas la communication. »

Pourtant, lorsqu'en 2016 les résultats économiques ont commencé à s'améliorer, ils n'ont pas eu le moindre effet positif sur sa popularité.

Le mal était donc beaucoup plus profond, et donc plus inquiétant, car lié à sa personnalité, tout simplement.

En jouant, avec les médias, la carte de la transparence, Hollande n'a fait que souligner la sienne.

Quoi qu'il fasse, quoi qu'il dise, François Hollande « n'imprime pas », comme un fantôme dont on ne pourrait fixer l'image.

Le président inaudible est aussi l'homme invisible.

4
Le journaliste

Il n'est de véritable déception que de ce qu'on aime.

Georges Bernanos

Vous voulez énerver François Hollande ?

Parlez-lui du *Monde*.

Ça marche à tous les coups.

Un jour où il se plaignait une nouvelle fois d'un article publié dans notre quotidien, on lui fit observer que, décidément, il semblait en vouloir à notre journal.

« Oui », approuva-t-il.

« Mais c'est parce que vous lisez beaucoup *Le Monde* ! » s'exclama-t-on.

Retrouvant le sourire, il lâcha : « Oui, c'est vrai, je devrais arrêter ! »

Le chef de l'État et la presse, c'est l'histoire d'une passion déçue, d'une liaison inaboutie, d'un malentendu, aussi. Considéré depuis près de trente ans comme le meilleur ami des journalistes dans la classe politique, Hollande a pensé que son mandat serait chroniqué à l'aune de ces rapports longtemps idylliques. C'est tout le contraire qui s'est produit…

Depuis toujours, François Hollande est indéfectiblement « accro » aux médias, à la presse écrite en général

– et au *Monde* en particulier. Quotidiens, hebdomadaires, publications spécialisées ou généralistes... Il lit, ou plutôt dévore tout. Il se lève la nuit pour suivre les flux d'actualité sur son téléphone portable, réveillé par les « alertes » des agences de presse. Fidèle à ses habitudes estudiantines, il emporte avec lui, en vacances, les articles qu'il n'a pas eu le temps de lire.

Il est d'hier et d'aujourd'hui.

Ne dit-il pas « papier » au lieu d'« article », comme tout journaliste de l'ancien temps, celui d'avant le numérique ? Il ne s'intéresse pas seulement à leur contenu, mais à leurs auteurs, aussi, dont il connaît le caractère et suit la carrière : le microcosme médiatique n'a aucun secret pour lui.

« La presse de droite soutient la droite, mais la presse de gauche ne soutient pas la gauche »

Chroniqueur économique pour *Le Matin* au mitan des années 80, il aurait fait, à n'en pas douter, un remarquable journaliste. Nous avons souvent été frappés, au cours de nos rencontres, par sa propension à analyser les événements à la manière d'un journaliste. Bien entendu, son regard sur cette profession qui au fond le fascine est tout sauf objectif : François Hollande reproche aux médias – et principalement au *Monde* – de ne pas mettre assez en valeur ses réussites, d'exagérer ses échecs et d'être en revanche trop indulgents avec ses adversaires.

Exactement ce que clamait Nicolas Sarkozy lorsqu'il était à l'Élysée...

Un jour, le président nous a confié son amertume, fruit d'une désillusion quasi sentimentale, en tentant de positiver : « La presse de droite soutient la droite, mais la presse de gauche ne soutient pas la gauche. À la limite, c'est peut-être l'honneur de la gauche, on pourrait même en tirer gloire et avantage. L'honneur de la gauche, ce n'est pas de demander qu'on ait une presse qui nous soutienne. »

Oui, enfin, si ça ne tenait qu'à lui… Il n'aurait pas refusé un petit coup de pouce médiatique. Il aurait trouvé juste que *Le Monde*, plutôt classé au centre gauche, salue régulièrement, au moins à travers ses éditoriaux, son action réformatrice. Or, très peu d'articles trouvent grâce aux yeux de ce lecteur compulsif et intransigeant. Comme ce jour de juillet 2014, où il qualifie de « scandaleux » un éditorial de notre journal dénonçant « l'aveu d'impuissance du gouvernement », réduit à interdire deux manifestations pro-palestiniennes afin d'éviter des incidents. « Le journal devrait dire : "Oui, il y a un État de droit." C'est la gauche, quand même… », nous lança-t-il. L'intonation de sa voix trahissait en réalité moins du mécontentement que de la déception.

Pourtant, François Hollande n'a pas ménagé ses efforts pour soigner son image auprès des médias : jamais un président de la République n'aura été aussi « accueillant ». Dessinateurs de presse, chroniqueurs politiques, photographes… Sans compter que, au grand désespoir de ses collaborateurs les plus proches, François Hollande continue d'échanger par textos avec de nombreux journalistes, qu'il convie par ailleurs régulièrement à l'Élysée pour des entretiens informels. Son numéro de téléphone portable, qu'il a tenu à conserver lors de son arrivée à l'Élysée, est le secret le moins bien gardé de la République.

Dès le 7 juin 2012, Aquilino Morelle, alors son conseiller en communication, nous avait confié, dans son nouveau bureau élyséen : « Avec les journalistes, il ne peut pas changer ! Il continue à faire du off. Mardi, je recevais trois journalistes du *Figaro*. Hollande les voit dans le vestibule. Il leur lance : "Qu'est-ce que vous faites là ? Mais entrez !" Panique chez les gardes et les huissiers ! Et donc, ensuite, il a fait du off pendant dix minutes. Les journalistes n'en revenaient pas, ils étaient ravis. Je lui ai dit : "Mais tu me prends mon boulot !" Il a toujours été et sera toujours comme ça... » « Je sais qu'il continue à voir les journalistes, il adore ça, abonde Stéphane Le Foll devant nous, en juillet 2012. Il aurait d'ailleurs été un très grand journaliste politique. C'est un truc qu'il a en lui. »

François Hollande, qui a toujours considéré être son meilleur attaché de presse, n'a pas été franchement récompensé de son hyper-accessibilité, c'est même tout le contraire, puisque au « Sarko bashing » a succédé un « Hollande bashing » d'une intensité peut-être supérieure encore. Symbole à ses yeux de cette transparence dont il s'est fait le chantre, l'opération « portes ouvertes à l'Élysée », dont cet ouvrage est d'ailleurs l'une des nombreuses illustrations, se sera en effet révélée globalement inefficace, voire contre-productive.

Combien de fois l'aura-t-on entendu pester contre tel ou tel confrère coupable d'avoir déformé ses propos ou de l'avoir cité sans son autorisation ? Sans pour autant en tirer la moindre conséquence, puisqu'il continua à recevoir les mêmes journalistes, en qui il nous disait n'avoir plus confiance ! C'est tout simplement plus fort que lui.

Cette communication tous azimuts non maîtrisée s'est souvent retournée contre lui.

Les exemples abondent.

En septembre 2015, une éditorialiste politique réputée, Françoise Fressoz, journaliste au *Monde*, publie *Le stage est fini* (Albin Michel). « C'est l'histoire d'un homme aimable qui, voulant plaire à chacun, finit par se faire détester de tous », écrit fort justement notre collègue à propos de son sujet d'enquête. Dans son ouvrage, elle cite à plusieurs reprises des propos que lui a tenus François Hollande. L'une de ces phrases va faire le « buzz » : le chef de l'État regrette de ne pas avoir gardé la TVA sociale votée par Nicolas Sarkozy. Cet acte de contrition lui vaut les critiques de la gauche et l'ironie de la droite.

Il s'en veut.

« Fressoz était venue me voir, elle mettait la dernière main à son livre, et elle m'a dit : "Est-ce que vous avez des regrets ?" Je n'ai pas du tout vérifié la phrase qu'elle a rapportée, je ne pensais pas qu'elle la mettrait entre guillemets », assure François Hollande. Cette déclaration a été interprétée par la presse comme un début de mea culpa. Comme s'il l'avait préméditée : « C'est drôle. Je suis très heureux qu'on me prête autant de subtilité, alors que c'est un hasard complet. Ç'aurait été une interview, dont j'aurais décidé du moment et des mots précis, oui, mais là, je ne savais pas ce qu'elle allait rapporter, je ne savais pas quand allait sortir le livre. Il n'y a aucune stratégie. J'aime beaucoup l'interprétation que font les journalistes de ce qui est parfois d'une extrême banalité. »

« Les médias peuvent tuer... »

Un an auparavant, il nous avait tenu des propos similaires, au moment de la sortie d'un autre livre le concernant, signé d'une consœur du *Journal du dimanche*, Cécile Amar, et dans lequel, comme le titre le suggérait (*Jusqu'ici tout va mal*, Grasset, 2014), son action n'était pas franchement mise en valeur... On lui demanda s'il ne craignait pas de diluer sa parole à force de se confier à tant de journalistes, d'autant que le résultat était rarement à son avantage. Il... abonda dans notre sens. « Ça ne m'apporte pas grand-chose, non, non, c'est vrai, ces livres ne sont pas très sympathiques. Celui-là est même désagréable ! »

Il nous le serine, souvent : « Les médias peuvent tuer... » Mais il ne peut s'en passer, espère toujours convaincre, séduire. Quitte à le regretter ensuite : « Parfois, je m'en veux de répondre à leurs sollicitations. »

Étonnant personnage, décidément.

Totalement dépendant d'une presse avec laquelle il entretient des relations à sens unique. Presque sadomasochiste.

François Hollande esclave (consentant) des médias, passionné par le dernier écho du *Canard* mais bien en peine de porter une vision à long terme du pays ? Certes réductrice, la thèse est plutôt séduisante, il faut bien l'admettre.

Dans sa dernière interview, publiée par *Le Point* en juin 2016, Michel Rocard, décédé le 2 juillet 2016, avait émis ce diagnostic implacable : « Le problème de François Hollande, c'est d'être un enfant des médias. Sa culture et sa tête sont ancrées dans le quotidien. Mais le quotidien n'a à peu près aucune importance. Pour un politique, un événement est un "bousculement". S'il est négatif, il faut le corriger. S'il est positif, en tirer avantage. Tout cela prend du temps. La réponse médiatique, forcément immédiate, n'a donc pas de sens. Cet excès de dépendance des politiques aux médias est typique de la pratique mitterrandienne, dont François Hollande est l'un des meilleurs élèves. Or le petit peuple de France n'est pas journaliste. Il sent bien qu'il est gouverné à court terme et que c'est mauvais. »

Et puis, quel paradoxe, celui qui fut longtemps « l'homme qui murmurait à l'oreille des journalistes », distillant confidences et informations inédites sous le sceau du « off the record », s'est pourtant fait, devant nous, le contempteur de cette pratique. Sans doute parce qu'il en est lui-même désormais régulièrement victime…

« J'en veux à la presse sur les off, nous lance-t-il ainsi un jour. Qu'est-ce qui nous prouve que ce n'est pas inventé ? » Évoquant le recours régulier à des formulations du type, « un visiteur du soir », « un conseiller », « un proche », etc., ce grand connaisseur des us et coutumes de la presse française s'exclame : « On cite "un ami du chef de l'État", mais qui est l'ami ? Dans quelle relation s'inscrit-il ? Quel type de conversation ?... C'est une méthode de lettre anonyme, ça ! Moi je pense que le off devrait être proscrit. »

Sur ce point, on ne risque pas de lui donner tort, même si, de sa part, le propos est savoureux.

Inépuisable sur le sujet, il dit encore : « Ce système est devenu poreux, tout le monde parle, avec des citations anonymes partout, mais on ne sait même plus qui parle en réalité. On écrit : "un conseiller ministériel"... Mais c'est quoi un conseiller ministériel ? Un conseiller d'un sous-ministre, un collaborateur qui n'est rien, qui ne connaît rien, qui n'a aucune information, et qui va déverser son truc ? Les journalistes n'enquêtent pas, ils passent trois coups de téléphone, et après ça donne des propos anonymes, on cite "un collaborateur", "un proche", "un ami"... Mais vous pouvez en trouver plein comme ça ! Ça n'a pas de sens... »

Hollande sait de quoi il parle : « Il se trouve qu'en 1983, j'étais directeur du cabinet de Max Gallo (alors porte-parole du gouvernement Mauroy). J'étais une source excellente des journalistes, j'orientais des papiers. » Et d'évoquer deux anciens journalistes du *Monde* qui étaient, selon lui, ses « deux officiers traitants ». « J'avais 30 ans, je n'étais rien dans le dispositif, j'allais à quelques réunions, j'étais juste un peu informé. Mais j'étais devenu la source, le penseur, "Gorge profonde" ! Je leur faisais un récit, puis je lisais le papier une fois publié, et là je me disais : "Quand même, c'est moi, j'ai réussi à influer, à donner un sens..." J'imagine Mitterrand lisant l'article, il devait se dire : "Merde, qui peut nous décrire comme ça, qui, dans mon entourage ?" »

« Et après, reprend-il, ça a continué quand j'étais porte-parole du Parti socialiste, puis premier secrétaire (entre 1997 et 2008)... Oui, même premier secrétaire, parce que quand Jospin était à Matignon, de 1997 à 2002, je nourrissais les papiers. Et aujourd'hui, c'est ça à la puissance n, sauf que c'est malfaisant et que ça donne n'importe quoi. On ne peut mettre sur le même plan un conseiller ministériel de 30 ans et un Premier ministre ou un président de la République… »

Maintenant qu'il est lâché, François Hollande est intarissable sur ce thème, qui lui tient à cœur apparemment. Il évoque ses ministres, plus ou moins bavards avec la presse, décerne les bons et mauvais points : « Sapin ne parle pas, Le Drian est une tombe, Cazeneuve dit du mal de Mosco en passant… Et il y a ceux qui sont frustrés, Rebsamen, par frustration, par colère. Et Barto [Bartolone], qui dit du mal de Valls, ça se sent dans les papiers. Les off, on arrive à les repérer ! »

« Pour eux, c'est une incongruité que je sois là »

Trop proche puis trop lointain avec les médias, François Hollande n'a pas su perpétuer la relation privilégiée, quasiment fusionnelle même, qu'il entretenait avec eux jusqu'à son entrée à l'Élysée. On ne compte plus, dans les journaux, les adjectifs péjoratifs accolés à son action, quand ce n'est pas à sa personnalité : indigent, lâche, hésitant…

« François Hollande est, in fine, victime de la machine médiatique qu'il a lui-même fabriquée », notait en septembre 2015 le journaliste Bruno Roger-Petit sur le site de *Challenges*. « De maître des journalistes qu'il était, cultivant complicité, confidences et confessions, il en est devenu l'esclave », ajoutait notre confrère. Devenu son propre directeur de communication, le chef de l'État, en multipliant les entretiens plus ou moins informels avec la presse, a en fait œuvré à sa perte. Cette logorrhée médiatique a largement contribué à la dilution et à la banalisation de la parole présidentielle, comme en témoigne le très faible écho rencontré par ses confidences distillées dans une série d'ouvrages parus au cours de l'année 2016.

Hollande a sa propre explication. Un jour, évoquant les très nombreux journalistes qu'il connaît depuis des décennies, il nous lâche : « Pour eux, c'est une incongruité que je sois là… Parce que, d'une certaine façon, eux sont restés à leur place. Le type qui suit la gauche depuis trente-cinq ans, il se dit : "C'est pas possible que ce soit François Hollande, que je connaissais il y a trente-cinq ans, qui soit président de la République !" Et du coup, il n'y a pas de respect. En fait, ce qui est toujours très douloureux à exprimer, c'est que la nature journalistique n'est pas différente de la nature humaine : à un moment, la gentillesse n'est pas une qualité. »

Du coup, il reçoit encore beaucoup de journalistes, mais ne dit plus rien de lui. Personne ne le connaît vraiment, au fond. Il disserte, analyse jusqu'à plus soif, mais se cache.

Définitivement seul, en son palais.

5
Le spectre

Gardez le mystère, il vous gardera.

Salomon

Les mises en bouche sont largement entamées, le corton à parfaite maturité.

Nous sommes le 13 mars 2014, et nous dînons à l'Élysée. Rapidement, nous avons acquis la conviction que nos rendez-vous mensuels, dans le bureau présidentiel, ne suffiraient pas. Il nous fallait d'autres moments, plus intimes, pour « accoucher » notre sujet, si cordial, mais si impénétrable, aussi.

Notre obsession ne nous quitte pas. Comprendre Hollande. Entrer dans sa tête. De plus en plus, au-delà de sa politique, de ses échecs, de ses quelques réussites, nous sommes à l'affût de l'homme caché derrière le président. Impossible de décrypter une politique sans appréhender les ressorts les plus profonds de celui qui la conduit.

C'est l'aspect le plus complexe de notre enquête, tant Hollande se préserve, sur le plan personnel.

Toujours le même refrain : Hollande, l'être sans affect. Le type qui saurait parler aux autres sans les aimer vraiment.

Sans s'y intéresser.

Est-ce seulement vrai ? Un jour, il nous fera cet aveu étonnant : « Pour s'aimer soi-même, il faut avoir le sentiment que les autres vous aiment. » Bien sûr, il disait cela à propos de la France, mais nous avons bien compris que c'est de lui-même, aussi, qu'il parlait. S'aime-t-il encore, aujourd'hui ?

Nous l'observons, au terme du dîner, se mouvoir dans ses appartements privés. Il déambule dans les couloirs, emprunte les raccourcis.

« Je suis le spectre de l'Élysée », s'amuse-t-il, en châtelain.

Troublante sensation d'un retour aux temps napoléoniens, comme si le XXIe siècle avait été relégué derrière les lourds rideaux d'un rouge ocre. Le temps est figé, au palais. À l'image de l'hôte des lieux, dont l'action a rapidement été paralysée par une impopularité rédhibitoire. Ici, les murs ornés de tapisseries démesurées semblent commander aux hommes. À croire que l'Élysée ensorcelle ses occupants, tous frappés du même symptôme, celui d'un irrépressible éloignement, d'une déconnexion progressive, jusqu'à la catalepsie.

François Hollande, pourtant averti de la malédiction, n'échappe pas à ce processus de momification politique.

On fait le tour du propriétaire. Un lit *king size* aux draps immaculés au centre d'une immense chambre, un lustre signé Philippe Starck, le roi des designers. Et puis une salle de bains, refaite à neuf par le couple Sarkozy.

« Quel mauvais goût ! » cingle le chef de l'État.

Pas l'ombre d'un désordre dans ces pièces, quand le bureau présidentiel croule en général sous les dossiers, posés çà et là. « Ce n'est pas très agréable ici, nous dit-il, les travaux n'ont pas été bien faits. » Le temps de goûter un velouté de cresson, puis un homard, et enfin une tarte Bourdaloue, on le presse de questions.

Hollande ne mange pas, il engloutit. Il regarde à peine ce qu'il ingurgite. Tout à sa parole. Le vin, évidemment d'excellente qualité, subit le même sort. Il le déguste à peine, ne s'attarde pas sur les étiquettes des bouteilles hors d'âge. Il boit, c'est tout. Raisonnablement, entre deux et trois verres d'alcool maximum, au dîner. Il n'a rien d'un épicurien, se restaurer est d'abord un acte fonctionnel, chez lui.

La politique occupe tous ses propos, monopolise chacune de ses pensées. D'ailleurs, il ne lit jamais de romans, tout juste s'il feuillette parfois quelques récits historiques... Quand d'autres cherchent à s'évader du réel, lui en est l'esclave – parfaitement consentant.

« Ce qui pèse, c'est de ne pas avoir de vie de famille »

En fait, il semble totalement imperméable – et pas seulement à la pluie qui a si souvent ponctué ses sorties publiques durant son mandat...

Il en va ainsi des détails matériels. Que l'on soit si souvent venus l'interviewer en jeans, et toujours sans cravate, par exemple, l'a laissé complètement indifférent – il ne l'a sans doute même jamais remarqué. Et il se défie du luxe environnant. Le clinquant, très peu pour lui. « Je les vois, les riches. Ils gagnent vingt fois ce que je peux gagner. Les riches ne parlent que d'argent. »

Hollande n'apprécie pas l'étalage. De soi, de ses émotions. De son patrimoine. Les baudruches financières, le tape-à-l'œil, l'exhibition, très peu pour lui. Il ne se reconnaît pas dans cette époque dont les maîtres sont ceux qui ne cachent rien, quand lui dissimule tout.

Au début de son quinquennat, à l'été 2013, il nous livrera une anecdote étonnante. Un jour, son téléphone portable sonne. Ne reconnaissant pas le numéro, il ne répond pas. Mais il écoute le message, ensuite. C'est David Koubbi, l'avocat de Jérôme Kerviel, l'ex-trader de la Société générale à l'origine d'un scandale bancaire sans précédent. L'avocat souhaiterait voir le chef de l'État intervenir en faveur de son client, condamné par la justice pour avoir mis en péril la SocGen, après des prises de risques inconsidérées. Maître Koubbi lâche, à la fin de son monologue : « J'attends votre appel. » Hollande ouvre de grands yeux, semble encore sonné par ce message. « Je me dis : comment ils osent ? ! Mais qui est ce personnage ? Parce que pour oser… » Outré, il ne termine pas sa phrase.

Il reprend : « Ils ont réussi à emmener Mélenchon sur l'affaire Kerviel », allusion au soutien apporté par le leader du Parti de gauche à l'ancien salarié de la SocGen. « Ils font de Kerviel un héraut de la classe ouvrière, mais le type était en réalité un trader de la pire espèce ! » conclut Hollande.

Les lieux se vident doucement, en cette fin de soirée. Hollande paraît vraiment détaché de cette opulence républicaine, apparente. Ce n'est pas une posture, ou alors c'est un comédien de très grand talent.

Nous arpentons avec lui les couloirs d'un palais désert. La nuit prend possession des lieux, dans un silence presque lugubre. Seules les horloges marquent encore le temps présent.

Il semble si seul.

Il dit : « Ce qui pèse, c'est l'âge qui fait ça, c'est de ne pas avoir de vie de famille. J'aimais beaucoup la vie de famille. C'est important d'avoir les enfants. Mes quatre enfants sont autonomes. Je les vois, mais ce n'est pas pareil qu'une vie de famille, où vous rentrez le soir, vous avez les enfants, vous discutez… C'est passé. » Et Valérie Trierweiler, envolée. Bientôt, il y aura Julie Gayet, la belle inconnue de l'Élysée, si discrète, occupante des lieux mais à temps très partiel. Car il en est « convaincu » : « Il n'est pas possible d'avoir une vie privée à l'Élysée. »

Il nous raccompagne. Il fait beau, nous voici sur le perron du Château.

Il ne semble pas pressé que nous partions.

Et l'on s'interroge, bien sûr, en faisant crisser, sous nos Doc Martens, le gravier de la cour de l'Élysée. Qu'a-t-on appris sur lui de nouveau, finalement ? Il nous a fait quelques confidences, tout de même. C'était instructif. Mais beaucoup moins que ce qu'il ne nous a pas dit et que l'on a deviné.

Le « spectre » a disparu, derrière nous, remontant à grandes enjambées l'escalier principal du palais présidentiel.

Tellement proche, et si distant.

La vraie première biographie de François Hollande date de 2005. Signée par François Bachy, elle s'intitule *L'Énigme* (Plon). Pas un grand succès de librairie, car à l'époque Hollande n'intéresse pas grand monde, même s'il tient le PS d'une main de velours depuis huit ans. Mais le titre de l'ouvrage, déjà, annonce la couleur.

Le mystère.

Depuis, le journaliste de *L'Obs* Serge Raffy a lui aussi relaté son parcours, brillamment, dans *François Hollande, itinéraire secret* (Fayard, 2012).

Mais il manque toujours quelque chose, à nos yeux. Comme la pièce essentielle d'un puzzle.

« Moi, je pense qu'il n'y a pas de mystère Hollande »

Le seul parcours d'un homme ne saurait résumer ce qu'il est.

Au fait, qu'en dit le principal intéressé ?

« Moi je pense qu'il n'y a pas de mystère Hollande. Les gens cherchent quelque chose qui n'existe pas. Soit ils ont une conception totalement machiavélique du pouvoir, type : "Il nous ensorcelle, il nous entube, etc." Soit on dit : "Finalement c'est toujours la même chose, la synthèse, l'équilibre", bref, le cliché complet, et ça me suit depuis trente ans. »

Le mystère Hollande serait donc qu'il n'y en a pas.

On peut recenser une troisième occurrence, c'est la glose à l'infini sur sa capacité de résilience. Il en parle très bien : « Comment il fait pour tenir, qu'est-ce qui le touche vraiment, quelle est sa part de vie privée, il ne dit jamais rien sur lui-même… », égrène-t-il dans un long soupir. « Depuis très longtemps je suis convaincu, c'est la dureté d'ailleurs de votre métier, qu'on répète toujours le premier papier qui s'est écrit. »

Condamné à perpétuité à une peine de poison ferme : être réduit à son image.

Il dit encore : « Parfois, c'est le bon côté : "Rien ne l'atteint, le sang-froid…" De l'autre, c'est : "Il n'a pas de cap, c'est un pragmatique total, un homme qui n'a pas de convictions… Mitterrand en a été le bénéficiaire comme la victime. C'était le Florentin, très habile… Alors que Mitterrand avait des convictions plus fortes qu'on ne l'a dit, une sensibilité plus grande qu'on ne l'a prétendu, il avait des secrets qu'il voulait absolument garder, et que l'on n'imaginait pas de cette nature. Soit des amitiés, soit des relations, une vie de famille… On ne fait que répéter… »

L'exercice est donc malaisé, car balisé. La sphère médiatique use depuis toujours, à son endroit, des mêmes clichés, pour partie largement fondés, et lui ne tente pas réellement de se défaire de ces étiquettes. Par commodité, sans doute. Et puis, à quoi bon lutter, le combat est perdu d'avance. Raison de plus pour pousser le chef de l'État dans ses retranchements.

Pressé de questions, Hollande va consentir à nous parler de lui, beaucoup. Se livrer au-delà de ce qu'il n'a jamais voulu dire.

Mais, avant, nous avions besoin de sonder ses proches, les amis, comme les compagnons de route. Juste quelques-uns, au gré de nos pérégrinations.

Prenez Stéphane Le Foll, qui fut le directeur de son

cabinet au Parti socialiste, avant de devenir ministre de l'Agriculture et porte-parole du gouvernement. Un ami, certes, mais capable d'une totale lucidité. « Il n'aime pas humilier, il déteste le conflit, estime Le Foll. Du coup, il n'est pas direct, car il n'a pas envie de faire mal. Quand on arrive dans son bureau, en s'attendant à se faire engueuler, on en sort en se disant : "Ça s'est bien passé, finalement." Mais c'est faux ! C'est la complexité de cet homme, qui ne supporte pas le conflit direct, mais est en fait très déterminé. Il y a un malentendu avec lui. Certes, il est sympa, comme sa mère l'était d'ailleurs, c'était une assistante sociale, généreuse. Son père, lui, était dur, OAS. Il a fait la synthèse, il s'est construit contre ce père. »

Il se souvient de cette virée, en voiture, au printemps 2012, alors que François Hollande s'apprête à gagner l'élection présidentielle. Le futur chef de l'État a pris sa décision, Stéphane Le Foll ne pourra pas être ministre dans le premier gouvernement, en vertu des grands équilibres politiques à respecter pour construire la nouvelle équipe. Le Foll : « Je l'ai déduit car je le connais bien, mais il ne m'a rien dit, alors qu'en fait il voulait me dire que je ne serais pas ministre ! » Les deux hommes se quittent, rue Cauchy, au domicile de Hollande, sur quelques paroles de routine. Le Foll n'est ni surpris ni choqué, il connaît par cœur le personnage.

Finalement, le soldat hollandais obtiendra tout de même son bâton de maréchal. Depuis, Le Foll a vu l'évolution de son grand homme : « Il s'est libéré de nous, il s'est autonomisé. Quand il nous écoute, c'est que cela rejoint ce qu'il pense… » Il continue à l'appeler, souvent à la mi-temps des matchs de foot, l'une de leurs passions communes. Le lien est indéfectible. Comme avec Jean-Pierre Jouyet, le complice de trente, voire quarante ans. Hollande a fini par lui pardonner son escapade en terre sarkozyste. Il l'aime tant qu'il le protège de l'appétit des médias, de lui-même surtout, car Jouyet parle, sans fard, avec une fraîcheur déconcertante, on en fera bientôt l'expérience…

Le chef de l'État s'est senti si seul à l'Élysée, après deux ans d'un long calvaire, qu'il lui a fallu rapatrier son plus vieil ami auprès de lui, en avril 2014, au secrétariat général de la présidence. Il nous le confie ainsi, début 2014 : « Je vais prendre Jouyet. En confiance. Il a envie. Avec moi, c'est une histoire d'amitié. Je lui avais dit que je ne pouvais pas le prendre en 2012, à cause de son passage chez Sarko. » Quand il parle de Jouyet, Hollande utilise toujours le terme « ami ». Rare, dans sa bouche. Hollande avait besoin d'être rassuré, d'une présence réconfortante, par gros temps.

Mais Jouyet, du jour où il a mis les pieds dans son grand bureau, à dix mètres de celui de Hollande, est devenu inquiet. Parce qu'il n'a pas aimé ce qu'il a découvert. Un François Hollande touché de plein fouet par l'exposition de sa vie privée dissipée, bousculé par la presse, dédaigné par l'opinion publique. Renfermé sur lui-même.

« Il n'est pas simple, je suis d'accord avec vous, nous confie Jouyet en septembre 2014. Même pour moi, ce n'est pas simple. Mais je dois dire que j'ai trouvé du changement. Moi, je n'avais jamais travaillé avec lui. Les gens qui le connaissent bien comme Julien Dray, comme Stéphane Le Foll, m'avaient prévenu, ils m'avaient dit : "Tu vas voir, c'est pas tous les jours facile, et puis tu peux avoir un ordre à dix heures du matin et un contre-ordre à midi." C'est vrai. »

La vraie métamorphose, c'est l'ami qui la remarque, pas le fonctionnaire zélé. « Moi, ce que je crois et ce que j'ai remarqué depuis que je suis là, c'est qu'il a beaucoup de mal à être lui-même, dit Jouyet. Je ne cesse de lui parler. Vous avez deux thèses auprès de lui. Une thèse est qu'il faut qu'il ait à chaque fois la stature, la présidentialisation, et vous avez une autre thèse, dont je fais partie, qui est qu'il faut assumer son métier, en étant ce qu'on est. »

Jouyet n'a pas tort, le président a deux faces. Il y a le Hollande efficient, professionnel, mais sans aspérité, sans supplément d'âme. Celui qui tient un discours analytique et somme toute attendu. Et l'autre, le Hollande décomplexé, débarrassé de ses années de formatage politique. Éloquent, spirituel et coupant. Regardez à nouveau son duel télévisé avec Sarkozy, dans l'entre-deux-tours, jetez également un œil au Hollande habité qui déclame son discours du Bourget, début 2012. Vous mesurerez, en creux, le poids accablant de la charge, qui le contraint désormais à la posture. Hollande ne parvient pas à se défaire de son costume empesé, il se corsète, s'oblige à la raideur présidentielle, à la responsabilité affichée.

Il est le spectre de l'Élysée, en sa prison dorée.

« C'est à la télévision que c'est frappant et parfois dramatique, observe Jouyet. Je pense qu'il a été, dans les deux premières années, assez éloigné de ce qu'il était. Les Français se sont dit "tiens, il y a quelqu'un d'un peu abstrait qu'on ne comprend pas", indépendamment des trucs privés. C'était un peu trop énarque. »

Voici un signe apparent, pour ceux qui le cernent bien : Hollande n'a généralement pas la sudation facile, or, il transpire énormément durant ses interventions télévisées. Jouyet a parfois retrouvé son Hollande préféré quand, au cours d'une interview, il avait le sentiment que « plus il se détendait, plus il devenait lui-même, moins la sudation apparaissait. Il avait renfloué la situation, il a fini sans suer ni rien. Et j'en avais conclu qu'il était redevenu lui-même ».

Le secrétaire général de l'Élysée nous parle librement, ce samedi 20 septembre 2014. Il veut aider son ami. Se désole. « Je ne suis pas venu ici pour travailler avec quelqu'un qui est quasi étranger. Ça ne marche pas, on ne peut pas être plus bas. »

Septembre 2014, c'est la rentrée horribilis, celle du limogeage de Montebourg, et, surtout, de la sortie du livre de Valérie Trierweiler. Le brûlot vengeur et impudique frappe au plexus un chef d'État en panne de respiration. Il est dévasté, mais n'en montre rien. Ou si peu... « C'est quelqu'un d'extrêmement pudique et quand il a de la peine, il prend sur lui. Il a beaucoup souffert. L'équipe ici l'entoure bien, on fait vraiment le maximum, les secrétaires sont très proches de lui, les officiers de sécurité sont très proches de lui. Mais objectivement, il est seul », constate Jouyet.

Généralement, en début de soirée, le secrétaire général part retrouver son épouse, pour dîner avec elle. Il range d'abord ses dossiers, puis fait un tour dans le bureau d'à côté. Immanquablement, Hollande y travaille encore, relisant un discours, annotant un document, signant un parapheur, un œil sur la télé, là, à la gauche de son bureau, branchée sur les chaînes d'info, comme un patient sous perfusion. Puis vient le rituel du plateau-repas en solitaire, quasi quotidien.

« Ça ne va pas, ça, juge Jouyet. Il a beau avoir une très grande force, une très grande résilience, quand vous êtes seul dans ces fonctions qui sont les plus dures qui soient, dans un pays qui est très contradictoire... » Des propos qui font écho à ceux que nous tenait, quatre mois plus tôt, Bernard Cazeneuve : « Ça fait un moment que je fais ça, mais depuis quelques mois, c'est devenu presque systématique : je lui rends visite à l'Élysée, vers 19 heures, le dimanche. Je le trouve croulant sous ses dossiers, devant son plateau-repas. Je lui dis souvent : "Mais François, il faut que tu sortes, vois des gens, vois tes amis, va dîner dehors..." Quand on est président, il y a une logique de l'enfermement qui n'est pas bonne. »

« Être président, c'est ne pas avoir d'amis »

Un pays dans le doute et la colère, une cote de désamour record, un président abîmé, cloîtré en son palais...

La sinistrose menace.

« Je suis de ceux qui le conseillent », poursuit Jouyet, qui nous indique lui avoir dit : « Tu fais quelque chose, sinon on va avoir beaucoup de mal d'ici 2017. » Et l'ami des bons et mauvais jours d'assurer que ce n'est pas la préoccupante situation « économique qui [lui] fait le plus peur », mais, « pour bien le connaître, la solitude ». « Je ne pense pas qu'on va tenir à ce rythme d'ici 2017, conclut le secrétaire général. Il se contraint. Il faut qu'il redonne aux gens qui l'aiment, y compris à moi-même, la pêche, et du tonus. Parce que si on est dans une ambiance crépusculaire, on va tous y passer, franchement. Surtout avec ce qui se prépare en face. »

Manuel Valls a rapidement dressé un constat similaire. L'isolement. La médiocrité de l'entourage. On le rencontre place Beauvau, en avril 2013, soit un an après l'élection présidentielle. Il est tarabusté, lui aussi, par le sentiment que l'Élysée devient peu à peu le château d'If pour Hollande. « Quelque chose s'est désagrégé au fil des mois, nous confie-t-il. Il me dit : "Autour de moi, ils n'ont pas pris la dimension de ce qu'est la présidence de la République." Au lieu de choisir, Hollande empile. Il faut qu'il sorte de son corner. Il est très seul, l'Élysée isole... »

Évidemment, nous interrogeons le président sur ces descriptions saisissantes émanant de ceux qui le soutiennent, lui parlent, au quotidien. Il ne conteste pas vraiment leur diagnostic. « Être président, c'est ne pas avoir d'amis, lâche-t-il. Être président, c'est accepter cette situation de solitude. »

Il fait bien plus que l'accepter : il la revendique, tout

simplement parce qu'il se méfie terriblement. « Ce qui vous rattrape, ce n'est pas forcément vous-même, c'est votre entourage. »

Il prend l'exemple de Jean-Pierre Mignard, ami loyal, mais aussi grand avocat, avec des clients parfois très « voyants » : Mediapart, Henri Proglio, le Qatar… Alors, il le voit moins souvent, « car on est attentifs à ne pas être dans la confusion ». Tout, en effet, est sujet à interprétation, déformation. Il dit : « Mignard est l'avocat de Mediapart et celui de Hollande, sous-entendu Mediapart = Hollande, comme chacun sait ! Mediapart a même fait un livre sur l'histoire d'une trahison, et c'est très bien, ils font ce qu'ils veulent… » Même principe pour le lobbyiste Paul Boury, vieille connaissance de HEC : « Il a fait le choix de ne pas me voir, ou vraiment à des occasions privées et rares. » Il en tire une certitude : « Pour rester le plus incontestable possible, il faut limiter le cercle. Mitterrand avait souffert du délit d'amitié. La solitude est nécessaire. »

Ne pas s'exposer pour mieux se protéger. Une forme d'isolationnisme présidentiel et personnel revendiqué. Mais de l'autarcie à l'autisme, il n'y a parfois qu'un pas.

C'est une donnée qu'il a intégrée depuis longtemps, de toute façon. Bien avant son accession à l'Élysée. Elle est ancrée en lui. « Je n'aime pas donner ce qu'il y a, pour moi, de plus intime, reconnaît-il. Je n'aime pas faire part de ma vie à d'autres. J'ai le sens du secret de ce point de vue-là. Je l'ai toujours eu. » Les Français l'ont bien senti. Ils en ont conclu qu'un homme secret est un homme qui cache.

Et qu'un homme qui cache est un président qui ment.

Le raccourci est aisé, ils sont nombreux d'ailleurs à l'avoir emprunté.

« De toute manière, reprend Hollande, la vie politique fait que vous avez beaucoup de relations, et peu d'amis. Beaucoup de gens vous donnent leur confiance. Mais l'amitié, c'est rare. Les amis, je les compte sur les doigts d'une main. »

Il sait très exactement à qui se fier. « Jouyet, je peux lui dire des choses. Il est là, c'est un ami depuis longtemps, et présent physiquement. Et j'ai des amis d'enfance, aussi, avec qui je converse encore. Un ami de lycée m'écrit encore, il est médecin, m'envoie des textos. Sapin, s'il m'arrive quelque chose, il sera là. Le Foll aussi, même si je n'ai pas de relations intimes avec lui, je connais à peine sa femme... Mais si j'ai quelque chose à dire à quelqu'un qui gardera le secret, c'est Le Foll. Ça ne fait pas beaucoup. Le reste, ce sont des gens pour qui j'ai beaucoup de respect, de confiance, je les soutiendrai, ils me soutiendront si je suis attaqué. Il y a Mignard, aussi. Je le connais depuis longtemps... »

Ceux qui ont pris le train Hollande en route savent qu'ils partent de très loin. « Ceux que vous n'avez pas connus durant votre période d'ascension, pourquoi vous leur feriez immédiatement confiance ? Ils sont là, dans le paysage, vous travaillez avec eux, mais c'est le temps qui fait les amis. Vous pouvez le mesurer. C'est le temps qui fait qu'une relation amicale ou amoureuse s'intensifie, c'est le temps qui lui donne sa valeur. »

Si tout semble s'écrouler autour de lui, Hollande refuse de céder au catastrophisme. « Non, parce que l'adversité fait que les gens sont solidaires, dit-il, que les amis sont là... Je ne suis pas seul. Il y a la famille, Ségolène, très présente. J'ai vécu trente ans avec Ségolène, avec Valérie j'ai vécu moins longtemps. S'il y en a une qui me connaît, c'est Ségolène. Et elle peut m'en vouloir sur le plan privé... »

On ne mesure pas à quel point le retour de Ségolène Royal dans le dispositif affectif et politique mis en place autour du chef de l'État a permis à celui-ci de traverser la tempête sans couler. Elle était présente, à ses côtés, lors du psychodrame Trierweiler, preuve que dans l'entourage de Hollande la résilience est contagieuse.

C'est une combattante. On peut lui reprocher beaucoup de choses, à la Royal, mais elle sait ce qu'est la violence politique. Et la dignité. Alors, elle l'a aidé à faire face. Comme il avait été à ses côtés, à La Rochelle, après sa défaite à l'élection législative, quitte à s'embrouiller, déjà, avec Valérie Trierweiler. Ces deux-là demeurent indissociables. Le 2 avril 2014, elle intègre le gouvernement et, d'entrée, elle attire les regards. Joue de son charisme naturel.

Le charisme.

S'il est bien une qualité qui manque à Hollande, c'est celle-là, indéniablement. L'homme est courtois, intelligent, chaleureux… Mais il lui manque ce petit quelque chose, indéfinissable, qui vous distingue de la masse. Ce supplément d'âme dont était précisément doté son modèle, François Mitterrand. Ses ennemis, et plus encore ses rivaux au sein du PS, ont leur explication : Hollande serait un personnage falot, une personnalité terne qui n'aurait pas l'envergure d'un homme d'État.

Une statue de sable.

Plutôt classé à gauche, le talentueux politologue Thomas Guénolé a synthétisé la circonspection générale dans une tribune plutôt féroce publiée dans *Le Figaro*, en juin 2016. « Depuis des années, la plupart des éditorialistes et analystes politiques ont adhéré au mythe d'un François Hollande grand génie machiavélique. […] Quand l'intéressé commet une énième énorme bourde ou essuie un énième échec cuisant, les mêmes en déduisent que si ça a l'air raté ou incompréhensible, c'est que c'est du machiavélisme d'une telle subtilité qu'elle leur échappe. J'ai moi-même commis cette erreur pendant trois bonnes années. À force d'erreurs et d'énormes fautes accumulées par François Hollande, j'en suis cependant venu à une hypothèse plus simple et plus vraisemblable : cet homme politique est doué pour les combinaisons d'appareil, mais pour le reste il n'est pas talentueux. »

Le constat est sévère, l'explication convaincante. Mais les interprétations simplistes ne seyent pas forcément aux personnalités complexes. Et celle du chef de l'État l'est tout particulièrement.

Devant nous, il revient à « Ségolène », tout heureux d'avoir retrouvé sa boussole au printemps 2014.

« Elle était heureuse, émue, on a échangé un regard... »

Le premier Conseil des ministres de ces deux-là, enfin réunis, restera un moment à part. Hollande président, Royal ministre. Quelle histoire, quand même... « On s'est regardés au premier Conseil des ministres, se souvient-il. Ça n'avait pas été possible d'être au gouvernement ensemble sous Mitterrand, elle l'avait été, pas moi, après on a été dans l'opposition, puis la vie nous avait séparés. Elle était heureuse, émue, on a échangé un regard, voilà, c'est une belle histoire. Et c'est une relation professionnelle. »

Contrairement à lui, Ségolène Royal ne masque pas ses émotions. Elle essaie, mais n'a jamais été aussi soutenue, aimée, que le jour où elle n'a pas su, ou voulu, retenir ses larmes, au soir de sa défaite à la primaire socialiste, en octobre 2011.

Humanisée, enfin.

Tout l'inverse de son ancien compagnon. Le « lâcher prise » cher aux psychanalystes semble totalement étranger à cet homme au rationalisme obsessionnel, en autocontrôle permanent, bridé par son passé, une enfance bourgeoise et provinciale, ses longues années à fréquenter les hautes sphères... « Peut-être ai-je été victime de l'histoire du président normal ? s'interroge-t-il. Qui n'était pas du tout une volonté de banaliser, c'était une volonté de ne pas mettre des excès, des outrances. Je ne cache pas grand-chose, finalement. On croit que je cache, mais je cache très peu de choses. »

Il est assez contradictoire, parfois. Il peut admettre ceci, à propos de son image trop lisse : « Il faut de l'énervement, ou de l'émotion, sortir du cadre habituel. » Mais se garde bien de mettre en pratique ses propres recommandations. Comment accélérer, avec le frein à main ? Il confesse aussi ressentir de la colère : « Je suis plutôt calme, mais je m'énerve, y compris avec mes proches. » Reste qu'en cinq ans nous ne l'avons jamais vu s'emporter. Question de tempérament.

C'est dans sa nature.

Peut-être aussi parce que la fonction présidentielle, il la conçoit comme une charge sacrée, différente : « Comme président, je me suis fait comme recommandation de ne pas céder à des emportements. Parce que c'est un signe de faiblesse de s'énerver. »

Il se sent coincé, en fait. Dans l'incapacité d'assumer ce qu'il est en réalité. « On dit de moi : "Quand même, il est un peu automate, rien ne l'atteint, il ne dit rien, on va continuer, on lui met des coups." Il faut peut-être montrer plus de vérité intérieure. Le problème c'est que si je dis : "Je souffre", ce sera : "Vous voyez, il est faible, il souffre, et il se plaint…" Je suis obligé d'être très secret. Tout ce que je dis est répété. » D'ailleurs, parfois, il lance des ballons d'essai. Il soumet des noms, à l'emporte-pièce, pour des nominations ultérieures, et observe ensuite leur parution dans la presse, « pour voir qui balance ». Ça l'amuse.

Il est parfaitement conscient de l'impression insipide qu'il dégage, à l'opposé de celle, selon ses propres mots, « du lapin Duracell Sarkozy, qui est toujours en train de s'agiter ».

Il reste facétieux, spirituel, mais désormais, ne le sera plus qu'en privé. Il ne veut surtout pas que l'on dise de lui : « Pourquoi il blague ? Une fois encore il a plaisanté. De l'humour, alors qu'on attendait de la gravité. »

Cette « gravité » qui l'étreint, trop souvent, tant la statue du président est figée, marmoréenne. Pourtant, il souffre. « Je ne suis pas quelqu'un qui montre ses émotions, je n'aime pas faire ça. Pourtant, je suis souvent saisi par l'émotion. Mais vous ne pouvez pas apparaître comme tétanisé par une décision trop lourde. D'où l'impression qu'on a de se durcir, qui n'est pas en fait la réalité. Ce n'est pas une espèce d'insensibilité, c'est une stabilité personnelle, pour affronter ces choses. » Et il conclut, dans cette formulation si hollandaise : « Je suis d'une certaine façon président de la République, ce qui ne veut pas dire que je ne souffre pas. » Il s'est forgé une carapace.

Il a passé trop de coups de téléphone à des parents, pour leur annoncer le décès de leur enfant, sur un champ de bataille, dans un attentat, ou lors d'une manif qui a dégénéré. Une fois, alors député, il avait laissé filtrer ses émois, voire ses larmes. C'était dans le film *La gauche s'en va*, un documentaire de Jean-François Delassus, sorti en 1993, où on le voyait se rendre au chevet d'un élu agonisant. « Là, on me voit très ému, presque pleurant... », se souvient-il.

Il a adoré être candidat. Il était nettement plus fidèle à sa propre personnalité. « C'est très compliqué le passage de candidat à président. Il m'a fallu l'été. C'est tellement agréable d'être candidat. » Nostalgique, il déplore cet « espèce d'étau qui se resserre dès qu'on est président ». « Ça vous prive de cette spontanéité, de ces énervements, de ces faiblesses mêmes qui peuvent être des forces. Ce qui impacte, c'est l'inattendu. Ce qu'il faut, c'est se mettre en risque, c'est le risque qui crée le panache. L'erreur de l'Élysée, c'est l'absence de risques... »

Comme d'habitude, il reste le meilleur analyste de lui-même. Tel un brillant médecin qui serait dans l'incapacité absolue de soigner sa propre maladie dont il aurait parfaitement diagnostiqué les symptômes.

Ce président assume ses atermoiements, l'image qu'il dégage. Il accepte sa solitude. La violence de l'instant. Il revendique, aussi, une forme de fidélité. À lui-même. « Il y a cette tentation, toujours, de penser que rien n'est vraiment authentique. Or, vous me suivez depuis longtemps, il y a une bonne part d'authenticité, de réalité… On fait ça parce qu'on a voulu le faire, finalement. On pense que tout est com. Alors que ce n'est pas de la com. »

« J'aime peut-être les gens jusqu'au point de leur faire confiance »

Mais il ne supporte pas que l'on puisse assimiler sa bienveillance, son sens de l'écoute, son empathie, sa réserve naturelle, à une faiblesse de caractère. « On peut se dire : est-ce que le pouvoir, ce n'est pas le cynisme ? C'est une question. Pour être dans un rapport d'efficacité, d'autorité, ne faut-il pas avoir cette part de violence, de mépris, de grossièreté, de culot, pour gouverner ? »

Lui a tranché, depuis longtemps déjà. Il ne sera pas cet être hybride que les Français ont longtemps fantasmé, un monarque républicain, ersatz improbable de Louis XIV, Charles de Gaulle et François Mitterrand réunis. Il est François Hollande. Point. Avec ses défauts, évidents. Et quelques qualités, tout de même.

« Je peux être tout, je peux faire de la tactique, faire de la politique, mais je ne suis pas un être cynique. Je ne fais pas les choses par cynisme. Je peux être habile, je peux être manœuvrier, ça a pu m'arriver, je peux essayer d'anticiper les coups, mais je ne suis pas cynique. Ni avec les gens ni avec les idées. Ironique, blessant, ça peut arriver, cynique jamais. Ma vie, c'était, c'est la politique. »

Il a lâché tout ça d'une seule traite, comme on se vide d'un poids trop longtemps retenu.

C'est pour cela que, de toutes les épreuves traversées, c'est, sur le plan personnel, le livre de Valérie Trierweiler qui l'a le plus remué. Bien sûr, les attentats, les espoirs déçus, la courbe du chômage, les trahisons politiques... Mais en quelques lignes, elle a ruiné ce dont il était le plus fier, au fond.

Son rapport aux autres.

« Quand je dis "j'aime les gens", c'est vrai. J'aime peut-être les gens jusqu'au point de leur faire confiance. Je pense que les gens sont bons. J'ai peut-être tort, ils ne le sont pas tous. Si j'avais un reproche [à recevoir], c'est de ne pas être suffisamment cynique précisément, ou dur. Je considère que la politique, de mon point de vue, c'est de faire confiance aux êtres humains pour qu'ils donnent le meilleur d'eux-mêmes. C'est ça, ma conception. »

Sur ce point au moins, difficile de mettre en doute sa sincérité. Les faits en attestent – malheureusement pour lui. Cinq années durant, il aura si souvent été trahi, vilipendé aussi, en raison, justement, de coups qu'il n'a pas su ou voulu parer, par manque de vice, excès de magnanimité.

Par crédulité.

« Cela vaut le coup, jure-t-il pourtant. Parce que diriger la France, c'est exceptionnel, formidable, très fort, il faut bien comprendre les conséquences, beaucoup qui concourent n'imaginent pas ce que cela peut vouloir dire », dit-il, en pensant très fort à lui. « On ne le sait que quand on est élu, reprend-il. Je ne l'avais pas mesuré à ce point-là. Sarkozy m'avait prévenu. Le premier jour où je l'ai vu, pour la passation de pouvoirs, il a dit : "Vous allez voir, ça va être dur, pour vous, pour vos proches, il y a un coût très important." Il avait raison, c'est un coût très élevé. Que tout le monde a payé. Mitterrand a dû se cacher, non pas parce qu'il avait une autre vie, mais parce qu'il savait bien qu'il était entouré, pourchassé. C'est bien pire aujourd'hui... »

Au-delà de la solitude, il subit surtout l'absence de liberté, un supplice permanent pour un esprit comme le sien. Cette perte d'autonomie l'obsède. Les couvertures de magazines, les immixtions dans sa vie privée lui deviennent intolérables. Il le vit comme un viol médiatique de tous les instants.

« Le président est traqué, déplore-t-il. Il faut montrer, ce que j'ai essayé de faire, une forme d'imperméabilité, une forme de sérénité, je ne cède pas à ce type de pression. Quand je suis filmé je ne montre rien, si on montre, on est faible. Il faut être capable de faire la distinction entre ce qu'on doit dire et ce qu'on ne doit pas montrer, c'est très important. Imposer son style. »

Oui, mais comment imposer un style, si on ne montre rien ?

Il adorerait reprendre son scooter, non, pas pour rejoindre Julie cette fois, mais pour aller assister à un match de foot du Red Star, son club de cœur. Mais c'est compliqué, trop de précautions à prendre, trop de personnes à déranger. Il lui arrive de s'échapper, de baguenauder boulevard Saint-Germain. La promenade cesse vite. « Les gens, très gentiment d'ailleurs, vous demandent un selfie. C'est fini, vous arrêtez. Faut pas essayer… »

Les nuits ne mentent pas, à l'Élysée. Elles sont courtes, surtout pendant les périodes de crise. Il peut se réveiller à 4 heures, car, comme il le dit, « ça tourne » dans la tête. Hollande n'est jamais tout à fait seul, il dispose toujours de personnel à demeure, lui qui goûte tant son indépendance. Certains prennent du plaisir dans le decorum, la pompe. Ce n'est pas son cas, manifestement.

« La nuit ? Je dors assez profondément », dit-il. Il ne se couche jamais très tard. Vers 22 h 30, il attrape éventuellement un film au vol, évite alors les émissions d'actualité. Aux alentours de minuit, extinction des feux. Jamais très loin de son téléphone portable. Pas de tranquillisants, ni de somnifères. Le président, sans s'adonner à un sport quelconque, bénéficie d'une santé insolente. C'est en tout cas l'apparence qu'il donne, car les informations liées à ses bulletins médicaux sont minces. Même s'il dit être transparent. « Je n'ai jamais eu de pépin de santé dans ma vie. Sauf, ça a été révélé plus tard par la presse, l'opération de la prostate [en février 2011] et j'ai du cholestérol, mais autrement, je n'ai jamais été malade. » « Je pense que tout se saurait, ajoute-t-il. Donc je fais attention au cœur, quand même. Chaque année je fais un test d'effort. Sinon j'applique la règle de Michel Cymes des 6 000 pas par jour. Je les fais. Je pense que c'est important. Je ne peux pas en faire beaucoup mais je fais ça. Je fais le tour du parc, en téléphonant. Finalement je me suis aperçu qu'on passait beaucoup de temps à téléphoner, alors qu'en fait on est assis, donc marcher est une bonne chose… »

Il épuise ses collaborateurs, à croire que son physique ordinaire cache des ressorts insoupçonnés. Se plante parfois devant un match de foot, sur le grand écran disposé dans son salon privatif.

Ah, le ballon rond, sa passion contrariée. Partagée, devant sa télé, avec les Jouyet, Valls, Le Foll, ou alors l'un de ses fils…

« On sous-estime toujours la haine que l'on peut inspirer »

Il a apprécié, en connaisseur, la trajectoire inespérée d'Aimé Jacquet, prolétaire du ballon rond, longtemps méprisé, avant d'être idolâtré une fois le titre de champion du monde décroché, en 1998. L'ancien sélectionneur des Bleus, lui aussi, a triomphé des sceptiques. Jacquet, injustement moqué pour son accent du Forez, comme Hollande l'est pour son physique.

Il a adulé le joueur Michel Platini, comme tous les

gens de sa génération. L'a soutenu jusqu'au bout, dans son combat – perdu – à la FIFA contre Sepp Blatter. « Il se rend compte que la politique, c'est dur, lâche-t-il à propos de l'ancien patron de l'UEFA. Il n'était pas équipé pour ça. Il fait partie de ces gens qui pensent que, parce qu'ils sont plus intelligents que les autres – et il est plus intelligent –, ça suffira. Eh bien non. Parce que l'on sous-estime toujours la haine que l'on peut inspirer. Il n'a pas vu que Blatter allait être animé par la vengeance et le ressentiment. Il a pensé que l'intelligence allait être reconnue, elle est plutôt une forme d'insulte à la bêtise. » Il fait peu de doute qu'à ce moment-là le chef de l'État s'identifie totalement à l'ancien meneur de jeu de l'AS Saint-Étienne.

Le foot, c'est l'un des rares moments où nous l'avons vu déconnecter, concentré sur autre chose que la conduite des affaires de la France. En 2014, par exemple, nous avons regardé, ensemble, dans son bureau, un match des Bleus, c'était contre la Suisse, lors de la Coupe du monde au Brésil. On souhaitait réaliser un entretien un peu moins formel. Grossière erreur : inutile de l'entreprendre sur autre chose que les arabesques de Pogba, la puissance de Sissoko ou la finesse de Varane. Un vrai passionné. En plus, ce jour-là, voilà que la France enfile les buts ! Il les savoure bien davantage que le buffet confectionné à son intention par les cuisiniers de l'Élysée et auquel il ne prête aucune attention. Quant à nos questions, il ne les entend même pas.

Peut-être est-il même heureux, à cet instant.

Lui ne s'est jamais posé cinq minutes pour évaluer son degré de bonheur personnel. L'introspection n'est pas son fort.

Trop dangereux sans doute.

« Le vrai problème de la fonction présidentielle, c'est qu'on ne peut pas être aimé. On peut être craint, respecté, critiqué, mais être aimé, c'est très difficile. On ne peut être aimé que bien après. Mitterrand a été aimé… plutôt mort… »

Son père, 93 ans, a droit à quelques coups de fil. Il ne descend jamais le voir, dans le Midi. Sauf, au printemps 2016, quand Georges Hollande a souffert de troubles cardiaques. Le chef de l'État a alors tout fait pour le rapatrier à Paris, l'entourer de soins, ce père, ancien médecin, catholique, d'une droite très conservatrice, contre qui il s'est construit, politiquement.

Grâce à lui, il maîtrise parfaitement les ressorts du vote conservateur. Quand Chirac lui parle par exemple, il entend aussi le ton paternel, retombe en adolescence. Entre François et Georges, ce furent de longues, très longues années de discussions politiques. « Je l'en remercie, pour m'avoir obligé non pas à m'opposer à lui, parce que je n'ai pas à m'opposer en tant que tel, mais à me conforter dans d'autres idées que les siennes. Parce que, d'une certaine façon, il était anti-système, mais il s'intéressait à la politique. Ce qui est plus dur dans une famille, c'est quand les parents ne parlent pas de politique. Moi, ça m'aurait privé. Donc je me suis intéressé à des sujets parce qu'il m'en parlait : la guerre d'Algérie, la droite nationaliste… Je me souviens, il était revenu d'une conférence à Rouen où il avait été écouter un philosophe, un royaliste maurrassien, qui avait soutenu le général de Gaulle et puis après qui avait considéré que de Gaulle avait trahi… Alors, je lui avais dit : "Mais comment tu peux aller voir des gens pareils ? !" Voilà, donc je trouve que c'est toujours une chance d'être dans une famille où la politique est présente, où le débat est là, la contradiction, même violente, ça stimule. Les familles où le silence se fait… »

Il laisse sa phrase en suspens, comme s'il voulait arrêter le temps dans l'espoir de revivre sa jeunesse. Son grand-père paternel vénérait Antoine Pinay, et son aïeul maternel était un gaulliste fervent, militant. « Je baignais dans la politique. Je trouve que c'est une chance. Mais aucun n'était de gauche, j'ai été forcé de comprendre ce qui les avait conduits là. »

« Il n'y a pas le temps pour être heureux »

Il se rappelle les propos de son père au moment de son élection, en mai 2012. « Il m'a dit : “Je te plains.” Mais pas parce qu'il n'était pas satisfait, ou malheureux. Il m'a dit ça, je crois, de bonne foi. Parce que lui, comme il prévoit toujours le pire, il pense que la catastrophe est imminente ! Comme il est très inquiet pour le monde, il m'a dit : “Mais qu'est-ce que tu vas faire dans cette affaire, ça va être trop dur…” Donc il me plaignait vraiment. En tant que père il était fier, et aussi inquiet de ce qui allait se produire. De ce point de vue-là, il n'avait pas forcément tort ! »

Il développe son propos, décrivant un père engoncé dans un sombre pessimisme. Difficile de ne pas en déduire que cet optimiste indécrottable – ce qui n'exclut pas, chez lui, une forme de fatalisme – s'est développé, là aussi, en opposition avec son père.

« Lui, explique-t-il, a construit depuis quarante ou cinquante ans un schéma selon lequel le monde va connaître une instabilité de plus en plus grande : des crises vont apparaître, et la France va être confrontée à de plus en plus de difficultés. Je pense que c'était sa perception un peu catastrophiste du monde, que son père déjà avait, donc il y a une espèce de reproduction, et l'actualité bien sûr ne dément pas cette thèse. Quand vous êtes prophète des catastrophes, vous êtes généralement conforté. Il y a des guerres, du terrorisme, des migrations… Il me dit : “Tu vois, les migrations, je t'avais prévenu que ça allait exploser, la démographie, la crise économique je t'avais prévenu, ça ne pouvait pas durer…” Mon père est l'un des rares médecins qui a tout vendu après 68 – il était spécialiste, il avait une clinique – en considérant que la médecine allait devenir de plus en plus socialisée et que ce n'était pas possible que ça tienne, et donc qu'il fallait vendre ! »

Le président voit beaucoup ses quatre enfants, tous parisiens, casés, autonomes. À l'approche de chaque nouvel été, le même rituel s'installe à l'Élysée. Quelques rares personnes sont mises dans la confidence. Il s'accorde une dizaine de jours de repos, et seuls les initiés connaissent le lieu de villégiature. À l'été 2012, il avait bien tenté de séjourner au fort de Brégançon, dans le Var, résidence officielle de la présidence de la République. Il ne mettra plus jamais les pieds sur ce magnifique piton rocheux. « L'enfermement absolu », se souvient-il. Il a détesté les rochers, les paparazzis embusqués, le décor empesé, alors qu'enfermé dans son palais de la rue du Faubourg-Saint-Honoré il rêve de simplicité.

D'une prison l'autre.

Il lui faut de la rusticité. De l'amitié. Et un entourage familial, surtout. Il a laissé sa bâtisse de Mougins, assez détériorée, à son frère. Donc, en général, il loue une villa, dans le sud de la France. Secrètement. Pas question d'accepter les invitations dans des palais royaux, au Maroc ou ailleurs, ou de s'imposer dans les villas de rêve de quelques riches amis.

En 2015, par exemple, il a chargé ses enfants de débusquer une maison avec piscine, la plus cachée possible, dans le Vaucluse. Les photographes le traquent, pendant ce temps, surveillent nuit et jour la maison des Gayet. « Je voulais être tranquille », dit le chef de l'État. Il y a là plusieurs de ses enfants, Thomas, Clémence, leurs amis... Une tribu reconstituée. « C'était bien, se souvient-il. Pendant huit jours, lecture, repos, piscine. » Une semaine arrachée au quotidien, si loin du palais.

Enfin, pas tant que ça.

Car bien plus que des livres, il lit et relit les coupures

de journaux qu'il a pris le soin d'emporter, manie un peu désuète, et continue de dévorer la presse quotidienne, en bon intoxiqué à l'information qu'il est, on ne se refait pas. Bien davantage que la piscine dans laquelle il barbote pour tromper la chaleur, ses lectures ont tôt fait de le refroidir. Dans le grand bain de l'actualité, l'eau aura été glaciale, du début à la fin de ce quinquennat tragique.

De toute façon, il le dit lui-même, président de la République, « il n'y a pas le temps pour être heureux ». Alors, après ces courtes parenthèses ensoleillées, il reprend vite le chemin de l'Élysée pour retrouver l'ombre de son bureau.

La place du spectre est en son château.

III

La méthode

1

Le pari

Examine si ce que tu promets est juste et possible, car la promesse est une dette.

Confucius

Merlin l'Enchanteur a un successeur.

Il s'appelle François Hollande. Le type qui vous promet la lune, la transformation subite d'une âcre piquette en côte-rôtie de belle cuvée. Mais, parfois, il y a des ratés.

Et soudainement, le prestidigitateur prend des allures de bonimenteur.

Doté d'une personnalité franchement atypique, François Hollande est à la fois hyper-rationnel et totalement imprévisible. Sans doute parce qu'il croit à sa fameuse bonne étoile, il se fie principalement à son instinct politique, fort développé il est vrai. La légende dit que, lorsqu'il a une décision importante à prendre, il tente de recueillir le plus d'avis possible… dont il ne tient jamais compte.

Il se fait confiance.

Régulièrement, il se pique ainsi d'intuitions, surprenant jusque dans les rangs de ses plus proches collaborateurs. La plus emblématique de son quinquennat, dont elle aura constitué à la fois le fil rouge et le boulet, aura débouché sur cette folle promesse de redresser la triste courbe du chômage, pari qu'il a juré d'honorer avant la fin de l'année 2013.

Ah, cet engagement d'inverser la fameuse courbe, politologues et historiens n'ont pas fini d'en analyser la pertinence... Promesse insensée ? Prophétie autoréalisatrice, plutôt.

Car ce défi, Hollande l'a relevé.

Mais pas en une quinzaine de mois, comme il l'avait imprudemment pronostiqué. Il lui aura fallu quatre longues années...

Depuis le début de l'année 2016, le chômage baisse. Certes, de manière modeste, à coups d'emplois aidés, d'apprentissage subventionné, mais le reflux global est là, incontestable. La croissance, certes peu soutenue, est de retour, et l'action de François Hollande n'y est pas pour rien. L'effet conjugué d'une meilleure conjoncture mondiale, du crédit d'impôt pour la compétitivité et l'emploi (CICE), du pacte de responsabilité, des mesures d'aide à l'embauche dans les entreprises de moins de dix salariés (les TPE), des mesures fiscales de suramortissement... De janvier à août 2016, le nombre de chômeurs en catégorie A a baissé de 75 000 selon le ministère du Travail. Selon l'INSEE, le 18 août 2016, le taux de chômage était redescendu à 9,6 % au deuxième trimestre 2016.

Mais pour le général Hollande, parti en croisade contre « le mal français », c'est une victoire à la Pyrrhus. La bataille lui a tant coûté... Il y a laissé une partie de ses troupes mais surtout, plus grave, sa crédibilité.

Comme dans une mauvaise adaptation de la pièce de Beckett, *En attendant Godot*, les Français, à force de s'entendre dire que l'emploi allait repartir, sans que cela se traduise dans les chiffres, ont fini par ne plus y croire.

Ils ont même le sentiment d'avoir été trompés.

Pour leur avoir trop promis, trop tôt, François Hollande a perdu la confiance de ses électeurs, qui gardent surtout en tête la promesse initiale trahie, et puis, bien sûr, le fait que la France compte, en fin de quinquennat, nettement plus de chômeurs qu'au moment où il a pris les rênes du pays. Ils ont zappé l'issue finalement victorieuse de cette lutte à mort contre une courbe longtemps rétive à tout infléchissement.

Le chômage, donc. La mère de toutes les batailles.

Nous avons suivi ce combat au long cours, mois après mois. Il devait être raconté, avec les mots du chef de l'État, puisqu'il constitue, de l'aveu même du principal intéressé, la clé du quinquennat.

L'affaire débute pendant la campagne présidentielle. Le candidat Hollande, c'est de bonne guerre, pilonne le bilan du président sortant en matière d'emploi. Le 15 avril 2012, il se fend d'une déclaration incantatoire dans *Le Journal du dimanche* : « Le chômage n'est pas une fatalité, parade-t-il. Et j'inverserai la courbe. »

Tiens, tiens.

Dix jours plus tard, entre les deux tours de l'élection, il assume crânement son engagement : « Le prochain mandat doit en effet permettre d'inverser la courbe, j'accepterai d'être jugé sur cette promesse. »

Hollande a toujours été sûr de lui et de ses forces. De ses options économiques. Voilà pourquoi, une fois élu, il se lance de nouveau ce défi, très personnel finalement, le 9 septembre 2012, au 20 heures de TF1. « Nous devons inverser la courbe du chômage d'ici un an », lance-t-il, bravache. À la rentrée 2013 donc, le nombre de demandeurs d'emploi devra avoir cessé d'augmenter.

Les conseillers du président s'arrachent les cheveux. Pourquoi a-t-il pris un tel risque ?

Trois mois plus tard, à l'occasion des vœux présidentiels, le 31 décembre 2012, Hollande redit sa volonté d'« inverser la courbe du chômage d'ici un an ». Au passage, il a discrètement gagné trois mois : il demande maintenant à être jugé à la fin de l'année 2013.

Au fait, de quelle courbe parle le chef de l'État ?

Deux organismes font foi, en France, concernant les chiffres du chômage. Pôle emploi, d'abord, dont les chiffres mensuels, fondés sur les inscriptions des demandeurs d'emploi, rythment l'agenda des ministres du Travail – et la chronique médiatique. Nous retiendrons la catégorie A, celle des demandeurs d'emploi sans activité.

Il y a aussi l'INSEE, l'Institut national de la statistique et des études économiques, qui publie un taux de chômage trimestriel, calculé selon les préconisations du Bureau international du travail (BIT). Ces chiffres, quoique moins médiatisés, ont la préférence des économistes, ils permettent notamment des comparaisons avec les autres pays.

Au 9 septembre 2012, jour de la première sortie de Hollande sur ce thème, la France compte plus de 3 millions de chômeurs : 3 050 140 très exactement. Le taux de chômage de l'INSEE grimpe à 9,4 % en France métropolitaine.

« Pourquoi Sarkozy a-t-il perdu ? Pas simplement parce qu'il est Sarkozy ! »

Nous rencontrons François Hollande le 4 janvier 2013. En nous demandant s'il a bien mesuré le risque pris lorsqu'il s'est publiquement lancé ce challenge, devant des millions de téléspectateurs, avant de le réitérer lors de ses vœux. « Je pense que c'est tenable », nous assure-t-il tout de go.

Il estime tenir là le mistigri, la martingale absolue. Il ne doute pas de parvenir à ses fins. Sa stratégie est simple : il veut indexer sa courbe de popularité, et donc ses chances de réélection, sur celle de l'emploi. Un sacré quitte ou double, qui jure avec son image de politicien prudent, voire calculateur.

En apparence. Car en fait, tout cela est bien réfléchi.

« Pourquoi Merkel est-elle populaire ? s'interroge-t-il à haute voix. D'abord parce qu'elle a un taux de chômage faible. Pourquoi Obama a-t-il gagné [sa réélection, en novembre 2012] malgré tout ? Parce que ça va un peu mieux qu'à la période où il a pris le pays, qui était en pleine crise. Et pourquoi Sarkozy a-t-il perdu ? Pas simplement parce qu'il est Sarkozy ! Mais parce qu'il y a eu un million de chômeurs de plus durant son quinquennat. Les gens pensent qu'il a échoué. Imaginons que, dans cinq ans, on ait quatre millions de chômeurs, mais que j'aie été très courageux, que j'aie fait tout ce qu'il fallait... Pfff, c'est imparable. C'est la clé, tout va se jouer là. »

En clair, partant du postulat que, promesse ou pas, il n'aura aucune chance d'être réélu s'il n'enraye pas la montée du chômage, Hollande estime avoir tout à gagner en s'engageant publiquement à le faire baisser. L'analyse était bonne, sa traduction concrète beaucoup moins : en fixant une date – très proche qui plus est – à la fameuse inversion, le chef de l'État s'est placé lui-même dans un « corner » dont il va passer les années suivantes à essayer de s'extirper.

Fin février 2013, il semble déjà préparer les esprits à l'abandon de sa promesse phare, en reconnaissant que l'année 2013 sera « marquée par une progression du chômage ». Pourtant, officiellement, l'objectif est maintenu. Et le président continue de le marteler, malgré des indicateurs en berne. « Mon premier objectif, c'est d'inverser la courbe du chômage avant la fin de l'année », répète-t-il le 28 mars 2013 sur France 2.

Têtu, le président. Autour de lui, pourtant, on doute.

Nous voyons le président le 1er mars 2013. Les chiffres sont toujours plus cruels : 3 241 580 chômeurs de catégorie A, soit presque 200 000 demandeurs d'emploi en plus depuis le lancement de sa promesse. Pire, le taux de chômage atteint pour la première fois le cap symbolique des 10 % selon l'INSEE.

Dans l'opinion, effet dévastateur garanti.

Pourtant, il n'en démord pas. « Je continue à tenir sur cet objectif, nous confie le chef de l'État. Alors on me dit : "Mais on n'y arrivera pas..." Peut-être qu'on n'y arrivera pas, mais si on dit qu'on ne tient pas, alors comment on mobilise les troupes ? »

Intéressant. Pour la première fois, Hollande suggère que son ambition n'est pas forcément le fruit d'un diagnostic mais plutôt celui d'une volonté – la sienne, en l'occurrence. Le pharmacien Émile Coué, inventeur de la méthode qui porte son nom, a trouvé en François Hollande le meilleur des disciples.

L'ancien professeur d'économie, volontariste assumé, croit mordicus au facteur humain. « Mon idée d'inversion de la courbe du chômage, pourquoi je l'évoque ? lance-t-il. Parce que les gens se disent : "S'il y a une inversion de la courbe du chômage à venir, c'est que les choses vont s'améliorer, quand même." Il faut redonner un peu d'espoir. Et l'économie, c'est de la psychologie, aussi. »

Difficile de ne pas repenser à un billet rédigé par lui dans les colonnes du défunt *Matin de Paris*, en octobre 1985, et consacré à Pierre Bérégovoy, qui avait été nommé ministre (PS) de l'Économie et des Finances en juillet 1984 : « L'apport de Pierre Bérégovoy aura incontestablement été d'ordre structurel et presque psychologique, écrivait alors Hollande. Les milieux économiques sont prêts paradoxalement à prendre pour argent comptant les déclarations de l'actuel ministre qui, jusqu'à présent, ont été suivies d'effets. »

Mais l'autosuggestion a ses limites.

Bien sûr, le CICE, censé « booster » les entreprises, a été lancé début 2013. Toutefois, Hollande n'en escompte pas d'effets notables avant deux ans. D'ici là, c'est un brouet amer qu'il va servir aux Français. Hausse des impôts à tout va. Sa popularité dégringole ? Il ne veut pas infléchir sa politique. Il surveille du coin de l'œil la

Commission européenne, qui le guette au tournant de la dépense publique. Il n'a pas le choix, pense-t-il.

« En quelque sorte, vous avez un devoir d'impopularité », le provoque-t-on. « Oui. Qu'on arrive à remplir d'ailleurs ! » répond-il, hilare.

En ce printemps 2013, les plans sociaux font l'actualité. Partout, on ferme, on licencie. Les combats des chômeurs font la une des journaux. Et ces maudites statistiques qui continuent de scander l'échec du gouvernement Ayrault, décrié comme jamais… Le 5 mai 2013, nous abordons de nouveau le sujet avec le président. Il en convient, les résultats « ne sont pas là ». « Objectivement, aujourd'hui, il n'y a pas de croissance, il y a une augmentation du chômage, il y a plutôt une augmentation des licenciements ou des plans, des prélèvements », reconnaît, assez déconfit, Hollande.

L'électorat socialiste est découragé. Un ressenti que le chef de l'État résume en une phrase : « On n'avait pas espéré grand-chose, mais on avait espéré. » Doucher un espoir, c'est quasiment rédhibitoire, en politique.

Désireux sans doute de conjurer le sortilège, il répète son message, inlassablement. « C'est un engagement que j'ai pris, ce n'est pas une parole que j'ai prononcée en l'air », assure-t-il par exemple lors d'un déplacement dans le Doubs le 3 mai 2013, après les prévisions très pessimistes de la Commission européenne (qui table sur un chômage à 10,9 % en 2014, contre 10,6 % en 2013). « L'inversion de la courbe du chômage, c'est une volonté, c'est une stratégie, c'est une cohérence », répète-t-il encore aux Français lors de son allocution du 14 juillet 2013.

« S'il n'y a pas la reprise de l'économie, on sera mal »

Retour à l'Élysée, le 24 juillet 2013, pour un dîner avec le chef de l'État. Le chômage continue de croître, pas l'inquiétude de Hollande. Il pense toujours qu'il est dans le vrai, mieux, que son feuilleton tient la nation éveillée. « J'ai fait un récit sur l'inversion de la courbe du chômage, je raconte une histoire : est-ce que ça va se faire, pas se faire ? On y croit, on n'y croit pas… Mais j'ai construit quelque chose. D'une certaine façon, ça va se passer ou ça ne va pas se passer, mais là, je me suis moi-même donné un objectif. Il y a plein de petites histoires dans la grande Histoire. Mais le récit du quinquennat, quel est-il ? C'est le récit d'une France qui recommence à y croire. »

C'est surtout lui qui y croit. Le positivisme comme mode d'action. Avec ses limites. Il nous fait d'ailleurs cet aveu : « Moi, je crois que les gens sont devenus sceptiques, donc ils disent : "On n'y croit pas à ce que dit François Hollande." »

« Pendant un an, on ne pouvait pas en faire beaucoup plus, assure-t-il. Alors parfois je me dis : est-ce qu'on aurait pu faire tout de suite plus ? Il y a eu ce reproche, les premiers mois… Est-ce qu'il fallait parler plus de la crise… Elle était là, la crise, mais on ne pensait pas qu'elle serait à ce point violente, puisqu'on pensait qu'on ferait un peu de croissance. » C'est certainement l'autre grande erreur de François Hollande, sur le front du chômage : avoir cru que la reprise viendrait rapidement.

Or, l'échec est patent, à la fin de l'année 2013 : 3 371 970 demandeurs d'emploi pour Pôle emploi, soit 320 000 chômeurs de plus, depuis septembre 2012…

Ce n'est même plus un échec, d'ailleurs, mais un fiasco.

Le 3 janvier 2014, nous constatons devant Hollande qu'il n'a pas tenu son engagement. Il sait à quel point l'opinion publique lui fait grief de ce combat perdu et, surtout, d'avoir été flouée.

Et la croissance n'est toujours pas au rendez-vous…

Alors, pour s'extirper de la machine infernale qu'il a lui-même mise en branle, il enclenche en ce début d'année 2014 une nouvelle vitesse, matérialisée par le « pacte de responsabilité », prolongement naturel du CICE. « Si on n'a pas une reprise économique en 2014, mon "truc" de l'inversion, si je puis dire, ne marche pas, admet-il. Parce qu'on ne va pas remettre des emplois aidés et encore des emplois aidés... C'est pour ça que je fais le pacte avec les entreprises. »

Il abat son dernier joker, qui a le visage crispé de Pierre Gattaz, le patron des patrons. Inattendu et risqué.

Il a justement consulté le président du Medef ce jour-là, juste avant de nous recevoir. En toute discrétion. Ils ont topé. Les patrons « ont envie de contractualiser, nous confirme le président, et notre intérêt, c'est qu'il n'y ait pas de grève de l'investissement. S'il n'y a pas la reprise de l'économie, on sera mal ». L'inquiétude commence à poindre dans ses propos. Car son ambition, il ne nous le cache pas, c'est d'« arriver en 2017 dans des conditions à peu près favorables ».

C'est seulement fin janvier 2014, à la veille de l'annonce des chiffres de décembre, que l'exécutif concède publiquement sa défaite : « On n'aura pas inversé la courbe en 2013 », prévient le ministre de l'Agriculture Stéphane Le Foll. Son collègue du Travail, Michel Sapin, tente de positiver au maximum, saluant « une stabilisation, ce qui est déjà considérable ». Ce n'est pas faux, l'augmentation doit être relativisée, le yo-yo du chômage est déjà en marche. Même s'il y a eu un bug informatique, durant l'été, qui a créé une baisse artificielle. Les emplois d'avenir, voulus par l'exécutif, se comptent par dizaines de milliers, principalement dans l'administration publique. Le gouvernement a aussi alourdi l'enveloppe des emplois aidés classiques, 480 000 au total. En revanche, flop absolu s'agissant de la grande idée du candidat socialiste en 2012, les contrats de génération destinés aux entreprises.

L'idée était belle, la transmission du savoir à travers la chaîne des âges, mais elle ne fonctionne pas.

Hollande revient à son mantra, devant nous, en mars 2014 : « L'économie, c'est de la psychologie. Dans une période d'incertitude et de signes de retour de la croissance, la psychologie est essentielle. » Il conclut par cet aveu : « L'inversion de la courbe, ça aurait pu marcher. » Ça aurait pu, oui…

Alors, le président de la République adapte son message, un peu tardivement. Il a décidé de lier son sort personnel à l'inversion de la courbe du chômage. Cette fois sur un temps long – très certainement ce qu'il aurait dû faire dès le début… Le 18 avril 2014, il lance lors d'un déjeuner avec des salariés de l'entreprise Michelin : « Si le chômage ne baisse pas d'ici à 2017, je n'ai aucune raison d'être candidat, ou aucune chance d'être réélu. »

De fin 2013, on est passé à début 2017.

« La présidentielle, c'est impossible de la gagner si on n'a pas baissé le chômage »

Le 2 mai 2014, nouvelle rencontre à l'Élysée. Le président s'étonne de notre… étonnement, s'agissant de son engagement à indexer sa candidature aux chiffres de Pôle emploi. « Parce qu'il est de l'ordre de l'évidence, nous explique-t-il. Imaginons qu'on arrive à la fin de 2016, et que le chômage a continué à augmenter : qu'est-ce qui peut justifier que je me présente, ou que j'espère même gagner ? Me présenter, je peux toujours le faire. Mais l'argument principal des concurrents, ça va être de dire : "Comment pouvez-vous expliquer que vous allez réussir dans les cinq ans qui vont venir alors que vous avez échoué pendant vos cinq années de mandat ?" Donc, lorsque je dis ça, je dis simplement une évidence, qui n'est pas un acte de courage – même si ça peut être regardé comme tel –, c'est presque une obligation de résultat. »

Il nous ressert le discours qu'il nous tient depuis le début : « Je pense que c'est impossible de gagner la présidentielle – je ne dis pas que ça suffira – si on n'a pas baissé le chômage. Mais pour moi comme pour un autre socialiste. »

Toujours cette obsession de la réélection qui le taraude, comme elle a gangréné l'action de ses prédécesseurs. « Quels sont les critères de la réussite présidentielle ? » fait-il mine de se questionner. Devant nous, il entame alors un dialogue imaginaire avec ses électeurs potentiels. Étonnant.

« J'ai fait une bonne politique internationale ? Les gens diront : "Peut-être, c'est possible…" Je pourrai dire, je n'ai pas augmenté les impôts pendant trois ans. "Oui, c'est vrai, m'enfin vous les aviez augmentés quand même assez sérieusement les deux premières années." J'ai baissé les déficits… "Ah, c'est bien d'avoir baissé les déficits, m'enfin, on ne vous a pas élu pour baisser les déficits. On vous a élu pour que vous mettiez de l'ordre dans la maison." Je dirai, il y a plus de croissance. "Oui, c'est bien d'avoir plus de croissance, mais si vous n'avez pas baissé le chômage, ça sert à quoi d'avoir plus de croissance ?" »

Ravi de sa démonstration, il délaisse son électorat virtuel et revient vers nous.

Ils sont nombreux dans son entourage, observe-t-on, à lui reprocher de s'être une nouvelle fois placé dans un coin du ring, acculé. Lui s'arc-boute. Par conviction, sans doute, mais aussi parce qu'il n'est pas du genre à reconnaître ses erreurs. « En fait, c'est un piège sans en être un, assure-t-il ainsi. Je suis convaincu de rester impopulaire tant que le chômage n'aura pas baissé. Parce que c'est le critère. Le chômage est aujourd'hui à 3 millions 300 000. Bon, s'il est à 3 millions 350 000, je pourrai toujours dire : vous voyez, on a stabilisé. S'il est à 3 millions 700 000, les gens diront : "Vous avez trouvé le pays à 3 millions de chômeurs, vous le rendez à près de 4 millions ? Et qu'est-ce que vous pouvez nous dire ? Ça va aller mieux ?" Moi je pourrai toujours dire : j'ai fait tout ce que je pouvais, j'ai mis en place toutes les réformes, c'est vrai, le résultat n'est pas là, bon, j'en tire les conséquences. Je pense d'ailleurs que je n'aurais même pas besoin de dire ça, parce que le pays renverra le fait qu'il ne veut plus de nous. On aurait une élection présidentielle aujourd'hui, on la perdrait. Je ne sais pas dans quelles proportions, mais on la perdrait », confie-t-il ce 2 mai 2014.

Il a toujours en tête les paramètres historiques : « Les deux seuls qui se sont représentés et qui ont échoué, c'est Giscard et Sarkozy. Et ils ont échoué pour la même raison, c'est-à-dire que le chômage n'ayant pas été vaincu, diminué, maîtrisé en tout cas, ils ont été battus. »

L'année 2014 s'écoule, dans la morosité. Arrive l'hiver. 3 552 910 demandeurs d'emplois pointent désormais à Pôle emploi, nouveau record. Et le taux de chômage pousse jusqu'à 10,1 %. Le 29 décembre 2014, nous interrogeons le président. Il tente de nous (se ?) persuader que le bout du tunnel est proche. « Aujourd'hui, même avec un petit frémissement, le chômage ayant augmenté, à ce niveau, je ne vais pas dire : "J'ai réussi." Mais il se trouve qu'on est en décembre 2014. Et que le 1er janvier 2015 s'applique le pacte de responsabilité, qui lui-même mettra du temps avant de produire tous ses effets ; et qu'on n'a pas fait voter la loi Macron, qui elle-même aura quelques effets au moins psychologiques. Si elle est votée, elle libérera un certain nombre d'énergies… »

« Pour les Français, dès qu'il y a un plan social, le gouvernement en est responsable »

Alors, en cette fin d'année 2014, il formule un vœu. Manifestement, il a revu ses ambitions à la baisse : « Le pari est qu'en décembre 2016, on puisse dire : là, le chômage a reculé. Pas de beaucoup, on pourra me dire : "Il y a 600 000 chômeurs de plus depuis que vous êtes arrivé", peut-être. Mais dire : c'est reparti. »

Il croit en ses réformes, à ses lois votées à l'arraché, pressent le retournement de la conjoncture. Mais semble sous-estimer l'ampleur du rejet dont il est l'objet. Le 3 avril 2015, plus impopulaire que jamais, il constate : « Le chômage nous étreint. »

Moins d'un mois plus tard, de plus en plus frustré par son échec à trouver un remède contre cette fièvre presque incurable que semble être le chômage, il s'en prend au thermomètre. Un grand classique. « Il se trouve qu'en France, depuis quelques années, on a les chiffres du chômage qui sortent mensuellement. Dans beaucoup de pays c'est tous les trois mois, à partir de statistiques extrêmement sérieuses ; nous, ce chiffre sort tous les mois, avec un indice statistique qui est très contesté, contestable d'ailleurs. On mesure les gens qui ne sont pas forcément en inactivité totale, d'autres qui sont en formation, d'autres qui sont chômeurs de longue durée, qui en fait ne cherchent pas de travail car la retraite arrive. »

Mory Ducros, Alcatel, Vallourec… Les plans sociaux se succèdent, trustant l'actualité. Un chômeur qui perd son travail, les larmes aux yeux, c'est un message subliminal pour chaque téléspectateur. « J'en porte une part de responsabilité parce que moi-même je me suis engagé sur le chômage. Je pensais qu'on pouvait y arriver si la croissance arrivait plus vite. Elle n'est pas revenue, on a payé ! avoue Hollande. Pour les Français, dès qu'il y a un plan social, le gouvernement en est responsable, alors qu'il n'en est absolument pas informé. C'est l'État qui est pointé. C'est comme ça. Même si le chômage venait à baisser, il y aurait toujours des plans de licenciements. »

C'est seulement ce jour-là, 30 avril 2015, trois ans après son élection, qu'il confesse, enfin, une forme d'erreur. À sa façon, c'est-à-dire de manière plutôt alambiquée… Il l'admet donc, sa fameuse promesse lui colle un peu trop à la peau : « Quand je l'ai annoncée, c'était en septembre 2012, et c'était pour la fin de l'année 2013. En fait, j'avais dit aux Français, presque implicitement : "Le chômage va augmenter." J'essayais de me protéger, je me disais : comme ça, j'ai un an de répit, pendant un an, le chômage va augmenter. Les Français ont entendu : "Bon, d'accord, mais à la fin vous n'avez pas réussi à le faire baisser." Peut-être aurait-il fallu dire : "Pendant deux ans et demi, le chômage va augmenter, mais après il va baisser." J'aurais pu donner plus de temps… »

Une prise de conscience salutaire, mais tardive, tellement tardive…

Alors, il fixe un nouveau cap, devant nous. Le changement, ce n'est plus maintenant, mais demain. Avant 2017 en tout cas.

Évidemment.

« Il faut que ça baisse suffisamment longtemps pour que ce soit regardé comme significatif, dit-il. Au moins trois mois. Et pas en janvier 2017, les gens verraient une grosse ficelle… Dès janvier 2016, chaque mois. Que ça engrange. C'est tenable. Sauf tous les aléas… »

L'année 2015 est encourageante. Elle s'achèvera sur un chiffre de croissance réconfortant : 1,2 %. Mais ce frémissement de reprise tarde à se concrétiser dans les agences de Pôle emploi.

Le 8 octobre 2015, le président nous fait part de ses craintes.

« Cela restera compliqué. Il arrive des événements qui

n'avaient pas été anticipés ou prévus. La Chine qui ralentit. Le prix du pétrole, avec ses effets positifs, mais aussi la dépression que cela génère dans des pays qui étaient acheteurs de produits français : le Golfe, le Brésil, les pays africains… Et puis, il y a les réfugiés. Cela a des effets, aussi, sur le plan économique. Cela va affaiblir l'Allemagne, notre principal client et fournisseur. Et il y a aussi l'affaire Volkswagen. L'économie, ce n'est pas une espèce de règle mécanique qui voudrait qu'il y ait un cycle bas puis un cycle haut, et que rien ne pourrait atteindre… »

La théorie des cycles, il semblait pourtant y croire, au début.

On jurerait même qu'il avait misé dessus.

On se souvient d'un échange avec lui, sur le chômage, en avril 2013. « Ce retournement de la conjoncture, il est obligatoire, en vertu des cycles, selon le prof d'économie que vous êtes ? » lui avait-on demandé. « Oui, oui, normalement oui », avait-il répondu, ajoutant : « Mais il faut quand même l'accompagner… »

Alors que la fin de l'année 2015 se profile, il nous confie que sa plus grosse inquiétude réside dans le patronat et sa volonté ou pas de jouer le jeu. « Quels sont les doutes que j'ai à ce stade ? Une partie des employeurs pourraient se dire, finalement : "Est-ce que je ne dois pas attendre 2017, parce qu'en 2017, si c'est la droite qui l'emporte, on aura ce que la gauche ne nous offrira jamais : la fin des 35 heures, l'abandon de l'ISF, le Code du travail modifié, l'âge de la retraite… Pourquoi on irait embaucher, ce qui conduirait François Hollande à être à nouveau candidat, à avoir un bon bilan ? Mieux vaut peut-être faire non pas une grève, parce que personne ne peut faire la grève des investissements ou des emplois, mais les repousser… On pourrait investir 100, on va investir 50, et on fera les 50 autres un peu plus tard ; ou on pourrait embaucher tout de suite mais on va attendre un peu, on va faire de la productivité…" Ça, c'est possible, je n'écarte pas ça. »

Après avoir craint l'attitude des marchés financiers, au moment de son élection, le voilà désormais suspicieux à l'égard des entrepreneurs, dont il doute de la loyauté.

Ce soir d'octobre 2015 en tout cas, il paraît relativiser cette obligation qu'il s'est assignée de ne pas se représenter si le chômage ne baisse pas. « Stagnant, c'est jouable, nuance-t-il. En 2015, la courbe du chômage sera en hausse. Il faudrait qu'à partir du mois de janvier 2016 – même s'il peut y avoir des mois positifs, des mois négatifs – on ait une ligne plate. Il y aura sans doute une inversion. On peut penser qu'il y aura quelques hausses, mais surtout des baisses significatives. L'impression, ça doit être sur toute l'année 2016, pour qu'on dise : là, au final, ça y est, le chômage n'augmente plus, il pourrait même baisser. »

« Je serais déçu si la courbe n'était pas inversée »

Les vieilles techniques, pour atteindre ce but à tout prix, sont de retour. « On va sans doute améliorer le dispositif de formation, d'emplois aidés, dit-il. Ce que la croissance ne pourra pas fournir, il faut qu'on l'ait ailleurs quand même. »

Il a toujours en tête son propre calendrier. Quand se décidera-t-il à annoncer sa nouvelle candidature ?

« C'est à la fin de l'année 2016, nous dit-il en novembre 2015. Pourquoi ? Parce que là on pourra dire, sur le plan du chômage, de l'économie, si ça a été mieux. Si le chômage continue de monter, ce sera difficile de dire : "Tout au long de mon quinquennat, ça n'a cessé d'augmenter, mais je vous assure que dans mon prochain quinquennat, ça va baisser !" Je serais déçu si la courbe n'était pas inversée. »

Décembre 2015. Rideau sur une année sanglante. Les attentats ont choqué le pays, remisé les espoirs de jours meilleurs. Le 23, nous dînons avec le président. Dans vingt-quatre heures, Pôle emploi va délivrer son verdict mensuel. « A priori, le chiffre devrait être mauvais, anticipe-t-il. Il y a eu les attentats, on imagine mal des recrutements massifs alors que le tourisme s'est ralenti, que le commerce a été freiné. Et pourtant, dans les indications qu'on nous donne pour demain, il semble que le chômage ait baissé. » Difficile de s'y retrouver. « En fait, il y a des aléas statistiques, explique Hollande. Ce qu'il faut vraiment regarder, c'est la tendance. Ce qui va compter c'est le mouvement tout au long de l'année. »

Le stress est permanent, la course contre la montre anxiogène. « Cela m'oblige à penser que jamais un sujet ne va effacer celui-là, positive Hollande. Il faut continuer à agir. Au début de l'année, je vais être amené à prendre d'autres décisions. On va voir un plan massif de formation, des incitations à l'embauche, dans les PME... Il faudra vraiment tout essayer. Il faut faire exactement le contraire de ce que disait François Mitterrand », assène le chef de l'État, allusion à la célèbre formule de son prédécesseur socialiste assurant, en 1993, que « contre le chômage, on a tout essayé ». Un bel aveu d'impuissance que Hollande ne veut surtout pas faire sien. « Non, dit-il, il faut encore essayer. »

En ces temps de tristesse nationale, il y a dans l'air comme des effluves de grande réconciliation. Ainsi, l'ancien Premier ministre Jean-Pierre Raffarin évoque l'hypothèse d'un front uni contre le chômage.

Hollande n'y croit guère. « Ce que l'opposition demande, c'est en fait d'appliquer son programme ! Il faudrait penser – et ce n'est pas ma conviction –, au prétexte qu'on remettrait en cause les 35 heures ou qu'on entamerait le contrat de travail, que cela aurait des effets positifs sur l'emploi. Peut-être que cela pourrait minorer statistiquement le chômage, c'est possible, mais au prix d'une précarité dont on voit bien qu'en Espagne ou ailleurs elle n'a pas été considérée comme un succès pour le gouvernement sortant. »

Une union transpartisane, pourquoi pas, mais au niveau des régions. Car sur le plan national, inutile de se bercer de mots. « On a besoin des régions pour faire un plan massif de formation ou une nouvelle relance de l'apprentissage. Donc il est assez logique que droite et gauche puissent se retrouver sur des mesures à prendre sur l'apprentissage. C'est l'intérêt collectif. Maintenant, il y aura deux attitudes à droite : l'une un peu politicienne qui dira : "Maintenant vous voulez l'unité, donc signez l'abandon de ce que vous défendez, les 35 heures, la retraite...", et puis l'autre, plus consensuelle, qui serait de dire : agissons ensemble. »

Mais ce « pacte républicain contre le chômage », jamais Sarkozy n'en fera cadeau à Hollande, évidemment. À sa place, Hollande, dans l'opposition, aurait adopté exactement la même position, n'en doutons pas. La France, qui n'aime rien tant que se diviser, n'est pas l'Allemagne, où gauche et droite peuvent gouverner ensemble.

Finalement, comme nous l'avait indiqué le chef de l'État la veille, Pôle emploi annonce, le 24 décembre 2015, 15 000 chômeurs de moins en novembre, pour un nombre global de demandeurs d'emploi de 3 574 800 en catégorie A.

Certes, sur un an, la hausse est de 2,5 %, mais c'est encourageant, tout de même.

L'inversion de la courbe se précise.

« Je pense que ça s'inverse »

Il faut attendre, encore un peu.

Plus précisément la fin du mois d'avril 2016, et la publication des statistiques du mois précédent. Pôle emploi relève un très fort recul du chômage, avec 60 000 inscrits de moins en catégorie A. Enfin ! La France n'y croyait plus. Un tel recul sur un mois constitue un record depuis septembre 2000. Il a massivement profité aux moins de 25 ans et, fait rare, aux plus de 50 ans. Même le chômage de longue durée, en hausse continue depuis des années, est resté stable. C'est ce que tendent à confirmer les chiffres publiés par les professionnels de l'intérim, qui font état d'un bond de 5,9 % de l'activité en mars par rapport à mars 2015. La progression confirme les chiffres de l'ACOSS, l'organisme collecteur des cotisations de sécurité sociale, qui a enregistré au premier trimestre 1,87 million de déclarations d'embauches pour des contrats de plus d'un mois, un total qui flirte avec le record enregistré au troisième trimestre 2011.

L'inversion est là, à portée de main, avec, sur le premier trimestre 2016, un recul global de 50 000 du nombre de chômeurs.

Curieusement, Hollande ne pavoise pas lorsque nous le revoyons à l'Élysée, le 29 avril 2016. Il joue la prudence. « C'est presque trop, nous dit-il. On fait vérifier ce qu'il s'est passé. Moins 60 000, ça ne s'est jamais produit depuis seize ans. Il se peut que le mois prochain, ce soit 10, 20, 30, 40 000 chômeurs de plus. J'aurais préféré qu'on me dise : c'est moins 10 000. J'ai alors ma séquence : moins 10 000, moins 10 000... »

Le fameux récit.

« Je pense que ça s'inverse, nous confie-t-il tout de même. Ça s'est même inversé, selon les chiffres du BIT, dès l'année dernière. Le chiffre de croissance, 0,6 %, fait qu'on se dit ce n'est pas anormal, tout ça est cohérent. » Il y voit aussi, bien sûr, le triomphe de son volontarisme. D'après lui, son discours en permanence positif a contribué à la victoire. « Si je n'avais pas eu cette volonté, dit-il, il n'y aurait pas eu la mobilisation correspondante et les moyens qu'on y a mis. »

Il lui reste à mettre en scène ce succès, car même tardif, c'en est un, tout de même, avec un taux de chômage qui repasse même largement sous la barre si symbolique des 10 %.

L'horizon se dessine. Un peu plus lumineux.

La courbe, cette satanée courbe, a fini par se rendre.

Manque de chance, l'inversion tant espérée survient en pleine ébullition sociale, avec les grèves liées à la loi travail qui bloquent une partie de la France et monopolisent l'attention des médias. Sans compter les attentats terroristes, qui ont placé les thématiques sécuritaires au premier rang des préoccupations du pays. Jamais la popularité de Hollande n'a été à ce point abîmée. Seuls 14 % des Français se disent prêts à voter pour lui au premier tour, en 2017. Contre 41 % pour Alain Juppé et 28 % pour Marine Le Pen, selon un sondage Ipsos publié par *Le Monde*, le 1er juin 2016.

Un gouffre le sépare désormais de ses principaux concurrents.

Il a gagné son pari, mais beaucoup trop tard aux yeux des Français. Comme si l'ancien attaquant du FC Rouen avait marqué le but décisif après le coup de sifflet final de l'arbitre. Et puis, au-delà de cette fameuse courbe, reste une réalité cruelle pour le pouvoir en place : au cours du quinquennat, le chômage a augmenté de manière considérable. Près de 600 000 chômeurs de plus pour la seule catégorie A à l'été 2016.

Commentant au printemps 2016 la baisse du chômage et son impact nul sur sa popularité, Hollande nous lâcha, en guise d'explication : « Il faut que j'arrive à montrer par des exemples que se confirme bien le chiffre de baisse du chômage, pour que ce soit le plus humain possible. Car les chiffres, ce n'est pas humain, il faut voir des vrais visages, c'est un récit. »

Toujours cette obsession du récit. Il en a besoin, pour donner corps à ce combat durement gagné. Car à quelques mois de la fin du quinquennat, dans l'esprit d'une majorité de Français, ce fameux « récit » reste, malheureusement pour celui qui en est à la fois l'acteur principal et le narrateur, celui d'un échec.

2

Le choix

Il est difficile de changer sa propre nature.

Marcel Aymé

D'abord, il faut se souvenir.

Impossible d'évoquer cinq années d'une gouvernance Hollande jugée parfois déroutante sur le plan économique sans faire un petit saut dans le temps. Cap sur les années 80, donc. Un vrai retour vers le futur.

François Hollande, alors professeur à l'Institut d'études politiques de Paris, s'essaie au journalisme, cette profession qu'il aurait sans doute aimé exercer. Entre le printemps 1985 et le début de l'année 1986, il apporte chaque semaine, en scooter, des chroniques économiques au défunt quotidien de gauche *Le Matin de Paris*, soutien affiché du pouvoir socialiste.

L'analogie avec la période actuelle est frappante : à l'époque, la gauche de gouvernement, déjà, est accusée d'avoir trahi ses idéaux, depuis le tournant de la « rigueur » décidé en mars 1983 par François Mitterrand, vingt-deux mois après son élection. Une rupture à laquelle fait irrésistiblement écho l'orientation « pro-business » proclamée par François Hollande, le 31 décembre 2013, dix-neuf mois après son investiture…

Oui, il faut relire ces papiers, parfois signés « François Holland » – une coquetterie plus qu'un pseudonyme. C'est fascinant. Tout y figure déjà. Pour l'électeur socialiste, il aurait simplement fallu consentir à cet effort, au printemps 2012, avant de penser élire un auto-proclamé « adversaire de la finance ».

Dans ces articles, plus proches des copies rébarbatives qu'il corrige à Sciences Po que de tribunes propres à enflammer les masses laborieuses, il est bien peu question du SMIC ou de la classe ouvrière. En revanche, les taux de marge des entreprises, la politique monétaire ou les soubresauts des marchés financiers y ont la part belle. Foin d'idéologie, les analyses du futur chef de l'État traduisent un positionnement ultra-réaliste. Et, surtout, elles s'inscrivent dans la lignée de l'école néo-classique, et révèlent sa préférence pour la politique de l'offre. En rupture avec les canons socialistes, donc.

Déjà le libéral convaincu perçait sous le socialiste bon teint.

« La politique économique est désormais l'art d'accommoder les restes »

Inspirée des travaux du grand économiste britannique John Maynard Keynes, c'est en effet plutôt la politique de la demande qui a historiquement les faveurs de la gauche. Elle implique de stimuler la consommation, par exemple en augmentant les salaires ou en incitant l'État à embaucher, quitte à créer de l'endettement, dans l'espoir de booster en retour la croissance et relancer ainsi toute l'économie. À l'inverse, la politique de l'offre, de philosophie libérale, préconise d'aider prioritairement ceux qui produisent les richesses, en particulier les entreprises, en réduisant notamment leurs charges sociales, pour enclencher ainsi un cycle vertueux favorisant les embauches et donc la prospérité économique.

Le 18 juin 1985, l'apprenti journaliste écrit ceci : « C'est l'insuffisance des investissements de capacité, plus que l'affaiblissement de la demande, qui [explique] le mieux le développement du chômage. » « Qu'il soit nécessaire de transférer une part des charges de l'entreprise sur les ménages, afin de favoriser l'investissement, qu'il faille plus de flexibilité [...], nul ne le conteste sérieusement », dit-il encore.

Vous avez dit politique de l'offre ?

Le jeune conseiller à la Cour des comptes assume sans fard son orientation. « À l'État-providence de la prospérité doit succéder une social-démocratie de l'après-crise », écrit-il le 26 septembre 1985. Le 9 janvier 1986, il résume sa philosophie : « La contrainte extérieure décide de tout [...]. Ce qu'il reste d'autonomie pour un gouvernement, ou de marge de manœuvre pour une politique économique, relève depuis 1983 de l'infiniment petit [...]. La politique économique est désormais l'art d'accommoder les restes, sous-entendu les rares marges d'autonomie qui subsistent. » L'impuissance presque théorisée. L'empirisme érigé en mode d'action.

Doux rêveurs, passez votre chemin...

À la même époque, à l'approche des législatives de mars 1986, il défend le bilan des cinq premières années de François Mitterrand en ces termes : « L'héritage des socialistes est d'ores et déjà connu. À l'évidence, ils légueront une situation financièrement assainie puisque les entreprises auront retrouvé pour l'essentiel leurs ressources d'avant la crise et que la balance des paiements est équilibrée. » On imagine parfaitement le président Hollande en 2017, en campagne pour sa réélection, reprendre cette argumentation...

Voilà donc sa ligne d'horizon économique. Elle a été

fixée de longue date. Contrairement à l'image qu'il peut donner, sur le fond, Hollande ne varie ni ne flanche.

À la lumière de ses anciens écrits, le présent s'éclaire. Hollande, un temps encarté à la CFDT, est d'abord un pur pragmatique, un socialiste sans tabou, partisan de la réforme en douceur. Tout sauf un doctrinaire. Il n'a pas été pour rien l'indéboulonnable premier secrétaire du PS durant onze années (de 1997 à 2008, record battu !). Rue de Solférino, il a longtemps fait office de trait d'union parfait au sein du parti entre l'aile gauche, plus idéaliste, et l'aile droite, quasi centriste. Hollande, c'est un praticien de la politique, surtout pas un théoricien.

L'empirisme en guise d'idéologie.

Une fois élu, Hollande a eu l'occasion de mettre en pratique sa souplesse de raisonnement et ses facultés d'adaptation. Mais à l'épreuve du pouvoir, les analyses de l'émérite professeur d'économie ont été rapidement rattrapées par l'impitoyable réalité.

Lorsqu'il accède à l'Élysée, en mai 2012, il découvre une situation déplorable. Sans doute aurait-il dû s'en préoccuper plus tôt, et ne pas sous-estimer la situation provoquée par la terrible crise financière de 2008 qui a ravagé l'Europe. « Tous les pays ont plutôt mal réagi dans le sens où, plutôt que de faire payer les banques, on a fait payer les États », constate avec le recul François Hollande. Évidemment, il en profite pour épingler la gestion de son prédécesseur : « Il a eu un peu de croissance – pas suffisamment pour faire baisser le chômage – mais au prix d'un déficit très important, et donc d'une dette qui s'est aggravée. Donc je pense que, contrairement à ce que dit Sarkozy, les États ont très mal réagi. »

Première initiative du couple exécutif Ayrault-Hollande, commander un audit des finances publiques à la Cour des comptes. En attendant ses résultats, le chef de l'État sait déjà qu'il ne pourra pas donner ce qu'il n'a pas en caisse. Pas question de commettre les mêmes erreurs que

François Mitterrand en 1981, se dit-il. La relance par la consommation, que la gauche de la gauche appelle de ses vœux ? Une folie à ses yeux.

« Si j'avais dit on va distribuer un peu plus, faire du déficit, à un moment, on aurait été rattrapé, nous assure Hollande début 2013. Ça dure combien de temps ? Six mois, un an ? Mais après, on est pris à la gorge. Par la Commission européenne, qui peut nous sanctionner, par les marchés... »

Le 2 juillet 2012, la Cour des comptes lui rend son audit sur les finances publiques de la nation. Pas de surprise. La France va mal. La Cour évalue le manque à gagner sur les recettes dans une fourchette de 6 à 10 milliards d'euros. « L'effort à fournir en 2013 sera beaucoup plus important : dans l'hypothèse d'une croissance de 1 %, la Cour l'évalue à 33 milliards d'euros de mesures nouvelles, qui devront être partagées entre économies sur les dépenses et recettes nouvelles », note le rapport. Qui précise : « Les efforts doivent être amplifiés car le retard de la France dans le redressement de ses comptes n'a pas été résorbé. »

Sombre tableau. Que faire ?

Le 11 juillet 2012, Jean-Marc Ayrault commande un rapport à Louis Gallois, nommé à la tête du Commissariat général à l'investissement. Le patron de gauche remet le fruit de son travail le 5 novembre 2012. Il s'agit d'un document de 67 pages, intitulé « Pacte pour la compétitivité de l'industrie française ». Il insiste sur les efforts à fournir pour redresser l'économie française, en se penchant notamment au chevet des entreprises.

Deux rapports, deux termes importants : « recettes nouvelles » d'un côté, « compétitivité » de l'autre. Et un même constat : la dégradation des déficits du pays est porteuse de graves dangers. Pourtant, l'exécutif patine, s'interroge, pendant ces premiers mois au pouvoir. Jean-Pierre Jouyet, actuel secrétaire général de l'Élysée, juge préjudiciable ce retard à l'allumage. « Il fallait qu'en 2012 ça agisse plus vite, confesse-t-il en septembre 2014. Il aurait fallu qu'on prenne cela à bras-le-corps. »

Ce n'est pas vraiment le cas. En outre, dans la béatitude de la victoire et d'un été 2012 languissant, la communication du chef de l'État est bafouillante, axée à l'excès sur cette image malheureuse, car trompeuse, du « président normal ».

« Nous aurions dû dire la vérité dès juillet 2012 »

L'hyperactif Sarkozy vibrionnait ? Hollande veut donner le sentiment inverse. Le contre-pied est un art, mais pratiqué systématiquement, il devient inefficace, et peut même virer en vilaine manie.

Hollande fait donc plutôt profil bas, quand il aurait certainement fallu insister sur le dur combat à mener, le grand redressement à opérer, la France à sauver... Et aussi « l'héritage ».

« Nous aurions pu dramatiser encore davantage, en disant ce que nous ont laissé nos prédécesseurs, admet aujourd'hui le président. Nous aurions pu le faire dès le mois de juillet 2012. Ce qui aurait permis de mieux faire comprendre les mesures fiscales que nous avons prises au mois d'août. Or, nous avons attendu le rapport Gallois pour ça, et ce n'est qu'en novembre 2012 que je dis : "Il y a non seulement un effort à faire en termes de réduction de déficit, mais en plus, à améliorer notre compétitivité." C'est le regret, nous aurions dû dire la vérité dès juillet 2012. Sur, un, les déficits sont très élevés, c'est ce que nous ont laissé nos prédécesseurs, et deux, c'est très grave en termes de compétitivité. »

Mais à ce moment-là, dans l'esprit du chef de l'État, il existe aussi cette crainte des marchés, et de l'Europe, lui qui a promis d'ajouter un volet « croissance » au traité budgétaire. Alors, pouvait-il vraiment exposer la situation dans toute sa noirceur ? Sans doute. « C'est un regret politiquement de ne pas avoir dramatisé pour installer l'idée que ça allait être difficile », admet-il.

Et, dans la foulée, n'aurait-il pas fallu proposer une autre politique, s'affranchissant des contraintes de Bruxelles ? Cela, en revanche, il ne le pense pas : « Est-ce que nous aurions dû dire : "Nous renonçons en conséquence à réduire nos déficits budgétaires et donc à aller vers les 3 %" ? Si je l'avais dit, dans le contexte de la crise de la zone euro, c'eût été peut-être mortel pour la zone euro. On aurait dit : "La France se distingue, se détache..." Il fallait que je rassure la zone euro, si je puis dire : c'est le traité européen, que nous avons finalement adopté au mois d'octobre. J'aurais pu dire : "La France se délie de l'engagement qui avait été pris par mon prédécesseur, et nous ne ferons pas le traité budgétaire européen." C'était la crise, non pas entre la France et l'Allemagne, mais la crise dans la zone euro, qui explosait. »

Faute de présenter le vrai bilan de la France pour faire valoir sa politique fiscale, Hollande est condamné à subir le courroux des Français, matraqués par la hausse des impôts, meilleure manière du point de vue de l'exécutif de réduire les déficits. Le taux des prélèvements obligatoires passe d'un coup de 42,6 % en 2011 à 43,7 % en 2012, il pointera même jusqu'à 44,9 % en 2014, plaçant la France au deuxième rang des pays européens les plus taxés, juste derrière le Danemark. Le gouvernement Fillon avait lancé le mouvement, mais c'est Hollande qui va en subir les conséquences, en termes de popularité.

« On aurait peut-être pu avoir la main moins lourde sur les impôts »

La potion du professeur Hollande est indigeste.

Il s'en rend compte, bien sûr. Nous l'interrogeons longuement sur le sujet, début 2013. Il dit : « On aurait peut-être pu avoir la main moins lourde sur les impôts, mais on n'est pas mécontents quand même d'avoir pu prendre des décisions pour rétablir les comptes publics… Mais bon, qu'est-ce que ça aurait changé ? Même si on avait laissé filer les déficits, on était devant un problème, et on n'aurait pas eu l'assouplissement européen, on aurait été mis sous contrôle. »

Toujours cette menace européenne qui le paralyse, du moins l'entrave. Et le contraint aux tâtonnements, à l'improvisation. Y compris dans le domaine de la pédagogie. « Comme regret, s'il y en a un, c'est d'avoir dit que les impôts n'allaient toucher que 20 % de la population, alors qu'en fait beaucoup plus ont été concernés, même pour des sommes modestes. On aurait dû, dans la première année, faire des mesures de réduction de dépenses plus importantes. Pour avoir moins à solliciter les impôts. Car c'est ça qui a marqué. »

Nota bene : en hollandais, *regret* signifie « erreur ».

Au mois de mai 2013, on lui demande si, tout de même, il ne commence pas à avoir des doutes sur sa politique. « Non, balaye-t-il. Si je pensais que c'était le cas, j'en aurais changé. On ne peut pas avoir de résultats s'il n'y a pas de croissance, c'est un principe hélas mécanique. Donc on peut se dire : essayons de faire un peu plus de croissance tout seuls. Mais c'est à la décimale. » Il réfute l'idée assez répandue qui fait de l'élève allemand le premier de la classe, tandis que le Français mériterait le bonnet d'âne.

« Non, assure-t-il fermement. Le problème c'est que l'Europe est dans la situation que l'on sait. Et la différence, c'est que l'Allemagne ayant fait des réformes de structure, et ayant une démographie différente de la France, peut avoir 7 % de chômage quand nous on en a près de onze. Parce qu'ils ont une flexibilité du travail, parce qu'ils n'ont pas de SMIC dans un certain nombre de secteurs, donc ça leur permet d'avoir de l'emploi pour les non-qualifiés, et parce qu'ils ont une démographie faible. »

Près d'un an plus tard, en janvier 2014, pliant de plus en plus sous le poids du reproche fiscal, il nous présente un argument différent, presque provocateur, signe de son désarroi : « Au fond de moi-même, je me dis : quitte à être accusé d'avoir chargé la barque, il fallait peut-être la charger encore davantage. Paradoxalement... » Relever la TVA d'un point supplémentaire, par exemple. « Je pense qu'on avait plus de liberté pour le faire au début. Parce que, maintenant, on est considérés comme ceux qui ont augmenté les impôts. Alors qu'on aurait pu le faire encore davantage. Quitte à être impopulaires... »

À sa décharge, le chef de l'État n'a pas été aidé, non plus, par ses ministres. Tel Pierre Moscovici qui annonce imprudemment le 30 mars 2013 dans *Corse-Matin* : « Il n'y aura pas d'impôt supplémentaire. » Puis dénonce sur France Inter, le 20 août 2013, « un ras-le-bol fiscal ». Le ministre de l'Économie, espérant atténuer le ressentiment du bon peuple, n'a fait que l'exacerber.

Colère non feutrée du président. « Quand on n'a pas d'informations, on ne dit rien ! » s'emporte-t-il devant nous fin août 2013. Il ajoute : « Le problème, c'est qu'on est arrivés alors que les autres avaient déjà augmenté les impôts, en deux temps. Or les impôts, ça se décide à un moment X, et ça se paye à un moment Y. Et nous, on est arrivés au moment Y. »

Au moins, l'argent entre-t-il dans les caisses vides de l'État. Et sans pour autant ponctionner les plus pauvres, jure Hollande. « On n'a pas fait une vraie politique d'austérité, loin de là, la réforme fiscale dont on parle, c'est 75 à 80 % des recettes fiscales trouvées qui ont été prises sur 10 % des contribuables. Si ce n'est pas une réforme fiscale, si ce n'est pas de la justice, je ne sais pas ce que c'est ! » plaide-t-il.

Le gouvernement a donc répondu à l'exigence de la Cour

des comptes, en ponctionnant ces fameuses « recettes nouvelles ». Reste à remplir l'autre condition, celle fixée par le rapport Gallois : redonner de la « compétitivité » aux entreprises. Au sein de l'exécutif, certains s'interrogent : faut-il les aider prioritairement à reconstituer leurs marges, ou convient-il d'abord de faire un effort vis-à-vis des ménages ? Resserrer les taux ou desserrer l'étau, en quelque sorte... En clair, il s'agit de faire un choix entre la politique de l'offre et celle de la demande.

On l'a compris, dans l'esprit de François Hollande, la question ne se pose pas. Il est depuis toujours favorable à la stimulation de l'offre, qu'il juge plus efficiente. Tout est affaire de conjoncture et de contexte, cependant. « Je pense qu'il y a des périodes où la demande doit être privilégiée, comme soutien à l'économie, analyse-t-il. Ça, c'est quand vous avez une dépression essentiellement liée à un choc mondial, que vous n'avez pas de dettes, que vous avez une économie qui peut répondre. Là, vous devez absolument relancer. Je prends un autre exemple : si les Allemands voulaient relancer leur économie, il n'y a pas d'autre moyen pour eux que d'augmenter les salaires, ou de faire de l'investissement public. »

« Sarkozy a d'une certaine façon tué la politique de relance »

Le maître de conférences Hollande et le chroniqueur « Holland » sont de retour, comme dans les années 80, quelques cheveux et le scooter – quoique... – en moins. « Mais nous, dans l'état où l'on est, c'est comme en 1981, reprend-il. En 1981, la relance ne peut pas marcher parce qu'il y a un déficit de la balance extérieure qui est déjà très élevé, parce qu'il y a une inflation déjà forte... Notre compétitivité est dégradée, le taux de marge des entreprises est le plus bas depuis 1985. Donc la productivité ne va pas vite, les salaires vont un peu plus vite que la productivité, donc on perd encore de la compétitivité, des parts de marché... »

Il en profite pour lancer une pique à son prédécesseur, bouc-émissaire permanent. « Sarkozy a, d'une certaine façon, tué la politique de relance parce que lui, quand il y a la crise, il fait une politique de relance, les déficits passent à 7 %, il emprunte massivement. Et nous, on ne peut plus le faire. Donc, à mon avis, la seule possibilité pour nous, c'est d'améliorer l'offre, le coût du travail. Donc voilà, on n'a pas d'autre choix que de faire cette politique de l'offre, d'un point de vue de gauche », conclut-il début 2014.

Et tant pis pour les espérances suscitées ? Les impôts qui augmentent, le choix en faveur des entreprises... Il y a là de quoi désespérer Billancourt, en l'occurrence décontenancer son électorat traditionnel. « Quand on dit qu'il y aurait une politique de la demande qui serait de gauche et une politique de l'offre qui serait de droite, alors, à ce moment-là, on ne pourrait venir au pouvoir que lorsqu'il y a quelque chose à distribuer ! s'exclame le chef de l'État. Or, généralement, quand on arrive au pouvoir, c'est justement qu'il n'y a plus rien à distribuer... Parce que ça veut dire que la droite a épuisé toutes les marges. Quant à la politique de l'offre, si elle permet d'avoir des emplois plus nombreux, plus qualifiés, mieux payés, avec des salariés mieux formés, c'est, à mon sens, une politique de gauche. »

Le Hollande-caméléon, cet animal élastique aux phénoménales facultés d'adaptation à son environnement, avait été habilement dissimulé durant la campagne présidentielle de 2012, car il lui fallait conquérir toutes les gauches. Il ressort maintenant de la pénombre.

Le malentendu n'a que trop duré.

En novembre 2012, le chef de l'État avait déjà annoncé la mise en place du crédit d'impôt pour la compétitivité et l'emploi (CICE), un dispositif destiné à abaisser le coût du travail dans l'espoir de pousser les chefs d'entreprise à recruter. Le premier étage de la fusée.

Un an plus tard, le 31 décembre 2013, lors de ses vœux, François Hollande lance le second sur orbite. C'est le pacte de responsabilité. Il est fondé, dit-il aux Français, sur un « principe simple : moins de charges sur le travail, moins de contraintes sur leurs activités et, en même temps, une contrepartie, plus d'embauches et plus de dialogue social ». Le pacte de responsabilité mêle ainsi baisses de cotisations patronales et mesures de réduction fiscales pour les sociétés, le tout étant censé permettre aux entreprises d'investir et d'embaucher. Hollande exulte presque. « Le pacte de responsabilité, on peut être pour, on peut être contre, mais c'est une ligne », se félicite-t-il devant nous.

Une ligne, certes, mais ouvertement « pro-business ». C'est peu dire qu'elle passe très mal, à gauche.

Pourtant, les proches du chef de l'État contestent tout reniement. Stéphane Le Foll, ministre de l'Agriculture, nous dit ceci, le 22 janvier 2014 : « Il n'y a rien de nouveau dans le discours de Hollande. Reportez-vous à son discours de Lorient sur le pacte productif. Il a toujours pensé que la puissance d'un pays ne pouvait se concevoir sans une économie forte, sans les entreprises. Là, il assume, il lâche les chevaux. »

Il a donc fallu se pencher sur ce meeting, à Lorient, le 27 juin 2009, avec un François Hollande débarrassé de toute contingence, en roue libre, heureux comme rarement. Le Foll a une bonne mémoire. Son modèle y assume clairement « le choix de la compétitivité ». « La solution, c'est de réarmer la production française : politique industrielle, croissance verte, nouvelles technologies, effort de recherche… », égrène Hollande, remplacé quelques mois plus tôt par Martine Aubry à la tête du parti. Il prône même des hausses d'impôts : « L'après-crise sera le temps de l'ajustement budgétaire et fiscal, compte tenu des déficits publics gigantesques qui sont en train de se creuser. La gauche devra faire preuve de courage pour faire ses arbitrages entre les dépenses et les impôts. Oui, je le dis, il faudra relever certains prélèvements. » Et d'appeler de ses vœux « un pacte productif », qui ressemble à s'y méprendre au futur « pacte de responsabilité ».

Pas de doute, Hollande a bien de la suite dans les idées. Mais c'est à croire que personne ne l'écoute jamais.

Et puis, persévérance ne rime pas forcément avec efficacité. Et s'il avait tort ? Car le chômage peine à baisser. Et le commandant du paquebot France met un temps fou à redresser une trajectoire qui le conduit droit vers l'iceberg de la récession.

« Être à gauche, c'est aussi permettre que l'économie puisse redistribuer »

Doucement, pourtant, sans virer encore au vert, les indices passent à l'orange. Au point qu'en 2014 Hollande peut promettre une baisse des impôts à venir. « Sans doute aurais-je voulu en faire davantage, mais si on n'avait pas rétabli les comptes des entreprises, où en serait-on aujourd'hui ? J'assume ce choix. Il faut l'expliquer, mais être à gauche, c'est aussi permettre que l'économie puisse distribuer. Et de distribuer même quand on n'a pas encore énormément de croissance. C'est pour ça qu'on baisse les impôts », nous indique-t-il en août 2015.

La décrue a commencé. Avec d'évidentes arrière-pensées électorales. Trois baisses d'impôts en trois ans, cela peut servir en 2017. Avec, en outre, un dernier coup de pouce à destination des classes moyennes, prévu pour 2017, à hauteur de 2 milliards d'euros. « Les gens, quand même, resteront plutôt sur l'impression dernière », espère Hollande. Et de citer en exemple à ne pas suivre… Nicolas Sarkozy et sa défiscalisation des heures supplémentaires. « Il distribue du pouvoir d'achat, en 2007-2008, note Hollande. Est-ce qu'il y a quelqu'un dans la campagne qui lui a rendu hommage pour ça ? Personne... »

De toute façon, dès le départ, Hollande a revendiqué un quinquennat divisé en deux actes. Privation puis redistribution. Le fiel avant le miel. « Au début, nous avons été amenés à prendre des décisions difficiles, sans faire de l'austérité mais en augmentant les impôts, confirme-t-il en septembre 2014. Nous avons demandé des efforts aux Français. Et nous avons d'une certaine façon sauvé la zone euro. Ensuite, en 2013, notre espoir de reprise ne s'est pas traduit. Tout l'enjeu c'est d'avoir plus de croissance en 2015, 2016. C'est là qu'on va retrouver les deux séquences du quinquennat. »

Plutôt apprécié du monde de l'entreprise et des milieux d'affaires, Manuel Valls, nommé à Matignon le 31 mars 2014, est censé accompagner cette marche en avant. Même si Hollande se défend de tout tournant libéral. « Les principales mesures, comme le CICE, avaient été votées avant, rappelle-t-il. En fait, Manuel Valls tient le discours d'une politique lancée par son prédécesseur et formalisée dès le mois de janvier 2014. Il n'y a pas de tournant, on n'est pas du tout dans une séquence type 1983, c'est une continuité, mais avec des mots, une méthode et une organisation qui montrent qu'on passe à une nouvelle phase de la même politique. »

Cette politique reste toutefois largement incompréhensible pour la majeure partie des Français. L'exécutif n'excelle vraiment pas dans la pédagogie de son action. Il sera d'ailleurs reproché au chef de l'État, tout au long de son quinquennat, de ne pas avoir su en faire le récit. D'avoir navigué à vue, en suivant les – rares – vents porteurs. Il proteste. « Ah oui, la fameuse "histoire du quinquennat", j'entends ça... Quelle est mon histoire, celle que je peux imaginer ? C'est : on a deux ans de difficultés, puis après deux ans de meilleur. Ça, c'est vrai que c'est un récit. Ce récit, c'est celui que j'ai à l'esprit, mais il est soumis à des aléas… »

De toute façon, il reste persuadé que le bilan, malgré tout, pèsera in fine en sa faveur. Surtout au moment du choix, de la comparaison avec le(s) programme(s) de la droite.

« Ça se joue aussi sur le risque, précise Hollande. Quel va être le plus grand risque ? Changer le gouvernement et le président, ou le garder ? Si l'économie est un peu meilleure, le risque, c'est de changer. Si l'économie est au plus bas, quel est le risque ? Qu'est-ce que je perds ? » Si friand d'anecdotes politiques, il se remémore une scène piquante. « Un jour, raconte-t-il, un électeur avait dit à Giscard : "Qu'est-ce que je risque à voter Mitterrand ?" Et Giscard lui avait répondu, ce n'était pas si bête : "Votre emploi." Giscard avait gagné contre Mitterrand en 1974. Mais en 1981, ce raisonnement ne marchait plus : "J'ai voté pour vous, j'ai perdu mon emploi, il y a deux millions de chômeurs." »

Cette supposée « prime aux sortants » dont on ne trouve pourtant nulle trace dans les sondages le concernant – c'est même tout l'inverse –, Hollande s'y accroche comme un naufragé à sa bouée. Il semble y croire sincèrement, en tout cas. Tout comme il est convaincu que les véritables effets de sa politique économique ne seront perceptibles qu'à long terme.

« Ce qui fait le résultat de court terme, c'est l'environnement extérieur, et ce qui permet d'avoir un meilleur résultat à moyen terme, c'est la politique intérieure, résume-t-il devant nous, fin août 2015. Les mesures qu'on prend en 2012 – par exemple le CICE –, confirmées en 2014 avec le pacte de responsabilité, elles n'auront d'effet réel que deux ans après. Les mesures prises en 2012 commencent à se percevoir début 2015. Le pacte, son effet, au mieux, ce sera en 2016. D'une certaine façon, on travaille toujours pour son successeur. Si on travaille mal, on “embolise” le mandat du successeur, si on travaille bien, on a des chances d’améliorer, au moins au début, ses résultats. Sauf si le successeur vient très largement après le premier mandat ! »

Comprendre : sauf si je suis réélu.

« J’ai dit à Sapin : “Maintenant, tu fais.” Et il fera »

Et il compte tout faire pour y parvenir.

Pour forcer la décision, il a poussé les feux, dans la seconde moitié du quinquennat. Contraint ses troupes à des calculs arithmétiques nocturnes, pour satisfaire ses besoins de baisse d’impôts. Il a tordu la main de Bercy, pour imposer une réduction de 2 milliards d’euros sur le revenu 2016 des Français, annoncée le 20 août 2015.

« Avec 2 milliards, on peut toucher 7 à 8 millions de personnes qui se disent : “Il nous a rendu ce que d’autres nous avaient pris” », espère-t-il devant nous. Mais s’il n’avait tenu qu’à Michel Sapin, le grand argentier… « C’est ça, la décision politique, nous explique le chef de l’État, le 4 septembre 2015. C’est à moi d’en décider, pas à eux [les ministres]. Si je demande au ministre des Finances, qui est un ami, qu’est-ce qu’il va me dire ? “Mieux vaut ne rien annoncer tout de suite, et on verra si ça va mieux en 2016.” La semaine dernière, j’ai discuté avec Manuel Valls, je lui ai dit : “Il y a deux décisions à prendre, que je vais annoncer. Et que tu vas confirmer. La première, c’est qu’on ne touche pas aux grandes masses du pacte. Ni même à sa répartition. Le pacte de responsabilité sera poursuivi. Mais il y aura une baisse d’impôts.” Il y en a au moins deux qui étaient au courant, Valls et moi. Et j’ai dit à Sapin : “Maintenant, tu fais.” Et il fera ! »

Ne s’agit-il pas, surtout, de caresser l’électeur de gauche dans le sens du poil ? Hollande ne le conteste pas vraiment. « D’une certaine façon, ce n’est quand même pas pour déplaire aux gens ! s'amuse-t-il. On a suffisamment pris de mesures difficiles, anti-électorales, pour qu'on puisse prendre celle-là, qui ne ruine pas nos comptes. Il y a d'abord une considération de justice. Si on met 2 milliards, c'est pour les Français des classes moyennes, qui touchent entre 1 200 et 2 000 euros par mois. D'une certaine façon, c'est le cœur de l'électorat français. Donc, on a ciblé. Souvent, ce sont des travailleurs qui avaient peut-être profité des heures supplémentaires, ils ont perdu le bénéfice de l'avantage Sarkozy. Ensuite, il y a un rôle psychologique. Car si c'était la première fois que l'on faisait des baisses d'impôts, les gens n'y croiraient pas, ça n'aurait pas de réalité, or là, je fais cette annonce au moment où les gens reçoivent leur avis d'imposition. Donc c'est crédible. Le troisième intérêt, c'est quand même économique. Parce que quand il y a une baisse d'impôts, même si c'est de 2 ou 3 milliards, au moment où elle est constatée, généralement à l'été suivant, les gens consomment un peu mieux, un peu plus. »

Favoriser la relance par la consommation ? Voilà qui rappelle furieusement les politiques keynésiennes, cette fois. En cette fin de quinquennat, Hollande a décidé de renouer, pour partie, avec la politique de la demande, en espérant faire de même avec son électorat.

Il réfute pourtant les accusations d'opportunisme. « La stratégie, c'est celle du quinquennat, martèle-t-il à l'été 2015. Il y a eu deux ans et demi à redresser, comme je l'ai annoncé au Bourget, et deux ans et demi où l'on peut voir une issue avec une partie de redistribution, qui ne peut pas être considérable, mais au moins symbolique. Rien ne serait pire que de dire : on va changer de stratégie au milieu. »

Si Hollande commence à « lâcher du lest », ce n'est pas seulement pour de basses raisons électoralistes, mais aussi parce que la situation commence, enfin, à s'améliorer. Pas encore le grand soleil, certes, mais le début de l'éclaircie. La conjoncture mondiale n'y est pas pour rien, bien sûr, mais il semble que les mesures prises par le pouvoir portent également leurs fruits.

Ainsi, dans une étude publiée le 17 décembre 2015 et passée inaperçue, l'Observatoire français des conjonctures économiques (OFCE) – plutôt classé à gauche – détaille les effets positifs du CICE sur l'économie hexagonale, en termes d'emplois sauvés et même de salaires. « Le CICE a un effet économique réel pour préserver l'emploi et la compétitivité des entreprises », explique Xavier Ragot, le président de l'OFCE.

« Le meilleur slogan, c'est celui qu'on trouve tout seul »

En juin 2016, dans une note de conjoncture attestant le redémarrage de l'économie française, avec un taux de croissance prévisible de 1,6 % pour 2016, l'un des responsables de l'INSEE, Vladimir Passeron, confirmera cet effet du CICE. Tout en notant que le « choc fiscal » infligé aux contribuables au début du quinquennat avait eu des répercussions négatives sur l'activité économique, il saluera « l'effet favorable des mesures d'allègement du coût du travail, CICE et pacte de responsabilité », qui à elles seules auraient amené « 0,4 point » de croissance.

Courant 2016, différents voyants repassent donc au vert, en dépit d'une croissance atone au deuxième trimestre, en raison du Brexit et des attentats. Certes encore fort timide, la croissance est tout de même de retour, et l'emploi avec. Bref, ça va mieux.

Ça va mieux ? Ça ne vous dit rien ?

Ce « ça va mieux » est un OVNI.

Un Objet Verbal Non Identifié.

Une inspiration typiquement hollandaise, bilan de quinquennat et slogan de campagne tout à la fois. Certains, comme l'ami Julien Dray, ont voulu s'en attribuer la paternité, mais nous sommes bien placés pour le savoir : avant qu'il ne décide de les populariser médiatiquement, cela faisait des mois que François Hollande employait, devant nous, ces trois mots sacrés, comme pour se roder. Dès juin 2015, il nous glisse : « Ça va mieux, mais… » À l'automne 2015, le 8 octobre plus précisément, il s'en gargarise encore, encouragé par les chiffres d'une reprise économique balbutiante. « Si l'on voit que dans les entreprises ça va mieux, ça repart, même s'il y a du chômage, les gens se disent : "Ça va mieux." Le pouvoir d'achat progresse en ce moment, personne ne s'en aperçoit, même si à un moment on se dit : "Ça va un peu mieux." La baisse d'impôts, on n'y croit pas la première fois, à peine la deuxième, et la troisième fois, on se dit : "Quand même, je fais mes comptes, ils m'ont prélevé au début, puis ils m'ont donné." On sera plus sur une impression d'ensemble… Quelle est l'ambiance dans le pays ? Ce n'est pas qu'il n'y a pas de conflits sociaux, il y a toujours des conflits sociaux, ce n'est pas qu'il n'y a plus de licenciements, il y a toujours des licenciements, c'est : "Est-ce que je sens que ça va mieux, que mon fils met moins de temps à trouver du travail ?" »

Il suffit de compter. Quatre « ça va mieux » dans un même souffle, ce soir d'octobre 2015. Avec le recul, il est permis de se demander si, bien involontairement, on ne lui a pas permis, ce jour-là, de synthétiser son discours positif en une formule…

Rien de spontané, donc, ce 14 avril 2016, lorsque sur France 2 Hollande lance sa formule magique. « Je ne l'improvise pas, je l'avais préparée, nous confirme-t-il quelques semaines plus tard. On dit : "Comment ça va ?" Et on répond : "Ça va mieux." J'ai eu conscience que cela pouvait heurter, une formule comme celle-là, notamment pour beaucoup, la majorité peut-être, qui considèrent que ça ne va pas forcément mieux pour eux. Ce n'est pas "vous allez mieux", qui là aurait été inopportun, c'est “ça”, quelque chose de plus global, de plus impersonnel. La politique, c’est un message. Un slogan. Le meilleur slogan, c’est celui qu’on trouve tout seul, qui correspond à ce que l’on ressent. »

Sur le coup, l’expression ne suscite pas l’adhésion générale, loin de là. « Il est difficile d’être à ce point en décalage avec l’opinion de la grande majorité des Français », persifle par exemple Alain Juppé. Hollande, lui, se moque des critiques, voire des sarcasmes, générés par sa petite phrase. Il voit plus loin. Un bon stratège a toujours un coup d’avance. Car pour le chef de l’État, l’essentiel est là : il est parvenu à diffuser sa petite musique. Son message, il n’en doute pas, va finir par s’imposer, du fait de perspectives économiques enfin favorables. Et il lui en sera fait crédit, nécessairement. « Ce qu’il faut, c’est arriver à corroborer le “ça va mieux” », confirme-t-il.

« Qu’est-ce qu’on retiendra de cette émission ? Le “ça va mieux”, se félicite-t-il encore. Et le fait que c’était un point de départ. Ce que je voulais, c’est que cette émission corresponde à une séquence. » Mais, en lecteur à la fois fidèle et mécontent du *Monde*, il trouve une nouvelle fois matière à s’agacer contre sa lecture de chevet. « Le scepticisme médiatique, c’est votre journal qui le représente le mieux », nous lance-t-il, réprobateur, comme si les médias avaient pour fonction de soutenir l’action gouvernementale… Totalement respectueux de la liberté de la presse, Hollande a, parfois, des réactions d’un autre temps.

Évoquant l’édition du 29 avril 2016 du quotidien, il s’emporte, donc : « *Le Monde* fait le titre sur “la France en convalescence”. Et à l’intérieur du journal, c’est : “en voie de guérison”. Ce qui n’est pas du tout la même chose ! En convalescence, vous êtes sur une petite chaise, avec un plaid sur vous, et il y a quelqu’un qui vous pousse. En voie de guérison, vous voyez quelqu’un qui commence à sortir de la phase de traitement aigu, qui est en rémission et qui sourit à la vie. Voilà, soit vous êtes sur une chaise, la couverture dessus et l'infirmière derrière, soit vous êtes en train de marcher, le soleil sur vous, et vive la vie ! »

« Je dois ambiancer »

La France, cette grande malade que l'on disait incurable, serait donc proche du rétablissement. « Il s'est passé quelque chose en 2015, nous assure-t-il au printemps 2016. L'année 2015 est une vraie année de reprise. Pas ébouriffante, certes, mais elle est là. On pensait faire 1 % de croissance, on fait 1,2 %, les taux de marge des entreprises s'améliorent, le pouvoir d'achat aussi... C'est lié au pacte de responsabilité. Maintenant, je dois ambiancer. »

Hollande, en DJ, aux platines, pour convertir les Français à sa politique économique... A-t-il raison de plastronner ? De fait, on l'a dit, la situation s'améliore, en cette fin de quinquennat. Tous les paramètres convergent. Croissance en hausse, chômage en baisse, l'écart de productivité avec l'Allemagne est passé de 17 % à 7 %, il paraît même envisageable de ramener, en 2017, le déficit du PIB sous les 3 %, conformément à l'engagement européen, quand le taux des prélèvements obligatoires a enfin baissé, fruit de trois baisses successives des impôts, et que celui des dépenses publiques est en reflux lui aussi... Une liste loin d'être exhaustive, bien entendu.

Lui estime donc avoir gagné son pari. La conjoncture s'est retournée, et il pense ne pas y être pour rien. De toute façon, en vertu de la fameuse théorie des cycles, qui veut qu'à un épisode de récession succède une période de reprise – et réciproquement –, il savait l'inéluctabilité d'un redémarrage. Simplement aurait-il fallu qu'il soit plus spectaculaire et, surtout, beaucoup plus rapide. Et puis, sa stratégie, globalement illisible, a échappé à beaucoup. L'idée fort désagréable d'avoir élu un président de gauche qui mène une politique de droite s'est, à tort ou à raison, durablement répandue dans son électorat.

Cette vision caricaturale de son action désespère Hollande. Il le martèle : non, il n'a pas sacrifié « son » socialisme sur l'autel de la compétitivité. « On a fait des choix qui ont été regardés comme ne redistribuant pas autant qu'il était espéré, mais on n'a pas mis en cause les salaires, les pensions, les prestations, sauf peut-être pour les plus favorisés, clame-t-il. Ça explique que la gauche radicale ait du mal à prendre. On a fait avancer le pays, tout en lui assurant des garanties, en ne touchant ni aux libertés, ni aux droits sociaux fondamentaux, ni aux règles du travail. Après, il faut essayer de se projeter. Arriver en 2017 en disant : on a plutôt sauvé l'essentiel et modernisé le pays. Il faut lui reproposer un contrat. »

Depuis toujours, Hollande dispose de certitudes fortes, arrimées à un social-réformisme de bon aloi, sur fond de libéralisme light, le tout baignant dans un océan de volontarisme. Colbertiste converti à la mondialisation, c'est un social-libéral, en fait, à l'image des anciens chefs des gouvernements allemand et britannique, Gerhard Schröder et Tony Blair, promoteurs en Europe, à la fin des années 90, de la « troisième voie », située au carrefour de la social-démocratie et du libéralisme.

Il ne se fait toutefois aucune illusion : « On peut perdre à cause de l'économie, mais on ne gagnera pas grâce à l'économie », assène-t-il.

En 2017, on parlera moins de politique de l'offre que d'offre politique. Celle que proposera Hollande devra être très convaincante. Car pour le chef de l'État, se faire réélire s'annonce encore plus délicat que guérir une économie chancelante.

C'est dire s'il part de loin…

3

Le symbole

Mieux vaut mourir incompris que passer sa vie à s'expliquer.

William Shakespeare

On n'est jamais déçu, avec Arnaud Montebourg.

Il nous arrive même d'être encore surpris, parfois.

Comme ce vendredi 4 juillet 2014.

Ce soir, c'est France-Allemagne au programme, un quart de finale de Coupe du monde de football. Nous sommes une vingtaine, unis par la passion du ballon rond, rassemblés chez un ami commun, dans un beau quartier parisien. Joli loft-duplex, ambiance survoltée, les enfants trustent les bonnes places devant l'écran du vidéoprojecteur. On s'extasie sur la qualité du jeu allemand, on déplore l'atonie de l'attaque française, l'impuissance de Benzema, l'inéluctabilité de la défaite… Soudain, Montebourg débarque, majestueux, guest star inattendue de la soirée. Il tourne autour du buffet, engouffre quelques tomates cerises, se tartine des pelletées de pâté, et lâche à la cantonade, sûr de son effet : « Ils sont tous fous, à l'Élysée. Moi, je n'y mets plus les pieds ! »

Oui, c'est bien le ministre du Redressement productif qui s'exprime ainsi, devant nombre de parfaits inconnus, critiquant haut et fort la présidence de la République, s'affranchissant avec délectation de la classique réserve ministérielle.

Curieuse, tout de même, cette propension chez lui depuis toujours à vouloir absolument attirer les regards. À provoquer. C'est vrai, Montebourg n'en est pas à son coup d'essai. Nous le connaissons depuis si longtemps. Vingt ans au moins qu'on le croise, de son cabinet d'avocat à son bureau de député à l'Assemblée nationale. Il a toujours joué les forts en gueule, les histrions incontrôlables. Avec un talent indéniable.

Cette fois, on le devine sincèrement remonté. L'épisode de la fermeture des hauts-fourneaux de Florange, en novembre 2012, est passé par là.

Le boutefeu du gouvernement n'a toujours pas pardonné au couple exécutif ce qu'il considère comme une inacceptable double faute : avoir rejeté sa solution d'une nationalisation temporaire du site de Florange ; et surtout, sans doute beaucoup plus grave à ses yeux, l'avoir traité par le mépris.

« Le piège Florange, c'est le piège de l'émotion, alors que c'est une bonne décision »

Alors que le gardien allemand Neuer a repoussé les ultimes assauts français, assurant ainsi la victoire de la Mannschaft, nous revient en mémoire une discussion avec Montebourg, vieille d'un an et demi. Cela se passe le 31 janvier 2013, dans son bureau, au ministère du Redressement productif, situé dans une aile de Bercy. La nuit commence à tomber, Paris s'allume en fond visuel, lui est assis sur son canapé, pliant et dépliant ses jambes interminables.

Et il est furieux, déjà.

Cela fait plus de deux mois qu'il a été désavoué.

« Ayrault et Hollande ? Ce sont des cague-braille !

Des jean-foutre. Des vers de terre », se déchaîne-t-il, avec une verve jubilatoire. Il prend même la peine de nous expliquer ce qu'est un cague-braille, au cas où nous l'ignorerions. Il fait bien. Dans le sud de la France donc, ce qualificatif s'applique à ceux qui mettent un pantalon large, trop large, laissant ainsi supposer que son porteur a déféqué dedans.

Sympathique.

Intarissable car inconsolable, Montebourg nous lance encore : « Ils m'ont trahi, humilié. Je suis passé pour un dingue. »

Avant de porter l'estocade : « Je leur ai dit : "C'est fini, je me tire". J'ai dit à Hollande : "T'as mis une buse à la tête du gouvernement, qui n'est même pas fichue d'installer un aéroport près de sa ville." Ils ont trahi la gauche. Florange, c'est un boulet, ils vont le traîner car la classe ouvrière, elle a de la mémoire. »

Ah, ce mythe du péché originel, du reniement, de l'apostasie même... On n'a pas fini de le servir à Hollande. D'ailleurs, d'autres observateurs privilégiés, comme les journalistes Valérie Astruc et Elsa Freyssenet, dans un livre très documenté, parleront de Florange comme de la « tragédie de la gauche » (Plon, 2013). Nos consœurs auraient tout aussi bien pu évoquer « la tragédie de Hollande ». Rappeler cette étrange fatalité qui colle aux basques du président : rien n'est porté à son crédit, même quand tout paraît, au moins sur le fond, pouvoir militer en son sens.

Florange, donc.

Nous avons si souvent parlé et reparlé de cette affaire au chef de l'État. Elle est exemplaire par bien des aspects.

Après tout, l'opinion publique aurait pu lui savoir gré d'avoir sauvé la mise à 629 ouvriers, sans compter l'instauration d'une loi forte, destinée à lutter contre les excès des grands capitaines d'industrie. Mais non, interrogez vos proches, ils vous le diront : Florange, bastion de la sidérurgie française, c'est le premier gros échec du président Hollande.

Quasiment une marque d'infamie.

Hollande se souvient être tombé, très volontairement, dans une sorte d'embuscade médiatique et populaire. Il a ces mots, devant nous, le 4 janvier 2013, quelques jours après avoir réglé ce dossier : « Le piège Florange, c'est le piège de l'émotion, alors que c'est une bonne décision. »

Donc, pour le chef de l'État, il n'est pas question d'un fardeau, au contraire. Il est sûr de lui, en tout cas. Il a des raisons, c'est vrai : même les syndicalistes, aujourd'hui, font profil bas, et l'accueillent volontiers à Florange.

Il faut reprendre le cours des événements pour mieux comprendre cette affaire si symbolique, qui suivra Hollande jusque dans les livres d'histoire, sans que l'on sache encore si, in fine, elle sera portée à son crédit ou à son passif.

Florange, c'est avant tout un lieu emblématique. On ne se rend pas en Lorraine impunément. Surtout, ne pas y lancer des promesses intenables. À Longwy en 1984, François Mitterrand avait eu droit aux cris des ouvriers scandant : « Mitterrand trahison ». Et vingt-cinq ans plus tard, ce sera au tour de Nicolas Sarkozy d'être étrillé : la CFDT élèvera ironiquement une stèle en son honneur, en février 2009, afin de dénoncer ses engagements non tenus sur le maintien de l'emploi sur un autre site détenu par la firme ArcelorMittal dans la région, à Gandrange.

En juillet 2011, donc, deux hauts-fourneaux sont mis en sommeil par ArcelorMittal, à Florange, dans un bassin déjà en voie de forte désindustrialisation, à l'image de la France. Pas moins de 750 000 emplois perdus en dix ans. Le chômage est omniprésent dans cette région de la Lorraine où prospère le FN, et François Hollande, dans les derniers mois de sa campagne, saisit l'occasion de marquer sa différence sociale avec le président Sarkozy.

Le 24 février 2012, juché sur le toit d'une camionnette

syndicale, il clame : « Je viens devant vous prendre des engagements… » Il promet par exemple l'adoption d'une loi contraignant une entreprise à trouver un repreneur en cas de départ brutal d'un site et de licenciements collectifs. Et puis, surtout, il crée un espoir chez les ouvriers du cru.

C'est le but d'une campagne présidentielle, après tout. Donner du rêve. Hollande a su en distribuer à la pelle, en 2012 – c'est d'ailleurs son principal souci, aujourd'hui.

Pour le ministère du Redressement productif nouvellement créé, l'occasion est belle de tenter de résoudre une équation impossible. Arnaud Montebourg s'y emploie, avec toute son énergie. Il commande, dès le 5 juin 2012, un rapport sur le site de Florange à Pascal Faure, spécialiste de la filière acier. Le 27 juillet 2012, le document lui est remis, il conclut que Florange est l'un des trois « sites d'ArcelorMittal les plus performants en termes de coûts de production ».

Deux mois plus tard, Hollande reçoit à l'Élysée le P-DG du groupe, Lakshmi Mittal. Il pense discuter avec le fils, mais s'adresse au père, une confusion assez étonnante, tout de même. « C'est vrai, s'amuse-t-il à l'évocation de cette méprise. Il m'est apparu jeune… »

« Je vois Mittal ici, dans le bureau d'à côté, relate le chef de l'État. C'était la première fois que je le rencontrais. Je lui dis : "Voilà, sur Florange, qu'êtes-vous capable de nous proposer ?" Il me dit : "Écoutez, je veux bien faire un geste : on mettrait en vente, s'il y a un repreneur, les hauts-fourneaux et la cokerie [où se fait la cuisson du charbon]. Pour le reste, je mettrais 120 millions d'euros d'investissement." » Il s'agit de concessions intéressantes aux yeux de l'exécutif, mais il faut aller vite, car Mittal a fixé un ultimatum : « On avait deux mois pour trouver un repreneur », explique Hollande.

Mittal met aussi dans la balance un projet industriel capital, car susceptible de maintenir en fonctionnement l'un des deux hauts-fourneaux. Dénommé Ulcos, il prévoit le captage et le stockage de CO2 sur le site de Florange.

Mais le 1er octobre 2012, première douche froide, ArcelorMittal annonce la fermeture définitive des deux hauts-fourneaux de Florange. Bilan : 629 ouvriers sur le carreau.

Lakshmi Mittal n'est pas du genre à tergiverser. Seuls les cours fluctuants de l'acier déterminent son mode de gestion.

« Il est allé trop loin, il a eu des paroles malheureuses »

Montebourg en est persuadé, il tient là son allégorie, le combat qui fera de lui le héros définitif de la gauche sociale, antimondialisation, cette gauche qu'il a voulu incarner lors de la primaire du Parti socialiste, parvenant à recueillir sur sa ligne 17 % des suffrages. S'il veut jouer les messies, il va lui falloir obtenir de l'Élysée et de Matignon qu'ils se rallient à sa solution, la nationalisation.

Hollande et Ayrault, de leur côté, s'activent pour trouver d'éventuels repreneurs privés. Sans succès.

Le théâtral ministre du Redressement productif peut entrer en scène. « Alors, à ce moment-là, relate Hollande, Montebourg est venu me voir en me disant : “On pourrait faire la proposition de nationaliser partiellement le site.” Je lui ai demandé de faire une évaluation juridique, économique et financière de cette opération. »

Montebourg se rêve en sauveur de la sidérurgie française, qui plus est en utilisant ce qui fut longtemps l'arme favorite de la gauche, la nationalisation. Il dispose d'alliés objectifs. Édouard Martin, le responsable de la CFDT à Florange, belle gueule et parler vrai, jouit des faveurs des médias. Montebourg bénéficie également d'un appui politique : la ministre de la Culture et ex-élue de Moselle dont elle est originaire, Aurélie Filippetti. Une fille d'ouvriers aux convictions de gauche bien ancrées. Deux caractères, unis pour une même cause. Aurélie Filippetti deviendra d'ailleurs la compagne d'Arnaud Montebourg, plus tard.

Le blindé Montebourg est lancé. Il renverse tout sur son passage, mobilise les énergies de son ministère pour valider son plan de prise de contrôle d'une partie du site.

Et il assure lui-même le service après-vente, quitte à bousculer les usages. Le 22 novembre 2012, au Sénat, il lance : « Le problème de Florange, ce n'est pas les hauts-fourneaux, c'est la défaillance de Mittal. » Nouvelle salve, cette fois dans *Les Échos*, le 26 novembre : « Nous ne voulons plus de Mittal en France, parce qu'ils n'ont pas respecté la France. »

À Florange, les ouvriers adhèrent à l'offensive, autant médiatique et politique qu'économique, menée par le Kid de Bercy. D'autant que fuite opportunément, dans *Le Canard enchaîné*, une note de dix pages rédigée par la directrice juridique du ministère, Catherine Bergeal. Elle conclut à la faisabilité d'une nationalisation qui peut très bien « ne concerner qu'un bien ou un établissement ». La France s'empare du sujet, se prend de sympathie pour cette part d'elle-même qui se révolte contre une disparition programmée et, au-delà, une mondialisation forcément inhumaine. Les ouvriers campent sur le site, marchent jusqu'à Paris. Édouard Martin est devenu une sorte de talisman, on se l'arrache de chaînes d'info en plateaux people.

La mécanique est lancée, le Fonds stratégique d'investissement, dans un document transmis à l'Élysée fin novembre 2012, évalue, dans l'hypothèse d'une nationalisation partielle, l'investissement total à 1,1 milliard d'euros sur la période 2013-2015.

Nous voici presque au bout du délai de deux mois accordé à l'État par le milliardaire pour trouver un repreneur. L'heure de vérité approche. Le 27 novembre 2012, Hollande doit revoir Lakshmi Mittal. Les propos guerriers de Montebourg avaient-ils reçu l'aval du chef de l'État, afin d'établir un rapport de force avec le milliardaire indien ? « Non », affirme Hollande, qui regrette au contraire la sortie un peu trop dure de son ministre : « Il est allé trop loin, il a eu des paroles malheureuses. »

En même temps, il reconnaît qu'il lui avait « demandé de travailler sur la solution éventuelle de la nationalisation partielle, ne serait-ce que pour que cette hypothèse puisse exister et que Mittal puisse y être sensible. C'est en ce sens que Montebourg a été utile ». Mais a-t-il seulement cru à cette nationalisation tant désirée par Montebourg, ou ce dernier a-t-il joué les idiots utiles ? « La nationalisation était possible, mais à des conditions extrêmement difficiles », répond simplement Hollande.

Ce mardi 27 novembre 2012 débute donc le deuxième round des négociations, à l'Élysée, toujours dans le salon Vert. Mittal est venu avec son staff. Sont également présents le secrétaire général de l'Élysée, Pierre-René Lemas, et le prometteur secrétaire général adjoint, un certain Emmanuel Macron.

Le climat est clairement hostile. « On était dans une relation de travail, de force », euphémise Hollande. Pour ne pas être en position de faiblesse, il fait mine de ne pas parler anglais, alors qu'il le comprend parfaitement, et s'exprime en français. Mittal, lui, converse en anglais, une interprète a été requise pour faire le lien. Mittal est furibard. « J'ai été insulté, attaqué », lâche-t-il. Pas faux, il faut bien le reconnaître. Hollande se souvient : « Je lui dis : "Oui, mais bon, en même temps, il y a un problème de confiance, vos engagements n'ont pas été tenus lorsque vous avez quitté Gandrange pour Florange, c'est bien cela qui a créé le problème !" Et à ce moment-là, il sort un papier. »

Ce document, brandi par Mittal, n'est autre que l'accord signé avec Nicolas Sarkozy. Au printemps 2008, ce dernier avait en effet négocié avec Mittal une convention, jamais rendue publique, stipulant, entre autres, que le groupe ArcelorMittal devrait investir 330 millions d'euros à Florange, pour faire passer la pilule de la fermeture de Gandrange. « Vous voyez, assure Mittal à Hollande, dans le papier que j'ai signé avec Sarkozy, il a bien été dit que je ferais les investissements sur les hauts-fourneaux de Florange, mais dans l'hypothèse où il y aurait une activité économique meilleure qu'en 2008. Or, est-ce que vous pouvez contester que la situation économique s'est détériorée ? »

Atmosphère tendue dans le salon Vert.

Deux puissances face à face.

Mittal n'a pas tort. Le cours de l'acier vient de passer sous les 100 dollars la tonne, pour la première fois depuis 2009. L'économie chinoise se contracte, les commandes baissent, les stocks s'accumulent... Il se considère dans son bon droit. Il n'est pas certain par ailleurs que l'accord signé avec Sarkozy, qui a tout du marché de dupe, soit contraignant, juridiquement.

Hollande en est parfaitement conscient, il lui faut jouer finement.

Il sait faire, normalement.

« Entre le discours de raison d'Ayrault et la passion prolétarienne du syndicaliste... »

Mittal est prêt à lâcher du lest, il confirme la fermeture des deux hauts-fourneaux, mais propose de rehausser son investissement sur le reste du site. « Je n'ai pas commis de faute par rapport aux engagements puisque, vu la situation économique, je n'ai plus à investir dans les hauts-fourneaux, mais en revanche je suis prêt à faire un investissement plus important que ce que je vous avais dit au mois de septembre : ce n'est plus 120 mais 180 millions d'euros », propose-t-il. En revanche, plus question du projet Ulcos, Mittal ne s'en cache pas devant Hollande, dès ce 27 novembre.

« Alors, relate Hollande, je lui dis : "On a une autre solution qui pourrait être de reprendre, nous l'État, l'ensemble du site de Florange. Ce qui pourrait peut-être vous soulager." » L'industriel s'y oppose catégoriquement. Il possède deux autres sites dans l'Hexagone, à Fos et à Dunkerque, qui pâtiraient forcément de cet arrangement car leur fonctionnement est lié à l'activité maintenue sur la partie rentable de Florange. Mittal menace même de couper les approvisionnements venant de Dunkerque et de Fos en cas de nationalisation.

« Il y va franco, il est cash ! résume Hollande. Le risque était d'avoir un conflit qu'on aurait pu gagner sur un ou deux ans, mais qui aurait sans doute bloqué une partie de la production d'acier en France, et avec la menace réelle qu'une partie de l'activité puisse être installée à Liège, où Mittal a d'autres intérêts… »

Il n'y a pas d'éclats de voix, mais tout cela est dit très fermement, une véritable discussion de businessmen. « Lui n'était pas dans la diplomatie, rapporte Hollande. C'était : "Soit je reste et je comprends que je dois faire une concession, soit vous me nationalisez mais je vous fais la guerre." Une discussion plutôt ferme. »

Dès le lendemain de cette entrevue, mercredi 28 novembre, après le Conseil des ministres, le président convoque Ayrault. Et Montebourg, « qui continuait à entretenir l'idée d'une nationalisation »… « Je leur dis qu'il faut maintenant trouver une solution, atterrir, raconte Hollande. Et donc qu'Ayrault va être chargé de la négociation avec l'équipe de Mittal, mais qu'on va plutôt vers la solution du compromis, car cela nous permet d'éviter le plan social, et d'avoir la concession sur les 180 millions d'euros. »

Le Premier ministre est donc autorisé à signer un accord avec le géant de l'acier. Pas de casse sociale, à savoir le reclassement des ouvriers des hauts-fourneaux, un avenir possible avec l'éventuel projet Ulcos, et plutôt qu'une destruction, une simple mise sous cocon des deux hauts-fourneaux, au cas où ils pourraient servir à nouveau. Et les fameux 180 millions d'euros d'investissement promis par Mittal. Pas si médiocre, à bien y réfléchir, même si Ulcos a peu de chances de voir le jour.

Montebourg, de son côté, continue de faire entendre sa petite musique très personnelle. Le vendredi 30 novembre 2012 au petit matin, il décide de porter des croissants à l'équipe de salariés d'ArcelorMittal qui squatte au pied de son ministère. « Bien sûr que je devais le faire, s'insurge Montebourg devant nous. Il y a des types qui campent dans le froid en bas de chez moi, qui se battent pour leur boulot, et je devrais ne pas aller prendre un café avec eux ? Moi, je parle avec tout le monde. »

Au risque de céder à la démagogie, d'entretenir un fol espoir ?

Car le soir même, après que le texte de son intervention a circulé entre l'Élysée et Matignon, Ayrault s'exprime devant les caméras de télévision. Et détaille le contenu de l'accord qu'il vient de parapher.

La nationalisation partielle n'aura été qu'une chimère, un paravent. Les syndicalistes se sentent floués. Édouard Martin s'emporte. « Nous avons le sentiment d'avoir été une nouvelle fois trahis, lâche-t-il, nous n'avons aucune confiance en Mittal. Nous avons été le cauchemar de Sarkozy, on pourrait être celui de ce gouvernement. » Entre l'image d'un Jean-Marc Ayrault coincé, plus technocratique que didactique, relégué qui plus est après le journal de 20 heures, et celle d'un syndicaliste outré, charismatique, l'opinion publique n'hésite pas.

« En termes de communication, ce n'était pas terrible, il valait mieux le faire au 20 heures quand même, déplore Hollande. L'image que l'on a immédiatement, c'est Martin criant à la trahison, car lui croyait encore à la nationalisation. Pour lui, rester avec Mittal, c'est un échec. Depuis le début, il veut sortir de Mittal. Donc il était déçu, c'est vrai. » D'autant que le groupe Mittal annonce publiquement, une semaine plus tard, qu'Ulcos ne verra pas le jour, entérinant ainsi la fermeture définitive des deux hauts-fourneaux !

« Le fait qu'Ulcos ait été abandonné donnait l'impression qu'on avait bien la preuve que Mittal ne respectait pas ses engagements, constate Hollande. Or, Mittal me l'avait dit dès le départ. Bref, la CGT nationale était plutôt favorable à cette solution, mais la voix de Martin... C'est souvent comme ça, dans les mouvements et conflits sociaux, il y a un type qui se détache avec force, passion, une implication personnelle. D'ailleurs, sa sincérité n'est pas en cause. Mais ça fait qu'entre le discours de raison d'Ayrault et la passion prolétarienne du syndicaliste... »

Quelques mois plus tard, le chef de l'État tente d'analyser cette séquence. « Qu'est-ce qui fait que pour des téléspectateurs l'homme sincère n'est pas le décideur, mais le syndicaliste ? Alors que la parole officielle, qui est juste, c'est qu'il n'y a pas de licenciements, qu'il y a de l'investissement. »

Ne se reproche-t-il pas, du coup, un grave bug de communication ? « Si », convient-il. L'image, toujours l'image. « Un Premier ministre dans son bureau en duplex, face à l'image d'un type dans son usine, en larmes, vous ne tenez pas. L'adhésion va vers celui qui souffre, pas vers celui qui décide. »

Il liste également deux erreurs majeures : « D'abord, peut-être d'avoir été trop vite, il fallait encore faire monter la sauce. Deuxième erreur : ne pas avoir associé les syndicalistes en amont. L'erreur, c'est la communication, mais c'est surtout dans la décision. Il aurait fallu la préparer. » Il insiste : « On a tranché trop vite. Il fallait aller vite, mais il aurait fallu construire une mise en scène. Pour qu'une décision positive soit comprise, il faut qu'elle ait été préparée. C'est une leçon, mais pas un regret. »

Bien sûr, ce vendredi 30 novembre 2012, en début de soirée, Montebourg est hors de lui. « Ayrault n'a pas cité Montebourg », se souvient Hollande, déplorant que l'hôte de Matignon n'ait pas profité de son intervention télévisée pour panser les plaies de son orgueilleux ministre. « Il aurait pu dire : "Grâce à Montebourg..." Il y avait une histoire à raconter, qui était de dire : "Montebourg fait monter la pression, moi je travaille au corps Mittal, Mittal fait un certain nombre de concessions qu'ensuite Ayrault met en forme..." »

Du coup, le ministre se sent humilié.

Pire, oublié.

Le samedi 1er décembre, il se rend à l'Élysée. « Hollande, nous dit-il, il n'était pas fier, je ne l'ai pas laissé parler, je lui ai dit : "Je vais à TF1, au 20 heures." J'ai ajouté : "J'ai fait 17 %, tu ne respectes pas notre accord..." Ce n'est pas moi qui étais debout, sur les camionnettes, devant les ouvriers, avec un porte-voix... »

« Ayrault avait politiquement raison, économiquement raison... »

Montebourg répète depuis quelques heures à tous ceux qu'il croise qu'il va démissionner. Hollande calme le jeu. « Je lui ai dit : "Il faut aller au 20 heures, défendre la position retenue, et en même temps montrer que tu avais peut-être une solution" », détaille Hollande. L'art de la synthèse, toujours.

« Je ne dirais pas qu'il a voulu partir, il voulait avoir une reconnaissance, précise le chef de l'État. Il ne m'a pas tendu de lettre de démission en me disant : voilà, je m'en vais... Il m'a dit : "C'était très dur, je n'ai pas eu de reconnaissance du Premier ministre, il ne m'a pas cité." J'ai préféré qu'il reste au gouvernement, mais je n'ai pas eu besoin d'exercer beaucoup de pression pour qu'il aille en ce sens. C'est plus un problème humain, que j'ai eu à régler. »

« Il m'a retenu en me donnant la possibilité de parler des nationalisations, en me donnant les moyens financiers pour le ministère », nous confirme Montebourg.

De son bureau présidentiel, Hollande appelle Ayrault. Il faut faire baisser la pression entre Montebourg et le Premier ministre. Car les mots échangés sont durs, de part et d'autre. « Montebourg a mis du temps ensuite à atterrir, explique le chef de l'État. Ayrault avait politiquement raison, économiquement raison. Humainement, il a sans doute été trop dur. Montebourg a été, lui, trop loin dans son expression, et ensuite était trop froissé dès lors qu'il n'a pas été traité comme il fallait. »

Beaucoup de « trop », en fait, aux yeux d'un homme qui abhorre l'excès, dans le comportement en particulier.

Hollande a bien acté le fait que toute cette histoire risque de laisser une trace pas très glorieuse dans son quinquennat. Lorsqu'on lui demande s'il a conscience que ce qu'il considère comme un succès a été vécu comme un échec dans l'opinion, il approuve cliniquement : « Oui... » Mais c'est pour ajouter aussitôt : « Je l'assume, cette décision. C'est moi qui la porte. Je n'ai pas eu un problème de principe, mais d'efficacité et de réalisme. Pourtant, je pouvais me faire plaisir à bon compte. Je pouvais faire annoncer par Ayrault : "On nationalise partiellement Mittal." Martin aurait dit : "Formidable." Mais quinze jours après, tout aurait été bloqué, Mittal aurait fermé, et on nous aurait mis en accusation. » Sans compter les risques de censure, malgré le blanc-seing de la direction juridique : « Car pour faire une nationalisation, il faut une loi, rappelle-t-il. Et imaginez la loi annulée par le Conseil constitutionnel... »

Il tente, comme souvent, d'expliquer que, lors de cet épisode douloureux, lui a été à la hauteur : « J'avais fait ce que le président devait faire : l'entretien avec Mittal et la concession qu'il a opérée, ça ne pouvait être qu'avec moi. Mittal ne pouvait le faire qu'avec le président de la République, même si on pourrait dire qu'il avait roulé Sarkozy dans la farine. En tout cas, c'était mon rôle. » Peut-être, tout de même, aurait-il dû, ensuite, éviter de déléguer la mise en forme du compromis à Matignon ? « C'était peut-être à moi d'annoncer la décision, concède-t-il. Si je dois refaire le film, oui, c'est comme ça que cela devait se faire. »

Le parcours du combattant n'est pas terminé, car, après avoir calmé un Montebourg « assommé, affecté, meurtri », à en croire Hollande, il faut assumer la nouvelle colère d'un Édouard Martin détruit par l'annonce faite par Mittal, le 6 décembre, de l'abandon du projet Ulcos. « Il [Mittal] me l'avait dit dès le début », répète Hollande. Les syndicats, en tout cas, n'avaient pas été mis dans la confidence. Deux fois qu'ils se sentent bernés. Les propos de Martin, face caméra, prennent une force évidente. « Monsieur le Président, vous attendez quoi ? Qu'il y ait un malheur ici ? Eh bien, nous, on va être votre malheur ! » hurle-t-il, gonflé à bloc. « C'est un brave type Martin, commente Hollande, pas un gaucho. Il va être pris comme un étendard, mais c'est un type plutôt régulier. »

Hollande aurait pu balayer la poussière sous le tapis, un peu comme Sarkozy à Gandrange, quitte à en payer le prix plus tard, à devoir éviter les déplacements présidentiels dans le secteur.

Mais le président ne vit pas la séquence comme une déconvenue. Il ne s'y résout pas. « Grâce à notre action, on a sauvé les emplois à Florange », revendique-t-il.

Il s'assigne donc une mission, et elle n'est pas des plus évidentes : se rendre, chaque année, à Florange, pour vérifier sur le terrain les engagements de Mittal. Florange, où il n'est vraiment pas en terrain conquis, entre un FN aux scores effrayants et des ouvriers désabusés.

Première visite le 26 septembre 2013. Une pluie fine attend le chef de l'État. La routine, quoi.

La CGT a organisé les festivités, quelques dizaines de manifestants sifflent le passage du cortège présidentiel. Une pancarte, arborant la mention « Hollande, comme Sarkozy, président des patrons », est mitraillée par les photographes.

Elle était là pour eux.

Le chef de l'État accepte de discuter avec les syndicalistes. Sans témoin. Nous le retrouvons, quelques jours plus tard. Il nous raconte l'entrevue, musclée, avec les syndicats. Sa préparation. Un superbe condensé de la méthode Hollande. Pierre-René Lemas, le très rond secrétaire général de l'Élysée, a été missionné pour adoucir les angles. Il a spécifiquement « briefé » Édouard Martin. « C'était lui qui allait donner le "la" », explique le président.

Avec la CGT, la première discussion est très « dure ». Avec la CFDT, donc Édouard Martin, « c'était honnête, c'était franc, ce n'était pas tordu ». Puis FO s'exprime. Crûment. « C'était plutôt… Front national. Je ne pense pas que les types étaient Front, mais c'était les idées. Et l'Europe, et l'euro… On sentait que là, il y avait une porosité très forte », résume Hollande.

Comme dans un jeu de rôles, Édouard Martin lâche qu'il attend des propositions fermes. Bien entendu, Lemas lui en a déjà révélé les grandes lignes. « Il savait que j'allais pouvoir en faire », avoue le chef de l'État. Le syndicaliste grande gueule et le président magnanime forment un duo parfait, finalement.

« Ne parlez pas d'Ayrault, ne parlez pas de Montebourg, c'est moi qui ai pris la décision »

« C'est là que Martin m'a aidé, parce qu'il est intervenu comme citoyen. Donc j'ai dit : "Qu'est-ce qu'on fait ? On va sortir de là avec un message de désespoir, ou au contraire pour dire : vous avez gagné un combat et vous vous préparez à en gagner un suivant. Si on perd toutes les batailles, si vous perdez toutes les batailles, si nous au sommet de l'État on est impuissants, pourquoi les gens iraient-ils encore se syndiquer, voter ?" Et là, ils ont commencé à aller sur le terrain des propositions. » Le chef de l'État fait allusion au « pacte Lorraine » signé la veille, prévoyant 300 millions d'euros d'investissement sur trois ans. Il promet aussi la création d'une plate-forme publique de recherche et de développement pour la sidérurgie lorraine.

Il se met la plupart des syndicalistes dans la poche, appuyant là où ça fait mal. « Ils avaient tous constaté quand même que le Front national pouvait faire 40 %, dans le coin, à Hayange, à Florange, etc. Ils se disent, c'est vrai, s'il n'y a plus rien, si tout ce qui est le mouvement ouvrier, sur le plan de sa lutte syndicale ou sur le plan de sa représentation politique, n'y arrive pas, s'il n'y a rien qui permette aux salariés de dire : "On en est sorti", c'est eux qui vont gagner. Alors je leur ai dit : "Mais vous avez gagné la partie ! Il n'y a pas eu de plan social, il y a 180 millions d'euros d'investissement, je vous apporte la plate-forme de recherche, on va essayer de faire la sidérurgie de demain." »

Hollande, quand il parle de Florange, a des accents de sincérité. Le destin de ces ouvriers, symbole de la mondialisation triomphante et de son pendant, le déclin industriel du pays, semble l'avoir réellement touché. « Ils aspiraient à quelque chose… Je leur ai dit : "Ne parlez pas d'Ayrault, ne parlez pas de Montebourg, c'est moi qui ai pris la décision. C'était le meilleur choix pour vous, pas pour moi. Pour vous. La nationalisation ne pouvait pas marcher, Mittal se serait vengé, ils auraient asséché l'approvisionnement." »

Les élus FO ou CGT basculent doucement. Martin donne le coup de grâce, s'adresse à eux : « Vous dites que c'est de la merde ce qu'il propose ? Ben si c'est de la merde, j'en mangerais tous les jours… »

Hollande convainc son auditoire qu'il a sauvé les meubles, à défaut des hauts-fourneaux. Il emporte le morceau.

Martin le syndicaliste va devenir Martin le député socialiste européen, bientôt, en mai 2014. « Il est doué, vraiment doué. Il sait se mettre au bon niveau », admire Hollande en connaisseur, en octobre 2013. « Mais il ne faut pas donner l'impression qu'on l'achète, sinon on va l'abîmer, ce garçon. » Lui pourra revenir sur place sans se faire huer, ni agresser verbalement. Il dit, à propos de ce 26 septembre 2013 : « C'était une belle journée, une manière pour moi de fermer cette plaie. Ça suppurait quand même, hein… »

Une si belle journée ne pourrait être complète, selon la météo hollandienne, sans un orage brutal qui balayerait la belle impression d'ensemble. Car le gouvernement s'étripe, en l'absence du chef de l'État. Valls et Duflot échangent des amabilités sur la question des Roms, la droite s'en mêle… Bref, un beau pataquès politique, le jour même de la visite de Hollande à Florange. La presse, bien évidemment, interroge le président sur ces échanges ministériels pleins d'acrimonie. Résultat, dans les médias, il ne reste plus grand-chose du déplacement présidentiel en Moselle.

C'est peu dire que Hollande est contrarié. Il lâche : « Ça m'a énervé. » Comprendre : il était absolument fou furieux. « Pas simplement pour moi, assure-t-il, mais pour les gens de Florange. C'était leur journée, on ne gâche pas une journée… »

Comme souvent, il ne finit pas sa phrase. En revanche, il aura à cœur de refermer le chapitre Florange.

Le 24 novembre 2014, il est de retour en Lorraine. Même Aurélie Filippetti, qui a quitté le gouvernement depuis peu, comme Arnaud Montebourg, pour cause de désaccord sur la ligne économique, admet, à demi-mot, que Hollande a gagné son pari : « Il y a une différence notable avec Sarkozy, c'est que les engagements ont été tenus », reconnaît-elle alors.

Hollande esquive les militants de la CGT désireux de lui crier leur mécontentement, et pose la première pierre du centre de recherche et de développement.

En novembre 2015, les attentats de Paris l'empêchent de mener une nouvelle visite sur le terrain. Mais il continue à suivre le dossier, il devait d'ailleurs se rendre sur place à l'automne 2016. Sur les 180 millions d'euros d'investissement promis par Mittal, 121 millions ont déjà été utilisés, pour les trois premières années. Et le projet LIS – pour valoriser les rejets de CO2 – a remplacé Ulcos, moyennant 32 millions d'euros de financement consentis. Les 629 salariés de Florange ont retrouvé un travail, ou pris leur retraite.

Il suffit enfin de se rendre sur le site de l'institut de métallurgie du val de Fensch pour se rendre compte que l'établissement public est en état de marche, avec ses 20 millions d'euros de budget, et ses embauches en cours.

Sur le plan législatif, la promesse initiale du candidat Hollande, du temps où il s'époumonait dans un porte-voix, posté sur une camionnette, en février 2012, semble avoir été plutôt respectée, elle aussi : la loi Florange a été votée, puis promulguée le 29 mars 2014. Outre l'obligation faite à une entreprise de plus de mille salariés de chercher un repreneur en cas de licenciement collectif, elle permet aussi de privilégier l'actionnariat de long terme.

Au final, par rapport à la catastrophe annoncée, il n'y a pas eu autant de dégâts humains que redouté, là-bas, à Florange, à l'ombre des grandes tours. Certes, le divorce entre Ayrault et Montebourg a été consommé, le ministre du Redressement productif ayant donc fini par quitter son poste, à l'été 2014, avec pertes et surtout fracas.

De toute façon, le couple exécutif était devenu fataliste, au sujet du trublion de la Saône-et-Loire. « Ayrault, après Florange, était pour que Montebourg quitte le gouvernement », confie Hollande, avant d'ajouter dans un soupir : « Montebourg, il est ce qu'il est… »

Nous revoyons le président, en mars 2016. Il se justifie, encore : « On a l'impression que c'est la gauche, le gouvernement, qui a fermé les hauts-fourneaux et licencié des gens ! La nationalisation partielle était impossible. On a été capables de donner au personnel ce qu'il attendait, le maintien d'un emploi, et même des créations d'emplois. Et des investissements : ils vont faire plus de 180 millions d'euros… »

Alors, Florange, une réussite, finalement ? « Oui, certifie Hollande. Mittal a tenu ses engagements. Et on a respecté nous aussi les nôtres. »

Florange aura surtout illustré l'incapacité récurrente du chef de l'État à valoriser son action, en l'occurence une opération de renflouage pas si mal menée. Pis, dans l'imaginaire d'une certaine gauche, elle demeure un échec, un renoncement. Sans doute parce qu'elle traduit aussi, en témoigne l'affaire Alstom d'automne 2016, l'impuissance de l'État français face aux empires industriels mondialisés. « L'État ne peut pas tout », disait déjà, en 1999, le Premier ministre Lionel Jospin, confronté à la fermeture d'une usine Michelin. Un aveu qui avait coûté cher au responsable socialiste, que François Hollande cite si souvent en exemple.

Raconter Florange, finalement, c'est dresser toujours le même constat, au cœur du quinquennat Hollande : l'idéal s'efface, le pragmatisme s'impose. Désamorcer les crises plutôt que réenchanter la vie. Le 20 juin 2014, Hollande notait devant nous : « Qui parle maintenant des hauts-fourneaux de Florange ? Personne. »

Hollande ou le démineur incompris.

4
Le démineur

Un mauvais arrangement vaut mieux qu'un bon procès.

Honoré de Balzac

La clé, c'est Manuel Valls qui nous l'avait donnée, sans que l'on s'en rende vraiment compte, à l'époque.

C'était à l'automne 2011, quand Hollande caracolait en tête des sondages, au temps béni où il emplissait des salles de supporteurs extatiques. Valls, alors directeur de la communication du candidat socialiste, nous avait glissé ceci, à propos du futur chef de l'État : « Quand il entre dans une salle de meeting, il repère tout de suite la porte de sortie. » Trois ans plus tard, Jean-Pierre Jouyet, l'indéfectible ami, nous confiera à propos de Hollande, comme en écho : « Il a toujours été comme ça, il ne ferme jamais une porte. »

L'anecdote rapportée par Valls comme la confidence de Jouyet ne témoignent pas seulement de l'obsession de Hollande pour sa liberté, sa détestation de toute forme d'attache.

Elle doit être également comprise au sens figuré.

Comment en effet mieux résumer la personnalité du chef de l'État, son goût de l'escapade ? C'est le Houdini de la politique, un magicien de l'esquive, un professionnel de l'escamotage. Le genre de type qui, dans chaque situation périlleuse, trouve toujours une échappatoire. Le chef de l'État, qui fuit l'affrontement, n'a qu'une idée en tête lorsqu'il se présente à lui : le désamorcer en douceur, en essayant de ne mécontenter personne. Dès avril 2012, devant nous, il revendiquait : « L'art du consensus ? Il me permet de décider facilement ce que je souhaite, ce n'est pas un mauvais mode de gouvernement, ça évite les conflits. »

Hollande ou le compromis permanent.

Cette méthode, un soir d'octobre 2014, le chef de l'État l'a assumée devant nous en des termes on ne peut plus clairs, alors que nous évoquions la chute continue de la cote de popularité de Manuel Valls, passé quelques mois plus tôt de Beauvau à Matignon : « Parce que gouverner, ça amène à faire des compromis », nous expliqua Hollande. « Gouverner, ajouta-t-il, c'est avancer, mais ce n'est pas avancer tout droit, comme ça, en ayant en tête que rien ne pourra nous arrêter. Non, il faut contourner l'obstacle quand il est trop haut, et parfois prendre du temps pour arriver à destination. »

Durant son mandat, des obstacles à contourner, François Hollande en aura trouvé plus qu'il ne l'imaginait sur sa route, ô combien escarpée.

Le psychodrame de l'écotaxe en est une bonne illustration.

Décidée sous Nicolas Sarkozy, dans le cadre du Grenelle de l'environnement et en application d'une directive européenne, cette taxe sur les poids lourds, plusieurs fois reportée, devait enfin entrer en vigueur au 1er janvier 2014. Symbolisée par la mise en place de portiques, elle provoque un tir de barrage, notamment en Bretagne, donnant naissance au mouvement des « Bonnets rouges ». À l'automne 2013, l'ouest du pays connaît d'importants mouvements de protestation. De durs affrontements avec les forces de l'ordre provoquent plusieurs blessés graves, des portiques sont détruits par des manifestants sur les routes et autoroutes de la région.

Le chef de l'État doit trouver d'urgence une bretelle de sortie.

« Si, pour le moment, rien ne coagule, il faut faire attention »

Il craint un effet de contagion et une flambée sociale. Fin octobre 2013, le gouvernement décide donc de « suspendre » l'écotaxe dans toute la France. Suspendre et non pas supprimer bien sûr : il faut donner aux Bonnets rouges le sentiment qu'ils l'ont emporté tout en permettant aux écologistes, encore présents au gouvernement et partisans de cette taxe instituée au nom du principe du « pollueur-payeur », de sauver la face. « L'écotaxe doit être corrigée, mais elle doit être mise en œuvre, car elle est nécessaire », explique alors Jean-Marc Ayrault, depuis le perron de Matignon. En clair, il est urgent de gagner du temps.

Commentant, au début du mois de novembre 2013, le développement de divers mouvements sociaux, Hollande constate que « si, pour le moment, rien ne coagule, il faut faire attention, parce que ça peut faire masse. Il y a une addition de colères, de mécontentements, d'insatisfactions, dont l'impôt peut être l'élément fédérateur. À un moment, il y a un facteur d'irritation qui rassemble tout ».

Du début à la fin de son quinquennat, François Hollande aura vécu dans la hantise de voir la somme des exaspérations s'agréger pour se fondre dans un seul et même mouvement de contestation dont son pouvoir, rapidement très affaibli, aurait certainement eu du mal à se remettre.

« Est-ce qu'il ne va pas y avoir, suite à l'affaire bretonne, une jacquerie, tout le monde avec son bonnet ? »

s'inquiète-t-il. « Ce qui explique votre recul sur l'écotaxe ? » lui demande-t-on. « De toute façon, on l'avait déjà reportée », élude Hollande, toujours aussi peu enclin à reconnaître un échec.

Sans doute parce qu'à ses yeux, dans le cas de l'écotaxe, cela n'en est pas un.

Pourtant, tout indique que la marche arrière de l'exécutif condamne définitivement la taxe sur les poids lourds. « On verra dans quelques mois, argue-t-il, mais là, il faut que ça se calme en Bretagne pour qu'ensuite on puisse rediscuter avec les professionnels, qui sont conscients que c'est quand même mieux s'il y a l'écotaxe, parce que ça rapporte des recettes pour financer les équipements... »

« Soit on recule et on dit : "Vous êtes faible." Soit on ne recule pas et on dit : "Vous êtes sourd..." »

Il en est convaincu, « tant qu'on n'a pas réglé le problème breton, on ne peut pas remettre l'écotaxe. Mais là, pour le mois de novembre, ce qu'il faut éviter, c'est le mouvement de contagion ». Sans doute est-ce cette crainte qui a conduit, quelques jours auparavant, le gouvernement à reculer sur un autre sujet, électoralement sensible : la taxation des PEL (plans épargne logement). Face à la grogne des épargnants, le ministre du Budget a annoncé que le gouvernement allait revoir son projet d'aligner par le haut les prélèvements sociaux sur les produits d'épargne, et limiter la mesure à certains contrats d'assurance-vie.

« Tout ça, ce sont des reculades », insiste-t-on. « Oui, concède-t-il, mais ça a pris une tournure un peu ridicule, parce que si on ne recule pas, on dit : "Vous vous obstinez, vous créez une injustice et vous ne la corrigez pas", et si on recule, on dit : "Vous êtes faible." »

Toujours ce sentiment que, quoi qu'il fasse, il sera critiqué. Délire de persécution, début de paranoïa ? En même temps, les faits auraient plutôt tendance à lui donner raison… Lorsqu'il évoque ce thème, le débit du chef de l'État s'accélère d'ailleurs soudainement, il mange presque ses mots, signe chez lui d'un agacement certain.

« C'est le dilemme classique, on connaît ça par cœur, s'énerve-t-il. C'est comme pour l'écotaxe… Il ne s'agit pas de faire preuve de faiblesse, mais de dire : il y a un problème, on essaye de le régler. Mais on est dans un monde médiatique… »

Un an plus tard, comme il fallait s'y attendre, l'écotaxe est bel et bien enterrée. C'est Ségolène Royal qui prononce son oraison funèbre, le 9 octobre 2014. Les syndicats de transporteurs sont ravis, les écologistes ulcérés.

La tactique du consensus cher à François Hollande en a pris un coup. Mais quel rôle a-t-il joué dans le dénouement de ce feuilleton ? Ça tombe bien, le lendemain, on a rendez-vous avec lui, à l'Élysée.

« Ségolène Royal n'a jamais été favorable à l'écotaxe, commence-t-il. Quand elle est arrivée comme ministre, elle avait demandé, et je lui avais donné cette autorisation, à transformer l'écotaxe, qui était de toute façon encalminée, en une formule de redevance-péage sur un réseau plus étroit et avec une recette plus faible. Elle a eu la conviction, et elle avait aussi le rapport des préfets qui allaient dans ce sens, que la France allait être bloquée dès la semaine prochaine. Et tout ça pour une expérimentation qui allait donner éventuellement des premiers résultats pas avant le milieu de l'année 2015. Donc elle nous a envoyé un message – j'étais à Angoulême, et le Premier ministre était à Lille – qui consistait à dire : je pense qu'il faut annoncer la suspension de l'écotaxe, si l'on veut éviter les mouvements. »

Dans un petit sourire gêné, il ajoute : « Je dois dire qu'elle l'a fait avec la méthode qui est la sienne, c'est-à-dire celle plutôt du fait accompli, en l'occurrence… » Une anecdote qui illustre, au choix, l'autonomie dont estime devoir bénéficier au sein du gouvernement l'ex-compagne du chef de l'État, ou la difficulté de ce dernier à se faire obéir.

L'un n'empêche pas l'autre, il est vrai.

« En fait, juge-t-il, c'est un dossier qui aurait dû être arrêté tout de suite. Ou alors installé tout de suite, mais il fallait du temps de toute manière. Je crois que c'était un mauvais dossier au départ, et j'ai un seul regret : quand on a un mauvais dossier au départ, il ne faut pas essayer de l'améliorer, il faut le supprimer. »

S'il constate que « les écolos en veulent à Ségolène, et à nous sans doute », il lâche à propos de la ministre de l'Écologie : « À elle de se sortir de cette affaire. » Il en a parfaitement conscience, en retirant l'écotaxe, le pouvoir « donne l'impression d'une faiblesse ». Mais il tient à le rappeler, son gouvernement ne cède pas systématiquement à la pression. « On n'a pas cédé aux cheminots quand il y a eu la grève de la SNCF, et malgré tout pas aux pilotes non plus, puisqu'ils ont été obligés d'arrêter leur grève… », énumère-t-il. Sans parler des mouvements sociaux du printemps 2016.

Au début du mois de février 2014, le gouvernement doit lâcher du lest sur un autre front. Cette fois, il annonce le report de l'examen de la loi famille, au lendemain d'une nouvelle démonstration de force de La Manif pour tous dont les sympathisants dénonçaient l'éventuelle ouverture de la procréation médicalement assistée (PMA) aux couples de femmes, ainsi que la gestation pour autrui (GPA). Encore une fois, l'exécutif donne le sentiment de capituler avant même de combattre, qui plus est face à un mouvement d'essence clairement réactionnaire, né en réponse au mariage pour tous…

« S'il y a à mon avis un regret à avoir, et il est réel, c'est, par une espèce de suite de déclarations non maîtrisées, d'avoir donné l'impression de céder à la rue », admet-il. Une fois de plus. « Sur l'écotaxe donc, il fallait absolument suspendre, dit-il. Quel autre recul ? Sur les histoires de fiscalité d'épargne, on peut dire, ça a été mal présenté, d'accord. Mais là, pour la loi famille, il ne s'agissait pas d'un recul, mais du report d'une discussion qui se faisait à un mauvais moment. »

Aïe, voilà le président en pleine rechute de langue de bois, signe de son embarras !

Entre son aile gauche et une grande partie de la droite, Hollande a en tout cas choisi, sur ce sujet hyper-polémique, de temporiser. « On voit bien qu'il y a, de la part d'une minorité dans le groupe socialiste, l'idée de mettre en place la PMA le plus vite possible, affirme-t-il. D'ailleurs, quand Anne Hidalgo, et je peux la comprendre, dit : "On regrette que la loi famille soit reportée", ce n'est pas pour le statut des beaux-parents ou pour la protection de l'enfance, c'est parce qu'elle, elle est pour la PMA. Et je peux l'admettre, je respecte sa position. » Qui n'est pas la sienne, semble-t-il. « Eh bien, qui a pu être la mienne, mais enfin, il y a un comité consultatif. »

« La GPA, je n'ai jamais été pour, ça renvoie à la crainte d'une marchandisation »

Une réponse plutôt vague. On comprend qu'il entend se ranger à l'avis du Comité national d'éthique, saisi du sujet brûlant que constitue la procréation médicale assistée, mais cela ne nous renseigne pas sur son sentiment personnel.

Alors, on insiste : « Vous êtes pour ou pas ? » Peine perdue : « Moi, je peux être pour à titre personnel, mais il se trouve que je suis président de la République, dans une société, on le voit bien, qui est travaillée, manipulée et instrumentalisée pour une part, donc à un moment, il faut quand même essayer de dire qu'on ne va pas se mettre dans un affrontement. » Bref, on croit pouvoir en déduire qu'à titre personnel il est plutôt favorable à la PMA, mais à l'évidence, il considère le sujet comme trop explosif pour se risquer davantage. Il paraît un peu plus à l'aise s'agissant de la gestation pour autrui. « La GPA, je n'ai jamais été pour, dit-il. Ça renvoie à autre chose, la GPA, c'est la crainte d'une marchandisation. »

Il revient sur la PMA, argumente, se justifie.

Surtout, il dit sa conviction que « les réformes de société, on n'en fait pas beaucoup dans un quinquennat ». « On en fait une, ou deux au plus – j'espère qu'on pourra en faire une sur la fin de vie –, mais le mariage des couples homosexuels, c'est une réforme de société, importante. Et, si on veut forcer, à ce moment-là, la critique qui nous est adressée, c'est : "Vous faites des réformes de société parce que vous ne voulez pas faire de réformes économiques, ou parce que vous échouez sur la question économique." Comme Mitterrand avait fait, pour la presse, sur la loi Hersant, qu'il avait d'ailleurs retirée, ou sur l'enseignement scolaire, qu'il a aussi retirée... Si on regarde le passé, ce sont des lois très importantes qui ont été retirées. Moi je n'ai pas retiré de loi... Jusqu'à nouvel ordre. »

En novembre 2015, nous profiterons d'un échange sur le thème des promesses non tenues pour redemander au chef de l'État s'il était favorable oui ou non à la procréation médicalement assistée. Cette fois, il fut beaucoup plus clair, sans doute parce qu'entre-temps la polémique s'était dissipée, et réitéra la position qui avait été la sienne lors de la campagne présidentielle de 2012. « Je suis favorable à la PMA pour les femmes, dit-il. Ce n'est pas la GPA : s'il est démontré que dans de nombreux cas ce serait un acte gratuit, cela n'empêcherait pas les relations commerciales. »

À la rentrée 2016, la PMA n'était toujours pas sur les rails... Henri Queuille, figure radicale-socialiste de la IVe République, aurait apprécié, lui qui disait : « Il n'est pas de problème dont une absence de solution ne finisse par venir à bout. » Corrézien lui aussi, également réputé pour ses bons mots et sa tempérance, « le bon père Queuille » n'est pas pour rien considéré comme le père spirituel de François Hollande…

Deux autres histoires qui ont miné le quinquennat, Sivens et Notre-Dame-des-Landes, illustrent à merveille l'approche hollandaise des conflits. Intimement liés, les deux dossiers ont accessoirement mis en évidence les graves divergences, au sein de la majorité, entre socialistes et écologistes. S'agissant du projet de barrage prévu dans le Tarn, très contesté localement, il fit l'objet, sur place, de très violentes manifestations, les 25 et 26 octobre 2014, débouchant sur un drame : la mort d'un jeune opposant au projet, Rémi Fraisse, tué par une grenade offensive lancée par les gendarmes.

L'occasion pour Cécile Duflot de régler son compte à celui qu'elle considère comme le repoussoir absolu, Manuel Valls. Elle accuse le Premier ministre d'avoir jeté de l'huile sur le feu en se rendant dans le Tarn au mois de septembre pour rappeler son soutien au projet, et ce « avec le ton martial et cette capacité à surjouer l'autorité qui le caractérisent », comme elle le déclare au *Monde* le 31 octobre. Que ces deux personnalités aient pu appartenir quelques mois auparavant au même gouvernement laisse tout de même rêveur…

« Ce que Valls a fait, c'est de rappeler que le projet était conforme à la loi [le 1er juillet 2016, le tribunal administratif de Toulouse a toutefois annulé la déclaration d'utilité publique], que toutes les voies de recours avaient été épuisées, et que c'est un projet d'initiative locale, qui avait déjà été engagé au niveau des travaux, et qu'il n'y avait pas de raison de l'interrompre », nous indique le 7 novembre 2014 François Hollande, bien décidé à défendre son Premier ministre. Entre la députée écologiste et l'ancien ministre de l'Intérieur, ce qui se joue selon le président, « c'est une conception de l'État, une conception de la République, ferme sur un certain nombre de règles, ce qui est nécessaire, mais qui aux yeux de Duflot peut être dure ».

Puis il évoque la polémique née de la lenteur avec laquelle l'exécutif a réagi à la mort du manifestant.

« La mère du garçon, j'ai essayé de la joindre, elle ne m'a pas pris au téléphone »

« Il y a sûrement de notre part une trop longue interrogation sur qui est responsable de la mort », avoue-t-il. Mais il l'explique par l'incertitude régnant sur les circonstances du décès du jeune homme, qui a succombé dans la nuit du samedi 25 au dimanche 26 octobre. « Les premières informations que l'on a, raconte-t-il, c'est dans l'après-midi de dimanche, et l'on est encore sur l'hypothèse que le jeune Rémi aurait eu des explosifs dans sa sacoche et que ça se serait embrasé. Si tel avait été le cas, ce n'est pas le même rapport compassionnel : on doit hélas déplorer un mort, mais ce n'est pas la même chose que si l'on découvre, comme on le découvre le lundi, qu'en réalité il est probable qu'il n'avait pas d'explosifs dans sa sacoche. Et que la thèse, pas encore validée parce qu'il y a des enquêtes, c'est que la grenade se pose entre son cou et la sacoche. Il n'aurait pas eu de sacoche, elle aurait rebondi, ça lui aurait fait mal, mais il n'aurait rien eu d'arraché. Là il se trouve semble-t-il que la grenade reste là et lui arrache une partie de la colonne vertébrale. C'est affreux… »

Un drame particulièrement difficile à assumer pour un pouvoir de gauche, accusé par certains d'avoir couvert une bavure…

Une nouvelle fois en tout cas, Hollande est confronté à la mort. « C'est dur, lâche-t-il. J'ai cherché à avoir les parents le lundi soir, je n'ai pas pu. On n'avait pas les coordonnées, les parents sont divorcés. Le père, c'est le conseiller municipal socialiste d'une commune. Je l'ai eu le mardi matin, et quand j'ai eu ce père, il était effondré, abattu, il n'était pas vindicatif, il m'a dit : "Je veux la vérité" ; je lui ai dit : "Je vous dois la vérité", il m'a remercié de l'appel, et puis c'est tout. Quant à la mère du garçon, j'ai essayé de la joindre, elle ne m'a pas pris au téléphone, je n'ai reçu qu'après une lettre disant : "Je n'accepterai vos condoléances, les condoléances de l'État, que quand je saurai la vérité sur ce qui s'est passé dans la nuit de samedi à dimanche et ce qui est arrivé à mon fils." Et cette lettre, je la comprends tout à fait. »

Ces violences, qui en appelleront d'autres, notamment au moment des manifs contre la loi travail et leurs cortèges de casseurs, Hollande ne veut pas s'y résoudre. « Quel que soit le sentiment que l'on a sur les projets, on ne peut pas accepter qu'il y ait une occupation d'un terrain, avec une telle violence, avec des objets du chantier qui sont utilisés comme projectiles, des engins qui sont détruits, la maison du gardien qui est saccagée… Il y a un moment où il faut quand même montrer, ne serait-ce que pour les riverains, qu'il y a un respect de la loi. Après, on peut se dire : si les forces de l'ordre n'étaient pas intervenues, qu'est-ce qui se serait passé ? Bah, ce qui se serait passé, c'est qu'ils auraient tout cassé ! »

Sur le fond, à cette date, malgré le traumatisme causé par la mort de Rémi Fraisse, le chef de l'État semble déterminé à tenir bon. Pas question de renoncer au barrage, nous dit-il alors, tout en ouvrant la voie à… un compromis.

Évidemment.

« Abandonner le projet, qui pouvait le faire ? Seul le conseil général, assure-t-il. Donc ce n'était pas possible, puisque ça ne relevait pas de l'État. » « Il y a un équilibre à trouver, reprend-il. Il ne s'agit pas de justifier tous les projets, mais celui de Sivens a du sens. Sans doute a-t-il été, comme le disent les experts, surestimé dans son volume. »

Autre enseignement à tirer, la radicalisation des opposants, constat qui ne vaut pas seulement pour le barrage du Tarn. Le chef de l'État en conclut que « les procédures sont trop longues, et la participation citoyenne est sans doute trop faible. Peut-être faudrait-il des participations plus profondes, quitte à faire un référendum local à la fin, si l'on voit qu'il y a une tension comme à Notre-Dame-des-Landes ».

Le futur aéroport nantais, justement, autre point de crispation majeur, dont on comprend donc que, dès le départ, François Hollande envisageait de le dénouer par la voie référendaire, ce qui sera chose faite en juin 2016.

« Notre-Dame-des-Landes, c'est différent de Sivens par la taille, notamment parce que la topographie est différente », nous explique Hollande en novembre 2014. Surtout, le chef de l'État s'inquiète de l'apparition, dans le sillage des « zadistes », d'une « internationale » de la contestation, comme il la qualifie lui-même. « On ne va pas tomber dans le complotisme type Tarnac, mais il y a quand même des gens qui viennent de partout, et qui à un moment convergent sur un lieu, dit-il. Peut-être avec une nouvelle forme de radicalité. Avant, la radicalité, c'était l'usine, qui ne devait pas fermer, un conflit lié au travail... Maintenant, c'est : on ne veut pas du progrès. »

C'est au mois d'avril 2013 que, pour la première fois, nous évoquons le sujet « NDDL » avec le président de la République. À l'époque, il se montre surtout préoccupé par la montée des mécontentements tous azimuts. « Ce qui est à la fois protecteur et dangereux, c'est qu'il y a des mobilisations éclatées, note-t-il. C'est protecteur parce que vous ne pouvez pas rassembler des anti-mariage pour tous, Mélenchon, Notre-Dame-des-Landes et des conflits sociaux... Le type de Goodyear ne peut pas défiler avec celui de Notre-Dame-des-Landes et Frigide Barjot ! Mais en même temps, ça fait une masse de protestations. » Qui ne cessera de grossir durant le quinquennat sans jamais, heureusement pour Hollande, coaguler.

« Le plus probable, c'est que ce projet ne sera pas annulé, mais ne verra pas le jour ! »

Un an plus tard, le 7 mars 2014, le dossier continue de nourrir des tensions au sein de l'exécutif. Sourde, la bataille n'en fait pas moins rage entre le chef du gouvernement, ancien maire de Nantes, totalement favorable au projet d'aéroport du Grand-Ouest, et sa ministre du Logement, Cécile Duflot. « Sur Notre-Dame-des-Landes, on ne peut pas reculer avec Ayrault Premier ministre, reconnaît le chef de l'État. Avec un autre Premier ministre, on pourrait être tenté de le faire. Mais cela signifierait que, sur chaque grand chantier, il suffit que des gens s'installent pour qu'on ne le fasse pas. Le problème, c'est qu'ils se sont installés dans la forêt, ce sera une guérilla pour les déloger, avec un risque de blessés, de morts… L'évacuation ne peut se faire qu'à certaines conditions. »

Et puis, dans un éclat de rire, il lâche soudain cette remarque, empreinte d'un cynisme totalement assumé : « Le plus probable, c'est que ce projet ne sera pas annulé, mais ne verra pas le jour ! »

Évoquant les zadistes, il observe : « Il faut qu'ils tiennent dans la brousse, à un moment ils peuvent se fatiguer. C'est un problème dans une démocratie que de tolérer ce qu'on a laissé faire avec des gens d'ultragauche. Il y a des gens qui viennent de partout. Au Larzac c'était contre l'armée, c'était populaire. Mais un aéroport, il y a de l'emploi, ce n'est pas populaire. »

Comme dans de nombreux dossiers suscitant des controverses – la loi travail par exemple –, Hollande mise sur l'enlisement, la lassitude des opposants. Peu importe qu'un conflit s'éternise, du moment qu'il finit par s'essouffler.

Vivre et laisser pourrir, en quelque sorte.

Quinze mois après, à l'été 2015, le paysage politique a bien changé. Ayrault comme Duflot ont quitté le gouvernement. « Ayrault, lui, est très attaché à l'aéroport de Nantes, bien sûr, mais on pourrait faire un référendum, je suis sûr qu'il le gagnerait. Pour l'instant, lui, il est réticent. Mais c'est sûrement la solution si l'on veut que les travaux commencent. »

En octobre 2015, la préfecture de Loire-Atlantique relance la tension sur place en annonçant la reprise des travaux, plusieurs recours ayant été purgés. « Notre-Dame-des-Landes, c'est un sujet qui agite la gauche française depuis des années, nous confie alors Hollande. Dans l'accord qui avait été conclu entre Martine Aubry et Cécile Duflot [en novembre 2011, entre le PS et EELV], Notre-Dame-des-Landes avait été explicitement sorti. Donc les Verts savaient parfaitement, venant au gouvernement dans la majorité, que le projet se ferait... »

Reste un souci : la ministre de l'Écologie, elle, voit d'un mauvais œil le projet. « Ségolène Royal, soyons clairs, n'est pas favorable au dossier Notre-Dame-des-Landes, admet son ex-compagnon. Il y a deux problèmes. Le problème de fond : faut-il un aéroport ? Le deuxième est d'ordre public. Sur le premier, c'est quand même un équipement souhaité par les élus. Sur le second point, ce qui se passe depuis trois, quatre ans, c'est qu'une partie de la zone est occupée. Et que ça crée beaucoup de nuisances. Mais pour déloger les gens, il faudra sans doute beaucoup de forces de l'ordre. Il y a un risque. Si c'est possible de le faire en 2016 sans mettre des vies en danger, celles des forces de l'ordre comme des squatteurs, on le fera. S'il y a un risque trop grand, il faudra trouver des moyens juridiques pour prolonger. »

Prolonger, c'est-à-dire laisser l'affaire s'enkyster… Il réfute le raccourci.

« Il faut faire attention, met-il en garde. Ça voudrait dire que des groupes radicalisés peuvent, sur certains projets, aller à l'encontre de la volonté des élus. Ça donne un argument, à Sarkozy et à d'autres, sur le thème : "Vous voyez, où est l'autorité de l'État si l'on n'est pas capable, alors que tous les recours ont été épuisés, d'engager des travaux ?" »

« Notre-Dame-des-Landes ? Je ne suis pas pour le projet en tant que tel »

Dilemme récurrent chez lui, Hollande est tiraillé entre son souci de ne pas apparaître comme cédant à une minorité, et en même temps celui de ne pas créer d'incidents. « On peut engager le passage en force à condition qu'il n'y ait pas de risques majeurs », résume-t-il. « Je ne suis pas pour le projet en tant que tel, révèle-t-il finalement en novembre 2015. Les élus ont délibéré, l'État s'est engagé depuis des années, il n'y a pas de raison de revenir sur ce choix. » Il conclut : « Moi, j'ai une solution, celle que Cohn-Bendit a suggérée [en janvier 2013 dans une tribune publiée par *Libération*] : un référendum. Ça n'a juridiquement pas de force, mais au moins vous êtes pour ou vous êtes contre. Aux élus de le proposer. »

Finalement, Hollande s'y est risqué. Le 11 février 2016, lors d'une intervention à la télévision, il annonce la tenue d'un « référendum local » sur la question. Recourir à une consultation populaire lui apparaît définitivement comme la meilleure option. Et tant pis si cela renforce son image de président indécis, incapable de trancher dans le vif. Dimanche 26 juin 2016, dans les 212 communes de Loire-Atlantique, le « oui » l'emporte, avec 55,17 % des votes.

Pour autant, rien n'est vraiment résolu, les zadistes occupent plus que jamais le lieu de la discorde.

Au mois de mai 2016, alors que le pouvoir ne parvenait pas à s'extirper du piège de la loi travail, on demanda au président si, finalement, cette recherche permanente du compromis ne constituait pas le grand malentendu de son quinquennat. « Parce que ma méthode n'a pas les acteurs qui lui correspondent », soupira d'abord le chef de l'État. « Pour qu'il y ait du compromis, développa-t-il, il faut qu'il y ait des acteurs qui y participent pleinement. Du côté des partenaires salariaux, tous n'ont pas été convaincus de participer au compromis : CGT, FO, pour des raisons différentes. Et du côté du patronat, ils ne sont pas dans cette culture, à la différence du patronat allemand ou d'autres patronats. Quant à la droite, c'est autre chose, c'est-à-dire que la droite est dans l'opposition, et elle pense que pour être vraiment dans l'opposition, c'est une formule qu'avaient employée Fabius et je pense Mitterrand, "on l'est totalement". Donc le compromis, c'est rare que ce soit sur le champ parlementaire qu'on puisse le trouver. »

À la même période, lors d'un discours prononcé en clôture d'un colloque sur « La gauche et le pouvoir », François Hollande, retrouvant pour l'occasion ses accents de campagne, se livra d'ailleurs à un vibrant éloge du compromis. Jamais, publiquement du moins, il n'avait assumé aussi clairement sa méthode. « Le compromis, lança-t-il, ce n'est pas un subtil équilibre, un entre-deux, un médiocre point moyen. C'est tout l'inverse : une volonté, tenir son axe avec ténacité, suivre son cap avec solidité. »

Par tempérament mais aussi par calcul politique, celui qui était surnommé « l'homme de la synthèse » au PS porte en lui, depuis le début de sa carrière, cette recherche du consensus permanent. Après les trépidantes et très clivantes années Sarkozy, qui avait lui-même construit son irrésistible ascension en dénonçant l'inertie de son prédécesseur Jacques Chirac, François Hollande n'a pas eu à forcer sa nature pour incarner la figure de l'apaisement, vanter les mérites de la concertation et de la conciliation…

Mais la fonction de président de la République ne s'y prête pas beaucoup, et l'époque encore moins.

Un soir, le chef de l'État nous a dit ceci : « Il y a ceux qui font la controverse, qui aiment la bataille, qui gagnent quelque fois les guerres, heureusement… Et puis d'autres, qui sont dans la recherche du compromis. »

Ceux-là, en général, s'installent près de la porte de sortie.

L'endroit idéal pour anticiper, et déminer.

Au risque de voir, un jour, l'engin explosif leur sauter au visage.

5

Le masque

L'homme est moins lui-même quand il est sincère, donnez-lui un masque et il dira la vérité.

Oscar Wilde

Pratiqué à ce niveau-là, le camouflage est un art.

Quand François Hollande s'avance, mezza voce, l'air de rien, méfiance à tous les étages. C'est sa méthode, celle qu'il choisit en tout cas lorsque se présente un dossier épineux, potentiellement dangereux. Il se révèle alors fin régatier, habile slalomeur. Grand manœuvrier.

Mais vient toujours un moment où il faut tomber le masque.

Le risque est là, lorsque la vérité crue se fait jour.

Alors l'édifice branle, l'homme chancelle, il se retrouve à découvert, donc vulnérable.

La loi travail en est une parfaite illustration.

Pour faire passer cette réforme sociale à laquelle il tient tant, Hollande a dû se résoudre à recourir à l'article 49.3 de la Constitution, sous le nez des frondeurs, écologistes et autres communistes. Un passage en force mal vécu, forcément, s'agissant du dernier grand texte du quinquennat.

C'est que cette loi travail, et notamment son article 2, c'est sa grande idée. Sa marotte. Ce sera son Opéra Bastille, son musée du quai Branly.

Son legs à la France.

Hollande n'a pas de tabous. « Quand Villepin a tenté le CPE, un contrat pour les jeunes, cela a été une impossibilité, nous dit-il. Ce n'était pas absurde, notamment pour les jeunes, de dire : on va simplifier les procédures de rupture... » Hollande en défenseur a posteriori du CPE, ce contrat première embauche qui a mis la France en furie, en 2006, on aura tout vu...

Cet homme-là est décidément accroché au réel. L'article 2 de la loi travail consacre justement la primauté des accords en entreprise au détriment des accords de branche, surtout en matière de temps de travail. Une manière de contourner les 35 heures, l'idée étant de redonner, aussi, du pouvoir aux syndicats à l'échelon des salariés, tout en ménageant les patrons.

Bref, ne mécontenter personne... pour finalement, à l'arrivée, se mettre à dos tout le monde, soit un saisissant raccourci du quinquennat Hollande.

Tout débute par un article, passé très inaperçu, publié en 2011 dans les colonnes du *Monde* par François Hollande.

Autant l'avouer, c'est le 25 mars 2016 que nous apprenons son existence. En pleine confrontation sociale, Hollande nous reçoit et argumente, dans un salon de l'Élysée. Il tente de nous prouver que cette fichue inversion de la hiérarchie des normes, cela fait bien longtemps qu'il y pense. À tel point, assure-t-il, qu'il l'avait annoncée !

En clair, personne ne devrait s'en offusquer. Surtout pas les partenaires sociaux.

« J'ai fait un papier en 2011 sur la hiérarchie des normes, pendant la campagne, nous dit-il donc ce jour-là. Il y a quand même l'idée qu'il faut pouvoir améliorer le dialogue social dans l'entreprise, si, si, il doit y avoir aussi dans les 60 engagements cet aspect-là... »

Évidemment, nous vérifions.

« Il n'y a à mon sens de réforme possible en France pour la gauche de gouvernement que s'il y a un accompagnement par le patronat »

Quelques recherches numériques dans les archives de notre journal nous suffisent. Le 15 juin 2011, sous le titre « Il faut avoir confiance en la démocratie sociale », François Hollande, qui s'est déclaré candidat à la primaire socialiste quelques semaines auparavant, dit son envie d'« inscrire de nouvelles règles entre partenaires sociaux », en leur laissant « une plus grande place dans la définition et l'élaboration des normes sociales ». Il propose même que la Constitution garantisse « une véritable autonomie normative aux partenaires sociaux ». Plusieurs mois plus tard paraissent les 60 engagements du futur président socialiste. « Tout texte de loi concernant les partenaires sociaux devra être précédé d'une concertation avec eux, y promet-il. Je ferai modifier la Constitution pour qu'elle reconnaisse et garantisse cette nouvelle forme de démocratie sociale. »

Rien de concret. Du théorique jargonnant, au mieux. On a beau chercher, pas un mot sur le Code du travail, sur l'inversion de la hiérarchie des normes, aucune mention du licenciement économique, de la renégociation du temps de travail... Si cela apparaît, c'est en filigrane, éventuellement, sous forme d'ombres chinoises.

Tout est dit ? En creux, alors.

C'était voulu. Un flou parfait. Un masque de circonstance. Trop en dire aurait évidemment braqué les partenaires sociaux – la CGT a appelé à voter pour Hollande en 2012 –, mais surtout les alliés politiques.

Quelques semaines plus tard, au mois de juin 2016,

nous revoyons le président. Il en convient cette fois, sa vraie volonté était dissimulée, en 2011. Trop révolutionnaire. L'inversion de la hiérarchie des normes ? « Je l'ai en tête en 2011, nous confirme-t-il. Mais je ne suis pas précis pour ne pas heurter. Implicitement, les accords d'entreprise, ça y figure. »

C'est tout le drame de François Hollande, qui a cru pouvoir diriger le pays en baignant dans l'implicite.

Cela faisait des années en tout cas que cette certitude lui trottait dans la tête : il faut obliger la loi à se soumettre au réel, c'est-à-dire au monde de l'entreprise. Mais pour parvenir à imposer cette idée, Hollande pense qu'il doit agir avec une extrême prudence. Progresser en douceur, par étapes. D'abord, s'assurer de disposer de quelques appuis. « Il n'y a à mon sens de réforme possible en France, pour la gauche de gouvernement, que s'il y a un accompagnement par le patronat, qui doit au moins être associé à ce processus, et celui-ci être accompagné, voire soutenu et approuvé, par les syndicats réformistes », soutient le chef de l'État.

Une sorte de funambulisme politique.

La loi travail constitue, de son point de vue, l'aboutissement d'un projet cohérent. « On avait fait, le 11 janvier 2013, l'accord signé entre le patronat et les syndicats réformistes sur ce qu'on appelle l'accord interprofessionnel, puis ensuite il y a eu les retraites, avec l'allongement de la durée des cotisations, sans remettre en cause l'âge légal du départ, et puis après il y a eu le pacte de responsabilité, et puis la réforme de la formation professionnelle… » Il jure que ce calendrier a été pensé, mûri.

Autre règle d'or, outre cet aggiornamento social, avant de lancer une réforme à haut risque : s'appuyer sur des rapports concrets, pondus par des personnalités incontestables.

À cet égard, la gauche n'a rien de mieux, en magasin, que l'icône Robert Badinter, précédé, dans ce travail de déminage, par l'ancien directeur général du travail (DGT), Jean-Denis Combrexelle. Le 9 septembre 2015, ce dernier remet à Manuel Valls un rapport déjà précurseur. Le Premier ministre souhaitait engager « une réflexion nouvelle pour élargir la place de l'accord collectif dans notre droit du travail et la construction des normes sociales ». Il est servi, au-delà de ses espérances peut-être.

Les 44 préconisations de l'ancien DGT ouvrent des pistes qui bouleversent le rôle joué par le législateur et les partenaires sociaux. Resterait strictement encadrée par la loi la garantie d'un socle minimal de droits qu'« il n'est pas question de modifier », comme la durée maximale de travail de 48 heures par semaine, le SMIC ou encore la protection de la santé. Mais surtout, au chapitre du temps de travail, M. Combrexelle ouvre un débat potentiellement explosif sur l'opportunité de revoir, par la négociation, le « seuil de déclenchement » des heures supplémentaires. Enfin, d'ici à quatre ans, « l'architecture du Code du travail » serait entièrement revisitée.

« Gattaz n'est pas un mauvais bougre »

Le 25 janvier 2016, c'est donc au tour du menhir socialiste Robert Badinter de présenter ses 61 préconisations pour redéfinir le Code du travail. La réforme du Code « ne remettra pas en cause la durée légale », assure Valls. Mais il brouille les pistes en déclarant que « la dérogation à la durée légale du temps de travail à 35 heures n'est plus une transgression ».

Le terrain est savamment déblayé.

Hollande pense maintenant pouvoir capitaliser sur les relations qu'il a tissées, au cours du temps, avec Laurent Berger, le leader de la CFDT, et Pierre Gattaz, le patron du Medef. Avec Berger, c'est une complicité exigeante. Avec Gattaz, une méfiance bienveillante. « Gattaz n'est pas un mauvais bougre, il veut que le pays réussisse, il ne vient pas chercher des milliards d'euros pour son train de vie personnel ou ses amis, assure Hollande. Il n'a pas bonne forme, mais il a bon fond. Il est arrivé là, il n'était pas prévu dans le casting. » Le personnage est ambivalent, pas très sûr, ni de lui ni des autres. « Il serait plus tacticien, ce serait mieux, juge le chef de l'État. Gattaz est quand même… lourd, quoi. Il est toujours en train de revendiquer, de demander encore davantage. »

Pas vraiment subtil ? « Non, confirme-t-il. Travailler avec lui, c'est compliqué, car il n'a pas été préparé à tout ce qui est le contexte politique et social des forces en présence, ce qu'est une négociation… »

Tout l'opposé d'un Berger, ce Hollande version syndicale. Le chef de l'État sait qu'il peut compter sur lui, s'il ne commet pas de faux pas. « Berger est un type très malin. Très courageux. Même si l'on est proches sur le plan intellectuel, au moins, on n'est pas proches sur le plan des rôles. Il a une base. Dans un accord, il y a un moment clé, si vous le laissez passer, c'est trop tard. »

Travailler avec Berger, dit-il, « c'est agréable. Quand il dit quelque chose, il tient. C'est assez franc. Sur l'évolution du droit du travail, sur quoi il peut s'engager »… Les deux hommes ont la même vision de l'avenir. Une social-démocratie dans laquelle des syndicats raisonnables, non arc-boutés sur leurs anciennes prérogatives, sauraient discuter avec un patronat ouvert à la discussion.

Hollande lui confie sa quête d'un autre monde, sa volonté de redonner les clés du travail à l'entreprise. Berger acquiesce, d'autant qu'il y voit une possibilité de supplanter la CGT comme premier syndicat français. « Laurent Berger dit que si on fait cette réforme de la négociation collective, si on met beaucoup plus de responsabilité sur les partenaires sociaux dans les entreprises, nous irons forcément vers une restructuration du paysage syndical. Un patronat qui sera obligé de s'engager, ce qu'il ne fait pas aujourd'hui, et des syndicats qui peuvent rester ce qu'ils sont, nombreux, mais qui seront amenés à signer des accords », soutient Hollande.

Le casting est presque parfait. Il manque juste un ministre pour porter la parole présidentielle. François Rebsamen a quitté le ministère du Travail à la rentrée 2015, afin de se consacrer à Dijon. Surtout, ne pas se tromper sur le choix de son successeur. C'est l'inexpérimentée Myriam El Khomri qui est désignée, le 2 septembre 2015. D'abord pressentie pour un simple ministère de l'Égalité, voilà la secrétaire d'État à la Ville propulsée au Travail, en charge d'un projet de loi encore caché, et surtout miné.

Hollande l'appelle, la prévient. Très calme, Myriam El Khomri accepte, tout en rappelant son immaturité ministérielle. « Est-ce que vous avez bien réfléchi, il y a quand même des sujets très lourds ? » interroge-t-elle. Le président apprécie sa réponse. « Elle ne m'a pas demandé du temps, elle aurait pu demander un délai de réflexion, elle m'a dit : "Bon, puisque c'est votre choix, je n'en dirai rien, mais je m'y prépare." Myriam a quelque chose de plus, je sens ça, elle va au combat. Je savais que c'était une surprise, il y aura une curiosité sur elle, à elle de faire ses preuves. »

Au début de l'année 2016, tout est en place, semble-t-il.

Il est temps de sortir du bois. Las, rien ne se déroule ainsi que Hollande l'avait envisagé, comme souvent, comme toujours durant ce quinquennat.

C'est le quotidien *Le Parisien* qui, le 17 février 2016, démasque Hollande, en l'occurrence le contenu du futur projet de loi El Khomri. « À la lecture du document de travail que nous nous sommes procuré, il y a largement de quoi faire bondir une partie de la majorité et des syndicats, écrit le quotidien. Ce texte de 105 pages et de 47 articles, élaboré après deux rapports commandés à Robert Badinter et Jean-Denis Combrexelle sur la simplification du Code du travail, donne un coup de grâce aux derniers garde-fous qui entourent les 35 heures. »

Émoi dans la sphère socialiste, tandis que la CGT et FO sont déjà vent debout. Le même jour, la ministre El Khomri, pressée d'éteindre l'incendie, veut faire acte de pédagogie, dans une interview censée être très cadrée, relue en haut lieu. Mais cet entretien, accordé au journal *Les Échos*, précipite en fait le gouvernement dans la tourmente. En cause, ce discret avertissement : « Avec le Premier ministre, nous voulons convaincre les parlementaires de l'ambition de ce projet de loi. Mais nous prendrons nos responsabilités. »

Sous-entendu : l'article 49.3 sera utilisé si besoin est.

« À Matignon, Valls me dit : "Mais non ce n'est pas moi, c'est sans doute dans la réécriture d'un collaborateur..." »

Une vraie faute de carre. Le tollé est général. Ainsi donc, le gouvernement entendrait passer en force sur un texte aussi symbolique, le dernier du quinquennat, et ce en plein psychodrame sur la déchéance de la nationalité ?

L'article 2 sera une bataille, une guérilla même, ou ne sera pas.

Que s'est-il passé ? Hollande plaide coupable.

D'abord d'un point de vue médiatique. L'affaire est emblématique, elle illustre assez bien l'opposition entre la pusillanimité du président et l'audace du duo social-libéral Macron-Valls.

L'entretien donné au quotidien économique a causé de gros dégâts d'un point de vue politique. La gauche de la gauche s'emporte. Le symptôme d'une communication mal maîtrisée. « On ne sort de l'ambiguïté qu'à son détriment », disait le cardinal de Retz.

C'est pourtant le chef de l'État qui pousse sa ministre à expliquer la philosophie du texte, pour contrer la désastreuse impression laissée par le scoop du *Parisien*. « Et là, il y a eu une vraie erreur, plusieurs même, reconnaît-il devant nous. La première, c'est qu'elle fait son interview sans doute assez tard dans l'après-midi et *Les Échos* bouclent assez tôt. Et donc elle envoie le texte au Premier ministre, puis le texte corrigé par le Premier ministre et par ses conseillers m'arrive à la fin. J'étais en discussion avec des parlementaires, on me dérange, il devait être 20 heures, je vois l'interview de Myriam, je la corrige, il y avait cette phrase, que je ne trouvais pas bonne, qui était : "Nous prendrons nos responsabilités", ce qui voulait dire qu'on allait vers le 49.3. »

Trop tard, impossible de corriger à temps cet impair, le journal a déjà bouclé, les corrections élyséennes ne pourront être prises en compte.

Un raté magistral.

Mais qui a voulu pousser les feux ainsi ? Pressée de s'expliquer devant le président, El Khomri plaide non coupable : « Elle me dit que c'est Matignon. Mais à Matignon, Valls me dit : "Mais non ce n'est pas moi, c'est sans doute dans la réécriture d'un collaborateur." C'est donc au niveau de Matignon. » À défaut d'en avoir identifié l'auteur, Hollande pense connaître le lieu du crime.

Le chef de l'État rit jaune : « À Matignon, ils voulaient montrer qu'on prenait nos responsabilités, la formule est bonne ! »

« Dès le lendemain matin, reprend Hollande, j'appelle Manuel pour lui dire : "On donne l'impression qu'on n'est pas en confiance avec le texte, pour annoncer tout de suite qu'on va utiliser le 49.3 alors qu'il n'a même pas été présenté au Conseil des ministres." Je pense que cette phrase a souligné qu'il y avait un problème. »

Il dédouane sa jeune ministre du Travail, qui a dû en outre se coltiner un texte qui n'était pas le sien, initialement. « Soyons tout à fait honnête, Myriam El Khomri n'était pas responsable de cette phrase, elle n'y est absolument pour rien. Elle n'a pas commis de faute, elle a eu le courage même de présenter ce texte, auquel elle croit. »

L'erreur de communication est quand même manifeste.

Et puis, le chef de l'État regrette une confusion gênante : « Il y a eu le rapport Combrexelle, puis ensuite Badinter voulait faire un exercice de clarification du Code du travail, ce qui a d'ailleurs aussi prolongé la réflexion et ça s'est un peu confondu. On ne savait plus ce qu'on faisait, si on faisait la réforme totale du Code du travail, ou si on voulait simplement ouvrir la négociation collective dans les entreprises notamment pour les questions de temps de travail. »

Trop de rapports tuent le rapport.

Surtout, le chef de l'État a voulu jouer au plus fin. En essayant de contourner les obstacles pourtant prévisibles. Il savait, par exemple, qu'outre l'article 2 les critiques se concentreraient sur la limitation des barèmes des licenciements aux prud'hommes. « On voit bien que c'est le barème qui a créé l'émotion, admet-il. Peut-être aussi quelques imprécisions sur le temps de travail, qui pouvaient justifier l'emballement qu'on a connu sur les réseaux sociaux. »

« L'un et l'autre voulant montrer qu'ils étaient des réformistes intrépides... »

Il y a aussi la question du périmètre des licenciements dans les grandes entreprises. Faut-il prendre en compte la santé de l'entreprise à l'échelle nationale ou internationale ?

Tout cet arsenal devait figurer initialement dans la loi Macron. Mais le Premier ministre Manuel Valls et le ministre de l'Économie, Emmanuel Macron, doivent se désister au profit de leur jeune collègue, au ministère du Travail. Hollande en convient, il n'a pas vu venir le danger : « C'est vrai que cela a été introduit parce que et Emmanuel Macron et Manuel Valls pensaient qu'on pouvait saisir l'occasion de cette loi pour aller dans cette direction. Les deux voulaient aller le plus loin possible en se disant : “C’est le dernier texte important sur le travail du quinquennat”, l’un et l’autre voulant montrer qu’ils étaient des réformistes intrépides. Emmanuel Macron plaidant pour le barême, puisque c’était lui qui l’avait mis dans sa loi, Manuel Valls pour les règles du licenciement clarifiées, donc pour utiliser le texte pour aller un peu plus loin que ce pour quoi il était prévu. »

Engagés dans un bras de fer très viril, Valls et Macron rivalisent d’initiatives voire de surenchères pour insuffler leurs idées, avancer leurs pions. À l’ombre des deux lutteurs aux ambitions inextinguibles, la malheureuse El Khomri ne fait pas le poids.

« On a introduit des éléments qui auraient dû être dans un texte porté par Macron dans le projet de loi El Khomri », explique Hollande. Avec le recul, il regrette cette « pression qui n’était pas seulement celle de Macron », et qui a conduit chacun, au sommet de l’exécutif, à penser que « finalement, c’est le dernier texte, faut qu’on en mette le maximum ».

Le bug a de lourdes conséquences : non seulement Hollande semble se jeter dans les bras du Medef, mais en plus, il heurte son partenaire préféré, la CFDT, pour le moins surprise par la tonalité du projet de loi révélé par *Le Parisien.* « La CFDT avait eu le texte, mais n’avait sans doute pas eu la dernière version sur les règles de licenciement, reconnaît le président. Donc, la CFDT a eu le sentiment qu’on voulait utiliser le texte pour en faire un peu plus, et notamment introduire le barême ou les règles de licenciement. »

Hollande assume ses erreurs : « Il s’est passé, du côté de l’exécutif, disons-le, je ne me dégage pas de cette responsabilité, l’idée qu’on pouvait en mettre un peu plus dans le texte alors même que ce projet de loi du travail avait été élaboré avec les syndicats réformistes, qui ont eu le sentiment qu’on voulait leur forcer la main. Mais l'idée, que je partage d'ailleurs, était : "C'est la dernière fois qu'on saisira le Parlement, mettons autant de dispositions qu'il est à notre avis nécessaire." »

Le chef de l'État aurait rêvé de continuer à positionner ses pions, dans une relative indifférence, cachant ses véritables intentions, pour mettre en place son dispositif sans bruit, presque en catimini.

De ce point de vue, l'échec est complet !

Du coup, Hollande a dû négocier en catastrophe avec les organisations de jeunes, les syndicats, oublier certains points auxquels il tenait, pourtant. C'est le grand capharnaüm : Valls est réquisitionné pour discuter avec les opposants, tandis que Bruno Le Roux, patron des socialistes à l'Assemblée, est chargé de calmer les députés.

Rien n'y fait. Si les mouvements de jeunes obtiennent quelques avancées, les frondeurs sont très mobilisés. Le mouvement Nuit debout a vu le jour, place de la République, à Paris, il devient le réceptacle de toutes les humeurs, pourvu qu'elles soient tournées contre l'exécutif. Les manifestations commencent à se répandre sur le bitume parisien, puis provincial.

La loi travail devient un marqueur ultra-libéral.

« Si vous avez quelque influence sur la droite – vous pouvez peut-être en avoir –, faudrait pas qu'ils bloquent l'article 2 »

François Hollande arrive en retard à dîner, ce 8 mai 2016. Deux jours avant qu'il ordonne à Manuel Valls d'engager la responsabilité de son gouvernement, via l'article 49.3.

Ce dimanche soir, il est encore en train de manœuvrer, de manière parfaitement souterraine, afin de conserver le maintien de l'article 2 dans sa loi. « Parce que c'est ce que la CFDT veut. Et moi aussi, puisque ça permet d'avoir un dialogue social qui puisse changer à terme le syndicalisme et le dialogue social en France. Faut tenir bon là-dessus. »

Pas gêné le moins du monde par notre présence, à peine entré dans notre appartement, il s'assied sur un petit fauteuil, exceptionnellement tombe la veste, et téléphone à Pierre Gattaz, dont il espère encore une relative neutralité, quand bien même la loi travail aurait perdu de son intérêt pour le patronat, au fil des négociations imposées en dernier recours par Hollande. La conversation est très technique, elle porte sur tous les détails de la loi. Le patron du Medef et le chef de l'État s'entendent sur l'essentiel, à ce que l'on comprend. Hollande, ses notes sous les yeux, s'adressant à Gattaz : « Le point le plus difficile, on l'a bien compris, c'est sur l'accord d'entreprise, c'est là-dessus qu'on doit tenir, pour vous ce n'est peut-être pas aussi essentiel que pour nous, mais pour nous c'est très important, pas seulement parce que les syndicats réformistes le veulent, mais parce que je pense que c'est une vraie évolution du dialogue social, donc s'il y a une rupture, elle sera sur ce texte-là, enfin, sur cette partie du texte. Pour nous, ça reste un point dur, voilà. C'est FO, hein, qui nous fait la bataille. C'est là-dessus que FO mobilise les frondeurs et autres députés, sur le fait qu'on inverse la hiérarchie des normes, etc. Donc c'est vraiment là-dessus qu'on est le plus en difficulté, hein. »

Et le président de réclamer le soutien politique du patron des patrons, son intercession même. Instructif et étonnant. « Donc, lance Hollande à Gattaz, c'est là-dessus que nous on risque de rompre avec les frondeurs, enfin, avec les députés les plus hostiles. Si vous avez quelque influence sur la droite – vous pouvez peut-être en avoir –, faudrait pas qu'ils bloquent l'article 2. Parce que c'est l'article 2 qui est le plus important, l'article 2 sur l'accord d'entreprise. Ils s'abstiennent, ils laissent passer le texte, hein ? » Les deux hommes topent là, apparemment. Pour conclure, le président explique au patron du Medef que l'article 49.3 sera enclenché le mardi suivant, soit deux jours plus tard : « Après, c'est fini, absolument. [...] Oui, mais faut pas le dire, hein. Tout le monde est nerveux. Faut garder son calme. »

Hollande raccroche.

Il paraît circonspect. Il dit à propos du patron des patrons : « Il ne tient pas grand-chose dans son organisation. Parfois, on vous aide tellement maladroitement qu'il vaut mieux éviter ! »

On l'interroge. Pourquoi ne pas avoir présenté cette loi travail dans les premiers temps de son quinquennat ? Il se serait sans doute évité beaucoup d'ennuis, notamment avec sa gauche bien sûr. Il rejette catégoriquement l'objection. De son point de vue, le ver de la fronde était dans le fruit socialiste depuis le départ. Il prend pour exemple le traité budgétaire européen mal voté à l'Assemblée nationale, en octobre 2012, avec une forte opposition de députés PS. « Il y a eu 40 députés qui ne l'ont pas voté, mais la droite l'a voté, ainsi on n'a pas eu besoin de prendre le 49.3. Il y avait donc déjà 30 à 40 députés qui étaient sur une ligne de ne pas accepter une évolution. Donc l'argument "vous auriez dû le faire au début", je n'y crois pas du tout, ça ne tient pas la route. On a déjà fait beaucoup de choses au début. Non, il y a une chose qu'on a faite au début, qu'on ne pourrait pas refaire maintenant, ce sont les augmentations de prélèvements qu'il fallait faire pour redresser les comptes. Ça, je ne suis pas sûr qu'on aurait pu le faire à la fin ! »

L'article 49.3 est mis en œuvre le 10 mai 2016.

Cinquante-six députés socialistes, écologistes et communistes tentent ensuite de déposer une motion de censure contre le gouvernement. Les nerfs sont à vif. On accuse Hollande de confisquer le débat parlementaire, de mettre les contestations sous cloche. « Qu'est-ce qu'était le choix ? Ou de faire un compromis, mais on leur a proposé, qui aurait été un abandon d'une partie du texte, sur le dialogue social et les accords d'entreprise, ou le retrait pur et simple du texte, mais alors à ce moment-là, ç'aurait été le signe qu'on était au bout, qu'on ne gouvernait plus. Au prétexte de retrouver une majorité, on n'avait plus de texte. Pourquoi il y aurait eu quelque chose qui n'était pas du tout sain sur le plan démocratique ? Ce que voulait une très grande majorité des députés socialistes, une petite minorité pouvait décider du contraire ? C'est la dissuasion du faible face au fort. Je représente 30 députés, et je vous empêche, vous les 250 autres, de faire le texte que vous avez décidé de faire… »

« Je n'ai jamais pensé qu'on était en face d'un mouvement puissant »

Il l'assure, il n'avait pas d'autre choix. « Il y avait d'abord le fait que ç'aurait duré longtemps, le fait que ç'aurait été un débat gauche-gauche, la droite aurait compté les points. Après, sur le 49.3, c'est un déni de démocratie quand le texte n'a pas été véritablement discuté ou corrigé, là, il avait été discuté en commission, il avait été déjà corrigé dans la concertation. Le déni de démocratie, c'est quand rien n'a été fait pour modifier le texte, en cours de débat. J'ai tout fait pour essayer de trouver des compromis, de faire les amendements qui pouvaient permettre aux socialistes de se retrouver. Je ne me suis jamais engagé à ne pas utiliser durant le mandat qui m'a été donné le 49.3. Je savais qu'un jour il était possible d'avoir à utiliser le 49.3, compte tenu de ce que je sais de la majorité. »

Au fond, tout réside peut-être dans le faux départ. La maladresse initiale de présentation. « On a été, je me mets dedans, au-delà de ce qu'on savait pouvoir être accepté par la CFDT, avoue le président. Cela a braqué. Et la menace du 49.3 a été très malencontreuse. » Mais il défend sa loi, sans en exagérer non plus la portée : « Je ne pense pas qu'elle va créer de l'emploi à court terme. Ce qui va créer de l'emploi, c'est toutes les mesures que nous avons décidées précédemment. Mais je pense qu'elle va être un exemple de ce que nous devons faire pour le modèle social français. »

En attendant, le « modèle » cher au président prend un sacré coup au moral. La SNCF se met en grève, les raffineries sont bloquées, les stations-service prises d'assaut… Ce printemps 2016 est une effervescence, un pot-pourri de contestations, sur fond de rejet de la loi travail. Philippe Martinez, le leader de la CGT, agite ses moustaches sur tous les fronts, arpente les plateaux de télévision, pousse ses troupes à la rébellion, appelle aux arrêts de travail autant qu'il le peut, rêvant du grand soir syndical.

Chaque manifestation devient un lieu de violence, un exutoire, jusqu'au caillassage de l'hôpital Necker, à Paris. Des clichés de syndicalistes CGT sont même diffusés par les autorités. Des pseudo-militants y apparaissent, détruisant les trottoirs pour s'armer de lourds pavés.

Le climat est irrespirable. Et Martinez irresponsable ?

« Il a été débordé par sa base, analyse Hollande après coup. Je pense qu'il a vu dans le conflit un intérêt stratégique. Remettre la CGT au premier rang de la visibilité des luttes, de ce point de vue-là il a réussi, il était un leader contesté dans son organisation, on peut dire qu'il a réussi à s'imposer. À quel prix ? Maintenant, l'avenir le dira, il a perdu en crédibilité dans beaucoup d'entreprises, et les élections professionnelles vont le faire apparaître. »

Pour éteindre le feu social, à l'approche de l'Euro de football, l'exécutif va devoir lâcher du lest, et contenter les représentants des intermittents, et des salariés de la SNCF. Et tant pis s'il faut froisser le président de la SNCF, Guillaume Pepy, à qui le pouvoir va tenir fermement la main pour signer la paix avec ses syndicats. « Il fallait éviter qu'il y ait une espèce de coagulation des mouvements, admet Hollande. C'est vrai qu'il a été demandé au président de la SNCF de faire en sorte qu'il puisse y avoir un accord. »

Le chef de l'État a examiné la situation sociale, fait la somme des mécontentements. Il dit n'avoir jamais tremblé devant ce mouvement d'ampleur. « Il n'a pas été un mouvement puissant, pas comparable avec ce qui s'était passé pour les retraites en 2010, bien moins puissant qu'en 2004, rien de comparable avec La Manif pour tous, et même tellement plus faible qu'avec le CPE, 1995, etc. » Il a aussi admiré, en connaisseur, la guérilla menée par les syndicats, l'utilisation méthodique des chaînes d'information en continu, entretenant un climat anxiogène. « Guérilla, le mot est un peu fort, mais une forme de pression médiatique surtout, détaille-t-il. Ils ont bien compris, dans le système des chaînes d'information, ce qu'une action sans grands moyens pouvait avoir comme impact. Il y a une forme de gauchisation, pas seulement sur les positions, mais sur les méthodes. »

Il a observé, également, l'organisation des manifestations, relevant des nouveautés, en vieux batteur de pavés qu'il a été. « Ce qui est nouveau, ce n'est pas qu'il y ait des manifestations, c'est leur caractère répétitif, sans effectifs très nombreux. Ce côté "on manifeste toutes les semaines", avec de la casse à chaque fois. Mais je n'ai jamais pensé qu'on était en face d'un mouvement puissant. Je n'ai pas senti une déferlante, avec une indication pour moi très importante : les jeunes. Il y a eu des jeunes dans le début du mouvement, ils n'y sont pas restés, on n'a pas eu de décrochage, de blocages de lycées, et ça change tout, la présence de jeunes. D'abord en termes de sécurité : les incidents qui ont touché des jeunes, tout de suite une émotion légitime s'est exprimée. Et quand des jeunes débarquent dans un mouvement, ils débarquent mais ils embarquent. Ils sont nombreux, ils donnent une figure au mouvement ; ça ne s'est pas produit. La figure de ce mouvement, c'est Martinez, il n'y en a pas d'autres. »

Il a envoyé Manuel Valls au front médiatique, pour s'en prendre aux casseurs, mais pas seulement, également à ceux qui les inspirent. « Il faut quand même faire attention, regrette Hollande, car il y a eu une violence verbale, radicale, contre le gouvernement, le président, le PS, et qu'il va falloir faire tomber. Émanant de Martinez, de la CGT, oui quand même. Il n'est pas possible d'interdire des manifestations, de manière générale et absolue. Le Conseil d'État sanctionnerait immédiatement ce type de décision. En revanche, il était important de montrer que sur les itinéraires, sur les formes de manifestations, il serait possible de négocier. Désormais, on va leur dire de rester sur un périmètre. »

Habile, pour le coup. Car après l'épisode tragi-comique de la manifestation interdite puis autorisée, à Paris, le 23 juin 2016, les défilés se sont réduits, progressivement. Le 49.3 est brandi, une nouvelle fois, le 5 juillet 2016, pour le retour de la loi travail au Palais-Bourbon. Hollande surveille sa majorité : « Il y a l'inconvénient du 49.3, que je ne sous-estime pas, une espèce de fermeté qui devient une fermeture, même si l'été peut permettre d'apaiser un certain nombre d'inquiétudes. » La période estivale, traditionnelle alliée des gouvernements.

La loi travail ne va pas déroger à la règle.

Le 20 juillet 2016, elle est adoptée, définitivement. Dans une absolue tranquillité, les députés sont en congé, les électeurs à la plage. Martinez, qui avait promis d'aller « jusqu'au bout », jurant de faire reculer le gouvernement, doit ravaler sa moustache.

Le brasier est éteint, seules subsistent quelques flammèches.

Hollande tient son article 2, sa grande œuvre – mais à quel prix !

Il peut remettre son masque.

6

Le procès

Il n'y a pas de malentendus, il n'y a que des malentendants.

Pierre Rey

Il n'a pas menti.

Juste joué sur les mots. Gentiment trompé son monde. Toute campagne électorale réclame sa part d'ivresse démagogique, celle de François Hollande, en 2012, n'a pas dérogé à cette règle d'or.

On est rarement élu en laissant miroiter des lendemains qui déchantent.

Alors, le candidat Hollande a promis, donné de l'espoir. Bref, il a fait rêver. C'est pour cette raison qu'il a été élu en 2012… et qu'il risque d'être battu en 2017. « J'ai pu comprendre les déceptions, nous avoue-t-il en août 2015. Les déceptions, c'est qu'il y avait des attentes qui allaient au-delà même de ce que j'avais promis… »

Plus que celui d'une vaste trahison, son quinquennat est peut-être d'abord l'histoire d'un parfait malentendu.

Pour avoir trop entendu et pas assez écouté, tant espéré aussi, sans jamais se pencher vraiment sur le parcours et les discours précédents du futur chef de l'État, ses électeurs ont été à la fois les victimes et les complices de cet énorme quiproquo. La formule est connue : « Les promesses n'engagent que ceux qui les écoutent. » Ce qui l'est moins, c'est que cet aphorisme porte la signature… d'Henri Queuille, qui est décidément bien le François Hollande de la IVe République.

Tout a donc commencé par un slogan.

Le 22 janvier 2012, au Bourget, François Hollande, lyrique, lâche sa célèbre sentence : « Mon véritable adversaire, il n'a pas de nom, pas de visage, pas de parti, il ne présentera jamais sa candidature, il ne sera jamais élu et pourtant il gouverne. Cet adversaire, c'est le monde de la finance. »

Acclamations, joie du peuple de gauche, qui pense s'être trouvé avec ce candidat aux poches trouées un héros improbable, au cœur d'une France toujours engluée dans la terrible crise financière de 2008, provoquée par les banques, justement.

« Mon adversaire, c'est la finance… »

Entendez bien : même la « finance », et pas les entreprises.

Mais Mélenchon ou Besancenot n'auraient pas dit mieux. La méprise est totale. Car Hollande n'a rien d'un révolutionnaire. C'est un ancien professeur d'économie, passé par HEC, ardent défenseur de l'économie de marché, il est l'ami de lobbyistes et d'hommes d'affaires, et clairement positionné au centre gauche. Pas vraiment le profil du type prêt à renverser la table pour s'en prendre à « l'ennemi de classe ».

Pourtant, même s'il a évidemment joué sur l'ambiguïté de la formulation, sa sortie du Bourget portait sa part de sincérité. Car oui, c'est vrai, le monde de la finance, il s'en méfie. En tout cas, il s'en est méfié. Suffisamment pour redouter qu'il ne lui gâche son élection, en 2012. Sa grande inquiétude, alors que se profilait la victoire, était de savoir comment réagiraient le CAC 40, les Bourses et les agences de notation.

Il connaît ses classiques : en mai 1981, à l'annonce de l'arrivée au pouvoir de François Mitterrand, premier socialiste à accéder au poste suprême sous la Ve République, l'indice boursier avait dévissé de 33 %. Dès notre tout premier entretien, le 3 avril 2012, anticipant les conséquences de sa probable victoire, il nous fait d'ailleurs part de son appréhension : « Sous Mitterrand, il y avait déjà la spéculation contre le franc... Les marchés vont me tester. Ça va secouer. »

Trois jours avant le second tour, Stéphane Le Foll formule devant nous les mêmes craintes. « On anticipe une mauvaise réaction des marchés, qui peuvent être instrumentalisés par la droite sur le thème : "Hollande est un danger pour la France." Du coup, pour rassurer l'Europe, on envoie des émissaires. Il y a Hubert Védrine, Pascal Lamy... François a même pensé à Jacques Attali... »

« La gauche arrive, ne fuyez pas ! » : le message est transmis, rassurant, sur tous les lieux de décision, d'influence. Car François Hollande a clamé son envie de renégocier le traité de discipline budgétaire européen, annoncé son intention de créer 60 000 postes dans l'éducation... De quoi effrayer ces fameux marchés, à en croire les hollandais.

Marc Fiorentino, un ancien trader, prévoit ainsi sur son blog qu'en cas de victoire de François Hollande, dès le lundi 7 mai, « la France sera attaquée... Et mise à genoux. À la City et dans les plus grands *hedge funds* américains, c'est la veillée d'armes. On se prépare ». De son côté, l'économiste Philippe Dessertine, directeur de l'Institut de haute finance, estime qu'il existe « des risques concrets de spéculation ». Sans parler d'Eurex, le marché allemand des dérivés, qui se prépare à toute éventualité avec l'annonce du lancement, le 16 avril (soit à une semaine du premier tour), d'un nouveau contrat à terme, Eurex OAT, permettant de parier sur les mouvements des obligations d'État françaises...

« Je n'avais pas promis d'éradiquer la finance dans notre pays »

Bref, Hollande se sait attendu. Il anticipe une éventuelle dégradation de la note de la France par l'agence Moody's.

Et finalement… rien. L'offensive redoutée n'a pas eu lieu. « Les marchés n'attaquent pas la France, car ils ont vu qu'on était sérieux », se félicite le Premier ministre Jean-Marc Ayrault, rencontré à Matignon, le 8 juin 2012. Sans doute aussi parce que ces fameux marchés ont bien compris que le candidat socialiste n'avait jamais eu l'intention de mettre en cause fondamentalement le système. Or, nombre d'électeurs de François Hollande y ont cru, eux.

Eh oui, « le changement, c'est maintenant », on leur a assez répété.

Au mois de décembre 2015, le chef de l'État en fit d'ailleurs lui-même le constat, de manière spontanée. « Pourquoi il y a un soupçon de trahison ? s'interrogea-t-il devant nous. On dit : "Vous n'avez pas changé le système." Non, on n'a pas changé le système. On veut le dominer le système, on ne le change pas. »

Encore aurait-il fallu l'expliquer clairement. Il n'en a rien été. Lors de sa campagne présidentielle, en tout point réussie, Hollande a fait résonner à l'oreille des électeurs de gauche la petite musique qu'ils souhaitaient entendre. À terme, ces flatteries intéressées se retournent généralement contre leur auteur.

Alors, Hollande a-t-il péché, comme tant d'autres avant lui, par excès de démagogie ? Du bout des lèvres, il n'est pas loin de le reconnaître, nous lâchant : « Une campagne est toujours dans une forme d'outrance – qui correspond néanmoins à une position. L'outrance, c'est : "La finance, c'est mon adversaire, elle n'a pas de visage, elle n'a pas de nom, elle ne sera pas candidate aux élections, etc." Mais en même temps, c'est vrai, personne ne peut le nier, il y a une finance qui est spoliatrice, déstabilisante, destructrice, et puis une autre qu'on essaie d'orienter de la meilleure des manières… Je n'avais pas promis d'éradiquer la finance dans notre pays, je n'avais pas promis qu'on allait nationaliser le secteur bancaire et supprimer la Bourse. Je n'ai pas dit ça. J'ai dit qu'il fallait maîtriser, contrôler. »

Il le sent bien, il peine à nous persuader. Il est trop aguerri pour ignorer qu'une campagne électorale c'est d'abord un ton, un élan. La sienne a soulevé l'enthousiasme, fait miroiter d'augustes lendemains. Ses propos sur la finance comportaient une large part d'ambiguïté, d'autant qu'ils s'inscrivaient dans une stratégie plus large visant à « rougir », sur la forme comme sur le fond, une image rose pâle. Trop bon acteur, il s'est enfermé dans un rôle de composition – celui d'un porte-parole de la France besogneuse prêt à faire rendre gorge aux patrons sans scrupules – dont il sera resté prisonnier tout le long de son quinquennat.

« Qu'est-ce qu'on retient d'une campagne ? On retient des formules, et ces formules après vous poursuivent, nous avoue-t-il finalement. Je concède que toute campagne est une forme de caricature. » « Dans une campagne présidentielle, justifie-t-il encore, on doit emmener, s'il n'y a pas d'enthousiasme ou d'emphase, ça ne peut pas marcher. »

Il essaie de se trouver des circonstances atténuantes – « La gauche est toujours belle quand elle n'est plus au pouvoir », rappelle-t-il –, voire des excuses : « On fait plus rêver que ce que l'on pense au moment où l'on fait une campagne. Les gens veulent rêver. Il y a une part de rêve dans toute élection. Après, le rêve est plus difficile à réaliser. Toute campagne est une exaltation. C'est très difficile après, quand on a gagné, de devenir un président avec les vicissitudes, les difficultés… Vous êtes tellement porté quand vous êtes candidat que vous voulez retrouver, revivre ces moments-là. Mais vous ne pouvez plus les vivre. Vous auriez envie de continuer la campagne, mais les Français, comme tout autre peuple, disent : “On ne vous demande pas de continuer la campagne, on vous demande de faire ce que vous avez promis de faire.” Ce passage-là est assez cruel. Et tout président l'a vécu. »

Ce n'est pas faux. Giscard, Mitterrand, Chirac, Sarkozy… Tous ont déçu, finalement. Tous ont été accusés de se renier – pas toujours à tort.

Alors, le chef de l'État tente de positiver, une vraie technique de survie chez lui. « Je suis plus critiqué, si je regarde bien depuis deux ans et demi, par rapport à ma promesse d'inverser la courbe du chômage, faite après mon élection, que pour ma promesse de lutter contre la finance », assure-t-il en avril 2015.

Et celle de taxer à 75 % les très hauts revenus, que n'aurait pas reniée l'extrême gauche ? Faite par le candidat Hollande, elle a été retoquée en décembre 2012 par le Conseil constitutionnel. Au final, le 18 octobre 2013, les députés ont adopté une « contribution exceptionnelle de solidarité », réservée aux seules entreprises. Plafonnée à 5 % du chiffre d'affaires, elle s'appliquera deux ans seulement (2013 et 2014), sur la part des salaires dépassant un million d'euros. Et son taux est en fait de 50 %…

« Les 75 %, je l'ai fait, mais le Conseil constitutionnel nous a annulé », se défend Hollande. « C'était un coup, admet-il. Montrer dans une campagne qu'on peut prendre une position forte par rapport à des salaires qui étaient mirobolants. On savait que ça allait être limité, sur deux ans. Mais personne ne vient me voir pour me dire : “Vous n'avez pas prolongé les 75 %.” Les gens disent : “Moi je viens vous voir parce que j'ai payé plus d'impôts.” Pas parce que les riches en ont payé davantage ou pas assez. »

Les riches, justement. En juin 2006, Hollande avait

fait scandale en déclarant, en termes plutôt crus, son aversion pour les grandes fortunes. « Je n'aime pas les riches, j'en conviens », avait-il lancé, face à la journaliste Arlette Chabot, sur France 2. Pur populisme, là encore ? « Mais il y a riche et riche, corrige-t-il. Xavier Niel [patron de Free, et accessoirement actionnaire à titre privé du *Monde*] est utile à la société, il fait baisser les prix, monte des start-up, achète des journaux... Moi, je n'aime pas l'argent pour l'argent, l'âpreté au gain. Les chefs d'entreprise qui se goinfrent de 3, 4 ou 5 millions... Les 75 % ont été un révélateur. Les riches, ils sont partis, pour beaucoup. Il y en a qui reviennent : c'est très pénible d'habiter la Belgique ou la Suisse ! La politique est déconsidérée, le pouvoir politique est moqué, mais il y a quelque chose d'encore présent, c'est le pouvoir. Il y a un côté jouissif là-dedans. Le pouvoir peut freiner leur propre développement. » Il rit : « La finance vient me voir pour la protéger ! »

« Toute la campagne que je fais est une campagne réaliste »

L'exode de certaines grosses fortunes, depuis 2012, est incontestable, mais il n'empêche : les classes très favorisées n'ont pas vraiment eu à se plaindre du président socialiste. La promesse de supprimer les stock-options, par exemple, l'un des soixante engagements du candidat Hollande, a été enterrée. Et diverses affaires de bonus, primes, parachutes dorés et autres retraites chapeaux, dont continuent de profiter les plus voraces des grands patrons français, ont émaillé le quinquennat, renvoyant le pouvoir à son impuissance... et le président à ses promesses. Certes, Hollande est maintenant prêt à encadrer les revenus des dirigeants d'entreprises dont l'État est actionnaire. Au printemps 2016, un amendement, intégré à la loi Sapin II, a été voté en ce sens, à la hâte, après le scandale lié à la rémunération stratosphérique de Carlos Ghosn, le patron de Renault. Il prévoit que les assemblées générales d'actionnaires devront désormais donner leur accord aux rémunérations des dirigeants.

Bien insuffisant toutefois pour convaincre son électorat naturel que le président Hollande a mis ses actes en adéquation avec ses engagements.

« Une partie de la gauche, qui peut se retrouver au Parlement, dans les partis politiques, également dans la presse, considère que finalement les promesses n'ont pas été tenues, qu'il y a eu déviation, dérive, avec des choses qui peuvent être parfois exactes, et d'autres totalement injustes », analyse-t-il dès juin 2014. « L'idée étant : j'ai fait des promesses de gauche pour me faire élire et je fais un programme de droite. Alors que toute la campagne que je fais est une campagne réaliste », assure-t-il. François Hollande dans le rôle de Josef K., victime d'un faux procès comme le héros de Kafka ?

Un peu trop simple.

Prenons l'exemple européen. Durant sa campagne, Hollande avait annoncé qu'il bloquerait les orientations budgétaires promues par l'Allemagne s'il n'obtenait pas de « mesures de croissance ». À peine élu, il avalisa le pacte budgétaire européen, qu'il avait pourtant promis de renégocier. Élaboré en pleine crise de l'euro, ce traité pose le principe d'un retour à l'équilibre des finances publiques des États, leur imposant des trajectoires de redressement extrêmement contraignantes. Hollande dut s'y résoudre : il signa le traité dans des termes strictement identiques, à la virgule près, à celui élaboré fin 2011 par Nicolas Sarkozy et Angela Merkel…

Toutefois, c'est vrai, il parvint à faire adopter, en contrepartie du traité budgétaire, un pacte de croissance européen, un additif de quelques pages, mais à la portée extrêmement limitée. C'est notable aussi, le chef de l'État a repris avec succès le projet d'union bancaire promu par l'ancien président du Conseil italien Mario Monti. La finance a bien été, en partie, encadrée, à défaut d'avoir été mise au pas.

À l'arrivée, un résultat quand même mitigé, en tout cas loin des espoirs portés durant sa campagne… « Je n'ai jamais dit que j'allais sortir de l'Union européenne, ou que j'allais créer une crise européenne, se défend-il. Mais on a obtenu des délais, l'union bancaire, des contrôles de la finance justement. »

Il en a bien conscience, il n'a pas fini de s'entendre dire qu'il « n'a pas été assez à gauche parce [qu'il n'a] pas cassé la table au plan européen pour avoir une réorientation ». « En fait, on a quand même plutôt pas mal géré les négociations européennes pour s'autoriser des déficits plus élevés que tous les autres et pour ne pas avoir à mener une politique d'austérité, que tous les autres pays ont décidée et réalisée. Et puis, on voit bien au niveau européen qu'avec le plan Juncker, avec la Grèce, on a réussi à corriger le cours et à avoir avec Merkel un rapport plus équilibré que lorsque je suis arrivé. On dit : "Vous avez cédé", mais on voit bien que l'autre solution, c'était de quitter. » Lucide, il conclut : « Reste l'idée d'une partie de la gauche qui finalement pense qu'il y a toujours une trahison quelque part. Trahison dont je suis l'acteur. »

Autre cas emblématique : le cinquantième des soixante engagements pris par le candidat Hollande, à savoir « donner aux étrangers résidant légalement en France depuis cinq ans le droit de vote aux élections locales ». Une mesure en réalité irréalisable, puisqu'elle suppose une révision constitutionnelle, donc une majorité des 3/5 au Parlement réuni en Congrès, impossible à trouver sans l'accord d'une partie de la droite, depuis toujours catégoriquement opposée à cette idée. D'ailleurs, dès le 1er mars 2013, le chef de l'État nous indique que « le vote des étrangers ne sera pas présenté. Il n'y a pas de majorité, il faut les 3/5, on peut le faire, mais on sait qu'on ne le fera pas passer ». « La majorité, on ne l'aura pas, donc on va attendre un peu », nous dit alors Hollande.

Quelques mois plus tard, tandis que, d'après les enquêtes d'opinion, les classes populaires marquent déjà leur déception, il invoque un autre argument : « Qu'est-ce qu'on nous demande, à gauche ? Je prends les choses les plus emblématiques. Prenons les deux réformes, qui sont d'ailleurs tout à fait nécessaires, la réforme pénale, la fin des peines planchers, et puis le droit de vote des étrangers. Bon. On fait la réforme pénale : quelle est la polémique qui va venir ? Ça ne veut pas dire qu'il ne faut pas la faire, hein, mais la polémique sera : "Vous êtes des laxistes, vous videz les prisons..." Ne pensons pas qu'on gagne un électeur de gauche avec ça ! On gagne notre conscience, on pense que c'est mieux qu'il y ait moins de petites peines dans les prisons, mais enfin, il n'y a pas un électeur qui va venir nous dire : "C'est formidable ce que vous faites !" Le droit de vote des étrangers, pareil : ce n'est pas pour autant que les gens des banlieues vont venir voter parce qu'on aura fait le droit de vote des étrangers, puisqu'ils diront : "Nous, si on vient voter, c'est pour le chômage, le logement, la considération, la dignité", etc. »

Pourtant, en novembre 2014, sans doute conscient qu'il est temps d'envoyer des signaux à cette gauche que l'exécutif désespère, Hollande nous annonce qu'il envisage de mettre en œuvre, pour le symbole, sa cinquantième proposition. « Ça ne passera pas, mais il faut démontrer qu'on a fait quelque chose, ça serait emblématique pour la gauche. » Mais six mois plus tard, devant nous, il classe définitivement l'affaire sans suite. Entre-temps, il y a eu la tragédie *Charlie*. « On sait qu'on ne peut pas le faire passer, dit-il à propos du fameux droit de vote. C'est offrir un cadeau à la droite, avec les questions d'immigration, d'arrivées massives de populations... La droite va essayer avec l'islam d'en faire un sujet, donc on ne va pas courir après. »

À chaque fois, ses arguments semblent convaincants, mais dans ce cas, pourquoi avoir fait cette promesse intenable ? On revient à la charge, une dernière fois, en novembre 2015. « Cette mesure, je l'avais défendue dans la campagne, je pensais qu'un consensus pouvait être possible – je rappelle que Sarkozy lui-même avait évoqué le droit de vote –, mais dès que j'ai été élu, la droite a fait savoir qu'elle ne voudrait consentir à aucune réforme constitutionnelle, et celle-là encore moins », plaide-t-il. « Après, la question pouvait être : est-ce qu'on va vers un référendum sur le droit de vote ? Aujourd'hui, outre que cela voudrait dire pour certains qu'on veut favoriser le FN en ouvrant ce débat-là, surtout, ce serait sûrement perdu. Et là, c'est plus grave. Au lieu, comme avait dit Mitterrand, d'attendre que les esprits soient mûrs, et là on pourra y aller, une majorité sera trouvée ; mais si c'est refusé par référendum, c'est terminé. Et pour longtemps. »

Mais tout de même, pourquoi ne pas prendre le risque ? Il n'aurait pas grand-chose à perdre, a priori… « Je ne suis pas sûr qu'on y gagne, réfute-t-il. On dira : "Vous avez présenté un texte dont vous saviez à l'avance qu'il ne serait pas adopté." Je mesure ce que ça peut générer comme frustrations. Beaucoup de gens ne savent pas qu'il faut une réforme constitutionnelle, beaucoup de concitoyens dans les quartiers disent : "Pourquoi vous ne l'avez pas fait voter ? Vous avez bien fait voter le droit au mariage pour tous…" Si ç'avait été une loi ordinaire pour le droit de vote des étrangers, on le ferait passer. »

Il en est certain, la seule chose « qui serait portée à [son] crédit, c'est de le faire ». Et de prendre l'exemple de la pénalisation du négationnisme du génocide arménien : « On l'a fait voter – ça n'a pas été si simple –, mais ça a été récusé par le Conseil constitutionnel. Et vous pensez que les Arméniens nous en sont reconnaissants ? "Vous avez été des mauvais, puisque vous n'avez même pas pu trouver un texte qui puisse avoir la validation par le Conseil constitutionnel", disent-ils. Il faut gagner les combats. » Celui du droit de vote des étrangers était perdu d'avance, et Hollande le savait parfaitement.

Même principe, s'agissant de la Cour de justice de la République, dont la suppression, promise par François Hollande, nécessitait également une révision constitutionnelle. Une juridiction chargée de juger les ministres à propos de laquelle le chef de l'État nous disait lui-même, en avril 2013 : « C'est quand même une entrave à la justice, la CJR ! Compte tenu de la lenteur des procédures, etc. » Évoquant le cas d'Édouard Balladur, sur lequel la CJR est censée enquêter, dans le cadre de l'affaire Karachi, depuis juin 2014, Hollande lâche d'ailleurs, le mois suivant : « Balladur sait de toute façon qu'il mourra avant que le procès ait lieu ! Ça l'embête parce que son image est ternie, mais il sait que la Cour de justice de la République, ça va prendre du temps… »

On ne se livrera pas ici à l'énumération exhaustive et donc fastidieuse des multiples annonces faites par le candidat Hollande durant la campagne présidentielle, ni à l'évaluation de leur concrétisation, souvent subjective. On renverra pour cela aux nombreuses analyses réalisées par nos confrères, qui passent régulièrement au crible les promesses faites par François Hollande en 2012, notamment le site internet « luipresident.fr » qui évalue la réalisation des engagements du candidat Hollande. Tout juste soulignera-t-on qu'à l'automne 2016 le chef de l'État en avait honoré la majeure partie, beaucoup plus en tout cas que l'opinion l'imagine généralement. « Sur les soixante engagements, pratiquement tous ont été tenus, ou vont l'être », se félicitait devant nous, en août 2015, Hollande.

« Le pire qu'on puisse dire, finalement, c'est : "Il a été président pour rien..." »

Un bilan finalement loin d'être honteux, dont le rappel contraste fortement avec l'image cataclysmique, mélange d'immobilisme et d'impuissance, véhiculée par cette présidence. « Pour moi, ce qui est très important, c'est de faire passer les réformes », nous dit-il au printemps 2014, alors qu'il est déjà au tréfonds dans les sondages. « Des réformes lourdes, précise-t-il. Le pacte de responsabilité, les lois de finance, les réformes territoriale, ferroviaire, énergétique... Voilà. Des réformes qui vont durer. » Il l'admet, déjà, l'opinion ne lui en fait absolument pas crédit. « Non, concède-t-il, mais je pense qu'il faut séparer l'immédiat du temps long, presque de l'Histoire. Je me dis, finalement, qu'est-ce qu'on dira, si je fais passer toutes ces réformes ? Le pire qu'on puisse dire finalement, c'est : "Il a été président pour rien. Non seulement il n'a pas tenu ses engagements – procès en trahison –, mais en plus, il n'a rien fait !" C'est d'ailleurs assez contradictoire. Mais c'est le double procès. Donc, on pourra dire : "Eh bien oui, il n'a peut-être pas tenu tous ses engagements – ce qui est à vérifier –, mais au moins, il a fait." Qu'est-ce que ça veut dire, faire ? Faire, c'est ce qui n'est pas défait ensuite. Je suis convaincu par exemple que la réforme territoriale, ce ne sera jamais défait. »

Quoi qu'il dise, quoi qu'il fasse, il le sait, Hollande a déçu ses électeurs, dans des proportions ahurissantes. « Oui », concède-t-il fin août 2015. S'il partage le constat – difficile de faire autrement –, il en conteste vivement le fondement : « Mais sur quoi n'aurais-je pas été assez à gauche ? Pour certains, c'est parce qu'on n'en a pas assez fait sur les libertés, le droit de vote des étrangers, le contrôle policier [la promesse d'obliger les policiers à délivrer un récépissé lors des contrôles d'identité a été abandonnée]. Pour d'autres encore, c'est parce qu'on en a fait trop du côté patronal, et pas assez du côté salarial, de la redistribution… »

Pour convaincre les Français, sans doute lui aurait-il déjà fallu obtenir l'adhésion de sa majorité, voire, au moins sur certains sujets, de la gauche en général. On le sait, c'est tout l'inverse qui s'est produit. Entre les ministres insoumis, en désaccord avec la « ligne » Hollande-Valls (Montebourg, Hamon, Filippetti…), les frondeurs du PS, Martine Aubry et ses amis, sans même parler des états d'âme de la famille écolo ou de la radicalisation de la gauche dure, il n'a pas manqué de procureurs, dans son propre camp, pour juger sévèrement l'action du chef de l'État. Avec, à gauche, des amis pareils, Hollande n'avait pas besoin d'ennemis à droite.

Nous n'avons pas oublié les propos incroyablement virulents que nous avait tenus, le 31 janvier 2013, Arnaud Montebourg, en son ministère du Redressement productif : « Ils ont trahi la gauche, c'est un gouvernement de droite ! » avait-il lancé, véhément. « Ma ministre déléguée [Fleur Pellerin] qui va à Davos et pose sur la photo avec le P-DG de Goldman Sachs, qui a détruit l'économie mondiale, c'est pas possible ! Je lui ai dit : “Mais qu'est-ce que tu es allée foutre là-bas ?!” » s'était emporté le don Quichotte de la Saône-et-Loire.

« Le procès en trahison est aussi vieux que celui de la gauche de gouvernement, philosophe Hollande. Cela a toujours été instruit. De Léon Blum à aujourd'hui en passant par François Mitterrand et Lionel Jospin, il y a toujours l'idée “vous n'avez pas été jusqu'au bout de vos engagements, vous avez manqué”. Mais c'est un procès qui est fait à la social-démocratie. Il y a une expression : “les sociaux-traîtres”. Cela n'a pas été inventé depuis 2012, c'est vieux comme le débat à gauche ! Ce sont les communistes qui, dans les années 30, ont inventé les “sociaux-traîtres”. Dès lors que vous acceptez les règles du marché, vous trahissez… »

Alors, victime d’un procès injuste, François Hollande ? Encore lui faut-il en convaincre les Français. Mais pour retourner l’opinion du mythique « peuple de gauche », avec qui la confiance a été si rapidement rompue, il faudra renverser des montagnes de scepticisme.

Nombre de ses électeurs ont la désagréable impression d’avoir été bernés. Hollande, prince de l’équivoque, leur a simplement vendu trop de rêve.

Ils ont voulu s’y accrocher, négligeant la mise en garde de l’écrivain Daniel Pennac : « L’avenir, c’est la trahison des promesses. »

IV

Les autres

1
L'obsession

Surtout, ne pas les croire.

Quand ils reviennent, ce 10 décembre 2013, de la cérémonie mondiale organisée en hommage à Nelson Mandela, à Johannesburg, François Hollande et Nicolas Sarkozy font mine, chacun de leur côté, de se réjouir de la qualité des propos qu'ils ont pu échanger, sous l'œil de centaines de millions de téléspectateurs. Trois heures passées l'un à côté de l'autre, dans le stade de Soccer City noyé sous les trombes d'eau. Les photos parues, ici et là, les montrent devisant tranquillement. Hollande, droit, présidentiel, un peu coincé.

Sarkozy, agité, bavard.

Ils sont arrivés en Afrique du Sud le matin même, via deux avions séparés, deux Falcon de la République.

Et pourtant...

Valérie Trierweiler a donné le ton, dès le matin. Elle n'a pas souhaité monter dans la même voiture que Sarkozy. Pas question. Elle lui en veut, depuis que les démêlés de l'un de ses enfants avec la police ont été rendus publics par les médias, quelques jours plus tôt. Le magazine people *Closer* – déjà – révèle à cette période que son fils a été interpellé, puis relâché, sans qu'aucune poursuite ne soit retenue à son encontre, dans un lieu de revente de cannabis. La compagne du président devine là, sans preuve, l'action souterraine des réseaux sarkozystes, si présents, encore, dans la police.

Aux côtés de Hollande, elle s'agace en écoutant Sarkozy. Il est prolixe, comme toujours. Elle ne supporte pas, notamment, de l'entendre se plaindre de l'intrusion des médias dans la vie privée des personnalités politiques. Elle y voit un énième témoignage de ce cynisme qu'elle ne supporte plus, elle, l'éternelle révoltée. François Hollande la calme, après une discussion agitée. Il tente d'arrondir les angles, puis part retrouver Sarkozy. Les voici donc tous les deux dans le stade, assis côte à côte, comme deux quidams assistant à un match. À tuer le temps, semblant écouter les discours interminables qui se succèdent. C'est une authentique comédie du pouvoir qui se joue là. Car, bien sûr, les deux hommes s'insupportent. Se haïssent, même.

Et surtout, se méprisent.

Mais seulement en privé.

Pour la galerie, ils laissent courir la fable d'une banale rivalité politique, idéologique et générationnelle. Pourtant, leur exécration mutuelle est d'abord personnelle.

Ce chapitre en est l'illustration. Un condensé de détestation d'une intensité inédite, sans doute, sous la Ve République. Avertissement : les lignes qui suivent sont violentes, à l'image des rapports entretenus par les « deux présidents ».

Elles sont le reflet de nos nombreux entretiens avec François Hollande, au cours desquels, si souvent, fut évoqué Sarkozy. Plus qu'un sujet récurrent dans l'esprit du chef de l'État, une véritable obsession, d'autant plus troublante qu'elle est réciproque. Nous aurions aimé, en retour, donner largement la parole à son ennemi politique, malheureusement, celui-ci ne veut (et ne peut) pas nous voir. On s'est donc bornés à restituer ce qu'il nous avait dit de François Hollande lors de notre dernière et seule rencontre, en novembre 2013…

Hollande et Sarkozy. Deux personnalités parfaitement antagonistes et pourtant inséparables.

Ces deux-là sont comme deux aimants dont les pôles se repoussent irrésistiblement. Indissociables et inconciliables.

Leurs divergences politiques sont presque mineures au regard de leurs différences de tempérament. Oui, tout les oppose.

Hyper-prévisible, impétueux, fidèle, possessif, rustre, agressif, binaire, séducteur… Sarkozy est tout cela, et bien plus. Il aime parader, en outre. Hollande est son contraire absolu. Un homme pondéré, contenu, réfléchi, mais aussi dissimulateur, flegmatique, équivoque, sans affect excessif. L'exhibitionnisme le dégoûte.

Qu'on ne s'y trompe pas cependant, les deux sont des « tueurs », capables de se montrer impitoyables lorsque leur survie politique est en jeu.

Mais là où l'extraverti Sarkozy affiche clairement ce qu'il est, le pudique Hollande, lui, se cache derrière son apparence anodine. L'intraitable inspecteur Harry dissimulé sous les habits du ridicule inspecteur Clouseau.

« Il commence à me parler de l'argent qu'il gagnait avec ses conférences »

Hollande est doté d'une mémoire ahurissante. Il se souvient de tout – sauf, parfois, de ce qui l'embarrasse. Alors, il nous restitue la séquence de Johannesburg, précisément. « Sarkozy a été méchant avec tout le monde, commence-t-il. Avec moi, il ne pouvait pas l'être, mais il n'en pensait pas moins. Mais ce qui m'a frappé, c'est qu'effectivement il m'a redit ce qu'il m'avait dit dès le premier jour : “Les atteintes à la vie privée, c'est insupportable, les attaques, ces journalistes qui vous poursuivent…” »

S'il n'est pas dupe sur le fond, Hollande ne donne pas tort à son prédécesseur : « Dès que l'on devient un personnage public et qu'il y a des intérêts politiques, c'est dur. Être connu, c'est très agréable, vous n'avez que des avantages. Mais quand vous êtes connu pour des causes de nature politique… Je pense d'ailleurs que Sarkozy, avec ses proches, sa famille – c'est pour ça qu'il a à ce point de la rancune –, il a souffert. Pour Carla Bruni aussi ça a dû être violent. Elle est passée du statut d'artiste, chanteuse, à, parce qu'elle a épousé Nicolas Sarkozy, quasiment celui d'une dirigeante politique… »

Retour à Johannesburg. « Sarkozy déversait tout son fiel sur ceux qui voulaient atteindre la présidence de la République, affirme Hollande. Il essayait de me confondre avec lui, c'est-à-dire en gros : "On est visés, nos vies privées, nos familles, nos enfants…" Je lui dis : "C'est vrai, plus internet, plus tout ça, c'est vrai que c'est insupportable…" Mais après, il commence à me parler de l'argent qu'il gagnait avec ses conférences. Je me dis : il ne va pas oser, quand même… »

Si.

Comme il aime à le faire de temps en temps, Hollande se mue en Sarkozy, ressert sur un plateau les propos de son prédécesseur, devenu après son départ de l'Élysée, un conférencier rémunéré à prix d'or : « C'est formidable, demain, je vais gagner x milliers d'euros, je fais une heure, j'apprends juste mon texte en anglais puis après je réponds aux questions en français, c'est formidable, vous verrez, on a un agent… » Dans un soupir, Hollande lâche : « Uniquement l'argent ! Que l'argent… »

Au cours de ces échanges, les deux hommes alternent le tutoiement, habituel chez ces deux hommes qui se connaissent par cœur, et le vouvoiement, de mise dans un moment solennel.

Nicolas Sarkozy lui détaille les tarifs qu'il pratique, 100 000 à 200 000 euros par prestation. Fait miroiter à François Hollande l'intérêt de cette nouvelle vie : « Alors tu vois, ça dure qu'une heure, on est tranquille, ils paient le voyage… »

« Quel est ce besoin de raconter quelque chose qui n'est quand même pas très glorieux ? » s'interroge, devant nous, le chef de l'État. Il est question, aussi, évidemment, de la conjoncture, de la montée de l'extrême droite. « À un moment, rapporte Hollande, il a dit : "Je ne laisserai pas faire, si le Front national est trop haut." Je pense que c'est ça son calcul, d'attendre les élections européennes – mauvais score pour l'UMP, mauvais score pour le PS, le FN arrive en tête – pour dire : "Voilà, j'avais pensé ne pas refaire de politique, mais le moment est trop grave, pour le pays, je n'ai plus le choix." »

Nicolas Sarkozy, dernière station avant le FN, seul espoir de sauver la République.

Hollande, féroce, dresse un portrait peu flatteur de son meilleur opposant, dont il dit qu'« il est toujours dans ce même système : j'impressionne, je sais des choses sur les gens ». D'après Hollande, Sarkozy, pour justifier son retour dans l'arène, s'apprête à enfiler le costume du « sauveur ». « C'est le petit de Gaulle. On a eu Napoléon le Petit, eh bien là, ce serait de Gaulle le petit, venant sauver la République finissante, repousser la menace factieuse, la tentation d'extrême droite, pour remettre le pays dans le droit chemin. » Il tente de cerner le cheminement de son opposant depuis sa défaite de 2012. « Au début, dit-il, comme il ne savait pas exactement quel serait son destin, même s'il avait en tête de revenir, il s'est mis dans l'idée d'être un avocat international... Parce que l'argent est quand même l'élément clé. Et ce, même si l'on pouvait penser qu'avec sa femme ils avaient tous les moyens... »

Cette improbable discussion en Afrique du Sud, c'était en tout cas pour les deux hommes leur première vraie rencontre depuis la passation de pouvoirs, le 15 mai 2012, à l'Élysée...

Encore l'une de ces cérémonies parfaitement codifiées

et totalement compassées dont la France républicaine raffole.

Un exercice imposé de la vie politique française, au cours duquel l'on rivalise habituellement de flagornerie et d'hypocrisie. Pourtant, ce 15 mai 2012 va légèrement déroger à la tradition. Car François Hollande prend bien soin de ne pas raccompagner Nicolas Sarkozy et Carla Bruni à leur voiture, dans la cour de l'Élysée. Il tourne les talons, sur le perron présidentiel, sans un regard pour l'ancien chef de l'État.

Un affront pur et simple.

Un comportement « à la limite de la mauvaise éducation », assène Sarkozy dans son livre *La France pour la vie*. Il a peu goûté, aussi, le fait que Hollande n'ait pas même prononcé son nom lors de son discours d'intronisation.

François Hollande assure, avec une pointe de mauvaise foi, n'avoir jamais compris ces reproches. Il n'apprécie pas Sarkozy, pourquoi lui rendrait-il grâce ? « Je ne voulais pas d'effusions particulières », dit-il seulement. Son proche conseiller de l'époque, Aquilino Morelle, est plus explicite. « Je sais que Sarkozy n'a pas apprécié le traitement qui lui a été réservé au moment de la passation de pouvoirs, nous confie-t-il en juin 2012. Mais François ne voulait pas afficher une fausse complicité, être dans l'hypocrisie, c'est pour ça qu'il ne lui a pas rendu hommage dans le discours et qu'il a vite tourné les talons. L'idée, c'est : on n'est pas potes du tout. »

Ne pas citer Sarkozy lors du discours d'investiture, que Morelle a écrit avec le nouveau chef de l'État, n'était donc pas un oubli malencontreux, mais bien une mauvaise manière faite au président sortant. « On aurait pu trouver une phrase passe-partout, c'est vrai, mais on ne voulait pas être gentils, dit encore Morelle. Alors oui, ce n'était pas “cool”, mais il y a des fois dans la vie où il faut être dur. »

« La façon dont je l'ai traité dans mon discours ? Mitterrand n'avait pas agi différemment par rapport à Giscard, se justifie de son côté Hollande. Par ailleurs, cela aurait été curieux de dire qu'il avait été formidable ! Surtout que la campagne a quand même été dure… »

« Il a parlé de lui, comme d'habitude »

Il se souvient de la brève discussion, entre présidents, dans son nouveau bureau, des quelques demandes de Sarkozy concernant ses collaborateurs. Et du reste… « Il a parlé de lui, comme d'habitude, sourit Hollande. Il m'a dit qu'il allait partir en vacances. »

Brancher Hollande sur le canal Sarkozy, c'est s'assurer un déluge de remarques désobligeantes et autres propos acerbes. Et réciproquement.

Quand il nous reçoit, le 18 novembre 2013, dans ses bureaux d'ancien président à Paris, rue de Miromesnil, Sarkozy ne retient pas ses coups : « Hollande, contrairement à ce que certains pensent, c'est un méchant, un vrai méchant », nous dit-il. Et d'ajouter : « La presse est tellement sympa avec Hollande… Ah, vous, vous trouvez que la presse est dure avec lui ? Mais imaginez ce que vous écririez si c'était moi aux affaires dans la même situation ! Ce serait dix fois pire ! Vous vous rappelez des rumeurs sur Biolay et Carla, ou moi et Jouanno ? Tout ce qui a été écrit ? »

C'est à ce moment-là que Sarkozy fait allusion, devant nous, aux escapades sentimentales de son successeur. La rumeur concernant la liaison du président émoustille alors le Paris des initiés. Sarkozy ne sera donc pas surpris, c'est une litote, quelques semaines plus tard, en janvier 2014, quand *Closer* révélera l'information.

Dans *La France pour la vie*, Sarkozy juge d'ailleurs durement le comportement de Hollande à l'égard de son ex-compagne. « Je n'ai pas aimé, écrit-il, que l'on fît de

Valérie Trierweiler le bouc émissaire idéal, car placée dans cette situation bancale dont elle n'était pas responsable, elle ne pouvait pas se défendre. » C'est une attaque en creux, mais elle n'a pas échappé à Hollande.

À l'hebdomadaire *Le Point*, Sarkozy confie aussi, en janvier 2016, revenant sur le voyage en Afrique du Sud : « Il marchait devant elle comme si elle n'existait pas. Il passait les portes, sans lui laisser la priorité. Lors du cocktail, il a fallu que ce soit moi qui m'occupe d'elle, qui la présente aux leaders mondiaux. Lui ne la calculait pas. » Pour le décomplexé Nicolas Sarkozy, aucun tabou, tous les moyens sont bons pour abaisser l'adversaire détesté, démolir son image. Sans doute parce qu'il ne pardonnera jamais à François Hollande « l'usurpateur » de l'avoir battu, en 2012. Il l'agonit d'injures en petit comité, redoublant d'adjectifs peu charitables à son sujet. Hollande le sait parfaitement, l'imagine, devant nous, parler de « la déconvenue de 2012, l'échec de 2012, l'escroquerie de 2012, ce rapt électoral, ce malentendu, qu'il faut laver... ».

Et puis, Sarkozy suspecte François Hollande d'instrumentaliser la justice. Sans doute de bonne foi. Après tout, à l'Élysée, lui-même ne faisait pas autre chose. Il le clame haut et fort, à tous ceux qu'il croise.

« J'ai vu Sarko récemment, lors d'un match de foot, nous rapporte par exemple, le 3 mai 2014, Bernard Cazeneuve, place Beauvau. Il me voit et me dit : "Non mais qu'est-ce que je vous ai fait à vous, les socialistes, pour que vous me maltraitiez autant ?" Je lui ai répondu : "Je ne vois pas de quoi vous parlez." Il a continué : "Vous essayez de me mettre en cause dans de fausses histoires, c'est inacceptable. Si j'avais fait le quart de la moitié de ce que vous me faites, qu'est-ce qu'on dirait ? Bon, je ne dis pas ça pour vous, hein, vous êtes un républicain..." Et moi, je lui ai redit : "Très bien, mais vraiment, je ne vois pas de quoi vous parlez !" »

Convaincu d'être victime d'une coalition hétéroclite vouée à sa perte, qui regrouperait des juges et des journalistes inféodés au pouvoir, Sarkozy ne supporte pas que son successeur soit présenté comme un homme intègre, tandis que lui et ses proches seraient compromis dans de visqueuses histoires. « Ah, mon entourage, il a bon dos ! s'exclame l'ancien président devant nous. D'abord, ça veut dire quoi, mon entourage ? Quand Cahuzac se fait attraper, on dit que c'est une affaire personnelle, que Hollande n'est pas concerné, ce qui est faux. »

Son amitié indéfectible avec le très encombrant député de Levallois-Perret ? « Balkany, il m'a nourri, m'a invité à la pizzeria, tous les soirs, quand j'étais jeune et que je travaillais chez Truffaut pour pouvoir vivre. C'est mon ami, je n'oublie rien. Mais vous noterez que je ne l'ai jamais nommé nulle part. »

Sans compter le fait d'être toujours renvoyé à sa réputation d'homme intéressé, obnubilé par l'appât du gain. « Les gens obsédés par l'argent, c'est malsain, et les gens qui le détestent, c'est malsain aussi, nous lance Sarkozy. C'est exactement la même chose, en fait, cela relève de la même perversion. »

Ce deux-là ne vivent définitivement pas dans le même monde. En tout cas n'en partagent pas la même vision.

Sans se forcer, Hollande s'est donc naturellement trouvé en opposition frontale à Sarkozy, devenu le repoussoir parfait, le faire-valoir idéal.

Un peu trop, sans doute. À force de se focaliser sur Sarkozy, Hollande a fini par donner le sentiment d'agir en fonction de ce rival obnubilant.

L'antipathie a viré à la monomanie. Jean-Pierre Jouyet a détecté le risque. « Je lui dis : "Ne sois pas obsédé par Sarkozy, ça va être plus compliqué à droite que tu le crois", nous confie-t-il en septembre 2014. Je lui dis :

"Abstiens-toi de ça." Il ne faut pas qu'il soit obsédé. Par Sarkozy. Je sais de quoi je parle d'ailleurs. »

Très souvent, au cours de nos échanges, Hollande a d'ailleurs fait allusion à sa fameuse anaphore « Moi, président... », prononcée lors du débat télévisé d'entre les deux tours de l'élection présidentielle de 2012, et dont il se délecte manifestement encore de chacun des termes.

« Quand on reprend la phrase : "Moi président, je ne recevrai pas les parlementaires de la majorité", je n'ai pas reçu, comme Sarkozy le faisait, LES parlementaires de la majorité, nous confie-t-il par exemple fin 2013. J'en reçois une dizaine, je choisis. Mais ce n'est pas la même chose de recevoir des parlementaires pour un déjeuner, comme des journalistes, que de recevoir toute la majorité pour faire un meeting... Il faisait des meetings, ici ! Il réunissait, tous les ans, ou deux fois par an, tous les parlementaires de la majorité... »

« Sarkozy pense, de toute façon, que les autres sont nuls »

Hollande repense souvent à ce duel télévisé, dont il est sorti vainqueur. Il se savait un peu béotien sur les sujets internationaux ? Près de cinq ans après, il se demande toujours pourquoi Sarkozy ne l'a pas entraîné vers des problématiques diplomatiques, au cours du débat. « Je pense que Sarkozy en savait plus sur la vie internationale – il avait quand même eu cette expérience, y compris d'un conflit, la Libye – que moi-même comme candidat. Si j'avais été à sa place, j'aurais beaucoup joué sur ce terrain-là. Ce que Mitterrand avait fait par rapport à Chirac en 1988. » Il détient une partie de la réponse, tout de même : « Sarkozy pense, de toute façon, que les autres sont nuls, ça je crois que c'est quand même son principe. » Il avait en stock, au cas où, une repartie toute trouvée : « Dans “Moi président”, j’aurais pu dire : “Moi, je n’aurais pas reçu Kadhafi avec le tapis rouge et la tente à Marigny…” »

Il règle aussi son compte à l’activisme de son prédécesseur, cette irrépressible envie de solutionner soi-même tous les drames du pays voire de la planète. De l’agitation plus que de la détermination, à en croire Hollande : « Il a donné l’impression d’en faire beaucoup, et il en a fait très peu. Il a même avoué que, côté compétitivité, il n’avait pas vraiment mené à bien ses projets. »

Il lui en veut surtout d’avoir « abaissé » la fonction présidentielle, en s’en prenant un peu à tout le monde, magistrats, syndicats, journalistes, et en adoptant parfois un comportement peu compatible avec son statut. « J’ai refusé le langage simplificateur de Sarkozy, qui est un discours qui frappe à l’estomac ou à l’émotion », se rengorge-t-il. Et puis, bien sûr, il juge Sarkozy comptable de son entourage. Patrick Balkany, Claude Guéant, Guillaume Lambert, Patrick Buisson… Nombreux sont les proches de l’ancien président aux prises avec la justice.

« Ce qui est incroyable sur Guéant, c’est qu’il y aurait plein de choses à dire et il se fait prendre sur un détail. C’est souvent le cas. Sur des petites primes qu’il a dû garder, médiocrement, pour financer un lave-vaisselle ! » assure par exemple Hollande, le 5 mai 2013, en commentant les déboires de l’ancien ministre de l’Intérieur, mis en cause par la justice pour avoir détourné des fonds destinés à récompenser les policiers méritants. « Si ce type se sent complètement abandonné, peut-être qu’il peut balancer aussi », nous dit encore Hollande, un mois plus tard.

Et Buisson. Hollande a pris connaissance dans la presse du verbatim de quelques-uns des enregistrements clandestins opérés par l’ancien journaliste de *Minute*, lors de réunions avec Sarkozy dont il était le très droitier conseiller. Un procédé extrêmement choquant, Hollande en convient lui-même. Il n'empêche, les conversations captées révèlent des petites manœuvres édifiantes, quoique peu ragoûtantes… « Les cassettes Buisson sont très importantes, non pas qu'elles révèlent quoi que ce soit – il n'y a pas de secrets d'État –, mais elles vont révéler ce qu'est ce type. Sa grossièreté, sa méchanceté, son cynisme », juge sévèrement le chef de l'État.

À défaut de l'espionner, il scrute attentivement tout ce qui se dit ou s'écrit sur son prédécesseur. Comme lorsqu'il évoque devant nous, en octobre 2015, la vente, six ans auparavant, du château de la famille de Carla Bruni, en Italie, pour 17,5 millions d'euros, au prince saoudien Al-Walid Ben Talal, l'homme le plus riche du Moyen-Orient. « Un prince, Al-Walid, a acheté la maison que, sous le précédent quinquennat, Sarkozy lui avait demandé d'acheter, déplore Hollande. Il s'agit de la maison de famille de Carla Bruni en Italie. Cette maison a été vendue très chère, quinze millions d'euros, et le prince n'arrive pas à la revendre… Ça n'a rien d'illégal, vous vendez à qui vous voulez, mais c'est quand même un problème de faire acheter sa maison ou celle de sa femme par un prince saoudien. Il l'a fait quand il était président de la République. Ça en dit long… »

« Quel est l'intérêt de nourrir Balkany ? Pourquoi faire de Guéant un homme d'argent ? »

Il dit aussi avoir été choqué par ce qu'il a découvert dans les journaux s'agissant des déboires judiciaires de la Sarkozie. « Ce qu'on ne voit pas chez lui, c'est qu'il ne fait pas le partage entre ce qui est possible et ce qui n'est pas possible, le légal et le non-légal, le décent et le non-décent. Pourquoi cette espèce d'appât de l'argent, pourquoi cette absence de précautions sur un certain nombre de choses ?... C'est ça qui est étrange. Il s'entoure de gens d'argent. Pourquoi ? Quel est l'intérêt de nourrir Balkany ? Pourquoi faire de Guéant un homme d'argent ? Pourquoi transgresser les règles pour le financement d'une campagne ? Pourquoi utiliser Buisson ? Avec de l'argent... Toujours ! L'argent est toujours présent ! C'est ça qui est étonnant. »

Les enregistrements Buisson lui ont permis de conforter ses préventions sur ce petit monde qui gravite autour de Nicolas Sarkozy. « D'une vulgarité... », dit-il, évoquant même un phénomène de « bande ». « Mais, de bande, au sens prébendier, précise-t-il. C'est-à-dire de gens qui viennent autour de lui pour lui soutirer un avantage, un soutien, un moyen d'avoir de l'argent... »

En tout, Hollande semble mettre un point d'honneur à souligner son opposition à Nicolas Sarkozy.

Il lui arrive, toutefois, de se montrer grand seigneur à l'égard de son punching-ball favori. Le psychodrame Canal +, derrière lequel la plupart des observateurs ont cru voir la main de Sarkozy, soupçonné d'être l'inspirateur de la « normalisation » de la chaîne cryptée, en atteste. Accessoirement, l'épisode témoigne aussi du fait que le chef de l'État, quand il le juge nécessaire, est capable à son tour d'intervenir dans les dossiers – non judiciaires – sensibles...

Tout commence au printemps 2014. BeIN Sports, la chaîne qatarie, s'apprête à rafler l'intégralité des droits de la Ligue 1 de football. Canal +, dont c'est l'un des principaux produits d'appel, est en danger de mort. Or, Vincent Bolloré, dont l'amitié avec Nicolas Sarkozy est notoire, vient de faire main basse sur la chaîne cryptée, via Vivendi.

En avril 2014, Hollande reçoit, en secret, Rodophe Belmer et Bertrand Méheut, les patrons de Canal +, venus exposer leurs craintes. Le président va se démener. « On a sauvé Canal, nous confie-t-il alors. J'ai reçu discrètement Belmer et Méheut. J'ai appelé l'émir du Qatar, je lui ai dit : "Vous allez venir en France en juin, on vous a défendus par rapport aux Saoudiens, on est à vos côtés, mais là, qu'allez-vous faire sur les Rafale ? Il y a aussi l'histoire du foot... Je souhaite qu'il y ait un partage." »

Le message est bien passé. Finalement, les deux tycoons vont se partager le gâteau de la Ligue 1. Hollande a sans doute sauvé Canal +. En se disant, peut-être, qu'en vue de 2017, ce ne serait pas plus mal d'obtenir une relative neutralité de la part des médias détenus par le milliardaire breton...

Vient l'année 2015. Canal se porte mal, très mal. Il y a urgence, alors, en bon capitaine d'industrie sans états d'âme excessifs, Bolloré décide de prendre des mesures radicales. Coupes claires au programme de la chaîne cryptée. Mais la stratégie d'épuration à Canal + voulue par le milliardaire, avec la mise au pas des insolents, puis la disparition progressive des émissions un peu trop irrévérencieuses, et la volonté affichée d'éviter désormais les thèmes trop clivants, est surtout interprétée comme le signe d'une reprise en main politique. En clair et sans décodeur, Bolloré est tout bonnement suspecté de vouloir créer une machine de guerre pro-sarkozyste.

Contrairement à ce que l'on pourrait imaginer, Hollande, lui, n'y voit pas malice. « Il faut se sortir de l'imaginaire complotiste, dit-il. Il n'est pas vrai que les proches de Nicolas Sarkozy contrôleraient, comme ça, mécaniquement... Ça ne se passe pas comme ça. Ou alors ça s'est passé comme ça il y a quelques années, qui ne sont pas si lointaines, mais aujourd'hui, ça ne se passe pas comme ça. » Pour le chef de l'État, Bolloré n'obéit qu'à un seul intérêt, le sien propre. En l'occurence, il lui commande de refaire de Canal + une machine à cash, et peu importe si, pour y parvenir, l'impertinence ne doit plus y avoir droit de cité. « Bolloré, son objectif, c'est de continuer à mettre du contenu dans ses tuyaux, n'importe quel contenu », assure ainsi Hollande.

« Bolloré, je pense, n'a pas de calculs politiques dans le sens, "je vais soutenir celui-là" », ajoute le président en octobre 2015. « Bon, il n'est pas mécontent de dépolitiser les émissions qui étaient les plus urticantes. Peut-être pour Nicolas Sarkozy... », ajoute-t-il néanmoins. « Il est de droite, il saura faire son choix, mais ce n'est pas lui qui va l'imposer. Ce qu'il veut, c'est dépolitiser complètement cette chaîne, donc la première cible, c'est *Le Grand Journal*, deuxièmement les Guignols qu'on a occultés, et troisièmement, à terme, je pense, *Le Petit Journal*. Dépolitiser, ça veut dire : pas d'histoires. » Hollande ne s'est pas trompé : le présentateur du *Petit Journal*, Yann Barthès, annoncera six mois plus tard l'arrêt de son émission.

À plusieurs reprises au cours de nos entretiens, Hollande nous surprendra en faisant preuve de bienveillance, ou plus exactement de compassion, à l'égard de son prédécesseur. Aussi étonnant que cela puisse paraître, on a même pu sentir parfois, chez Hollande, une forme de magnanimité envers Sarkozy. Comme si, dans certains cas, l'appartenance à la confrérie politique, a fortiori la caste des présidents, l'emportait sur toute autre considération.

Par exemple lorsque, ce jour de novembre 2015, il évoque la géolocalisation par les juges des téléphones de l'ancien président, soupçonné d'avoir bénéficié de faveurs de l'homme d'affaires Stéphane Courbit (la procédure sera classée sans suite), et dont la révélation a suscité l'ire de l'opposition. « S'il n'y a rien dans le dossier, c'est choquant, c'est vrai », lâche Hollande à propos de la surveillance des téléphones de Sarkozy. « C'est hélas le comportement de la justice », ajoute-t-il même.

Ou le 16 février 2016, alors que Sarkozy vient de passer de longues heures dans le bureau du juge Serge Tournaire, en ressortant poursuivi pour « financement illégal » de sa campagne présidentielle de 2012, en marge de l'affaire Bygmalion. Lorsqu'on lui demande si cette mise en examen lui « fait plaisir », Hollande rétorque, formel : « Non. Un ancien président de la République qui passe douze heures dans le cabinet d'un juge d'instruction… Pour la deuxième ou troisième fois… C'est quand même éprouvant. »

Même sur le fond, il n'est pas loin de le défendre. « Je pensais que, sur cette affaire, le Conseil constitutionnel avait tout dit », relève le chef de l'État. Il l'admet, ce faisant, il donne raison aux conseils de Sarkozy qui estiment que le dépassement des frais de campagne a déjà été jugé par le Conseil constitutionnel. « D'une certaine façon, confirme-t-il. Il y a quelque chose, quand même… J'ai trouvé que la mise en examen sur ce point était peut-être automatique dès lors qu'il avait signé les comptes, mais n'indiquait rien sur sa connaissance ou pas de l'affaire Bygmalion… »

Hollande mesure aussi les dégâts causés sur le plan humain par les affaires judiciaires. Il a en tête les poursuites exercées contre un autre sarkozyste invétéré, Éric Woerth, dans l'affaire Bettencourt. L'ex-trésorier de l'UMP a été relaxé, au final. « Je crois que vous ne mesurez pas forcément que ça a dû être une grande douleur pour l'homme, nous dit-il. Quand votre femme est attaquée, vous l'êtes aussi, quand on laisse supposer que vous avez remis une Légion d'honneur pour un avantage dont votre épouse aurait été la bénéficiaire… Je crois que l'homme Woerth peut considérer qu'il a une revanche à prendre sur tout, en tout cas son honneur de justiciable est lavé. » Son soutien à l'ancien ministre de Sarkozy a tout de même des limites : « Woerth était ministre du Budget et trésorier de l'UMP. Il organisait à côté, au

Bristol, en présence du président de la République, le Premier cercle (les donateurs de l'UMP). Cela n'a rien à avoir avec l'affaire Bettencourt, ce n'est pas pénalement répréhensible, on a le droit d'aller dans un hôtel, de rencontrer des dirigeants et de ramasser des chèques avec les déductions fiscales appropriées, en présence du président de la République. On a le droit. Mais ce n'est pas ma conception de la République. Le ministre du Budget, il est chargé de faire rentrer des recettes, il ne va pas faire des déductions fiscales pour financer son propre parti à des personnalités, estimables par ailleurs, qui cotisent pour leurs idées. »

« Sarko ? Si les coups ne le tuent pas, il sera candidat »

Pour le reste, Hollande prête à Sarkozy à peu près tous les défauts de la terre. Même lorsqu'on évoque les sérieux accrocs à la fameuse « République exemplaire » dont son quinquennat aura été émaillé, de Cahuzac à Arif en passant par Morelle ou Thévenoud, il trouve le moyen de renvoyer son adversaire à ses manquements supposés. Réfutant la comparaison avec Sarkozy, il explique : « Il y a plusieurs différences. D'abord, il n'y a aucun système, rien qui soit un mécanisme de financement politique, ou électoral, ou personnel. Deuxièmement, il n'y a aucune protection qui soit accordée à qui que ce soit. Troisièmement, la justice et la presse font leur travail jusqu'au bout. Quatrièmement, quand un individu est approché par la justice, il est remercié. C'est ça les grandes différences, qui doivent être rappelées. Après, dans toutes les Républiques, partout, il y a toujours des gens qui manquent à la règle. Il y a ceux qui arrivent à s'échapper et ceux qui n'arrivent pas à s'échapper. On ne doit plus arriver à s'échapper. Tout ce qu'on a mis en place doit conduire à ça. »

Si Hollande n'est pas loin de blanchir Sarkozy sur le

terrain judiciaire, en tout cas semble prêt à lui trouver quelques circonstances atténuantes, sur le plan politique, la condamnation est sans appel : il le juge coupable, sur tous les plans. Coupable, en particulier, de jouer avec les angoisses des Français, de flatter leurs mauvais instincts. « C'est Sarkozy, une espèce de facilité… », dit-il.

Il a scruté son retour en politique, officialisé le 19 septembre 2014.

Il a assisté, en spectateur averti, à la résurrection programmée du phénix de Neuilly-sur-Seine.

En réalité, il n'avait jamais cru à son retrait. « Sarko ? Si les coups ne le tuent pas, il sera candidat, il pense être invulnérable », nous prévient-il dès avril 2014, cinq mois avant que Sarkozy annonce son come-back. « S'il sort de toutes ces épreuves médiatiques, judiciaires, dont il s'inquiète, il dira : "Vous voyez, ils ne m'ont pas eu" », pronostique-t-il.

Lui assure ne pas vouloir d'une revanche, mais voit, à l'été 2014, plusieurs avantages au retour annoncé de « l'ex » : « Cela a un effet positif, cela remobilise quand même la gauche. Même ceux qui ne nous aiment pas beaucoup nous préfèrent encore à Sarkozy. J'espère ! Ou alors, c'est à désespérer. Deuxièmement, je pense que ça nous oblige à être encore plus offensifs nous-mêmes. C'est bon la compétition, l'émulation… »

Il se projette déjà. « Le côté revanche, analyse-t-il en juillet 2014, ça le mobilise, sans doute, mais nous aussi, cela nous mobilise. Il va être très méprisant… C'est ça qui est intéressant, c'est qu'il ne peut pas faire autrement. »

La campagne 2012 est également toujours très présente dans l'esprit du chef de l'État. D'après lui, son rival malheureux eut le grand tort, alors, de le prendre de haut. « Il n'a fait aucun progrès. Il a toujours eu le défaut de sous-estimer… Même pendant la campagne, il a sous-estimé… » Il se souvient d'un article paru dans

M, le magazine du *Monde*, dans lequel Sarkozy confiait sa vision du candidat socialiste : « Il est nul, et on va en faire qu'une bouchée… Il va se détruire, il va exploser. »

Conclusion de Hollande : « Il en est toujours là. Donc, je pense qu'il essaiera de tout salir. »

« Il n'a pas travaillé »

À l'automne 2014, quand le patron de la droite française officialise son retour entre un communiqué sur Facebook et une interview à France 2, Hollande veut croire que son prédécesseur a su changer, au moins en apparence. « Il ne va pas être dans le fracas, pense-t-il. Peut-être qu'il va m'attaquer, c'est évident, mais il ne sera pas maladroit, il ne va pas faire le discours de Grenoble, de rupture, ni même celui de 2012. Il ne va pas faire du Buisson, il va faire du 2007 : "J'aime tous les Français, je veux les retrouver, je veux que mon pays soit plus haut, je ne peux pas accepter sa dégradation…" »

Scène irréelle, voici donc le chef de l'État qui, une nouvelle fois, se transforme sous nos yeux en Nicolas Sarkozy, adoptant son ton, presque ses intonations. « On pourrait faire le discours à sa place », s'amuse-t-il, joignant le geste à la parole. Il se métamorphose physiquement, roule des épaules : « J'aime trop mon pays pour le laisser dans l'état où il est, donc je reviens, j'avais pas envie, j'avais ma famille, j'étais heureux, mais je me sacrifie », se lance-t-il, le 11 septembre 2014. On s'y croirait.

Le 21 septembre 2014, Nicolas Sarkozy, au journal de 20 heures de France 2, justifiant son désir de retour : « Je ne veux pas que mon pays soit condamné entre le spectacle humiliant que nous avons aujourd'hui et la perspective d'un isolement total qui serait la perspective du Front national. Non seulement j'ai envie, mais je n'ai pas le choix. »

Soit à peu près, parfois mot pour mot, ce que nous avait mimé Hollande, dix jours plus tôt.

Mais, plutôt qu'incarner la figure du rassembleur, l'ancien chef de l'État va effectuer le choix inverse et accentuer encore le clivage gauche-droite.

Et cliver, Sarkozy sait faire, c'est même à ça qu'on le reconnaît.

Alors, au fil des réunions publiques, il force le trait, retrouve des accents presque « buissoniens ». Il flatte l'électeur de droite, le caresse dans le sens du poil. Quitte à flirter, parfois, avec une rhétorique extrême, dans l'espoir de faire rentrer dans le rang républicain les « lepenolâtres ».

Dès le 2 octobre 2014, en meeting à Troyes, l'ancien président, plus agressif que jamais, renoue avec ses excès habituels.

Pas de doute, l'hubris sarkozyste est de retour.

Reboosté, Sarkozy qualifie Cécile Duflot de « plus mauvaise ministre du Logement de l'histoire de la République française », ajoutant, élégamment : « Dommage qu'elle ne s'exporte pas ! » Nous revoyons François Hollande peu après. « On pouvait penser qu'il y aurait des propositions nouvelles, une vision, une réflexion. Quand on veut se présenter comme un sauveur… », déplore-t-il à propos des multiples interventions publiques de son prédécesseur. « Ce qui est surprenant, ajoute Hollande, c'est qu'on a l'impression que le temps s'est arrêté. Il est toujours au lendemain de l'élection présidentielle, presque au lendemain du débat, et ce qu'il veut démontrer, c'est qu'il aurait été battu par un mensonge, par une formule rhétorique, par une tromperie, et donc, alors qu'il dit : "Je ne vais pas parler de François Hollande", il ne parle que de François Hollande ! Et il revient sur "Moi président, etc.", une espèce d'obsession, comme si ce qui lui importait le plus c'était de rejouer un match terminé. »

Il semble surpris que l'ancien président ne soit pas parvenu à contenir ses vieux réflexes, ses mauvaises habitudes. « La vulgarité qui est la sienne à l'égard de Duflot... », soupire-t-il, moins fâché que consterné. « Qu'il m'en veuille à moi, on peut encore le comprendre, on peut dire que la loi ALUR est une absurdité, mais enfin, "exporter" Duflot... Les plaisanteries qu'il fait peuvent être des plaisanteries de chef de parti, j'ai fait en mon temps usage de ça. On me reproche parfois l'humour. Et je peux comprendre parfois. Même si moi, je pense que c'est très important, l'humour. Mais là, dans ses meetings... Ce sont des plaisanteries assez grasses, pas du niveau d'un ancien président de la République. Oui, ce qui m'a frappé, c'est la vulgarité », tranche-t-il.

L'instituteur Hollande se fâcherait presque, décernant le bonnet d'âne à Sarkozy : « Il n'a pas travaillé. »

Passé la surprise, l'étonnement devant un come-back raté, trop prévisible, aux couleurs sépia, François Hollande s'en est assez vite réjoui. « Ce que je pouvais penser, et parfois redouter, c'est que Sarkozy trouve un ton, dit-il. Il y a un espace, surtout pour un ancien président : celui du rassemblement. Il n'a pas su le trouver, or c'est ça qui était à redouter. »

Pour autant, le chef de l'État sait apprécier, en connaisseur, certaines initiatives prises par son rival dans le cadre de son retour. Par exemple lorsque, devant nous, il loue le choix fait par Sarkozy de rebaptiser l'UMP, devenue au printemps 2015 Les Républicains. On s'en souvient, à gauche, l'évolution a fait tousser, même s'étrangler, certains criant à la captation indigne de valeurs appartenant au bien commun. Les anciens ministres Jean-Pierre Chevènement et Jean-Louis Bianco avaient même déposé, en mai 2015, un recours dans ce sens, en référé (ils ont été déboutés), la droite dénonçant alors une offensive téléguidée par l'Élysée.

Rien n'est plus faux : en réalité, François Hollande n'a rien contre cette transformation patronymique, c'est même tout le contraire. « Moi, je n'aurais pas fait de procès, nous confie-t-il en juin 2015. J'ai pensé que c'était une bonne idée de leur part. D'un point de vue politique. Cela existe les Républicains : aux États-Unis, et en France il y a eu aussi l'ancien parti de Giscard (les Républicains indépendants, RI)... Je trouve que le nom est beau, on ne peut pas l'empêcher, ça fait partie de la France. D'ailleurs, un parti peut bien s'appeler le parti de la France. »

La débaptisation de l'UMP, il la juge surtout futée d'un point de vue stratégique. Elle pourrait en effet avoir été entreprise par Sarkozy dans le seul but de faire oublier les scandales associés à l'UMP, étranglée judiciairement mais aussi financièrement.

Du passif faisons table rase, en quelque sorte.

« Il change le nom du parti pour dire : "L'UMP ça ne nous concerne plus, Bygmalion, c'était Copé", il va être dans une stratégie d'effacement », estime ainsi le chef de l'État.

Changement de nom, certes, mais pas de ton, au contraire. Tout sauf un hasard selon Hollande. « Le calcul que Sarkozy fait – il y a réfléchi quand même –, c'est que la société est violente, donc la politique doit être brutale. Moi, je pense l'inverse : la société est violente, le monde est rude, même cruel, mais la politique doit apaiser. »

La divergence est de taille.

Chaque intervention publique de Nicolas Sarkozy est désormais l'occasion d'un dérapage, plus ou moins contrôlé, sur le mode de l'invective ou de la blague facile. François Hollande n'en rate pas une miette. Il en décrypte les dessous, fournit même les sous-titres. De tout temps, le chef de l'État a été un grand conteur de la vie politique française, à l'instar, à droite, d'un Jean-Pierre Raffarin. Cette fois, c'est le passage de Sarkozy au JT de TF1, le 8 juillet 2015, dont il est question. Schengen, l'Afrique, l'Europe…

L'ancien président, sourire carnassier, tout rictus dehors, a tapé dur.

« Je le trouve excessif – il l'a toujours été –, grossier – mais il ne l'a pas toujours été –, alors que comme ancien président il devrait se maîtriser, commente Hollande. Et puis, je le trouve répétitif. Mais il a une ligne, ce qui n'est jamais mauvais en politique. Sa ligne, c'est la peur. La peur de l'immigration, du fanatisme religieux, de l'Afrique… Il pense que c'est sur ça que l'élection présidentielle se jouera, les peurs. »

« Il a fait le choix de la radicalisation verbale pour aller chercher les électeurs du Front national, conclut le chef de l'État. Il pense que les électeurs de droite sont partis vers l'extrême droite parce qu'ils avaient le sentiment qu'il n'y avait pas assez de coups portés au pouvoir. Donc, au-delà de son tempérament et de son caractère qui peuvent le conduire à ce type d'excès, il y a un calcul. »

Et un danger.

Car finalement, ce que Hollande reproche principalement à Sarkozy, c'est de giboyer sur les terres de l'extrême droite. De son point de vue, Sarkozy joue avec le feu, cette flamme bleu-blanc-rouge dont le FN a fait son emblème. « Il faut lire ses discours, s'emporte-t-il. Qu'est-ce qu'il fait comme reproche à Marine Le Pen ? De m'avoir fait élire. Ce n'est pas : "Je reproche à Le Pen d'être anti-Europe, anti-islam…" Non, c'est : "Le Pen, l'alliée objective de François Hollande." Alors que l'argument face à Le Pen, ce sont les valeurs, les principes… »

C'est à l'occasion des élections municipales, en mars 2014, et plus encore des régionales, en décembre 2015, que Hollande se montrera le plus sévère à l'égard de Sarkozy. L'ancien président refuse de se désister en faveur des socialistes, et tant pis si le FN en profite. Son refus du front républicain le déconsidère définitivement aux yeux du chef de l'État. « C'est quand même très grave, juge Hollande peu avant les régionales. Le rôle d'un parti, ce n'est pas tant d'appeler à voter, c'est aussi d'appeler à ne pas voter. Moi, je pense que si j'avais été à leur place, j'aurais dit : "La première position, c'est de ne pas voter Front national." Mais quand vous dites que le Front national et le Parti socialiste c'est pareil, vous dites à ce moment-là que vos électeurs peuvent se libérer de toute contrainte. Sarkozy a fait une faute, dans le sens où il a laissé son électorat sans consigne, sans règle, sans référence. C'est ce qui me paraît le plus grave. »

« Morano, c'est une Le Pen en plus maigre ! »

Le chef de l'État revient aux confidences que lui avait faites son prédécesseur en décembre 2013, en Afrique du Sud. « Il m'a dit : "Je ne pourrai pas laisser faire", critiquant son camp bien sûr, ne disant rien sur moi, mais n'en pensant pas moins. En gros, c'était : "Je ne laisserai pas faire par rapport au Front national, ce n'est pas possible, c'est une tache." Il était déjà sur le pied de guerre. Je me suis dit, là, il a un axe contre le Front, un peu chiraquien. Or, les thèmes qu'il utilise sont quand même des thèmes sur l'immigration, sur la communauté nationale fracassée… »

Sarkozy, en fait, lui donne le sentiment de godiller sans cesse. Déterminé à brandir la carte du rassemblement avant de (re)jouer celle du clivage. Un coup favorable au mariage pour tous, une autre fois contre. Hollande en viendrait presque à penser que Sarkozy a perdu la main.

Oubliés, l'habileté du chef de parti, le flair du stratège, les audaces du roi de la « triangulation », cette méthode assez redoutable consistant à piquer à l'adversaire ses idées – et parfois ses troupes, aussi.

Hollande ne saisit pas, par exemple, en pleine polémique, fin 2014, sur la loi Macron pour la croissance et l'activité, l'opposition totale manifestée par le camp Sarkozy. « Si j'avais été dans la situation de Sarko, confie-t-il en décembre 2014, moi, j'aurais été pour, en disant : "Ils ont raison, ils ne vont pas assez loin, ce sont des timides, etc., mais il faut voter." Rien que pour mettre en difficulté la gauche... D'une certaine façon, Sarko nous rend service. Les gens disent : "Mais pourquoi il est contre ?" Merci Sarko ! »

Cette stratégie de l'obstruction systématique, elle fait les affaires du chef de l'État, c'est indéniable. Plus l'ennemi est prévisible, moins il est dangereux. « Ce qui est le plus difficile quand on est devant une opposition, dit-il, c'est quand l'opposition est elle-même inattendue. Elle est beaucoup plus mobile. »

Le chef de l'État constate les effets provoqués par la posture radicale adoptée par Sarkozy. Prenez l'inénarrable Nadine Morano, dont Hollande dit : « Elle a un côté vulgaire, provoc. C'est une Le Pen en plus maigre ! » La députée européenne, authentique « bébé Sarko », a fait scandale en parlant, à la télévision, de la France comme d'un pays « de race blanche », avant d'être sanctionnée par son mentor. « Morano, je pense que c'est quelqu'un qui, comme un enfant, écoute les conversations des parents et les répète, lâche Hollande en octobre 2015. Après, elle ne comprend pas que les parents lui donnent une sanction. Elle l'a entendu, "les Blancs sont d'origine chrétienne"... Sarkozy n'arrête pas de le dire. Elle entend ça, elle se dit : je vais pouvoir le dire... Elle trouve que Sarkozy [qui a condamné ses propos] est vraiment un hypocrite, elle n'a pas tort. Maintenant, Morano va exister, c'est une bonne cliente du système médiatique, on appuie dessus, il en sort quelque chose… »

Cette tendance très actuelle à franchir ouvertement la ligne jaune a un nom : la transgression. Et Sarkozy serait le transgressif ultime, bien sûr. « Le jour où vous arrivez au pouvoir, estime Hollande, vous n'êtes plus dans la transgression puisque vous êtes le pouvoir ! Vous ne pouvez pas transgresser par rapport à vous-même. Quand Sarkozy, au pouvoir, a essayé d'être encore dans la transgression, c'est apparu comme absolument insupportable… »

Nicolas Sarkozy serait donc l'artisan de cette vague transgressive qui menace de submerger la France ? « Je pense qu'il en est pour partie responsable, opine Hollande. Dans de nombreux domaines d'ailleurs : vie publique-vie privée ; qu'est-ce qu'on s'autorise dans la vie politique ; les mots qu'on emploie, parce que c'est lui qui était dans la transgression sur les termes "Kärcher", etc. »

Désormais, ce que le chef de l'État attend avec une gourmandise non dissimulée, c'est le débat d'égal à égal, sur un terrain qui lui serait favorable si possible. Il a remarqué le faible attrait de son ennemi préféré pour les sujets économiques. « Ce qui est très frappant, avec Sarkozy, c'est qu'il ne parle pas d'économie. Pratiquement jamais. Il se dit que, là-dessus, son bilan ne plaide pas pour lui, et que deuxièmement sa crédibilité est limitée, il pourrait même faire peur avec ses propositions économiques. Donc il préfère être sur les sujets même pas sécuritaires, mais identitaires. »

« Ce qui est frappant avec Sarkozy, c'est qu'il est à la tête d'un fan-club »

De toute façon, plutôt sûr de lui, Hollande pense qu'il saura défier Sarkozy sur à peu près tous les terrains. En fait, il semble surtout jaloux de la popularité de son adversaire auprès des siens. « Ce qui est frappant avec Sarkozy, c'est qu'il est à la tête d'un fan-club. On l'a bien vu avec son livre, il y a des gens qui le suivent aveuglément. Amoureusement. Affectueusement. Dans la primaire, si ceux-là se mobilisent, c'est vrai que ça fait peut-être du monde. Mais si dans la primaire il y a beaucoup plus d'électeurs que prévu, il n'aura pas beaucoup de chances, Sarkozy, parce qu'il a un fan-club, mais il n'a pas un large public. »

On l'a parfois accusé de vouloir éliminer son prédécesseur en le précipitant dans les rets de la justice. Rien n'est jamais venu étayer cette thèse simpliste. De toute façon, il nous l'a suffisamment répété, il ne compte pas sur les « affaires », dont il juge qu'elles ont un faible impact sur l'électorat, et dans tous les cas ne profitent pas aux partis traditionnels, bien au contraire. « Je crains que ce ne soit regardé comme une des illustrations de la décomposition du système démocratique », dit-il à propos des multiples mises en examen visant des sarkozystes, y compris le premier d'entre eux.

Il n'exclut toutefois pas de viser ce qui reste le talon d'Achille de son ennemi, mais au tout dernier moment, alors. « Dans une campagne, plus facilement », confirme-t-il fin 2015. Et de déclamer, l'œil brillant : « Moi, président de la République, je n'ai jamais été mis en examen… On peut trouver quand même ! Je n'ai jamais espionné un juge, je n'ai jamais rien demandé à un juge, je n'ai jamais été financé par la Libye, etc. »

Et puis, désormais, on instruit le procès inverse : les sondages faisant de Nicolas Sarkozy le meilleur adversaire possible pour lui en 2017, sa seule chance de l'emporter même, il ferait tout pour favoriser son prédécesseur. « Tantôt on dit : "Il y a un cabinet noir pour empêcher Sarkozy d'être candidat", tantôt on dit : "François Hollande fait tout pour qu'il soit candidat" » s'amuse-t-il.

Il balaie l'argument. « Absurde, grotesque ! Parce que je pense que c'est un bon candidat, Sarkozy. Pas un bon président, mais un bon candidat. »

Parole d'expert ?

2

La menace

Il est vain d'accuser le temps où l'on vit, puisqu'on n'en peut pas sortir.

Lucien Arréat

Elle est arrivée à l'Élysée, le 16 mai 2014, sourire contraint et regard dur, son texte de trois pages, dactylographié, à la main. Quelques réflexions acérées, signées entre autres de Jean-François Jalkh et Florian Philippot, vice-présidents du Front national, critiquant la réforme territoriale souhaitée par François Hollande. C'est la deuxième fois, depuis l'arrivée du président socialiste au pouvoir, que Marine Le Pen gravit les marches du palais présidentiel. La menace est dans la place.

Lors de sa première visite, en novembre 2012, elle avait trouvé le chef de l'État « courtois ».

Fidèle à sa méthode du consensus, Hollande reçoit les partis représentés à l'Assemblée nationale lorsqu'il s'agit de mettre en place des réformes touchant à l'intégrité du pays, ou concernant la classe politique dans son ensemble. Fin 2012, il voulait moraliser la vie publique, dans la droite ligne des préconisations de la commission Jospin. En 2016, il s'agira d'analyser les conséquences du Brexit avec les ténors de la politique hexagonale.

Mais en ce printemps 2014, le chef de l'État souhaite transformer les régions françaises.

Alors, il consulte, à tour de bras.

Il est tout de même saisi, ce vendredi de mai. Sincèrement étonné par le travail fourni par le Front national, très argumenté, bien charpenté. Et puis, c'est le pack d'une équipe de rugby qui se présente face à lui, groupé, pénétrant. Il ressent la force d'un parti uni.

Il se rappelle : « L'UDI, ils sont venus à sept ou huit, et il y avait autant de positions que de participants ! Mais la seule qui est venue avec un texte articulé, avec une logique, qui peut s'entendre, qui est de dire : "En fait, vous faites cette réforme parce que l'Europe vous demande de la faire", c'est Marine Le Pen. Elle m'a lu son texte, et bien sûr il n'y avait rien qui pouvait être convaincant de mon point de vue, mais c'était très efficace ! Si ce discours avait été prononcé à l'extérieur, il aurait été très efficace. Les autres étaient dans le calcul politicien… »

Somme toute, cet épisode résume assez bien ce qu'inspire à Hollande la patronne du FN. Une extrême inquiétude face à la démagogie des arguments avancés, et surtout au potentiel explosif des propositions d'un mouvement populiste.

Mais aussi une forme d'admiration devant la faconde politique, l'organisation huilée, la cohérence de l'argumentation…

Un respect très professionnel face à la puissance de la machine FN, miroir aussi de son incapacité à l'enrayer.

« Elle a une forme de violence bien moindre que son père »

Hollande : « Marine Le Pen n'est pas impolie. Ni discourtoise. Jamais. Elle a une forme de violence bien moindre que son père. Mais je sens chez elle une forme d'excès, de brutalité. Elle a sans doute cette certitude maintenant que ce qu'elle dit n'est plus marginal. Là où elle est mal à l'aise, c'est sur les questions de politique étrangère, ce ne sont pas ses sujets. »

Intelligente ?

« Ah oui ! » s'exclame-t-il.

Souvent, très souvent, nous avons abordé le sujet Le Pen avec le président de la République. Pour une raison simple : lors des cinq élections majeures qui ont émaillé le quinquennat de François Hollande, le FN n'a cessé de progresser, de s'enraciner.

Les résultats, bruts, sont édifiants.

Législatives 2012 : 13,6 % des voix au premier tour, 2 élus. Municipales 2014 : 11 villes conquises, 1 600 sièges de conseillers. Européennes 2014 : 24,86 % des voix au premier tour, 24 élus. Départementales 2015 : 25,24 % des voix au premier tour. Et enfin, régionales 2015 : 27,73 % des voix au premier tour, 358 élus.

Certes, le FN semble toujours buter sur la dernière marche, la seule qui vaille, obtenir la présidence d'une région ou d'un département par exemple… Mais la si peu résistible ascension du parti d'extrême droite est flagrante, préoccupante. La droite a trouvé une explication très commode, assez redondante, depuis le temps. Nicolas Sarkozy, le 7 décembre 2015 : « Chaque fois que la gauche a été au pouvoir, ça s'est traduit par une explosion du vote d'extrême droite. » Un bel exercice de désinformation puisque, historiquement, les percées de l'extrême droite sont aussi fortes sous une majorité de droite qu'avec un gouvernement de gauche, mais le patron des Républicains n'est pas à une inexactitude près. Plus explicite, Bruno Le Maire accuse directement François Hollande de faire monter le FN pour affaiblir la droite parlementaire.

Voilà donc François Hollande en position d'accusé. Lui, l'Européen convaincu, l'homme de dialogue, le raisonneur invétéré, serait donc ce Machiavel qui jouerait avec le feu lepéniste pour affaiblir la droite et se ménager un avenir en 2017 ? Le procès lui déplaît profondément. D'autant qu'il a déjà été intenté – parfois à juste titre – contre son prédécesseur socialiste, sa référence absolue, aussi, François Mitterrand.

Il proteste, donc : « Mitterrand n'a pas fait le FN. Il est mort depuis 1996 et le FN n'a jamais été aussi haut. » Sur ce point, l'argument n'est pas très convaincant...

Le concernant, il renvoie l'accusation à ses auteurs. Dès l'été 2012, il nous confie ainsi qu'« entre l'UMP et le FN, c'est inquiétant, il y a quelque chose qui est en train de se fabriquer, un mimétisme dans les mots... Nicolas Sarkozy a quasiment fait une campagne d'extrême droite », ajoute-t-il, en référence à la présidentielle dont il vient de sortir vainqueur.

Et puis, surtout, il a cette explication, assez peu contestable pour le coup : la progression continue du FN s'effectue d'abord au détriment du PS, en voie de disparition locale, parfois, comme l'ont démontré les élections régionales de 2015. Alors, faire la courte échelle au FN ? « Pour l'instant, ce serait un jeu de cons ! s'exclame-t-il. Puisqu'en faisant monter le FN, on disparaît... Donc l'idée, c'est de le faire baisser. »

Noble ambition. Mais comment la réaliser ? Hollande goûte les manœuvres politiques, certes, mais les régionales de décembre 2015 ont montré les limites de son art. Nous l'avions interrogé, peu avant le scrutin, avec une question empreinte d'une logique perverse : n'avait-il pas intérêt à laisser le FN emporter une région ou deux, dans l'espoir d'établir l'incapacité de l'extrême droite à gérer une collectivité, et au passage de provoquer la défaite de la droite classique ? « On ne peut pas prendre ce risque, nous avait-il répondu. Non pas pour nous en tant que force politique, mais pour les populations concernées. Je ne pense pas qu'ils mettraient ces régions dans un désordre, mais l'image de ces régions serait durablement affectée. Ce serait de ma part un calcul insensé. »

« Le sacrifice est la preuve de notre sincérité »

Donc, dès le 6 novembre 2015, soit un mois avant le premier tour, il nous confie ceci : « La position, et je l'ai d'ores et déjà arrêtée avec Manuel Valls, c'est qu'on ne prendra aucun risque par rapport à Marine Le Pen. »

En clair, le PS ne se maintiendra pas au second tour s'il y a un risque de favoriser l'élection d'un candidat FN.

« Le sacrifice est la preuve de notre sincérité, estime-t-il. Pour qu'on ne puisse pas dire que nous avons quelque responsabilité que ce soit dans le succès de Mme Le Pen. Cela aurait un impact européen, des effets nationaux très forts, et placerait Mme Le Pen dans une situation où elle pourrait justifier de cette victoire pour prétendre à une autre. »

Car il juge Marine Le Pen suffisamment expérimentée pour convaincre ses candidats de ne pas commettre, en cas de victoire, d'erreur significative dans la gestion d'une région. Pas de doute pour lui, Marine Le Pen, si elle était élue présidente dans le Nord, saurait faire. « Pendant un an et demi, elle ne va pas faire de provocations, se projette-t-il. Elle va prendre deux ou trois décisions symboliques, supprimer deux ou trois prestations, elle ne va pas faire la faute de créer une situation de tension, de rupture, qui ferait qu'elle serait mise au ban de la société française ou des acteurs publics ou même des Européens. »

Un peu comme dans ces mairies tenues par l'extrême droite, assez peu touchées, pour l'instant, hormis peut-être Béziers, par des scandales post-électoraux. « C'est dans la durée que les choses se révèlent, estime Hollande. On verra sans doute à Mantes ou à Fréjus et peut-être à Hénin-Beaumont des actes qui seront posés. Mais ils font très attention dans cette période. La crainte qu'on peut avoir, c'est que, s'ils mettent en place leurs mesures les plus discriminatoires, ils peuvent avoir un soutien encore plus grand. Ce sera hélas populaire, dans le climat. Parce que le climat est nauséabond. »

Entre les deux tours des régionales, les 6 et 13 décembre 2015, il a tenu parole, enjoignant à ses listes de se retirer. Xavier Bertrand dans les Hauts-de-France ou Christian Estrosi dans le sud de la France ont été élus avec des voix socialistes. Du coup, ces régions ne comptent plus de conseillers régionaux PS.

Un vrai sacrifice, en effet.

Après ce scrutin, Hollande se projette déjà sur 2017, et l'élection présidentielle : « Le FN serait à 20 %, la droite à 35 % et nous à 25 %, on se dirait, on est sûrs d'être au second tour. Mais là, il peut nous éliminer au plan national. Si on est à moins de 25 % au plan national, le FN va nous mettre dans cette position impossible qui est de nous faire voter Sarkozy. Pour beaucoup d'électeurs, ce serait quand même cruel… »

Et encore plus pour lui.

« S'il fallait appeler à voter Sarkozy, on le ferait »

Pourtant, il voterait sans barguigner en faveur du candidat de la droite classique, quand bien même il s'agirait de son rival, Nicolas Sarkozy, dont il a cité le nom spontanément, comme s'il n'envisageait même pas la défaite de ce dernier lors de la primaire de la droite. « Oui, moi je le ferais, nous confirme-t-il. J'irais, pour voter contre Le Pen. Il faut se rappeler, c'était déjà très dur pour moi d'appeler à voter Chirac en 2002. Aujourd'hui, Chirac a une bonne image, mais à l'époque, il était entouré par les juges, plein d'affaires, et il avait été très pénible dans la cohabitation contre Jospin. On avait appelé à voter Chirac, c'était quand même très courageux. S'il fallait appeler à voter Sarkozy, on le ferait. Mais il faut voir ce que cela représente. Les gens se disent, ce n'est plus la peine de faire de la politique, plus la peine d'aller voter. »

Il fait cette projection : « On est dans une tripolarisation pour une dizaine d'années. Après, soit le Front national se fondra avec la droite, soit il disparaîtra progressivement. »

En attendant cette très hypothétique élimination du FN du paysage politique hexagonal, il lui faut bien composer avec cet extrémisme qui prospère, d'élection en élection. Et tenter d'empêcher son accession aux responsabilités. Si Hollande n'a jamais instillé cette dose de proportionnelle aux législatives que réclamaient ses alliés écologistes, c'est bien pour éviter, au Palais-Bourbon, un raz-de-marée de l'extrême droite.

Extrême, c'est exactement ce que n'est pas le tempéré François Hollande, tout en nuances, en pondération, en discussions négociées. Il dénie au FN tout caractère républicain : « Il est dans la République, mais pas républicain. Il ne partage pas les valeurs de la République. » Tout en précisant : « Il n'est pas susceptible d'être interdit, il n'y a pas de raison de l'interdire. »

Il observe, en connaisseur, la stratégie de « normalisation » entreprise par Marine Le Pen, jugée ô combien plus dangereuse que son père, le vieux Jean-Marie, aux diatribes indignes, aux manières d'un autre temps. Car, comme il le rappelle, « la différence entre Jean-Marie Le Pen et Marine Le Pen n'est pas une question de contenu, c'est la même politique, la même philosophie, la même idéologie, mais c'est qu'il y en a une qui veut le pouvoir et l'autre qui ne le voulait pas ».

Il a eu tôt fait de déceler cette propension, chez l'héritière Le Pen, à avancer à couvert.

« La fille Le Pen est beaucoup plus dangereuse que son père »

« Marine Le Pen, c'est Bruno Mégret », avance-t-il même. Mégret, un ancien responsable du Front national, situé à la droite de l'extrême droite. Le genre de type qui aurait fait passer Florian Philippot pour un dangereux gauchiste. « Elle a repris la stratégie de Mégret, développe Hollande. Ils occultent davantage. Le Pen père était obsédé par les Juifs, Marine Le Pen n'est obsédée que par les musulmans. Le Pen père était contre l'immigration, Marine Le Pen est contre la francisation, les gens qui accèdent à la nationalité, le métissage… Elle va s'en prendre aux nationaux, pas aux immigrés. Le Pen, c'était : "Deux millions de chômeurs, deux millions d'immigrés." Elle, elle ne pense pas chasser les immigrés. Elle pense redonner une clarification à ce que veut dire être français. »

D'où ce constat : « Le danger est plus grand. Jean-Marie Le Pen était, d'une certaine façon, un homme d'extrême droite qui voulait détruire le pouvoir ou en jouer. La fille Le Pen est beaucoup plus dangereuse que son père. Elle ne fera aucune provocation sur un four crématoire. Si elle devenait présidente de région, bien sûr qu'elle ferait quelques actes provocateurs, mais rien qui puisse la disqualifier comme éventuelle candidate à l'élection présidentielle. »

Alors, s'il n'est pas celui qui propulse cyniquement le missile Le Pen, comment expliquer sa trajectoire ascensionnelle ? Le chômage, le terrorisme, l'immigration ? Pas si simple selon lui. « Dans beaucoup de pays, analyse Hollande, il y a des cultures de coalition parlementaire. Et des cultures de consensus. Les partis de gouvernement font en sorte d'avoir des rapports civilisés. En France, on a une hystérisation du débat politique. Donc, quand il y a une hystérisation, comment dire à un électeur de droite qu'on a poussé à l'énervement maximal de ne pas voter Front, puisqu'il pense qu'ainsi sa colère peut être le mieux exprimée ? »

Il ne va pas jusqu'à plaider pour un système de coalition, qu'il estime inapproprié à la France. Mais il voudrait plus de raison, moins de passion. « Il y a un climat de tel affrontement entre la droite et la gauche que ça met le Front national en situation d'arriver en tête. Il manque une culture démocratique, c'est-à-dire, en gros : on n'est pas d'accord avec vous sur ces sujets-là – la sécurité, la défense de la justice, la réforme territoriale, l'Europe, les économies budgétaires… –, mais on peut se retrouver. On est sur un modèle fragile. On croit que les institutions protègent de tout. Elles nous protègent, oui, mais pas du Front national. »

« Je pense que si l'on interroge les Français, reprend-il, ils seront tous pour l'union nationale, mais ce n'est pas l'union nationale qu'il faut faire, c'est le respect national. C'est-à-dire avoir un système où l'on traite les grands sujets du pays qui sont les plus douloureux – l'immigration, la sécurité, l'Europe, la réforme de l'État, des collectivités locales –, avec des gens qui acceptent de faire un bout de chemin ensemble. »

Il demeure toutefois un fervent partisan de l'opposition droite/gauche, comme Nicolas Sarkozy, d'ailleurs. Les coalitions à l'allemande, il n'y croit pas une seconde. « Il y aura toujours une droite, et il y aura toujours une gauche, assène-t-il. La droite n'est pas la gauche. Ça ne veut pas dire qu'on ne doit pas faire bon accueil à des électeurs qui viennent de la droite. Même les personnes d'extrême droite, il faut aller les chercher. » Et Hollande de préciser : « Il peut y avoir des consensus, mais je ne suis pas pour des gouvernements de confusion. Il peut y avoir des cohabitations. Mais des gouvernements de confusion, ça veut dire que la gauche de gouvernement serait une force supplétive de la droite. »

Il fustige en revanche le manque de courage des responsables de la droite classique, rares à se démarquer des idées véhiculées par le FN. « La droite a été outrancière, elle a dédouané l'extrême droite, assure-t-il. Quand la droite remet en cause le front républicain, alors même qu'elle en est bénéficiaire, ça veut dire qu'elle est prête à faire alliance demain avec l'extrême droite, ce que je crois. »

Il dispose de briefings, que lui font remonter ses troupes ou les préfets. Tous vont dans le même sens : « Avant, voter Le Pen, c'était un acte de transgression, aujourd'hui, c'est un acte de transmission de sa colère… C'est autre chose. » En féru d'histoire, il voit s'agglutiner des rancœurs qui font sens, créent une lame de fond jusqu'au-boutiste. Et rappellent de si tragiques souvenirs. « C'est ça les mouvements d'extrême droite, c'est cette possibilité de faire fusionner des apports différents. Durant l'entre-deux-guerres, vous aviez dans les mouvements d'extrême droite des gens qui étaient passés par le Parti communiste, le Parti socialiste, les radicaux… »

Il observe l'habileté des théoriciens du Front, qui s'emparent des thèmes de leurs adversaires pour essaimer leurs œufs dans le nid ennemi – à moins que ce ne soit l'inverse. « Aujourd'hui, tout ce qui est à l'œuvre est favorable au Front. Parce que tant qu'il n'y a pas de reprise… Ce sont quand même les ouvriers qui ont le plus de peur, d'appréhension pour leur propre emploi… »

Les ouvriers, voilà une catégorie traditionnellement acquise à la gauche et dont la lente dérive le préoccupe. « Le plus grave, c'est quand même l'électorat populaire, confirme-t-il. Cet électorat, il faudrait des partis pour l'éduquer. Le fait qu'on n'ait pas de syndicats forts dans ce pays, qu'ils ne soient pas en mesure, en milieu ouvrier, de dire "attention"… »

« Gattaz entretient le poujadisme »

Il dissèque, en politicien expérimenté, la tactique de la patronne du FN : « Là où Le Pen arrive à marquer des points, c'est qu'elle, à la différence de son père, ne laisse pas penser qu'elle va détruire le modèle social. Les électeurs qui votent Le Pen disent, elle ne va pas détruire, au contraire, elle va protéger le modèle social contre l'Europe, la mondialisation, le capitalisme, etc. »

Il pointe aussi la responsabilité des grands syndicats, accusés de tenir « un discours anti-monde, anti-Europe ». Il pense bien sûr à « la CGT et FO », complices objectifs du populisme montant, qu'il tente aussitôt de dédouaner : « Sans le vouloir, parce que ce sont de grandes organisations et il n'y a aucun doute à avoir sur leurs principes… Mais Le Pen reprend ce discours ! »

Il repense à l'anecdote édifiante que lui avait confiée Thierry Le Paon, éphémère secrétaire général de la CGT (de mars 2013 à janvier 2015). « Il m'avait dit qu'un jour, à la sortie d'une usine, il était tombé sur des gens du Front national qui distribuaient des tracts. Il avait pris le tract, il l'avait lu, et il avait été effaré, parce que c'était une copie de ce que la CGT pouvait dire ! Il l'avait lu devant le bureau confédéral, les gens avaient dit : "Oui, c'est un bon tract." Ils ne savaient pas que c'était un tract du Front national ! Le FN prend sciemment, cyniquement, le langage du PC. »

Le Front national est d'autant plus dangereux de son point de vue qu'il s'agit d'un parti hyper-structuré, idéologiquement comme matériellement. Lui qui a régné tant d'années sur le Parti socialiste, on jurerait qu'il admire, en orfèvre, le travail accompli par les troupes marinistes.

« C'est une organisation », dit-il simplement. Dans sa bouche, un vrai compliment.

« Mon inquiétude, dit-il encore, est que Marine Le Pen maintenant structure 25 à 30 % des voix. À partir de là, c'est une vraie déstabilisation pour tout gouvernement. » Comme pour se rassurer, il précise, à propos de la chef du FN : « Elle n'est pas factieuse. »

D'ores et déjà, il peut mesurer le poids, d'un point de vue diplomatique, du vote FN en France. Pas un grand rendez-vous, à l'étranger, au cours duquel le sujet frontiste ne soit pas abordé. La France n'est pas encore affaiblie, mais elle est pointée, désignée. Stigmatisée. « Paradoxalement, on est plutôt renforcés, se réjouit pourtant Hollande. Au sens : "Quand même, on ne peut pas laisser la France dériver…" Les étrangers, ils n'oublient pas ce qu'est Le Pen. Ils ont le souvenir des phrases, des sorties… C'est infréquentable, en Europe, Le Pen. »

Alors, il peste contre les intellectuels, les médias, le Medef même, tous accusés de ne pas en faire assez, ou alors trop, contre le péril lepéniste. « Il n'y a pas dans la société aujourd'hui les cordes de rappel. Le patronat ? Gattaz entretient le poujadisme. Il vient d'obtenir un pacte de responsabilité, il pourrait dire : "Maintenant, c'est bien, on y va…" Non ! » déplore Hollande, en juin 2014.

Et lui, au fait ?

Il semble s'exonérer de toute responsabilité alors que, tout de même, durant son mandat, le FN aura atteint un niveau inégalé… Lorsqu'on lui en fait la remarque, il s'en tire par une pirouette : « La responsabilité, c'est d'abord de réussir. Parce que la France, même s'il y a 25 % pour l'extrême droite dans les élections, n'est pas contaminée par l'extrême droite. » Et d'ajouter : « Je pense qu'il faut s'adresser à la fierté républicaine et nationale. Est-ce la France que l'on veut, celle de Le Pen ? »

Vague. Même principe lorsqu'on évoque les antidotes possibles au poison FN. Plus que jamais, il rayonne dans l'analyse, mais semble bien en peine de trouver une solution, donnant le sentiment d'être spectateur d'un phénomène dont il est pourtant, nécessairement, de par ses fonctions, l'un des acteurs majeurs.

« Les lepénistes sombreront comme tous les lepénistes, par l'argent, les avantages... »

Une attitude qui renvoie à la personnalité du chef de l'État, ce déterministe invétéré. Le FN ne cesse de progresser ? Regrettable, déplorable même, mais si c'est le sens de l'Histoire, il n'y a rien d'autre à faire que de constater le phénomène en essayant d'en gérer au mieux les conséquences désagréables…

« Qu'est-ce qui fait la montée de Le Pen ? s'interroge-t-il. C'est : "On veut s'enfermer, on veut préserver notre identité." Même si le chômage baisse, une grande partie des électeurs du Front continueront à voter Front. C'est l'islam, l'étranger, la peur, la submersion par des gens qui ne vivent pas comme nous… »

« Dans l'espace rural, ajoute-t-il, le vote Front est très élevé. C'est une population qui n'a pas toujours de racines, qui fait beaucoup de transport, qui est venue là parce qu'elle ne pouvait pas aller ailleurs, et qui se mêle à une population rurale qui elle-même n'accepte pas l'évolution du monde, et ça je pense que c'est un défi très important, pour la République, pour la gauche. » Un challenge de taille, en effet. Encore faut-il y apporter une réponse, savoir parler à ces Français de plus en plus nombreux à envisager de céder aux sirènes frontistes.

« Que leur dire ? s'interroge Hollande. D'abord que, si c'est le Front national qui venait à être aux responsabilités du pays, ce serait un projet de confrontation. D'une certaine façon, ce serait une forme de guerre civile politique qui serait menée, en écartant dans notre propre pays un certain nombre de nos compatriotes qui seraient obligés de se soumettre ou de partir. Ou de se démettre de leur propre identité. »

Il se raccroche à une perspective : « Ce que je pense, c'est que les lepénistes sombreront comme tous les lepénistes, par l'argent, les avantages… » Même si, il l'a bien noté, les quelques affaires judiciaires éclaboussant le FN laissent ses électeurs parfaitement indifférents… Et puis, il souligne qu'en janvier 2015 le FN n'a pas su capitaliser sur les attentats. Le discours frontiste n'était pas clair, coincé entre association obligée au chagrin national et rejet caricatural des musulmans. « Marine Le Pen a été dépassée et empêchée, pense Hollande. Dépassée parce qu'elle n'a pas compris tout de suite la logique dans laquelle les terroristes étaient engagés, et empêchée parce que se solidariser avec *Charlie Hebdo*, c'était compliqué. S'il y avait eu plusieurs attentats qui s'étaient succédé sur une semaine, ce qui était possible, là elle aurait appelé à des mesures exceptionnelles. Elle n'a pas eu le temps de le faire. »

« C'est moins la finance qui nous menace, c'est Le Pen »

Marine Le Pen.

Le 7 octobre 2015, au Parlement européen, Hollande va avoir l'occasion de croiser le fer avec la pasionaria réactionnaire. C'est sans doute l'une des rares fois où, au cours de son quinquennat, le chef de l'État aura su retrouver des accents forts, ceux d'un combattant. Ce jour-là, il est venu célébrer à Strasbourg, en pleine crise des migrants, l'entente franco-allemande avec Angela Merkel.

Devant les parlementaires, Marine Le Pen ne fait pas dans la nuance : « Merci madame Merkel de nous faire le plaisir de venir avec votre vice-chancelier, administrateur de la province France […]. Monsieur le vice-chancelier, j'aurais aimé vous appeler président de la République par respect pour votre fonction, mais pas plus que votre prédécesseur, vous n'exercez cette présidence... » La présidente du FN s'en prend aussi à la chancelière allemande : « Certains résumeront en disant que je suis l'anti-Merkel. J'en accepte l'augure. Je ne vous reconnais pas, madame, le droit de disposer de nous dans une tentation absurde de domination allemande de l'Europe. »

Au moins, ça a le mérite de la franchise.

Hollande : « J'ai senti à mes côtés que Merkel, qui n'est pas habituée à cette violence dans les débats publics allemands, était étonnée et même dérangée par cette attaque, elle ne voulait pas y répondre, donc c'était à moi de le faire. J'ai voulu tout de suite dans mon propos initial faire la confrontation avec le souverainisme. On est toujours meilleur dans une forme d'improvisation. »

Alors, il a posé la main sur le bras de Merkel. Puis s'est levé. A pris la parole d'une voix forte, où l'on sentait pointer, pour une fois, l'irritation, l'indignation même. « Si nous ne voulons pas du renforcement de l'Europe, alors la seule voie possible c'est de sortir de l'Europe, tout simplement, a-t-il asséné. Sortir de l'Europe, sortir de Schengen, sortir de l'euro, et même sortir de la démocratie parce que je me demande si vous voulez participer à un espace commun. La souveraineté européenne, c'est être capable de décider pour nous-mêmes et éviter le retour au nationalisme, au populisme, aux extrémismes, qui nous imposent aujourd'hui d'aller dans un chemin que nous n'avons pas voulu. »

Au Bourget, en 2012, Hollande s'était déniché un adversaire. La finance. Il avait touché juste. Ce mercredi d'octobre 2015, le chef de l'État pense s'être trouvé un nouveau combat. « Là, c'est moins la finance qui nous menace, c'est Le Pen, constate-t-il. Pas seulement en France, c'est le lepénisme en Europe, le Premier ministre hongrois qui veut rétablir la peine de mort, les Vrais

Finlandais qui vont arriver au pouvoir en Finlande, UKIP en Grande-Bretagne… »

François Hollande le sait bien, condamner les idées de l'extrême droite ne saurait suffire. Trop facile.

S'il est intarissable dans l'anathème, c'est sans doute parce qu'au fond de lui il ressent cette hantise, qui le renvoie à sa propre impuissance : être celui qui aura permis au FN d'accéder au pouvoir.

Ce serait plus qu'un échec. Une infamie.

3

Les emmerdeurs

Ceux qui jouent avec des chats doivent s'attendre à être griffés.

Cervantès

Automne 2014.

Un mercredi maussade et froid, à la mi-journée.

L'un des auteurs de ces lignes habite un duplex, dans le 11e arrondissement de Paris, donnant sur une grande cour pavée. Depuis l'une des fenêtres de l'appartement, il aperçoit un homme, aux aguets, terriblement concentré, le fil d'une oreillette pendant sur son col.

On l'identifie assez vite. C'est un policier, membre du groupe de sécurité de la présidence de la République (GSPR), l'un des hommes de confiance du chef de l'État, qu'il suit à peu près partout. Dans le jargon du service, on appelle cet homme un « siège » – parce qu'il est assis à côté du chauffeur. C'est un fonctionnaire d'élite, prêt à prendre une balle pour la personnalité qu'il protège.

Juste derrière lui, une silhouette, de dos.

Reconnaissable entre mille.

François Hollande est là, incognito – croyait-il –, errant dans la cour ! Inconcevable…

Manifestement, il cherche quelqu'un. Semble un peu perdu. Mais que fait-il ici ? Nous n'avions pas de rendez-vous calé avec le chef de l'État, encore moins ici, tout cela semble absurde…

On met le nez dehors, évidemment. Le président est stupéfait, lui aussi.

« Mais qu'est-ce que vous faites là ? lance-t-il, un peu ahuri, oubliant sa visite de l'hiver précédent.

– J'habite ici, vous étiez venu dîner en décembre…

– Ah… Moi, je cherche Duflot… », réplique-t-il, amusé.

Il a toujours eu la repartie facile.

Le président dit vrai : nous découvrons, assez sidérés, que l'écologiste Cécile Duflot occupe occasionnellement, en catimini, l'un des appartements de l'immeuble, au dernier étage. Ce jour-là, le chef de l'État s'est donc lui-même déplacé dans le plus grand secret, pour rencontrer la leader écologiste, à l'heure du déjeuner. Il veut renouer le dialogue avec elle, quelques mois après son départ mouvementé du gouvernement, à la suite de la nomination à Matignon de celui qu'elle exècre, Manuel Valls.

Décidément, les rendez-vous confidentiels de Hollande ne le restent jamais bien longtemps…

Les circonstances rocambolesques de cette visite illustrent assez bien finalement la relation entre le président et les écologistes ; ils se cherchent, mais ont bien du mal à se trouver. Ne les a-t-il pas qualifiés d'« emmerdeurs » devant nous ?

Débutée dans la joie et la bonne humeur, avec, en mai 2012, deux ministres Verts au gouvernement – Cécile Duflot au Logement et Pascal Canfin au Développement –, la promesse d'une transition énergétique, plus en guise de symbole la fermeture annoncée de la centrale nucléaire de Fessenheim, cette liaison s'est très mal terminée. Pour Europe Écologie-Les Verts, bien sûr, qui finit le quinquennat laminé. Mais surtout pour Hollande, qui a un peu trop misé sur les divisions des écolos, échouant à les convaincre de le suivre jusqu'en 2017.

À trop jouer avec le feu Vert, le chef de l'État s'est brûlé.

« Les écolos donnent l'impression d'empêcher... »

Hollande et les écologistes, c'est l'histoire d'un accouplement politique suicidaire, sur fond de règlements de comptes sournois et de manipulations réciproques. « Duflot ? C'est une chipie », nous disait, avec un rien d'affection, Bernard Cazeneuve, quand il devait, à Bercy, gérer les demandes de sa collègue du gouvernement. Et voici, quelques années plus tard, le chef de l'État sous la menace directe d'une candidature de la « chipie » à l'élection présidentielle. Parfaitement symbolique, évidemment, puisque a priori elle y ferait surtout de la figuration. Mais cette simple apparition sur la photo de famille des candidats pourrait suffire à faire perdre la gauche en 2017.

Voilà qui nous incite à raconter la petite histoire, sur cinq ans, du pas de deux entre Hollande et Duflot. Une valse à mille temps plutôt, durant laquelle les écologistes ont tenté de donner le tempo à un partenaire réticent aux danses de salon... Duflot a fini par quitter la piste, après avoir mis à mal, plus souvent qu'à son tour, la cohérence de l'orchestre, jouant de son accès direct à Hollande pour mieux faire entendre sa petite musique, avancer ses pions. Lui a, en retour, tout fait pour semer la zizanie chez les Verts, espérant vaguement leur retour à la raison collective...

Mais au fait, que pensent les socialistes de leurs alliés écologistes ? Quand il s'agit de parler vrai, il suffit d'aller voir Stéphane Le Foll, ministre de l'Agriculture et homme lige de Hollande. « Les écolos, ils sont tellement conformistes... Il y aurait eu des Verts du temps de Haussmann,

Paris serait resté un village ! » nous balance-t-il un jour, singulièrement remonté contre eux. C'est le fond de sa pensée, et Hollande est sur la même ligne. Forcément, le chef de l'État l'exprime de façon plus nuancée : « Les idées écolos existent et c'est un mouvement qui a de l'intérêt, mais il est tellement regardé comme empêcheur… C'est ça le problème. » Il loue Daniel Cohn-Bendit, l'ancien député européen écologiste, il envie « sa force, son charme, il fait avancer l'idée qu'on se fait de liberté, de l'envie de faire, de l'Europe ».

Il apprécie aussi Nicolas Hulot, dont il a fait son « envoyé spécial pour la protection de la planète », à l'Élysée, de décembre 2012 à janvier 2016. « Hulot, même s'il est très associatif, on se dit, ce type-là, il a l'air sincère, il fait avancer les causes de la planète. Les écolos, eux, donnent l'impression d'empêcher ; c'est Sivens, l'aéroport de Notre-Dame-des-Landes… C'est dommage, car ce mouvement, on voit bien qu'il a des ressorts dans le pays. »

L'affaire a commencé par une prise d'otage.

Politique.

Le président a dû mettre en pratique, une fois élu, l'accord négocié entre Martine Aubry, alors patronne du PS, et Cécile Duflot, son alter ego chez EELV. Il n'a quasiment pas eu son mot à dire, tant il a pris soin de ne pas heurter la maire de Lille. Du coup, parvenu à l'Élysée, il s'est trouvé ficelé. « Je ne dis pas que Martine l'a fait dans cet esprit », l'excuse Hollande. « Mais elle était premier secrétaire, elle a pu considérer qu'elle avait à faire des concessions à différentes sensibilités, explique-t-il. Or on voit bien que préparer des investitures en faisant des concessions à des sensibilités, ça permet de rassembler le parti, ce qui a été le cas, de faire une campagne qui a été unitaire, mais cela a des conséquences après, pour la gestion de cette majorité. »

Hollande n'a jamais pensé que ce compagnonnage

légèrement contre nature irait de soi. Il a trop d'expérience pour cela, sait combien les « écolos », comme il les désigne assez systématiquement, sont réputés ingérables… Et puis, l'écologie, ce n'est pas un réflexe naturel chez lui. À vrai dire, on n'a pas le sentiment que le sujet le passionne beaucoup. « Je me suis intéressé à ce sujet tardivement, quand on a eu la COP 21, avoue-t-il. Ségolène est beaucoup plus écolo que moi. Elle faisait du tri sélectif, elle récupérait l'eau… Moi, je laissais faire. Elle était ministre de l'Environnement, très en avance… Les poubelles, je les descendais, mais elle faisait le tri. Je pensais que l'écologie était un sujet, mais qu'il n'y avait pas de traduction électorale. Elle le sentait. »

Pour François Hollande, les choses sont simples : tout n'est pas politique, mais ce qui n'est pas politique ne l'intéresse pas.

Alors, l'écologie…

« Je pense qu'il ne faut pas regarder l'écologie comme une affaire électorale, mais comme une affaire planétaire : ce n'est pas parce qu'on va faire un peu plus d'écologie qu'on va avoir un peu plus d'électeurs, il faut raisonner autrement », dit-il, sans paraître vraiment convaincu lui-même.

Cela dit, il fait des efforts. À force, il semble presque converti. « Le soir, j'éteins les lumières à l'Élysée », nous confesse-t-il un jour de décembre 2015, presque gêné de ne pas l'avoir fait avant.

Reste qu'en 2012 il doit donc gérer une aventure commune, collective. Avec des personnalités qui ne peuvent s'accorder. Manuel Valls est ministre de l'Intérieur, à sa façon, martiale, et Cécile Duflot, outre le Logement, dispose d'une liberté de parole, en tant que leader d'un parti allié. Entre ces deux-là, il existe une totale incompatibilité.

« Elle est fine », a coutume de dire le chef de l'État quand il s'agit de qualifier l'écologiste. De fait, elle sait retourner une situation à son avantage. Ainsi, si Duflot ne supporte pas les postures du ministre de l'Intérieur, elle va s'en servir aussi à titre personnel, pour mieux faire valoir sa sensibilité au sein des Verts. Du cousu main politique, que Hollande apprécie à sa juste valeur.

Deux épisodes vont obliger le président à monter au créneau et à sonner la fin de la récréation. Deux querelles qui vont pourrir un peu plus l'ambiance au sein du gouvernement Ayrault, et nourrir le sentiment d'incohérence dégagé dès le départ par cet attelage boiteux.

Le 19 août 2013, un séminaire gouvernemental est organisé. Pour meubler la rentrée politique, et éviter de laisser se développer une sorte de béance temporelle comme au cours de l'été 2012, Hollande et Ayrault proposent à leurs ministres de plancher sur la France de demain. Valls, interrogé, explique devant ses pairs que la pression démographique en Afrique va obliger le pays à revoir sa politique migratoire, mettant en cause au passage le regroupement familial. Le ministre de l'Intérieur se questionne, aussi, sur la compatibilité de l'islam avec la démocratie. Dès le lendemain, *Libération* et *Le Parisien* sont bénéficiaires de fuites fort opportunes, plusieurs ministres expriment leur malaise. Valls rétorque en parlant de « propos déformés », de « rumeurs » et de « fausses informations », mais le mal est fait.

« Je sais qui l'a sortie au Parisien, c'est Duflot... »

Cécile Duflot prend ensuite la parole dans *Libération*, et attaque au bazooka. Alors que l'été avait déjà été marqué par l'affrontement entre Manuel Valls et Christiane Taubira sur la réforme pénale, elle dit ceci : « En matière de justice, il n'y a qu'une ligne de gauche. Elle est très bien portée par Christiane Taubira. » Puis elle déplore le recours trop systématique à la répression contre les délinquants à Marseille, le Palerme provençal, une cité à la dérive où les sanguinolents règlements de comptes entre dealers sont devenus la norme. « Le retour de la sécurité demande une action dans tous les domaines, et pas seulement une approche basée sur le déploiement provisoire de forces de l'ordre », insiste-t-elle. Quelques pierres dans les charmants jardins de l'hôtel de Beauvau, où règne Valls. Enfin, pour finir en beauté, elle revient sur les propos du ministre de l'Intérieur lors du séminaire gouvernemental, sur le regroupement familial. « La question ne se pose même pas, le droit à vivre en famille ne souffre pas d'exception », assure-t-elle.

Valls est furax. Les couteaux sont tirés au sein du gouvernement, devant une opinion publique atterrée. Hollande doit jouer les pompiers. Sortir son casque bleu du placard. Déjà, identifier l'auteur(e) de la fuite dans les journaux. « Je sais qui l'a sortie au *Parisien*, c'est Duflot, nous dit-il, parce que cela la servait pour son université des Verts de mettre Valls un peu sur le gril. Je lui ai dit : "Ce ne sont pas des manières." »

Et il revient sur le séminaire gouvernemental : « On réfléchit sur la France dans dix ans, si vous ne réfléchissez pas à l'immigration, vous ne réfléchissez pas à ce qu'est le mouvement d'une société et d'un monde qui change. En plus, Valls n'avait pas prévu d'intervenir dans le débat. Et comme Fabius a évoqué l'Afrique qui va gagner 500 millions d'habitants d'ici à 2030 ou 2040, avec les conséquences que ça peut avoir, c'est vrai, en termes de pression migratoire, qu'est-ce qu'on fait de l'aide au développement ? C'est une vraie question. Et c'est moi qui demande à Valls : "Qu'est-ce que tu en penses ?" Et c'est là qu'il a cette phrase : "Cela nous obligera à réfléchir, y compris même à l'immigration familiale." Et là, elle est détournée de son contexte. Il ne disait pas : "Je vais préparer un texte sur..." »

Duflot a-t-elle contesté avoir organisé la fuite ? « Non », nous assure le chef de l'État. Elle assume. En manœuvrier invétéré, Hollande comprend le principe de la révolte verte. Sans compter sa légendaire mansuétude. Du coup, il excuse presque Duflot et ses amis : « Ils considèrent qu'ils en acceptent beaucoup, donc ils doivent envoyer leurs troupes… La fiscalité écolo ou l'immigration, ils sont assez crispés sur ces questions-là, qui sont pour eux emblématiques, identitaires. »

Rebelote donc un mois plus tard, en septembre 2013, lorsque Manuel Valls affirme que seule une minorité de Roms seraient désireux d'épouser les mœurs françaises. Énervement maximal de Cécile Duflot, qui s'emporte une nouvelle fois contre son collègue de l'Intérieur, en paradant devant ses troupes, lors des journées parlementaires des Verts.

Commentaire de Hollande, encore un peu magnanime, mais nettement plus conscient du danger : « Il y a une part de sincérité chez Duflot, c'est sûr. Elle est heurtée par ça. Et sûrement une part de calcul, parce qu'elle est à sa journée parlementaire et qu'elle pense qu'elle peut réunir les Verts sur cette sortie. Mais ça tombe très mal pour moi en l'occurrence, et pour le gouvernement, parce que moi je suis à Florange, avec une séquence qui était réussie. Après, si ça n'avait pas été Duflot, sûrement qu'on lui aurait dit : "Tu sors du gouvernement ou tu t'excuses." Mais là, ce n'était pas sortir Duflot, c'était sortir les Verts du gouvernement. »

Au nom de la logique des rapports de force, la malcommode chef écolo sauve donc son poste.

À l'arrivée, un énième couac. Toujours ce même souci, qui ne cesse de se reproduire, à l'infini, achevant de discréditer un gouvernement dont l'homogénéité est de pure façade.

Le chef de l'État est agacé au plus haut point. « J'ai dit à Duflot : "Est-ce que vous voulez sortir ? Si vous voulez sortir, vous sortez." Elle me dit : "Non, non, non, on ne veut pas sortir, mais bon…" Elle avait le sentiment qu'elle avait été trop loin… Après, on est devant des positions qui sont parfois un peu infantiles, mais qui peuvent être aussi sincères. »

« Duflot nous a quand même assez plantés… »

Cécile Duflot a toujours su jouer au chat et à la souris avec François Hollande. En mesurant jusqu'où ne pas aller trop loin. Mais la bonhomie apparente du chef de l'État est parfois trompeuse. Hollande sait sanctionner, aussi : Delphine Batho et quelques autres ont payé pour le savoir. Il jauge le poids politique des uns et des autres, bien sûr, mais également leur degré d'efficacité. Or, la loi ALUR, la grande œuvre de Duflot, imposant notamment l'encadrement des loyers, ne milite pas forcément en sa faveur, du point de vue élyséen.

Jean-Pierre Jouyet, secrétaire général de la présidence, protecteur absolu du président, n'a d'ailleurs toujours pas digéré. « Duflot, elle l'a quand même planté sur le logement », nous confie-t-il en septembre 2014. Des propos identiques à ceux que nous avait tenus François Hollande, le 1er juin 2014, à croire qu'ils s'étaient donné le mot : « Duflot nous a quand même assez plantés… Parce qu'elle a fait trop de textes, trop lourds. Cela ne part pas de mauvaises intentions, mais à un moment, les promoteurs, les investisseurs retiennent leurs projets, donc plus de permis de construire, plus de mises en chantier, etc. Donc là, on va essayer d'assouplir. »

Après la bérézina des élections municipales, en mars 2014, tant pour les Verts que pour les socialistes, Hollande n'a d'autre choix que de remanier son gouvernement. Et de changer de Premier ministre. Dès novembre 2013, il avait en tête de nommer Manuel Valls, sachant que les Verts quitteraient inévitablement, dans cette hypothèse, le gouvernement.

Il avait de toute façon anticipé le départ de Duflot.

« Moi, je souhaitais que les Verts restent, mais j'avais senti depuis plusieurs semaines que Duflot voulait partir, Valls ou pas Valls, Ayrault ou pas Ayrault. Elle considérait qu'elle avait fait son travail. Elle a été plutôt bonne au début, moins à la fin, elle s'est laissé prendre par des textes qui se sont accumulés. J'ai signé un texte qui fait une centaine de pages, mais une loi, ce n'est pas une centaine de pages ! Donc il y a quelque chose qui ne va pas. Le secteur du logement ne va pas bien. Elle le savait, elle est intelligente, elle savait que les résultats ne seraient pas bons en termes de constructions, donc de logements, et elle a préféré partir. »

Il ne s'en réjouit pas. « Avec Duflot, j'avais de bonnes relations et elle a eu gain de cause sur beaucoup d'arbitrages. Ça ne convainquait pas les écologistes, car eux ne voulaient pas une loi sur le logement, ils voulaient des mesures écologiques, que Ségolène Royal leur a davantage données que lors de la participation des Verts au gouvernement. Duflot ne s'est pas rendu compte qu'en faisant un texte très important – il y avait beaucoup d'amendements – elle allait rigidifier le système. Ça nous a coûté. Et comme les professionnels de l'immobilier ont résisté alors même qu'il y avait des mesures qui étaient nécessaires par rapport à des abus, sa loi est devenue vite une caricature, injustement d'ailleurs. Je crois qu'elle a de bons aspects. »

Reste qu'au final les écologistes claquent la porte du gouvernement, dans un communiqué commun, en mars 2014, avant même toute discussion préalable. « Les idées portées par le nouveau Premier ministre depuis plusieurs années, notamment lors de la primaire du Parti socialiste ou comme ministre de l'Intérieur, ne constituent pas la réponse adéquate aux problèmes des Françaises et des Français », estiment les deux ministres sur le départ.

« Elle tentera cette idée de candidature »

Jean-Marc Ayrault a bien essayé de rester en place, en expliquant justement à François Hollande qu'installer Valls à Matignon signifiait donner leur congé aux écologistes. Peine perdue. Car Hollande en a sa claque des sautes d'humeur et autres foucades des écolos, dont l'instabilité chronique est aux antipodes de ses propres standards. Il veut de l'action, certes, mais concertée. Manuel Valls, ensuite, fait mine de proposer aux écologistes un grand ministère, mais il sait pertinemment que Duflot va empêcher toute participation des Verts à une espèce de majorité plurielle.

« Ayrault a organisé, poussé les Verts à en faire beaucoup sur moi, ce qui a provoqué leur départ, nous confie Valls. C'est plutôt pas mal de ne pas avoir les Verts, je les ai piégés en leur proposant un ministère. S'ils acceptaient et que quatre jours après ils avaient une majorité pour dire qu'il fallait partir, ils étaient face à un problème. Et puis moi j'avais un problème : même s'ils acceptaient d'entrer au gouvernement, il y avait Duflot qui restait dehors. Donc, on se trouvait avec une situation, un pied dedans, un pied dehors… Ce n'était pas tenable. Il fallait faire la preuve que la charge de la rupture était sur eux. »

François Hollande confirme la manœuvre. « Duflot n'avait pas compris que Valls, avec mon accord, allait proposer aux Verts le ministère qu'ils voulaient depuis toujours, l'écologie avec l'énergie. Là, que le parti vert refuse le ministère le plus important avec la transition énergétique, comment comprendre ? Comment expliquer ? Moi, je pensais qu'ils allaient accepter. Leur refus présente un inconvénient, ça restreint la majorité. Cela a un avantage, la cohérence. Car les principaux couacs sont venus de ces questions-là : Notre-Dame-des-Landes, la contribution diesel, les Roms, la taxe carbone, la contribution climat, Leonarda… Ils ne nous votaient pas les textes, parfois. Mais ils n'ont pas été des mauvais ministres. Pour les Verts, c'était important de montrer qu'ils savaient gérer. »

Hollande s'était imaginé en rassembleur d'une gauche dispersée, il aurait souhaité diriger une coalition unie vers un seul but. Il s'est retrouvé à porter le costume du gardien de square grondant de grands enfants décidément trop turbulents.

Voici donc Cécile Duflot en liberté non surveillée. Elle demeure appréciée dans son mouvement, même si sa popularité n'a jamais dépassé le cercle des militants. En tout cas, elle s'est découvert des envies présidentielles. Pas question pour elle de laisser un parti en jachère, sans autre ambition que de suivre le cours des affaires socialistes. « Elle tentera cette idée de candidature, anticipe Hollande dès novembre 2014, mais elle ne pourrait fonctionner que si elle attrapait une partie des socialistes, qui se détacheraient pour aller vers une candidature alternative, et que les communistes décident de la soutenir, pour faire un score qui serait de l'ordre de 10 %. Pour dire : il y a une décomposition du PS, on est la force d'avenir… Elle peut avoir cette stratégie. »

Le chef de l'État comprend parfaitement cette ambition. Après tout, lui-même s'est lancé dans l'aventure nanti de ses dérisoires 3 % d'intentions de vote. « Elle ne peut pas renoncer à une candidature, ça c'est vrai, un parti ne peut pas faire son deuil d'une représentation au moment d'une élection présidentielle. » Mais il est persuadé qu'elle n'agrégera jamais les voix issues de l'autre gauche. « C'est aussi ne pas voir ce qu'est la réalité de l'éparpillement de la gauche, analyse-t-il. Montebourg n'irait jamais derrière une candidature écologiste, comme les écologistes n'iraient jamais derrière une candidature Montebourg. »

Alors, inlassablement, François Hollande agite le même

chiffon rouge, la jurisprudence « Taubira 2002 » : la menace d'une élimination de la gauche dès le premier tour, dont les écologistes seraient les premiers responsables. « Cela donne un argument, reconnaît-il fin 2014. En gros, sur une présidentielle on ferait 15-16 % si on était tout seuls. Aujourd'hui. Les écolos feraient 3-4 %, le PC 8-9 %. Donc ça veut dire qu'on n'est pas au second tour. En revanche, si tout le monde se met ensemble… On est au second tour automatiquement. »

Une probabilité, il le sait fort bien, totalement… improbable.

Faire revenir les Verts au bercail ? Impossible. Duflot ne supporte pas Valls, elle ne veut plus avoir affaire à lui. Elle a d'ailleurs rapidement suggéré à Hollande de le virer de Matignon. Sans succès, évidemment. « Je l'ai dit à Duflot, on ne peut pas changer de Premier ministre juste pour faire une candidature à la présidentielle, ça n'a aucun sens, confie-t-il en novembre 2014. Ça voudrait dire qu'on change de politique, je viendrais devant les électeurs en disant "je me suis égaré pendant quelques années et maintenant on va changer de bord et on va prendre un nouveau cap" ? »

Donc, le président de la République prend son parti de l'absence des écologistes de son gouvernement. Il refuse, en outre, de leur adresser trop de signes positifs. Pas question, par exemple, d'accéder à leur vœu d'instaurer le mode de scrutin proportionnel aux élections législatives. « Je sais que les écologistes y sont favorables. Instiller, ce ne sera jamais assez. Et si on instille comme Mitterrand l'avait fait, c'est-à-dire la proportionnelle intégrale, là on se retrouve dans la situation… »

Il ne va pas au bout de son raisonnement, mais l'on devine qu'il n'a aucune envie de provoquer une vague d'extrême droite à l'Assemblée nationale, comme en 1986, lorsque trente-cinq députés FN avaient été élus du fait de l'instauration, par Mitterrand, de la proportionnelle.

Alors, il gère, comme il l'a toujours fait, en père tranquille de la politique. En laissant deux fers au feu. Il tente, dès l'été 2014, sans trop de conviction il est vrai, de ramener les écologistes à la bergerie. Tout en encourageant les Jean-Vincent Placé, Barbara Pompili et autres jeunes pousses vertes à reprendre leur liberté, au sein d'EELV. Après tout, il rend à Cécile Duflot la monnaie de sa pièce.

Elle lui a saboté son gouvernement ? Il va pousser le navire écologiste vers des récifs mortels.

Fin août 2015, François Rebsamen annonce qu'il va quitter le ministère du Travail. Rincé, trop de mauvais chiffres à digérer, et une ville, Dijon, qu'il ne veut pas laisser aux mains de la droite. Dans un premier temps, le couple exécutif envisage de profiter de ce mini-remaniement pour nommer quelques écologistes au gouvernement. « On avait pensé, et c'est pour cela qu'on avait repoussé le remplacement de Rebsamen d'une quinzaine de jours, que si les écolos, d'une manière ordonnée pour bon nombre d'entre eux, marquaient une volonté de travailler dans un cadre gouvernemental, majoritaire en tout cas, il était possible de les associer au gouvernement ainsi remanié, rapporte Hollande à la fin de l'été 2015. Mais ce n'est pas ce qui s'est produit, en fait il y a eu des démissions, et c'est maintenant qu'ils sont en train de se structurer. Donc il n'était pas possible de faire entrer dans un gouvernement des démissionnaires d'un parti, ce serait apparu de notre part comme une forme de débauchage, et pour eux une forme d'opportunisme. Dans les deux cas, et pour le gouvernement et pour les personnes ainsi "récompensées", c'était malencontreux. »

Plutôt que de les installer au sein du gouvernement, François Hollande pousse donc les plus audacieux d'entre eux à s'autonomiser. Il leur tient ces propos, qu'il nous restitue : « Constituez une famille politique, qui n'a pas besoin d'être en totale rupture avec celle d'où vous venez, mais pour bien marquer votre intention de vous inscrire dans la durée, et dans une action collective. »

« C'est ce qu'on est en train de faire, ajoute Hollande. Certains disent qu'ils sont encore à Europe Écologie et qu'ils resteront jusqu'aux régionales parce qu'ils sont engagés dans une bataille électorale et qu'ils ne veulent pas quitter leur parti, et après les régionales il y aura quelque chose qui va se faire pour rejoindre ceux qui sont déjà partis. »

Toujours en août 2015, Jean-Vincent Placé et François de Rugy, présidents du groupe écologiste respectivement au Sénat et au Palais-Bourbon, annoncent, avec quelques autres, leur départ des rangs d'EELV.

Puisque Hollande a échoué à réunir les écologistes autour de lui, autant les diviser…

« Toute dispersion maintenant est fatale »

À l'automne 2015, le chef de l'État poursuit son drôle de manège, il consulte, envoie Jean-Christophe Cambadélis et Manuel Valls au contact des uns et des autres…

« Ce que je dis aux écolos quand je les rencontre, nous explique-t-il, c'est que la porte du gouvernement est ouverte. Mais sur la ligne du gouvernement. Ils auraient très bien pu ne pas en partir. Cette question leur sera de nouveau posée : ou avant les régionales, dans l'année, ou après les régionales. Après, c'est fini. »

Il insiste : « L'idée, c'est quand même à un moment qu'ils soient de nouveau dans le gouvernement. S'ils le veulent. Ça ne bloquerait pas forcément tel ou tel individu, mais ce serait difficile de justifier une candidature, surtout avec une menace Front national, et d'élimination de la gauche au second tour. Peut-être qu'ils peuvent se dire, si tout est perdu, pourquoi aller se mettre dans ce navire brinquebalant, vogue la galère… Et ils auront un candidat… »

Il compte alors, pour appuyer ses efforts, sur une large défaite des écologistes aux élections régionales de décembre 2015, afin de convaincre les derniers récalcitrants. L'idée, c'est de « faire pression sur les écolos, oui », admet-il. « Tous, reprend-il, ne sont pas convaincus aujourd'hui, une partie, à l'évidence, y est prête, Placé, Rugy, Pompili, Baupin [Denis Baupin, alors vice-président de l'Assemblée nationale]… Mais si ce n'est pas pour les ramasser, les réunir tous, est-ce que cela vaut la peine ? »

Son pronostic était bon, en tout cas. De 12,18 % des voix en 2010, les écologistes tombent à 6,81 % lors des régionales. Les dissidents sont mûrs, prêts à être récupérés.

François Hollande ressort alors son vieux discours alarmiste. Les élections régionales doivent sonner comme une ultime alerte. « Toute dispersion maintenant est fatale, assure-t-il. Fatale pour eux aussi d'ailleurs. La défaite présidentielle a des conséquences qui ne sont pas uniquement la mise à l'écart du Parti socialiste. La disparition du PC est quasi engagée, ils n'ont plus que dix députés, ils n'auront plus d'élus dans les départements ; et pour les écolos, ça veut dire plus de députés du tout, ou deux, trois. Entre la raison et l'intelligence, l'intérêt et l'envie de punir pour certains ou l'envie de simplement se singulariser, qu'est-ce qui va l'emporter ? »

Alors, il rencontre régulièrement Jean-Vincent Placé, dont il discerne le grand potentiel. Il devine le politicien madré, obsédé par sa quête d'un maroquin, mais mise surtout sur le rôle de « lâcheur-diviseur » qu'il compte bien lui assigner. « J'ai vu Placé, révèle-t-il en mars 2015. Il est clair, il est conscient qu'il ne vient pas chercher qu'un intérêt personnel, il est conscient que s'il n'emmène que lui-même et trois ou quatre écolos ça n'a pas beaucoup d'intérêt. Aujourd'hui, le gouvernement fonctionne bien quand même, il est assez homogène, il est cohérent, si c'est pour mettre de nouvelles pièces qui vont exprimer des nuances sans apporter des courants électoraux, ce n'est quand même pas forcément heureux. »

Le chef de l'État joue les conseillers de l'ombre. Il nous relate le discours qu'il tient à ses interlocuteurs écologistes quand il les reçoit discrètement, en son château. « Créez le rapport de force dans votre mouvement, battez-vous pour gagner. » Il assure encore : « Ce sont eux qui viennent me voir pour me dire : "On veut revenir." Je leur dis : "Vous n'allez pas revenir tout seuls." Ça ne sert à rien si on prend des ministres écolos sans le mouvement vert, ça n'a aucun intérêt. »

Il observe la mise en pièces du parti écologiste, une autodestruction programmée dont il a sciemment accéléré le processus.

Il conteste pourtant toute volonté hégémonique. « Ce sont eux qui se mettent par pertes et profits. Moi, je ne souhaite pas qu'ils dérivent comme ils dérivent. On voit bien, 3 % à la présidentielle, au premier tour, ça compte, c'est peut-être ce qui permet d'aller plus loin. Je préférerais que les écolos se mettent dans un esprit de participation au gouvernement, d'unité. On n'a rien fait pour les déstabiliser, alors que certains voulaient revenir au gouvernement », affirme-t-il. « Je pense que les écologistes, même s'ils ne font que 3 %, peuvent nous empêcher d'être présents au second tour », conclut-il.

Le 11 février 2016, François Hollande, après avoir si bien sapé les fragiles fondations vertes de l'intérieur, passe à l'action. Emmanuelle Cosse, la patronne d'EELV, lasse des querelles internes, est propulsée ministre du Logement, Jean-Vincent Placé secrétaire d'État chargé de la réforme de l'État, et Barbara Pompili secrétaire d'État chargée de la biodiversité. Trois belles prises de guerre.

Le chef de l'État est plutôt content de lui. « Cela

permet de dire : vous voyez, on fait la COP 21, les écologistes doivent avoir leur place. Alors, ce ne sont pas tout à fait les mêmes qu'en 2012, mais c'est quand même la moitié d'entre eux. En fait, ils n'auraient jamais dû partir du gouvernement, les écologistes. Je trouve que c'est dommage, ils auraient dû participer à la COP 21… C'était leur place. »

Sont-ce pour autant les écologistes rêvés, réellement représentatifs, ceux qui incarnent leur mouvance ? « Mais je ne sais pas qui sont les vrais ! Ce ne sont pas des écologistes anonymes que j'ai été chercher », se défend le chef de l'État.

Pas sûr, pour autant, qu'il tire quelque avantage électoral de ce débauchage en règle.

« Ce n'est pas parce qu'il y a des écologistes au gouvernement que les écologistes électeurs iront voter, admet Hollande au début du printemps 2016. Mais je pense que c'était important de montrer que ce gouvernement n'était pas un gouvernement socialo-socialiste. Parce qu'on nous faisait le reproche, notamment lorsque Christiane Taubira est partie, d'être rétrécis, rabougris, et d'être sur une toute petite base politique. Là, je ne dis pas qu'on est sur une base élargie, mais quand même… On peut travailler avec d'autres que les socialistes. Ça ne plaît pas forcément aux socialistes qui disent, qu'est-ce qu'on a besoin de s'embarrasser de trois écologistes… »

En avril 2016, Denis Baupin, à son tour, annonce sa mise en congé d'EELV. Quelques semaines plus tard, accusé d'agressions sexuelles par plusieurs femmes – faits qu'il conteste vivement –, il doit même renoncer à la vice-présidence de l'Assemblée nationale.

Le parti écologiste est définitivement en lambeaux. Et en août 2016, sans surprise, Cécile Duflot annonce sa candidature à la primaire d'EELV pour la présidentielle, dénonçant dans une lettre aux adhérents de son parti « les divisions organisées » et « les débauchages orchestrés ».

Duflot d'un côté, Hollande de l'autre, se sont rendu coup pour coup, durant le quinquennat. Au détriment, sans doute, de leurs ambitions respectives. Prochain rendez-vous en 2017.

Unis, cette fois, dans le camp des perdants ?

4
La fronde

Se révolter ou s'adapter, il n'y a guère d'autre choix dans la vie.

Gustave Le Bon

La colère est froide, parfaitement hollandaise.

Ce mercredi 11 mai 2016, aux environs de 20 h 15, François Hollande, devant nous, ne dissimule pas ses sentiments.

Pour une fois.

Il vient de se faire communiquer, via quelques longs SMS, l'identité des cinquante-six députés, dont une majorité de socialistes indociles, qui ont échoué, à deux voix près, à déposer une motion de censure contre le gouvernement Valls. Le coup est passé tout près. La cible première des contestataires, c'est la loi travail, adoptée à la hussarde à l'Assemblée nationale, la veille, grâce à l'article 49.3, l'arme fatale de tout gouvernement sous la Ve République.

Mais leur but véritable, à ces séditieux d'élus, c'est d'abattre le président, symboliquement s'entend, de mettre à mal sa politique, ou plutôt celle de Valls, jugée bien trop libérale.

Soudain, le portable de Hollande sonne. Il le sort de sa poche, examine le nom qui s'affiche. C'est le Premier ministre. Évidemment, il décroche.

Et nous sommes là, à ses côtés, dans le salon d'angle où il reçoit parfois ses visiteurs. À l'Élysée, on l'appelle le « salon qui rend fou » car il a accueilli Henri Guaino puis Aquilino Morelle.

Au téléphone, Hollande et Valls passent en revue la liste des « félons », curieux cocktail de frondeurs, de communistes et d'écologistes. On écoute attentivement. « Si l'on regarde les socialistes, dit Hollande à son Premier ministre, ce sont les frondeurs habituels, moins les emmanuellistes et les aubryistes. » Ainsi donc, sa vieille rivale, la vigie des temps anciens, Martine Aubry, lui a sauvé la mise. Encore une fois. Tout comme Henri Emmanuelli, qui a fait passer la consigne à ses – maigres – troupes : surtout, ne pas se mêler aux fauteurs de troubles. « Il a retenu tous ceux qu'il pouvait », constate Hollande. Il lui écrira un petit mot, pour le remercier.

Aux yeux du président, ces deux personnalités du PS ont su conserver leur sang-froid. Leur sens de l'État. Contester, oui. Renverser, non.

Les autres, en revanche…

La députée socialiste des Deux-Sèvres, Geneviève Perrin-Gaillard ? « C'est une dérive », lâche Hollande, redevenu, pour un temps, premier secrétaire du PS. Avec son Premier ministre, il continue de passer les noms en revue. Le député socialiste du Pas-de-Calais, Serge Janquin ? « Il sait qu'il ne sera plus candidat, il a toujours une revanche à prendre », explique-t-il à Valls. Thomas Thévenoud, éphémère secrétaire d'État, éconduit car souffrant d'une forte allergie à l'impôt ? « Thévenoud, il vaut mieux ne pas l'avoir avec soi, cingle Hollande. J'ai trouvé que vraiment, là, c'était la recrue qui signait un acte. Quand on préfère être avec le fraudeur plutôt qu'avec ceux qui luttent contre la fraude… »

Un cas préoccupe davantage le chef de l'État. La présence, sur la « liste noire », de Benoît Hamon, son ancien ministre de l'Éducation, l'agace. Le heurte. « Le plus grave, c'est la présence de Hamon », lance ainsi le président au Premier ministre. Il poursuit, fumasse : « Tu as eu un contact avec Jean-Christophe qui ne veut pas prendre de sanction lourde, qui dit, c'est plutôt sur les investitures qu'il faut [agir] pour éviter qu'ils fassent un groupe ? Peut-être encore faut-il s'assurer que les investitures ne seront pas données. Il y a des gens… une bêtasse, une élue [du Sud-Ouest] qui n'a rien voté avec nous, rien et rien, et qui sait qu'elle ne sera pas investie. Il y a aussi des députés qui savent pertinemment qu'ils ne seront pas investis. La question qui nous est posée, c'est sur les chefs. Christian Paul peut-il rester au Parti socialiste ? Même Benoît Hamon… » Hamon, avec qui Hollande n'a jamais eu d'atomes crochus, et dont il nous disait, le 7 mars 2015 : « Mais aujourd'hui, Hamon, il abandonne le PS, il est quoi ? Pas grand-chose. »

L'argumentaire est déjà prêt. Il le sert en primeur à son Premier ministre : « Ils vont nous dire qu'il faut respecter les statuts du Parti socialiste pour faire la primaire. Je pense, ce que doit faire Jean-Christophe [Cambadélis, premier secrétaire du PS], c'est important de lui dire – je le ferai –, c'est de dire : "Nous prenons acte que vous n'avez pas respecté les statuts du Parti socialiste. Vous vous êtes mis en dehors des règles du Parti socialiste, vous ne pouvez plus vous réclamer des principes du Parti socialiste." »

Et il donne les premiers éléments de langage, à débiter sur tous les plateaux de télé : « Avant de parler de sanctions, il faut acter la victoire, ils n'ont même pas été capables [de déposer la motion de censure], il faut quand même le dire… Il faut emballer le truc. »

Il raccroche, et nous précise pourquoi il en veut tant à Benoît Hamon. « Hamon, dit-il, a comme ambition d'être un jour premier secrétaire du Parti socialiste. Pourquoi pas ? Mais quand on veut être premier secrétaire, on applique les règles du Parti socialiste. Si on commence à les transgresser, on ne peut pas les revendiquer. » Et l'une de ces règles, intangible, c'est la discipline collective. On peut s'exprimer, même de manière véhémente, mais le vote demeure un acte fort, scellant l'appartenance au groupe, à une communauté de valeurs. On ne renverse pas son gouvernement.

Le scénario catastrophe aurait pu se produire. Si les frondeurs avaient trouvé les deux voix nécessaires pour atteindre les 58 noms et déposer une motion de censure, qui sait si nombre de députés de droite n'auraient pas joint le mouvement, ensuite, afin d'arracher les 289 votes obligatoires pour l'adoption de la motion, et faire ainsi tomber le gouvernement ?

Pour le couple Hollande-Valls, les frondeurs ont fait preuve d'une totale irresponsabilité. On ne joue pas avec le feu parlementaire.

« On va dire aux militants : voilà, c'est difficile d'investir ceux qui n'ont pas suivi »

Des mesures de rétorsion contre les insoumis ? « Oui, peut-être, mais encore fallait-il les prendre tout de suite, ces mesures », nous indique Hollande. Il précise aussitôt : « Mais ça nous aurait encore compliqué la vie... »

Les gêneurs, puisqu'on ne peut pas s'en débarrasser, autant s'en accommoder, selon la doxa hollandaise.

« Dès le départ, reprend Hollande, ils n'ont pas voté le traité budgétaire, puis l'accord qui avait été passé entre les partenaires sociaux, puis après certaines lois de finance... Aujourd'hui, les sanctionner, c'est trop tard, ça ne servirait plus à rien, sauf à montrer qu'on veut les écarter, ce qui justifierait une candidature [contre moi]... »

Indulgent, charitable, comme si souvent, François Hollande ? Ou simplement calculateur ? Au minimum hyper-réaliste, comme toujours. La preuve : « Là où ils vont être plus gênés, c'est aux législatives. On va dire aux militants, voilà, c'est difficile d'investir ceux qui n'ont pas suivi. Que certains aient pu exprimer une certaine liberté, on peut l'accepter, mais là, être capable de déposer une motion de censure… Donc, je crois que c'est au moment des investitures que les choses peuvent être décantées. Mais ce n'est pas à moi de le faire. » En clair, les mauvais élèves de la majorité, ces empêcheurs de gouverner en rond, pourraient se voir privés d'investiture pour les élections législatives qui suivront la présidentielle de mai 2017. La pire sanction possible pour un député, François Hollande connaît ses classiques.

« Cambadélis pourrait s'en souvenir… », glisse-t-on. « En tout cas, il devrait ! » répond-il dans un grand éclat de rire.

« Il y a des règles dans une organisation, reprend-il. On peut les critiquer, mais il y a des règles. Si on s'affranchit des règles, on ne peut pas revendiquer leur application. Quand un groupe vote, le vote de la majorité emporte le vote du tout. Ce sont les premiers à demander l'application des règles pour d'autres sujets, par exemple la primaire : "On veut une primaire, c'est dans les statuts", disent-ils. Oui, mais dans les statuts, il y a aussi le fait qu'on doit voter quand on est parlementaire. »

Le message présidentiel a-t-il été entendu ? Rien n'est moins sûr. Le mercredi 6 juillet 2016, au lendemain de la décision de Valls de recourir une nouvelle fois à l'article 49.3, il se trouve à nouveau cinquante-six députés frondeurs pour signer le dépôt d'une motion de censure, au risque d'être exclus du PS. Ils échouent, encore une fois, à deux voix près…

Durant tout son quinquennat, le président de la République aura dû se battre contre son propre camp, plus durement parfois qu'avec l'opposition de droite et d'extrême droite. Dans un premier temps, il a tenté, avec le très consensuel Jean-Marc Ayrault, d'étouffer l'opposition intérieure, notamment en lui accordant quelques maroquins. Le brasillant Arnaud Montebourg s'est ainsi vu propulsé à Bercy, au Redressement productif puis à l'Économie. Aurélie Filippetti à la Culture, Benoît Hamon à l'Éducation. « Montebourg joue son indépendance dans le système, nous confie Hollande en juillet 2014. Après, peut-être qu'il partira. Il y a un côté Chevènement chez lui, en moins théorique. » Un mois plus tard, après une ultime provocation, le boutefeu bressan sera congédié... Pourtant, jusqu'au bout, Hollande aura espéré le maintenir au gouvernement. « Oui, parce que ce serait bien pire s'il était dehors, nous disait-il en juillet. À un moment, vous ne pouvez plus y arriver, quand vous avez une coalition des mécontents. De Martine Aubry à Montebourg... »

À cette date, les frondeurs, ces parlementaires socialistes mécontents de l'inflexion « sociale-libérale » donnée à la politique gouvernementale, apparus au printemps 2014 dans la foulée de la nomination de Manuel Valls à Matignon, ne causent pas trop de migraines au chef de l'État. « Pour l'instant, ceux qui sont frondeurs sont des gens qui n'ont pas de prise dans l'opinion publique, note-t-il. Jean-Marc Germain, Christian Paul... C'est sans effet. Si c'est Montebourg ou si c'est Martine Aubry, ça a plus d'effet. »

Mais, au fil des mois, la contestation ne va cesser de monter en puissance. Évoquant, début avril 2015, « la gauche du Parti socialiste », Hollande confie : « Elle peut, s'il y a des inflexions, participer au rassemblement, notamment dans la perspective présidentielle. Aubry, les frondeurs, à un moment ou à un autre, on peut trouver des solutions, pas forcément tout de suite – j'ai envoyé quelques signaux –, mais à terme on peut trouver des solutions... Sans briser la ligne. Faut-il encore qu'ils y aillent de bon cœur. Si on a toujours cette plainte continuelle... Ce procès permanent finit par entretenir la gauche de la gauche dans sa radicalité. Par définition, la gauche de la gauche n'existe que dans la contestation de la gauche de gouvernement. »

« C'était pénible, l'idée qu'il pouvait y avoir deux lignes au sein du même gouvernement »

Encore une fois, il fait appel à l'histoire.

« Le Parti socialiste a toujours eu des sensibilités qui se sont affrontées. Il y a eu des périodes très difficiles, Mitterrand-Rocard, il y a aussi eu la scission Chevènement, puis Mélenchon… Ce qui est nouveau, c'est peut-être l'air du temps, c'est qu'il n'y a plus les disciplines qui pouvaient exister dans les partis, notamment au PS, qui faisaient que, même quand on n'était pas d'accord, on acceptait de voter en dépit de tout. »

À la fin de l'été 2015, le chef de l'État semble résigné. Il lui faut faire une croix sur un éventuel retour des contestataires à la raison – et à la maison. La famille socialiste est définitivement fracturée. Il devra composer avec une majorité réduite à la portion congrue. « Maintenant, les choix sont faits, constate-t-il. Si on doit faire les choses, autant qu'il y ait une cohérence. Parce qu'on nous dit : vous n'êtes pas assez à gauche, pas assez redistributeurs, pas assez dans l'accueil de réfugiés… Une partie de la gauche peut l'exprimer, cette sensibilité. Mais il y a une chose que vous ne pouvez pas nous reprocher, depuis un an au moins, c'est la cohérence. »

La « clarification » chère à Manuel Valls est en marche. Mais du coup, les frondeurs se sentent pousser des ailes. D'où leurs initiatives spectaculaires, ces « putschs parlementaires » avortés, en mai et juillet 2016. Il leur faut exister désormais.

Un mois après l'échec du premier dépôt de la motion de censure, nous revoyons le chef de l'État. Ce 17 juin 2016, il semble moins irrité. Pour autant, s'agissant de la réponse à apporter aux révoltés du PS, il n'a pas varié d'un iota. Il peut comprendre l'opinion dissidente, mais refuse le bris avec éclats de la discipline collective.

S'il était encore premier secrétaire du Parti socialiste, lancerait-il une procédure à l'encontre des insoumis ? « Je suspendrais leur désignation, leur investiture pour les élections, assure-t-il. Comment voter la censure à un gouvernement – indirectement, c'est le président de la République qui est visé, puisque j'appuie ce texte – et en même temps demander à participer à une primaire, et se ranger derrière le président s'il était candidat, ou le Premier ministre s'il devait l'être ? »

Il n'y avait pas grand-chose à attendre de la haute autorité éthique du PS, saisie par Cambadélis, qui se contentera de dénoncer une « action contraire au principe de solidarité ». Aucune sanction n'est donc prononcée.

Mais Hollande a de la mémoire.

En 2017, nul doute qu'il saura donner ses consignes.

Pour l'heure persiste une lueur d'espoir, dans ce ciel politique plombé. Les frondeurs sont irrécupérables, même pas fichus, en plus, d'aller au bout de leurs intentions ? Il en reste une, au moins, qui, du point de vue du président, a le sens des responsabilités.

Le chef de l'État sait désormais qu'il bénéficie du soutien, invisible mais réel, de sa vieille adversaire Martine Aubry. Elle a clairement demandé à ses amis députés de ne pas suivre les révoltés du PS dans leur initiative hasardeuse, provoquant du coup l'échec de cette mission commando. Et pourtant, elle rejette certaines dispositions de la loi travail, et de manière générale les grandes orientations gouvernementales. Par ailleurs, Valls lui donne des boutons. Enfin, à titre personnel, elle a peu de considération pour le chef de l'État. Mais l'ancienne patronne du PS croit encore à l'unité de son camp, au principe de solidarité.

Alors, elle a retenu ses troupes…

Martine Aubry, tout à la fois bouée et boulet du

président. Prête à le ramener à la surface après l'avoir entraîné par le fond.

C'est ainsi, leur relation est faite d'à-pics, de sommets gravis en commun et d'abîmes profonds. On a encore en tête cet échange d'octobre 2014, tandis que nous évoquions avec le chef de l'État les humeurs de la maire de Lille. « Valls a déjeuné avec elle, il m'a dit que c'était comme d'habitude », avait souri Hollande. « C'est-à-dire ? – Ça veut dire, disant du mal de tout le monde ! »

En tout cas, en dissuadant ses troupes de s'associer à la motion de censure, c'est la deuxième fois, déjà, que Martine Aubry vole à la rescousse du chef de l'État au cours du quinquennat. À force, ce n'est plus un hasard.

Retour un an plus tôt, au printemps 2015. Le PS doit tenir son congrès, à Poitiers, au début du mois de juin. L'atmosphère est lourde, une ambiance délétère orchestrée par les frondeurs, vent debout contre l'exécutif, et qui espèrent le ralliement de Martine Aubry. La maire de Lille opte pourtant, début avril, pour la motion de Jean-Christophe Cambadélis, patron du parti et soutien du gouvernement. En coulisses, il y a eu d'intenses tractations. « Martine Aubry est venue déjeuner ici avec Ayrault, et elle a dit qu'elle cherchait à aider, à tout faire pour que je sois élu [en 2017], à faire réussir la gauche, nous révèle ainsi Hollande le 30 avril 2015. Et elle est sincère. Mais elle dit : “Il faut qu'il y ait des ajustements, que l'investissement public soit relancé, qu'on revoie le pacte de responsabilité.” Elle n'avait pas envie d'être minoritaire non plus, elle a été premier secrétaire du Parti socialiste… »

Maintenir « la dame des 35 heures » dans le giron de l'exécutif est crucial. « Si elle avait été dans d'autres motions, comme c'est une personnalité, elle aurait cristallisé », explique Hollande. Aubry lui aurait assuré « qu'à certaines conditions elle était prête » à soutenir le gouvernement. « On a parlé d'investissements dans la relance. Il n'était pas question non plus de dire qu'on allait changer Manuel Valls pour faire l'accord. Je crois qu'elle a parfaitement compris que Manuel Valls allait rester jusqu'au bout. C'était important que ce soit clair. »

La réconciliation entre Hollande et sa principale rivale de la primaire de 2011 fait malgré tout long feu, les projets de l'exécutif sur la déchéance de la nationalité puis la loi travail vont convaincre l'ancienne patronne du PS de couper à nouveau les ponts avec le duo Hollande-Valls.

Enfin, pas totalement.

« Non, la France n'a pas été abaissée »

Les relations entre Aubry et Hollande fonctionnent sur le mode de l'élastique, ça peut se tendre, mais rarement casser. Ces deux-là ne se font aucune illusion l'un sur l'autre, mais ils savent jusqu'où aller. Sauf, peut-être, le 24 février 2016, quand la maire de Lille dénonce dans *Le Monde* « un affaiblissement durable de la France ». Une tribune au lance-flammes, cosignée avec une poignée de frondeurs emblématiques. Effet dévastateur garanti. Si le chef de l'État, y compris devant nous, évite généralement de s'en prendre à son ancienne rivale de la primaire, il ne peut cacher cette fois son courroux. Cette tribune l'a profondément heurté.

« Ce n'est pas tellement sur le fond, on peut être ou ne pas être d'accord avec la déchéance, moi-même je ne suis pas par principe pour la déchéance, j'ai fait ça parce qu'on était dans un contexte, et parce que ça pouvait rassembler, ce qui n'est plus le cas aujourd'hui », nous avoue-t-il d'abord, en mars 2016.

« Ce que je n'ai pas admis, précise-t-il ensuite, ce n'est pas tant les critiques, c'est sur la France qui aurait été abaissée. Non, la France n'a pas été abaissée. Cela, on ne peut pas le dire. Entre Martine Aubry et moi-même, on l'a bien vu dans nos vies politiques, il n'y a pas de différence de nature, il n'y a qu'une différence de degrés, d'ailleurs dans un sens ou dans un autre, car ça a pu évoluer dans le temps. J'ai trouvé que son texte allait au-delà de ce que doit être une critique dans ce que nous devons avoir comme responsabilité commune. Car on a une responsabilité commune, c'est de permettre à la gauche de gouvernement d'avoir un avenir. »

Et il poursuit, manifestement très irrité, 2017 dans un coin de sa tête : « Là où ça va trop loin, c'est quand ça porte atteinte à ce que nous avons fait dans le quinquennat, parce que si je devais me présenter devant les électeurs, ils diront : "Comment vous pouvez vous présenter puisque Mme Aubry elle-même dit que vous avez abaissé la France ?" C'est ça le problème... »

La tribune publiée dans *Le Monde* crée un psychodrame au sein de la famille socialiste. Jean-Marc Ayrault tente de jouer les pompiers, comme de coutume. Mais Hollande refuse d'appeler la maire de Lille.

Il lui en veut.

Jusqu'à ce 11 mai 2016. Entre son rejet du duo Macron-Valls et sa crainte de pousser le gouvernement dans l'ornière, Aubry a fait un choix. Au fond, la fille de Jacques Delors est une légitimiste. Doublée d'une manœuvrière. Elle refuse de provoquer une crise, et ordonne à ses amis députés, les Jean-Marc Germain et autres François Lamy, de ne pas voter la motion de censure des insurgés. Hollande reçoit le message, cinq sur cinq.

Un déjeuner est très vite mis sur pied, à l'Élysée.

L'explication est franche, entre les deux anciens rivaux de 2011. Ils se connaissent si bien...

L'échéance présidentielle de 2017 est-elle abordée ? Aubry nourrit-elle une ambition cachée ? « Je ne crois pas que ce soit son intention, son souhait, ni même sa volonté, répond Hollande. Elle est prête à soutenir le candidat qui sortirait d'une désignation. » La maire de Lille adresse des signes positifs pour l'avenir. Et réclame son dû. « Elle a été très claire sur la loi travail, elle n'était pas favorable à telle ou telle disposition, mais après, elle a plutôt démontré qu'elle ne voulait rien empêcher. Ses amis ne voteront pas la censure, même s'ils ne votent pas le texte. »

Qu'obtient-elle, en échange de sa bonne volonté ? « Elle voulait qu'on la laisse tranquille, enfin le parti – moi je ne suis pas concerné –, dans sa propre région ou sa ville. C'était ça, son souci. » Son rival des Hauts-de-France, le ministre des Sports Patrick Kanner, va devoir ranger sa hache de guerre. On comprend mieux, du coup, la nomination, en juillet 2016, du député socialiste du Nord Bernard Roman à la tête de l'Autorité de régulation des activités ferroviaires et routières (Arafer). Car le siège de député laissé libre devrait ainsi revenir, lors des prochaines législatives, à François Lamy, principal lieutenant de Martine Aubry…

Hollande a été ravi de la trouver de si bonne composition, lors de ce déjeuner. « La divergence sur la politique économique s'est plutôt réduite, assure-t-il, on a maintenant redonné dans cette deuxième phase du quinquennat du pouvoir d'achat aux ménages, reconsidéré la politique fiscale, relancé les investissements pour les collectivités locales, réintroduit le prélèvement à la source, et le compte personnel d'activité, ce à quoi elle est favorable. »

Le texte publié dans *Le Monde* est finalement abordé, à la fin du déjeuner. Le repas a beau avoir été frugal, Hollande ne l'a toujours pas digérée, cette tribune au Kärcher. « Sur les réfugiés, ce qui l'avait heurtée, ce n'est pas qu'on maîtrise le processus d'entrée, c'était la sortie de Valls à Munich », rapporte Hollande, allusion aux déclarations du Premier ministre qui avait, en 13 février 2016, critiqué Angela Merkel et sa politique d'accueil favorable aux migrants.

Oui, mais de là à reprocher au président d'« affaiblir la France »…

« Je lui ai dit que c'était désespérer l'électorat de gauche, reprend Hollande, que ça allait dans le sens – qu'elle réprouvait – des "deux gauches irréconciliables". On ne pouvait pas reprocher à Valls d'avoir utilisé cette expression, et en même temps la confirmer par cette tribune. »

Si l'on en croit le chef de l'État, Martine Aubry aurait surtout fait part, lors de ce repas, de son désir d'avenir. Elle voudrait remettre du liant dans la sauce socialiste. « Elle n'est pas dans la séparation, au contraire, témoigne Hollande. Il faut se retrouver, préparer une campagne, même s'il y a eu des critiques, des difficultés… Elle est, en dehors des personnes, dans l'idée que la gauche de gouvernement doit se rassembler. Mais elle ne dit rien sur les candidatures, ni sur la sienne ni sur la mienne, même si aucune autre ne la stimule. »

Hollande sait qu'il lui faut parler à sa gauche. Retrouver le chemin du dialogue. Il n'a jamais souhaité éradiquer la part la plus gauchisante du Parti socialiste. C'est ce qui le sépare de Valls – et a fortiori de Macron –, désireux de rénover de fond en comble le PS en le débarrassant de ses oripeaux idéologiques qu'il juge d'un autre temps. Valls a popularisé cette idée des « deux gauches irréconciliables ». L'adjectif a évidemment tout pour déplaire à un homme dont le mode d'action principal repose sur la… conciliation.

« Je ne crois pas que les gauches de gouvernement soient irréconciliables, estime donc Hollande. Ce que je crois, c'est qu'il y a une difficulté à travailler avec la gauche de contestation, la gauche de la gauche, et pas simplement celle de Mélenchon. Cette séparation qui a toujours existé dans la gauche française, elle se retrouve dans le syndicalisme, dans le monde intellectuel. »

« Nuit debout, c'est un symptôme, mais ce n'est pas un mouvement »

Le chef de l'État a observé avec intérêt l'émergence du mouvement Nuit debout. Il n'est pas allé jusqu'à se déplacer place de la République, à Paris, où ces rebelles sans cause précise battaient le pavé, au printemps 2016, mais il a écouté les slogans, disséqué les forces en présence. Admis même leurs – très abstraites – revendications : « Les gens de Nuit debout, au moins dans une première version, leur discours, c'est de dire : "Pourquoi on ne nous consulte jamais, pourquoi on ne peut pas s'exprimer, pourquoi notre voix ne porte pas, comment arriver à porter une parole sans passer par les organisations syndicales ou partisanes ?" C'est vrai. On l'entend, ça. » Il relativise toutefois la portée de ces manifestations spontanées, plus populaires dans les médias que dans le « pays profond », semble-t-il. « Cela reste des effectifs peu nombreux, 1 000 à 1 500 personnes chaque soir. Au théâtre, ils en font autant ! s'amuse Hollande. Donc c'est un symptôme, mais ce n'est pas un mouvement. »

Il ne témoigne pas de la même mansuétude à l'égard du maître à penser de Nuit debout, l'économiste Frédéric Lordon, le chantre du « communisme de raison ». Trop pessimiste et révolutionnaire pour lui, ce souverainisme de gauche.

« C'est l'idée que le mouvement social ne porte plus une aspiration, mais un empêchement, regrette-t-il. C'est très négatif. Avant, les mouvements sociaux portaient un changement, peut-être irréaliste, mais un changement. Alors que là… C'est : "Le système de toute façon nous est hostile, il nous menace, et donc on va essayer de le gripper, de le freiner…" Sans perspective de prise de pouvoir. C'est : "On renverse la table, mais on ne renverse pas le pouvoir…" Lordon a compris qu'avec peu de chose on pouvait faire trembler la planète médiatique. Très peu de chose… »

Cet aspect nihiliste du mouvement déplaît à Hollande. Lui, éternel optimiste, aimerait n'y voir que les côtés positifs, défricheurs d'horizons nouveaux. « Qu'est-ce qu'on trouve sympathique – moi aussi je trouve ça sympathique – dans Nuit debout ? C'est le désintérêt, le rêve, l'aspiration au débat, l'égalité aussi… »

« Les élections, il n'y a que les cons qui n'y participent pas ! »

Il semble tout prêt à accorder aux autres le bénéfice de ce partage collectif. Très peu pour lui, en revanche. Il n'a jamais cru aux lendemains qui chantent, s'est toujours méfié des emportements. Tempéré, réfléchi, modéré, il l'a toujours été. Idéologiquement et personnellement.

« Je n'ai jamais été tenté par les mouvements pseudo-spontanés, nous dit-il. Car Nuit debout, c'est une répétition, quand même. En petite grandeur ! Moi je suis d'une génération qui a connu, non pas 68, mais surtout l'après-68. Ça a longtemps phosphoré, après 68. Il y a eu beaucoup de mouvements post-68, de grands mouvements. Mais cela m'a convaincu d'aller vers la gauche politique, car j'ai vu que ces mouvements n'avaient non pas aucune signification, mais aucune traduction. La traduction, c'est de donner un débouché… »

Tout Hollande est là. Il juge indispensables les idéalistes, débatteurs d'idées et autres infuseurs d'émotions. Mais ne se reconnaît pas en eux. À quoi bon s'enflammer, si l'on ne peut pas concrétiser ses envies ? Les rêves nocturnes s'échappent toujours, au réveil.

Alors, autant ne pas rêver.

« Je pense, dit-il, que c'est indispensable pour nourrir des passions, des engagements, des convictions… C'est important… Je pense qu'on a besoin des deux gauches.

On a besoin d'une gauche qui sait que ce qu'elle va espérer n'est pas de l'ordre du possible, mais permet de forger une utopie qui va susciter des engagements longs. C'est tout à fait nécessaire, mais il faut que ce soit au service, à un moment, d'un projet politique qui va, lui, pouvoir être concrétisé par des réformes. »

Deux gauches que tout oppose et tout réunit à la fois, les deux faces d'une même médaille.

« Oui, approuve-t-il. Et quand l'une se sépare de l'autre, la gauche réaliste qui considère que la gauche utopiste est dangereuse, ça c'est une faute impardonnable, parce qu'il faut qu'il y ait cette ébullition. Je suis convaincu, même si ça n'a pas été considérable, que tous les jeunes qui sont passés à Nuit debout, un jour ou l'autre, se seront socialisés… Et si la gauche utopiste en revanche est captée par des forces qui la maintiennent dans le refus, on va vers l'effacement. Cohn-Bendit avait dit “élections piège à cons”, en 68, et d'une certaine façon Nuit debout aussi dit “élections piège à cons”. Et puis, un jour, on s'aperçoit que les élections, il n'y a que les cons qui n'y participent pas ! »

Voilà pourquoi il n'acceptera jamais les discours révolutionnaires ou anarchistes… Dans le monde de François Hollande, il y a une place, mais alors toute petite, plutôt dans la marge, pour l'idéalisme, et une autre, beaucoup plus grande, pour l'action concrète. Les élections servent de marchepied pour passer d'un univers à l'autre.

Et il ne faut pas s'égarer, à l'heure du vote.

« Il y a un moment où, face à l'adversaire, nécessité fait bloc, or c'est ça qu'une partie de la gauche ne veut plus, déplore-t-il. Je ne veux pas faire de comparaison audacieuse, parce qu'on n'est pas dans ces circonstances, mais il y a un côté années 30. On n'est pas dans cette situation, mais au nom de la destruction du PS, on ne peut pas considérer qu'il n'y a pas de danger d'extrême droite populiste, dire : “Je me pince le nez, je considère qu’il faut tout faire pour éliminer le PS…” »

Frondeurs, « nuit-deboutistes », aubryistes et autres mélenchonistes… Tous auront contribué à saper idéologiquement un quinquennat au cours duquel le pouvoir n’aura cessé d’être sur la défensive.

Le réel à l’épreuve de l’utopie, en quelque sorte.

L’équation hollandaise par excellence.

5

La créature

Pendant ce temps-là, notre mauvais génie travaillait à nous perdre.

Antoine François Prévost d'Exiles,
dit l'abbé Prévost

Un soir de juin 2015, François Hollande nous livre une troublante confidence. Paraphrasant très involontairement l'aveu apocryphe prêté à Flaubert, il lâche : « Emmanuel Macron, c'est moi. »

Certes, on ne se risquera pas à comparer le sémillant banquier à la mélancolique Emma Bovary, mais l'anecdote en dit long en revanche sur les sentiments qu'a longtemps éprouvés le chef de l'État pour l'ex-ministre de l'Économie. « C'est un garçon qui a une certaine sensibilité sur le plan de l'économie, mais il a aussi les fondamentaux politiques de la gauche », confie alors Hollande.

Tout est dit.

Le président de la République s'est totalement reconnu en ce louveteau de la politique qu'il a fait ministre. Il lui a passé ses provocations, l'a rabroué gentiment lorsqu'il dépassait les limites, comme un père indulgent le ferait avec son fils turbulent. Au point de perdre toute lucidité, incapable d'anticiper la félonie de son protégé, pourtant inéluctable.

Hollande, avec une naïveté confondante, aura jusqu'au bout refusé de se rendre à l'évidence, d'accepter l'idée qu'il serait trahi. Une énième fois.

Macron. Trente-huit ans. L'énarque rayonnant. L'ancien banquier millionnaire. Le symbole du fameux « tournant social-libéral » emprunté par l'exécutif en 2014.

Beaucoup plus libéral que social, s'agissant de Macron.

Le genre de type qui déclare, sur RMC, que « la vie d'un entrepreneur, elle est bien souvent plus dure que celle d'un salarié ». Celui, aussi, qui lance à des grévistes que « la meilleure façon de se payer un costard, c'est de travailler ». Celui, encore, qui, lors d'une visite au Salon du high-tech de Las Vegas, assure qu'« il faut des jeunes Français qui aient envie de devenir milliardaires ». Le même qui, sur la BBC, déplore que la France n'ait pas suivi la cure violemment ultralibérale imposée à la Grande-Bretagne par Margaret Thatcher dans les années 1980 : « Quand on compare [la France] avec le Royaume-Uni dans les années 80, la grande différence est que nous n'avons pas assuré [les réformes] à l'époque. »

Macron. Et Hollande, donc.

L'apprenti et son Pygmalion.

Mais l'élève est déterminé à dépasser le maître, c'est écrit. Reste à savoir quand. Peut-être dès 2017. Pourtant, César a longtemps été convaincu que Brutus ne le tuerait pas. Enfin, pas si vite. Hollande n'a jamais voulu écouter les augures lui prédisant un destin à la Chirac version 1995, trahi dans la dernière ligne droite par celui qu'il pensait être son allié, Édouard Balladur.

Et pourtant…

« Macron n'est pas quelqu'un qui cherche à se faire une existence politique au détriment du gouvernement, ce n'est pas vrai, veut croire Hollande à l'automne 2015. Il peut avoir de la maladresse, mais il n'a pas de perversité… » Le chef de l'État apprécie sa jeunesse, sa vivacité, son côté solaire, sa popularité bien sûr. « Qu'est-ce qui plaît chez Emmanuel Macron ? Il y a beaucoup de choses qui pourraient plaire », nous dit-il. Avec un rien d'envie. Il poursuit : « Ce sont ses idées, son talent… Mais ce qu'il fait, c'est la transgression. »

Il admire et jalouse à la fois cette capacité à oser. À bousculer son propre camp.

Macron-Hollande, c'est la chronique œdipienne d'une trahison annoncée, d'un parricide inexorable.

L'histoire d'un aiguillon devenu épine.

Avant de devenir concurrents, les deux hommes ont surtout été complices, tant ils sont apparus complémentaires. Dans la grande comédie du pouvoir, chacun joue un rôle. Celui longtemps assigné à Macron ?

Le mauvais génie de service.

Macron ou l'impensé d'un président renvoyé à ses contradictions, ou plus exactement ses ambiguïtés, élu sur un programme très à gauche pour finalement conduire une politique franchement libérale. Macron, symbole d'un exécutif schizophrène.

Et d'un président aveugle.

« Si ce garçon-là avait voulu faire une carrière à droite, c'était tout à fait possible »

En huit ans, les deux hommes ont appris à se connaître, à s'apprécier aussi. Car c'est en 2008 que François Hollande voit débarquer dans son bureau de premier secrétaire du Parti socialiste cet olibrius au physique avantageux. Macron est un jeune homme talentueux et impatient, ex-chevènementiste, rallié au PS en 2006. « On peut dire, il n'est pas socialiste, mais il l'a été, explique Hollande. C'est quelqu'un qui voulait s'engager dans la vie politique. Et au Parti socialiste. »

Mais la carte d'adhérent ne fait pas tout. D'ailleurs,

le 19 août 2016, Macron, invité d'honneur du… souverainiste Philippe de Villiers, lâchera aux journalistes : « L'honnêteté m'oblige à vous dire que je ne suis pas socialiste. » Alors, un type de gauche, vraiment, ce Macron ? « Je n'ai aucun doute, assure le chef de l'État. Je l'ai connu avant même qu'il ne soit dans le secteur privé. C'est Jacques Attali qui me le présente, c'était un jeune garçon d'une trentaine d'années, sorti de l'ENA. Macron m'a dit : "Voilà, je voudrais me présenter aux élections législatives pour le Parti socialiste." On est en 2008, on a perdu l'élection présidentielle, si ce garçon-là avait voulu faire une carrière à droite, c'était tout à fait possible. D'ailleurs, il était dans la commission Attali désignée par Sarkozy. »

Mais, pressenti pour intégrer le cabinet de François Fillon à Matignon, en 2010, Macron décline la proposition, entre chez Rothschild et Cie, où il devient associé-gérant, et, accessoirement, empoche ses premiers millions. « Et ensuite, lorsque je suis candidat pour la primaire, il vient spontanément, alors que je ne suis pas encore investi, se rappelle Hollande. Donc je n'ai aucun doute. Après, il a accepté de venir ici, il aurait pu dire : "Je suis bien dans ma banque, je gagne très bien ma vie, je pourrais t'aider en te donnant des conseils sans quitter cet emploi…" Mais il vient. »

Nommé secrétaire général adjoint de l'Élysée, à l'âge de 34 ans, il conseille, dans l'ombre, le président Hollande pendant deux ans, de mai 2012 à juin 2014. « Et quand il quitte l'Élysée, souligne le chef de l'État, ce n'est pas pour retourner dans la banque. Je lui demande : "Qu'est-ce que tu vas faire ?" Il me répond : "Je vais enseigner, prendre une année sabbatique, partir à l'étranger." Sur le plan humain, je n'ai pas de doutes non plus… »

Fin août 2014, Macron range ses envies d'ailleurs : il accepte de remplacer Montebourg au pied levé à l'Économie. Un type qui s'assoit sur quelques millions d'euros pour faire profiter son pays de ses compétences économiques, ce n'est pas pour déplaire à Hollande. Celui-ci doit vite réfréner l'enthousiasme de son protégé, qui prend goût à la lumière. Il y parvient, tant bien que mal, du moins dans les premiers temps de leur cohabitation.

Le chef de l'État l'assure, il a retoqué plusieurs initiatives un peu trop droitières de Macron. « Ses idées vous paraissent trop libérales ? » lui demande-t-on en octobre 2015. « Oui, bien sûr, répond-il. Plusieurs fois, je lui ai dit : on ne peut pas aller jusque-là. Ce n'est pas possible. Même au nom de l'efficacité, du risque de perte de compétitivité par rapport à d'autres places financières… D'ailleurs, dans la loi qu'il a faite, il a été capable de faire des amendements, il a eu de bons rapports avec les parlementaires. »

« Il peut avoir des idées iconoclastes, qui me paraissent trop libérales, il a cette culture d'entreprise, ce n'est pas la même chose qu'une culture d'État, dit encore Hollande. Mais sur le plan des valeurs et principes, je n'ai pas de doute sur ses engagements à gauche. Et sur le plan humain, c'est un garçon gentil. Un bon camarade. »

Au départ, les rapports entre Hollande et son nouveau ministre de l'Économie sont quasi idylliques. « Macron a fait du bien, observe-t-il dès décembre 2014. Pas par ce qu'il a fait, il n'a rien fait. Mais par l'idée même de mouvement, de rajeunissement… » Le chef de l'État admire l'aisance avec laquelle le jeune homme, pourtant pas du sérail, s'est coulé dans son nouveau costume. Il l'a vu passer du temps à l'Assemblée nationale, pour convaincre les députés du bien-fondé de sa loi pour la croissance et l'activité économique. Adopté le 9 juillet 2015, après plusieurs centaines d'heures de débat, le texte a un peu plus déchiré la gauche, contraignant le gouvernement à passer en force via l'article 49.3 de la Constitution.

« Sur la loi Macron, j'ai trouvé que le débat avait été excessif dans toutes ses dimensions, déplore le chef de l'État. Ceux qui la considéraient comme la loi du siècle et ceux qui la dénonçaient comme une trahison. En quoi il y a eu trahison ? Le travail le dimanche ? On voit combien la loi Macron a posé des verrous puisqu'il faut un accord majoritaire, et c'est un des problèmes. La loi Macron n'est pas une loi qui met en cause les valeurs de la gauche. » Il s'emporte devant les envolées gauchisantes de Martine Aubry, opposée au texte bien sûr. « Il faut démontrer que la loi est de gauche, lâche-t-il. Il ne faut pas faire passer ceux qui sont contre pour des gens de gauche, il faut les faire passer pour des ringards. Ce n'est pas la même chose. On peut être de gauche et penser que le dimanche, dans certains lieux ou territoires, on puisse faire ses courses. »

« Je pense que Macron est authentiquement de gauche »

Et pour que son message soit bien clair, Hollande le martèle, une nouvelle fois : le procès en droitisation instruit contre son ministre est injuste. « Il est de gauche, Macron, il a toujours été de gauche, lance Hollande. Ce n'est pas quelqu'un qui est venu comme ça par opportunisme, quand il est venu ici, il a perdu son salaire… » Hollande n'aime pas les procès en sorcellerie. L'inquisition socialiste, très peu pour lui. « Je pense que Macron est authentiquement de gauche, redit-il. Et qu'il l'est depuis très jeune. Après, il est plutôt de l'inspiration qu'on a appelée la "deuxième gauche", qui pense, et ce n'est pas tout à fait faux, que les partenaires sociaux sont parfois mieux placés pour déterminer leur avenir que le législateur. Il veut faire bouger les choses, c'est le rôle que je lui ai assigné. »

Une fois sa « grande loi » promulguée, en août 2015, le virevoltant Macron se sent un peu désœuvré. Et Hollande n'est pas du genre à tenir fermement les rênes de ses poulains. C'est peut-être d'ailleurs l'une des raisons qui vont conduire, à cette période, le chef de l'État à envisager de propulser Macron au ministère du Travail : surtout, l'occuper.

La CGT et FO s'en sortent bien, finalement.

Les syndicats contestataires ont échappé au pire. Car ce n'est donc pas avec la novice Myriam El Khomri qu'ils auraient dû négocier les modalités de la loi travail, mais avec le très libéral Emmanuel Macron. Embrouille maximale garantie.

Tout s'est joué à l'Élysée, le jeudi 27 août 2015. Ce jour-là, à 19 h 30, François Hollande reçoit discrètement Laurent Berger, le patron de la CFDT. Il veut lui soumettre sa dernière idée lumineuse : imposer Macron, ministre de l'Économie depuis un an, au ministère du Travail. Il lui faut en effet remplacer François Rebsamen, en partance pour la mairie de Dijon. Coup de chance, nous voyons justement Hollande, à 18 heures, ce même 27 août, et devons le retrouver ensuite à dîner, vers 21 heures. Avant de discuter avec Berger, il nous détaille son envie de Macron. Et ses légitimes prudences : le chef de l'État ne le nommera que « si c'est accepté, si ça ne paraît pas être une provocation ». « Mais je vais essayer de tester… »

Macron et les syndicats, ce serait un sacré télescopage, celui de deux univers a priori antinomiques, incompatibles même. Hollande y croit, pourtant, au nom de la cause sacrée, la lutte contre le chômage : « Pour mettre de la force, de l'envie, du mouvement. C'est là-dessus que ça va se jouer. Pour montrer que c'est vraiment la priorité. On y met l'élément qui est supposé le plus dynamique, et puis je pense qu'il a un peu épuisé son domaine à l'Économie. Il a fait voter sa loi. J'ai peur qu'il s'épuise et qu'il vienne sur les domaines du ministère du Travail… »

Nous retrouvons le chef de l'État pour dîner, comme

convenu. Sans attendre la soupe aux crevettes, la conversation porte bien entendu immédiatement sur Macron.

Berger a refusé tout net la proposition du chef de l'État. Hollande a procédé à sa manière, en douceur, sans être trop explicite. Mais il a compris le sens des observations de son interlocuteur : pas question pour les syndicats, même réformistes, de discuter conditions salariales ou Code du travail avec le grand Satan libéral. Le chef de l'État avait deux options en tête pour son ministre : « Il gardait l'Économie et il prenait en plus le Travail, ou, seconde option, il pouvait basculer complètement au Travail. » Le président remballe son idée, ménage au passage Macron comme les syndicats : « Au fond, il ne sert à rien de les opposer. »

Le ministre de l'Économie ne verra donc pas son portefeuille élargi au Travail. Du coup, comme l'avait redouté le chef de l'État, l'hyperactif Macron, rapidement devenu la coqueluche de médias séduits par son allure comme par son franc-parler, va largement déborder du cadre de son ministère, devenu trop étroit pour ses ambitions grandissantes. Il va s'exprimer, s'exhiber, jouer de son charme naturel.

Une offensive en deux temps. D'abord, il met en avant ses thèses économiques, fait entendre sa symphonie libérale. Puis il va se sentir pousser des ailes, sur le plan politique cette fois. Mais ce sera la seconde phase. Patience.

En quelques semaines, Emmanuel Macron marque donc sa différence. Il s'en prend d'abord aux 35 heures : « Pourquoi ne pas donner à toutes les entreprises la possibilité de déroger aux règles sur le temps de travail et sur les rémunérations, en cas d'accord majoritaire avec les syndicats ? » Il va jusqu'à affirmer ceci, en août 2015, devant les chefs d'entreprise réunis en conclave par le Medef : « La gauche a cru un temps que la France pourrait aller mieux en travaillant moins. C'étaient des fausses idées. » Tollé à gauche, le tabou des 35 heures est en passe d'être violé. Loin de corriger le tir, Macron déclenche une nouvelle salve, le 27 septembre 2015, sur Europe 1 : « Le libéralisme est une valeur de gauche », ose-t-il. Enfin, nouveau scud, à l'automne 2015. Lors d'un débat censé demeurer off, il défouraille : le statut de fonctionnaire n'est « plus adéquat » et « plus justifiable compte tenu des missions », « on va progressivement entrer dans une zone – on y est déjà d'ailleurs – où la justification d'avoir un emploi à vie garanti sur des missions qui ne le justifient plus sera de moins en moins défendable »...

En état d'ébriété médiatique et d'impunité politique, le jeune ministre renverse tout sur son passage. Aux commandes de son sous-marin libéral, il torpille dans les grandes largeurs, dégommant les fétiches de la gauche les uns après les autres.

Hollande observe le phénomène à l'œuvre. Il sent les ennuis arriver, la créature échapper à son contrôle. Tancer, réprimander ? Ou laisser faire ? Un choix cornélien. Désireux d'éviter que son aile gauche ne s'envole définitivement, le chef de l'État se garde bien d'en faire état publiquement, mais il partage une bonne partie des idées de Macron, dans une version toutefois plus nuancée. Prenez les 35 heures, dont il fut l'un des défenseurs, comme patron du PS, lors de la mise en place en 2000 de la réforme portée par Aubry, du temps de Jospin. « À l'époque, cela a incontestablement créé des emplois. À l'époque... Après, ça se tasse, forcément. Je pense que cela a coûté, quand même, parce qu'il a fallu payer des exonérations de cotisations sociales », observe Hollande.

« Ça a coûté cher, de passer aux 35 heures »

Il précise : « Je pense que la balance en termes d'emplois était plutôt positive, mais la balance en termes de compétitivité ne l'a pas été. Ça a renchéri quand même les coûts. Et cela a pu donner l'impression, dans certains secteurs, que l'on distribuait des jours de RTT qui n'étaient pas nécessairement souhaités, dont on ne sait même plus quoi faire au terme de l'année. » Bref, le bilan est plutôt mitigé à en croire le chef de l'État.

Pas question pour autant, quelles que soient ses réserves de fond, de revenir sur cette loi emblématique. Ou alors, de manière discrète, subreptice.

Hollandaise, quoi.

« On peut toujours revenir dessus, dit-il, mais pas de manière brutale. Ça a coûté cher, de passer aux 35 heures, ça coûte cher de passer aux 39 heures. Ce serait à refaire, ce qui je pense n'a pas été bien pensé, ce sont les 35 heures dans les hôpitaux et même dans la fonction publique. »

Ne comptez pas sur Hollande pour tout bousculer. C'est un impressionniste, un pointilliste même, il peint son tableau par petites touches. « Si nous on se mettait à dire : "Voilà, on abroge les 35 heures", je pense là que ce serait un recul, il faut quand même qu'il y ait des marqueurs, confie-t-il à la fin de l'été 2015. Donc moi, ce que je crois que l'on peut faire, c'est de dire : permettons dans les grandes entreprises des négociations qui accordent plus de souplesse pour le temps de travail. »

Soit le principe de la loi El Khomri. Mais nous n'y sommes pas encore, l'affaire est alors en gestation.

En tout cas, la sortie de Macron sur les 35 heures, devant les pontes du Medef, a contrarié Hollande. Elle a sérieusement contribué à plomber son idée de le placer au ministère du Travail. « La polémique qui a suivi ses propos a fait que cela n'avait même plus de sens, cela aurait été vécu comme une provocation », nous explique-t-il. « Les propos sont contestables parce qu'ils ont été tenus au Medef, ajoute-t-il. Dire : voilà, la gauche a longtemps pensé – d'ailleurs, je ne suis pas sûr que ce soit vrai –

qu'on pouvait faire des réformes contre les entreprises ou sans les entreprises, et elle a longtemps pensé que la durée de travail était le sujet principal, alors que c'est le travail qu'il faut valoriser… Ce sont des propos qui, tenus à l'université d'été du PS, feraient partie du débat. Le fait que ce soit prononcé devant une assemblée de chefs d'entreprise, ça donne l'impression que l'on vient s'excuser pour l'histoire même de la gauche. »

Manuel Valls, qui supporte de plus en plus mal l'insolent trublion, le recadre publiquement. Le chef de l'État y va aussi de son rappel à l'ordre.

Convoqué par le président, Macron, comme à chaque fois ou presque, va reconnaître sa bourde, sans en rabattre sur le fond. « Il a convenu que ce n'était pas sur les 35 heures qu'il voulait s'exprimer, mais que c'était ce que cette phrase pouvait laisser penser. » Les deux hommes discutent plus avant sur la durée légale du temps de travail. « Ce qu'il pense, résume Hollande, c'est qu'il faudrait donner plus de liberté aux entreprises pour renégocier le temps de travail. Ça, sans doute qu'il le pense. Mais il n'est pas le seul à le penser… Moi, je suis pour qu'on maintienne la durée légale du temps de travail à 35 heures. Après on peut discuter, négocier… » Le professeur Hollande s'autorise tout de même à reprendre son élève. « Là où il se trompe, c'est qu'en fait la loi sur les 35 heures a permis beaucoup de flexibilité. L'annualisation du temps de travail, qui n'était pas possible avant les 35 heures, a été introduite, permettant à des entreprises de travailler parfois 30 heures certaines semaines, ça a créé des emplois, permis une amélioration substantielle de la productivité, voire de l'efficacité des entreprises, c'est pour ça que ça ne peut pas être défait maintenant. »

Le débat est clos, du moins l'espère-t-il alors. Après tout, si Macron ne dérange que Martine Aubry et les frondeurs, le chef de l'État peut s'en accommoder. Et puis, Hollande ne veut pas faire de son ministre de l'Économie un nouveau martyr. Après Montebourg, remercié pour cause de déviationnisme gauchiste, il ne peut pas s'offrir le luxe de congédier son successeur, cette fois pour dérive droitière.

D'autant que, on l'a compris, le chef de l'État est globalement sur la même longueur d'onde que l'ancien banquier, même s'il lui est difficile de l'assumer ouvertement. Du reste, Hollande ne va jamais vraiment, devant nous, disqualifier Macron sur le fond. C'est davantage la forme qui le chagrine.

« Emmanuel Macron est un être qui n'est pas duplice »

Le président conserve en tout cas toute son affection pour son ministre. Il ne devine pas encore, en cet automne 2015, les prémices d'une émancipation. « Emmanuel Macron est un être qui n'est pas duplice, dans le sens où il utiliserait son ministère pour jouer une partition personnelle, nous assure-t-il alors. Ce n'est pas non plus un être qui fonctionne par la provocation. Mais il ne connaît pas les codes de la vie médiatique et politique. »

Hollande trouve toujours des excuses au dissipé Macron.

En septembre 2015, ce dernier récidive, s'en prenant cette fois au statut des fonctionnaires devant le *think tank* « En temps réel » : « Je ne vois pas ce qui justifie que certains cadres de mon ministère bénéficient d'un emploi garanti à vie alors que le responsable de la cybersécurité d'une entreprise est contractuel en CDD… »

Rebelote, nouvelle convocation à l'Élysée. « Une observation lui a été faite, dit pudiquement Hollande. Il n'est pas maître de sa communication. Et après, c'est très difficile à corriger. Même s'il a corrigé. Je mets ça sur le compte d'un manque de maîtrise de sa parole dans des lieux qu'il pense être des lieux de libre débat, mais qui donnent forcément suite non pas à interprétation, mais à publication. Et parfois déformation. »

Sur le thème des fonctionnaires, Hollande se distingue cette fois clairement de son ministre. Certainement parce que la fonction publique est son univers, beaucoup plus que celui de Macron. « Le statut des fonctionnaires est moins rigide qu'on ne le dit, rappelle-t-il. Il permet d'avoir sur toute sa vie professionnelle une sécurité, je crois que c'est important pour les emplois qui correspondent à des fonctions essentielles dans l'État. »

Reste une interrogation : et si Macron était un faux nez, une tête de pont ultralibérale, sciemment choisi par Hollande afin de préparer l'opinion publique à un changement de politique encore plus accentué ? « Macron n'est pas utilisé comme un boutefeu ou un lanceur de propositions pour mieux ensuite faire une synthèse qui permettrait d'avancer des propositions nouvelles, réfute le président. Macron n'est pas non plus quelqu'un qui cherche à se faire une existence politique au détriment du gouvernement. Ce n'est pas vrai. Il n'a pas de perversité. Il peut avoir de la maladresse, mais il n'a pas de perversité. »

Ces « maladresses », un peu trop récurrentes, contraignent régulièrement le Premier ministre à monter au créneau pour éteindre l'incendie. Valls, qui lui a senti le danger, enrage. D'abord du fait de ces manquements répétés à la solidarité gouvernementale, dont il déplore qu'ils restent impunis. Mais aussi parce qu'il se voit dépossédé de ce rôle d'aiguillon du PS, de pourfendeur des vieux dogmes de la gauche.

Rôle désormais endossé par un plus jeune que lui, plus charmeur encore…

Hollande, de son côté, continue de soutenir l'effronté. Pour une fois qu'un ministre est populaire… « Je sens bien, même si ce n'est pas volontaire de sa part, que l'opinion ne réagit pas mal à ce qu'il dit, car elle a envie de réformes, de changements, de mouvement, et c'est ce qu'il incarne. Et même si les Français ne savent pas très bien dans quel mouvement il voudrait les emmener, ils aiment le fait qu'on puisse avancer. »

« Il n'est pas dans une stratégie personnelle sur le plan politique »

Pourtant, les dérapages contrôlés s'enchaînent, mais le chef de l'État ne peut pas, ou ne veut pas, croire au danger : « Ce serait inquiétant si c'était son objectif, si c'était sa forme d'action politique. Par exemple, Montebourg avait d'abord une ambition – pas illégitime –, celle de construire une personnalité et une stratégie politiques. Pas Macron. Macron dit toujours, avec un peu de naïveté : "Moi, je ne veux pas être élu." Ce qui est son droit, mais il ne se rend pas compte que cela peut aviver certaines plaies chez les élus, quand on dit : "Moi je veux faire de la politique sans être élu." Non, faire de la politique, c'est être élu. Mais c'est aussi un aveu, il n'est pas dans une stratégie personnelle sur le plan politique. » Des propos qui, avec le recul, prêtent à sourire…

Hollande n'est pas un adepte de la remontrance publique. Alors, régulièrement, il prend Macron à part, après le Conseil des ministres, dans sa voiture, lors de déplacements, pour lui faire gentiment la leçon.

La concurrence avec Valls ? Une construction médiatique, juge Hollande. « Tout ça, c'est de l'interprétation, assure-t-il. D'ailleurs, Manuel Valls peut se dire que le fait d'avoir Macron le recentre… » Il réfute de la même manière, une nouvelle fois, l'idée selon laquelle les prises de position iconoclastes de Macron seraient en fait des ballons d'essai : « Ni Manuel Valls ni moi-même ne voulions que Macron fasse ces sorties-là, et je pense que Macron non plus d'ailleurs ne voulait pas les faire. Ce qui est toujours amusant dans la politique, c'est de reconstruire, on fait des scénarios… Non, la vérité, c'est que la maladresse est souvent l'explication première dans la vie politique… »

Macron coûte, mais il rapporte, aussi. Les chefs d'entreprise étrangers tombent en pâmoison devant ce ministre jeune, moderne, dynamique. Un Justin Trudeau à la française. Lors de dîners avec des entrepreneurs organisés à l'Élysée, Macron fait le show, avec son anglais parfait, ses expressions qui fleurent bon le monde réel. « Je dois dire que la présence d'Emmanuel, c'est un facteur de confiance, souligne Hollande. Son dynamisme, sa connaissance des sujets, sa liberté, sa personnalité séduisent ces milieux-là. »

Et pas seulement « ces milieux-là ». Une partie de la France s'entiche du petit nouveau qui n'a peur de rien. Cette popularité soudaine est de celles qui font naître des vocations présidentielles.

Le Macron « naïf » a vécu. À partir de 2016, le ministre de l'Économie commence à rêver plus grand. Le mouvement « En marche ! » est lancé le 6 avril 2016, à Amiens, avec pour ambition d'anéantir les clivages traditionnels. Macron précise qu'« En marche » est à la fois de droite et de gauche, assurant sur Arte, le 24 avril 2016, que « le vrai clivage est entre progressistes et conservateurs », ou encore que « la gauche aujourd'hui ne [le] satisfait pas ». « Je veux pouvoir construire une action commune avec toutes les bonnes volontés qui croient à ce progressisme pour le pays », déclare le ministre.

Hollande, qui devait déjà se coltiner à sa gauche, dans la perspective de 2017, Jean-Luc Mélenchon et Cécile Duflot, sans compter les frondeurs, voit se profiler à sa droite un Macron en roue libre, soutenu en outre par quelques caciques du PS, dont les sénateurs François Patriat ou Gérard Collomb.

Le chef de l'État assure que son ministre l'avait informé, plusieurs mois avant, de son initiative : « Emmanuel m'a dit : "Moi j'ai envie de faire quelque chose, il y a des gens qui me demandent. Je peux toucher des électeurs, loin de la politique." Je lui ai répondu : "Oui, fais-le. Mais fais attention, ne prends pas de politiques auprès de toi, parce que ce sera regardé comme une opération à l'intérieur du PS, ou pire encore, concurrente." Il me dit : "Non, non, ça va être des citoyens." Ce qu'il fait à Amiens... »

« Ne te mets pas dans cette position qui donne l'impression que tu es nulle part »

Le positionnement politique revendiqué par Macron le chiffonne, évidemment. « Il y a le "ni gauche ni droite" qui a fait réagir, constate-t-il. J'ai dit à Macron : "Ne te mets pas dans cette position qui donne l'impression que tu es nulle part. Tu viens d'un gouvernement, tu travailles au gouvernement, tu es de gauche. Tu veux convaincre d'autres, ça me paraît le principe de la politique, mais fais attention." Après, il a corrigé. »

Au 20 heures de France 2, le ministre atténuera ensuite légèrement son propos, évoquant un simple mouvement citoyen. Mais Hollande commence, enfin, à prendre conscience du péril. « Je vois bien qu'il est devenu un objet médiatique, et qu'autour de lui certains disent : "Il n'y a pas de raison, ne disons pas exactement ce qu'on va faire en 2017, et puis si François Hollande n'y allait pas, n'écartons pas cette hypothèse." Donc il y a de sa part, je crois, une loyauté réelle, qu'il a rappelée, mais dans toute initiative politique, il y a toujours des entourages, des soutiens, qui disent : "Mais non, il n'y a pas de raison, allons-y, quelque chose a été créé, et puis les sondages..." »

Il faut aussi compter avec le paramètre Valls. Le président nous confirme désormais, en ce printemps 2016, la tension, à la hausse après chaque intervention médiatique de Macron. Sa décision de lancer son propre mouvement « a quand même sérieusement énervé le Premier ministre, à juste raison », dixit Hollande. Qui ajoute : « Valls dit : "Attention, il faut quand même que le ministre de l'Économie fasse de l'économie, et pas que des interviews…" »

La créature s'est totalement émancipée.

Plus question, par exemple, d'adresser à Matignon pour une relecture préalable ses entretiens accordés à la presse écrite. Or, les interventions de Macron se multiplient. « On n'en est pas forcément prévenus, déplore le chef de l'État, sauf quand on nous envoie le texte au dernier moment. Emmanuel Macron parle plus de politique, de manière assez traditionnelle d'ailleurs, plutôt que de reprendre ce qu'on a fait ensemble, depuis quatre ans, de faire de la mise en cohérence de ce que l'on fait. Deuxièmement, il y a le sentiment – que le Premier ministre a là aussi raison d'exprimer et que j'ai redit à Emmanuel Macron – que c'est un collectif, le gouvernement, qu'il ne peut pas y avoir une liberté donnée à l'un, et puis un empêchement pour les autres. »

« Il a une bonne image, mais d'autres s'y sont essayés »

Un énième rappel à la loi gouvernementale, alors que les enquêtes d'opinion placent la fusée Macron sur une trajectoire idéale. « Il a une bonne image, admet Hollande, mais en même temps, d'autres s'y sont essayés. Qui avaient une existence politique plus forte qu'Emmanuel Macron. J'entends par là une expérience, une antériorité politiques. Pour parler clair, Montebourg avait participé à une primaire où il avait fait un score qui était tout à fait honorable, il ne partait pas de nulle part. Emmanuel, il y a deux ans, personne ne le connaissait, sauf dans nos milieux. Ça ne veut pas dire qu'il faudrait que la politique soit un critère d'ancienneté, mais enfin, bon… Donc, on connaît aussi la volatilité de ces choses, on est un objet médiatique jusqu'au jour où on n'est plus un objet médiatique. »

Au cours de ce printemps 2016, Macron continue de multiplier les provocations, jusqu'à mettre en cause le totémique impôt sur la fortune (ISF), ou déclarer insolemment qu'il n'est pas « l'obligé » du président, contraignant Valls et Hollande lui-même à le rabrouer publiquement.

Après tout, celui-ci a créé un monstre politique, à lui de le gérer.

C'est le retour de Hollande en mode grand frère attentionné… et préoccupé. « Quand il a fait sa sortie sur l'ISF, qui en plus n'est pas juste à tous égards, il m'a dit : "Je l'ai pas dit…" Il a un côté enfant : "Mais non, c'est pas moi, c'est ma femme, c'est pas moi, c'est la presse qui a déformé mon propos, c'est comme 'l'obligé', je voulais le corriger…" Sur "l'obligé", le Premier ministre était là, on a eu une explication tous les trois, puis je lui ai dit : maintenant, il faut corriger. Il a corrigé. Bon… Je lui ai conseillé de faire attention, parce que dans la vie médiatique, avant, les choses passaient, mais là, il y a les réseaux sociaux, le buzz… Les médias ne ratent rien. Donc, je lui ai dit : "Il faut faire attention, car après tu peux être emporté par quelque chose que tu n'auras pas voulu." »

Le verbe « corriger » revient systématiquement dans la bouche du président.

Naïveté ou autosuggestion ? Toujours est-il que le chef de l'État semble postuler que chaque dérapage de son ministre de l'Économie est le fruit d'une malhabileté et non le témoignage d'une volonté émancipatrice.

D'ailleurs, lorsqu'on demande à Hollande, le 29 avril 2016, s'il a vraiment mis en garde Macron en le dissuadant par exemple de franchir une ligne rouge, il émet un timide « oui » guère convaincant, avant de nous restituer les propos qu'il lui aurait tenus : « Si tu franchis une ligne, quelle que soit ma bienveillance, mon amitié, voire même mon indulgence… » Il ne parvient pas à aller au bout de sa phrase, peut-être parce que la seule idée de punir l'impertinent Macron lui est insupportable, plus probablement parce qu'en réalité il ne l'a jamais menacé de le renvoyer du gouvernement.

On insiste : jusqu'où Macron est-il autorisé à aller trop loin ? « Une ligne rouge, répond alors Hollande, ce serait de critiquer le gouvernement, ou de ne pas être solidaire d'une décision, ou de prendre une position manifestement contraire à ce que l'on souhaite. »

Hollande en convient, son attitude pour le moins laxiste sème le trouble, y compris – et même surtout – au sein du gouvernement, où elle est interprétée comme une énième illustration de la faiblesse politique mais aussi personnelle du chef de l'État. « Certains me la reprochent », avoue-t-il. « Ce ne peut pas être une forme de tolérance à l'égard de ce qui serait jugé contraire aux intérêts du gouvernement et à l'image de l'État. À un moment, les gens disent : "Il est très gentil, on l'aime bien, mais…" »

Mais les incartades du « chouchou » commencent à lasser.

Trop de Macron tue le Macron.

L'ancien banquier d'affaires crée de la discordance, la joue « perso », et ce à un moment où l'économie, dont il a la charge, donne enfin quelques signes d'espoir. « La politique, c'est toujours un risque, convient Hollande. Il faut laisser les personnalités nouvelles s'épanouir, la politique, ce n'est pas un éteignoir : "Voilà, il y a un principe, vous devez attendre votre tour, il y a un billet, il sera oblitéré le moment venu par les plus anciens…" Moi, j'ai toujours voulu que la politique soit une transmission. Deuxièmement, il est bon d'avoir, surtout quand on n'est pas haut dans l'opinion, des personnalités qui puissent élargir notre assise. »

Surtout, Macron n'est clairement pas dans le tempo voulu par Hollande, qui essaie, en cette fin de mandat, de se rabibocher avec sa majorité, en dépit du processus tumultueux de la loi travail. En prévision de 2017, Hollande doit essayer de recoller les morceaux d'une gauche en miettes, et l'incontinence médiatique de son très libéral ministre de l'Économie ne l'aide pas, bien au contraire. « Je le lui ai dit ! » nous assure une nouvelle fois Hollande. « Dans cette phase, pour tout candidat, moi ou un autre, son premier acte doit être de retrouver l'électorat de la gauche. Ce que je fais, c'est de commencer à reparler avec cet électorat. Pas simplement en utilisant des mots de gauche, mais en montrant que ce que nous avons fait est de gauche. Même la loi El Khomri, la présenter comme étant de progrès. Dans un premier tour, ce qui compte, c'est quand même d'être le plus haut possible. Et il n'y en aura qu'un, il ne sera pas possible qu'il y ait plusieurs candidats de la gauche de gouvernement. Après, qu'il y ait la nécessité d'emmener des électeurs qui peuvent hésiter entre la droite et la gauche, et que Macron peut représenter, pourquoi pas. Ça peut s'ajouter dès le premier tour. Ce n'est pas forcément inutile. Mais ça viendra forcément s'ajouter au second tour, si on y est. C'est pour ça que j'ai dit à Macron – et Manuel Valls a fait pareil – qu'avant de parler du dépassement il faut dire ce que l'on est, qui on est. »

En ce début d'été 2016, Hollande demeure convaincu, quoi qu'en disent les cassandres, de pouvoir compter jusqu'au bout sur la fidélité de Macron. « Je pense qu'il est loyal », dit-il.

Non, la créature n'échappera pas à son créateur, il en est persuadé.

Une telle cécité intrigue.

Peut-être s'explique-t-elle par le fait que Hollande, longtemps second couteau du Parti socialiste, n'a jamais trahi ses mentors successifs, Mitterrand, Delors, Jospin… Mais Macron ne semble franchement pas fait du même bois. Alors, le chef de l'État ne va-t-il pas être, une nouvelle fois, la victime de cette confiance qu'il accorde si généreusement ? « À titre personnel, je ne crois pas, mais il faut toujours raisonner au-delà de la loyauté personnelle, au-delà de l'affection que l'on peut se porter, reconnaît-il. Parfois, il y a un emballement… »

Et puis, il se raccroche aux règles intangibles de la politique française. Macron candidat contre lui ? « Mais il n'y a pas de place ! » s'exclame-t-il. « Je suis candidat, une personnalité de gauche veut y aller contre moi, au-delà de la trahison, du manque de loyauté, personne ne peut gagner. S'il devait y avoir, en plus du candidat des socialistes, un autre candidat du centre gauche, on connaît le résultat, il a eu lieu en 2002. Par contre, si je n'y vais pas, c'est autre chose… »

« Je le gère, mais s'il devait y avoir des actes au-delà de ce que, dans un gouvernement, on peut accepter… »

Il continue donc de surveiller du coin de l'œil le bolide Macron, dont il n'exclut pas que le jeune âge ait pu favoriser un boursouflement de l'ego. En clair, le ministre de l'Économie a-t-il pris la grosse tête ?

« Quand vous ne la chopez pas, d'autres le font à votre place, dit-il. Il y a toujours un entourage… Il y aura d'autres séquences, ils vont vouloir tester, s'il arrive à structurer quelque chose. Mais après, le risque, c'est de franchir des lignes rouges. Je le gère, mais s'il devait y avoir des actes qui aillent au-delà de ce que, dans un gouvernement, on peut accepter… C'est surtout ça le sujet, ce n'est pas par rapport à ma personne, c'est le fonctionnement de l'État. »

Le président peut compter sur le soutien intéressé de son Premier ministre. Car Valls ne lâche pas Macron d'une semelle. Un marquage agressif, à l'espagnole.

« Manuel, qui lui est vraiment d'une loyauté absolue, n'accepte pas cette idée de transgression », confirme le chef de l'État. Vous aurez noté le « qui lui », parfaitement explicite. Hollande semble donc conscient, enfin, des velléités d'affranchissement de son poulain, dont il aimerait tant qu'il s'inspire de Valls. « Valls a pu être un transgressif sur le plan des idées politiques, il l'est à certains égards encore aujourd'hui, mais pas sur les règles de base de ce qu'est un parti, une organisation, ou a fortiori un gouvernement, observe-t-il. Si je n'étais pas candidat, Valls le serait sans doute, mais Valls, qui a conscience qu'il peut avoir un destin, a des règles en politique. Malgré tout. La politique n'autorise pas tout. Ce qui le choque chez Macron, et je crois qu'il est sincère quand il le dit, c'est : "Mais moi j'ai des règles et il n'en a pas." Il y a des règles dans la politique. Il y a des codes. De même que Valls – je l'ai découvert –, alors qu'il n'avait pas cette formation, a le sens de l'État. »

Les codes, Macron met un point d'honneur à les ignorer. Pour accomplir ce qu'il imagine être son destin, il est prêt à le forcer. Quitte à renier sa famille politique.

Jusqu'à tuer le père.

Lui qui déclarait, fin juin 2016, plus outrecuidant que jamais : « Les gens qui me suivent ne se reconnaissent bien souvent plus dans l'action du président. »

Plus qu'un camouflet, un affront.

« Je pense qu'il ne sera pas candidat »

« Macron se dit : "Si François Hollande n'est pas candidat, il n'y a pas de raison pour que moi-même je ne prétende pas", élude alors le chef de l'État. Il doit avoir cet état d'esprit, il n'est pas le seul, Manuel Valls, d'autres… Ils peuvent se faire ce raisonnement. »

Oui, mais si le président est bien candidat à sa propre succession, hypothèse hautement probable, ne pense-t-il pas Macron capable de se présenter contre lui ?

Hollande n'a jamais explicitement posé la question

de confiance à Macron, les yeux dans les yeux. Il n'a pas voulu, dit-il, car, de son point de vue, cela signerait sa propre candidature, or il veut rester maître de son calendrier, jusqu'au bout. « Je lui poserai cette question le jour où j'aurai moi-même pris ma décision », nous affirme-t-il.

Alors, avec Macron, Hollande, prince du non-dit, use de son art consommé de la conversation allusive. « Chaque fois que je l'interroge, observe-t-il, Macron me dit : "Ce n'est pas le moment, ce qui compte c'est..." Mais je pense qu'il ne sera pas candidat. Il ne serait pas candidat si j'y allais. »

Il réfléchit trente secondes, paraît sonder sa mémoire, et lâche : « Je ne peux pas dire qu'il me l'ait affirmé. »

Il n'a jamais pensé, en revanche, à un éventuel ticket avec lui, à l'américaine, un candidat flanqué de son Premier ministre annoncé. « Les tickets, ça ne fonctionne pas, pense-t-il. Il n'y a qu'un nom sur le bulletin. Non, le choix d'un Premier ministre, il vient de la victoire. C'est presque une décision qui s'impose à vous par la nature même de la compétition. »

En vieux routier des joutes électorales, François Hollande sait que tout se joue dans les derniers mois, pas avant. D'ici au printemps 2017, il peut se passer tant de choses... À l'approche de l'été 2016, il a constaté que la « macronmania » se tassait. Popularité en baisse, prises à partie publiques, révélations sur un petit souci fiscal...

Hollande réconforte son ministre de l'Économie, en tête à tête. Toujours en mode bienveillant. Pas mécontent, sans doute, de voir l'impétueux ministre encaisser ses premiers revers. « J'ai dit à Emmanuel : "Il faut balayer tout ça, ce sont des choses anecdotiques, qui sont arrivées à beaucoup." Chercher les candidats sur une phrase, une maladresse... Je lui ai dit : "C'est un grand classique, l'évaluation du patrimoine." Il n'y est pas forcément préparé. La vie politique, c'est dur, on pense que c'est facile, qu'il n'y a que de la bonne pâtisserie, mais il y a aussi des gâteaux secs. On se casse les dents. On n'imagine pas ce qu'est la cruauté, dans un parcours politique. »

Mais Hollande continue de s'illusionner, car ces premiers coups n'entravent pas la « marche » du ministre de l'Économie. Les mois suivants, il va continuer d'enchaîner les bravades, piques, déclarations-chocs et autres prises de distance à l'égard de la politique menée par l'exécutif. « Il est temps que tout cela cesse… », lâchera même, au comble de l'exaspération, Manuel Valls. La rupture semble alors inévitable, mais aucune des deux parties ne veut manifestement en assumer la responsabilité.

À la mi-juin 2016, le chef de l'État nous avait fait part de ses appréhensions. Il voudrait pouvoir retenir Macron, le garder avec lui, continuer de le couver. « Je serais désolé si Emmanuel Macron voulait s'échapper, pour mener je ne sais quelle aventure personnelle, nous confie-t-il. Non pas parce que ce serait une déloyauté, mais parce que ce serait sans avenir. Donc, ce serait un gâchis. Je n'ai pas envie de gâcher des talents, il n'y en a pas de si nombreux. Le système est très vorace, il le broierait. Le système politique français a ses libertés, il cherche aussi des figures nouvelles, il y a des mouvements spontanés qui peuvent émerger dans une campagne, il y a des surprises qui peuvent se produire, mais dans une élection présidentielle, le jeu est très très fermé. D'une certaine façon, Ségolène Royal, quand elle était candidate pour le Parti socialiste, n'était pas celle qui était prévue, ce n'était pas Ségolène la plus probable dans ce rôle. Mais elle a été la candidate du Parti socialiste. Elle ne s'est pas échappée du Parti socialiste, même si elle a voulu parfois le bousculer. Quand moi-même j'étais candidat, c'était inattendu, mais j'avais toute l'histoire du Parti socialiste avec moi… » Il n'y aurait pas ou peu d'avenir en dehors des écuries traditionnelles, à en croire Hollande. « Dans des élections européennes, il peut y avoir des émergences : Tapie, Villiers, Pasqua... Dans une élection présidentielle, il y a peu de place, sauf à revenir vers les partis essentiels. Ils se sont affaiblis, mais n'ont pas éclaté. Il faut bien venir aux partis pour en avoir le soutien. »

La forfaiture est actée à la rentrée 2016 : Macron lâche son protecteur le 30 août. Deux jours après sa démission fracassante, le jeudi 1er septembre, nous sommes dans le bureau du président. Certes, nos entretiens étaient arrivés à leur terme, fin juillet, mais il nous fallait impérativement obtenir son ressenti sur cette ultime avanie. « Macron avait programmé sa sortie, constate Hollande, plutôt déconfit. Quand il me l'a annoncé, je lui ai dit : "À ce moment-là, il fallait partir avant." Il m'a dit : "Oui, mais je ne savais pas encore..." Je pense surtout qu'il craignait d'être sorti du gouvernement, alors il voulait prendre les devants. Je lui ai dit : "Mais moi, je ne t'avais pas nommé pour que tu sortes." » Leur discussion a été amère, mardi 30 août, à l'Élysée, un rendez-vous prévu la semaine précédente, que Macron avait décalé. Hollande paraît touché. Encore une trahison, affective autant que politique, celle-ci. Le chef de l'État en convient, si Macron a repris sa liberté, c'est évidemment parce qu'« il est dans une démarche pour se présenter à la présidentielle ». « Je lui ai dit, ajoute-t-il : "Si tu es candidat, d'abord c'est un problème de loyauté par rapport à moi, et surtout, tu peux faire 7, 8 voire 10 %, mais dès lors que tu ne t'inscris pas dans le cadre de la primaire socialiste, ça fait un candidat de plus, et personne dans notre camp ne sera au second tour..." Il m'a juste répondu : "On verra..." » Mais devant nous, Hollande se refuse comme toujours à employer le terme de « trahison », l'idée même lui est trop douloureuse, il préfère parler de « déception ». « Moi, déplore-t-il simplement, en le nommant, j'ai voulu renouveler, mais c'était pour préparer la suite, 2022 par exemple. » Quelques mois auparavant, le chef de l'État, évoquant les ambitions présidentielles prêtées à Macron, nous avait d'ailleurs confié ceci : « Les nouvelles planètes, elles mettent du temps avant de trouver leur place dans le système solaire politique. »

Décidément pâlissante en cette fin de quinquennat, l'étoile Hollande n'avait pas prévu que la comète Macron sortirait si rapidement de son orbite.

V
Les affaires

1

La cible

Il n'est pas de vertu que la calomnie ne sache atteindre.

William Shakespeare

Comme toujours ou presque, le président est en retard. Déjà plus d'une demi-heure que l'on patiente, ce vendredi 7 mars 2014, au premier étage du palais, entre le hall, où sont campés les huissiers, et le bureau du secrétaire général. Heureusement, on a de quoi s'occuper : il nous faut répondre aux messages qui continuent d'affluer suite à notre article du jour, la révélation, à la une du *Monde*, de l'affaire de corruption et de trafic d'influence dans laquelle Nicolas Sarkozy et Thierry Herzog ont été placés sur écoute. L'ex-président et son avocat, amis intimes, sont suspectés d'avoir promis une promotion à Gilbert Azibert, magistrat à la Cour de cassation, en échange d'informations confidentielles concernant la procédure Bettencourt alors examinée par la juridiction suprême – ce que les trois hommes nient formellement.

Il est plus de 19 h 30 lorsque le chef de l'État surgit du salon Vert, qui jouxte son bureau, pour venir nous accueillir. Depuis la fin du mois de décembre 2012, il a été décidé, en accord avec son secrétariat, de fixer nos rendez-vous mensuels le premier vendredi du mois, le plus souvent à 19 heures.

Lui comme nous étions loin d'imaginer que ces rencontres, et particulièrement celle du 7 mars 2014, seraient bientôt présentées par certains médias comme de véritables « rendez-vous conspiratifs » au cours desquels deux journalistes dévoyés et un président de la République retors comploteraient, unis dans un même « cabinet noir » contre un ennemi commun, Nicolas Sarkozy.

La formulation, ou plutôt la calomnie, peut prêter à sourire, tant elle est caricaturale. Et pourtant… Aussi grossier soit-il, cet argument a été brandi publiquement, à de nombreuses reprises. Le but était double : déstabiliser le chef de l'État et, dans le même mouvement, décrédibiliser deux journalistes « gêneurs ». Ces accusations sont d'autant plus incongrues qu'elles émanent précisément d'un réseau informel dévoué à Nicolas Sarkozy mêlant avocats, journalistes, politiciens et autres intermédiaires, qui usent de méthodes déloyales, prêts à tout pour abattre leur(s) cible(s).

Alors oui, la présidence Hollande aura bien été entachée par les agissements, dans l'ombre, d'un cabinet noir.

Sauf que celui-là, à rebours des présidences précédentes, ne prend pas ses ordres au palais de l'Élysée mais au contraire à l'extérieur, d'où il intrigue contre l'actuel chef de l'État… Nous avons été les spectateurs privilégiés mais aussi, à l'occasion, les victimes collatérales des agissements de cette cellule, particulièrement virulente au cours de l'année 2014.

L'histoire de ce rendez-vous du 7 mars 2014 est, de ce point de vue, parfaitement emblématique.

Neuf jours plus tard, le 16 mars, *Le Journal du dimanche* publie en fac-similé, avec un gros appel en une, un extrait de l'agenda privé du président de la République, pointant notre rendez-vous à l'Élysée le vendredi 7 mars au soir. *Le JDD* fait explicitement le rapprochement entre ce rendez-vous et la sortie du scoop sur Sarkozy. Notre entrevue avec Hollande a pourtant eu lieu alors que l'information était déjà sortie depuis un moment, puisqu'elle avait été mise en ligne sur « lemonde.fr » tôt le matin et faisait la une du *Monde* papier, mis en vente en début d'après-midi !

Que s'est-il donc dit lors de cette entrevue du 7 mars 2014 ?

Lorsqu'il nous accueille, François Hollande semble d'humeur joviale. À cause de notre scoop du jour, peut-être ? Pas si sûr : devant nous, il affiche la plupart du temps une mine réjouie. Entre le printemps 2012 et l'été 2016, seuls le dévoilement de sa liaison avec Julie Gayet puis le livre de Valérie Trierweiler auront réussi à lui faire vraiment perdre le sourire.

Évidemment, on attaque l'entretien par l'actualité du jour, celle que l'on a créée le matin même en l'occurrence. Mais lui semble surtout passionné par un autre scandale éclaboussant son prédécesseur, apparu trois jours avant, avec la révélation, par Atlantico et *Le Canard enchaîné*, du contenu d'enregistrements clandestins réalisés par Patrick Buisson, le très droitier conseiller de Nicolas Sarkozy, qui avait pris l'insolite et désolante habitude d'enregistrer ce dernier à son insu.

La première question que l'on pose à François Hollande est précisément de savoir s'il avait été mis au courant des « écoutes Sarko ». « Sur les écoutes judiciaires, on n'est jamais informés », nous assure-t-il. Anticipant la défense des sarkozystes, il dit : « Eux vont crier au complot : "Vous voyez, comme par hasard, à quinze jours des municipales..." Alors que ça arrive comme ça. Les deux affaires, Buisson et Azibert, surviennent en même temps, sans qu'il y ait de lien l'une avec l'autre... »

Le chef de l'État prédit un autre angle d'attaque, que les proches de Sarkozy ne vont pas manquer d'utiliser : la personnalité de la patronne du tout nouveau parquet national financier (PNF), Éliane Houlette, suspectée par une partie de l'opposition de vouloir complaire au pouvoir socialiste. « Ils vont dire, pronostique-t-il : "Le procureur national financier, c'est Taubira qui l'a nommé, donc c'est elle qui a diligenté l'enquête"... » D'autant que l'affaire Azibert est le premier dossier d'importance ouvert par le PNF : Éliane Houlette, nommée en janvier 2014, a pris officiellement ses fonctions le 3 mars. Une sacrée entrée en matière... « Les écoutes remontent à plus loin, ce n'est pas le procureur financier qui en est à l'origine, et ce sont désormais des magistrats instructeurs, qui ont toute liberté, qui sont en charge de l'affaire ! » s'indigne François Hollande.

Derrière le démenti outragé du président de la République, un fait avéré : la chancellerie a été informée, par la voie hiérarchique, au plus tard le 26 février 2014, date de la désignation des juges Claire Thépaut et Patricia Simon pour instruire cette affaire. Quand on lui fait observer, Hollande s'agace, il nous interrompt, tant ce point semble lui tenir à cœur : « Oui, mais moi je n'étais pas au courant. » S'ensuit un échange plutôt instructif.

« Vous n'êtes pas au courant de ça ?

– Non.

– Mais vous pensez que c'est bien de ne pas être au courant ?

– Qu'est-ce que ça nous apporterait ?

– Votre prédécesseur, lui, s'informait, puis chargeait ses "spadassins" de s'en occuper...

– Oui. Ça n'aurait d'intérêt que si on pouvait préparer un plan pour soit riposter si on était concernés, soit prévenir tous nos porte-parole en disant : "Demain, on est sûrs qu'il va se passer quelque chose, allez-y !..." Mais je ne suis pas sûr que ce serait bon, y compris pour le message, parce que ça ferait manœuvre, complot... Lui, Sarkozy, pense qu'il y a complot. Par exemple cette histoire dans laquelle il pense qu'on a regardé dans les archives de Guéant [dont les juges de l'affaire Tapie avaient demandé communication], qu'on a gardé ses archives pour y mettre notre nez !...

– Or vous n'avez pas fait tout ça ?

– Non ! Mais eux, par contre... Il y a des procédures judiciaires qui les visent, moi, je n'ai pas de procédure judiciaire contre moi ! Et je pense qu'avant, sous Chirac, c'était pareil, il y avait des procédures judiciaires qui visaient le pouvoir. Donc, l'idée du cabinet noir n'est pas nouvelle. »

« Sur la fameuse tirade "Moi président", je peux en rajouter ! »

Contrairement à ce que l'on pouvait supposer en pénétrant dans son bureau, François Hollande juge la séquence Buisson-Azibert néfaste d'un point de vue politique, à l'approche des élections municipales des 23 et 30 mars 2014. « En dehors de ces affaires, la semaine n'était pas mauvaise, maugrée-t-il. On avait de bons signaux, mais les affaires sont venues occuper le terrain. C'est moi qui peux me plaindre ! Parce qu'on avait l'inversion de la courbe du chômage, le pacte de responsabilité, nos initiatives sur l'Ukraine... On n'a pas pu expliquer tout ce qu'on avait fait. Franchement, ces affaires-là, elles ne nous servent pas. Avec, pour beaucoup de Français, comme c'est très complexe ces histoires, l'idée que, finalement, on achète des juges, les juges écoutent le président, bref : "Dans quelle République est-on ?" Donc, vraiment, que cette histoire vienne avant l'élection, ça n'a aucun intérêt pour nous. » Secouant la tête de dépit, il insiste : « Aucun, aucun... » Il ajoute : « Nous, ce ne sont pas les affaires qui nous intéressent, c'est-à-dire que je ne crois pas que l'on soit menacés par telle ou telle procédure... Eux, lorsqu'ils étaient au pouvoir, se sentaient cernés, c'est ça qui les rendait nerveux... »

Lorsqu'on suggère que ces scandales qui ébranlent la Sarkozie pourraient tout de même dissuader les électeurs de se tourner vers la droite, il s'amuse : « Mais notre problème, ce n'est pas que nos électeurs aillent vers la droite, c'est qu'ils ne veulent pas venir voter ! Il y a un dégoût… Quand on voit les images de Buisson poursuivi dans la nuit par une caméra, avec son chapeau, et qu'on se dit que ce type a été un conseiller du président de la République… »

Dans la perspective d'un possible nouveau duel, en 2017, face à Sarkozy, on a tout de même du mal à croire que les nouveaux déboires judiciaires de son prédécesseur contrarient affreusement Hollande…

Il sourit, d'un coup. « En tout cas, sur la fameuse tirade "Moi président de la République", je peux en rajouter ! "Moi président de la République, je n'aurai pas de conseiller qui m'espionnera, moi président de la République, je ne ferai pas pression sur la justice, moi président de la République, je ne serai pas en situation d'être écouté par des magistrats…" Et je peux encore en ajouter ! »

À propos de son meilleur ennemi, il poursuit, sur un mode faussement interrogatif : « Je pense qu'il va continuer à la jouer sur le thème "si on me fait ça à moi, c'est que je fais peur", et se victimiser. Sauf qu'on peut quand même répondre, et j'espère que les commentateurs le feront : "Mais qui a choisi Buisson ? D'où venait-il ? On le savait, quand même [qu'il vient de l'extrême droite]. Quelles étaient ses méthodes ? On les connaissait… Comment pouvait-il même participer à des réunions ?" Parce qu'il n'était pas, contrairement à ce qu'on dit, un conseiller de Sarkozy, c'était un prestataire, quelqu'un de l'extérieur, payé. Et qui assistait à des réunions où l'on parle de pressions sur des magistrats. »

Moins d'une semaine après cet entretien, le jeudi 13 mars 2014, nous étions de nouveau à l'Élysée, en tête à tête avec François Hollande, cette fois pour un dîner, comme il nous est arrivé d'en organiser quand une place se libérait dans l'agenda surchargé du président. Curieusement, l'existence de ce rendez-vous n'a pas fuité. Il aurait sans doute été présenté comme une nouvelle réunion de conjurés...

En quelques jours, le climat a changé. L'habileté des sarkozystes, experts en campagnes de désinformation et autres manœuvres de déstabilisation, ajoutée à l'incroyable maladresse du gouvernement, a transformé l'« affaire Azibert » en « affaire des écoutes » (sous-entendant que le scandale ne serait pas l'éventuel trafic d'influence reproché à l'ex-chef de l'État mais sa mise sous surveillance téléphonique), puis, depuis la veille, en « affaire Taubira » ! La garde des Sceaux, attaquée par l'opposition l'accusant d'avoir été au courant des écoutes depuis longtemps, s'est mise elle-même dans le pétrin.

« S'ils essaient de disqualifier Valls ou Taubira, c'est qu'ils savent que ça va monter sur Sarko, donc il faut dire que la justice est partisane, et faire en sorte que Taubira puisse devenir un fardeau, car elle donne prise », analyse Hollande.

Taubira, ou le maillon faible. Après avoir assuré mercredi 12 mars, juste après le Conseil des ministres, ne pas avoir eu « d'informations concernant la date, la durée et le contenu des interceptions judiciaires », la ministre jure avoir appris leur existence à la lecture du *Monde*, le 7 mars. Dans l'après-midi du 12 mars, lors d'une conférence de presse, elle brandit, sans en dévoiler le contenu, des documents de son administration supposés l'attester. Des collègues du service « France » du *Monde* ont eu la bonne idée de zoomer sur lesdits documents... qui contredisent formellement les affirmations de la ministre. Ces deux notes, émanant du procureur général de Paris et du procureur national financier (PNF), ont été communiquées au ministère de la Justice le 26 février – les parquets et parquets généraux ont légalement pour mission de faire « remonter » à la Direction des affaires criminelles et des grâces (DACG) de la chancellerie les informations les plus importantes.

L'une de ces notes mentionne par exemple que les interceptions visant Sarkozy ont été réalisées entre le 28 janvier et le 11 février, sur un second téléphone portable au nom de Paul Bismuth – identité d'emprunt utilisée par l'ex-chef de l'État qui savait probablement son téléphone principal surveillé. Bien entendu, l'énorme gaffe de la garde des Sceaux est une bénédiction pour l'opposition : si la ministre a menti, c'est bien la preuve qu'elle cache quelque chose…

Imparable.

Encore une fois, l'exécutif a réussi l'exploit, dans une histoire a priori totalement à son avantage, de se placer lui-même sur le banc des accusés.

Avant même de goûter au velouté de cresson, ce jeudi 13 mars au soir, on aborde bien entendu la communication calamiteuse de la garde des Sceaux. « Taubira n'est pas rigoureuse, déplore Hollande. Ce qu'elle cache, c'est tout simple, c'est le fait qu'elle n'a pas suivi avec méticulosité cette histoire ! » Accusée d'avoir été trop bien renseignée, la garde des Sceaux était en réalité… sous-informée. « Elle a un mode de fonctionnement particulier, elle travaille beaucoup par mails avec ses collaborateurs, elle ne les réunit pas », explique Hollande. Elle a été excellente à l'Assemblée [lors de la loi sur le mariage pour tous], maintenant, comme gestionnaire des ressources humaines, c'est pas terrible ! » ajoute-t-il. « Elle est atypique, elle travaille la nuit, elle se méfie de ses collaborateurs », nous confie même le président. Il sort alors de sa poche une feuille de papier pliée en quatre, toute chiffonnée, sur laquelle on distingue un schéma, avec une ligne figurant le temps écoulé et les différents événements intervenus.

« Écouter un ancien président, c'est courageux de la part des magistrats »

« J'ai essayé de reconstituer ce qu'il s'est passé. Pour bien comprendre le fonctionnement administratif de tout ça », nous explique-t-il, en parcourant sa feuille aux allures de brouillon de collégien. « Au mois de septembre, les deux juges mettent sur écoutes Sarkozy. Personne n'en est averti. Ils trouvent ce que vous avez révélé et, face à cette situation, ils sont obligés de se dessaisir. Falletti (procureur général de Paris) en est informé le 20 février, il fait sa lettre le 26. Elle arrive à la DACG le 27, délai administratif classique, le 28, le cabinet de la garde des Sceaux en est prévenu, la directrice de cabinet dit à Mme Taubira : "Vous savez, il y a quelque chose qui concerne l'ancien président de la République." Taubira lui dit : "Faites-moi une note", ce qu'elle fait. Attention, il ne s'agit pas de la lettre du procureur général ni de celle du PNF, mais d'une synthèse. Elle a cette note le 2 mars, mais elle ne prend pas la mesure, le sens de tout ça. Le cabinet du Premier ministre de son côté est informé de la lettre de Falletti le 3 mars au soir, ou le 4 au matin. Le 4 mars, il y a des perquisitions chez Azibert et Herzog (médiatisées le lendemain par *L'Express*). Taubira informe elle-même le Premier ministre et moi-même qu'il y a une perquisition, c'est logique car ça concerne un haut magistrat de la Cour de cassation, et moi je suis garant de la défense de la magistrature. On est le 4 mars, à cette date elle sait donc qu'il y a eu des écoutes. Puis vous sortez votre article le 7, et ensuite elle est perdue, elle ne sait pas si elle doit parler du document Falletti, et elle fait cette déclaration maladroite. »

Tant de légèreté paraît invraisemblable, et pourtant… « Elle n'a pas pris la mesure de ce qui se produisait, ni eu auparavant entre les mains les deux notes qu'elle a brandies ensuite, la défend François Hollande. Elle pouvait tout simplement dire : “J’ai été saisie le 28 février avec mon cabinet, et j’en ai informé le 4 mars le président et le Premier ministre.” C’est la vérité. Et puis, qu’est-ce que ça peut faire ? Qu’est-ce qu’on dirait si, sur une perquisition qui vise un haut magistrat et l’avocat de l’ancien président, on n’était pas informés ? »

Paradoxalement, c’est, selon Hollande, parce qu’elle « craignait par-dessus tout la polémique lancée par la droite, en se disant : “On va croire que j’étais au courant des écoutes depuis le début” », que la garde des Sceaux s’est piégée elle-même. « Elle était vraiment inquiète que l’on puisse penser – à tort – qu’elle avait eu le retour des interceptions, et elle a pris peur. C’est la peur qui explique tout. Ce n’est pas un mensonge, mais une maladresse… », insiste-t-il, avant d’ajouter : « Tout le monde a eu peur. À la chancellerie, ils devaient avoir peur. Écouter un ancien président, c’est courageux de la part des magistrats. Ils ont pris beaucoup de risques. »

Pressée par l’opposition de quitter le gouvernement, la garde des Sceaux, soutenue par Hollande, a tenu bon. « Taubira n’a pas présenté sa démission, indique le chef de l’État. Mais je l’ai sentie fragile. Elle ne voulait pas accuser son cabinet, mais elle le pensait responsable, sur le thème : “Ils ne m’ont pas dit.” Mais son mode de vie fait que son cabinet n’arrive pas à l’attraper ! Si l’idée de virer Taubira m’avait traversé, je ne pourrais pas le faire maintenant, je l’ai donc plutôt confortée. Je lui ai dit : “Bats-toi.” Je l’ai même incitée à faire sa conférence de presse, mais je pensais qu’elle devait donner à la presse les documents. Quand elle les brandit, c’est une façon de les montrer… »

Déterminé à défendre sa ministre, peu appréciée des syndicats de magistrats et mise en cause quelques semaines auparavant pour avoir tenté d’évincer de son poste le procureur général de Paris François Falletti, classé à droite, Hollande en profite au passage pour éreinter une corporation avec laquelle il n'a jamais éprouvé d'affinités : « Cette institution, qui est une institution de lâcheté... », commence-t-il. « Parce que, reprend-il, c'est quand même ça, tous ces procureurs, tous ces hauts magistrats, on se planque, on joue les vertueux... On n'aime pas le politique. La justice n'aime pas le politique... » « Sarkozy n'avait pas complètement tort ? » le provoque-t-on. « Enfin, faut pas le dire quand on est président de la République, on doit plutôt rassurer, répond Hollande. Ce n'est pas une engeance facile la magistrature, il ne faut vraiment pas commettre de fautes, on peut être lynché, comme garde des Sceaux : Arpaillange avait été lynché, Chalandon avait été lynché, Nallet a été lynché... »

Très vite, la conversation revient sur ce fameux cabinet noir. « L'opinion pense que ce que faisait Sarkozy se poursuit. Il y a eu une déclaration exceptionnelle de Pierre Charon [sénateur, ancien conseiller de Nicolas Sarkozy à l'Élysée], disant : "De notre temps, à l'Élysée, on avait tout. Donc, ils ont forcément tout." Sauf que ça a changé. On n'a pas les écoutes ! On aurait le contenu, on serait coupables. On apprend l'histoire quand on vous lit. Mais le mal est profond. Dans la presse, c'est : "Si Valls n'est pas au courant, c'est soit un fieffé menteur, soit un nul." Même *Le Monde* laisse penser ça, dans l'édito comparant les professionnels aux amateurs. »

François Hollande fait référence à l'article publié dans notre journal, le 12 mars, stigmatisant « la faute de Christiane Taubira », brocardée pour avoir permis à la droite de retourner en sa faveur une affaire pourtant peu à son honneur. François Hollande, toujours hypersensible à ce qu'écrit *Le Monde*, n'a pas apprécié, évidemment. « L'édito aurait surtout dû souligner que les bandits sont mieux organisés que les honnêtes gens ! Cette histoire de deuxième téléphone est une histoire de grand banditisme », affirme Hollande à propos de son prédécesseur, qui reste présumé innocent dans cette affaire.

Presque admiratif, le chef de l'État décrit en observateur privilégié les rouages de la machine sarkozyste, experte en organisation de contre-feux dès que le chef est menacé. « Eux, ils se réunissent, avec les avocats, font monter la presse… La machine des journaux proches de Sarko s'est mise en marche, *Le Figaro*, *Match*, avec Carla, pour enclencher le processus de victimisation. Du coup, la pression est sur nous, on en vient à confondre les écoutes faites par Mitterrand, administratives, et celles-ci, judiciaires, qui n'ont rien à voir… Le procès qui est fait, c'est : "Le pouvoir nous a écoutés." Donc on reparle des écoutes Mitterrand, pour dire : Hollande, c'est Mitterrand. » Il prend un dernier exemple, ces propos que lui prête *Le Figaro Magazine*, dans un article du 14 mars 2014 consacré à l'ex-chef de l'État et titré « L'homme à abattre » : « Sarkozy, je le surveille, je sais tout ce qu'il fait. » « C'est tout simplement extravagant, soupire François Hollande. Personne ne peut prétendre qu'ici on aurait pu mettre Sarko sous surveillance. Quand j'ai dit : "Je le surveille", c'était sur le plan politique ! Lui a voulu l'utiliser comme s'il était espionné… »

Et puis, le président de la République glisse cette remarque, qui, sur le coup, ne retient pas notre attention, mais se révélera prémonitoire : « En nous accusant d'avoir su pour les écoutes sur Sarkozy, ce qu'ils veulent dire en fait, c'est : "Être informés vous a permis de prévenir *Le Monde* !" » Le tout ponctué d'un grand éclat de rire…

Trois jours plus tard, le dimanche 16 mars, *Le Journal du dimanche* « révélait » donc notre rendez-vous du 7.

« On ne change rien à nos rendez-vous, évidemment, on n'est coupables de rien ! »

Les assurances de François Hollande sur l'ignorance dans laquelle l'exécutif aurait été tenu des développements de cette affaire ne pouvaient nous suffire. Les semaines et mois suivants, nous tenterons donc de vérifier, tant que faire se peut, ce qu'avait été son niveau d'information. Nous n'avons trouvé aucun élément susceptible de prendre en défaut la version présidentielle. Comme en attestent, par exemple, les notes et courriels de la DACG que nous sommes parvenus à nous procurer, et dont des extraits ont été publiés dans *Le Monde* en août 2016.

Quelques jours après la parution de l'article du *JDD*, le mercredi 19 mars 2014, nous sommes retournés à l'Élysée, pour un bref rendez-vous informel – le seul de ce type de tout le quinquennat. À force d'insistance, plaidant l'urgence, nous avons décroché ces quelques minutes auprès du secrétariat du « PR ». Nous avions en effet eu vent que la polémique déclenchée par *Le JDD* risquait de mettre un terme à nos entretiens... et donc, éventuellement, à notre ouvrage ! Ennuyeux.

Une nouvelle fois, c'est un François Hollande parfaitement décontracté qui nous reçoit, entre deux rendez-vous. Il nous rassure immédiatement, notre « tuyau » était percé : « On ne change rien à nos rendez-vous, évidemment, on n'est coupables de rien ! » Il s'inquiète, tout de même, que son agenda personnel ait pu être communiqué à un journal.

Manifestement, l'article du *JDD* était le premier temps d'une offensive plus large. Car les mois suivants, des attaques nous visant, d'une violence inédite, allaient fuser, comme nous l'avons relaté dans le chapitre « Les nouvelles officines », une contribution au livre collectif *Informer n'est pas un délit* (Calmann-Lévy, 2015), ouvrage dans lequel différents journalistes d'enquête français relatent les pressions diverses dont ils sont l'objet au quotidien. Après que l'entourage de Nicolas Sarkozy a fait courir la rumeur – jusqu'à susciter des articles de presse – que nous l'aurions nous-mêmes prévenu de sa mise sur écoute, puis répandu l'idée que notre protection policière – mise en place après une série de menaces de mort circonstanciées – était « un cadeau » du pouvoir socialiste, c'est le magazine favori de l'ex-président qui passa à l'attaque, peu après la rentrée 2014.

Au cours du mois de septembre, nous avions publié dans *Le Monde* une série d'articles relatifs à plusieurs affaires embarrassantes pour Nicolas Sarkozy. À la même période, nous mettions par ailleurs la dernière main à un ouvrage sur le même thème, *Sarko s'est tuer* – qui sortira le 6 novembre 2014.

Le 14 octobre 2014, Yves de Kerdrel, directeur de *Valeurs actuelles*, l'hebdo de la droite extrême, balança ce tweet, tout en finesse (il lui vaudra d'ailleurs de comparaître le 24 novembre 2016 en correctionnelle pour « injures ») : « Dans le prochain numéro de *Valeurs*, revoilà le cabinet noir contre Sarkozy avec ses deux valets : les pseudo-journalistes Davet et Lhomme. » Non signé, l'article en question ne se contentait pas de nous présenter comme des journalistes aux ordres du pouvoir en place. Il dénonçait surtout, grande première sans doute dans l'histoire de la presse française, plusieurs de nos rendez-vous professionnels récents, à l'Élysée, au ministère de la Justice ou au pôle financier du tribunal de Paris… Manifestement, nous avions tout simplement été suivis. Vous avez dit cabinet noir ?

Selon le magazine *Le Point*, Nicolas Sarkozy lui-même téléphona au patron de la rédaction de l'hebdomadaire pour le féliciter de ce papier. « Semaine après semaine, des révélations sur un prétendu cabinet noir à l'Élysée chargé d'anéantir la candidature Sarkozy en 2017 jusqu'aux divulgations des rendez-vous élyséens de deux journalistes du *Monde, Valeurs actuelles* tente de servir au mieux la cause sarkozyste. Dans ces conditions, un petit coup de fil en guise de remerciement et d'encouragement est presque la moindre des choses », rapportait l'hebdomadaire.

« C'est le photographe de Carla et Sarko, il est mandaté par eux »

C'est exactement à la même période, le 14 octobre 2014, que les officiers de sécurité du service de la protection (SDLP) chargés depuis quelques semaines de nous protéger détectèrent, à deux reprises, des véhicules suspects à nos trousses, dont les occupants avaient notamment tenté de nous photographier. L'enquête préliminaire ouverte suite à la plainte pour « espionnage », déposée par nos soins après l'article de dénonciation de *Valeurs actuelles*, permit quelques mois plus tard d'identifier l'un d'eux : Sébastien Valente. Ce paparazzi, proche de Carla Bruni, n'est autre que le photographe officiel de… Nicolas Sarkozy. Valente, contre qui aucune poursuite n'a été engagée par le parquet de Paris, avait réalisé de tendres clichés du couple, au cap Nègre, en 2013. Mais Valente s'est surtout fait connaître par des photographies clandestines de sa cible préférée, François Hollande. D'après *Le Canard enchaîné*, c'est par l'intermédiaire de son agence, E Press, qu'aurait transité la photo de François Hollande et Julie Gayet, ensemble à l'Élysée, en novembre 2014. Valente est aussi l'auteur des clichés volés du chef de l'État, peu à son avantage, en maillot de bain, à l'été 2014.

Au printemps 2015, lorsqu'on le sonde sur Sébastien Valente, – qui a contesté publiquement avoir été mandaté par qui que ce soit pour nous suivre –, Hollande se montre prolixe. « Il me poursuit, commence-t-il. Il faut beaucoup s'en méfier, c'est le photographe de Carla et Sarko, il est mandaté par eux. » Lorsqu'on lui apprend que Valente a été repéré en train de nous filer, il s'exclame : « C'est intéressant ! L'idée de Sarko, c'est que vous êtes des agents… Carla et Sarko, ce sont des gens excessifs, par définition. Ils ne voient les autres que par rapport à ce qu'ils seraient capables de faire, eux… On vous suit pour savoir qui vous voyez, où vous allez… Être espionné, ça peut arriver, mais être espionné par Valente, c'est une information. »

S'agissant du photographe attitré de Nicolas Sarkozy, il assure : « Valente, c'est lui qui nous prend en photo rue du Cirque, et qui après suit Julie. C'est à ce moment-là qu'on le découvre. Valente, c'est aussi lui qui me prend en photo dans le Midi, car les policiers prennent les numéros [d'immatriculation] et l'identifient. Et c'est Valente toujours qui prend encore les photos à la Lanterne. Donc la source est évidente, c'est un type ici qui indique où je suis et Valente qui prend la photo. L'important n'est pas de savoir qui a pris la photo – Valente, c'est l'homme de Carla et donc de Sarko –, mais qui le renseigne. »

La crainte d'être surveillé s'étendra bientôt à la famille du chef de l'État. Quand on lui demande, en juin 2015, s'il redoute des « coups bas » venant de l'entourage de Nicolas Sarkozy, il s'exclame : « Il y en a eu suffisamment ! » Avant de préciser ses appréhensions : « Ils iront chercher… Il suffirait que mes proches fassent la moindre erreur… Je les ai prévenus. Il y a des gens qui fouilleront. Pour Julie Gayet, rien ne lui sera épargné, ni ses affaires professionnelles, ni ses affaires privées. Pareil pour mes enfants, il suffirait que Thomas (son fils aîné est avocat) soit sur un dossier scabreux. Ou côtoie une personne qui a un casier judiciaire. Ou même, un comportement privé : imaginez qu'il ne paye pas son loyer ! Tout peut arriver, tout sera exploité, absolument tout. Je les mets en garde, ils font attention, mais je leur demande d'éviter toute imprudence, légèreté, maladresse… »

Un peu tardivement, sans doute, François Hollande aura pris conscience que le palais de l'Élysée pouvait être un nid d'« espions ».

Dans son collimateur, des membres du personnel restés fidèles à son prédécesseur. Voici par exemple ce qu'il nous confie, le 29 décembre 2014 : « Parmi le personnel permanent de l'Élysée, il y a ceux qui sont là depuis des années et des années, et les plus récents, amenés par le nouveau président. Et puis, il y a le service privé. Je me souviens que Carla Bruni avait dit combien elle estimait ce personnel, et combien elle serait attachée à ce qu'il puisse être gardé, elle l'avait dit à Valérie Trierweiler, et j'en avais convenu. Cela avait été ma décision. Il n'y avait pas de raison, au prétexte qu'ils avaient servi l'ancien président, de mettre en cause ces agents… »

Le chef de l'État le dit lui-même, son quinquennat aura été marqué par « un certain nombre de fuites » : « Le fameux extrait de mon agenda sur l'un de nos rendez-vous, un certain nombre de confidences rapportées par Nicolas Sarkozy et par d'autres sur ma vie privée… Des choses qui venaient nécessairement du palais. »

Comme la photo publiée en novembre 2014 par *Voici* de François Hollande en compagnie de Julie Gayet, dans les jardins de l'Élysée. « Quand il y a eu cette photo, une rapide enquête a été menée : d'où elle avait été prise, quel jour, etc. Ce ne pouvait être qu'une photo prise de l'intérieur, sans doute depuis ce bureau », nous explique-t-il, assis au milieu du « salon Jaune », anciennement occupé par Aquilino Morelle.

Le chef de l'État confie que les membres du service privé (maîtres d'hôtel, cuisiniers, lingères…) « ont été interrogés » par les gendarmes chargés de la sécurité du palais. « Mais il n'y a pas d'élément formel permettant de dire si c'est celui-ci ou celui-là, précise-t-il. Je n'ai pas de preuves. »

« Je pense qu'il y a des policiers qui parlent à la presse people »

Malgré tout, il confirme une information révélée en novembre 2014 par *Libération*, selon laquelle cinq membres du service privé ont été contraints de changer de poste. « Ils ont été placés dans les services de restauration, précise-t-il. Quatre avaient été recrutés sous Nicolas Sarkozy, le cinquième, il y avait très peu de probabilités pour qu'il soit en cause, mais voilà, c'était difficile de faire le tri… »

Bien sûr, François Hollande tente de se rassurer en soulignant que, « de toute façon, il n'y a rien à cacher ». Mais c'est pour ajouter aussitôt : « Ce qui était gênant, dans cette affaire, ce n'était pas tant qu'une photo ait été prise, c'est qu'elle ait pu être donnée à une agence, en lien avec l'ancien président de la République semble-t-il. C'est là qu'il y a un problème : qu'il y ait une intention de la communiquer à une autre personne pour une utilisation politique. Comme s'il y avait une photo de vous et moi dans cette pièce, et qu'ensuite on puisse dire : vous voyez, c'est bien le signe qu'ils se voient, et qu'ils se transmettent je ne sais quelle information… »

Reste à savoir si, une nouvelle fois, le chef de l'État n'a pas fait preuve d'angélisme. On avait évoqué le sujet dès février 2014, après la publication par *Closer* des photos de la rue du Cirque qui dévoilaient son infidélité. Des membres du service de sécurité présidentiel, jugeant le palais infesté de « taupes », dont certaines pouvaient être sarkozystes, nous avaient confié leur inquiétude. Quant aux soupçons portant sur les policiers qui l'entourent, notamment le GSPR (groupe de sécurité de la présidence de la République), réputé proche de son prédécesseur,

Hollande les avait repoussés : « Je pense que ce système policier est plus large que ça. Les policiers se parlent, ils viennent manger à la cantine... Je pense qu'il y a des policiers qui parlent à des journalistes, à la presse people. Et ils ne sont pas forcément sarkozystes... »

N'aurait-il pas dû malgré tout, dès son arrivée, « faire le ménage » au sein du personnel ? Une interrogation qui en sous-entend une autre, plus fâcheuse : cette ingénuité maladive n'est-elle pas rédhibitoire lorsque l'on prétend exercer le pouvoir suprême ? « Pouvait-on prendre plus tôt ces mesures ? » s'interroge-t-il en écho, ce 29 décembre 2014, à propos de l'éviction des cinq membres du service privé. « Oui, bien sûr, il y aurait eu une mesure très simple, qui a d'ailleurs été utilisée par mes prédécesseurs : considérer que toutes les personnes qui étaient au plus près, le service privé en l'occurrence, devaient être changées. Je ne l'ai pas fait. C'était un souci de bienséance, ce sont des gens qui ont bien travaillé, je ne voulais pas qu'ils soient mis de côté », ajoute-t-il avec une candeur qui confine à la crédulité.

« Je pense, concède-t-il, que les gens qui ont travaillé avec un autre président sont peut-être loyaux, mais peuvent toujours avoir des relations avec les collaborateurs de l'ancien président. Ils ont des informations qu'ils échangent. Moi, ça ne m'intéresserait pas, ce qui se passe, la vie des uns et des autres... Mais visiblement, ça intéresse, la preuve, c'est que Sarkozy vous en a parlé ! »

Il fait allusion à notre ouvrage *Sarko s'est tuer*, paru quelques semaines plus tôt, dans lequel nous rapportions comment Nicolas Sarkozy, lors d'un entretien, en novembre 2013, avait tenté de nous mettre sur la piste de la maîtresse du président...

La chasse à la « taupe » a fait une victime jusqu'ici restée dans l'ombre : le médecin personnel du chef de l'État. Le 2 septembre 2014, *Le Journal officiel* publiait, dans l'indifférence générale, un arrêté en apparence parfaitement anodin : « Est nommé médecin-chef de la présidence de la République à compter du 1er décembre 2014 : M. le médecin en chef Jean-Christophe Perrochon, en remplacement de M. le médecin en chef Sergio Albarello. »

La disgrâce du Dr Albarello, militaire de carrière, est donc passée largement inaperçue, y compris de nous. Pourtant, le profil du médecin-chef avait retenu l'attention de la presse lors de l'intronisation de François Hollande. Dès le mois de mai 2012, *Le Canard enchaîné* avait révélé que l'urgentiste était un fervent supporteur de Nicolas Sarkozy, qui l'avait fait chevalier de la Légion d'honneur en 2010. Élu en 2008 conseiller municipal sur la liste de Joël Boutier, maire apparenté UMP de Groslay (Val-d'Oise), le lieutenant-colonel Albarello avait pris l'habitude de relayer sur son portable professionnel des messages portant la bonne parole sarkozyste. Comme celui-ci : « Je compte sur votre soutien. Le destin de la France est entre vos mains. N. Sarkozy. »

En apprenant, bien plus tard, le départ du Dr Albarello, nous avons repensé à ce que nous avait confié François Hollande, au mois d'avril 2014 : « S'agissant de la fuite dans *Le JDD*, c'est quelqu'un qui l'a donné à Sarkozy. On sait à qui a été envoyé l'agenda, c'est passé soit par le policier, soit par le médecin. Je soupçonne le médecin. J'en suis convaincu. »

Ingénu, confiant, magnanime… Oui, peut-être.

Mais jusqu'à un certain point.

2

Le candide

La vérité luit de ses propres lumières, et on n'éclaire pas les esprits avec les flammes des bûchers.

Voltaire

Une voix, inquiète, au bout du fil.

Ce 6 octobre 2015, Claude Bartolone, président de l'Assemblée nationale, appelle le chef de l'État. Irrité. À quelques semaines du premier tour des élections régionales, nous venons de révéler dans *Le Monde* l'existence d'une enquête préliminaire susceptible de le mettre dans l'embarras. Ordonnée par la procureure de Bobigny, Fabienne Klein-Donati, la procédure porte sur un possible emploi fictif, en l'occurrence le recrutement d'un élu de Pantin par le conseil général de Seine-Saint-Denis, présidé par Bartolone de 2008 à 2012.

« Barto », qui conduit la liste du PS en Île-de-France, s'interroge. Il suspecte une mauvaise manière.

Hollande se souvient : « C'est lui qui m'a appelé, en me disant : "Il y a un papier qui sort, je ne comprends pas…" Je lui ai dit que je n'étais pas au courant, et comme la procureure est une ancienne du cabinet d'Ayrault… »

De fait, Fabienne Klein-Donati était la conseillère justice du Premier ministre, à Matignon, de 2012 à 2014. Manifestement, Claude Bartolone s'interroge sur les motivations de la magistrate, supposée proche de la gauche. « Il me dit : "Comment ça se fait qu'une procureure qui était au cabinet de Jean-Marc Ayrault puisse faire une enquête préliminaire ?" Je lui dis : "Mais parce que aujourd'hui les procureurs sont indépendants." Le vieux logiciel est profondément ancré dans la tête de beaucoup de responsables politiques », constate le chef de l'État.

Le président de l'Assemblée nationale aurait-il exigé un traitement plus « approprié » à son statut ?

« Non, pas du tout, nous assure Hollande. Il me dit : "Pourquoi maintenant, pourquoi cette procureure ?" Je lui réponds : "Parce que c'est la justice." Et qu'elle est indépendante, et qu'il n'y a pas de complot. Cela n'existe pas, les complots... Dans son esprit, ajoute Hollande à propos de Bartolone, c'est : comment se fait-il qu'une procureure puisse, dans une période électorale, ouvrir une enquête préliminaire ? Les mœurs judiciaires et politiques, les nôtres en tout cas, ont changé. Beaucoup d'hommes et de femmes politiques ont été influencés par ce qui pouvait se produire il y a vingt, trente ou dix ans. Ou cinq ans. Et qui n'a plus cours. C'est un changement de philosophie. »

L'anecdote Bartolone en dit beaucoup.

Un cabinet noir au service de Sa Majesté François Hollande ? C'est plutôt un cabinet « blanc » dont il faudrait parler.

Hollande aura sans doute été le président de la Ve République le moins au fait des procédures dites sensibles, au point d'encourir, parfois, le reproche d'amateurisme. Une attitude voulue, revendiquée même. Nulle « cellule » dans son entourage pour gérer au jour le jour les dossiers politico-financiers, contrairement aux usages en cours sous Mitterrand, Chirac, Sarkozy... À la différence de la plupart de ses prédécesseurs, lui n'a jamais été, il est vrai, personnellement menacé par les « affaires ».

En tout cas, il semble se défier de ces histoires, dont il pense qu'elles apportent essentiellement des ennuis.

L'engagement de ne pas intervenir dans le cours des affaires sensibles paraît avoir été tenu – en tout cas, s'il a fauté, le pouvoir socialiste n'a jamais été pris sur le fait. À tel point que le chef de l'État – et avec lui tout l'exécutif – s'est trouvé à plusieurs reprises en difficulté, comme l'ont illustré les affaires Azibert ou Cahuzac, faute d'avoir pu, ou su, anticiper. En mars 2014, au cœur de la tempête provoquée par la révélation de la mise sur écoute de Nicolas Sarkozy, il nous lâche : « Il vaut mieux ne pas savoir, quitte à prendre des coups. » Dès le mois de juin 2012, il nous affirme, concernant cette fois l'affaire Bettencourt, qu'il n'a « rien, aucun retour ». « Inutile de se faire remonter quoi que ce soit. Sur les procédures sensibles, je ne suis pas du tout informé des "affaires". »

Même remarque, le 6 novembre 2015, à propos du dossier dit « Air cocaïne », dans lequel le nom de Nicolas Sarkozy est apparu et dont la droite s'est saisie pour lancer une nouvelle campagne médiatique de grande ampleur sur le thème : « Le gouvernement savait. » Sous-entendant, bien sûr, une manipulation de la justice. « Air cocaïne, je ne connais pas le dossier, mais ce que Taubira a déclaré, c'est qu'elle n'en savait absolument rien, et moi non plus. C'est vrai. Je peux parler assurément pour ce qui me concerne », nous certifie une nouvelle fois le chef de l'État.

« La seule question, nous déclarait-il déjà, le 13 mars 2014, à propos des écoutes Sarkozy, c'est de savoir si moi-même j'avais compulsé les procès-verbaux, or je n'ai rien. Je ne demande pas à être informé. » Et de préciser ce jour-là, de manière plus générale : « Même avec Manuel [Valls], je veille à ce qu'il ne m'en dise pas trop. Jamais de notes. »

Moins j'en sais, mieux je me porte, en quelque sorte.

Pourtant, le 31 janvier 2014, la garde des Sceaux, Christiane Taubira, a publié une circulaire rappelant que si l'exécutif s'interdisait de donner la moindre instruction dans les affaires sensibles, en contrepartie, la chancellerie devait être informée de leur évolution. « La circulaire Taubira est inutile, estime Hollande. Tant pis, on n'a rien, on n'a rien. Tout le monde ne partage pas ce point de vue. Il vaut mieux ne pas savoir, quitte à prendre des coups. C'est un point très difficile, avec la politique pénale définie dont on doit avoir le retour. Dès lors qu'on dit, les affaires sensibles remontent, on peut penser qu'on a une information sur ces affaires. C'est la première réforme à faire toute simple : on ne fait plus rien remonter. La garde des Sceaux aurait simplement une politique pénale générale à faire respecter. Mais ce serait considéré comme un affaiblissement. »

« Je ne vais pas examiner des fadettes pour savoir qui communique avec qui ! »

Un an auparavant, le 5 avril 2013, alors que Jérôme Cahuzac vient de reconnaître devant les juges avoir détenu des avoirs occultes, il nous lance d'ailleurs : « Mais c'est fini, le lien procureur-chancellerie ! L'information remonte peut-être quelques heures avant, mais enfin, le procureur de Paris, il n'est pas venu voir Taubira en lui demandant : “Qu'est-ce que je dois faire ?” » En revanche, Hollande ne conteste pas que le chef du parquet de Paris, François Molins, « informe le procureur général, qui lui-même informe la chancellerie ». « Mais pas du déroulement détaillé de l'enquête », assure-t-il. « Donc vous, à l'Élysée, ne recevez pas de documents ? » insiste-t-on. Il est formel : « Non. »

Néanmoins, entre 1997 et 2002, si Élisabeth Guigou, alors ministre de la Justice, s'était refusée à la moindre intervention, elle avait en revanche, à l'instar de Christiane Taubira, souhaité être informée des dossiers sensibles. « Oui, mais c'était la cohabitation, et donc il y avait une forme de parallélisme qui faisait que les informations remontant à l'Élysée devaient être aussi communiquées au gouvernement », rétorque le chef de l'État.

Quant au conseiller justice de François Hollande, ses consignes sont claires : « Il est dans l'institutionnel, il ne suit pas les affaires individuelles. » « Qu'est-ce qu'on aurait dit d'ailleurs si on avait suivi l'affaire Sarkozy-Bettencourt ? fait mine de s'interroger le chef de l'État. Imaginez, si on avait su avant que Sarkozy allait être convoqué : immédiatement, on aurait été accusés de l'avoir donné à la presse… Être informé est parfois nécessaire, mais je ne vais pas demander une information via la chancellerie pour connaître une affaire individuelle, même pouvant concerner un ministre, et même justement parce qu'elle pourrait concerner un ministre ! Je ne vais pas examiner des fadettes pour savoir qui communique avec qui ! » Un tacle à destination du pouvoir sarkozyste, éclaboussé par deux affaires de consultations illégales de facturations détaillées visant les téléphones de journalistes du *Monde* (dont l'un des auteurs de ces lignes) un peu trop curieux des développements de l'affaire Bettencourt.

François Hollande a d'autant moins envie de se mêler de ces histoires qu'il est absolument convaincu, il nous l'a souvent répété, qu'elles ne lui profiteront pas, mais nourriront au contraire le sentiment du « tous pourris ».

« Les affaires, dit-il, abîment l'ensemble de la représentation politique. » Et puis, de toute façon, il en dresse lui-même le constat : « C'est très rare qu'une affaire ait empêché une personnalité politique, même dans des fonctions importantes. Sauf s'il y a une condamnation, et après une impossibilité. Mais tant qu'il n'y a pas de décision de justice qui vienne acter l'empêchement… »

Les rebondissements de l'affaire Tapie, cet interminable litige entre l'homme d'affaires et le Crédit lyonnais à propos de la revente d'Adidas, en 1994, nous offriront plusieurs occasions de mesurer le faible niveau d'information du chef de l'État. Le 5 avril 2013, nous profitons ainsi de notre entretien mensuel pour lui demander s'il est informé des réquisitions faites par les trois juges d'instruction chargés du volet non ministériel de l'affaire de l'arbitrage Tapie afin de récupérer les archives de l'Élysée concernant ce dossier. Nous préparons en effet un long papier pour *Le Monde* sur cette histoire, dans lequel nous comptons évoquer les demandes des juges qui, selon nos informations, ont adressé au début de l'année des réquisitions similaires à Matignon mais aussi aux ministères de l'Économie, de la Justice et de l'Intérieur.

Nous les solliciterons tous et, puisque nous avons le président devant nous, on en profite naturellement pour le questionner sur le sujet. L'occasion est belle de vérifier son degré d'implication dans les procédures judiciaires fortement médiatisées. Cela sera l'une des très rares fois durant le quinquennat où nous aurons été amenés à interroger le président dans le cadre d'un article en préparation.

Il semble tomber des nues. « Je me demande si elles ne sont pas couvertes par l'immunité », répond-il d'abord à propos des archives Tapie, avant de jurer : « Je ne suis pas informé du tout de ça. » L'échange est révélateur. Hollande a certes pu nous mentir, mais on ne voit pas trop quel aurait été son intérêt. Pour la petite histoire, s'agissant de l'article que nous préparions à l'époque, on décida donc d'interroger le service de communication de l'Élysée pour obtenir une réponse à notre question. Elle fut tellement vague qu'il nous fallut retourner vers nos contacts judiciaires afin de recueillir, enfin, les informations nécessaires.

Un peu comme dans l'affaire des écoutes Sarkozy, cette « sous-information », loin d'être mise au crédit du chef de l'État, va rapidement lui porter préjudice. Avec, déjà, *Valeurs actuelles* aux manettes. Le 30 octobre 2013, le magazine assure que François Hollande a effectué des recherches illégales dans les archives électroniques de son prédécesseur. L'hebdomadaire affirme qu'« une cellule officieuse », animée par des proches du chef de l'État, veille « à orchestrer les affaires judiciaires contre Nicolas Sarkozy », et publie à l'appui de sa thèse le témoignage de l'ex-chef du service des télécommunications et de l'informatique de l'Élysée, Bernard Muenkel. Il assure avoir été déchargé de ses fonctions, au mois de mai, pour avoir « refusé de se plier à une demande illicite de la part du "cabinet noir" de l'Élysée » – en l'occurrence effectuer une recherche dans les archives de l'ancien président de la République.

Déjà, le mythe du « cabinet noir ». Colporté par des connaisseurs... Peu après l'article de *Valeurs actuelles*, le 18 novembre 2013 précisément, nous étions au 77, rue de Miromesnil, dans les bureaux de Nicolas Sarkozy, qui avait accepté de nous recevoir. Très remonté, comme toujours. « Ce qu'il a fait, dans l'histoire Tapie, c'est honteux ! nous dit-il ce jour-là à propos de son successeur. Mes archives m'appartiennent, pas à lui. Il se permet, avec son gendarme, de venir fouiller dans mes archives personnelles, c'est incroyable ! Croyez-moi, vous avez aimé les gendarmes de l'Élysée sous Mitterrand, avec Prouteau, vous allez adorer ceux de Hollande qui fouillent dans mes dossiers... C'est digne de Poutine, ça ! »

La controverse sur la transmission d'archives de l'Élysée aux juges sera relancée par un documentaire (*Hollande-Sarkozy, la guerre secrète*) diffusé fin octobre 2015 sur Canal +. Réalisée par les journalistes Jules Giraudat et Éric Mandonnet, l'enquête, qui évoque d'abord les liens Sarkozy-Valente, revient ensuite sur l'affaire Tapie. Quelques jours plus tard, le 6 novembre 2015, on évoque le film avec le chef de l'État. La principale accusation portée contre Hollande est que la présidence de la République n'était pas habilitée à transmettre aux juges les notes qu'ils réclamaient. Elle s'appuie notamment sur le témoignage de Bernard Muenkel, qui affirme avoir reçu de sa hiérarchie un ordre illégal.

« Non, ce n'est pas vrai, proteste Hollande. Il y avait des documents qui étaient toujours à l'Élysée et qui n'avaient pas encore été transmis aux Archives. Il y a un délai habituel, d'ailleurs très long, on a même veillé à ce qu'il soit raccourci par rapport à la pratique. Ces documents n'étant pas aux Archives, ils n'étaient donc pas juridiquement de la responsabilité des Archives, et c'est pour ça qu'il avait été demandé à l'Élysée de les transmettre. Cela a été conforme au droit le plus strict. »

« Les affaires discréditent l'ensemble de la classe politique, et un peu plus, malgré tout, Sarkozy »

François Hollande n'est dupe de rien, il a parfaitement intégré que son prédécesseur avait tout intérêt à le faire passer pour un manipulateur : « On a répondu plusieurs fois, lorsque Nicolas Sarkozy avait attaqué via *Valeurs actuelles* directement là-dessus, et les réponses avaient été parfaitement claires : tant que les archives n'étaient pas transférées, elles étaient de la responsabilité de l'Élysée et elles devaient être communiquées. Elles auraient été transférées, ç'aurait été aux Archives de répondre. Ça n'aurait rien changé. Mais imaginons qu'on ne les ait pas transférées, cela voudrait dire que tant qu'elles ne sont pas transférées elles ne sont pas communicables ? Ce n'est pas acceptable non plus. Quant au type qui a été licencié, l'ancien responsable informatique [Bernard Muenkel], c'est parce qu'il avait refusé de communiquer les informations dont il disposait. Il a fallu aller chercher dans les ordinateurs pour les communiquer. Franchement, on n'aurait pas été saisis par la justice, on n'aurait jamais été chercher quoi que ce soit... »

Spectateur désengagé des déboires judiciaires de son prédécesseur, François Hollande, nous en avons été les témoins plus d'une fois, ne s'en réjouit pas spécialement. Comme ce 17 février 2016, au moment d'évoquer la mise en examen du patron des Républicains, poursuivi – et donc toujours présumé innocent – pour « financement illégal de campagne électorale » dans l'affaire Bygmalion. « Ce que j'ai pensé surtout, c'est que ce n'est pas bon pour la politique. À chaque fois, je pense qu'une bonne partie de l'opinion publique doit se dire : "Bien sûr que Nicolas Sarkozy a dépensé de manière irréfléchie, irresponsable, mais est-ce que les autres n'ont pas fait pareil ? Lui il se fait pincer, il s'est fait rattraper. Et Hollande ?" »

Dès le mois de juin 2014, le chef de l'État jugeait d'ailleurs cette affaire Bygmalion « pas bonne pour la politique ». « Je peux toujours dire : ma campagne, moi, je l'ai financée tout à fait normalement, mais les gens disent : "De toute façon, c'est peut-être Sarkozy qui s'est fait prendre, mais ils sont tous pareils !" C'est terrible, hein... » Il insiste : « Les affaires discréditent l'ensemble de la classe politique, et un peu plus, malgré tout, Sarkozy... Mais il ne faut rien attendre de ces affaires. Aujourd'hui, tout ce qui est à l'œuvre est favorable au Front. » Il fait appel à l'histoire récente : « On s'en est aperçu en 2002. En 2002, Chirac était plombé, et Jospin était regardé vraiment comme un homme honnête. Qu'il était. Personne n'imaginait qu'il allait avoir, lui, des petites valises... », allusion à l'ancien promoteur Jean-Claude Méry confessant dans une vidéo posthume, publiée par *Le Monde* en septembre 2000, avoir remis une valise d'espèces à Jacques Chirac. Pourtant, à l'intègre Jospin, les Français préférèrent un Chirac cerné par les juges...

Louable, cette volonté affichée de ne pas influer sur le cours de la justice n'a pourtant pas dissuadé Hollande, qui ne le conteste pas, de faire bon usage de certaines informations sensibles. À l'occasion, notamment, de nominations politiques importantes.

Intervenir ? Non, jamais. Savoir ? Oui, parfois.

En septembre 2014, le chef de l'État n'a pas placé par hasard un homme sûr, proche de lui, le magistrat Robert Gelli, à la tête de la Direction des affaires criminelles et des grâces (DACG), où convergent le plus légalement du monde les données sensibles issues des dossiers judiciaires. Grâce à la chancellerie, Hollande a donc pu, sans influer sur leur développement, obtenir des remontées d'informations portant sur certaines procédures en cours. Il l'assume totalement : à ses yeux, il s'agit de gérer au mieux certaines nominations, pour éviter des impairs retentissants, déminer au maximum des bombes potentielles.

Anne Lauvergeon en a fait les frais. L'ex-patronne d'Areva a failli entrer dans le premier gouvernement formé par Manuel Valls, le 2 avril 2014. Failli seulement, car au dernier moment, François Hollande s'est opposé à la nomination d'« Atomic Anne », comme la presse la surnomme. L'ancienne patronne du nucléaire français (elle a dirigé Areva de 2001 à 2011) l'ignore sans doute, mais c'est par la faute de quelques notes de la police judiciaire que ses ambitions politiques ont été… atomisées.

En avril 2014, alors que l'on retrouve le chef de l'État, dans son bureau, afin de « débriefer » la séquence ayant conduit à l'intronisation du gouvernement Valls, il nous lâche, à propos d'Anne Lauvergeon, longtemps pressentie pour prendre le portefeuille de l'économie : « Elle a des problèmes judiciaires, il y a le principe de précaution… » Il ajoute : « Les informations me sont remontées par la police, ça ne préjuge en rien de sa culpabilité, mais ça aide au moment de nommer un gouvernement. »

« Imaginons qu'on ait nommé Anne Lauvergeon ministre de l'Économie... »

Ainsi donc, au détour d'une phrase, découvre-t-on que le président de la République tolère quelques entorses à la pratique consistant à ne pas mettre son nez dans les procédures judiciaires. De son point de vue, l'exécutif doit pouvoir avoir tous les éléments en main au moment de procéder à des nominations importantes. Alors, quand il le faut, Hollande va à la pêche aux infos. Comment procède-t-il concrètement ? Il n'a jamais été extrêmement précis sur le sujet, tout juste a-t-on déduit de ses réponses que la DACG de la chancellerie, déjà évoquée, l'administration des impôts, la Cour des comptes ou encore la police judiciaire via le ministère de l'Intérieur, comme dans le cas d'Anne Lauvergeon, pouvaient être sollicitées.

Dès le 1er février 2013, Hollande nous avait fait part de son vœu de recaser Lauvergeon à la tête d'EADS... et de son incapacité à l'exaucer. « Lauvergeon, on n'arrive pas à la nommer, il y a quand même un problème ! s'exclame-t-il ce jour-là. Pour EADS, elle est l'objet d'un tir de barrage. Ce n'est pas une amie, mais quelqu'un de compétent, et on n'y arrive pas. » Un an plus tard, la voici donc « exfiltrée » au dernier moment de la *short list* des ministres de l'Économie potentiels. Mais cette fois, son tempérament n'y est pour rien.

« On a su qu'il y avait une enquête préliminaire qui avait été diligentée suite au rapport de la Cour des comptes, donc on n'a pas donné suite », nous précise Hollande en mai 2014. Nous sommes bien placés pour le savoir puisque nous avions annoncé dans *Le Monde* du 10 avril 2014 que, après un rapport de la Cour des comptes épinglant la gestion d'Areva du temps de Lauvergeon, le parquet national financier avait déclenché une procédure judiciaire pour « présentation ou publication de comptes inexacts ou infidèles », « diffusion d'informations fausses ou trompeuses », « faux et usage de faux ».

Lauvergeon a-t-elle été informée de la raison de sa non-nomination ? Apparemment, non. « Elle ne le sait pas », confirme le chef de l'État. « Je ne sais pas ce que donnera l'enquête préliminaire, peut-être ne donnera-t-elle rien, mais imaginons qu'on ait nommé Anne Lauvergeon ministre de l'Économie et que parte cette histoire d'enquête préliminaire, on n'était pas bien. Donc moi j'ai dit – avec Manuel –, on a un problème, on ne peut pas prendre le risque », ajoute Hollande en ce printemps 2014.

Les déboires futurs de Lauvergeon, mise en examen dans cette affaire en mai 2016, ont conforté François Hollande dans sa décision. Le chef de l'État peut, en l'occurrence, se féliciter d'avoir été si bien informé, en amont de la constitution du premier gouvernement Valls. « Ça nous aurait touchés si on l'avait mise au gouvernement, constate-t-il. Heureusement qu'on ne l'a pas nommée à la Banque publique d'investissement, d'abord, car c'était le premier projet, et puis ensuite au gouvernement... »

À la même période, une autre personnalité a été l'objet de vérifications approfondies de la part du couple exécutif, effrayé par la perspective d'un nouveau Jérôme Cahuzac : Jean-Marie Le Guen. Dès le mois de mai 2013, on évoque devant le président, qui nous explique à quel point il est délicat de détecter en amont les difficultés, le cas du député du 13e arrondissement de Paris. Proche de Dominique Strauss-Kahn, impliqué au début des années 2000 dans l'affaire de la MNEF (mis en examen, il avait finalement obtenu un non-lieu), cet ancien médecin assujetti à l'impôt sur la fortune présente, selon les critères hollandais, un profil à risque. « Lui fait partie de ces personnes dont on se dit qu'on ne prendrait pas le risque [de le nommer ministre], même si c'est un bon connaisseur de la santé », observe alors Hollande.

En avril 2014, pourtant, Jean-Marie Le Guen fait son entrée au gouvernement, en qualité de secrétaire d'État aux relations avec le Parlement. « J'ai dit à Manuel : "Tu vérifies." Puisque c'est lui qui faisait la composition du gouvernement, pour laquelle il n'a vraiment posé aucune condition ou aucune demande particulière », se défend Hollande quelques jours plus tard. « Le seul nom que Manuel ait souhaité avancer pour cette responsabilité-là, en disant : "J'ai absolument besoin de quelqu'un de confiance", c'est Jean-Marie Le Guen », précise encore le président. « Je lui ai dit : on peut garder Vidalies, on peut mettre Vallini... Il m'a dit : "Non, j'ai besoin de quelqu'un d'une totale confiance, Le Guen." Je lui ai répondu : "Bon, si tu veux. Le Guen, il faut que tu sois sûr qu'il n'y aura rien." Donc il l'a fait. Et il m'a dit : "J'ai fait la vérification, on a demandé à la DGFIP", etc., bon, voilà... » Et Hollande de conclure, comme si, anticipant de possibles révélations, il cherchait à se protéger par avance : « Le Guen, vous pourrez écrire que les vérifications ont été faites. Alors après... »

Manuel Valls, interrogé par nos soins peu après sa nomination, confirme les propos présidentiels : « Sur les secrétaires d'État, j'ai dit : "C'est moi qui choisis, je veux Le Guen." Je sais sa force politique. On a fait les vérifications. On a tout vérifié, il a un gros patrimoine, mais ce n'est pas un problème. »

Pas si sûr...

À la fin du mois de juin 2014, la Haute Autorité pour la transparence de la vie publique (HATVP) adresse une « appréciation » à Le Guen, qui avait sous-évalué ses biens d'environ 700 000 euros, avant d'accepter de les revaloriser, à la demande de la HATVP, à hauteur de 2,6 millions d'euros. Menacé d'un éventuel redressement fiscal, le tout nouveau secrétaire d'État a eu très chaud – et le couple exécutif avec lui –, puisque la Haute Autorité avait la possibilité de dénoncer les faits au parquet, ce qui aurait immanquablement provoqué la démission de Le Guen, et une nouvelle crise politique…

« On ne va pas reconduire Proglio, c'est une décision que j'ai prise depuis le départ et je n'en changerai pas »

Le cas de Henri Proglio est sensiblement différent. Contrairement à son ennemie Anne Lauvergeon, l'ex-patron d'EDF n'est directement mis en cause dans aucune procédure, mais l'influence de ses réseaux lui a d'abord valu d'être placé sous haute surveillance par le pouvoir, puis de quitter ses fonctions.

Depuis l'élection de François Hollande, le rival d'Anne Lauvergeon, étiqueté sarkozyste, se savait en sursis. Proglio va toutefois conserver les faveurs du Château. Jusqu'au printemps 2014. À cette période, il nous revient qu'au sommet de l'État les commentaires négatifs se multiplient contre le grand patron, dont les jours à la tête de l'entreprise publique semblent comptés. « EDF c'est une entreprise publique quand même, on finirait par l'oublier. Peut-être parce que son dirigeant l'oublie lui-même ! » lâche à cette époque Hollande, qui nous indique que son départ pourrait être acté en novembre 2014, voire avant « si en plus les affaires le concernant prospèrent ». « Je ne sais pas où ça en est », précise-t-il à propos de ces « affaires ».

Le président de la République fait notamment allusion aux révélations de *Libération* sur la compagne de Proglio, la comédienne Rachida Khalil, épinglée pour avoir vu l'un de ses *one-woman shows* subventionné, en 2009, par Veolia environnement, dont son mari était alors le P-DG. Par ailleurs, en avril 2014, la justice a ouvert une enquête sur une somme de 60 000 euros versée en 2012, par EDF, là encore pour financer un spectacle de Mme Proglio. À cela s'ajoutent certaines amitiés « voyantes ». Henri Proglio est à la fois intime de l'intermédiaire Alexandre

Djouhri, cité dans l'affaire libyenne du possible financement libyen de la campagne 2007 de Nicolas Sarkozy, et de Jean-Noël Guérini, l'ancien président du conseil général des Bouches-du-Rhône, une vieille connaissance des juges…

Tout cela commence à faire beaucoup. Trop.

Le 10 octobre 2014, François Hollande est très clair : « On ne va pas reconduire Proglio, c'est une décision que j'ai prise depuis le départ et je n'en changerai pas. Et ce ne sont pas les histoires qu'on connaît maintenant qui vont nous amener à changer d'avis. » Pourtant, le chef de l'État reconnaît à Proglio de nombreuses qualités. « Je pense qu'il est compétent sur le plan de la gestion de l'entreprise, il est habile sur la relation qu'il a su nouer avec la CGT notamment, il est efficace sur les contrats à l'étranger… », énumère le chef de l'État. « Mais il y a plusieurs raisons qui justifient qu'il ne puisse pas être prolongé, reprend-il. Un, il a 65 ans, il ne resterait que deux ans et demi, pourquoi un mandat si court ? Deuxième raison, il est quand même très pro-nucléaire. » Et puis, surtout, il y a le troisième point, décisif aux yeux du chef de l'État : « L'homme n'est pas d'une transparence absolue, ni dans ses choix industriels, ni dans ce qu'il a pu faire jusque-là. »

Exit donc Proglio, et peu importe que son conseil soit un certain Jean-Pierre Mignard, fidèle parmi les fidèles de François Hollande.

Mais c'est une nouvelle fois l'affaire de l'arbitrage Tapie qui va nous donner l'occasion d'observer comment une procédure judiciaire influe sur les décisions de François Hollande.

Ou pas.

Cette histoire met en cause deux personnalités éminentes, proches de Nicolas Sarkozy accessoirement : la patronne du Fonds monétaire international (FMI), Christine Lagarde, et le P-DG d'Orange, Stéphane Richard.

La première était ministre de l'Économie à l'époque du fameux arbitrage, le second, le directeur de son cabinet. L'une comme l'autre sont suspectés d'avoir œuvré en faveur d'une procédure – truquée selon la justice – favorable à l'homme d'affaires, dédommagé en 2008 à hauteur de 405 millions d'euros, et ce au détriment des finances publiques. Les développements de l'affaire intéressent au plus haut point l'exécutif, et pour cause : l'État, via le Consortium de réalisation (CDR) – la structure qui a repris le passif du Crédit lyonnais –, est partie prenante de la procédure, contre Bernard Tapie donc.

Il y a sans doute un autre motif d'intérêt, un peu moins avouable : la possible implication de Nicolas Sarkozy et de Claude Guéant, dont l'enquête a démontré l'activisme en faveur des intérêts de Tapie… L'ancien secrétaire général de l'Élysée bénéficie, dans cette procédure, du statut de témoin assisté.

Quelle allait être l'attitude du nouveau pouvoir vis-à-vis de Lagarde, certes prise plusieurs fois en flagrant délit de « sarkolâtrie », mais surtout patronne du FMI, donc représentante de la France à l'échelle internationale ? Manifestement, Hollande a tranché rapidement. Au nom des intérêts supérieurs du pays. En avril 2013, il nous relate l'entretien qu'il a eu quelques jours auparavant avec Lagarde.

Hollande l'assure, le fond du dossier Tapie n'a été évoqué à aucun moment. « Elle ne m'a rien dit sur l'affaire elle-même, certifie-t-il. Et moi, ce que je répéterai, c'est qu'il y a une présomption d'innocence. Il n'y a pas de raison de dire qu'il y a une présomption d'innocence qu'on veut protéger en France et qui ne vaudrait pas pour Mme Lagarde à l'étranger. Il faut bien le faire comprendre aux Américains. » Hollande, improbable avocat de la très sarkozyste patronne du FMI, confie avoir trouvé cette dernière très préoccupée. « Je pense qu'elle craint, si elle est mise en examen, de subir une pression assez forte, non pas des Américains, mais des pays émergents », relate-t-il.

« Christine Lagarde, ce n'est pas nous qui la soutenons, c'est le FMI »

Pour Hollande, pas de doute, après l'épisode tragicomique de l'arrestation de Dominique Strauss-Kahn à New York en 2011, une démission de Lagarde, « ça ne serait pas bon pour la France, ça ne serait pas bon pour l'Europe, parce qu'on perdrait ce poste ».

Soutien total à la soldate Lagarde, donc. Mais quid de Stéphane Richard ? Deux semaines après sa mise en examen pour « escroquerie en bande organisée », signifiée le 12 juin 2013 à l'ancien collaborateur de la ministre de l'Économie, Hollande nous livre son sentiment : « Je crois que dans cette histoire il faut montrer à la fois que, nous, ce qui nous intéresse n'est pas Richard, ce n'est même pas d'ailleurs Sarkozy – on verra bien –, mais de savoir si la vérité peut être établie, et surtout de pouvoir récupérer 400 millions d'euros ! »

S'agissant de Richard lui-même, on aurait pu attendre de Hollande qu'il lui demande de démissionner, comme il l'aurait fait avec n'importe lequel de ses ministres par exemple. « Non, tranche-t-il. Pour la politique, on doit être intransigeant. Parce que la différence entre une grande entreprise et un ministère, c'est que l'opinion peut penser qu'un ministre peut agir sur la procédure, ne serait-ce que pour avoir des informations par la garde des Sceaux, par le ministère de l'Intérieur, etc. Alors que pour un P-DG… Sauf bien sûr s'il est dans un conflit d'intérêts majeur. »

La mise en examen de Christine Lagarde au cours de l'été 2014 n'a en tout cas strictement rien changé à la position de François Hollande, qui continue de soutenir la directrice du FMI. « Christine Lagarde, corrige-t-il en octobre 2014, ce n'est pas nous qui la soutenons, c'est le FMI. Nous, on n'a rien dit, on ne veut pas être ceux qui… Parce que si on avait dit : "La France n'a plus confiance en Mme Lagarde", là, les Américains lâchaient Lagarde. Surtout, ç'aurait été la deuxième fois, après Strauss-Kahn. La France avait la chance d'avoir un Français, c'est le seul poste qui nous reste au plan international. Et en plus, on n'a rien à reprocher à Lagarde concernant ce qu'elle fait aujourd'hui à la tête du FMI. »

S'agissant de l'ancienne ministre de Sarkozy, il nous confie encore, au cours de l'été 2015 : « Je crois qu'elle n'a pas d'ambitions politiques en France, sa seule ambition est d'être reconduite à la tête du FMI. Elle a besoin de la France pour ça, parce que si la France disait non ce serait très gênant pour elle. Elle défend les positions de son organisation, qui ne sont pas les nôtres, c'est le moins que l'on puisse dire… » Quant à sa proximité avec son prédécesseur, il n'en a cure. « Qu'elle parle à Sarkozy n'est pas mon affaire, dit-il. Je n'ai pas eu la preuve qu'elle nous faisait une mauvaise publicité dans les instances internationales. »

Et puis, s'il fallait encore une preuve que le chef de l'État n'a pas cherché, durant son quinquennat, à faire pression sur l'autorité judiciaire, il y a cette remarque qu'il nous fait, le 6 novembre 2015 : « Je n'ai pas été convaincu qu'il soit de bonne justice d'aller chercher les salariés d'Air France qui s'étaient mal conduits, au petit matin. » Le 12 octobre 2015, des syndicalistes de la compagnie aérienne, accusés d'avoir malmené deux cadres de la société – l'affaire de la chemise déchirée –, avaient en effet été interpellés à l'aube par la police, et ce à la demande du parquet de Bobigny. Manifestement, Hollande aurait préféré un traitement plus doux, histoire de ne pas braquer davantage les syndicats, déjà suffisamment hostiles à son action… « Mais qu'est-ce que vous voulez que j'y fasse, soupire-t-il, ce sont les juges… En l'occurrence, un procureur. » Une procureure, plutôt.

Toujours la même. L'ancienne du cabinet Ayrault.

Hollande confirme : « C'est la même procureure qui a ouvert une enquête sur Bartolone et qui, sans doute par volonté d'indépendance, montre qu'elle prend ses décisions, même si elles peuvent avoir des conséquences électorales. C'est comme ça… »

On a cru déceler dans la voix du chef de l'État l'esquisse d'un regret. Le poids des souvenirs.

Les effluves d'une époque révolue.

3
Le traître

Blaise Matuidi s'arrache, sur la pelouse du Parc des Princes. Épilogue d'une rencontre de très haut niveau, le but du milieu de terrain français permet au Paris Saint-Germain d'obtenir le match nul devant le FC Barcelone, club de cœur de Manuel Valls.

Mais, ce mardi 2 avril 2013 au soir, la France se passionne moins pour la Ligue des champions que pour l'aveu de Jérôme Cahuzac. Le désormais ex-ministre du Budget a enfin admis, dans un communiqué publié en fin d'après-midi, avoir détenu un compte bancaire non déclaré à l'étranger.

Lui-même grand amateur de football, le chef de l'État a autre chose en tête que les arabesques de Lionel Messi. Bombardé de SMS toute la soirée, il résume son état d'esprit par ce texto lapidaire adressé à l'un de ses interlocuteurs : « Trahison depuis le premier jour. »

Trahison.

Le mot est presque faible, tant le coup porté par l'inconséquent Jérôme Cahuzac à François Hollande, à son image d'honnête homme, à sa fameuse « République irréprochable » surtout, est dévastateur. Pour Hollande, l'affaire Cahuzac reste l'un des pires souvenirs du quinquennat, mais pas parce qu'il a été poignardé dans le dos par l'un de ses ministres – il en a l'habitude, et s'en montre généralement assez peu affecté ! Non, le chef de l'État ne digère pas, il nous l'a suffisamment répété, les commentaires extrêmement négatifs émis à son endroit à l'occasion de cette histoire. Non seulement il estime n'avoir rien à se reprocher, mais il n'est pas loin de considérer que l'affaire Cahuzac devrait au contraire être mise à son crédit, surtout pas à son passif. Tout simplement parce que, de son point de vue, il s'est comporté de manière exemplaire du début à la fin de ce psychodrame.

« On en parle comme si j'étais moi-même lié à ça, regrette-t-il. Et quand on me dit que l'affaire Cahuzac est une atteinte à la République exemplaire, moi je dis, mais non, c'est la preuve d'une République exemplaire ! Il a été démontré qu'il avait un compte, la justice a enquêté sans pression, il a bien sûr été écarté du gouvernement, et on a fait une loi sur la transparence qui permet justement de prévenir ce type de comportement ! »

À peu près inaudibles pour une très grande partie de l'opinion publique, ce dont il a conscience, les arguments du chef de l'État sont pourtant recevables.

« Les yeux dans les yeux, il m'a juré ne pas avoir de compte caché »

Pour en juger, il faut dérouler le film de ce scandale inédit et, surtout, la façon dont François Hollande l'a vécu. Nous évoquons l'affaire devant le président pour la première fois au début de l'année 2013. Depuis plusieurs semaines, Mediapart assure que le ministre du Budget a détenu des avoirs occultes à l'étranger, d'abord en Suisse (du début des années 1990 à février 2010), puis à Singapour. À l'appui de sa démonstration, le site d'information a dévoilé divers documents, écrits (le mémoire d'un agent du fisc, Rémy Garnier, évoquant en 2008 l'existence d'un compte en Suisse) ou audio (une conversation de Cahuzac avec son gestionnaire de fortune, captée accidentellement en 2000 par le répondeur de Michel Gonelle, ancien maire RPR de Villeneuve-sur-Lot). Mais ils ne suffisent pas à convaincre totalement l'opinion, d'autant que Cahuzac dément de manière véhémente, y compris à l'Assemblée nationale.

La classe politique est prudente, la presse divisée.

Le président lui-même est partagé.

« L'affaire n'est pas claire, nous lance Hollande le 4 janvier 2013. Mediapart apporterait la preuve que Cahuzac a un compte en Suisse, on le convoquerait et on lui dirait : "Ce n'est pas tenable. En plus, tu as annoncé que tu n'en avais pas, au Parlement…" » Les deux hommes se sont parlé, bien sûr, courant décembre 2012. « Les yeux dans les yeux, il m'a juré ne pas avoir de compte caché, et n'en avoir jamais eu », rapporte Hollande, contredisant ainsi ce qu'affirmera Cahuzac lors de son procès en septembre 2016. « Alors, on lui a dit : "Va chercher la preuve." Donc il a fait une démarche, avec son avocat, auprès de la banque suisse [UBS]. On va voir quel sera le résultat. Il dit qu'il peut l'avoir avant le 15 janvier. On va attendre… »

Le chef de l'État semble circonspect, mais la grande assurance dont fait preuve son ministre le conduit à lui accorder le bénéfice du doute : « Je l'ai eu plusieurs fois, au téléphone ou en tête à tête, et il me dit à chaque fois : "Je n'ai jamais eu de compte." Je ne vais pas lui dire : "Tu es un menteur !" Je n'ai pas d'élément. »

Hollande en convient toutefois, Cahuzac, « au début, a eu un mode de défense un peu trop péremptoire, qui était de dire : "C'est à eux d'apporter la preuve." Malheureusement, ça ne marche pas comme ça. Donc je lui ai dit : "Mais non, tant que tu n'as pas apporté la preuve que la banque a nié l'existence du compte, tu seras toujours *cherché*…" »

Reste un élément troublant : Cahuzac, s'il est innocent, n'aurait-il pas dû, plutôt que de se contenter d'une simple plainte pour diffamation qui interdit toute enquête sur le fond, saisir la justice pour dénonciation calomnieuse par exemple, voire faux, puisqu'il conteste l'authenticité de l'enregistrement dans lequel sont évoqués ses avoirs occultes ? « Oui, on lui a dit d'ailleurs, admet Hollande. Mais, de toute façon, une enquête judiciaire durerait quelques mois, voire quelques années, donc ça ne nous règle pas le problème. »

On fait observer qu'à sa place son prédécesseur aurait sans doute remué ciel et terre, quitte à diligenter des enquêtes « officieuses », puis à trancher… Vexé, pensant que l'on insinue qu'il n'a pas tout fait pour savoir, le chef de l'État s'emporte : « Ce n'est pas vrai, Sarko a été d'une complaisance inouïe à l'égard de ses ministres qui ont été compromis ! Je me rappelle comment il a soutenu Woerth – pour après le larguer dans un remaniement. Christian Blanc, mis en cause pour une histoire de cigares, ça a été très long également. Et le type de Vesoul [Alain Joyandet], le secrétaire d'État à la coopération qui avait pris un avion, il l'a soutenu, puis après le type est parti… Non, je ne connais pas de cas où il a tranché net. Pareil pour Chirac, sur Gaymard, avec son appartement, ça a duré, etc. »

Il tente encore de justifier son attentisme : « Sur un soupçon, je ne peux pas dire : "Puisque Mediapart t'accuse, sur la base d'un enregistrement dont on ne sait pas très bien ce qu'il vaut, qui traîne depuis des années, tu dois partir." Je lui ai dit en revanche : "Il faut que tu ailles au plus vite pour apporter la preuve au plus tôt." Maintenant, j'ai trouvé qu'au départ Mediapart partait très fort, puis après… À part la cassette, ils n'ont pas grand-chose. Plus un inspecteur des impôts qui semble farfelu. Non, vraiment, s'il y avait eu une preuve nette ou vraiment un soupçon très fort ou même une procédure judiciaire, cela serait différent. Mais il n'y a pas de procédure judiciaire, non plus. »

Il y en aura bientôt une, car le site d'information, dans une démarche peu orthodoxe, a dénoncé les faits au procureur de Paris pour le contraindre à ouvrir une enquête.

Afin d'obtenir cette fameuse preuve, Hollande va décider, de son côté, courant janvier 2013, de prendre les choses en main. Il demande au ministre de l'Économie, Pierre Moscovici, de se rapprocher des autorités suisses, via la Direction générale des finances publiques (DGFIP), dans le cadre de l'entraide fiscale unissant les deux pays. « On a demandé à Cahuzac de chercher lui-même, par son avocat, la vérification qu'il n'avait pas de compte. Il n'y est pas parvenu, en tout cas pas de manière suffisamment officielle, donc on a demandé au gouvernement suisse d'obtenir l'information », nous expliquera plus tard le chef de l'État.

Le 16 janvier 2013, au terme du Conseil des ministres, Hollande prend à part Cahuzac et Moscovici quelques instants. Une discussion dont la révélation provoquera plus tard une controverse. Il s'agissait pourtant d'un échange informel et non d'une réunion conspirative, assure le chef de l'État.

« En fait, résume Hollande en juillet 2013, Cahuzac n'ayant pas obtenu de sa banque la preuve promise, après le Conseil des ministres du 16 janvier on se met là, dans cette pièce. Je dis à Cahuzac : "Voilà, maintenant, tu n'as pas pu y arriver, on va le faire par la voie administrative." Et ça dure une minute ! » Oui mais voilà, devant la commission d'enquête parlementaire sur l'affaire, Cahuzac, en juin 2013, a assuré n'avoir « jamais été informé » par Moscovici de l'existence d'une demande d'entraide administrative. « Formellement, il ment sans mentir, il n'y a pas eu de réunion à proprement parler », argumente le chef de l'État, qui juge toutefois « impossible » que Cahuzac n'ait gardé aucun souvenir de cette courte discussion, dont il ne comprend pas qu'elle ait pu susciter une polémique. « Finalement, dans cette histoire, ce qui aurait pu nous être reproché, c'est justement de ne pas l'avoir lancée, cette procédure ! Après, on peut nous dire : "Vous l'avez mal fait." C'était l'objet d'ailleurs de la commission d'enquête : "Est-ce que tout a été réalisé pour obtenir l'information ?" »

« Il a ouvert son enquête en nous informant, mais pas en nous demandant l'autorisation, c'est fini ce temps-là »

La réponse à cette interrogation sera apportée en octobre 2013, puisque le rapport de la commission d'enquête dédouanera totalement l'exécutif, jugeant que la gestion par l'État de l'affaire Cahuzac n'avait été émaillée d'aucun dysfonctionnement. Selon le rapporteur, le député PS Alain Claeys, « la justice n'a été ni retardée ni entravée », et les démarches menées par Bercy auprès des autorités suisses étaient « légales » et « opportunes ».

Ces démarches, justement, ont été rapidement couronnées de succès. Un peu trop, même. « Les Suisses blanchissent Cahuzac » titre, le 9 février 2013, *Le Journal du dimanche*. *Le JDD* croit pouvoir écrire que « Jérôme Cahuzac n'a pas été titulaire d'un compte bancaire à l'UBS depuis 2006, date butoir de la convention OCDE d'entraide fiscale liant la France à la Suisse. La réponse des autorités fédérales a été transmise au ministre de l'Économie et des Finances, Pierre Moscovici, qui l'a aussitôt fait suivre au procureur de Paris ». Un sacré scoop.

Que le chef de l'État, soulagé, commente quelques jours plus tard : « Le gouvernement suisse a pu revenir jusqu'en 2006, les Suisses ne pouvaient pas donner la période antérieure parce qu'ils n'en ont pas le droit. Donc ils sont remontés au plus haut de ce qu'ils avaient le droit de faire. » Affaire classée ? Pas du tout. Car le parquet de Paris a donc ouvert entre-temps une enquête préliminaire, dont l'objet sera, entre autres, d'expertiser l'enregistrement, dans lequel Cahuzac s'auto-accusait en quelque sorte… « La procédure sera conduite en toute indépendance », se félicite le chef de l'État, allusion au procureur François Molins, étiqueté à droite depuis son passage au cabinet de Michèle Alliot-Marie. « Il a ouvert son enquête en nous informant, mais pas en nous demandant l'autorisation, c'est fini ce temps-là », ajoute le président.

En cette fin d'hiver, l'exécutif est soulagé. Le pétard Cahuzac semble avoir fait long feu. On connaît la suite, l'enregistrement est authentifié par la police au mois de mars, conduisant le parquet à ouvrir, le 19 mars 2013, une information judiciaire pour « blanchiment de fraude fiscale », et Jérôme Cahuzac à démissionner le jour même. Pris dans l'étau, il finit par reconnaître les faits devant les juges puis publiquement, le 2 avril.

Ce soir-là, pour la première et dernière fois du quinquennat, nous parlons quelques minutes au téléphone avec Pierre-René Lemas, le secrétaire général de l'Élysée. « On a fait ce qu'on a pu, se désole Lemas. Mais comment soupçonner un homme, Cahuzac, qui vous ment les yeux dans les yeux, comme il l'a fait avec le président ? On a appris seulement au déjeuner qu'il faisait des aveux. Le président était effondré. Il l'avait eu au téléphone, le 4 décembre au soir, quand Mediapart sort son premier article. Cahuzac lui avait dit : "Mais non, tout est faux." Il le voit ensuite à l'Élysée, quand Mediapart publie l'enregistrement. Là encore, il ment au président, comme il ment devant le Parlement. On a demandé à la Suisse, à la Direction des finances publiques, à chaque fois il a menti… »

Manuel Valls, le lendemain, est d'humeur maussade, évidemment. « Il n'y a aucune note de la DCRI rédigée à ce sujet », nous dit-il d'abord, en réponse aux rumeurs selon lesquelles le ministre de l'Intérieur aurait obtenu des informations privilégiées de la Direction centrale du renseignement intérieur, le contre-espionnage. « En décembre, j'ai appelé Calvar, [patron de la DCRI], pour vérifier que les policiers n'avaient pas travaillé sur le sujet. Il m'a certifié que non. » Surtout, pour Valls, qui avait manifestement été peu convaincu par les premiers démentis du ministre du Budget, « le vrai problème, c'est de savoir pourquoi Hollande n'a pas viré Cahuzac dès le 4 décembre au soir ».

Quelques semaines plus tard, c'est un Valls toujours furieux contre Cahuzac qui nous reçoit au ministère de l'Intérieur. « Il a organisé le mensonge, il a même organisé des soirées pour qu'on le soutienne, c'est pour ça que nous sommes en colère. Je le trouvais très inquiet pour quelqu'un qui se prétend innocent. "J'ai peur qu'on découvre mon train de vie, mon divorce avec Patricia se passe mal", voilà ce qu'il nous disait », reconnaît Valls, qui précise que « Hollande n'aimait pas trop Cahuzac, il le trouvait trop dogmatique, ce n'était pas son style, le genre à ne lui proposer qu'une solution, pas deux ».

Hollande, on le retrouve à l'Élysée, vendredi 5 avril 2013, trois jours après les aveux de Cahuzac. Il semble à la fois marqué et soulagé que cette histoire soit enfin terminée. La démission du ministre du Budget a été facile à obtenir. « C'est le Premier ministre qui lui a dit, après en avoir discuté avec moi, raconte le président. Ensuite, je l'ai appelé, et je lui ai dit : "Ce n'est plus possible." Et là, il ne réagit pas, il ne proteste pas. »

Lui, en revanche, est en droit de se plaindre. Par la faute d'un ministre malhonnête et irresponsable, la probité de son gouvernement est entachée. « Ce qui est dur, dit-il, c'est la trahison… Trahison qui ne concerne d'ailleurs pas que ma personne, ma fonction, mais le Parlement, le gouvernement… J'ai mesuré très vite la gravité des faits, ce que ça peut représenter. » Jusqu'au bout, Cahuzac l'aura déçu, dégoûté, même. « Il fait des aveux parce qu'il n'a pas le choix. Ce ne sont pas des aveux parce que d'un seul coup il aurait été pris d'un accès de sincérité, de lucidité, en disant : "Qu'est-ce que j'ai pu faire ?" Non, c'est parce qu'il est découvert, que les investigations l'ont confondu. »

Et puis, au-delà de la trahison, il y a « ce climat poisseux » qu'il sent monter, le refrain du « tous pourris », plus entêtant que jamais, « qui jette le doute sur tout le monde ». « Donc c'est très douloureux de vivre ça, constate-t-il. Après, on peut se poser la question, elle est légitime : est-ce qu'il fallait tout de suite trancher, puisqu'il y avait l'ombre d'un soupçon ?... »

Pour lui, le choix de temporiser était l'unique option valable. « La seule démarche possible, c'était de faire vérifier, ce qu'on pensait d'ailleurs que la justice allait faire. Une fois que l'enquête préliminaire était ouverte, il fallait la laisser vivre. En toute indépendance, ce qui a été le cas. On pensait que ça irait d'ailleurs assez vite, puisqu'il s'agissait d'authentifier la cassette. Mais ça a mis longtemps. »

Mais si c'était à refaire ? Il réfléchit, longuement. « Je pense qu'on aurait peut-être pu dire – mais ça ne changeait rien –, au moment de l'enquête préliminaire [ouverte le 8 janvier] : il doit partir... » Il maintient que les informations de Mediapart n'étaient pas assez « étayées ». « Si la preuve, en tout cas si le soupçon est suffisamment lourd, très bien. Mais là, ça venait d'un adversaire politique [Gonelle], sortant une cassette, qu'il avait en sa possession depuis dix ans, avec une voix qui n'était pas reconnaissable. Quand Plenel dit : "Il y avait tout sur la table", non... »

Le chef de l'État fait allusion à une rencontre, à l'Élysée, avec le patron de Mediapart, peu après les premières révélations du site. « C'est moi qui ai demandé à Edwy de venir. Je lui ai dit : "Est-ce que tu as une preuve supplémentaire ?" Non. Ce qu'il me dit, c'est qu'il y a tous les éléments sur la table, mais il ne me donne pas plus. Je lui dis : "Si tu m'apportes un élément de plus, mais oral, en me disant : on a su quelque chose qu'on ne peut pas écrire..." Mais il n'avait pas, sinon bien sûr qu'il l'aurait sorti. » Hollande sonde aussi leur ami commun, Jean-Pierre Mignard, l'avocat de Mediapart. « Jean-Pierre, je l'ai appelé bien sûr. Je lui dis : "Mais tu sais quelque chose ?" Il me dit : "Non, rien de plus !" »

« Je savais où il habitait, dans les beaux quartiers, même si je ne suis jamais allé chez lui »

Impossible d'en savoir davantage de ce côté-là. Reste Michel Gonelle, un curieux personnage, qui prit contact mi-décembre 2012 avec Alain Zabulon, directeur adjoint du cabinet de Hollande, pour certifier l'authenticité de l'enregistrement, puis qui assura que les douanes avaient été informées dès 2008 de l'existence du compte suisse de Cahuzac. « Ce Gonelle, qui téléphone ici et nous dit : "J'ai une cassette", soupire Hollande... Mais enfin, on la connaissait déjà, ce n'est pas un élément, il en aurait dit davantage, d'accord... Et maintenant, il dit : "J'avais une enquête douanière." Mais je n'ai jamais eu ça ! Et quand il a appelé au début, il n'a jamais parlé d'enquête douanière ! Et puis, quand même, Cahuzac, il était président de la commission des finances de l'Assemblée depuis 2007, donc s'il y avait eu une enquête douanière, alors que nous n'étions pas au pouvoir, j'imagine qu'il n'y avait aucune raison dès sa nomination de ne pas le mettre en difficulté ! Tout cela, c'est quand même étrange... »

Une autre question se pose, évidente : Hollande n'aurait-il pas dû procéder à une enquête approfondie sur Cahuzac avant de le nommer ? « Pas plus que pour les autres, rétorque-t-il. Vous savez, il y a une enquête où chacun doit dire l'état de son patrimoine, etc. » Tout de même, Cahuzac, ancien chirurgien, ex-consultant pour les laboratoires pharmaceutiques, avait la réputation d'être un flambeur, d'aimer l'argent... « S'il y avait eu des doutes, la presse les aurait exprimés, réfute-t-il. Quand il est nommé, regardez les papiers, personne ne le critique. Il avait plutôt de très bons commentaires, sur le thème :

c'est un bon ministre, il connaît bien ses sujets… Nommer ministre du Budget le président de la commission des finances de l'Assemblée nationale, qui avait déjà fait la démonstration de sa compétence, il y avait une certaine logique. »

Son train de vie ? « On savait qu'il avait eu une clinique, qu'il avait sans doute gagné de l'argent dans cette clinique, qu'il avait un appartement à Paris, je savais où il habitait, dans les beaux quartiers, même si je ne suis jamais allé chez lui, observe Hollande. Bon, c'était quelqu'un d'installé dans la vie. Et je savais qu'il avait travaillé chez Évin, mais là aussi, avoir été conseiller technique au ministère de la Santé, si ça doit être maintenant un sujet de suspicion, c'est un problème ! Après, on peut dire : "Oui, mais il avait travaillé dans l'industrie pharmaceutique." Mais enfin, tous ceux qui ont travaillé dans l'industrie pharmaceutique ne sont pas détenteurs de comptes à l'étranger ! Il faut l'espérer ! »

François Hollande est définitivement plus rousseauiste que voltairien. Sa confiance naturelle en l'homme, admirable sans doute, l'expose terriblement. Cette bienveillance naturelle, il l'a théorisée devant nous, un jour de septembre 2014 où nous évoquions les tiraillements au sein de sa majorité. « Je fais confiance, nous lâcha-t-il. Je fais confiance aux Verts, car il y a eu un accord électoral. Je fais confiance à Montebourg, il a été un adversaire dans la primaire, mais nous sommes socialistes, donc je lui fais confiance. D'une certaine façon, même sur le plan privé, je fais confiance. Trop ? Peut-être. Mais je fais confiance, parce que c'est la base même de ma conception de la politique. » Et de la vie en général…

Il repense à ce coup de fil de Cahuzac, le 4 décembre 2012, alors qu'il est à Lens pour inaugurer l'antenne locale du Louvre. « J'ai vu les gens de Mediapart, ils vont sortir quelque chose », le prévient le ministre du Budget. « Je lui dis : "La seule question c'est, est-ce que c'est vrai ?" Il me répond : "Non, je te jure que ce n'est pas vrai." Puis plusieurs fois il me dira encore : "Vraiment, je t'assure, c'est faux." »

Il y a eu aussi cette visite surprise, un soir, début 2013, du ministre du Budget, venu une nouvelle fois rassurer le président, à son domicile rue Cauchy. « Ce n'était pas du tout le soir du papier de Mediapart en décembre 2012, contrairement à ce qui a été écrit, précise Hollande. C'était au mois de janvier 2013, je ne sais plus la date exacte. Il voulait me voir pour me dire combien il était innocent, etc. Une fois de plus. Et là il me disait, chez moi, que vraiment, il était tout à fait au clair... Oui, c'était au moment, je me souviens, où l'on avait décidé qu'on allait saisir les autorités suisses... »

On sent à travers les propos du chef de l'État plus que du désarroi, une forme d'impuissance. Elle s'exprime aussi au moment d'évoquer la polémique sur le rôle joué par Pierre Moscovici, accusé par certains d'avoir tenté de blanchir son collègue du Budget en ne posant pas, sciemment, les bonnes questions aux autorités suisses. « C'est absurde, réfute-t-il, Moscovici a demandé la seule chose qu'il pouvait légalement demander. Et dès lors que la DGFIP a eu le retour des Suisses, la pièce a été versée chez le procureur. Après, Cahuzac a utilisé *Le Journal du dimanche*... » Plus généralement, il balaye les procès d'intention sur ce thème : « Si j'avais eu une information me donnant non pas la preuve, mais une suspicion suffisamment forte sur Cahuzac, je l'aurais éconduit tout de suite. Enfin, quel était l'intérêt pour moi de protéger Cahuzac ? Aucun ! »

Le chef de l'État insiste sur ce point : dans cette affaire, il a « respecté toutes les règles ». Respect de la présomption d'innocence (qui est du reste toujours applicable tant que l'intéressé n'aura pas été jugé définitivement), des procédures administratives, de l'indépendance de la justice... Et à l'arrivée, il en prend tout de même plein la figure. « Oui, mais parce qu'une partie des commentateurs sont dans le système antérieur, pense Hollande. Ils disent : "Pourquoi les services secrets n'ont pas été mandatés ? Pourquoi la DCRI n'a pas fait un travail ?" Pendant qu'on y est, pourquoi on n'a pas mis sur écoute untel ou untel ?... Mais enfin, tout cela est interdit ! Cela aurait été grave si l'on avait fait une enquête parallèle à celle du procureur... Là, on aurait pu nous accuser. »

« Heureusement, on a évité tout financement de campagne, de parti, et ça je peux tout à fait garantir que ça ne se produira pas »

Il l'assure, à aucun moment il n'a pensé remanier son gouvernement. « Mais un remaniement, ça voulait dire qu'on avait quelque chose à se reprocher... Ce n'est pas une affaire de parti, de financement politique... Là, c'est vraiment privé, et ça remonte d'ailleurs à loin. » Surtout, il combat vivement l'idée qu'il s'agisse d'une « affaire d'État ». Ce serait même exactement l'inverse. « Ça n'en est pas une ! Qu'on puisse dire : "Comment un homme qui était classé à gauche et qui avait vocation à lutter contre la fraude fiscale peut-il être lui-même un fraudeur ?" ça, c'est un argument que j'entends et qui blesse l'homme de gauche que je suis. Mais parler d'affaire d'État, non. Ce n'est pas l'État qui est en cause. L'État, il a été floué, et à double titre, sur le plan fiscal et sur le plan de son honneur, de son image. Alors, oui, c'est injuste de faire porter à une équipe une responsabilité qui n'est pas la sienne. Si j'avais pu sortir Cahuzac dès le moment où l'affaire a été révélée... »

Pas d'affaire d'État, donc, et encore moins, selon lui, de « crise de régime », comme cela a pu être avancé – et souhaité. Car pendant plusieurs semaines, l'affaire Cahuzac, sans doute du fait de son immense charge symbolique, a hystérisé le débat politique, donnant lieu parfois à des déclarations extravagantes.

« Le régime n'est pas en cause, assure Hollande. On ne va pas changer de Constitution, on ne va pas changer de République ! Qu'il y ait une crise morale provoquée par le manquement d'un homme, oui, ça c'est vrai, on ne peut pas dire le contraire, c'est une crise morale, quand quelqu'un ment, et qu'il est en plus chargé de ce qui devrait être la rigueur dans l'application de la loi fiscale. Donc il y a bien une crise morale, qui vient après des "affaires", et il y en aura d'autres qui éclateront... Mais enfin, si c'était comme ça un coup de tonnerre dans un ciel bleu... Sauf que ça vient après une série. Y compris, même si elle est ténue, la mise en examen de Sarkozy dans l'affaire Bettencourt, l'éventuelle mise en examen de Lagarde... Ça fait quand même beaucoup... »

En ce printemps 2013, le chef de l'État tente de faire front, replace le débat sur le terrain politique, mais l'homme, lui, semble touché. « Sur le plan humain, c'est dur à vivre, non ? » lui demande-t-on. « Oui, bien sûr, répond-il. Mais diriger la France, c'est dur ! Parce que, après tout, c'est injuste aussi d'assumer l'état d'un pays, le chômage, dont je ne suis pas responsable s'agissant des mois qui viennent de s'écouler. »

Il se console comme il peut. « Heureusement, on a évité tout financement de campagne, de parti, et ça je peux tout à fait garantir que ça ne se produira pas, lance-t-il. Mais qu'est-ce que je pouvais faire avec une affaire comportementale ? C'est toujours très curieux, une affaire comportementale. Dominique Strauss-Kahn en a eu une. C'est imprévisible. Et comment l'éviter ?... C'est ça, le sujet : comment l'éviter ? »

Peut-être, tente-t-on, en optant pour des procédures beaucoup plus strictes pour les nominations ?

« Oui, je pense, approuve Hollande. Et de choisir peut-être des hommes et des femmes qui n'ont eu aucune affaire privée à gérer... Mais c'est très difficile de dire ça, car pourquoi interdire à un chef d'entreprise, à un médecin, à un avocat, d'être dans un gouvernement ? Ce serait choquant de dire : "Je ne peux pas nommer celui-ci ou celle-là parce qu'il ou elle a de l'argent." C'est discriminant quand même. Ça veut dire que Léon Blum n'aurait pas pu être nommé au gouvernement de la France parce qu'il était d'une famille fortunée. Et même, imaginons qu'on fasse cette enquête sur chaque membre du gouvernement, dans le cas de Cahuzac, pour le compte à l'étranger, comment le savoir ? »

Hollande, songeur, essaie de tirer, à chaud, les enseignements du cataclysme Cahuzac. « Ça veut dire que la gauche, qui a fait de la morale, de la République irréprochable, un thème de la campagne, est de ce point de vue-là contestée, regrette-t-il. En ce sens, Cahuzac, qui est une affaire purement individuelle, démontre qu'aucun parti n'est à l'abri de ce type de comportement. Mais ça laisse aussi penser que la politique est forcément une affaire d'argent. Et il faut lutter contre ça. »

Bercy, cinquième étage de l'hôtel des ministres, mardi 9 avril 2013. Petit déjeuner avec Bernard Cazeneuve, dans son bureau. Il vient de succéder à Cahuzac. Courtois et malicieux, l'homme qui monte au sein du gouvernement se trouve propulsé au Budget. Il n'a pas perdu sa clairvoyance : « J'ai dit au président qu'il devait prendre des risques. Il faut qu'il accepte de se fâcher avec deux ou trois personnes, réformer, réorganiser le gouvernement en quatre pôles. Resserrer. Se débarrasser de gêneurs. »

On lui parle de Cahuzac, bien sûr. « Tout ce qui se passe est injuste pour le président et le Premier ministre qui sont d'honnêtes gens », regrette-t-il. Il raconte son entrée en fonction. « Lors de la passation de pouvoirs, Cahuzac m'a pris à part, une demi-heure, dans son bureau. Il a demandé à Mosco de sortir. Et là, il s'est effondré, en larmes. J'étais mal. "Ma vie est brisée par une calomnie", m'a-t-il dit. »

Cazeneuve se souvient. « Lors d'un Conseil des ministres, je lui avais dit : "Dis-moi la vérité, Jérôme."

Il m'avait répondu : "Toi aussi, tu doutes..." Tout le week-end suivant son départ, on a échangé des textos. J'avais peur qu'il se suicide. Il m'a adressé des SMS bizarres : "Viendra le temps du déshonneur. J'aurai bientôt une décision à prendre..." Là, j'ai prévenu ses proches. C'est comme si le Cahuzac intransigeant cachait le Cahuzac noir », conclut-il.

Julien Dray, au téléphone, le lendemain. Cash, comme à son habitude : « Hollande n'est pas assez protégé, pas assez renseigné, il lui manque des gens, déplore le conseiller de l'ombre. Moi, je suis débranché. Mais en mars 2012, Squarcini m'avait dit que Cahuzac était lié à des "circuits financiers". J'en avais averti Hollande. Il m'avait répondu : "Tu as des éléments ?" » Dray dit encore, à propos de l'ancien directeur du contre-espionnage : « On n'aurait pas dû virer Squarcini comme ça, en l'humiliant. Surtout qu'à la fin il s'est montré fiable, il a même bloqué deux affaires que certains voulaient monter, autour des enfants de Valérie. »

Intéressant tout de même. Ainsi donc Hollande aurait-il été sensibilisé au « risque Cahuzac » avant son élection... Il nous avait pourtant certifié n'avoir jamais été alerté. On lui pose la question, le 5 mai 2013.

Il dit ne pas se rappeler avoir été averti par Dray. « Je n'ai pas le souvenir qu'il l'ait fait, et quand bien même l'aurait-il fait en disant simplement : "Tu sais, Cahuzac..." Mais il n'a pas apporté le moindre élément qui m'aurait sauté à l'esprit... Ce qui est vrai, reprend-il, c'est que Julien Dray a des relations avec Squarcini, et ce qui vient de Squarcini, pour nous, n'est pas nécessairement une garantie. » Une observation qui traduit sa méconnaissance de l'univers policier. Les spécialistes savent que Squarcini, avant de tomber dans « les filets » sarkozystes, fut un grand flic, réputé être extrêmement bien renseigné. Obnubilé par le « côté obscur » de celui que l'on surnomme le Squale, Hollande n'a pas voulu entendre l'avertissement rapporté par Dray.

« Fabius m'a dit, puisque bien sûr je lui ai posé la question : "Je n'ai pas de compte en Suisse" »

Se sentant sans doute contraint de se justifier une nouvelle fois, il en profite pour nous redire n'avoir reçu « aucune alerte précise ». « Jamais, jamais, jamais, martèle-t-il. Ce qu'on aurait pu avoir, c'était des choses liées à l'enquête fiscale sur chaque membre du gouvernement. Mais son patrimoine, pour ce que j'en savais, n'apparaissait pas disproportionné. »

Durant ces semaines un peu folles, les rumeurs les plus étonnantes se répandent. Les médias traquent les fraudeurs fiscaux potentiels, les responsables politiques paniquent, et l'opinion publique n'y comprend plus grand-chose. Le 8 avril, *Libération* évoque en une, à propos de Laurent Fabius, l'existence de possibles avoirs dissimulés, en Suisse, en se fondant sur des investigations… que serait en train de mener Mediapart.

À l'Élysée, où l'affaire Cahuzac est vécue comme un traumatisme, c'est un peu panique à bord. La une de *Libé* ayant provoqué une polémique considérable, on n'a d'autre choix que d'interroger le chef de l'État sur ce point, malgré nos réserves – a priori, un journaliste n'évoque pas de rumeurs ni ne révèle les investigations menées par ses confrères. « Est-ce que vous avez demandé les yeux dans les yeux à Fabius s'il avait un compte en Suisse ? » questionne-t-on.

« Oui, bien sûr », répond Hollande sans hésiter. Il développe : « Lorsque Mediapart a été le voir, Fabius m'a prévenu. Et Fabius m'a dit, puisque bien sûr je lui ai posé la question : "Je n'ai pas de compte en Suisse, mais je me rends bien compte maintenant après l'affaire Cahuzac que cette dénégation ne suffit pas !" C'était à la fois pertinent et presque comique. Il m'a dit : "Je n'en ai pas, mais ce n'est pas ma parole qui compte, c'est la réalité." Il s'est organisé avec son avocat pour donner toutes les pièces, permettant à Mediapart de ne pas aller plus loin ; il y avait aussi *Le Canard*. Et quand il s'est agi de publier son patrimoine, Fabius l'a fait sans barguigner. »

Fausse alerte pour l'exécutif donc, mais qui témoigne de la fébrilité ambiante. Cette affaire Cahuzac est dangereuse par les dommages collatéraux qu'elle provoque.

François Hollande a tiré plus d'un enseignement du scandale. Comme si cette histoire l'avait dessillé, lui faisant prendre conscience de l'ingratitude de sa fonction. « C'est la règle sous la Ve République : je ne suis pas responsable de tout, je suis coupable de tout ! résume-t-il. Il y a un manquement, un défaut ? Celui qui incarne le système doit l'assumer. Cahuzac a fraudé ? C'est comme si c'était moi. Et à travers moi, comme si la gauche avait fait défaut, avait été elle-même coupable, alors que c'était un individu. Bien sûr qu'un individu peut être coupable, la question c'est de savoir comment on traite cet individu. Dans toute collectivité humaine, même la plus irréprochable, il y a toujours quelqu'un qui peut faillir. Ce qui compte, c'est de savoir comment le reste de la collectivité peut réagir. Le pape n'est pas responsable des actes pédophiles, mais il le serait s'il ne les sanctionnait pas. » L'occasion est trop belle, on ne la rate pas : « Sauf que le pape est crédité, pas vous ! »

« Oui », approuve-t-il tristement.

De fait, François Hollande doit traîner cette histoire comme un fardeau, l'opinion ayant principalement retenu que le ministre du Budget du président de la « République irréprochable » était accusé d'avoir été un fraudeur fiscal. Le fait, par exemple, que la justice ait pu investiguer en toute indépendance n'est absolument pas mis à son crédit. Ni, plus généralement, son combat contre l'impunité dont peuvent jouir parfois les hommes politiques. Il prône la tolérance zéro, en la matière. Pour les ministres en tout cas.

« Imaginons que Cahuzac n'ait pas avoué son forfait, eh bien, il serait quand même sorti du gouvernement, explique Hollande. Je considère que quelqu'un ne peut pas rester au gouvernement quand il est mis en examen, quand bien même à la fin serait-il relaxé ou bénéficiaire d'un non-lieu. Et pour un président de la République, c'est encore plus grave parce qu'il bénéficie de l'immunité, donc la justice ne peut jamais passer. » L'immunité présidentielle, précisément, le candidat Hollande ne s'était-il pas engagé à y mettre un terme ?

« Si, admet-il, je l'avais dit, ça n'a hélas pas été suivi. C'est vrai que c'est quand même très compliqué. Imaginons qu'on la lève : autant d'un point de vue civil c'est facile, autant d'un point de vue pénal c'est compliqué, car cela veut dire qu'un juge peut démissionner un président de la République. »

Mais dans ce cas-là, pourquoi avoir fait cette promesse ?…

L'affaire Cahuzac a au moins eu une vertu, celle d'accélérer les mesures visant à renforcer la probité des élus. Loi sur la transparence de la vie publique, création d'une haute autorité, d'un parquet national financier, d'un office anti-corruption…

Toutes ces initiatives étaient de toute façon vouées à être prises rapidement, à en croire Hollande. « On l'a fait dans le traumatisme, explique-t-il. Mais de toute manière, on aurait été plus loin sur la transparence puisque c'était dans le rapport Jospin sur les conflits d'intérêts [de novembre 2012], avec une haute autorité pour en décider, et il y avait eu le rapport Sauvé sur la déontologie [en 2011]… Donc, cela a simplement accéléré un processus. »

Les parlementaires ont été unanimes pour condamner Cahuzac, mais plus du tout au moment de voter la loi prévoyant de contraindre les élus à publier leurs déclarations d'intérêts et de patrimoine ! « Il y a des peurs instinctives, confie le chef de l'État au printemps 2013. Il y a aussi l'idée, par exemple sur l'amnistie, que les politiques sont toujours accusés, qu'on leur fait payer le prix de fautes collectives qui ont pu être commises il y a des années… »

La loi sur la moralisation de la vie politique a provoqué la grogne de nombreux élus, jusqu'au plus puissant d'entre eux, le socialiste Claude Bartolone, président de l'Assemblée nationale. « C'est vrai que c'est très injuste pour les députés et les sénateurs, au motif qu'un ministre, par ailleurs anciennement député, a commis une faute, d'être amenés à publier leurs patrimoines, concède le président. Mais on peut se dire la même chose pour les ministres : ils n'y étaient pour rien dans l'histoire Cahuzac, et on leur a demandé de publier leurs patrimoines. »

François Hollande tente de positiver – il sait si bien faire. Et si, finalement, l'affaire Cahuzac était un mal pour un bien ? « Ce qui compte c'est que, dans cette histoire, on puisse avoir un progrès, assure-t-il. Quel est le progrès ? C'est qu'on puisse vérifier si, entre le début et la fin d'un mandat, il y a eu un enrichissement, anormal. Il ne s'agit pas de le faire comme s'ils étaient suspects, mais de dire : dans l'intérêt de tous, parlementaires, ministres, responsables publics, on va maintenant – peut-être à tort – vers une exigence de transparence. »

François Hollande ne croyait pas si bien dire, ce 5 mai 2013.

Cette salutaire « exigence » va faire des dégâts.

4
Les boulets

Soyez polis envers tous, mais intimes avec peu ; choisissez-les bien avant de leur faire confiance.

George Washington

Certes, ce n'est qu'un minuscule détail.

Mais il nous interpelle.

Ce jeudi 7 juin 2012, nous sommes dans le bureau d'Aquilino Morelle. Une secrétaire s'approche du tout nouveau conseiller en communication du président de la République et lui tend une chemise cartonnée, de couleur jaune, contenant une note destinée au « PR ». Morelle grimace. Il lâche sèchement : « Jaune pâle, je n'aime pas, ça fait hôpital. Rouge, ce serait mieux. » La secrétaire ne moufte pas. Avant de prendre congé, elle promet qu'elle veillera à changer la couleur des pochettes.

Nous échangeons un regard. Le pouvoir, ça transforme donc les hommes si rapidement ? Cette anecdote nous reviendra à l'esprit, deux ans plus tard, au moment de la chute du conseiller Morelle, coupable de s'être pris les pieds dans une boîte de cirage…

Aquilino Morelle donc, mais aussi Kader Arif, Faouzi Lamdaoui, Thomas Thévenoud… Autant de personnalités liées au pouvoir, proches de Hollande pour la plupart, dont les errements, ajoutés au choc Cahuzac, ont sérieusement écorné la fameuse République irréprochable tant vantée pendant sa campagne par le chef de l'État. À qui la faute ? Aux hommes qui ont failli, comme le pense Hollande ? Ou au président lui-même, trahi par ses fidélités mais aussi son aveuglement ?

Les deux, sans doute.

C'est le 4 mai 2012, au café de Flore, que nous avons discuté pour la première fois avec Aquilino Morelle. La victoire était proche, l'enthousiasme aussi. Nous l'avions croisé plusieurs fois durant la campagne, dans l'ombre du candidat Hollande dont il était la plume. Énarque au parcours atypique, cultivé et chaleureux, excellent connaisseur des arcanes du Parti socialiste et des méandres de la pensée hollandaise, Morelle, pour les médias, c'est le « bon client » par excellence, toujours prêt à rapporter l'anecdote qui fera la différence. Proche de Montebourg, le confident préféré des journalistes est logiquement bombardé, le 15 mai 2012, conseiller politique du nouveau président. Il avait occupé un poste similaire à Matignon, auprès de Lionel Jospin, entre 1997 et 2002. Dans les faits, Morelle devient le « Monsieur off » de l'Élysée, chargé de traduire et décrypter dans les médias, au jour le jour, la pensée et l'action présidentielles. À condition, bien sûr, de ne pas être cité nommément. Nous lui avons rapidement expliqué que nous ne recourions jamais aux citations anonymes, et que le contenu de nos échanges avait vocation à être publié, ce qu'il a immédiatement intégré.

Aquilino Morelle comprend vite, généralement.

Ce 7 juin, rayonnant dans son nouveau bureau, il nous explique que Hollande « avait besoin d'un conseiller politique, mais d'une compagnie, aussi. Ça paraît bête, mais c'est important ». Dithyrambique, il ne tarit pas d'éloges sur le nouvel hôte de l'Élysée, « bluffant », « extrêmement intelligent », n'ayant « fait aucune faute » pour ses débuts… « D'ailleurs, conclut-il, la droite, qui espérait qu'il commette une erreur et ne soit pas au niveau, est sidérée. » Nous aussi un petit peu, quand même… Tant de flatteries en est presque suspect. Deux ans plus tard, c'est le même homme qui aurait, à en croire *Le Canard enchaîné*, traité de « salaud » François Hollande, coupable de l'avoir congédié. « C'est faux, il n'a pas employé ce terme », réfute le chef de l'État, questionné le 2 mai 2014, quinze jours après la disgrâce du conseiller.

« Je pense que tu ne peux pas rester. Donc il y a deux solutions, soit tu adresses ta démission, soit je le ferai moi-même... »

Le 17 avril 2014, Mediapart a révélé que Morelle, médecin de formation, a conseillé des laboratoires pharmaceutiques alors qu'il exerçait à l'Inspection générale des affaires sociales (IGAS). L'article fait surtout état du comportement discutable, à l'Élysée, du conseiller, accusé d'utiliser les moyens de la République pour son usage personnel. Il est épinglé pour avoir fait venir, dans son bureau, un cireur afin de bichonner ses jolis souliers, dont il fait collection.

Parfaitement anecdotique, l'information est symboliquement ravageuse. Dès le lendemain, 18 avril, le conseiller politique est contraint de renoncer à ses fonctions. Un an après le Dr Cahuzac, le Dr Morelle est prié de déguerpir au plus vite. Hollande n'a pas de chance avec les médecins…

Et une nouvelle fois, il est condamné à subir les événements.

Il raconte : « J'étais en déplacement au Mexique quand Aquilino m'a annoncé : “Il y a un papier qui se prépare.” Il m'a dit : “C'est à la fois des rumeurs sur mon comportement ici et sur l'industrie pharmaceutique, mais je ne vois pas très bien ce qu'ils peuvent trouver." Bon, le papier sort. Je le lis. Le papier est dérangeant, quand même. C'est-à-dire qu'il y a une partie où, à la limite, c'est sur sa vie : est-ce qu'un conseiller a le droit d'aller au hammam, de faire du sport, de se faire masser... Bon, ça, moi je considère que c'est la vie. Et même s'il le fait une matinée, s'il travaille le soir, je ne vois pas le problème. Après, l'histoire des chaussures, c'est vraiment le symbole très très fâcheux... »

Mais, comme dans le cas de Jérôme Cahuzac, n'a-t-il rien vu venir ? La propension de Morelle à se comporter en « petit marquis » n'est pas nouvelle. Rappelant son passé aux côtés de Lionel Jospin, entre 1997 et 2002, notre consœur du *Journal du dimanche*, Cécile Amar, écrivait dès janvier 2012 que, « à Matignon, Aquilino toisait ses interlocuteurs, les Weston sur la table. Émerveillé par le pouvoir, il ne voyait même plus qu'il déjantait ». Et depuis mai 2012, dans les couloirs de l'Élysée, la réputation de la plume du président ne s'était pas franchement améliorée. « Non, je n'étais pas au courant, assure pourtant Hollande. Je savais qu'il avait des petits problèmes... Une de ses secrétaires avait dit qu'il y avait eu quelques... disons, une gestion, comme ça, de ses affaires personnelles... Bon, ça peut arriver. »

On insiste : « Vous n'avez pas eu le sentiment que sa tête avait un peu enflé ? – Oui, concède-t-il, j'avais eu ce sentiment depuis longtemps. Mais il y avait chez lui comme une forme de reconnaissance... »

Après l'article de Mediapart, Hollande pense que l'histoire de l'IGAS (Morelle soutenant que l'Inspection avait été mise au courant par courrier, en 2007, de ses activités de consultant) risque de virer au mauvais feuilleton. « Avec ça, ils ne te lâcheront pas », lance le chef de l'État à son collaborateur. « Je lui ai dit : "Je pense que tu ne peux pas rester. Donc il y a deux solutions, soit tu adresses ta démission, soit je le ferai moi-même." Sans être désagréable, il a plutôt résisté, en disant : “C’est très injuste, cette affaire ne va pas prendre...” Je lui ai répondu : “Non, elle ne retombera pas.” » En effet, non seulement l’IGAS va démentir avoir été informée par Morelle, mais le parquet national financier (PNF) et la Haute Autorité pour la transparence de la vie publique (HATVP) vont ouvrir des enquêtes – qui, en définitive, ne donneront rien.

Selon Hollande, Morelle, bien déterminé à sauver sa peau, a été plaider sa cause auprès de Valls, avec qui il entretient d’excellentes relations depuis leur passage commun au cabinet de Jospin, à Matignon, quinze ans auparavant. Hollande : « J’ai appelé Manuel Valls, je lui ai dit : “Je pense qu’il faut lui conseiller, dans son propre intérêt – pas dans le nôtre – de démissionner.” Et à midi, alors que j’étais en déplacement à Clermont, je dis à Aquilino, qui était avec Jouyet : “Maintenant, soit tu donnes ta démission, soit on trouve autre chose.” Et il m’a dit : “Je donne ma démission.” Ce qu’il a fait... »

Pour Jean-Pierre Jouyet, intronisé secrétaire général de la présidence quelques jours auparavant, c’est un rude baptême du feu. « Le lendemain [de son arrivée à l’Élysée], le soir, on était face à nos assiettes tous les deux, raconte Jouyet. Il [Hollande] me dit : “Qu’est-ce qu’on fait ?” Je lui dis : “Écoute, pour connaître un peu les corps d’inspection, s’il a été payé par un laboratoire pour faire une enquête, que ce soit 300 euros, 500 euros ou 1 000 euros, ça ne marche pas.” » Jouyet l’assure, Hollande « n’avait pas intérêt à virer Morelle, contrairement à ce qui a été dit. Il connaît quand même l’influence politique d’Aquilino. Ce n’est pas son intérêt à lui, mais une fois qu’il fallait couper »...

Précédent Cahuzac oblige, le chef de l’État n’a pas perdu de temps, cette fois. En moins de quarante-huit heures, le sort du conseiller a été réglé. Mais cette réaction ultrarapide n’empêche pas la presse d’ironiser, évidemment, sur la « République irréprochable » promise par le candidat Hollande. « Non, s'agace-t-il. Ce qui serait une entorse à la République irréprochable, cela serait de le garder. J'entends cet argument, mais la République irréprochable, ce n'est pas avoir des entourages eux-mêmes irréprochables. »

De lui-même, il fait l'analogie avec l'affaire Cahuzac. « Cela aurait été une atteinte à la République irréprochable si j'avais essayé, pour l'histoire Cahuzac, d'empêcher la justice de travailler. Et après que la justice a travaillé – sans avoir apporté la preuve, mais elle avait déjà un indice –, garder Cahuzac aurait été une atteinte à la République irréprochable. Quant à Aquilino Morelle, c'eût été une atteinte à la République irréprochable que de dire, bon, tout ça n'est pas grave, il peut rester... Non, il devait partir. » En clair, là où l'immense majorité des observateurs – et, plus grave, la plupart des Français – voient dans ces deux affaires, certes très différentes, les symptômes de sérieux dysfonctionnements au sommet de l'État, lui au contraire les juge révélatrices d'une gouvernance vertueuse...

Hollande ou le mal(-)entendu permanent.

Dans tous les cas, une nouvelle fois, le président de la République est trahi. « C'est différent, assure-t-il. Cahuzac, c'est une vraie trahison puisque lui, il me ment effrontément. Aquilino ne m'a pas menti. Si Aquilino m'avait dit : "Si, si, j'ai envoyé cette lettre, cette lettre est arrivée à l'IGAS...", d'accord. Mais il m'a dit : "Je ne sais plus ce qu'elle est devenue..." Il ne m'a pas menti », répète encore Hollande, comme s'il cherchait à se convaincre lui-même en édulcorant la responsabilité de son ex-collaborateur.

Sur l'épisode du cireur, dont il dit n'avoir jamais été informé, il n'est pas loin, d'ailleurs, de le dédouaner, évoquant une simple « maladresse ». « C'est difficile de dire à quelqu'un : "Je considère que tu n'as pas à faire cirer tes chaussures", analyse-t-il. Il pourrait dire : "Mais si j'avais fait venir un coiffeur, est-ce que ç'aurait été plus grave ?" Ce ne sont pas des métiers interdits. Ce n'est pas une péripatéticienne qui vient... C'est une activité légale, et surtout, ce n'est pas l'Élysée qui a payé. Il n'y a pas de procédure judiciaire contre les conseillers qui se font cirer leurs chaussures... Alors on se dit : pourquoi avoir une addiction pour les chaussures ? C'est vrai que c'est une addiction. C'est étrange ! Maintenant, jusqu'où doit aller l'enquête journalistique ? C'est quand même un problème. Si le cireur avait été payé par l'Élysée, la question ne se posait pas, ça méritait la sanction tout de suite. Mais là... Je ne sais pas, journalistiquement, je me pose la question quand même... »

Le chef de l'État conclut son raisonnement : « La faute, c'est de le faire sur son lieu de travail. Et je dirais la même chose s'il avait fait venir à l'Élysée un coiffeur ou un coach sportif. J'aurais dit, ce n'est pas le lieu. »

S'ils n'en sont apparemment pas venus aux insultes, la rupture a toutefois été assez rude, entre deux hommes également blessés. « J'ai dit à Aquilino : de toute façon, c'est à moi que ça fait mal. Parce que tout revient vers moi. Il y a eu une autre histoire, celle de Yamina Benguigui », rappelle le chef de l'État. Il fait allusion à la secrétaire d'État à la francophonie du gouvernement Ayrault, épinglée par la HATVP en mars 2014 pour ses déclarations de patrimoine incomplètes. « Ça n'a pas pris, et puis le remaniement a fait que la question ne s'est pas posée, observe-t-il. Mais ce serait forcément venu, à un moment ou à un autre... Tout me touche. Toute incartade, toute faiblesse. C'est pour ça que j'ai dit à Manuel, quand on a composé le gouvernement : "Il faut que tu sois sûr de chacun..." »

« Ayrault s'était plaint d'Aquilino Morelle, en disant : "Il me débine auprès des journalistes, il met en cause Matignon" »

Quant à Morelle, en ce mois de mai 2014, il appartient déjà au passé aux yeux de François Hollande, qui a érigé la résilience en mode de gouvernance, voire de vie. « Qu'est-ce que faisait Aquilino ? s'interroge-t-il. Il voyait essentiellement les journalistes. Quand on dit "la plume de François Hollande" [il rit], ce n'est pas la plume de François Hollande, puisqu'il n'écrit pas les discours ! Il suivait les sondages qui étaient publiés, il recevait les journalistes et quelques intellos, et il m'en faisait rapport. Et puis il participait aux réunions… » D'ici à ce qu'il nous parle d'un emploi fictif, il n'y a pas loin ! On en profite pour lui faire observer, que vu le nombre de papiers très négatifs publiés sur lui depuis le début du quinquennat, c'est à se demander si Morelle lui a servi à quelque chose. Il éclate de rire : « Ah, ah, oui ! Mais je ne voudrais pas lui imputer… On verra, peut-être que son départ entraînera de meilleurs papiers ! »

Sur ce point, les éventuels espoirs du président seront rapidement douchés.

Redevenu sérieux, Hollande explique que « ce qui n'était pas bien fait, mais ce n'est pas Aquilino qui en porte nécessairement la responsabilité, c'est le travail avec la presse de tous les jours ». « Je pense que ce qu'il faisait – ça ne partait pas d'un mauvais sentiment –, aller voir les chroniqueurs et les journalistes, disons d'un certain statut, ne sert absolument à rien. C'est de la mondanité politique, mais ça ne change pas l'orientation. Ce qu'il faut faire, ce qui compte, c'est traiter les correspondants de tous les jours. Ceux qui font les papiers, quand même ! »

Et puis, Morelle posait aussi un souci purement politique, ce dont le chef de l'État ne disconvient pas. « C'est vrai qu'il avait une ligne proche de Montebourg sur le plan politique, tout en voulant Valls comme Premier ministre », analyse-t-il. « Ayrault, révèle-t-il encore, s'était plaint d'Aquilino Morelle, en disant : "Il me débine auprès des journalistes, il met en cause Matignon, il fait la campagne de Montebourg sur Florange, il fait l'apologie de Valls..." Il m'avait dit : "Vraiment, je souffre de ne pas avoir d'échos de l'Élysée – en l'occurrence d'Aquilino Morelle – qui soutiennent la politique que nous conduisons." »

Morelle n'a pas digéré son éviction. Il estime même avoir été victime d'une cabale. Interviews au napalm, livre-règlement de comptes... L'ancien conseiller s'est lâché, au cours de l'année 2015. Jouyet n'a pas été surpris. En septembre 2014, il nous confiait ceci : « Macron quand il est parti [il a quitté en août 2014 le secrétariat adjoint de l'Élysée pour devenir ministre de l'Économie] m'a dit : "Montebourg va vous taper sur la gueule. Ça va aller en s'accélérant." Morelle m'a dit la même chose. Je l'ai vu ici, c'était les journées de la musique. » Ce 21 juin 2014, Morelle lui aurait lâché, menaçant : « Si on ne m'a pas retrouvé quelque chose d'ici au mois de septembre, Jean-Pierre, je te préviens, je ne te rappellerai plus, ça va chier... »

Le ressentiment de Morelle n'a fait que croître après qu'il a été blanchi dans l'affaire de l'IGAS. L'enquête du parquet financier a en effet été classée sans suite, en mars 2015, le confortant dans l'idée qu'il n'avait rien à se reprocher. Or, c'est bien sur ce soupçon de « prise illégale d'intérêts » que le chef de l'État avait fondé sa décision de se débarrasser de son conseiller en communication...

Fin 2014, revenant sur l'affaire, Hollande nous avoue d'ailleurs que « le comportement » de Morelle « n'aurait pas justifié » à lui seul son éviction. « Il a fait venir quelqu'un qui cirait ses chaussures, ce n'était pas bien, mais pas justifiable en soi d'un remerciement, ce n'est pas vrai. Cela aurait été pris plutôt comme un comportement saugrenu que comme un manquement à une règle. »

Si nous évoquons de nouveau le cas Morelle, ce 29 décembre 2014, c'est qu'entre-temps d'autres proches de Hollande ont été publiquement mis en cause. Secrétaire d'État chargé des anciens combattants, Kader Arif a dû démissionner, le 21 novembre 2014, après l'ouverture d'une enquête préliminaire visant des marchés publics qui auraient profité à ses proches. Quelques jours plus tard, le 3 décembre 2014, Faouzi Lamdaoui, conseiller de François Hollande à l'égalité et à la diversité, quittait à son tour son poste, soupçonné d'abus de biens sociaux. Sans compter le choc provoqué, début septembre 2014, par la démission du secrétaire d'État chargé du commerce extérieur, Thomas Thévenoud, coupable d'avoir omis de déclarer ses impôts... Le tout, donc, quelques mois après le séisme Cahuzac, dont les répliques semblent inépuisables.

Pour Hollande, c'est comme si le même mauvais rêve se répétait à l'infini.

Lui, bien sûr, refuse de généraliser, préférant évoquer la loi des séries, pointer des dérives individuelles plutôt qu'une faillite systémique. S'agissant des déboires de Faouzi Lamdaoui, qui fut longtemps son « homme à tout faire », repassant ses costumes ou conduisant sa voiture, Hollande n'est pas très disert, signe chez lui d'un embarras certain. À l'Élysée, le conseiller à la diversité s'est rapidement « distingué ». Il s'était vu attribuer une protection policière, qui, selon *Charlie Hebdo*, lui fut retirée après qu'il eut demandé à un fonctionnaire d'aller quérir pour lui une viennoiserie. Plus ennuyeux, diverses plaintes, pour « travail dissimulé » et « faux » notamment, ont été déposées par un ancien chauffeur de Hollande, Mohamed Belaïd, et ont donné lieu à l'ouverture de deux enquêtes préliminaires en mai 2012. La première, concernant d'éventuels non-paiements de salaires et visant aussi bien Hollande que Lamdaoui, est classée sans suite fin 2012. La seconde, en revanche, va prospérer. Selon Mohamed Belaïd, sa compagne Naïma a été utilisée, à son insu, comme « femme de paille » par Lamdaoui pour gérer la société Alpha.

En juin 2014, *L'Express* révèle que les policiers ont découvert que la société Alpha, dont Lamdaoui serait le gérant de fait, a été le théâtre d'irrégularités. Ce dernier est convoqué une première fois par la police judiciaire au mois de juin 2014. Dans l'entourage du chef de l'État, on le presse de se décharger rapidement du fardeau Lamdaoui. Hollande fait la sourde oreille. En novembre 2014, Lamdaoui est une nouvelle fois interrogé par la police et, début décembre, le parquet annonce son renvoi en citation directe devant le tribunal correctionnel pour « abus de biens sociaux ». Dans la foulée, il est donc débarqué.

Pourquoi avoir tant attendu, les alertes n'ont-elles pas été suffisamment nombreuses ?

« Il y avait déjà eu une affaire classée, celle du chauffeur, celle-là pouvait l'être aussi, il y avait aussi eu cette histoire de croissants, alors… », tente de se justifier le chef de l'État. « Il y a une règle, rappelle-t-il, quand un conseiller, a fortiori un ministre, est dans une procédure judiciaire, il démissionne. Lamdaoui est cité en correctionnelle, il démissionne. Ce n'est pas parce qu'il est supposé être cité devant le tribunal que l'on va anticiper sur une décision qui n'est pas prise. Ce serait quand même un peu gênant… » Hollande le concède malgré tout, évincer Lamdaoui au début de l'enquête aurait été, pour le pouvoir, « sans doute plus protecteur, et pour lui [Lamdaoui] plus difficile encore à vivre ».

« Faouzi, conclut le président, c'était son passé, ce sont des faits qui sont antérieurs à sa nomination à l'Élysée, je ne sais pas exactement ce qu'il a fait. Après, je ne sais pas ce que donnera la citation, je n'en sais absolument rien. » Pas grand-chose en l'occurrence. L'affaire, en effet, a connu un épilogue inattendu : défendu par l'ami du chef de l'État, Jean-Pierre Mignard, Faouzi Lamdaoui a été relaxé pour vice de forme par le tribunal correctionnel de Paris, en novembre 2015. Le mois précédent, à l'audience, le procureur avait requis dix-huit mois de prison avec sursis contre l'ex-homme à tout faire de François Hollande, épinglant des « pratiques de voyou qui doivent être sanctionnées ». Mais le tribunal s'est refusé à examiner le fond du dossier, estimant que l'accusation n'avait « pas respecté les exigences d'une procédure équitable ».

« Quand j'ai dit "République exemplaire", c'est ça l'exemplarité. Tout est suivi d'effet, personne n'est protégé... »

S'il est moins proche de François Hollande que ne l'était Faouzi Lamdaoui, Kader Arif fait – au moins indirectement – peser sur le chef de l'État une menace bien supérieure. L'affaire qui a conduit le secrétaire d'État aux anciens combattants à démissionner, en novembre 2014, pourrait en effet rejaillir sur le financement de la campagne présidentielle de Hollande en 2012... Elle débute au début du mois de septembre 2014 lorsque des élus UMP déposent auprès du procureur de Toulouse un signalement faisant état d'« anomalies » (contrats aux montants élevés, absence de mise en concurrence...) dans les marchés passés, entre 2009 et 2012, par la région Midi-Pyrénées, alors dirigée par le socialiste Martin Malvy, avec deux sociétés spécialisées dans l'événementiel, AWF Music, liquidée au printemps 2014, puis AWF. Les associés de ces SARL sont situés dans le très proche entourage familial de Kader Arif – son frère, sa belle-sœur et ses neveux. Le parquet de Toulouse ouvre alors une enquête préliminaire, bientôt transférée au parquet national financier (PNF).

Kader Arif a beau se dire « révolté » de voir son nom cité dans des affaires « qui ne [le] concernent absolument pas », il doit vite déchanter : le 6 novembre 2014, la police perquisitionne son bureau au ministère de la Défense, sous la tutelle duquel est placé le secrétariat d'État aux Anciens combattants. Les enquêteurs ont en effet découvert que la société All Access, dans laquelle les neveux d'Arif sont également associés, a signé en février 2014 un contrat avec le bureau de la propriété intellectuelle du ministère de la Défense. Comme le précise *Le Monde* le 28 novembre 2014, la mission assignée à All Access consiste en des prestations d'accompagnement, du *media-training* et une simulation de crise au profit du ministre délégué en charge des anciens combattants. Soit Kader Arif lui-même, soupçonné du coup de favoritisme.

« C'est parce qu'il y a eu une perquisition qu'on a procédé à son départ, Manuel Valls et moi, relate Hollande. Là aussi, on ne sait pas quelle sera la suite, mais le fait même qu'il y ait une perquisition au ministère fait que ce n'est pas possible qu'il reste… » N'aurait-il pas été plus sage, là encore, de prendre les devants, et de se débarrasser de l'encombrant ministre plus tôt ?

« Le Drian le savait, fin août, qu'il y avait ce problème sur un contrat, même si c'était légal, car en dessous du seuil de passation des marchés, répond-il. Mais dès lors qu'il y a eu l'opération de justice, Arif a été prévenu : il faudra attendre le 11 novembre, et après il faudra partir. » Le président de la République a préféré laisser passer les cérémonies de l'armistice avant d'annoncer le départ du secrétaire d'État aux Anciens combattants, à l'égard de qui il semble faire preuve de sa mansuétude habituelle. « Kader, dit-il, il y a une imprudence, une légèreté, pas gravissime. Même si c'était légal. Dans le système politique d'aujourd'hui, faire travailler son frère est un problème. Il y a des années, faire travailler son frère voire avoir son frère comme collaborateur, c'était possible. Aujourd'hui c'est difficile, même impossible. Tout manquement, qui n'est même pas illégal, à une règle, mais qui paraît être une légèreté, est considéré comme blâmable. »

On le sent bien, au fond de lui, François Hollande, qui reste un homme politique de la « vieille génération », ne se reconnaît pas vraiment dans cette évolution des mentalités.

Bien sûr, comme toujours, il tente de positiver. « C'est parce que la transparence fonctionne, que les règles sont appliquées, qu'il y a après des conséquences qui ne sont pas forcément heureuses, observe-t-il. On dit : "Ah, quand même, c'est la troisième, la quatrième démission..." Oui, et c'est sain. Et coûteux. C'est le prix de la rectitude, de l'exemplarité. Après tout, Arif, on pourrait très bien dire, tant qu'il n'est pas mis en examen, on le garde... » Il est incontestable qu'à chaque fois François Hollande, même tardivement, a tranché dans le vif, sacrifiant sans le moindre état d'âme le supposé « fautif ». La question est plutôt de savoir pourquoi, en amont, il s'est montré incapable de déceler les ennuis à venir, les soucis potentiels... « Mais personne ne fait des enquêtes, heureusement ou malheureusement, sur le passé ou le comportement des uns ou des autres », se défend-il.

Il tente de prendre du recul, d'expliquer cette éclosion de mini-scandales éclaboussant l'exécutif, en reprenant les arguments utilisés pour Cahuzac : « Ce que je pense, c'est que tout est maintenant au jour quand on est au pouvoir, alors que, quand on est dans l'opposition, tout est encore obscur. Le pouvoir fait que vous êtes exposé. Le président, par définition, mais tous les membres du gouvernement, ses principaux collaborateurs, sont exposés. Il faut savoir, même si ce n'est pas encore clair dans la tête de beaucoup à gauche comme à droite, que tout ce qui sera à la limite sera connu. Et c'est bien. Quand j'ai dit "République exemplaire", c'est ça l'exemplarité. Tout est suivi d'effet, personne n'est protégé. »

La preuve par l'absurde, en quelque sorte : la multiplication des « affaires » visant son entourage serait finalement réconfortante...

Le limogeage de Kader Arif n'a pas tout réglé. Car l'enquête judiciaire, confiée fin 2015 à des juges d'instruction, fait désormais figure d'épée de Damoclès pour le président de la République. En cause cette fois, des prestations, pour un montant de 700 000 euros, facturées par la société AWF Music (créée par Aissa Arif, le frère de Kader) au candidat Hollande, d'abord lors de la primaire socialiste, à l'automne 2011, puis début 2012 dans le cadre de la campagne présidentielle. A priori, rien d'illégal. Mais lorsque des juges commencent à fouiller...

En février 2016, nous avons questionné le chef de l'État sur ce point précis. « Ce qui est vrai, c'est que le frère de Kader Arif a été sollicité, pour la primaire, pour faire quelques sonorisations de meetings, nous a-t-il répondu. Je pense que tout a été déclaré. Ensuite, il a été utilisé pendant la campagne présidentielle, et comme ce n'était pas satisfaisant – il y a eu à un moment une panne de sonorisation –, il a été écarté. La rupture du contrat qu'il avait avec le Parti socialiste, c'est vrai, a été prise en charge par le Parti socialiste. » Comme l'a écrit Mediapart fin novembre 2014, le PS avait versé 85 000 euros de dédommagement à AWF Music.

« Après, reprend Hollande, ça a dû être inscrit dans le compte de campagne. De toute façon, c'est indifférent parce que nous, on n'avait pas atteint le plafond, après je ne peux pas savoir si ça devait l'être ou ne pas l'être, inscrit dans le compte de campagne. Il était en prestation avec le Parti socialiste, le Parti socialiste a fait son affaire… »

« Moi, je n'ai pas signé les chèques, donc je ne peux pas dire que Sarkozy les a signés, mais à un moment, on sait »

Il semble plutôt serein, et en profite au passage pour adresser une pique à Nicolas Sarkozy, dont le dépassement ahurissant du compte de campagne, masqué par des fausses factures, a été mis au jour par l'affaire Bygmalion. « Même en intégrant la somme de 85 000 euros dans mes comptes, ça n'aurait rien changé, reprend-il donc. La Commission des comptes de campagne, ce qu'elle a fait apparaître, c'est que Sarkozy avait dépassé son plafond, et pas nous. De toute façon, on n'a pas dépassé le plafond et on n'avait pas de raison de le dépasser, alors que pour Nicolas Sarkozy ce n'est pas simplement un dépassement de plafond, le problème, c'est qu'il a dépassé de 18 millions… C'est de la fausse facturation, ce qui est un autre débat. »

Dès juin 2014, le chef de l'État s'était montré particulièrement sévère : « Sarko peut dire, ça a été fait dans une campagne, mais enfin, il y a des règles ! Quand un président de la République sortant viole la loi… Finalement, ce qu'on va découvrir, c'est que Bygmalion, c'est un système. C'est une pieuvre. »

« Les boîtes, conclut Hollande, dans les périodes de campagne, plus vous improvisez, plus ça vous coûte cher. Pour Bygmalion, je pense qu'ils ont surfacturé, et en même temps, ils ont sous-évalué. Moi, je n'ai pas signé les chèques, donc je ne peux pas dire que Sarkozy les a signés, mais à un moment, on sait. Parce qu'il y a quelqu'un qui vous dit : "Là, on ne peut pas, on va être repérés." Parce qu'il y a la Commission des comptes, le Conseil constitutionnel… »

Selon le chef de l'État, tenter de le mettre en cause à travers l'affaire AWF, « c'est jeter le discrédit, finalement ». « On dit : "Mme Le Pen avait son microparti, et M. Hollande, il avait un type dont il s'est séparé qui était le frère de Kader Arif..." Le problème, ce n'est pas qu'il soit le frère de Kader Arif. Il était mauvais, voilà ! C'est pour ça que je ne me réjouis jamais de ces affaires. C'est la politique qui est salie. »

Salie, la politique, et notamment celle conduite par le pouvoir socialiste, l'a encore été au moment de l'étonnante affaire Thévenoud. À la rentrée 2014, toute la France s'est gaussée des déboires et de la « phobie administrative » de l'éphémère secrétaire d'État chargé du commerce extérieur, de la promotion du tourisme et des Français de l'étranger. Un titre à rallonge pour une expérience fugitive.

Nommé le 26 août 2014 dans le gouvernement Valls II, le député de Saône-et-Loire en démissionne neuf jours plus tard, le 4 septembre, « à sa demande et pour des raisons personnelles », comme l'indique très pudiquement un communiqué de l'Élysée. En réalité, il a tout simplement oublié de payer ses impôts – parmi d'autres « omissions » – plusieurs années de suite. Thévenoud est l'une des victimes de la redoutablement efficace Haute Autorité pour la transparence de la vie publique (HATVP) voulue par François Hollande. Depuis octobre 2013, la loi dispose que « tout membre du gouvernement, à compter de sa nomination, fait l'objet d'une procédure de vérification de sa situation fiscale au titre de l'impôt sur le revenu et, le cas échéant, de l'impôt de solidarité sur la fortune ».

« Dans quelques mois, regrette Hollande début 2015, on n'aurait pas posé la question de savoir si l'on prenait Thévenoud ou pas, parce que la Haute Autorité nous aurait signalé le problème en amont. Là, elle s'est mise en mouvement une fois qu'il était nommé. » En effet, suivant les recommandations du très complet rapport du président de la HATVP Jean-Louis Nadal – rapport passé inaperçu car remis le 7 janvier 2015, jour de l'attentat contre *Charlie Hebdo* –, François Hollande a décidé qu'il faudrait désormais procéder aux vérifications sur la situation fiscale et les éventuels conflits d'intérêts des ministres et hauts fonctionnaires avant leur nomination et non après.

Reste à comprendre, encore une fois, comment l'exécutif a pu nommer ministre un homme réputé avoir de sérieuses difficultés à régler ses factures… « C'est un négligent, irresponsable compte tenu du mandat qui est le sien », le blâme Hollande, avec qui nous abordons le sujet, au cours d'un dîner, le vendredi 5 juin 2015. Une raison à cela : cinq jours auparavant, nous avons révélé dans les colonnes du *Monde* que Bercy avait déposé plainte pour « fraude fiscale » contre l'ex-secrétaire d'État.

« C'est au terme d'une réunion organisée le 19 mai que la CIF a décidé de déposer plainte contre Thomas Thévenoud et sa compagne, écrivions-nous. Autorité administrative, la Commission des infractions fiscales est la seule instance habilitée, lorsqu'elle le juge nécessaire, à saisir la justice en cas de fraude fiscale manifeste. Nombre de contribuables indélicats rattrapés par l'administration fiscale échappent à des poursuites judiciaires. La plainte dont vient d'être saisi le parquet de Paris traduit donc une volonté politique forte, celle de Bercy en l'occurrence, désireux de voir M. Thévenoud s'expliquer devant la justice. » Furieux, Thomas Thévenoud a violemment réagi, dénonçant « une volonté manifeste d'acharnement » alors qu'entre-temps il a régularisé sa situation avec le fisc.

« Je fais attention, mais on n'est pas à l'abri de quelqu'un qui se réclame de vous »

Nous sommes donc très curieux de savoir si celui qui est redevenu député, au grand mécontentement de Hollande – qui l'avait publiquement jugé « pas digne » de rester à l'Assemblée –, verse dans la paranoïa ou si la décision de l'administration fiscale le concernant est bien de nature politique. À notre grande surprise, le président de la République va conforter la thèse de Thévenoud.

« Bercy n'a pas poursuivi de son propre chef, reconnaît Hollande. Le constat a été fait qu'il y avait eu retard et négligence, même s'il y avait eu paiement, et ça a été transmis à la CIF. Et la CIF a dit qu'il y avait bien infraction. »

Il donne le sentiment d'avoir observé en simple spectateur l'évolution du dossier. Impression trompeuse. Il nous coupe : « Pas en spectateur. » Il revient alors au début de la procédure, à ce que Thomas Thévenoud considérera peut-être comme le « péché originel » s'il lit ces lignes, à savoir la saisine de la Commission des infractions fiscales, prérogative du seul ministre des Finances. « Sapin, révèle-t-il, m'a dit : “Qu'est-ce que nous faisons, est-ce que nous saisissons la CIF ?” J'ai dit oui. On pouvait ne pas saisir la CIF, mais ne pas le faire aurait été quand même d'une certaine façon une protection. » En d'autres termes, alors que rien ne l'y obligeait, Hollande a choisi la procédure susceptible d'entraîner, presque à coup sûr, la saisine de la justice et l'ouverture d'une enquête judiciaire contre Thévenoud. « Cela peut paraître sévère pour Thévenoud, parce que d'autres contribuables n'ont pas forcément cette procédure… », reconnaît-il d'ailleurs. De peur d'être accusé de protéger ses troupes, Hollande en viendrait presque à faire du zèle en sens inverse…

Le président de la République, c'est une litote, a très

mal vécu d'être associé au cours de son quinquennat à des affaires avec lesquelles il n'avait la plupart du temps rien à voir. À l'épreuve du pouvoir, il a rapidement découvert qu'être intègre, comme il le dit lui-même, « ça ne suffit pas ». « Je fais attention, ajoute-t-il, mais on n'est pas à l'abri de quelqu'un qui se réclame de vous. Il y a toujours des gens qui se réclament de vous. »

Il faut faire attention. Combien de fois nous l'a-t-il dit ? Nous avons vérifié, en examinant les verbatims de nos dizaines d'heures d'entretiens : cette expression, tout particulièrement les premiers mois, est celle qui revient le plus souvent dans sa bouche. Au total, il a dû l'employer une bonne centaine de fois !

Par exemple, lors de l'une de nos premières discussions, c'était le 18 avril 2012, à l'approche du premier tour de l'élection qui allait le faire roi. On lui avait parlé du pouvoir et de ses tentations, de l'argent, aussi. « Je n'ai pas beaucoup d'argent, avait-il confié. Je me rappelle le malheureux "Béré", comment il s'est fait attraper avec Pelat et Traboulsi, il voulait juste acheter un appartement… Pareil pour les invitations en vacances. Copé qui va chez Takieddine [intermédiaire au cœur de l'affaire de Karachi], par exemple… Ça peut arriver, vous êtes poli, vous y allez, et puis vous vous retrouvez en mauvaise compagnie. Je fais attention, depuis quelques années. Avec Ségolène, déjà, on faisait attention. »

Comment expliquer, alors, que cet homme si précautionneux, obsédé à l'idée de ne pas reproduire les travers de ses prédécesseurs, notamment Sarkozy, souvent cernés par les « affaires », conscient des risques que peut faire peser l'entourage, ait été impuissant à déceler puis prévenir les dérives des siens ?

C'est la malédiction Hollande.

5
Les tartuffes

L'hypocrisie est le dernier degré du vice.

Honoré de Balzac

Le président est vraiment fâché.

Contre nous.

Sept semaines après son déclenchement, l'affaire Jouyet-Fillon fait moins de bruit, ce 29 décembre 2014. Mais manifestement, François Hollande, mine fermée, poignée de main glaciale, l'a parfaitement en tête en nous accueillant. En concédant publiquement, après avoir soutenu le contraire, que François Fillon lui avait bien demandé, le 24 juin 2014, de pousser les feux de la justice sur les affaires liées à Nicolas Sarkozy (ce que l'ancien Premier ministre conteste toujours), son secrétaire général Jean-Pierre Jouyet a placé l'exécutif dans l'embarras.

Jouyet lui-même est en fâcheuse posture.

Et c'est le meilleur ami de François Hollande.

On ne peut rester sur un non-dit. Alors, puisque le chef de l'État n'a visiblement pas envie d'aborder de lui-même le sujet, on le prie, au terme de notre entretien, de répéter ce qu'il nous avait déjà confirmé le 24 juillet 2014.

Hollande fait très court : « Jouyet m'avait demandé l'autorisation de déjeuner avec Fillon et son collaborateur,

Gosset-Grainville [Antoine Gosset-Grainville, directeur adjoint du cabinet de François Fillon à Matignon de 2007 à 2010, qui conteste lui aussi les propos prêtés à son ancien patron], voilà. Et ensuite, quand il en est revenu, il m'a dit combien Fillon était alerté sur l'affaire Bygmalion. Voilà, c'est tout. Je lui ai dit : de toute façon, nous ne ferons rien sur quoi que ce soit. »

On insiste, alors il nous redit ce que lui avait confié son secrétaire général, ce 24 juin 2014 : « C'est ça que m'avait restitué Jouyet : "Si rien n'est fait, il va revenir." C'était ça, le message de Fillon, c'était : "Si vous ne faites rien, il reviendra." Qu'est-ce qu'on peut faire ? Mais rien ! » Et Hollande de nous mettre en garde : « Ça, c'est vraiment pour votre livre, pas pour entretenir le feuilleton. Comme là, vous enregistrez… »

Il se lève prestement, pour nous signifier que l'entretien est terminé, sans que l'on puisse poser d'autres questions. Sans qu'il nous fasse non plus part, explicitement, de son courroux, certes rentré, mais franchement perceptible.

Ces quelques phrases pèsent lourd, comme celles de juillet 2014. C'est la parfaite confirmation de ce que nous avions écrit : Jean-Pierre Jouyet a bien expliqué au chef de l'État, l'après-midi du 24 juin 2014, que François Fillon, désireux de « torpiller » Nicolas Sarkozy, venait de lui demander s'il était possible d'accélérer les procédures judiciaires impliquant son rival.

Treize mois plus tard, au palais de justice de Paris.

Ce jeudi 4 février 2016, tassés l'un contre l'autre, à l'étroit sur les deux petites chaises réservées aux prévenus, devant trois magistrats de la cour d'appel de Paris qui nous rejugent pour « diffamation », nous tentons de rester stoïques, en écoutant sans ciller les plaidoiries vipérines des conseils de François Fillon et de Jean-Pierre Jouyet.

Alors que leurs clients respectifs ne sont pas du même côté de la barre – au sens figuré, car ni l'un ni l'autre n'ont daigné se déplacer –, les voici curieusement unis pour l'occasion dans l'agressivité, la bassesse et la mauvaise foi.

Lorsque le président de la cour nous donne la parole, nous répétons que oui, François Fillon, en juin 2014, au cours d'un déjeuner organisé, à sa demande, par l'intermédiaire d'un ami commun, Antoine Gosset-Grainville, a sollicité Jean-Pierre Jouyet dans l'espoir de « booster » les enquêtes sur Nicolas Sarkozy. Et qu'en effet cette information nous fut confirmée par Jean-Pierre Jouyet lui-même, en septembre 2014, au cours d'un entretien on ne peut plus officiel.

François Fillon n'a cessé de démentir, mais s'attendait-on vraiment à le voir confirmer ?

Et encore une fois, il nous faut écouter sans broncher les conseils de Fillon et de Jouyet nous accuser non seulement d'avoir révélé le nom d'un informateur, mais aussi, s'agissant des avocats de l'ex-Premier ministre, d'avoir participé à un complot politique destiné à nuire à un candidat à l'élection présidentielle. Rien que ça...

On a l'habitude des coups bas : déjà, lors du procès en première instance, le 28 mai 2015, mais aussi les mois précédents, par médias interposés, nous avions été stigmatisés, calomniés...

Mais la frustration que nous ressentons, ce jour-là tout particulièrement, tient à ceci : nous disposons d'un élément primordial, un témoignage de premier plan en l'occurrence, dont la révélation est à même d'anéantir la plupart des arguments de nos contempteurs. Là, à portée de main, dans nos sacs à dos, nous détenons les propos explosifs du président de la République lui-même sur cette histoire ! Des déclarations extrêmement précises, en mesure de balayer les interrogations, les rumeurs, voire les fantasmes colportés depuis plus d'un an sur cette étrange affaire... Mais nous sommes liés par notre engagement, ce témoignage, nous ne pouvons hélas pas le produire, du moins dans l'immédiat. Nous avons donné notre parole : impossible de faire état du moindre propos de François Hollande avant la publication de notre ouvrage.

Alors, il fallut faire sans.

Heureusement, notre « dossier » était suffisamment solide, en dehors même de cette preuve décisive. Et puis, nous avons eu la chance d'être épaulés par trois avocats d'exception, Mes Christophe Bigot, Marie Burguburu et François Saint-Pierre, qui nous ont aidés à remporter chacune des procédures nous visant. La demande de communication de l'enregistrement intégral de notre entretien avec Jean-Pierre Jouyet ? Repoussée sans ménagement par le tribunal des référés, le 20 novembre 2014. La plainte pour diffamation déposée dans la foulée et objet d'un premier procès le 28 mai 2015 ? Balayée le 9 juillet 2015 par le tribunal correctionnel de Paris, qui nous a relaxés dans un jugement sans aucune ambiguïté. L'appel contre cette décision, intenté immédiatement et examiné ce 4 février 2016 ?

Rejeté sèchement par la cour d'appel, le 24 mars 2016…

Mais les succès judiciaires ne pouvaient nous suffire.

Il nous fallait rendre public ce fameux témoignage, au risque de ridiculiser ceux qui, sans connaître les faits, s'empressèrent de nous clouer au pilori.

Il suffisait juste d'attendre le moment propice.

Nous y voilà.

Le témoignage clé, c'est donc celui du président de la République lui-même. Il prend d'autant plus de poids que jamais François Hollande n'a été prié de livrer sa version ! La seule fois où il fut sollicité, c'est le 16 novembre 2014, lorsqu'en déplacement en Australie pour un sommet du G 20, il fut interrogé, au cours d'une conférence de presse, sur le « mensonge » de Jean-Pierre Jouyet – le secrétaire général, après avoir démenti nos informations, avait été contraint de faire machine arrière.

Agacé, le chef de l'État rétorqua : « Le secrétaire général de l'Élysée n'était pas présent ici au G 20 parce que ce n'était pas sa place et donc je pourrais ne pas répondre à votre question parce qu'elle n'a pas sa place non plus. » Avant d'ajouter : « Jean-Pierre Jouyet est secrétaire général de l'Élysée et est un bon secrétaire général de l'Élysée. » Il s'en tint là.

La presse aussi.

Dommage, car le chef de l'État avait des choses à dire. Voici donc, enfin, toute la vérité sur une affaire qui faillit coûter son poste au numéro 2 de l'Élysée – et accessoirement refroidit singulièrement nos échanges avec le chef de l'État…

« Fillon a dit à Jouyet : "Mais comment ça se fait que vous ne poussiez pas la justice à en faire davantage ?" »

À la fin du mois de juin 2014, une source située dans l'environnement de François Fillon nous indique que ce dernier a récemment déjeuné avec son ami Jean-Pierre Jouyet. Notre informateur nous révèle qu'à l'occasion de ce rendez-vous, Fillon a demandé au secrétaire général de l'Élysée d'accélérer les procédures judiciaires susceptibles de mettre en cause son rival Nicolas Sarkozy.

L'information est d'importance, mais demande bien entendu à être recoupée. Une source « indirecte », située au sein de l'UMP, nous confirme rapidement avoir eu vent de ce déjeuner, mais ses informations, qui ne sont pas de première main, nous paraissent trop vagues. On se tourne alors naturellement vers la présidence de la République, afin de vérifier si une telle démarche a bien été effectuée, et quelle suite lui a été donnée. Coup de chance, l'anecdote – mais en est-ce une ? – semble avoir fait le tour de l'Élysée ; en tout cas, une personne de confiance au sein du palais nous la confirme dans les grandes lignes. Cette fois, l'affaire semble sérieuse, nous décidons donc d'entrer en contact avec Fillon et Jouyet afin de recueillir leurs explications dans cette histoire potentiellement gênante pour l'un comme pour l'autre. Le premier parce qu'il est soupçonné d'avoir voulu inciter l'exécutif socialiste à œuvrer contre une figure de son propre parti, le second car on ne peut exclure a priori qu'il ait tenté d'actionner des relais dans la justice pour donner satisfaction à son ami...

Fillon, on le sait, ne donnera jamais suite à nos sollicitations. De son côté, Jouyet, contacté via son secrétariat début juillet 2014, ne nous rappelle pas, du moins dans l'immédiat. À cette date, nous ne le connaissons absolument pas. Il a en effet été nommé à l'Élysée peu de temps auparavant (il a remplacé Pierre-René Lemas le 16 avril 2014), et par ailleurs, nous avions à cette époque renoncé, pour de multiples raisons, à essayer de rencontrer systématiquement tous les collaborateurs de François Hollande afin de nous concentrer sur le président lui-même.

N'obtenant aucune réponse des deux principaux protagonistes, nous sommes dans une impasse.

Nous décidons donc de profiter de notre rendez-vous suivant avec le président de la République, programmé le 23 juillet 2014, pour aborder le sujet. En l'occurrence, il s'agit d'un déjeuner, sur la terrasse donnant sur les jardins du palais de l'Élysée. L'air de rien, nous sondons le chef de l'État sur cette histoire au milieu du repas, entre le jarret de veau des Pyrénées et le plateau de fromages. Il ne se montre guère surpris par notre question.

Sans se faire prier, il nous confirme tranquillement l'affaire, à laquelle il ne semble pas prêter beaucoup d'intérêt, et relate ce qu'il s'est passé en juin. Voici très précisément ce qu'il nous répond : « Fillon a vu Jouyet, je ne sais pas, il y a... un mois. Jouyet m'avait demandé l'autorisation [d'accepter l'invitation à déjeuner] bien sûr, et [Fillon] a dit à Jouyet : "Mais comment ça se fait que vous ne poussiez pas la justice à en faire davantage ?" » Le chef de l'État s'empresse d'ajouter : « On pouvait penser que c'était un piège... » Il précise : « Ç'aurait été un personnage un peu ambigu, on aurait dit : oh, c'est le piège, on veut qu'on tombe là-dedans... » Mais la personnalité de M. Fillon le conduit à penser que sa démarche est, dixit Hollande, « sincère »...

Le président évoque ensuite la tonalité du discours tenu par Fillon à Jouyet : « C'est de dire : "Mais allez-y, allez-y, vous ne savez pas exactement tout ce qu'ils ont fait..." » Et le chef de l'État d'ajouter : « C'est Fillon, hein, qui déballe sur toutes les affaires Bygmalion, bien sûr que c'est lui... »

On lui demande alors si François Fillon, d'après ce que lui a rapporté Jean-Pierre Jouyet, voulait pousser les feux uniquement sur Nicolas Sarkozy plutôt que sur son autre ennemi, Jean-François Copé. La réponse est claire : « Sarko. Copé, non, ça ne l'intéresse plus. C'est Sarkozy... » Et de paraphraser les propos qu'aurait tenus l'ancien Premier ministre à son secrétaire général : « Comment vous pouvez laisser passer tout ça, comment ça ne va pas plus vite... ? »

« Incroyable ! s'exclame Hollande. D'ailleurs avec une idée, la même que Sarko, c'est que c'est nous qui instrumentalisons [la justice]... »

On fait observer au chef de l'État que, après tout, le pouvoir et Fillon pourraient avoir un intérêt commun à affaiblir Sarkozy. Il nous coupe : « Nous, on dit : ce n'est pas notre sujet. » En clair, pas question d'intervenir dans une affaire judiciaire, ni dans un règlement de comptes interne à la droite. On veut en savoir plus, évidemment. Hollande nous confirme encore que François Fillon souhaitait que l'Élysée pousse « les feux sur les affaires ». Hollande cite de nouveau les propos que Fillon aurait tenus à Jouyet : « Allez-y, allez-y, vous n'imaginez pas tout ce qu'ils ont fait. Avec Bygmalion, les comptes de campagne, les financements... »

« Et qu'a répondu Jouyet ? » lui demande-t-on. « Eh bien... [Il était] embarrassé ! » nous affirme Hollande. Selon le président, son secrétaire général aurait dit à Fillon : « Écoutez, on fait ce qu'on peut mais... on ne peut pas plus. »

Nous ressortons de ce déjeuner définitivement convaincus de tenir « une bonne histoire », les déclarations de Hollande recoupent celles de notre source initiale.

Oui, mais comment l'exploiter, sachant que les propos présidentiels sont frappés d'embargo ?

À défaut de pouvoir accéder à François Fillon, il nous faut impérativement rencontrer Jean-Pierre Jouyet afin d'obtenir sa version.

Du coup, nous décidons, en cette fin du mois de juillet 2014, de solliciter à nouveau Jean-Pierre Jouyet, via son secrétariat. Sans doute surpris de notre insistance, ce dernier fait remonter l'information au service de communication de l'Élysée. C'est donc Gaspard Gantzer, chef de la communication présidentielle, qui nous rappelle, afin de savoir pourquoi l'on tient à tout prix à rencontrer Jouyet. Nous lui expliquons en deux mots que nous avons besoin de recueillir sa version sur le contenu de la discussion qu'il a eue avec Fillon lors d'un déjeuner, un mois plus tôt. Nous précisons que, préparant par ailleurs un ouvrage sur le quinquennat, il serait assez logique de le rencontrer. Gantzer approuve et promet que l'on va revenir vers nous.

Ce rappel des faits est important, car il montre bien que nous n'avons jamais traité Jean-Pierre Jouyet comme une source secrète mais comme un interlocuteur officiel, sollicité pour un entretien tout sauf confidentiel.

Peu de temps après notre échange avec Gantzer, c'est Jouyet lui-même qui nous rappelle. Spontanément, avant qu'on lui ait posé la moindre question, il nous lance : « Vous voulez me parler de ce déjeuner avec Fillon, c'est ça ? Mais vous savez, je ne pourrai pas vous dire grand-chose... » On lui précise que l'on souhaiterait évoquer une éventuelle demande d'intervention concernant Nicolas Sarkozy. « Ah oui, mais bon, visiblement vous êtes déjà au courant, je ne sais pas ce que je pourrai vous apprendre de plus... », nous répond Jouyet, plutôt réticent à l'idée de nous recevoir, semble-t-il.

Nous obtenons finalement son accord de principe : de fait, au début du mois d'août 2014, sa secrétaire nous fixe un rendez-vous pour la rentrée, à l'Élysée.

La suite est connue : le samedi 20 septembre 2014 au matin, Jean-Pierre Jouyet nous confirme, avec force détails, dans un bureau de l'Élysée, le contenu de sa discussion avec François Fillon lors du fameux déjeuner.

Parfaitement informé, il était conscient non seulement qu'il était enregistré, mais surtout que cette anecdote figurerait dans notre prochain ouvrage relatif aux affaires concernant Nicolas Sarkozy. « Jean-Pierre, tu as bien conscience que si vous ne tapez pas vite, vous allez le laisser revenir. Alors agissez ! » aurait notamment demandé Fillon à Jouyet, à en croire les souvenirs de ce dernier. Soit ce que nous avaient dit en substance nos deux premières sources, et surtout ce que nous avait donc confirmé, presque mot pour mot, François Hollande, fin juillet 2014. Sans compter, et c'est un point essentiel, que nous n'avions pas seulement souhaité interroger Jean-Pierre Jouyet pour confirmer la demande de François Fillon : nous voulions aussi nous assurer qu'il n'y avait pas fait droit. Un examen attentif de ses propos souligne d'ailleurs que cela n'allait pas de soi : c'est bien parce que le chef de l'État s'y est fermement opposé qu'aucune suite n'a été donnée à la doléance de Fillon... « Quand Fillon m'a dit ça, j'ai dit : "Tiens, oui, on pourrait quand même signaler le machin et..." Mais François m'a dit :

“Non, non, on ne s’en occupe pas” », nous déclare par exemple Jouyet.

Notre affaire commençait donc à tenir vraiment la route, d’autant que, en dehors de la démarche pour le moins inattendue de François Fillon, ce témoignage semblait confirmer que l’exécutif n’avait donné aucune suite à cette demande d’intervention auprès de la justice – ce que nous allions vérifier les semaines suivantes auprès de sources judiciaires extrêmement fiables.

Un mois après ce rendez-vous, nous tentons, en vain, de joindre Jouyet afin, par correction, de l’informer que le livre dans lequel serait évoqué son déjeuner avec François Fillon paraîtrait tout début novembre 2014. Une nouvelle fois, c’est Gaspard Gantzer qui nous rappelle, le lundi 27 octobre au matin. Nous lui indiquons que nous souhaitons préciser à Jean-Pierre Jouyet de quelle manière et à quel moment nous utiliserons ses déclarations concernant François Fillon. « OK, mais il vous a déjà tout dit sur cette histoire, non ? » s’exclame le conseiller du président.

L’après-midi même, M. Jouyet nous rappelle.

Spontanément, avant même qu’on lui pose la moindre question, il nous lâche : « Je suis désolé mais sur cette histoire de déjeuner avec Fillon, je vous ai vraiment tout raconté ! » On lui précise aussitôt que nous n’avons pas de questions supplémentaires à lui poser, simplement que nous souhaitons l’informer de la date de sortie de notre livre *Sarko s’est tuer* et lui préciser que cette histoire, prévue pour nourrir la préface, pourrait susciter l’intérêt des confrères – il faut l’avouer, nous n’avions pas mesuré que ce serait à ce point ! – et qu’il sera donc susceptible d’être sollicité par des journalistes afin de confirmer sa version.

Notre interlocuteur, comme soulagé de ne pas avoir à revenir sur l’épisode du déjeuner, nous répond que ce n’est pas un problème, son seul souci étant de « ne pas apparaître comme la personne ayant donné l'information, juste celle qui l'a confirmée ».

Nous lui indiquons que ce sera évidemment le cas, d'autant plus que c'est la stricte vérité.

Et c'est à ce moment-là que Jouyet nous dit : « Le plus simple, du coup, serait peut-être de ne pas me citer entre guillemets dans votre livre… » Sans réfléchir plus avant, par pure courtoisie, nous lui donnons notre accord, commettant là une erreur dont nous ne pouvions mesurer les effets futurs ! En effet, à peine l'information rendue publique, Jouyet, soumis à une intense pression de Fillon, et oubliant, sans doute dans la panique, que nous avions enregistré notre entretien, va démentir ce qu'il nous avait pourtant assuré qu'il confirmerait…

Car le mercredi 5 novembre 2014, *L'Obs* a publié les « bonnes feuilles », c'est-à-dire quelques extraits, de *Sarko s'est tuer*, qui paraît le lendemain. Parmi ceux-ci, bien sûr, la révélation du déjeuner du 24 juin.

L'affaire Jouyet-Fillon éclate.

Notre livre sort le 6 novembre 2014, comme prévu.

Hasard du calendrier, notre rendez-vous mensuel avec le chef de l'État tombe… le vendredi 7 novembre, en toute fin de journée. Aussi extraordinaire que cela puisse paraître, pas un mot n'est échangé ce jour-là sur l'affaire qui allait conduire le secrétaire général de l'Élysée aux portes de la démission ! François Hollande est principalement préoccupé par les retombées de son émission diffusée la veille au soir, sur TF1, *En direct avec les Français*, dont il attendait manifestement beaucoup… L'affaire Jouyet-Fillon, il est vrai, est encore balbutiante : elle va s'accélérer durant le week-end après la publication dans *Le Monde*, sous notre signature, d'un long article révélant les propos exacts que nous avait tenus Jean-Pierre Jouyet. Et puis, l'expérience nous l'a montré, François Hollande, décidément à l'opposé de Nicolas Sarkozy dans tous les domaines, déteste les conflits. Il a parfois tendance à louvoyer, plutôt que de crever l'abcès. Quant à nous, nous n'avions pas spécialement intérêt à évoquer « à chaud » ce sujet dont on craignait, à raison, qu'il ne braque notre interlocuteur.

Mais la tempête provoquée par l'article du *Monde* du samedi après-midi ne va pas du tout être appréciée, c'est un euphémisme, par l'hôte de l'Élysée.

« Ce qui lui importait, c'était de dire qu'il avait été victime d'un complot de ma part »

À partir de cette date, nos rapports avec lui sont devenus plus distants, plus froids, et ce pendant plusieurs mois. D'ailleurs, pour la première fois depuis le début de notre entreprise, le rendez-vous suivant, prévu début décembre, est annulé, sans explication. Il faudra batailler pour en obtenir un nouveau. Pendant plusieurs semaines, on en vient même à se demander si nos rencontres – et notre livre avec – ne vont pas s'arrêter là !

Nous sommes placés en quarantaine.

Finalement, on obtient d'être reçus en toute fin d'année, le 29 décembre 2014. Ce soir-là, grande première là encore, on nous prie d'éviter l'entrée principale située rue du Faubourg-Saint-Honoré. On nous fait entrer par la plus discrète loge Est, située dans la petite rue de l'Élysée, puis patienter dans le superbe salon Jaune. C'est là que nous retrouvons le président. À partir de cette date, la quasi-totalité de nos entretiens à l'Élysée se dérouleront dans cette pièce, au lieu du bureau présidentiel. François Hollande ne le formulera jamais explicitement, mais il s'agissait manifestement d'éviter que l'on croise Jean-Pierre Jouyet, dont le bureau donne dans le salon où attendent les visiteurs du chef de l'État !

Une illustration presque caricaturale de l'incroyable obsession de François Hollande à tout cloisonner dans ses vies, privée et publique.

Ce 29 décembre 2014 en tout cas, l'accueil est, fait rarissime là encore, assez froid, et la température extérieure n'y est pour rien. Manifestement, on l'a dit, le chef de l'État est en colère contre nous. Une colère à la mode hollandaise, c'est-à-dire implicite, toute en retenue…

Nous n'évoquerons plus le « sujet qui fâche » avec Hollande avant le 6 juin 2015. Difficile de faire autrement ce jour-là : en effet, la semaine précédente, nous nous étions retrouvés sur le banc des prévenus, assignés par François Fillon, tout comme Jean-Pierre Jouyet, pour diffamation. Un procès très médiatisé, du fait de la présence à la barre de l'ancien Premier ministre… Si Jouyet, prié désormais par Hollande de ne plus s'exprimer, est absent, Fillon, lui, a fait l'effort de venir. Il sait qu'il joue gros. Versant une nouvelle fois dans le complotisme, il fait une déclaration solennelle à la barre, affirmant notamment que « Jean-Pierre Jouyet était en service commandé »…

On demande donc au chef de l'État s'il a suivi le procès. « Jouyet m'en a rendu compte, oui », commence-t-il, ajoutant immédiatement : « Fillon avait préparé son intervention. C'était important pour lui de monter au procès, pour ne pas laisser croire qu'il avait souhaité que les procédures sur Sarkozy soient accélérées. »

On lui fait observer que peu de gens ont été dupes, tout spécialement dans l'entourage de Nicolas Sarkozy. « Ce qui lui importait, répond Hollande, c'était de dire qu'il avait été victime d'un complot de ma part. Comme si moi-même j'avais comme adversaire François Fillon, que je voulais le compromettre ! » S'agissant de son ami Jouyet, il confesse : « Pour Jean-Pierre, c'était douloureux, passer comme ça sur la scène politique, ce n'est pas agréable… Le mieux aurait été de ne faire aucun commentaire. Il faut être préparé à ça, il ne l'était pas. » « Ce n'est pas de la naïveté, mais il ne connaît pas les règles. Il en a été très malheureux », conclut le chef de l'État.

« Jean-Pierre n'avait aucune raison de ne pas dire la vérité, il a dit exactement ce qui s'était produit »

Un mois plus tard, le 9 juillet 2015, c'est un François Hollande enjoué qui nous reçoit, à l'Élysée, pour un dîner de travail. De son point de vue, l'incident est désormais clos, semble-t-il. Le jour même, le tribunal correctionnel de Paris a rendu une décision extrêmement claire, relaxant aussi bien Jean-Pierre Jouyet que nous-mêmes.

« Ses propos relatifs aux informations et demandes présentées par François Fillon étaient dignes de crédit », note le tribunal à propos du secrétaire général de l'Élysée. Nous concernant, les juges estiment que nous disposions bien d'une « base factuelle suffisante » pour publier cette information, et d'autre part que « la qualité même et la longueur de l'enregistrement ne plaid[aient] pas en faveur d'un procédé clandestin ». Surtout, le tribunal souligne que « l'information découlant des propos prêtés à François Fillon présente à l'évidence un caractère d'intérêt général ».

Preuve irréfutable que, de son point de vue, cette histoire appartient désormais au passé, François Hollande, hilare, nous accueille par ces mots : « Alors, vous n'êtes pas en prison, avec Jouyet ?! » Redevenu sérieux, il s'étonne : « Je ne comprends pas pourquoi Fillon s'est obstiné à faire ce procès, qui se retourne maintenant. » Il ajoute : « Jean-Pierre n'avait aucune raison de ne pas dire la vérité, il a dit exactement ce qui s'était produit, même si c'est invérifiable, indémontrable. » Il rit encore lorsqu'on évoque la thèse conspirationniste soutenue devant le tribunal par Fillon : « Quand je suis allé aux 24 heures du Mans [le 13 juin], il était là, Fillon. S'il avait eu le sentiment d'être l'objet d'un complot, il ne serait pas venu ! Être présent aux côtés du président de la République, quand il veut comploter contre votre personne… »

Ce sera notre dernière conversation avec le chef de l'État sur un sujet qui, il est vrai, n'intéressait déjà plus grand monde. Notre ultime victoire en justice, la décision de la cour d'appel de Paris déboutant François Fillon le 24 mars 2016, a d'ailleurs été rendue dans l'indifférence générale.

Tout compte fait, publier plus tôt les propos du président de la République sur cette histoire n'était pas si nécessaire, nous n'avons pas eu besoin de cet élément majeur pour gagner tous nos procès. Et puis, la controverse suscitée par cette histoire a permis de faire tomber certains masques. En racontant ce déjeuner, puis en publiant les déclarations de Jean-Pierre Jouyet, nous avons violé un terrible tabou : l'usage des citations anonymes. Nous l'avons écrit dans plusieurs ouvrages, et mis en pratique au quotidien, ce procédé devrait, de notre point de vue, être réservé aux cas exceptionnels. Le recours aux citations « fantômes » n'a bien entendu rien à voir avec le fait de devoir protéger une source (un policier, un juge, un avocat voire un politique...), qui risque sa carrière, parfois même sa vie, en confiant à des journalistes une information confidentielle. Dans ce cas d'espèce, c'est un impératif absolu.

Preuve que l'emploi abusif des citations anonymes est un sujet qui commence à agiter les rédactions, le 27 février 2016, Luc Bronner, directeur de celle du *Monde*, a rappelé dans les colonnes de notre journal quelle était la politique de la maison en matière de « off » : « La règle générale, valable pour le journal comme pour le site, est le recours à des citations sourcées avec le nom, la fonction et, si possible, des éléments pour présenter l'auteur des citations, son parcours, son âge, etc. C'est une règle essentielle dans le contrat de lecture avec nos lecteurs. » Est-il besoin de préciser que nous souscrivons totalement à ces propos ?

Le président de la République aussi, semble-t-il.

Le 13 mars 2014, lors d'un entretien durant lequel il s'épancha devant nous sur sa relation aux médias, il n'eut pas de mots assez durs pour dénoncer le recours systématique à ces citations anonymes dont il fut lui-même, durant toute sa carrière, un pratiquant zélé. Il conclut, en faisant référence, à titre d'exemple, à notre entretien : « Là, on n'est pas dans une conversation off… »

En effet.

VI

Le monde

1
Le général

La crainte de la guerre est encore pire que la guerre elle-même.

Sénèque

L'été 2013 est brûlant.

Sur tous les fronts.

François Hollande n'a pas pris de vacances. Il surveille de près l'évolution du conflit syrien. Ce vendredi 30 août, il s'apprête à prendre le président Barack Obama au téléphone, à 18 h 05 très précisément. Ces derniers jours, l'état-major a rédigé, à son intention, une note ultra-confidentielle.

C'est une pièce d'histoire. Elle fait partie de ces documents que nous avons pu consulter, plusieurs mois après leur rédaction, auprès de diverses sources.

Intitulée « timeline du raid », cette note, publiée dans *Le Monde* en août 2016, détaille le plan d'attaque des forces syriennes par des avions français. Tout est prévu. Déjà, le gouvernement italien a accordé l'autorisation de survol de son territoire. Le jour choisi, à 15 heures, les Rafale devront être prêts, ravitaillés, les missiles en place. À 20 heures, Hollande donnera son feu vert. À 1 heure du matin, à Paris, le chef de l'État aura une dernière fois la possibilité d'interrompre le processus. Deux heures plus tard, les cibles seront touchées. « Il faut faire vite, pour des raisons opérationnelles et politiques », lui a recommandé, dans un mémo, son conseiller diplomatique, Paul Jean-Ortiz. Mais encore faut-il qu'Obama se joigne à l'effort de guerre. Hollande n'en doute pas, tant les preuves de l'utilisation des armes chimiques par le régime de Bachar el-Assad sont irréfutables…

Tout était prévu, oui. Sauf le revirement subit, vingt-quatre heures plus tard, de Barack Obama.

Voici donc, en ces heures étouffantes, Hollande le pusillanime, l'indécis, du moins réputé tel, transformé en chef de guerre impavide.

S'il est un costume que l'on n'imaginait pas à sa taille, c'est bien celui-là. Et pourtant, il l'a endossé avec une aisance déconcertante, comme l'atteste le dossier syrien, l'un des plus sensibles de son quinquennat. Au point d'apparaître comme un va-t-en-guerre, tentant d'entraîner les plus grandes puissances mondiales dans un conflit au Proche-Orient, avant de décider de bombarder des camps terroristes au cœur d'un pays souverain.

Tel Janus, Hollande affiche deux visages : « Monsieur Faible » à l'intérieur, « Monsieur Fort » à l'extérieur.

« Ça a été dur avec Poutine sur la Syrie »

Le séisme syrien et ses terribles répliques auront rythmé le quinquennat de François Hollande, jusqu'à en constituer une sorte de fil rouge. Un fil rouge sang, tant la guerre civile syrienne aura généré de drames, des massacres perpétrés par un régime tyrannique aux atrocités commises par les barbares islamistes jusque sur notre territoire, sans compter bien sûr ces millions de réfugiés tentant de trouver leur salut de l'autre côté de la Méditerranée…

C'est au mois de juillet 2012, plus d'un an après le

début, dans la foulée du Printemps arabe, de l'insurrection contre le régime de Bachar el-Assad, que le conflit syrien s'invite pour la première fois dans nos échanges avec le président. Dès son arrivée à l'Élysée, Hollande a acquis la conviction que seul le départ du boucher de Damas permettrait sa résolution. Plusieurs « repérages » ont été effectués sur place, nous dit-il. L'objectif est double : accompagner les défections au sein du régime – « les services font en sorte que ceux qui peuvent partir le fassent », dit Hollande –, et repérer, « en liaison avec les Américains et les Israéliens », les stocks d'armes chimiques. « L'objectif politique, résume Hollande, c'est de déstabiliser le pouvoir et de convaincre les Syriens qu'ils peuvent encore trouver une solution politique, sans Bachar el-Assad, avec des gens du régime. »

Au cours des mois suivants, la situation ne cesse d'empirer. Le pouvoir baasiste réprime avec une violence et une cruauté inouïes la rébellion. Au mois de février 2013, Hollande se rend à Moscou, protecteur historique, aux côtés de l'Iran, du régime syrien. « Ça a été dur avec Poutine sur la Syrie », nous raconte-t-il quelques jours plus tard. Lors de leur tête-à-tête, les deux hommes n'ont pas abordé le dossier syrien. C'est au cours du repas offert par le président russe à la délégation française que la tension est subitement montée. « Il devenait assez brutal dans son expression. Poutinien », rapporte Hollande, qui reconstitue à notre demande le dialogue.

Poutine : « Nous, on reconnaît les États. Vous intervenez au Mali à la demande d'un État pour lutter contre les terroristes, eh bien, vous devriez avoir la même position en Syrie et être conscients que l'opposition à Bachar el-Assad n'est pas une opposition légitime et que ce sont des terroristes.

Hollande : Ce ne sont pas des terroristes.

Poutine : Vous me dites ça parce que vous avez des musulmans en France et que vous voulez les protéger.

Hollande : Au Mali, on est intervenus, oui, mais les musulmans ne nous ont rien demandé, faut sortir ça à d'autres.

Poutine : De toute façon, les terroristes, vous savez ce que c'est, ce sont les mêmes qui vous ont fait la guerre en Algérie.

Hollande : Mais moi je discute avec ceux qui nous ont fait la guerre en Algérie ! Bouteflika, il était du côté de ceux que vous appelez les "terroristes". »

Agacé par la mauvaise foi poutinienne, Hollande ne peut s'empêcher de provoquer son homologue russe : « Vous n'allez pas me dire que Bachar el-Assad, c'est un régime démocratique, lui lance-t-il. Sauf à penser qu'on l'est lorsqu'on est élu avec 98 %. Vous avez connu ça dans votre propre pays ! »

À cette date, la nécessité d'armer les rebelles syriens commence à s'imposer, en France, dans le débat public. « Je pense que ça viendra, si on n'y arrive pas », confie Hollande, qui anticipe la réponse russe : « Poutine aurait un argument : "Vous allez vous mettre dans la même situation qu'en Libye, vous verrez, ces armes-là se retourneront contre vous…" Ce qu'on peut entendre, d'ailleurs. Il est assez bon quand il commence en disant : "Vous trouvez qu'en Irak, ça a été un progrès, vous pensez qu'en Libye, ça a été un progrès ?" »

François Hollande le reconnaît : « Quand les transitions se passent mal, le terrorisme peut trouver son terreau. Mais est-ce à dire qu'il faut maintenir pour autant toutes les dictatures ? Quand des peuples se soulèvent, on peut espérer que ça se passera bien. Mais l'argument de Poutine, que l'on peut comprendre, ne doit pas conduire à dire : "Bon, eh bien maintenons tous les régimes autoritaires." Je ne lui ai pas dit qu'il fallait maintenir l'Union soviétique… Cela dit, peut-être qu'il m'aurait dit oui ! » pouffe le chef de l'État.

« Obama, il est lent à prendre ses décisions »

La suite sera beaucoup moins amusante. Le mercredi 21 août 2013, l'armée d'Assad franchit la ligne rouge en bombardant la Ghouta, une région agricole située dans la banlieue de Damas, tuant plus de 1 500 personnes dont de nombreux civils. L'État syrien, au mépris des conventions internationales, a utilisé des armes chimiques, parmi lesquelles du gaz sarin, un poison inventé dans les laboratoires de l'Allemagne nazie et dont l'utilisation par les forces loyalistes avait déjà été établie par diverses enquêtes, notamment celle des envoyés spéciaux du *Monde*, en juin 2013.

Les condamnations du régime sont unanimes. Enfin, presque : la Russie vole au secours de son allié en accusant l'opposition d'être à l'origine du massacre. Neuf jours plus tard, vendredi 30 août 2013, nous sommes donc dans le bureau de François Hollande, qui vient juste de téléphoner à son homologue américain. La France est déterminée à sanctionner militairement Assad et son clan alaouite – une secte chiite. « Obama, il est lent à prendre ses décisions », nous lâche Hollande. « Il s'est présenté comme le président en rupture par rapport à Bush, après la guerre en Irak, explique-t-il. Alors, faire lui-même une action dans un pays proche, la Syrie, avec toujours le problème des armes de destruction massive, c'est vrai que c'est pour lui quand même un sujet extrêmement sensible. »

Sauf qu'à la différence des supposées ADM de Saddam Hussein, les armes chimiques d'Assad n'ont, elles, rien de… chimérique. Et les Américains, cette fois, ont des preuves, des vraies, attestant non seulement leur existence, mais aussi l'identité de leurs utilisateurs. « Pour eux, il ne fait pas de doute que c'est le régime syrien, ce que l'on sait aussi », confirme Hollande, qui s'inquiète surtout de la capacité d'Obama, s'il doit en passer par là, à convaincre le Congrès d'avancer vers la guerre. L'idée de frappes aériennes avant le sommet du G 20, programmé le 5 septembre 2013 en… Russie, semble s'imposer. « Moi, je suis pour y aller tôt », nous dit-il. Comprendre : juste après le retour des inspecteurs de l'ONU, prévu le lendemain, samedi 31 août 2013.

« Ils rentrent samedi soir, explique Hollande, donc on a convenu avec Barack Obama de se rappeler dimanche, et comme ça… Moi je lui ai dit que nos cibles sont choisies, nos avions sont prêts, donc nous pouvons agir à tout moment. »

Hors de question pour la France de frapper sans la participation des États-Unis. La réciproque n'est pas vraie. Être président de la République française, c'est aussi avoir une conscience aiguë des rapports de force internationaux.

« La différence entre les États-Unis et nous n'est pas technique, résume Hollande, car militairement nous pouvons parfaitement frapper où nous voulons ; elle est politique. C'est-à-dire qu'eux peuvent faire sans nous, en assumant ; mais nous, faire sans les États-Unis, sans la Grande-Bretagne, bon… Dire : on est la France, et on va punir Bachar el-Assad… On risquerait d'être un peu mis en difficulté, en interne et en externe. »

L'attaque est imminente. Ce sera probablement pour dimanche soir. Lundi, voire mardi au plus tard. Dans tous les cas, ce sera « forcément de nuit, pour que les missiles ne soient pas repérés », dixit Hollande.

Il veut vraiment aller vite, suivant en cela les recommandations de son conseiller diplomatique : « On pense que dans quinze jours, trois semaines, les cibles qu'on a choisies seront obsolètes. » L'opération est a priori sans danger pour les forces françaises, puisque préparée à 200 kilomètres du territoire syrien : cinq missiles Scalp, embarqués par des avions Rafale depuis les bases françaises de Djibouti et Abou Dhabi. Tout a été minutieusement préparé par les états-majors français et américains, les Britanniques ayant finalement renoncé à être de la partie. « On lançait nos missiles, ça détruisait des installations militaires, nous racontera plus tard Hollande. Et puis après, s'il y avait une réplique syrienne – ce n'était même pas sûr –, il y avait une autre attaque et en soixante-douze heures l'affaire était terminée. Et ça donnait à ce moment-là le moral à l'opposition qui pouvait peut-être espérer porter son offensive. »

Hollande en convient, une attaque de cette nature serait surtout symbolique, destinée à marquer les esprits, et à renforcer, au moins psychologiquement, l'opposition anti-Assad soutenue par les Occidentaux, tout spécialement l'Armée syrienne libre (ASL). « Ne pas le faire, ça veut dire qu'Assad peut tout faire, explique Hollande. Et ça veut dire aussi que l'Iran peut se mettre dans l'esprit que s'il va plus loin dans son programme nucléaire, comme les grands pays occidentaux n'ont pas frappé pour empêcher l'arme chimique, pourquoi frapperaient-ils pour empêcher l'arme nucléaire ? »

Dans la complexe équation syrienne, le chef de l'État n'oublie surtout pas le paramètre iranien. Téhéran, l'indéfectible allié chiite de Damas, voué aux gémonies par les puissances sunnites régionales chaperonnées, à l'instar de l'Arabie saoudite, par les États-Unis.

Déjà, Hollande anticipe la réaction de Poutine. « Il va utiliser ça pour victimiser Bachar el-Assad et pour dire qu'on a violé le droit international, parie-t-il. Et il ne sera pas seul à agir comme ça, les Chinois, les Brésiliens, un certain nombre de pays émergents… On est vraiment dans le retour de ce qui était la diplomatie de l'Union soviétique. Poutine a dit à Merkel que c'était un complot des Américains, qui ont mis des armes chimiques pour qu'on accuse le régime ! Comme dans un scénario de guerre froide. » « Pour lui, ajoute Hollande à propos du chef du Kremlin, c'est tout sauf les djihadistes, tout sauf les fondamentalistes, tout sauf les islamistes, donc mieux vaut Bachar el-Assad que des hordes de musulmans qui viendront donner des arguments aux Tchétchènes et aux peuples du Caucase… »

Tout est donc prêt pour cette offensive-éclair destinée à sanctionner et faire reculer le régime d'Assad. Même les dégâts humains sont estimés. « Il y aura des militaires syriens qui seront tués, mais pas de civils », assure Hollande. « On va faire dimanche soir une réunion secrète des ministres concernés pour que je donne le top », conclut-il.

La suite est connue : le samedi 31 août, Obama informe Hollande qu'il va devoir obtenir l'aval préalable du Congrès, contraignant la France à reporter l'opération, puis à l'annuler, devant l'hostilité des parlementaires américains. Un premier coup de fil du président américain, qui demande à réfléchir encore, éveille les soupçons de son homologue français. Le second, quelques heures plus tard, le conforte dans son pressentiment.

« Les États-Unis ne veulent plus être les gendarmes du monde »

« Je n'ai pas été surpris quand il m'appelle le samedi pour me donner sa décision, c'est-à-dire de prendre du temps, mais j'ai été étonné qu'il recoure au Congrès alors même que Cameron venait d'en subir les effets à la Chambre des communes… », nous raconte-t-il le 7 octobre 2013, allusion au désaveu subi, le 29 août 2013, par le Premier ministre britannique à qui son Parlement a refusé la possibilité pour Londres de s'associer à d'éventuelles frappes punitives franco-américaines. Et les parlementaires français, au fait ? Plutôt que de simplement les informer, François Hollande a-t-il envisagé de soumettre à leur approbation le projet d'intervention ?

« J'avais demandé qu'on étudie cette hypothèse, nous

révèle-t-il. Je pense que la droite aurait voté contre, même si certains auraient pu se détacher, se distinguer. Et la gauche aurait voté pour, pas le PC et la moitié des écolos… Le PS et les radicaux de gauche auraient fait une majorité. Mais ça faisait quoi ? Une petite majorité. Et ça, c'était un souci. L'intérêt de voter pour une opération extérieure, dans le cadre de la Constitution, c'est d'avoir une majorité très large, comme Mitterrand l'avait eue sur la guerre en Irak. Mais là, avoir une petite majorité, c'était ne pas avoir – ça correspond d'ailleurs à l'état de l'opinion – une force morale très grande pour mener l'opération. »

Une confidence très révélatrice. Du point de vue du chef de l'État, il était trop risqué d'en passer par le Parlement avant d'intervenir militairement. À l'évidence, François Hollande, à l'instar de son prédécesseur socialiste François Mitterrand, s'est très rapidement rangé à la logique hyper-présidentialiste, sur certains points quasiment monarchique, des institutions de la Ve République…

La volte-face d'Obama a en tout cas permis à Poutine de réussir un coup de maître. Le 9 septembre, prenant tout le monde de court, il propose de placer l'arsenal chimique syrien sous surveillance internationale, en vue de sa destruction. En expert, Hollande décrypte, admiratif, la tactique du président russe : « Poutine s'est dit : "Je vais éviter les frappes, parce qu'elles affaibliraient Bachar el-Assad, et en même temps je vais permettre à Obama de sortir par le haut, et moi de me réinstaller dans le jeu." »

« Poutine, dit-il encore, ne comprend que les rapports de force. »

Hollande en convient, avec cette initiative, Vladimir Vladimirovitch Poutine a rendu caduc le projet d'intervention militaire. « Mais on en subira les conséquences, prévient-il. Un, l'opposition syrienne démocratique est affaiblie. Deux, c'est vrai que Bachar el-Assad – ça c'est le point le plus fort pour notre démonstration – a été obligé de concéder la destruction des armes chimiques, donc heureusement qu'on a fait des menaces de frappes, parce que sinon on n'en serait pas arrivé là. Mais il va sans doute céder ses armes chimiques au bénéfice d'une conférence de Genève où il sera en position meilleure que s'il avait été frappé. » Si l'incorrigible optimiste qu'il est se félicite d'avoir « obtenu ce qu'on voulait, sans intervention », il ajoute, prophétique : « Et puis, troisièmement, on va avoir un afflux de réfugiés, parce que maintenant beaucoup de Syriens ont compris que ça prendrait encore du temps. »

Poursuivant son analyse géopolitique, il conclut de cet épisode que « les États-Unis ne veulent plus être les gendarmes du monde. On les a suffisamment sermonnés pour cette prétention et cette hyperpuissance ». Mais cette nouvelle donne lui semble-t-elle positive ? Comme toujours, il fait dans la nuance : « Cela peut être une bonne nouvelle si l'Europe est prête à assumer sa responsabilité. C'est une mauvaise nouvelle si, à part la France et l'Angleterre, il n'y a rien en face. »

Autre leçon, très hexagonale celle-là, la séquence a, de son point de vue, mis en lumière « l'incohérence » de la droite. « Vous vous souvenez que, quand je suis arrivé, on m'a sommé de régler la question syrienne. Sarkozy, Fillon, dès l'été 2012… C'était : "Les gens sont en train de se faire tuer en Syrie, que fait le président de la République ?" Sarkozy qui passe son coup de téléphone au chef de ce qui était à l'époque la coalition… Et quand on le fait, c'est : "Mais qu'est-ce qu'on va faire là-bas, de toute façon, ce sont des extrémismes dans les deux cas, on ne peut pas intervenir sans légalité internationale." »

« Je reste convaincu qu'il aurait fallu frapper »

Pour l'avoir mentionné à plusieurs reprises devant nous, il est clair que François Hollande n'a pas digéré l'initiative de Nicolas Sarkozy critiquant, dès août 2012, le supposé attentisme de son successeur dans le dossier syrien, après s'être entretenu, comme s'il était toujours à l'Élysée, avec une figure de l'opposition, le président du Conseil national syrien (CNS), Abdelbasset Sieda. D'autant que Sarkozy avait cru devoir, à cette occasion, dresser un parallèle avec l'intervention française, en 2011, en Libye, dont Hollande considère – il est loin d'être le seul – qu'elle a eu des conséquences catastrophiques sur les équilibres régionaux.

Les mois suivants, les priorités des Occidentaux vont commencer à évoluer : la montée en puissance, en Irak et en Syrie, des salafistes de l'État islamique (EI) va faire passer au second plan la lutte contre le régime d'Assad. Détruire l'organisation terroriste qui a supplanté Al-Qaïda sur la carte de la terreur mondialisée est désormais la priorité. Une coalition rassemblant plusieurs dizaines de pays va se mettre en branle, et en septembre 2014, les Américains vont bombarder des positions de l'EI. « C'est un peu triste, déplore alors Hollande, parce que si l'on avait frappé l'année dernière, on aurait frappé le régime – peut-être qu'il aurait fini par être renversé –, permis à l'Armée syrienne libre de gagner des positions, et cela aurait empêché l'État islamique, Al-Nosra [branche syrienne d'Al-Qaïda] et les groupes extrémistes de s'installer en Syrie… »

Il en reste persuadé, ne pas intervenir à la fin de l'été 2013 a constitué une erreur majeure. « Certes, Assad a livré ses armes chimiques, mais il a été préservé de toute agression, et il a été réinstallé dans le jeu grâce à l'appui russe, c'est pour ça que je reste convaincu qu'il aurait fallu frapper l'année dernière », affirme-t-il à la rentrée 2014. « Ce qui se serait passé, je pense, c'est que le régime aurait été affaibli, l'opposition plus forte, et Daech ne serait pas apparu comme ça, même s'il existait déjà en Irak. »

« Sur la Syrie, conclut-il, le problème qu'on a, c'est que les Américains n'ont pas de stratégie. »

Le « péché originel » du président Obama, Hollande va avoir l'occasion d'y revenir souvent les mois suivants. Au printemps 2015, par exemple. Entre-temps, la situation a tragiquement évolué. Les fanatiques de l'État islamique – que Hollande désigne par son acronyme arabe, Daech, moins susceptible d'exacerber les passions identitaires – ont exporté sur le territoire français leurs méthodes barbares. « Sur la Syrie, cela a été une frustration, nous confie-t-il le 30 avril 2015. Je ne sais pas ce que cela aurait donné, si on avait frappé, peut-être qu'on se reverrait et que vous me diriez : "Vous avez frappé, mais il y a Daech qui est là, c'est de votre faute." Ce que je peux dire, c'est qu'on n'a pas frappé… et il y a Daech. »

Mais le conflit syrien a d'autres funestes répercussions. Par exemple cet exode hallucinant de populations civiles, coincées entre le régime d'Assad et les djihadistes de l'EI. Pris en étau entre les tortionnaires sadiques du parti baasiste et les psychopathes islamistes, le peuple syrien ne veut plus avoir à choisir entre la peste et le choléra. L'année 2015 marque le début d'une crise migratoire, endeuillée par de multiples drames, notamment de nombreux naufrages en Méditerranée, d'une ampleur inédite depuis la Seconde Guerre mondiale. Un peu partout dans l'Union, la crainte est vive – et les faits, hélas, la confirmeront – de voir des terroristes se mêler aux réfugiés politiques et économiques afin de venir frapper l'Europe sur son sol.

En cet été 2015, l'ambiance est pesante sur le vieux continent, prêt à se barricader.

Tandis que la Hongrie achève la pose de barbelés à sa frontière, en France, Alain Vidalies crée l'émoi à gauche en déclarant sur Europe 1, le 24 août 2015 : « Je préfère qu'on discrimine pour être efficace plutôt que rester spectateur. » Le secrétaire d'État aux Transports entend ainsi justifier l'augmentation des contrôles aléatoires dans les trains après une attaque terroriste déjouée dans le Thalys.

Nous voyons justement François Hollande trois jours plus tard. Désavoue-t-il son ministre, juge-t-il ses propos choquants ? « Non, tranche-t-il. Il s'est peut-être mal exprimé, en gros, son idée c'était de dire : "Mieux vaut une discrimination, par ailleurs inacceptable, qu'un terroriste qui n'aurait pas été identifié." Être président en ce moment, dans une Europe qui vit des choses épouvantables, où l'on voit des murs s'ériger, des chars... » Pensif, il laisse sa phrase en suspens.

Et dans un soupir, il lâche cette remarque en forme de lapsus : « Il se trouve que je suis président en ce moment-là... »

« Je ne voulais pas qu'on m'accuse d'instrumentaliser les réfugiés pour faire monter l'extrême droite »

La période est rude, en effet. Les valeurs sur lesquelles repose l'Europe politique semblent menacées, et la France n'échappe pas à cette remise en question. D'autant que les migrants viennent désormais de partout, du Soudan, de l'Érythrée, d'Afghanistan, fuyant la misère ou la guerre, et souvent les deux. Beaucoup prennent la direction de l'Allemagne, qui dit vouloir les accueillir à bras ouverts. Certains finissent leur périple à Calais, où ils s'entassent dans des abris de fortune dans l'espoir de quérir leur graal, de l'autre côté de la Manche, dans cette Grande-Bretagne supposée pouvoir leur offrir du travail, elle...

Entre la tentation du repli identitaire et l'humanisme dont le pays des Lumières est supposé être l'incarnation, la France est écartelée. Conformément à son tempérament, Hollande tente de trouver une voie médiane. « Un président de gauche doit faire son devoir, et en même temps ne pas exposer son pays à une tension telle que ça se traduise par un rejet de toute présence de réfugiés, résume-t-il. C'est pour ça qu'on est relativement ferme sur tout ce qui peut se passer à Calais ou à Vintimille. Et en même temps, il faut expliquer aux Français que notre pays est l'un des moins concernés par les phénomènes migratoires. »

« Le problème, rappelle-t-il, c'est qu'il n'y a pas que des Syriens. Il y a des Érythréens, des Soudanais, des gens qui sont là et qui ne devraient pas être là. Il faut leur dire qu'il ne peut pas y avoir cinq millions de réfugiés partout sans conséquences. » Hollande s'inquiète : « Des pays, la Slovaquie, la République tchèque, disent qu'ils ne veulent accueillir que des chrétiens, c'est quand même quelque chose de terrible. Il va falloir enlever le pantalon pour voir si vous êtes chrétien, juif, musulman ? »

Mais la France est-elle vraiment en position de donner des leçons de morale ? Entre la générosité et la fermeté, Hollande a clairement fait son choix : les migrants ne sont pas les bienvenus dans l'Hexagone. Le chef de l'État pourrait reprendre à son compte la formule-choc de Michel Rocard, alors Premier ministre, lâchant le 3 décembre 1989 : « Nous ne pouvons pas héberger toute la misère du monde. » De l'autre côté du Rhin, Angela Merkel aussi a choisi, mais en sens inverse. Le contraste est saisissant : quand, en l'espace de quelques mois, l'Allemagne dirigée par une chancelière conservatrice accueille plus d'un million de réfugiés, la France socialiste s'engage à en accepter… quelques dizaines de milliers. Certes, la démographie dangereusement vieillissante de l'Allemagne, son économie florissante et, bien sûr, ce sentiment de culpabilité durablement ancré dans une population toujours hantée par le traumatisme nazi contribuent à expliquer ces approches antagonistes. Mais tout de même…

En septembre 2015, on questionne Hollande sur le sujet. Sa famille politique n'aurait-elle pas tourné le dos à ses valeurs ? Accessoirement, lui-même n'a-t-il pas raté là un bon moyen de « regauchiser » son image, qui en aurait bien besoin ? « Le problème qu'on a, c'est que les réfugiés de Syrie ne viennent pas spontanément en France, argumente-t-il. Ceux qui viennent en France, ce sont des Érythréens, des Kosovars, des Africains, au titre de la migration économique… Les Syriens, ils veulent aller en Allemagne, en Suède, ou aux États-Unis. »

La réponse est habile, mais partiellement fausse. Et puis, ce n'était pas exactement notre question… Alors, on la repose. « Je ne voulais pas qu'on m'accuse d'instrumentaliser les réfugiés pour faire monter l'extrême droite, dit-il cette fois. Je suis très attentif à ce que le pays peut accepter et ne pas accepter. Quand on regarde les sondages aujourd'hui, il n'accepte pas. »

Déjà rétive à ouvrir ses portes, la France ne va pas être incitée à changer sa façon de voir les choses après les terribles attaques du 13 novembre 2015. Car c'est un fait désormais avéré : plusieurs des djihadistes impliqués dans ces meurtres de masse avaient emprunté la route des migrants, se fondant dans la masse des réfugiés pour passer les frontières et commettre les pires attentats que la France ait connus. Les actes du 13 novembre ont une traduction diplomatique inattendue : le retour en grâce de la Russie – mise au ban depuis l'annexion de la Crimée –, à la faveur des bombardements visant l'EI en Syrie et en Irak décidés par François Hollande juste après les attentats.

« Ce n'est pas un revirement, assure Hollande le 21 novembre 2015. Je ne change pas de stratégie. C'est pour dire à la Russie : maintenant, on peut au moins se mettre d'accord sur une chose, c'est frapper Daech.

Puisque vous êtes là-bas, travaillons au moins pour que nos frappes soient coordonnées. Et on ne change pas sur Bachar. » En clair, la France continuera de demander le départ du satrape syrien, mais désormais, la priorité absolue, c'est la lutte contre l'EI. Au nom de cette grande cause, la Russie passe soudainement du rang de pestiféré à celui d'allié objectif. S'agissant d'Assad, à en croire Hollande, le soutien russe n'est pas aussi ferme qu'on pourrait le penser. « Depuis 2012 et ma première rencontre avec lui, Poutine me dit : "Moi, je ne suis pas lié à Bachar el-Assad, mais tant qu'on n'a pas d'autre solution, on gardera Bachar el-Assad." Il n'a pas évolué. »

Ce rapprochement avec la Russie ne signifie-t-il pas que Hollande s'est finalement rangé aux souhaits de la droite et de l'extrême droite françaises, globalement favorables, de François Fillon à Marine Le Pen, à un rapprochement franco-russe ?

« Non, balaye-t-il. Eux, ils sont totalement alignés sur les Russes. Que dis-je, sur les Russes, sur les Iraniens, à la limite. En fait Bachar, c'est plus que la Russie, c'est l'Iran. Si je voulais aller plus loin, ce n'est pas l'Iran, c'est le Hezbollah [parti politique et groupe armé chiite libanais]. C'est très intéressant d'ailleurs, quand la droite française considère qu'il faut mettre le Hezbollah sur la liste des organisations terroristes, et que les mêmes soutiennent Bachar, qui utilise le Hezbollah ! »

« On ne peut pas continuer à avoir des migrants qui arrivent sans contrôle, dans le contexte en plus des attentats »

D'autres voix s'élèvent, trouvant un fort écho dans l'opinion publique, pour réclamer une intervention au sol afin d'éradiquer le cancer djihadiste à la racine. « Non, répond Hollande fermement, ce n'est pas possible. D'abord parce que personne ne veut le faire, ensuite parce que ce serait pour Daech, comme ça s'est passé en Libye ou en Afghanistan, l'idée que la guerre sainte est déclarée. Vous pouvez toujours faire une intervention au sol, mais après, comment vous vous retirez ? Il faut quand même des gens qui occupent le territoire. Pas nous. Il faut trouver des forces sur place. Et même nous, si on mettait des troupes au sol, avec les Américains, les Anglais, on va jusqu'à Rakka, une ville très piégée, fortifiée... Mais pour la faire vivre, l'organiser, la sécuriser, ce ne sont pas les forces occidentales qui pourraient le faire. Ce n'est pas tellement un problème de moyens ou de logistique, mais ces guerres-là ne marchent pas... »

Ce qui ne fonctionne pas, non plus, en ces temps troublés, c'est la coopération européenne. Notamment en matière d'accueil des réfugiés. En France, Manuel Valls, qui commence à s'agacer de voir opposée en permanence la générosité allemande au supposé égoïsme français, profite le 13 février 2016 d'une conférence à Munich – tout un symbole – pour, selon ses propres mots, « faire passer un message d'efficacité et de fermeté : l'Europe ne peut accueillir davantage de réfugiés ». Pis, devant les journalistes, le Premier ministre ironise sur l'action diplomatique de Merkel. « Il y a quelques mois, déclare-t-il, les médias français demandaient : "Où est la Merkel française ?", ou voulaient donner le prix Nobel à la chancelière. Aujourd'hui, je constate les résultats... » Valls fait notamment allusion à cette nuit de la Saint-Sylvestre au cours de laquelle, à Cologne, des centaines de femmes ont été agressées sexuellement par des hommes d'origine étrangère.

L'enquête révélera que, parmi les suspects identifiés, seule une infime minorité venait de Syrie, la plupart étant algériens ou marocains. Mais l'affaire fera office d'électrochoc pour une Allemagne brutalement dégrisée, et relancera dans toute l'Europe les controverses sur la compatibilité de l'islam avec les valeurs occidentales.

« Manuel Valls est sur la position que j'ai moi-même définie, explique Hollande, il faut protéger les frontières, il faut accueillir ceux qui peuvent y avoir droit au titre de l'asile, et ne pas en revanche prendre les migrants pour les installer sans procédure, c'est-à-dire sans respect de Schengen. » « Il n'a pas fait de faute au sens où ce qu'il a dit est la position de la France », ajoute-t-il.

Mais sur la forme, Hollande a peu goûté la sortie de son Premier ministre. « Manuel Valls, je lui en ai fait part, le problème ce n'est pas le fond de ce qu'il a dit sur les réfugiés, c'est qu'il l'ait fait en Allemagne », confie-t-il le 25 mars 2016. De fait, sur le fond, les deux hommes sont exactement sur la même ligne. « Il pense, et je le crois aussi, que les Français sont dans une inquiétude et qu'il faut les rassurer, notamment par rapport aux questions de migrants et de réfugiés », nous explique le chef de l'État.

Les déclarations de Valls étaient donc, de son point de vue, à la fois « malheureuses » et « fondées ». « Dans le sens où elles mettaient quand même en exergue le problème – ce que maintenant Merkel admet d'ailleurs –, le fait qu'on ne peut pas continuer à avoir des migrants qui arrivent sans contrôle, dans le contexte en plus des attentats », assure Hollande.

En chef d'une guerre qui n'a pas eu lieu, finalement. Au moins n'aura-t-il pas eu à envoyer, cette fois, des soldats à la mort…

2
La mort

Être seul c'est s'entraîner à la mort.

Louis-Ferdinand Céline

Un sinistre fantôme hante le palais de l'Élysée.

Accéder à la présidence de la République, c'est accepter de vivre avec la mort.

François Hollande le dit lui-même : « Le fait d'être au pouvoir, c'est à un moment décider de la vie des autres, de la mort des autres. Oui, je crois que c'est ça qui est le plus fort : décider de la vie d'autrui. » Face à cette responsabilité écrasante, dormir, même rêver, relève de la performance.

« Moi, quand je dors, je dors ! » jure-t-il pourtant.

Mais certains réveils sont parfois douloureux.

Comme cette nuit du vendredi 11 au samedi 12 janvier 2013, lorsqu'il est tiré du lit par un huissier. Ce soir-là, il est resté à l'Élysée, son portable à quelques centimètres de l'oreiller, car il sait ce qui se joue, à plusieurs milliers de kilomètres, en Afrique. D'une part au Mali, où vient d'être enclenchée l'opération « Serval » et, simultanément, à l'autre bout du continent, en Somalie, qui doit être le théâtre d'une intervention-commando. C'est dans ce petit pays situé à l'extrémité de la corne de l'Afrique qu'est retenu en otage, depuis trois ans et demi, un agent de la Direction générale de la sécurité extérieure (DGSE), les services secrets français. Hasard du calendrier, l'opération visant à exfiltrer Denis Allex tombe le même jour que celle destinée à chasser les djihadistes en passe de s'emparer du Mali. Sa véritable identité étant classifiée, le militaire français est connu sous son seul pseudonyme. En réalité, il se prénomme bien Denis, et son nom de famille commence aussi par un « A ».

Âgé de 47 ans, marié, père de trois enfants, l'adjudant-chef Allex, originaire du Pas-de-Calais, appartient aux forces spéciales du service action de la DGSE, ces commandos d'élite qui interviennent à l'étranger, sous couverture civile. Depuis son enlèvement, le 14 juillet 2009, ses camarades ont juré de tout faire pour le récupérer.

La décision de libérer par la force Allex, détenu par le Shebab el-Islami, un groupe salafiste somalien, avait été prise quelques semaines auparavant. « Lorsque j'avais rencontré la femme d'Allex, elle avait elle-même admis le principe : si une opportunité se présentait, elle comprendrait qu'une opération puisse être menée », rapporte Hollande. Au début de l'été 2012, le directeur général de la DGSE, Erard Corbin de Mangoux, sur le départ pour cause de sarkozysme aggravé, informe le président de la République que ses services pensent avoir localisé l'endroit où est détenu Allex. « Je leur avais dit de continuer à faire ce travail de renseignement et d'envisager éventuellement une opération s'ils pensaient qu'elle était possible », relate Hollande. Allex a été repéré dans une maison de Bullo Mareer, une ville située à une centaine de kilomètres au sud-ouest de Mogadiscio, la capitale somalienne.

« J'ai été réveillé dans la nuit, on m'a dit : "L'opération n'a pas marché, le type est mort..." »

« Au mois de décembre 2012, révèle Hollande, c'était envisageable, mais Allex a été "déménagé", c'est-à-dire changé de lieu de captivité. Néanmoins, vers le 20 décembre, il m'a été dit qu'il avait été de nouveau repéré et qu'il y avait une quasi-certitude qu'il était à cet endroit et qu'à partir de là une opération était possible... »

Les responsables des services secrets en sont convaincus, détenu dans des conditions éprouvantes, Allex, apparu très amaigri dans plusieurs vidéos, est en danger de mort.

« Avant les congés de Noël, poursuit Hollande, j'avais donné mon accord de principe pour que, si l'on avait la confirmation de son lieu de captivité, une opération puisse être engagée, le 11 janvier 2013. » Les stratèges de la DGSE ont tout prévu : la nuit du 11 au 12 janvier 2013 sera noire, car c'est la nouvelle lune. Idéal pour une intervention. « Il m'avait été dit qu'il y avait des risques et que cette opération ne pouvait marcher que si l'effet de surprise était total », se remémore le chef de l'État.

L'opération « il faut sauver le soldat Allex » est méticuleusement préparée, la maison où il est retenu est même intégralement reconstituée, en France. Début janvier, les membres du service action de la DGSE sont prêts à donner l'assaut aux djihadistes somaliens qui retiennent leur camarade. Hollande veut des certitudes, il demande aux services une évaluation des risques.

« J'ai demandé : "Est-ce que toutes les conditions sont réunies ?" raconte-t-il. Ils étaient sûrs à 90 % que c'était bien Allex qui était dans la maison. Pas 100 %, 90. Sachant qu'ils le suivaient depuis des mois. Nous ne pouvons réussir, me disent-ils, qu'à la condition d'arriver à la maison sans avoir été repérés, d'où la nuit noire, etc. »

Les événements se précipitent.

« Dans la nuit du 11, il se trouve qu'on avait également engagé l'opération au Mali, mais c'était une coïncidence absolue ! s'exclame Hollande. Lorsqu'il y a eu le conseil de défense afin que je donne l'ordre pour l'opération somalienne, cela a été l'occasion pour moi de décider aussi d'intervenir au Mali, car les terroristes arrivaient sur Bamako. »

En liaison directe avec la DGSE, Hollande suit, minute par minute, le début des opérations. « Mais il n'y a pas d'écran, pas d'image. Jusqu'à 3 heures du matin, les choses se passent bien, ils avancent... » Le chef de l'État se repose quelques heures, lorsqu'il est tiré de son sommeil, vers 5 heures du matin. Les nouvelles sont mauvaises : « J'ai été réveillé dans la nuit, on m'a dit : "L'opération n'a pas marché, le type est mort..." », se souvient Hollande. L'intervention, en effet, a viré au fiasco. Car non seulement Allex a été assassiné par ses ravisseurs au moment de l'assaut, mais deux membres du service action ont également été tués. La mort de dix-sept djihadistes, tombés sous les balles des hommes de la DGSE, est une bien mince consolation. Pourtant, l'opération semblait s'être déroulée sans heurt, mais un petit grain de sable du désert somalien a tout fait dérailler.

Hollande : « Ils sont arrivés tout près, mais ils ont heurté l'un des gardes, qui dormait à l'extérieur, ce qui n'était pas prévu. Il a été "neutralisé", mais le bruit de la détonation a été suffisant pour donner l'alerte dans la maison, et lorsque le commando est arrivé, il a été fauché par une rafale. » Quant à l'otage, il a donc été liquidé, froidement : « Alors qu'ils étaient entrés dans la maison, l'un des gardes a tiré quatre balles, suffisamment précises pour tuer Allex. » Y a-t-il eu une erreur imputable aux services ? En aucun cas, estime le président. « Il ne me viendrait évidemment pas à l'idée de leur dire : "Vous auriez dû contourner le garde, le liquider à l'arme blanche…" Le risque était intégré, et vous ne pouvez pas mettre en cause les hommes qui risquent leur vie. Moi, j'ai vu les blessés, ils y sont allés, quand même… »

Le courage et l'abnégation des militaires français n'ont pas suffi.

Fin janvier 2013, François Hollande se rendra à Perpignan, au centre d'entraînement de la DGSE, pour une cérémonie en hommage aux militaires blessés et, bien sûr, à la mémoire de ceux qui ont laissé leur vie dans l'opération, cérémonie confidentielle qui a profondément marqué le chef de l'État. François Hollande a-t-il le sentiment d'avoir ces morts sur la conscience ? Il ne donne pas l'impression de culpabiliser. « C'est un échec parce qu'on n'a pas ramené l'otage, analyse-t-il froidement. Maintenant, est-ce que cette opération devait être décidée ? Oui. J'en ai assumé la responsabilité. La famille d'Allex, celles des deux tués pour aller le chercher, le régiment, tous m'ont dit : "C'était notre devoir d'aller le chercher." Ça faisait trois ans et demi, il fallait y aller. »

Il raconte tout cela sans émotion apparente.

« C'est au premier mort que l'on mesure qu'on a pris une décision lourde, explique-t-il. La mort, j'y étais quand même préparé, car depuis des décennies que je suis dans la vie politique, j'avais assisté à des retours de soldats tués sur des terrains de conflits où le pays les avait envoyés… À chaque mort, on est saisi, ajoute-t-il. Car oui, c'est moi qui ai décidé. »

Il fait appel à ses souvenirs. « Je pense au Liban, je me souviens du Drakkar (58 paras français tués dans un attentat à Beyrouth, le 23 octobre 1983), j'étais là, dans la cour des Invalides à l'époque. Quand on voit tous ces corps… Ensuite, la mort, les cercueils, j'y ai encore été confronté. Dès les premières semaines de mon mandat même, puisqu'il y a eu des morts en Afghanistan. Mais il s'agissait d'opérations déjà engagées. Là, c'est vrai, pour le Mali et la Somalie, il s'agissait bien de deux décisions que j'avais prises. »

Il marque une pause, comme s'il avait besoin de faire le point en lui-même.

« Quand je vois des hommes amputés, brûlés, je me dis : quand même, ils pourraient m'en vouloir »

« Alors oui, reprend-il, si je ne les avais pas prises, ces deux décisions, ces hommes seraient en vie. Donc bien sûr que cette question on se la pose, pendant la décision, au moment où on l'élabore, mais elle est incluse dans la décision. Imaginer qu'on peut envoyer un commando libérer un otage sans qu'il y ait la moindre probabilité d'un risque mortel pour l'otage, sans parler des militaires, c'est impossible. J'ai pris cette décision parce que j'ai compris que, pour la DGSE et son personnel, c'était vraiment un engagement qu'ils avaient au plus profond d'aller libérer leur camarade, et que la famille adhérait à ce projet. »

Le fait que ses actes influent sur le destin, la santé, et même la vie d'hommes et de femmes, il dit l'avoir totalement intégré. Il l'a en tête lors des cérémonies où sont présents des soldats blessés. « Quand je vois des hommes amputés, brûlés, je me dis : quand même, ils pourraient m'en vouloir… Mais ils n'ont pas de sentiment de rancune, au contraire, ils disent qu'ils sont très fiers de ce qu'ils ont fait, parce qu'ils sont soldats. »

À plusieurs reprises, nous aurons l'occasion d'évoquer ce thème avec le chef de l'État. Avec, à chaque fois, cette curieuse impression d'être face à un homme qui s'explique très franchement, et en même temps qui ne se livre pas du tout. Il dit éprouver une émotion forte lorsqu'il a conscience que ses décisions peuvent avoir des conséquences dramatiques, mais il le fait sur un ton égal qui donne le sentiment inverse. À l'arrivée, difficile de savoir ce qu'il ressent vraiment.

« On dit toujours : “Il n'a pas de sentiments” », déplore-t-il, un soir d'octobre 2015 où il semble prêt à se mettre un peu à nu, enfin. « La mort a toujours été présente dans la fonction présidentielle, ajoute-t-il sur un ton empreint d'une gravité inhabituelle. Ça ne veut pas dire qu'on devient insensible. On s'habitue aux drames, à la tragédie, elle fait partie de la fonction. Toujours. Il n'y a pas eu d'époque ou cela ne soit pas apparu, des soldats tués au combat, un attentat, des familles de policiers blessés… Si vous montrez simplement de la compassion… On me reproche d'ailleurs de montrer de la compassion, je suis allé pour des intempéries dans le Sud, on a dit : “Ça, c'est Hollande, il aime bien les commémorations !” On vous fait presque le procès de chercher l'exaltation par la mort. Le sang-froid, on l'acquiert parce que c'est tellement dur ce qu'on a à faire. Les otages, les attaques, les frappes que l'on ordonne… »

Il poursuit son introspection : « Ça ne veut pas dire que l'on devient indifférent, mais on est obligé tout de suite de se créer une carapace. On ne peut pas se dire : “C'est affreux, quel drame je vis, décider de la vie ou de la mort…” On ne peut pas non plus se confier, je pense que vous l'auriez très mal compris : “Est-ce que j'ai bien le droit, est-ce bien mon rôle d'envoyer des gens au casse-pipe ?” Vous ne pouvez pas montrer de l'insensibilité, bien sûr, mais vous ne pouvez pas apparaître comme tétanisé par une décision trop lourde. D'où l'impression qu'on a de se durcir, qui n'est pas en fait la réalité. Ce n'est pas une espèce d'insensibilité, c'est une espèce de stabilité personnelle pour affronter ces choses… »

Ne surtout pas verser dans la sensiblerie, qui pourrait être perçue comme un aveu de faiblesse. Le voici donc réduit à afficher un visage marmoréen, en toutes circonstances.

Impassible et hermétique.

Il le concède, cela ne lui demande pas trop d'efforts, c'est tellement dans son tempérament… « Je n'ai pas à cacher mes émotions, je ne suis pas quelqu'un qui les montre, avoue-t-il. Je n'aime pas faire ça… » Pourtant, il l'assure, il est « souvent saisi par l'émotion ». « Ça m'est arrivé plusieurs fois, dans des remises de décorations, lors de discours, à la DGSE, à la préfecture de police… Mais quand on est président, on doit montrer qu'on n'est pas trop touché. »

Déjà, en février 2013, à force de le questionner sur la libération avortée de l'otage français aux mains des djihadistes somaliens, on avait commencé à sentir poindre les tourments intérieurs, comme si l'armure se fendillait, notamment au moment d'évoquer l'épouse de Denis Allex. « Si la famille m'avait dit : "Promettez-nous de ne pas intervenir", peut-être que j'aurais pris quand même la décision, mais ma responsabilité aurait été encore plus grande. Non pas que la famille m'ait autorisé, mais j'avais senti qu'elle adhérait à un projet de libération. La preuve, c'est que quand je l'ai revue elle a compris. Dans la douleur. Une famille admirable, avec trois garçons, à qui la mère avait pendant un temps tu la détention du père… »

Il y avait aussi eu Valérie Trierweiler, nous confiant, en décembre 2013, combien « François avait changé », à quel point, sous le poids des premières épreuves, il avait dû se forger une cuirasse depuis son accession au pouvoir, lui qui n'était déjà pas du genre à s'épancher. Elle avait en tête cet instant où, dans l'avion présidentiel, il avait appris que des soldats français venaient de trouver la mort en Centrafrique. C'était quelques jours plus tôt, le 9 décembre 2013 précisément : deux militaires du RPIMA de Castres avaient été tués, à Bangui, dans le cadre de l'opération Sangaris destinée à rétablir l'ordre dans le pays. « François était dévasté, comme rarement je l'avais vu », selon Valérie Trierweiler.

« Moi, je voulais aller plus vite, tout de suite foncer sur Tombouctou et Gao, envoyer des parachutistes, qui pouvaient se faire tuer... »

L'intervention au Mali engendrera, elle aussi, son lot de drames, inévitables. À la mi-2016, l'opération Serval, rebaptisée entre-temps « Barkhane » après son extension aux autres pays de la zone sahélo-saharienne, a déjà coûté la vie à une vingtaine de soldats français. François Hollande n'ignorait rien des risques que présentait l'engagement de l'armée française dans cette région menacée par la gangrène islamiste. « Pour le Mali, là aussi, quand je décide d'engager des avions et des hélicoptères, avant même de mettre les troupes au sol, je mesure qu'il y a un risque, car on sait les terroristes très bien armés, et que c'est le premier choc qui va être le plus décisif », confirme-t-il.

Le chef de l'État l'assure, cet épisode malien a contribué à le transformer. « Il y a une gravité, car quand vous envoyez des soldats au front, c'est une décision lourde. Aujourd'hui, tout le monde dit : "La France a fait son devoir et elle a réussi." Mais ce n'était pas si évident. » De fait, l'arrivée des troupes françaises a été déterminante, les islamistes ont échoué à conquérir l'ancienne colonie française. La décision d'intervenir a été prise à la suite d'une offensive coordonnée d'islamistes armés, alliés au groupe Al-Qaïda au Maghreb islamique (AQMI), qui visait la ville de Konna, verrou entre le Nord et le Sud maliens. Le nord du pays, région en majorité désertique, était depuis plus de six mois sous contrôle total de groupes djihadistes. L'intervention française visait à stopper leur inexorable progression vers le sud et notamment Bamako, la capitale. L'opération Serval, décidée dans l'urgence, restera comme un succès incontestable. « Ce qui se passait là, c'était l'effondrement du Mali », parade le chef de l'État.

En l'espace de quelques jours, les Français découvrent un Hollande inconnu. Leur si placide président, réputé – et critiqué – pour son irrésolution, s'est métamorphosé en chef de guerre déterminé. S'il n'avait tenu qu'à lui, la France aurait même frappé plus vite et plus fort au Mali. « Je me suis posé la question à un moment, si on ne devait pas accélérer, reconnaît-il. Mais c'était beaucoup exposer les soldats, c'est ce qu'on me disait. Moi, je voulais aller plus vite, tout de suite foncer sur Tombouctou et Gao, envoyer des parachutistes, qui pouvaient se faire tuer… »

Une autre raison a convaincu le chef de l'État de ne pas se précipiter : « Il fallait que les Maliens soient avec nous, c'était un élément très important que j'avais posé : que les villes soient libérées par les Maliens. Et ça a été le cas », se félicite-t-il.

Trois semaines après l'intervention réussie au Mali, Hollande se rend dans le pays, où la population lui réserve un accueil triomphal. Jamais sans doute le décalage avec sa situation sur le plan intérieur n'aura été aussi flagrant.

« Ça a été un grand moment parce que je pense que ce n'était pas arrivé depuis très longtemps – depuis le général de Gaulle peut-être, qui a fait une tournée juste après la décolonisation – d'être accueillis en libérateurs, assure-t-il. Sans doute que Sarkozy a dû avoir cette impression-là en Libye, sauf qu'en Libye on pouvait dire que c'était grâce à l'aviation française et britannique, mais il n'y avait pas de troupes au sol. Là, les soldats français ont été regardés comme des libérateurs. »

« Je viens sans doute de vivre la journée la plus importante de ma vie politique », lance-t-il, ce 2 février 2013 à Bamako, en conclusion de son discours, prononcé aux côtés du président malien par intérim, Dioncounda Traoré. La phrase a marqué. « C'est peut-être le plus beau jour dans mon action de président, nous précise Hollande quelques jours plus tard. Le plus beau jour de ma vie politique, on pourrait dire que c'est quand j'ai été élu. Mais élu, on est investi, tandis que là, au-delà de moi-même, c'est la France qui se trouvait honorée, récompensée, félicitée. »

Sans même qu'on le relance sur ce thème, il revient sur le sacrifice des soldats français, évoque ce clin d'œil funeste du destin qui a fait du chef de bataillon Damien Boiteux, du 4e régiment d'hélicoptères des forces spéciales, la première victime de l'intervention au Mali, le 11 janvier 2013. Sans doute le lieutenant Boiteux l'ignorait-il, mais il portait un patronyme identique à celui du militaire français à l'origine de la conquête du Mali par la France, à la fin du XIXe siècle. « Incroyable ! Le même nom ! s'émerveille Hollande. Un extraordinaire retournement de l'histoire, le symbole d'un pays colonisateur qui libère son ancienne colonie. C'est beau. »

Il est beaucoup moins dithyrambique à propos du patron de la DGSE. « Il n'y aurait pas eu l'histoire du Mali, on aurait déjà écarté Corbin de Mangoux », nous confie-t-il le 1er février 2013. Nommé à l'Élysée en 2007 conseiller de Nicolas Sarkozy pour les affaires intérieures, Erard Corbin de Mangoux avait pris la tête des services secrets extérieurs l'année suivante. Pourtant, à en croire Hollande, ce n'est pas le profil « sarkozyste » du préfet qui est en cause. « Ce qui nous pose problème, affirme-t-il, ce n'est pas qu'il ait été chez Sarkozy, c'est qu'il nous dise peu de chose, qu'il retienne les informations. C'est comme cette histoire en Bulgarie, qui est quand même incroyable… »

Dans la nuit du 15 au 16 octobre 2012, cinq agents du service action de la DGSE avaient été surpris alors qu'ils réalisaient un entraînement clandestin à proximité de la commune de Pleven, en Bulgarie. Repérés par des villageois armés, ils avaient été roués de coups et contraints de s'enfuir. L'affaire avait viré à l'incident diplomatique, et tourné en ridicule les services français. Lorsqu'on lui demande s'il avait été informé de cette mission, Hollande s'exclame : « Mais bien sûr que non ! Et après, on est obligés de gérer ces trucs-là. Ce n'était même pas la préparation de l'assaut somalien… Ils font des missions comme ça, dans certains pays, sans en rendre compte à personne. »

Ce qui a ulcéré le chef de l'État, « c'est le fait que personne ne nous ait prévenu alors que ç'aurait pu être un incident diplomatique sérieux ». « Le ministre de l'Intérieur a été obligé de présenter ses excuses à son homologue bulgare, et puis cela aurait pu dégénérer en bagarre, qu'ils tuent quelqu'un, et qu'est-ce qu'on aurait fait ? Bon, ils ont préféré se faire casser la gueule, ils ont été stoïques, les gars ! Ils ont pris sur eux. »

« Il est possible qu'on retrouve tous les otages tués, je m'y suis préparé depuis le premier jour de l'intervention »

La DGSE a également été mise à contribution en marge de l'opération Barkhane, notamment pour tenter de repérer les otages français, alors nombreux dans la région. Philippe Verdon et Serge Lazarevic par exemple, enlevés en novembre 2011 dans le nord-est du Mali par AQMI. Les djihadistes sahéliens détenaient également quatre employés du groupe nucléaire Areva, victimes d'un rapt en septembre 2010 dans le nord du Niger. Sans compter, bien sûr, les sept Français aux mains, au Cameroun cette fois, d'islamistes très actifs au Nigeria et regroupés au sein de la secte Boko Haram. La crainte était en effet que la famille française – un cadre du groupe GDF Suez, son frère, sa femme et leurs quatre enfants – détenue par le mouvement salafiste comme les deux hommes d'affaires (présentés comme des espions par leurs ravisseurs d'AQMI) subissent des représailles après l'intervention française au Sahel.

« Cette secte, Boko Haram, prend des otages, et continuera d'en prendre, mais ce n'est pas pour nous empêcher d'aller au Mali, sinon ils auraient déjà tué les otages. Peut-être qu'ils vont le faire d'ailleurs, mais je pense que pour eux c'est toujours une affaire d'argent », analyse froidement Hollande, le 1er mars 2013, moins de deux semaines après l'enlèvement de la famille Moulin-Fournier. « On sait à peu près où ils sont », ajoute le chef de l'État. « On a des gens pas loin, la DGSE… » Une intervention armée est-elle envisagée ? « On ne sait pas encore, dit-il. Ça, c'est encore très lourd comme décision. Il y a des enfants. Et ils ont déjà tué des enfants. Donc ça ne leur fera pas peur. Ce sont quand même des brigands, donc je pense qu'ils vont essayer de négocier. »

Qu'il s'agisse des captifs détenus par AQMI ou par Boko Haram, Hollande l'avoue : « Il est possible qu'on retrouve tous les otages tués, je m'y suis préparé depuis le premier jour de l'intervention, c'était le risque qu'on courait de toute façon. Je pensais même qu'ils pourraient le faire dès les premiers jours pour faire un exemple et frapper l'opinion. J'ai pensé un moment qu'ils allaient nous tuer un otage par jour. Ils ne l'ont pas fait donc ça veut dire qu'ils les gardent encore comme une monnaie d'échange. » « Je m'y suis préparé psychologiquement, ajoute-t-il, parce que les familles nous feront forcément le reproche, peut-être le procès, il y aura peut-être une action judiciaire… »

Parler des otages, c'est aussi aborder un grand tabou, qui n'est pas seulement hexagonal : le versement de rançons. Depuis toujours, l'État français soutient qu'il se refuse, par principe, à payer les auteurs d'enlèvement. Une posture empreinte de la plus grande hypocrisie d'après de nombreux observateurs, convaincus qu'en réalité la République met régulièrement la main à la poche.

François Hollande a accepté de s'aventurer sur ce terrain très glissant. Il nous l'assure, lui a vraiment mis ses actes en rapport avec la doctrine officielle.

« Depuis que je suis arrivé, on n'a pas versé un seul centime »

Nous évoquons le sujet quelques jours après qu'une controverse a publiquement éclaté, en février 2013. L'ex-ambassadrice américaine au Mali, Vicki Huddleston, a affirmé sur i-Télé que les autorités françaises avaient payé, deux ans auparavant, pour tenter d'obtenir la libération des salariés d'Areva. Se sentant visé, Claude Guéant, secrétaire général de l'Élysée sous Nicolas Sarkozy (de 2007 à 2011), s'empressa de démentir vigoureusement, assurant que « l'État français n'a jamais payé pour la libération d'otages ».

François Hollande, manifestement, est plutôt sur la ligne de l'ancienne ambassadrice. « Guéant dit qu'il n'y a jamais eu de versement de rançon, c'est un mensonge total, nous assure-t-il.

– Vous avez la preuve que ça a été versé ? demande-t-on.

– Oui, répond-il fermement. Alors, ce n'est pas la France qui paye, ce sont les entreprises, mais bon… Cela peut arriver que ce soit la France, oui. Quand il n'y a pas d'entreprise, c'est la France.

– Mais vous avez mis un terme à cela ? le relance-t-on.

– Oui, depuis que je suis arrivé, on n'a pas versé un seul centime », jure-t-il. Moins pour des considérations éthiques que pour des raisons d'efficacité, surtout à long terme, à en croire le chef de l'État. « Ce qui nous a été dit par les Africains, par les Américains qui ont pris la même position, c'est que si l'on paye on a d'autres otages, et on entretient les terroristes. » Conclusion : « On ne cède pas. »

Là encore donc, François Hollande aurait fait le contraire de son prédécesseur – une habitude. « Après, Sarkozy pourra toujours dire : "J'ai payé mais je les ai libérés." C'est une position. Par ailleurs, payer, c'était vrai avant Sarko, ce n'est pas lui qui l'a inventé. » Le président prend deux exemples, celui de la journaliste Florence Aubenas et celui de ses confrères Hervé Ghesquière et Stéphane Taponier. La première, alors reporter à *Libération* (elle a depuis rejoint *Le Monde*), avait été détenue plus de cinq mois en Irak, avant d'être libérée en juin 2005. Les deux autres avaient été retenus de force en Afghanistan de décembre 2009 à juin 2011.

« Pour Florence Aubenas, une rançon a été versée. Pour les deux journalistes en Afghanistan, Ghesquière et Taponier, une rançon a été payée », nous assure ainsi le président de la République. « C'est la France qui a payé », soutient-il.

Mais lui, qu'aurait-il fait s'il n'y avait pas eu d'autre option pour sauver les journalistes ?

« On n'était pas dans la même situation, sans doute, esquive-t-il. L'Irak, c'étaient des bandits, les sommes étaient encore acceptables, maintenant les prix ont considérablement augmenté... » On croit donc comprendre qu'il pourrait éventuellement assouplir sa doctrine.

Il dément mollement.

« En tout cas, pour l'instant, on n'a rien versé, assène-t-il. Un jour, on se reverra et peut-être que je vous dirai : "Là, on a donné un million parce que c'étaient des bandits, qu'on pouvait s'arranger..." Mais disons que dans cette zone-là, en Afrique de l'Ouest, on sait que si l'on paye c'est quand même pour entretenir des terroristes. »

Sur cette question ô combien délicate, difficile de savoir où se situe la vérité. Impossible de garantir que François Hollande nous ait tout dit. Une chose est certaine, au cours de ce quinquennat, la plupart des otages français ont fini par s'en sortir. La famille Moulin-Fournier par exemple, remise en liberté, au Cameroun, le 19 avril 2013. Deux semaines auparavant, François Hollande nous avait révélé l'existence de « tractations entre le Cameroun et les preneurs d'otages ». Selon lui, aucune rançon n'était prévue, mais « des échanges de prisonniers ».

Quant aux salariés d'Areva, élargis le 29 octobre 2013 au terme de trois ans de détention au Niger, leur libération pourrait avoir donné lieu à un versement d'argent. « La réalité, c'est que ce sont les Nigériens qui ont mené ces négociations », se défend Hollande, le 7 novembre 2013. « Alors, est-ce que les sociétés, Areva, n'ont pas, sur d'autres affaires, indemnisé les Nigériens, qui après, eux, font ce qu'ils veulent, ça c'est possible… Mais ce n'est pas nous. » On le sent mal à l'aise, et pour cause : à cette date, il y a encore de nombreux ressortissants français retenus contre leur gré. « On a le cas Lazarevic, sans doute détenu par ceux qui ont tué les deux journalistes et qui avaient tué Verdon », rappelle-t-il.

Si Lazarevic recouvrira finalement la liberté en décembre 2014, son compatriote, Gilberto Rodriguez Leal, également détenu au Mali, sera malheureusement tué en avril de la même année par ses ravisseurs du Mouvement pour l'unicité et le djihad en Afrique de l'Ouest (Mujao). L'annonce de sa mort provoquera la colère de sa famille, convaincue que les autorités françaises et les médias avaient quasiment passé sous silence la détention du retraité, préférant médiatiser celle de nos confrères, Didier François, Nicolas Hénin, Édouard Élias et Pierre Torres, enlevés en juin 2013 à Alep et Rakka, en Syrie. Les quatre journalistes retrouvèrent la liberté le 18 avril 2014.

Là encore, il semble qu'il y ait eu des contreparties financières, mais Hollande assure qu'elles n'ont pas impliqué l'État français. « L'État ne paie pas, martèle encore Hollande, cela voudrait dire qu'il est faible. »

En clair, si l'État ne paie plus – et encore, cela reste à prouver –, il incite les entreprises concernées voire des pays alliés à le faire à sa place… En août 2015, Hollande finira d'ailleurs par le reconnaître explicitement : « La

France ne verse pas de rançons, mais elle a suffisamment d'amis pour que, si ce ne sont pas des rançons, ce soient des services. C'est un geste de courtoisie, de bons rapports, ce ne sont pas de grosses sommes... »

« On a une liste de noms de tous les gens qu'on a éliminés »

Les morts, ce ne sont pas seulement celles qu'un chef d'État subit, il y a aussi celles qu'il décrète. On appelle cela les « opérations Homo », un autre grand tabou de la République.

Homo pour « homicide ». Ou comment, dans la plus parfaite illégalité internationale, les services spéciaux exécutent des « cibles » désignées par leur hiérarchie et/ou le pouvoir politique. Tous les grands États y recourent, sans jamais l'avouer bien évidemment. Nous avons abordé la question avec le président de la République au cœur de l'été 2015. Au départ, la discussion portait sur le sort qu'il entendait réserver au dictateur syrien Bachar el-Assad, dont la France appelle à la « neutralisation ». Un terme suffisamment ambigu pour se prêter à toutes les interprétations.

« Neutraliser Bachar, ça signifie faire qu'il soit externalisé, pas tué », nous précisa François Hollande.

Et s'agissant de la seconde tête de l'hydre syrienne, l'État islamique, qui avait attaqué la France sur son sol quelques mois auparavant, quelles mesures de rétorsion envisager ? « L'idée, si on est menacés par un groupe extérieur, c'est qu'il faut y aller », indique Hollande. « S'il y a un acte d'une certaine importance, et qu'on a la preuve qu'il a été diligenté de l'extérieur, on n'échappera pas non pas à une frappe chirurgicale à un endroit, mais à dire : "Maintenant, il faut aller se venger." Avec des troupes au sol, avec tout ce que ça a de conséquences. On n'y est pas encore, mais ça peut arriver. J'y pense... »

Au mois de novembre de la même année, le président de la République, sous les chocs des attentats ayant ensanglanté le Bataclan, le Stade de France et plusieurs terrasses de cafés parisiens, décidera une série de bombardements ciblés visant des positions de l'EI en Syrie.

« Avez-vous ordonné des mesures de vengeance ? » lui demanda-t-on encore, mi-2015. « Oui, répondit-il. L'armée, la DGSE, ont une liste de gens dont on peut penser qu'ils ont été responsables de prises d'otages ou d'actes contre nos intérêts. On m'a interrogé. J'ai dit : "Si vous les appréhendez, bien sûr..." »

Le chef de l'État a l'art de ne pas dire les choses, parfois. En clair, il faut comprendre qu'il a autorisé les services secrets à assassiner des « ennemis d'État »...

Plus souvent qu'à son tour même, à en croire le livre de Vincent Nouzille, *Les Tueurs de la République* (Fayard, 2015), qui affirme que les assassinats ciblés se sont multipliés sous François Hollande.

Là encore, quel contraste avec son image d'homme paisible, modéré, presque tiède.

« J'en ai décidé quatre au moins », avoue-t-il le 9 octobre 2015 lorsqu'on lui demande combien d'opérations « Homo » il a autorisées. « Mais d'autres présidents en ont fait davantage », précise-t-il aussitôt.

« Il y a la question stratégique : est-ce que c'est utile ? Et la question humaine : est-ce que c'est coûteux ? » analyse-t-il, rationnel même quand il s'agit d'évoquer les « permis de tuer ». « Si c'est coûteux et que ce n'est pas stratégique, il n'y a aucune raison de décider d'une frappe ou d'une intervention. Si c'est coûteux mais stratégique, il faut quand même la faire. »

Un mois plus tard, le 6 novembre 2015, comme s'il craignait de nous en avoir beaucoup trop dit, il donne le sentiment de vouloir faire machine arrière. Les opérations « Homo » ? « C'est totalement fantasmé », ose-t-il. Avant de préciser son propos : « On ne donne pas des autorisations de tuer. On dit : “Chassez autant qu’il est possible les terroristes, placez des balises, et puis à un moment, si vous les trouvez, vous les neutralisez.” » Ce qui revient à peu près à la même chose, semble-t-il…

« On a une liste de noms de tous les gens qu’on a éliminés, ça je l’ai, ajoute-t-il, mais on ne fixe pas une liste de noms en disant : “Voilà, il faut les éliminer.” Si on les trouve, on les trouve… »

Les services fournissent, en fait, des listes d’ennemis à « neutraliser ». Nous avons pu consulter l’une d’entre elles, datée du 7 mars 2014 et recensant dix-sept « objectifs » appartenant à des groupes armés terroristes, des « HVI » (*High-value targets/individuals*, « cibles de haute valeur »), dans le jargon militaire.

Affronter la mort, c’est aussi se confronter à la douleur et, parfois, à la colère des survivants, des proches, des familles… D’autant que le président de la République est souvent le préposé aux mauvaises nouvelles. « C’est difficile d’appeler au téléphone quelqu’un dont les parents sont morts, on n’est pas préparé à ça », dit-il simplement.

Les attentats de novembre 2015, par exemple, ont été d’autant plus pénibles à vivre que plusieurs familles de victimes n’ont pas souhaité être associées à l’hommage national, pointant la responsabilité du président de la République. Il reconnaît avoir pu éprouver un sentiment de culpabilité dans ces heures sombres. « Je me dis, si on n’était pas intervenus, au Mali, en Syrie, aurait-on eu ces attentats ? » Il répond lui-même à sa question : « Je pense que, de toute manière, les attentats auraient eu lieu, intervention ou pas intervention. Donc, je ne me défausse pas de ma responsabilité, mais j’essaie de me dire que si on n’était pas intervenus il se serait passé exactement la même chose. »

Il « essaie » de se le dire, pour mieux s’en persuader. Pas sûr qu’il y parvienne.

Le fantôme rôde toujours à l’Élysée.

3

Le pacificateur

Si quelqu'un me montrait entre l'indépendance complète et l'asservissement entier de la pensée une position intermédiaire où je puisse espérer me tenir, je m'y établirais peut-être ; mais qui découvrira cette position intermédiaire ?

Alexis de Tocqueville

Vladimir Poutine est pris au piège.

Et cela se voit. Se ressent.

La tension est maximale dans le salon d'apparat du château de Bénouville, en Normandie. Il y a là, ce 6 juin 2014, François Hollande, Angela Merkel, Petro Porochenko, nouveau président d'une Ukraine en guerre, et Vladimir Poutine donc, tout de colère rentrée.

Un photographe vient de faire irruption dans la pièce, à la demande de la chancelière Merkel. Elle veut immortaliser l'instant, ce premier contact entre Poutine et Porochenko, élu le 25 mai 2014 à la tête de l'Ukraine. Le point d'orgue d'une sorte d'embuscade diplomatique organisée par François Hollande, alors que le monde entier se presse sur les plages normandes, ce jour-là, à l'occasion du 70e anniversaire du débarquement allié.

Hollande se souvient. « À un moment, je vois Merkel

se lever, et elle appelle le photographe de l'Élysée. Bon. Le type revient avec son appareil. Je sens à ce moment-là une tension », relate-t-il. « Ce n'était pas prévu », lance Poutine à Hollande, sur un ton glacial. « Ce qui était vrai ! » commente Hollande. « Il ne voulait pas de photo, parce que c'était la reconnaissance officielle de l'élection de Porochenko », décode le chef de l'État.

Hollande le diplomate entre alors en scène. « À ce moment-là, j'ai dit : "Écoutez, on n'avait pas prévu de photo, Vladimir a raison, mais c'est simplement ce qui doit permettre la reconnaissance." Merkel a dit : "Il faut une photo. Pour l'Histoire." Et Poutine a accepté qu'il y ait la photo… » Resté au secret, dans les archives de l'Élysée, ce cliché a finalement été publié dans *Le Monde*, fin août 2016. On y voit un Poutine manifestement furibard, l'œil noir, et Porochenko, un peu plus loin, un bloc de muscles, l'allure sévère. Merkel semble s'adresser au photographe, presque souriante. Et au milieu, Hollande, tel qu'en lui-même. Indéchiffrable.

Mais, au fond de lui, il jubile.

Ce cliché historique, c'est, pense-t-il, le symbole ultime de son habileté, sur le plan international.

La preuve que l'art de la synthèse s'exporte.

« Giscard était comme ces gens très vieux, qui sont émus d'eux-mêmes »

C'est indéniable, ses talents de pompier, ou plus précisément de « démineur », ont trouvé sur la scène diplomatique, traversée de graves conflits, un théâtre d'expression à la mesure du chef de l'État. La doctrine du compromis chère au président de la République, si peu payante sur le plan intérieur, lui a en revanche permis de se forger à l'étranger une stature de dirigeant respecté, voire incontournable, en particulier en Europe. Deux des principales crises ayant ébranlé le continent durant son mandat, l'une militaire (l'Ukraine), l'autre financière (la Grèce), l'ont illustré de manière saisissante. Avec, à chaque fois, Angela Merkel – certes dans des rôles différents – comme partenaire privilégiée.

Un soir de l'été 2015, alors que nous évoquons ce thème avec lui, Hollande s'agace d'être une nouvelle fois réduit à sa caricature. « Celle qui est le plus dans la synthèse, c'est Merkel, nous lance-t-il. Le portrait que l'on fait de moi, c'est celui de Merkel, en fait ! Attendre toujours le dernier moment, ne vouloir rien compromettre, avancer par étapes… » Toutefois, lorsqu'il tente de faire valoir sa différence et de définir son rôle à l'international, il renforce plutôt notre conviction première. « Moi, j'essaie de trouver l'équilibre, dit-il. Si l'on veut faire la paix en Ukraine, maintenir la Grèce dans la zone euro, qu'est-ce qu'il peut y avoir comme conditions ? J'essaie d'avoir une position qui puisse être comprise et partagée. Après, je passe mon temps à discuter, car c'est l'Europe, ça. »

Beaucoup de dialogue, pas mal de psychologie, une bonne dose de réalisme et un zeste d'inventivité, voilà les ingrédients du « cocktail Hollande » à l'international.

La recette a porté ses fruits, le dénouement du psychodrame ukrainien, dans lequel le chef de l'État a joué un rôle majeur, en est sans doute la manifestation la plus frappante. Avec, en point d'orgue, cette fameuse réunion du 6 juin 2014, au château de Bénouville.

La cérémonie en elle-même, malgré une chaleur presque insupportable, est une réussite. Parfaitement orchestré, le ballet des grands de ce monde accueillis à tour de rôle, sous les yeux des vétérans, par un François Hollande rayonnant comme le soleil normand, conforte l'entreprise de « représidentialisation » du chef de l'État français, soutenu en juin 2014 par 18 % des Français seulement, selon l'IFOP.

Une partie de la séquence l'a ému, du moins l'affirme-t-il. « Les chefs d'État et de gouvernement rassemblés, ça met de l'ampleur, du prestige, de la fierté d'avoir autant de représentants de toutes ces nations, mais ça ne met pas d'émotion. L'émotion, ce sont des vieux qui sont encore là, qui ont tenu jusque-là, droits comme des I, pour montrer qu'ils n'ont rien perdu de leur superbe, ou des gens complètement enfoncés dans leurs fauteuils, incapables de se tenir droits ou même de parler et qui sont présents », raconte Hollande.

Il retrouve pour l'occasion deux de ses prédécesseurs, Nicolas Sarkozy et Valéry Giscard d'Estaing – Jacques Chirac n'était pas en état… « Sarkozy m'a dit bonjour, c'est tout. Giscard était comme ces gens très vieux qui sont émus d'eux-mêmes, raconte Hollande. Parce que finalement, l'émotion, quand on est plus âgé, c'est sur soi-même qu'on l'a. Et j'ai dit à Giscard : “Je pensais à vous parce qu'à 17 ans vous étiez un combattant volontaire…” Et j'ai senti qu'il était ému. Sarkozy, je ne pouvais pas lui dire qu'il avait été combattant volontaire ! » rigole Hollande, qui résiste rarement à un bon mot. Surtout aux dépens de Sarkozy.

Et puis, il y a eu le moment du discours. « Je sentais bien que c'était un discours important, qui allait être regardé, écouté, se rappelle-t-il. J'aurais pu faire un récit des événements, mais ce n'est pas ce que l'on me demandait, donc il fallait mettre des messages… » Comme toujours, c'est lui qui a écrit le texte, après avoir réclamé des notes à ses collaborateurs. « Il fallait qu'il y ait du sens dans ce discours, et que les chefs d'État et de gouvernement puissent aussi y adhérer, rapporte-t-il. C'est pour ça que j'ai eu des phrases pour chacun des pays. Sur la Russie, j'ai pu dire que c'était l'Armée rouge qui avait permis la victoire, j'ai senti que c'était important pour Poutine. Quant aux Allemands, je l'ai dit, quand même, que les soldats avaient fait preuve de courage… Il en fallait, même si l'on sert une mauvaise cause… » Convier les vaincus, le choix n'a d'ailleurs pas fait l'unanimité. « Oui, concède-t-il. Giscard a dit qu'il ne fallait pas inviter Merkel. Je peux comprendre, dans sa génération… Mais nous, c'est impensable. »

Angela Merkel a apprécié le geste, bien évidemment. C'est avec la chancelière allemande, cette fois à l'ombre de la redoutable canicule normande et surtout des caméras, appareils photo et autres micros inquisiteurs, que François Hollande va fomenter son « coup » : contraindre Vladimir Poutine et Petro Porochenko à se parler, eux dont les pays sont quasiment en guerre.

Quelques mois auparavant, conséquence de la révolution de Maïdan qui, à Kiev, a provoqué l'éviction du très pro-russe président Viktor Ianoukovitch, la Russie a annexé la Crimée – « Poutine la gardera longtemps, à mon avis », nous confiera Hollande au cours de l'été 2014 –, tandis que dans le Donbass une insurrection menée par les russophones et instrumentalisée par Moscou a entraîné la partition de fait de l'Ukraine.

Hollande raconte la genèse de cette entrevue historique. « J'avais invité Poutine aux cérémonies du Débarquement depuis plusieurs semaines déjà, j'en avais parlé à Merkel, qui me disait qu'elle comprenait parfaitement, même si les Américains ne devaient pas être satisfaits… Et puis, Porochenko est élu président, le dimanche 25 mai. Je me dis : je vais l'inviter. J'appelle donc Porochenko, pour le féliciter de son élection, et pour l'inviter en Normandie. Et puis après, j'appelle Poutine, pour lui dire : "Voilà, je vous préviens, j'ai invité Porochenko." »

Au téléphone, le « tsar » fulmine. « Est-ce que ça veut dire que je ne dois plus venir, vous ne voulez pas de moi ? lâche Poutine. – Non, pas du tout, réplique Hollande. J'ai invité Porochenko, mais on aura le dîner qui était prévu, la rencontre… Et il est même possible d'avoir un contact avec Porochenko… – Ah… Mais alors, il faut que je réfléchisse », répond Poutine, pris de court par l'initiative du président français ; qui met Merkel dans la confidence. « Ensuite, reprend Hollande, on a eu un dialogue à trois, Poutine, Merkel et moi, au téléphone. Merkel et moi, on a réinsisté et Poutine a dit : "D'accord, je verrai Porochenko…" »

La veille des cérémonies, le jeudi 5 juin, Hollande, improbable médiateur des ex-Républiques soviétiques, va dîner avec Poutine, deux heures après avoir… fait de même avec Obama. Hors de question pour les chefs d'État américain et russe, en cette période d'extrême tension, de se retrouver à la même table. On se croirait revenu au bon vieux temps de la guerre froide…

Hollande révèle au passage les circonstances pour le moins insolites dans lesquelles il fit confirmer par le président russe, dont il craignait qu'il lui fasse faux bond au dernier moment, sa présence en Normandie. « Elkabbach m'avait prévenu qu'il allait à Sotchi faire l'interview de Poutine », rapporte-t-il. De fait, le chef de l'État russe accorda, depuis la station balnéaire caucasienne, un entretien à Gilles Bouleau et Jean-Pierre Elkabbach, diffusé sur TF1 et Europe 1, mercredi 4 juin au soir. « Du coup, j'ai fait passer par Elkabbach un message à Poutine, reprend Hollande. J'avais fait une lettre, j'ai passé ça à Elkabbach, je lui ai dit : "Vous donnerez ça à Poutine." Bon, la lettre était totalement banale, elle disait, je vous attends, je vous confirme pour le dîner, etc. » Deux chefs d'État s'échangeant, en pleine crise internationale, des messages par journaliste interposé, il n'y avait sans doute que François Hollande pour y penser.

L'anecdote fait beaucoup rire Hollande, qui retrouve son sérieux lorsqu'il rapporte le contenu de sa conversation avec Poutine, lors de son second dîner du jeudi 5 juin, et la préparation de l'entrevue secrète avec Porochenko. « J'ai dit, bon, il faut qu'il se passe quelque chose dans cette rencontre, quels sont les points qui peuvent être évoqués… » Poutine semble dans de bonnes dispositions d'esprit. « D'accord, je suis prêt à discuter, dit-il. Pas de photos, pas de caméras, mais on se parle… »

Hollande pose la question qui fâche : cet entretien pourra-t-il être considéré comme une reconnaissance officielle du chef de l'État ukrainien, dont le Kremlin conteste la légitimité ? Poutine esquive : « J'ai déjà envoyé mon ambassadeur là-bas pour l'investiture [le président ukrainien sera officiellement intronisé le samedi 7 juin 2014 devant le Parlement ukrainien]. Donc, si j'envoie un ambassadeur, c'est une forme de reconnaissance. »

Merkel entre alors en scène. Le vendredi 6 juin en fin de matinée, vers 11 heures, elle rencontre Porochenko, pour bien s'assurer de son accord pour la rencontre avec Poutine. « Merkel m'a dit : "Ça marche !", se souvient Hollande. Alors après, la question c'était de savoir qui faisait… l'entremetteur ! Moi j'étais dans la position idéale : je représentais le pays hôte. » En réalité, ils seront deux à jouer les casques bleus : Hollande, donc, et Merkel. « J'ai fait cette proposition à Merkel qui en a été très, très touchée, dit-il. Pour elle, c'était très important. Elle savait que je pouvais dire : "Je peux le faire tout seul." Mais comme c'était quand même aussi grâce à elle qu'avait été montée cette affaire et que je sais qu'elle a des rapports, disons, corrects avec Poutine, et qu'elle avait de bons rapports aussi avec Porochenko, bon, ça rassurait les deux… »

« Oui, c'est un beau coup. En plus, on l'a fait sans l'assentiment réel des Américains »

Hollande a bien préparé son affaire, peu de gens ont été mis dans le secret, car rien ne doit fuiter. Il convie les deux ennemis slaves, juste avant le déjeuner d'État, dans la superbe demeure de Bénouville, au cœur du Calvados, pour une discussion impromptue. Poutine et Porochenko, craignant l'un comme l'autre de tomber dans un traquenard, sont sur leurs gardes. Dans le grand salon du château, la tension est extrêmement forte. L'intransigeant Poutine défie durement de son regard réfrigérant le colosse Porochenko, sous les yeux inquiets de Merkel. Hollande joue les gentils organisateurs.

« On s'est retrouvés à quatre dans une pièce du château où je savais qu'on allait avoir vingt minutes, raconte-t-il. Poutine, on sentait qu'il la jouait dure. Porochenko, on sentait que c'était difficile pour lui. Il y avait une peur physique… »

Le président français et la chancelière allemande se sont en quelque sorte réparti les rôles. Hollande a sans doute le meilleur contact avec Porochenko, qu'il a convaincu de venir. Merkel, elle, entretient de bonnes relations avec Poutine. Et surtout, elle pratique le russe. Avec Poutine, elle partage d'ailleurs le même interprète. Porochenko, comme tout Ukrainien qui se respecte, parle aussi russe, mais choisit de s'exprimer dans sa langue natale, évidemment. Hollande, lui, le fait en français.

S'ils s'ignorent, puis se toisent, Poutine et Porochenko, formés à l'école soviétique, n'ont en réalité pas beaucoup de secrets l'un pour l'autre. « Ils se connaissaient, confirme Hollande. Porochenko, il a des affaires en Russie. Il y a l'argent, et puis le passé… Ils savent tout sur tout… » Le mini-sommet se passe finalement mieux que redouté. C'est Hollande qui prend le premier la parole, les notes diplomatiques prises par un conseiller de l'Élysée, auxquelles nous avons eu accès, en attestent.

Le président français demande à Porochenko d'arrêter ses opérations militaires dans l'est du pays, et à Poutine d'intervenir auprès des séparatistes pro-russes. Il souhaite qu'un dialogue puisse s'instaurer, sous l'égide de l'OSCE (l'Organisation pour la sécurité et la coopération en Europe). Poutine n'acquiesce pas, mais accepte tout de même l'idée d'entretenir une relation normale avec l'Ukraine. À condition que le paiement des livraisons de gaz russe soit assuré par Kiev… Porochenko, lui, réclame une reconnaissance officielle de son élection par Moscou, et l'annonce par Poutine de ne pas recourir à la force pour protéger les populations russophones. En échange, il s'engage à promouvoir la langue russe et la décentralisation. Poutine s'agace. Prétend, contre l'évidence, qu'il ne peut contrôler l'action des séparatistes.

Mais l'entrevue, d'une quinzaine de minutes, marque le début d'un dialogue.

« Il ne s'est pas dit des choses extraordinaires, mais il n'y a pas eu d'altercations », se félicite Hollande.

L'essentiel était de renouer – ou plutôt nouer – le contact, que les deux camps se parlent, et éviter ainsi que le conflit dégénère un peu plus.

« Oui, c'est un beau coup, commente Hollande sans fausse modestie. En plus, on l'a fait sans l'assentiment réel des Américains – même s'ils ont laissé faire, ils ne se sont pas opposés en tout cas. On l'a fait parce que Merkel et moi, on a saisi cette opportunité, on l'a fait parce que j'ai eu l'idée d'inviter Poutine… Ce n'était pas une idée d'ailleurs, c'était à mon avis une obligation. Il y a quand même, comme toujours, une part de chance, et en même temps la lucidité du peuple ukrainien, avec l'élection de Porochenko au premier tour [le 25 mai 2014, avec 54 % des voix]. Imaginons qu'il y ait eu un second tour : on n'invitait pas Porochenko, c'était mort… »

Succès diplomatique indéniable, l'entrevue de Bénouville a même donné naissance à une expression, le « format Normandie », qui désigne cette configuration quadripartite retenue par Hollande, en juin 2014, afin d'éteindre l'incendie ukrainien.

Hollande le pacificateur fait-il confiance au belliciste Poutine, qui lui a donné des assurances, à plusieurs reprises, qu'il ne cherchait pas à s'accaparer l'ensemble de l'Ukraine ?

« Confiance est un grand mot », nous répond-il le

7 mars 2015, trois semaines après la signature, à Minsk, en Biélorussie, au terme de seize heures d'éprouvantes négociations entre Hollande, Merkel, Poutine et Porochenko, d'un accord supposé mettre fin au conflit qui déchire l'est de l'Ukraine. « Mais je pense que l'intérêt de Poutine serait d'être suffisamment clairvoyant, de calmer le jeu, d'empocher ce qu'il a déjà pris, la Crimée, et de ne pas en faire davantage, reprend Hollande. S'il en fait davantage, il aura davantage de sanctions, l'Ukraine va être armée et va entrer dans l'OTAN. »

Si, officiellement, la Russie n'intervient pas en Ukraine, de nombreuses enquêtes ont établi de manière irréfutable que Moscou soutenait bien militairement les séparatistes des républiques autoproclamées de Donetsk et de Louhansk, dans le Donbass, cette région située dans l'est de l'Ukraine et frontalière de la Russie.

« Il y a de l'armement, confirme Hollande. Pas autant que les Américains le disent, ils n'ont pas envoyé l'armée grossièrement. Des milices, qui étaient en Tchétchénie, entrent, payées par la Russie ou par des oligarques. Poutine est derrière tout ça, avec l'argument : "Si je n'étais pas là, les russophones seraient massacrés." C'est un argument qui peut aussi être entendu, en face, ce ne sont pas des tendres non plus. Donc il dit : "Je n'ai fait qu'assurer la légitime défense de la population russophone face à un pouvoir qui n'a pas toute légitimité puisqu'il est venu sur un coup de force." Il a un argument de légalité. »

On lui fait observer que la dialectique poutinienne n'est pas sans rappeler celle de l'Allemagne hitlérienne, par exemple au moment de l'annexion de la Tchécoslovaquie, en 1938, prétextée par la crise des Sudètes. « Ou celle des Soviétiques, corrige Hollande. Poutine est dans une conception de légalité soviétique. Les Soviétiques, ils ont toujours respecté les formes... » Formé à l'école du tout-puissant KGB, les services secrets de l'ex-URSS,

Poutine présente au moins l'avantage, aux yeux de Hollande, d'être rationnel et cohérent. Donc prévisible.

« Poutine est toujours intéressant à entendre, dit Hollande. Il ne me fait pas peur. Je sais jusqu'où il veut aller, jamais au-delà d'une certaine limite. Sur l'Ukraine, il va être bienveillant pour mieux être présent en Syrie », pronostique-t-il même en octobre 2015.

Symbolisé par les certes très fragiles accords de Minsk, le désamorçage de la bombe ukrainienne n'a eu aucun effet positif sur la popularité de François Hollande. Paradoxalement, il a même craint d'en faire les frais. « Il faut faire attention, avertit ainsi le chef de l'État en avril 2015. Il ne faut pas donner le sentiment que le président s'amuse dans la cour des grands à l'international, alors que le jugement des électeurs ne sera pas de savoir si on a évité le pire, si on a fait un accord avec l'Ukraine et la Russie ou si on a fait une politique africaine pour la paix et sans compromission. La seule question, c'est : "Est-ce que vous avez fait en sorte que l'économie reparte, que le chômage diminue, que la confiance revienne ?"… Je suis lucide. Ça ne changera rien. On l'a bien vu, l'accord à Minsk, ça n'a pas créé quoi que ce soit. »

« Merkel, elle est sérieuse, intelligente, soucieuse de trouver l'équilibre, en faisant en sorte que cet équilibre soit le plus près de ses positions »

En revanche, cet épisode a sérieusement renforcé le couple franco-allemand, et plus particulièrement celui que forment désormais la démocrate-chrétienne Angela Merkel et le socialiste François Hollande. À croire que, du tandem Giscard-Schmidt au duo Mitterrand-Kohl, les liens entre dirigeants allemands et français sont d'autant plus forts que ces derniers sont de sensibilités politiques différentes…

« Angela me dit : "C'est mieux à deux que tout seul" »,

rapporte Hollande, évoquant l'efficacité de leur duo dans l'affaire ukrainienne. « Face à Poutine, pour elle, ce n'est pas facile. Et nous Français, on est quand même plus distants de la Russie. Angela est gênée puisqu'on dit toujours soit qu'elle est trop proche des Russes, soit qu'elle est trop dure, soit qu'elle est trop intéressée parce qu'il y a des flux commerciaux importants entre la Russie et l'Allemagne. Avoir la France à ses côtés, c'est une garantie, on tient sur les principes et sur une ligne réaliste. Elle n'est pas pour une fuite en avant et un conflit militaire en Ukraine. »

Selon Hollande, dans les discussions, Merkel se montre « comme elle est partout ». « Précise, formaliste, elle cherche le compromis, fait attention aux mots... Nous, la France, on fait plus de politique. C'est une très bonne complémentarité. » D'abord empreintes de méfiance réciproque, les relations entre Merkel, incarnation d'une rigueur tout est-allemande, et Hollande, symbole d'une forme d'insouciance tellement française, se sont considérablement détendues à la faveur de la crise ukrainienne. Comme s'ils s'étaient découverts l'un l'autre, apprenant à dépasser les caricatures.

« Elle n'est pas ce qu'on a pu dire d'elle, explique ainsi Hollande. Elle n'est pas autoritaire, ni méprisante ni distante. En plus de cela, je trouve que c'est une femme très facile, elle ne maquille pas son jeu. Merkel, elle est sérieuse, intelligente, soucieuse de trouver l'équilibre, en faisant en sorte que cet équilibre soit le plus près de ses positions. Elle sait ce qu'elle veut. Et avec la France, elle retrouve un rôle. » Et réciproquement : « Moi, dit Hollande, mon intérêt, c'est d'aller sur une partie de l'Europe qui n'est pas celle où l'on va traditionnellement. Et en plus de dire à l'Allemagne : si vous voulez qu'on soit unis politiquement, il faut aussi qu'on le soit économiquement. On n'a pas que des amis, les autres disent : pourquoi il n'y en a que pour la France, qui ne respecte pas ses engagements ? L'Europe est clivée, petits États, grands États, la zone euro, pas la zone euro, etc. C'est donc très important d'être en intelligence et en amitié avec l'Allemagne. Mais il ne faut pas donner non plus le sentiment de dominer l'Europe. »

Hollande ne se fait toutefois aucune illusion. Évoquant les rapports entretenus par la chancelière avec son prédécesseur, il glisse : « Elle a fait avec lui comme avec moi, mais avec Sarkozy, elle n'a jamais aimé cette méthode. Cette dureté, cette brutalité, ça l'a toujours heurtée. Mais en même temps, si on lui demandait de choisir, elle se dirait qu'il vaut mieux quelqu'un de droite plutôt que quelqu'un de gauche. Même si avec moi, elle a sans doute de meilleurs rapports qu'elle n'avait avec Sarkozy. Mais si on lui demande de choisir, elle choisira son camp. »

L'union Hollande-Merkel, finalement, c'est d'abord celle de deux pragmatiques. « Pas parce qu'on aurait passé une espèce de pacte, conclut-il. Mais parce que ça s'est fait dans l'intérêt de l'Europe. On a eu besoin l'un de l'autre : si je n'avais pas été là, elle n'aurait pas pu faire l'Ukraine, si la France n'avait pas été là, elle n'aurait pas pu faire la réforme de la zone euro, si je n'avais pas été là, elle n'aurait sans doute pas fait le choix pour la Grèce… »

La Grèce. L'autre grand péril géré par l'axe franco-allemand.

Une autre occasion, pour Hollande, de briller sur la scène internationale.

La seule, finalement, sur laquelle il se sente considéré.

4

Le facilitateur

Tout Hollandais est négociant.

Heinrich Heine

Une traductrice s'approche timidement du bureau présidentiel. François Hollande branche le haut-parleur, une voix métallique se fait entendre. Au bout du fil, Alexis Tsipras.

7 mars 2015. Nous sommes dans le bureau de François Hollande. Le secrétariat particulier nous a fixé rendez-vous un samedi, pour une fois. Cela tombe bien, à l'heure de notre entrevue, le chef de l'État doit téléphoner au Premier ministre grec. En toute transparence. Nulle mise en scène, non, le président de la République exerce simplement son job si particulier, devant nous. Nous avons été les témoins privilégiés de son action, souterraine, dans cette crise grecque aux allures de film à suspense…

Ce jour-là, on ne manque pas une miette de la conversation.

Elle en dit tant sur Hollande.

L'arrivée au pouvoir, fin janvier 2015, d'Alexis Tsipras, le leader emblématique de Syriza, le parti anti-austérité de la gauche radicale grecque, a provoqué un coup de grisou dans le très libéral ciel européen. Et effrayé un peu plus investisseurs et créanciers, déjà rebutés par l'ampleur de la dette publique d'un État au bord de la faillite. Une occasion unique pour François Hollande de mettre ses dons de négociateur, guère opérants sur le plan national, au service de la cause européenne…

« Bonjour Alexis, je suis heureux de t'entendre, je sais que Michel Sapin et ton ministre des Finances ont eu une discussion ce matin, commence Hollande. Il y a un Eurogroupe lundi et nous pourrons peut-être agir, mais il faudrait peut-être se mettre d'accord sur des principes qui pourraient être les nôtres au cours de cette discussion. – Nous sommes déterminés à suivre tout ce qui s'est dit en février, pour nous cet accord tient, et j'espère que nos partenaires vont nous aider à avancer », répond Tsipras, qui fait allusion à la réunion mensuelle des ministres des Finances des États membres de la zone euro. L'Eurogroupe a accouché, trois semaines auparavant, le 20 février 2015 précisément, d'un accord prévoyant, sous conditions, une prolongation de quatre mois de l'aide financière dont bénéficie la Grèce, afin d'éviter à Athènes la cessation de paiement à brève échéance.

« Bien évidemment, nous voulons appliquer l'accord, trouver un terrain de communication. Je pense qu'il faut vraiment retrouver une confiance en respectant les Grecs, nous voulons avancer, nous avons fait un pas en avant », ajoute Tsipras.

« Oui, reprend Hollande, il y a des risques, j'ai vu Juncker [président de la Commission européenne] à Madrid, je l'ai trouvé disposé à favoriser l'application de l'accord, solidaire vis-à-vis de la Grèce, il fait l'objet de pressions multiples […]. Il faut que la Grèce continue de parler, et toi le premier, à Juncker. Il faut valoriser les réformes qui vont dans le sens attendu et qui sont dans l'intérêt de la Grèce : la fiscalité, la lutte contre la corruption… Si vous annoncez de nouvelles mesures sociales, il faut que vous montriez comment les financer. Ce que tu m'as dit sur les privatisations, c'est aussi plutôt un bon message. »

On écoute, figés sur nos fauteuils. L'impression légèrement grisante d'observer l'Histoire en marche.

François Hollande semble s'adresser à un petit frère un peu trop dissipé, la différence d'âge – les deux hommes ont exactement vingt ans d'écart – et surtout d'expérience n'y étant pas pour rien, bien entendu.

« Si vous mourez, nous serons blessés, on ne sera pas mieux portants »

« Je sais que pour vous le problème, c'est d'accueillir des fonctionnaires ou des technocrates qui ressemblent comme deux gouttes d'eau à la troïka [alliance de la Banque centrale européenne, de la Commission européenne et du Fonds monétaire international pour superviser les plans de sauvetage]. Je peux imaginer la tête qu'ils font, parce qu'ils viennent aussi voir la France ! » plaisante Hollande.

« Utilise bien l'OCDE », conseille le chef de l'État, qui pense avoir trouvé dans l'Organisation de coopération et de développement économiques un allié potentiel. Il a imaginé un stratagème. L'Europe, c'est aussi ça, cette façon déguisée d'avancer ses pions, en feignant de respecter la collégialité de la prise de décisions. « Il faudrait que tu demandes au président de l'OCDE de te faire un rapport sur la croissance et la compétitivité en Grèce, il y est prêt et ce sera une crédibilité supplémentaire », ajoute-t-il. Apparemment, Hollande a balisé le terrain : « Demande [à l'OCDE] de le faire vite, le représentant français auprès de l'OCDE m'a donné des informations, tu recevras une réponse positive. Après, il sera possible d'utiliser le rapport de l'OCDE vis-à-vis des institutions financières, de manière à montrer que vous allez dans le bon sens. Enfin, je vois Draghi [patron de la Banque centrale européenne], j'aurai un long moment avec lui. Fais-moi passer par Sapin, ou directement auprès de moi, des éléments qui me permettront d'être très clair avec Draghi. Et sur les réformes que vous voulez faire qui peuvent éventuellement le convaincre. »

En proviseur compréhensif, Hollande, à l'évidence, entend faire preuve de magnanimité à l'égard du mauvais élève grec. Mais ce dernier, s'il est à court de liquidités, ne manque en revanche pas d'orgueil. Les autorités grecques vivent en effet très mal leur mise sous tutelle par des technocrates européens. « Je crois vraiment que la France peut jouer un rôle, peut nous aider, nous avons besoin de conseils techniques, mais nous ne pouvons pas accepter cette image de personnes qui arrivent et qui donnent des instructions et des ordres, se plaint Tsipras. Nous pouvons accepter des personnes qui viennent chez nous et qui conseillent de façon permanente, mais cette image de personnes qui claquent les portes, viennent dans les ministères, prennent des dossiers et repartent… On peut donner discrètement tous les éléments que nous demandent tous les collaborateurs techniques. » Tsipras entend sauver à la fois son pays… et les apparences.

L'image, toujours l'image.

Plus consensuel que jamais, Hollande tente de réfréner les ardeurs belliqueuses de son jeune protégé. En expert des négociations, il sait qu'il faut à tout prix permettre à l'ami grec de pouvoir sauver la face. Alors, il tente de le rassurer : « Je comprends parfaitement que des gouvernants ne veulent pas être mis sous tutelle par des fonctionnaires venant de Bruxelles ou d'ailleurs. Je pense que c'est aussi la position de Juncker, qui est conscient qu'il faut respecter les formes. À nous de trouver les procédures les plus dignes, il faut continuer le dialogue, rien ne serait pire que de l'arrêter au prétexte que nous n'aurions pas trouvé les méthodes adéquates. » « Il y a le

Conseil européen qui va arriver le 19, ajoute Hollande, je ne suis pas sûr que ce soit le bon endroit pour régler nos problèmes, parce que chaque chef de gouvernement voudra faire son numéro pour montrer qu'il n'a rien cédé. Nous sommes minoritaires au Conseil européen, il y a des pays qui voudront jouer les fiers-à-bras pour le dire ensuite à la presse. On pourra se parler en marge du Conseil. »

Pour convaincre son interlocuteur de la sincérité de la démarche de la France et, à travers elle, de l'Europe, il recourt à l'allégorie : « Si vous mourez, nous serons blessés, on ne sera pas mieux portants. On ne peut pas accepter l'affaiblissement d'un partenaire. »

Et comme s'il voulait faire le lien entre la crise ukrainienne et la crise grecque, Hollande conclut : « Je voulais aussi te parler de la Russie. Il y aura une discussion sur la prolongation des sanctions [contre la Russie]. Je m'exprimerai pour dire qu'il n'y a pas de raison pour augmenter les sanctions, il n'y a pas de raison de les diminuer, on en fera l'évaluation. Renzi [Premier ministre italien] est sur ma position, Angela [Merkel] existe, d'autres voudront en faire davantage sous pression américaine… Je ne veux pas t'obliger à t'exposer toi, tu as d'autres soucis, je défendrai la position la plus raisonnable. Le bon argument, c'est de dire, on va faire tout pour respecter nos engagements… Je vais demander à Sapin, et Macron. Il a un avantage [Macron], c'est qu'il est très populaire dans les milieux d'affaires, c'est un ami sûr. »

La conversation terminée, Hollande accepte de la débriefer immédiatement. « J'ai parlé de Poutine car les Grecs sont très liés aux Russes, explique-t-il. Je ne veux pas que lui se rende encore plus impopulaire au Conseil européen. Ça ne me gêne pas de dire que les sanctions, on ne va pas les aggraver. Si lui le fait, on va dire que c'est un suppôt de Poutine. Donc je le protège, là. De toute façon, Poutine, il ne fera rien pour les Grecs. Il a une solidarité politique, c'est l'église orthodoxe, mais il ne va pas leur donner d'argent, il n'en a pas. »

Hollande semble sincèrement désireux de secourir le Premier ministre grec, dont l'ancrage très à gauche est pourtant aux antipodes de son social-réformisme débridé. Il assume parfaitement ce rôle de « grand frère » veillant sur son cadet. « Mais, précise-t-il, c'est un frère turbulent quand même, parfois inattendu, un frère rebelle, ce n'est pas la même gauche que la mienne, ce n'est pas non plus une gauche ultra, c'est une gauche nouvelle, refondatrice, qui a pris la place de la vieille gauche. »

« On essaie de les aider, dit-il encore. Tsipras fait en sorte de trouver des partenaires et des alliés. Qui sont ses alliés ? Nous. On lui dit de faire les réformes, de donner les informations, de faire des concessions… Les Grecs en ont fait. »

Mais ce soutien n'est pas totalement dénué d'arrière-pensées idéologiques. « Notre intérêt, avoue-t-il, est que ce qu'on a appelé "l'autre gauche" devienne la gauche. Tout simplement. Il n'y a pas d'autre gauche, il y a la gauche. Il y a la gauche de gouvernement. » En incitant Syriza à devenir « raisonnable », Hollande entend envoyer, en France, un message subliminal aux électeurs de gauche, nombreux à être attirés par les sirènes mélenchonistes ou frondeuses, et les convaincre que sa politique, celle d'une forme de rigueur dont il ne veut pas dire le nom, est la seule possible. « *There is no alternative* », pour reprendre la formule chère à… l'icône des ultralibéraux, ex-Premier ministre britannique (1979-1990), l'impitoyable Margaret Thatcher.

« Mélenchon, savoure Hollande, le retour qu'il a de Tsipras, c'est : "Heureusement qu'il y a la France !" C'est gênant pour Mélenchon de s'entendre dire : "La France de François Hollande, c'est le meilleur allié", alors que lui considère que nous sommes des suppôts du libéralisme ! » Autant dire que le revirement, plus tard, de Tsipras se rendant finalement aux exigences des créanciers, n'a fait que renforcer Hollande dans ses convictions…

« Ces gens-là, reprend-il à propos des troupes de Tsipras, ont décidé de venir au gouvernement, ils auraient pu rester dans leurs tranchées. Ils auraient pu dire : on veut sortir de la zone euro, on n'a rien à voir avec tout ce monde-là. Mais ils comprennent les réalités, ils essaient de respecter la parole qui a été la leur dans les élections, ils cherchent des solutions et des alliés. Qui ont-ils comme alliés ? Les Italiens, les Français, et c'est à peu près tout. Angela n'est pas non plus pour les mettre dehors. Juncker essaie d'avoir plutôt l'accord général pour les garder. C'est nécessaire pour l'Europe, souhaitable pour la Grèce, et c'est une bonne leçon de choses pour la politique française. » Ce discours de la raison, « Tsipras l'entend », Hollande en est persuadé. « S'il ne voulait pas l'entendre, il l'aurait dit », assure-t-il.

Les semaines suivantes, la situation de la Grèce se dégrade encore, l'inquiétude s'accroît. « Tsipras tarde à produire ses réformes, s'inquiète Hollande en avril 2015. Il y a eu une réunion avec Merkel où il a passé cinq heures, elle était avec son plan pour les réformes, et lui, il lui faut donner des gages, montrer qu'il abandonne certaines réformes, qu'il en met d'autres. Il n'a pas confiance dans son administration, pas confiance dans ses interlocuteurs, donc c'est compliqué. J'ai dit à Merkel : il faut lui laisser du temps… »

Mais le temps, cette fois, joue contre un accord.

« On voit bien le piège que le FMI, avec le concours des Allemands, peut nous tendre »

Jugeant intenables les exigences du « pool » des créanciers (Fonds monétaire international, Mécanisme européen de stabilité, Banque centrale européenne et Commission européenne), Alexis Tsipras sort un joker de sa manche, à la fin du mois de juin, et annonce que c'est au peuple grec, consulté par référendum, qu'il reviendra d'accepter ou non « l'ultimatum » du quatuor honni. Le Premier ministre grec gagne son quitte ou double, haut la main, puisque le dimanche 5 juillet 2015, 61 % des électeurs disent « non » aux mesures d'austérité réclamées à la Grèce pour assainir ses finances. Les dirigeants européens sont consternés. Hollande se serait-il fait berner ? Lui qui pensait avoir amené l'impétueux Tsipras à la « raison »…

« Dimanche soir, nous confie le chef de l'État le 9 juillet 2015, quand il y a eu l'annonce du résultat du référendum, j'ai eu Tsipras, je lui ai dit : "Voilà, tu as gagné sur le plan intérieur, mais tu risques de perdre sur le plan européen. Car ce que tu as comme légitimité supplémentaire, tu ne pourras pas le mettre au bénéfice de la situation de la Grèce si les Européens veulent couper les vivres et arrêter le processus de négociation…" » Au cours de la discussion, Hollande lance à Tsipras : « Aide-moi à t'aider. » L'expression va connaître un grand succès.

« Ça m'est venu spontanément, j'ai ressenti ça, à la fin de la conversation, raconte-t-il. Cela n'avait pas vocation à être connu. Cette formule a fait florès, au Conseil de la zone euro, plusieurs l'ont répétée ! Ce n'était pas fait pour ça, c'était vraiment sincère. Je ne l'ai pas dit pour que cela paraisse, Gaspard [Gantzer, son conseiller en communication] était là et il a dû noter la formule. Je l'ai laissé faire. Ce n'était pas une formule gênante pour Tsipras, ce n'était pas humiliant. »

Le chef de l'État revient sur sa conversation avec Tsipras, dont il regrette vivement l'initiative d'en appeler au peuple, du moins sous cette forme-là. « On avait tout fait pour qu'on puisse trouver un accord, et s'il devait y avoir un référendum, c'était plus pour légitimer l'accord que pour contester un projet d'étape », déplore-t-il.

« J'ai dit à Tsipras : "Aide-moi à t'aider pour que tes

déclarations puissent remettre dans l'esprit des Allemands que tu souhaites trouver une issue favorable. Car maintenant, ils sont pour te sortir. Quatorze pays veulent te sortir, deux ou trois veulent te garder, la France, l'Italie et Chypre." On ne va pas loin avec ça, sans remettre en cause la grandeur de ces pays… Le rôle déterminant étant celui de la France et de l'Allemagne. »

L'Allemagne, il en est beaucoup question dans l'échange téléphonique que va avoir, devant nous une fois encore, François Hollande avec son ministre des Finances et ami, Michel Sapin. Ce jeudi 9 juillet 2015, les deux hommes en sont persuadés : à l'image du très rigide ministre des Finances allemand Wolfgang Schäuble, Berlin fera tout pour pousser les Grecs hors de l'Union, ce fameux « Grexit » dont Hollande ne veut surtout pas.

« On voit bien le piège que le FMI, avec le concours des Allemands, peut nous tendre », lance Hollande à Sapin, après avoir appuyé sur la touche haut-parleur. « C'est-à-dire, finalement, le plan grec, il est bon, il y a la forme, des mesures, mais comme les conditions ont changé, comme la croissance est maintenant tombée, tout ça ne peut passer qu'avec une restructuration qui est finalement une réduction des dettes. Donc on ne peut pas ouvrir le programme du MES [mécanisme européen de stabilité, dispositif prévu pour gérer les crises financières], et à ce moment-là, c'est fini. Voilà le piège. »

Manifestement, l'inflexibilité allemande agace les dirigeants français. « Les chieurs, l'Allemagne, vont se raccrocher à cette question de l'insoutenabilité de la dette », lance ainsi Sapin à Hollande. « On le sait, faut s'y préparer », répond le chef de l'État, qui redoute que les Allemands, excédés par les atermoiements de Tsipras, mettent les Grecs à la porte de l'Europe quelles que soient désormais les concessions obtenues.

« Ils en sont capables, dit Hollande à Sapin. Il y a une déclaration de Merkel qui dit que la réduction de la dette est hors de question… – Mais ça, c'est normal, le coupe Sapin. Nous aussi on dit pareil. – Lagarde [patronne du FMI] ne nous arrange pas, parce qu'elle parle toujours de la réduction de la dette, observe Hollande. – Le FMI, s'ils vont dans ce sens-là, ça veut dire qu'ils poussent vers une sortie, en conclut Sapin. – Oui, je crois, approuve Hollande. J'ai eu Lagarde, elle n'était pas arrangeante durant le Conseil européen de mardi, c'était le seul sujet qu'ils évoquaient tous : on ne veut pas payer plus, pas de *haircut*, pas de *haircut* ! » Le galimatias des technocrates européens nécessite parfois une traduction, précisons donc qu'un *haircut* a peu à voir avec une coupe de cheveux : ce terme désigne une réduction de la valeur de la dette d'un emprunteur dans le cadre d'une restructuration de ladite dette.

Après avoir raccroché, Hollande se fait d'ailleurs pédagogue : « On voit bien ce que les Allemands veulent faire, ils vont nous dire que ça va coûter de l'argent, que ça les oblige à couper une partie du remboursement de la dette elle-même. Les Grecs ne se sont pas rendu compte, encore. » Le danger d'un Grexit imposé à Athènes est grand, d'autant que la directrice du FMI est sur la même ligne que les Allemands. « Lagarde, elle est pour la sortie, confirme Hollande. Elle me l'avait dit. Avec des arguments que l'on peut entendre : elle pense que la Grèce ne peut pas se relever avec ce qu'on lui fait subir, avec la dette qui est la sienne, que la meilleure façon, ce serait de la suspendre de la zone euro. Elle est courtoise, mais soumise à une pression américaine, et à des pressions au sein de son institution, sur le thème : "Vous êtes durs avec les Africains, pourquoi avec la Grèce vous ne seriez pas durs ?" »

« Lagarde, anticipe-t-il, va jouer plus indirect et dire : "Même si les Grecs font des efforts d'économie, des réformes, leur croissance est tombée à un tel niveau, leur dette montée à une telle hauteur, qu'ils ne peuvent pas s'en sortir sans réduction de la dette, le *haircut.*" Et si elle dit ça, les Allemands disent : "Eh bien, vous voyez, ils sont de bonne volonté, mais ils ne peuvent pas y arriver. Nous, on ne veut pas payer." Et ça s'arrête. » Évoquant le jeu du FMI et de l'Allemagne, il conclut, en bon stratège : « Il y a un piège. »

Le détecter est une chose, le déjouer en est une autre. Hollande a son idée : « Demander à Lagarde de ne pas parler de *haircut*. Je lui ai dit. Et demander à Juncker de ne pas lui-même souligner ce point, en considérant qu'on le verra plus tard. Et puis, ne pas inquiéter les Grecs, qui pourraient se dire : ce n'est pas la peine de faire tant d'efforts si à la fin on nous dit : "On ne peut plus rien pour vous car vous ne pouvez pas rembourser toute la dette..." Tsipras, pour lui parler, je vais attendre, il va être désespéré, sinon. Il fait voter par son Parlement les réformes et après on lui dit : c'est bien : mais ça ne va pas te sauver !... On voit bien ce que vont jouer les Allemands, mais je ne pensais pas qu'ils allaient le faire aussi grossièrement... »

Il y a urgence, car derrière l'Allemagne, une majorité de pays européens pousse pour en finir avec la Grèce, décidément trop indisciplinée, irrécupérable même, pour certains. Hollande ressort sa panoplie de pompier, cherche à joindre Merkel. Ils se parlent au téléphone, puis se voient.

« Merkel m'a dit : "Pourquoi croire que Tsipras veut vraiment un accord, alors que pendant des semaines nous n'avons pu l'obtenir ?" Elle doute de lui. » Hollande et Merkel ne sont clairement pas sur la même ligne. La bienveillance française se heurte à l'intransigeance allemande. « Moi, mon opinion publique est vraiment pour la sortie, lance la chancelière. – La France fera tout pour que la Grèce reste dans la zone euro, sauf si les Grecs se mettent eux-mêmes dans la situation de ne pas rendre possible cette conclusion », rétorque Hollande. « Il faut qu'on étudie le scénario de la sortie, est-ce que tu autorises Michel Sapin à en parler avec Wolfgang Schäuble ? reprend Merkel. – Je n'autoriserai Michel Sapin à parler du plan B que si on fait tout pour que le plan A puisse fonctionner », répond Hollande à Merkel.

« Je suis un responsable, je ne peux pas, si les Grecs venaient à manquer, prendre le risque de ne pas étudier le scénario, hélas, de la sortie de la Grèce », décrypte le chef de l'État devant nous.

Seul ou presque à y croire encore, Hollande se démène pour éviter la sortie de route, celle de la Grèce de la zone euro en l'occurrence, ce « Grexit » dont la perspective lui paraît catastrophique. Il faut obtenir des dirigeants grecs de nouvelles propositions, en clair des concessions, sinon…

Le temps presse.

« J'ai dit à Tsipras : "On met tous nos services à ta disposition, au moins on t'aidera techniquement." On a mis dix fonctionnaires au service de la Grèce... »

Hollande, Merkel, Tsipras et Juncker multiplient les conciliabules. À Bruxelles, les réunions de crise s'enchaînent. Le patron de la Commission européenne est, selon Hollande, « très froid » à l'égard du Premier ministre grec. Merkel, elle, est « sceptique ». « Vraiment, l'ambiance n'était pas bonne pour la Grèce, Juncker en avait gros sur la patate », dit-il. Les dirigeants européens se sentent trahis. Hollande, lui, veut encore y croire. « J'ai dit : le référendum, on en prend acte, mais s'il change la situation politique en Grèce, il ne change pas la situation de la Grèce dans la zone euro », raconte-t-il.

Heureusement, au cours de ces négociations tendues, « Tsipras ne se montre pas arrogant », selon Hollande. « Il aurait pu l'être. Il dit : "Pourquoi le non l'a emporté ? C'est le refus de l'austérité injuste." Mais il ne fait rien qui puisse heurter. Sauf que tous lui tombent dessus en disant : “Nous, on vous croyait, on pensait la confiance retrouvée…” »

Hollande pense cependant que tout n’est pas perdu lorsqu’il constate que Tsipras est ouvert à la discussion.

« Merkel a dit que les propositions devaient arriver très vite pour qu’on voie si elles étaient crédibles ou pas, continue Hollande. J’ai dit à Tsipras : “On met tous nos services à ta disposition, au moins on t’aidera techniquement.” On a mis dix fonctionnaires au service de la Grèce, le directeur du Trésor, et d’autres, pour tout mettre en forme, car c’est tout un jargon… Je lui ai dit : “Dans la situation où tu es, tu ne vas pas y arriver si tu n’es pas accompagné. Est-ce que tu acceptes ? On ne va pas faire les propositions à ta place, la Grèce est un pays souverain, on fera en sorte de présenter ça le mieux possible, de donner le cadre, les éléments techniques…” Et on les a fait venir à Bruxelles. »

Même s’il essaye de ménager au maximum la susceptibilité de son chatouilleux interlocuteur, Hollande n’ignore pas que c’est quasiment une mise sous tutelle française de l’administration grecque qu’il propose.

Tsipras accepte. Le Premier ministre grec, à la surprise générale, et à la grande colère de son ex-ministre des Finances, le très charismatique Yanis Varoufakis (qui a démissionné dès le lendemain du référendum), finit d’ailleurs par capituler sur toute la ligne. Le lundi 13 juillet 2015 au matin, après une nuit d’interminables négociations à Bruxelles, Alexis Tsipras annonce qu’il accepte le plan de sauvetage des créanciers, dont les conditions sont humiliantes pour son pays. Dans une ultime volte-face, Tsipras a avalisé ce qu’il avait demandé à son peuple de refuser lors du référendum !

Le danger du Grexit s’éloigne, mais ça s’est joué à peu. Le revirement de Tsipras était nécessaire, mais pas suffisant. Encore fallut-il convaincre les partisans de la ligne dure, nettement majoritaires et fédérés autour de l'Allemagne et des pays Baltes, tous partisans d'une sortie de la Grèce.

À force de persuasion, la France va réussir à éviter le pire. François Hollande a même renoué avec le « format Normandie », multipliant tout le week-end et la nuit du 12 au 13 juillet les réunions à quatre (avec Alexis Tsipras, Angela Merkel et Donald Tusk, président du Conseil européen).

Cet acharnement à retenir dans l'Europe un pays au bord de la banqueroute est presque troublant. Hollande s'est-il pris d'empathie pour Tsipras ? A-t-il un tropisme grec caché ? Ambitionnait-il, plus prosaïquement, de jouer les sauveurs pour améliorer une cote de popularité en berne (en juillet 2015, selon l'IFOP, seuls 22 % des Français sont satisfaits de lui) ?

Rien de tout cela, à l'en croire. « Je le fais parce que c'est plus important pour la France de défendre cette conception européenne, et parce que la France est liée à la Grèce. C'est la France, sous Giscard, qui a fait venir la Grèce dans l'Union européenne [elle a adhéré le 1er janvier 1981], c'est Jospin et Chirac qui ont laissé la Grèce entrer dans la zone euro [le 1er janvier 2001]… Donc, on se sent responsable, de plus, je pense que notre opinion publique est plus sensible à cette question. C'est toute une conception de la zone euro qui serait invalidée si la Grèce sortait. Et puis, on est un grand pays, c'est plus facile que si Chypre voulait aider… »

« Je soutiens Tsipras, anaphorise-t-il encore, parce que c'est la Grèce, je le soutiens parce que je suis de gauche, et je ne veux pas qu'on puisse dire qu'une gauche différente de la mienne n'aurait pas sa place dans la zone européenne, je le soutiens aussi parce que la Grèce, c'est quand même la démocratie, la civilisation… Quand j'entends la droite dire, sur la réforme du collège : "Vous vous rendez compte, on ne va plus enseigner le latin et le grec", et que cette même droite voudrait mettre la Grèce en dehors de la zone euro, comment comprendre ? »

Hollande a d'autant plus de mérite qu'il s'est senti, il l'admet lui-même, « trahi deux fois » par le Premier ministre grec. « C'est pour ça que c'est quand même un partenaire difficile, sourit-il. La première fois, c'est lorsqu'il recourt à un référendum, sans même attendre les propositions ultimes. Là, il prend un document provisoire, donc une base de négociation, il le publie, et il dit : je ne suis pas d'accord avec ça. Alors que Juncker avait fait de nouvelles propositions... » Entre l'annonce du référendum et sa tenue, Hollande, avec ou sans Merkel, a multiplié les échanges avec Tsipras, qu'il espérait convaincre de faire machine arrière. Il a cru d'ailleurs y parvenir, puisque le Premier ministre grec lui a laissé entendre qu'il allait renoncer à consulter son peuple. « Et puis finalement, il fait une déclaration en disant : "Je maintiens le référendum, et j'appelle à voter non." Bon, voilà, terminé... », déplore Hollande, qui s'est senti dupé une seconde fois, donc. « La seconde encore plus que la première », dit-il.

Toutefois, il ne peut pas s'empêcher de trouver des circonstances atténuantes à Tsipras, qu'il qualifie d'« inexpérimenté mais intelligent, et parfois perdu ». « Il avait dû réunir son gouvernement et c'était très difficile, avance Hollande. Il a peut-être pensé que le référendum lui permettrait d'avoir des moyens politiques plus importants. »

La mansuétude – voire parfois la complaisance – dont il a fait preuve à l'égard du chef du gouvernement grec, qui n'est pas sans rappeler celle dont ont bénéficié ses ministres les plus insoumis (Taubira, Macron...), n'empêche pas le chef de l'État de juger avec une extrême sévérité son pays. Quand on lui demande si les Grecs ont été irresponsables, il répond même : « Au départ, oui. Maintenant, ils ont compris. Ils ont été d'autant plus irresponsables qu'ils ont été accompagnés par des économistes qui leur disaient que c'était possible. Les économistes ont le droit de le penser, de l'écrire, même, mais les États, eux, ils ont des comptes à rendre à leurs citoyens. La société grecque s'est longtemps habituée à ne pas payer d'impôts, au travail non déclaré, à des professions avec des privilèges, au fait qu'on pouvait partir en retraite à 50 ou 55 ans, à frauder autant qu'il était possible… Il y a une responsabilité collective. »

Lorsqu'on lui fait observer qu'il a joué l'intermédiaire, le *go-between*, entre Tsipras et l'Europe, il s'agace. « L'image qu'on dresse de moi n'est pas très valorisante », se désole-t-il. « Le *go-between*, reprend Hollande, ce n'est pas vrai, je ne suis pas passé de Merkel à Tsipras, non, on a joué notre rôle de pays qui a des principes, une ligne, et qui l'a fait comprendre aux Grecs. Quelle est l'autre solution ? Être dans la posture, la dramaturgie ? Donc j'essaie d'avoir la position la plus proche des Allemands. Si les Allemands me lâchent, c'est fini. Mon rôle, c'est chercher quel est l'intérêt commun, donc européen, et l'intérêt de la France. Il se trouve que l'intérêt de la France, c'est l'intérêt européen. »

Alors, puisque le sauvetage de la Grèce est un impératif pour l'Europe, et donc pour la France, Hollande s'y consacre quasiment à plein-temps en cet été 2015. Les négociations-marathon, au contenu très technique, à Bruxelles, le week-end précédant l'accord du 13 juillet, en auraient écœuré et épuisé plus d'un. Pas lui. *Haircut*, MES, reprofilage… Ces termes abscons n'ont aucun secret pour Hollande. Au contraire, l'ancien prof d'économie est dans son élément. Et puis, réunir des personnes que tout oppose, concilier l'inconciliable, il sait faire. Sans compter une résistance physique hors norme, presque incongrue pour un homme sans activité sportive, amateur de bonne chère, qui pourrait reprendre à son compte la formule de Churchill lorsqu'on lui demandait le secret de sa forme : « *No sport !* »

« Il faut accepter de passer du temps, confirme-t-il simplement. Merkel le fait aussi. Mais comme elle a une présomption de force, qu'elle est là depuis longtemps, qu'elle a la plus grande économie, c'est elle qui impose son point de vue. Mais en fait, elle n'impose pas son point de vue ! Et moi je n'impose pas le mien, mais je travaille pour qu'il puisse prévaloir à la fin. J'y passe du temps, non pas dans la gesticulation, mais dans le travail téléphonique. »

Tant d'efforts, pour si peu de retombées sur le plan intérieur…

« Il faut trouver le bon moment pour récupérer les fruits politiques, rétorque Hollande. Sur l'Ukraine, au plan européen, on a eu une reconnaissance. Au plan national, pas grand-chose… Mais la Grèce permet de parler de l'Europe humaine. Parce que, ce qui a marqué les esprits, c'est le petit vieux qui pleure près du distributeur de billets. L'Europe peut aussi être honorée d'être capable face à un pays qui souffre de lui apporter du soutien. C'est une bonne image… »

Sur la scène nationale l'épisode du Grexit a au moins eu un mérite, aux yeux de Hollande, celui de mettre en lumière les contradictions de la droite. Il s'en amuse : « Juppé qui dit qu'il est pour le maintien de la Grèce, après il est contre, Sarkozy, bon… Nous, on est quand même plus stables que la droite. Plus responsables. J'ai dit à Valls : "Il faut que tu l'annonces, on va faire un vote au Parlement sur l'accord, pour obliger la droite à voter avec nous, et le PC aussi !" »

Il savoure la situation, puis ajoute : « Pour la gauche, l'idée que la France n'abandonne pas la Grèce, qu'on ait pu jouer ce rôle, c'est bien. Il faut ramasser la mise à la fin. »

La tragédie (financière) grecque a aussi révélé des divergences de fond entre Français et Allemands. Mais là encore, la synthèse fait son œuvre : « Il faut trouver une position où chacun a l'impression qu'il emmène l'autre, explique-t-il. L'Allemagne se dit : "J'emmène François Hollande parce que si les Grecs ne sont pas à la hauteur il sera obligé de prendre le plan B." Et moi, j'emmène l'Allemagne en disant : "Si les Grecs sont à la hauteur, vous êtes obligés de prendre le plan A." On se tient, ce qui permet de se donner une chance. »

Plutôt que concurrents, voire adversaires, « on est plutôt complémentaires avec Merkel », analyse Hollande. « L'Allemagne n'est pas un pays comme les autres, la France non plus. L'Allemagne ne peut pas dire : "Je suis le plus fort, donc je décide", et la France ne peut pas dire : "Je suis le pays le plus politique, le plus influent au plan mondial, donc je décide." Ça ne marche pas. On ne peut pas décider l'un contre l'autre. »

Ce soir du jeudi 9 juillet 2015, François Hollande semble en veine de confidences. Il nous rapporte une anecdote étonnante. Vladimir Poutine, nous dit-il, l'a « appelé mystérieusement », trois jours plus tôt, le 6 juillet, au lendemain du référendum organisé et gagné par Tsipras, pour lui « donner une information ».

Tout émoustillé, Hollande nous restitue sa conversation avec l'hôte du Kremlin.

Poutine : « Je dois te donner une information, qu'il n'y ait pas de malentendu entre nous… – Oui, pas de problème, dis-moi, répond Hollande, très intrigué. – La Grèce nous a fait une demande d'imprimer les drachmes en Russie, car ils n'ont plus d'imprimerie pour le faire », affirme Poutine. Preuve que les dirigeants grecs, à ce moment-là, envisageaient bien de sortir de l'Europe et donc de renouer avec leur monnaie historique.

« Qu'est-ce que tu leur as répondu ? demande Hollande. – J'ai répondu qu'on pouvait le faire, mais qu'est-ce que tu en penses, toi ? – C'est un pays souverain, la Grèce, si elle sortait de la zone euro, et qu'elle ait besoin de billets, je ne serais pas choqué que la Russie le fasse, ça répondrait à une demande, improvise Hollande, de plus en plus décontenancé. – Je voulais te donner cette information, que tu comprennes bien que ce n'est pas du tout notre volonté », conclut Poutine, avant de raccrocher.

Curieux, ce coup de fil. Poutine ne lâche jamais rien par hasard. Quel message a-t-il voulu faire passer ?

« Je me suis demandé pourquoi il me disait ça, s'interroge Hollande devant nous. Peut-être pour ne pas être jugé responsable d'avoir poussé la Grèce à sortir et, deuxièmement, pour me dire – ce n'était pas une mauvaise idée – que, de son point de vue, c'était un risque et que l'on devait tout faire pour l'éviter. » Hollande se dit certain que si Poutine a fait cette surprenante démarche auprès de lui, « c'était dans une bonne intention ». « D'ailleurs, je l'ai gardée pour moi. »

Enfin, pas tout à fait.

5

Le diplomate

Les diplomates trahissent tout excepté leurs émotions.

Victor Hugo

Quelle étrange sensation.

Déconcertante, jamais ressentie, jusqu'à ce jour d'avril 2015. En tout cas, pas à ce point.

Ce sentiment troublant, c'est celui d'être face à un homme rayonnant en total décalage avec la décourageante réalité qui l'entoure, à l'image du chef d'orchestre du *Titanic* continuant de galvaniser ses musiciens au mépris de l'inéluctable naufrage.

Ce jeudi 30 avril 2015, François Hollande nous a donc fait une confidence inattendue. Le chef de l'État nous a tout simplement confié qu'il se sentait enfin à sa place, épanoui à la table des grands de ce monde. Sûr de lui, et de ses méthodes. L'économie en berne, le chômage indomptable, la pression terroriste, sa majorité déchirée, les moqueries récurrentes, les sondages calamiteux… ? Peu importe. Sa bonne fortune diplomatique, si elle indiffère ses concitoyens, lui a donné une immense confiance en lui.

Oui, après trois ans d'exercice, il en est sûr, il est à la hauteur.

Il était en droit de douter. Après tout, ses adversaires, y compris au sein du PS, l'ont assez répété, il avait plus le profil d'un apparatchik grisâtre que d'un leader charismatique. « Capitaine de pédalo », « Guimauve le Conquérant », « fonctionnaire qui a réussi le concours de président »... Il ne compte plus les surnoms péjoratifs ni les remarques désobligeantes dont il a été accablé.

Qu'importe.

« Maintenant, je connais tout, si je fais des erreurs, elles ne doivent être dues qu'à moi »

« C'est maintenant que je suis au meilleur rendement, nous lance-t-il donc, ce 30 avril 2015. Au début, même si on a l'envie de faire, l'énergie, les idées, il faut quand même du temps pour comprendre comment ça fonctionne, l'État. Le fonctionnement des lieux de pouvoir, y compris européens, et le monde, il faut du temps pour appréhender tout ça. C'est là, maintenant, que je me sens, depuis le début du mandat, le plus à même de donner. De tout maîtriser. »

Il l'admet : « Au début, on n'est pas prêt. Maintenant, je connais tout, si je fais des erreurs, elles ne doivent être dues qu'à moi, pas à l'administration, aux ministres... C'est un avantage. C'est un temps très court, six mois que j'ai cette impression, ça va durer encore un an, mais si ça ne marche pas pendant cette période, ça ne marchera jamais... »

S'il ressent cette forme de plénitude, c'est clairement grâce aux succès glanés à l'international. « C'est maintenant que je maîtrise le mieux, avec la bonne équipe, avec des rapports que j'ai établis au plan européen, avec Merkel, Juncker, les dirigeants du monde... Je vais finir par être plus expérimenté que beaucoup d'autres. C'est comme dans une course, vous partez lentement, et à la fin vous êtes usé, mais il y a un moment où vous êtes bon, où vous avez trouvé le rythme… »

Il a appris les codes, patiemment. Identifié la spécificité de la France, son statut à part. Il s'est évertué à rompre avec la Françafrique, à maintenir le lien avec les États-Unis, à faire reculer l'Iran sur le nucléaire… Mais son meilleur terrain de jeu aura été l'Europe. Et son jouet favori, la Commission européenne. Les négociations avec Bruxelles ? Une comedia dell'arte, dans laquelle les rôles sont répartis à l'avance.

Les dés tacitement pipés.

« Pour mener un conflit, il faut être sûr de le gagner », nous asséna d'ailleurs Hollande, un jour d'octobre 2014, alors que nous évoquions ses discussions avec les instances européennes au sujet du déficit public français. Comment mieux résumer la conception hollandaise des rapports internationaux, fondée sur un pragmatisme absolu ? À croire que le terme « realpolitik », apparu au XIXe siècle pour traduire l'action du chancelier Otto von Bismarck, qui accoucha de l'Allemagne moderne, a en fait été inventé pour le chef de l'État français.

Les négociations avec l'Europe, donc.

Promesse du candidat Hollande, qui en avait fait un objectif pour 2013, et réitérée à maintes reprises ensuite, la réduction du déficit public à 3 % du produit intérieur brut (seuil au-delà duquel l'Europe peut prendre des sanctions contre le pays fautif), en vertu de la fameuse « règle d'or » budgétaire, aura un peu été l'Arlésienne du quinquennat.

L'engagement présidentiel ? Un mensonge pur et simple, accepté par toutes les parties.

Nous pouvons l'écrire ici, durant tout le quinquennat, les autorités françaises ont en effet présenté des prévisions de déficit sciemment faussées, et ce avec l'assentiment… des autorités européennes elles-mêmes ! Dès le mois de mars 2013, alors que le ministère du Budget vient d'annoncer que, contrairement aux engagements pris, la France ne pourra atteindre l'objectif des 3 % à la fin de l'année, nous lançons au chef de l'État : « Vous le saviez depuis le début, n'est-ce pas ?

– Oui, nous répond-il tranquillement, mais tout le monde le sait depuis le début ! »

« On savait qu'on ne serait pas à 3 %, mais si on l'avait dit dès le départ, on aurait été jugés comme n'étant pas sérieux », prétend Hollande, qui se fixe alors comme nouvel objectif « d'obtenir de la Commission européenne qu'elle nous permette le report en 2014 et qu'elle ne nous inflige pas un objectif de déficit qui serait très en dessous de 3 % ».

« Ils nous ont dit : "Nous ce qu'on vous demande, c'est d'afficher 3 %. Et ce qu'on vous accordera, c'est une certaine bienveillance sur le rythme qui sera celui de votre trajectoire..." »

« On a peu de marge de manœuvre, précise-t-il un mois plus tard. On est à la veille des élections européennes, comme la Commission est faible, on va encore demander un délai. » Plus tacticien que jamais, François Hollande table sur la perte de poids politique d'une Commission européenne en fin de course, à l'image de son président José Manuel Durão Barroso, en poste depuis 2004. Bien vu : au début du mois de mai, le commissaire européen aux Affaires économiques annonce que, en échange de réformes structurelles précises, Paris a jusqu'en 2015 pour atteindre la barre des 3 %. « Avec cette Commission, nous confie Hollande au même moment, à la veille du scrutin européen, on a été jusqu'au bout de ce qu'on pouvait arracher : un délai de deux ans, et une certaine bienveillance sur les chiffres qu'on a présentés. » Il ajoute, dans un petit sourire : « Parce que la vérité, c'est qu'on est à un déficit plus élevé, et qu'ils savent très bien qu'on n'atteindra pas 3 % en 2015 ! Mais ils disent : "Nous on préfère que vous affichiez 3 %, parce que ça nous permet de tenir avec les autres pays..." Ils nous ont dit : "Nous, ce qu'on vous demande, c'est d'afficher 3 %. Et ce qu'on vous accordera, c'est une certaine bienveillance sur le rythme qui sera celui de votre trajectoire. Et si elle ne devait pas être à 3 %, on ne vous blâmera pas..." »

Stupéfiant aveu : ainsi donc, la Commission européenne a demandé à Hollande de prendre des engagements dont elle savait à l'avance qu'il ne les tiendrait pas, et ce afin de sauver les apparences vis-à-vis des autres États membres de l'Union, susceptibles d'être tentés à leur tour de demander des dérogations...

Ce n'est plus de la « bienveillance », comme le soutient Hollande, mais de la complaisance. La règle d'or ? En plaqué or plutôt, s'agissant de la France...

Selon Hollande, le discours de la Commission « a été de dire : dans la période où nous sommes, nous vous demandons, nous vous prions d'afficher 3 %, pour qu'il n'y ait pas des demandes qui viennent d'autres pays et qui finissent par affecter la zone euro ». « Donc on a dit : "On fait un contrat secret, on affiche 3 %, mais vous savez très bien qu'on ne les atteindra pas." On nous a dit oui. »

Prié de dire avec qui son « envoyé spécial » à Bruxelles, le ministre des Finances Michel Sapin, a conclu ce deal très spécial, Hollande est soudain moins loquace. « Barroso a été informé, et des membres de la Commission aussi, lâche-t-il seulement. Voilà. Et comme cette Commission est quand même en place jusqu'en novembre, même si le président va être choisi au mois de juin, on ne négocie pas avec une Commission fantoche, ou fantôme, ou virtuelle. »

Il est toutefois difficile de négocier avec Bruxelles sans obtenir l'aval de la toute-puissante chancelière

Merkel, garante scrupuleuse de l'orthodoxie budgétaire européenne. Hollande soupçonne la chancelière – « j'en ai la preuve », assure-t-il – de « passer derrière, auprès de Barroso ».

Merkel ferait passer auprès du patron de la Commission sur le départ le message suivant, à en croire Hollande : « Quand même, la France, si elle n'est pas dans la ligne, il ne faudra pas laisser faire. » « Moi aussi, je passe derrière, sourit-il. En disant : "Elle n'est pas en ligne non plus, regardez, la croissance en Allemagne est en train de s'effondrer." » Les yeux du chef de l'État pétillent, on sent que tout cela le passionne et l'amuse à la fois… Au poker menteur européen, il rafle la mise à tous les coups.

Ses talents de stratège vont être très utiles, en ce mois de novembre 2014 à haut risque, alors que le remplacement de José Manuel Barroso par Jean-Claude Juncker fait peser de nouveaux risques de sanctions contre la France – la Commission européenne doit statuer sur le budget français.

« Moi, dit-il, je suis partisan de faire quelques corrections qui leur permettent de dire : "Ce budget n'est pas conforme, mais on peut penser que la France a fait suffisamment d'efforts." Sanctionner la France, c'est compliqué. On est dans la diplomatie. Il faudra faire quelques gestes. »

« Il y a un prix, qui doit être acquitté, à la puissance politique, diplomatique, militaire »

Ils seront couronnés de succès, Paris obtenant, en échange de la promesse de mettre en route des « réformes structurelles », un énième répit de la Commission européenne… Bien entendu, une nouvelle fois, la France, la faute à cette maudite croissance, désespérément atone, ne respectera pas ses engagements. Aucune importance : en mars 2015, elle obtient, pour ramener son déficit public sous les 3 %, un troisième délai consécutif ! Elle a désormais jusqu'à 2017 pour y parvenir, à condition cette fois de trouver 4 milliards d'économies supplémentaires dans l'année…

« On va faire quelques économies de plus », nous explique Hollande à la fin de l'été 2015. Encore une fois, il sait donc à l'avance que les engagements pris pour la galerie ne seront pas respectés. On le provoque un peu, en lui lançant : « Vous faites ce que vous voulez, avec la Commission… » Contrairement à ce que l'on aurait pu croire, il ne dément pas du tout. « Ça, c'est le privilège des grands pays, ce que beaucoup n'acceptent plus, répond-il franchement. Le privilège de la France, de dire : “Eh bien oui, on est la France, on vous protège, on a quand même une armée, une force de dissuasion, une diplomatie…”, ça compte. Ils [les Européens] le savent, ils ont quand même besoin de nous. Et donc ça, ça se paye. Il y a un prix, qui doit être acquitté, à la puissance politique, diplomatique, militaire. »

C'est sans doute à l'aune de ce principe à la fois cynique et réaliste qu'il faut interpréter les relations entretenues par la France de François Hollande avec la Russie de Vladimir Poutine.

« Le régime Poutine, analyse le chef de l'État, c'est un régime où l'ambition, c'est le redressement de la Russie coûte que coûte, quel que soit le prix à payer. On doit redresser la Russie, lui redonner une fierté, la remettre sur ses bases historiques. C'est la Russie éternelle. D'une certaine façon, c'est vrai, la Russie n'est pas une puissance agressive. C'est un pays qui est pour le statu quo, pour le maintien des régimes, y compris les plus dictatoriaux lorsque ça peut être un élément de stabilité, mais il ne menace pas notre propre sécurité. »

Finalement, entre Hollande et Poutine, deux hommes aux tempéraments et convictions diamétralement opposés, le courant est plutôt bien passé. Sans doute parce que les deux chefs d'État ont en commun un fort pragmatisme. « Poutine est accessible à la raison et aux rapports de force, résume Hollande. On sait ce qu'il pense, il ne dissimule pas. » En effet, le maître du Kremlin, qui disait en 1999 vouloir « buter les terroristes jusque dans les chiottes » en parlant des rebelles tchétchènes, est plutôt cash. Entre les pressions sur la presse et les morts suspectes d'opposants, Poutine a institué un régime nationaliste aux relents soviétiques et à l'autoritarisme assumé.

« Je crois qu'il est dans une dérive autocratique », nous confirme en mars 2015 François Hollande, faisant fi de toute langue de bois. À ses yeux, la Russie poutinienne est « une démocratie apparente avec un pluralisme limité ». Pour le président français, son homologue russe rêve « d'être considéré comme le héros de la Prusse ». « Il se dit : "Quelle est ma place dans l'histoire ? Être celui qui a redonné une dignité au peuple russe." Il a 62 ans, il va faire encore un mandat et puis il s'en va. Il pourra dire : "Voilà, je suis fâché avec l'Occident, mais j'ai redonné dignité et fierté à la Russie." Lui considère qu'il est venu par les élections. Et il est persuadé que s'il y avait de nouvelles élections, il les gagnerait. Je crois que c'est vrai. Hitler, une fois qu'il a gagné les élections, après, il n'y en a plus eu. Poutine, il peut organiser des élections à peu près pluralistes, il les gagnerait. »

« En revanche, juge Hollande, ce n'est pas parce qu'on est élu que le pays est démocratique. Je pense qu'il y a un système qui est celui de la pression, de la force, de la peur. On n'est pas dans une démocratie avec des pouvoirs et des contre-pouvoirs. Il y a des pouvoirs, on n'a pas vu les contre-pouvoirs ! Je pense qu'il doit rester une poignée de députés d'opposition. Le nationalisme permet de justifier cela. Quand vous êtes en état de guerre, au nom de la guerre, vous pouvez dire : “Je vous interdis de parler.” La prison, c’est possible pour délit d’opinion, en Sibérie. »

« Si en tant que chef de l’État je ne dois entretenir des relations qu’avec d’irréprochables démocrates, je ne parlerai pas à grand monde... »

Pourtant, lors de ses rencontres avec celui qu’il définit donc lui-même comme un « autocrate », dont le pouvoir repose pour partie sur l’intimidation, Hollande a plutôt fait profil bas sur la question des libertés, comme lors de sa visite en Russie, fin février 2013. « On pourrait dire : “C’est Poutine, je ne veux pas discuter avec Poutine”, mais si on veut régler le problème de la Syrie, il faut qu’on discute avec Poutine. Sur les droits de l’homme, je ne voulais pas faire de mon déplacement une provocation, dire : “Vous avez invité Depardieu, je vais vous parler des Pussy Riot” [un groupe punk persécuté par le régime]. À ce moment-là, il faut dire : “On repousse le voyage.” » Hollande en est convaincu, il nous l’a souvent dit : « Si en tant que chef de l’État je ne dois entretenir des relations qu’avec d’irréprochables démocrates, je ne parlerai pas à grand monde… »

À ses yeux toutefois, se convertir à la realpolitik ne signifie pas renier ses principes, comme l’a illustré l’épisode des Mistral, ces deux énormes porte-hélicoptères commandés en 2010 par l’État russe à la marine française. À partir de la fin de l’année 2013 et de la crise ukrainienne, la pression internationale se fait forte sur la France, priée de renoncer à livrer les navires afin de sanctionner Poutine. L’enjeu n’est pas seulement diplomatique, mais aussi financier, car il faudrait alors dédommager l’État russe, soit une somme de un milliard d’euros à rembourser, sans compter les pénalités…

« Poutine, nous révèle Hollande le 23 juillet 2014, m'a envoyé son ambassadeur il y a quelques jours pour me dire : "Voilà, on veut avoir de bonnes relations avec la France, on est conscients que ce n'est pas facile pour vous, vous subissez des pressions... Donc si vous preniez la décision de ne pas livrer le Mistral, on ne vous fera pas jouer les pénalités..." Mais cette démarche était aussi un piège. Si j'avais dit : "Ah bon, très bien, on va réfléchir", ils auraient dit : "Donc vous êtes prêts à prendre cette sanction-là." Ils me testaient... Donc, j'ai juste dit : "J'enregistre et je vous remercie." »

À la fin de l'année 2014, la Russie ayant poursuivi sa politique agressive en Ukraine, la France décide de reporter puis de suspendre la livraison des Mistral. L'annulation pure et simple du contrat semble inéluctable. Les mois suivants, des négociations souterraines vont être menées, en toute confidentialité, entre autorités françaises et russes, afin de trouver un accord permettant à chacun de sauver la face. « Même si les choses se sont un peu apaisées en Ukraine, on voit mal comment on pourrait livrer un matériel militaire aujourd'hui, nous dit Hollande en avril 2015. J'avais prévenu Merkel de cette négociation. Elle y a été sensible. Je lui ai dit : "Ça va me coûter un milliard." Pour lui faire comprendre que l'Europe ne peut pas nous poser des conditions financières trop strictes. Elle m'a dit qu'elle essaierait de voir. »

Habile, Hollande mise sur l'annulation probable du contrat russe pour obtenir davantage d'indulgence encore de la Commission européenne vis-à-vis du déficit français !

C'est finalement au mois d'août 2015 que la France annoncera officiellement l'annulation de la vente des Mistral, les deux porte-hélicoptères étant revendus dans la foulée à l'Égypte par le ministère de la Défense, qui évite ainsi à l'État français une importante perte financière (les Mistral ont été cédés à l'Égypte pour 950 millions d'euros, soit à peu près la somme remboursée à la Russie). D'autant que Moscou n'a infligé aucune pénalité à Paris. « Poutine a tenu parole », confirme le chef de l'État.

Pour le VRP Hollande, l'Égypte semble faire figure de client privilégié. C'est en effet auprès du régime du maréchal Abdel Fattah al-Sissi que le ministre de la Défense, Jean-Yves Le Drian, a été négocier, début 2015, un autre juteux contrat, la vente d'une vingtaine de Rafale construits par Dassault aviation. Oui, mais al-Sissi, élu président de la République avec plus de… 96 % des voix en mars 2014, après avoir soutenu le coup d'État militaire de juillet 2013 destiné à renverser le président Mohamed Morsi, a une conception assez absolutiste du pouvoir…

De fait, l'omniprésence française sur la scène mondiale obéit parfois à des ressorts peu romantiques : Qatar, Arabie saoudite, l'Égypte donc… À chaque fois, la France a mis en œuvre une très efficace « diplomatie des contrats » – souvent militaires – ne s'embarrassant pas de considérations humanistes.

François Hollande ne le conteste pas vraiment.

« Je ne peux pas me transformer en représentant de commerce des industriels, ce n'est pas mon but. Vendre des Rafale et d'autres matériels, c'est bien, mais mon objectif, c'est d'avoir des relations politiques durables, je ne fais pas une politique extérieure pour vendre des marchandises », dit-il d'abord. Mais c'est pour aussitôt se féliciter de « vendre des Rafale à des pays à qui l'on n'en vendait pas ». « On pourrait en vendre à des pays sans faiblesse démocratique comme l'Inde, mais si l'on en vend au Qatar, ou aux Émirats, ce ne sont pas des pays où il y a une vie démocratique comme chez nous. » En d'autres termes, si la France ne devait commercer qu'avec des pays parfaitement respectueux des libertés, elle n'exporterait pas grand-chose.

« Les Américains, quoi qu'ils fassent, ils sont arrogants. Toujours. Même dans leurs erreurs, finalement... »

Toujours, chez Hollande, ce froid pragmatisme, dans lequel baignent également ses relations avec les États-Unis. Si ses relations personnelles avec Barack Obama semblent sans nuage, François Hollande ne se fait pas trop d'illusions sur l'allié historique. « Les Américains, quoi qu'ils fassent, ils sont arrogants. Toujours. Même dans leurs erreurs, finalement », nous lance-t-il un soir de juin 2014, alors que l'on évoque la politique erratique d'Obama en Syrie et en Irak. Mais entre Paris et Washington, les liens sont trop anciens, les intérêts mutuels trop cruciaux pour laisser une brouille s'installer. Ainsi, la révélation par WikiLeaks en juin 2015 de documents attestant que l'Agence nationale de sécurité américaine (NSA) avait écouté clandestinement, entre 2006 et 2012, les présidents Chirac, Sarkozy puis Hollande, n'a pas provoqué la crise diplomatique que l'on aurait pu imaginer.

Loin, très loin de là, même.

« Obama nous dit que des écoutes ont eu lieu pendant toute une période, mais qu'on a signé un accord qui fait que, normalement, il n'y a plus de ciblage du président de la République », nous explique doctement, en août 2015, François Hollande, pas plus ému que ça. « En novembre 2013, ils se sont engagés, devant le coordinateur national du renseignement, à ne plus cibler le président de la République. Aujourd'hui, on apprendrait que mon téléphone est écouté, là, ce serait un manquement de la part des États-Unis », dit-il encore. Avant d'ajouter, froidement, comme s'il n'y avait rien de spécialement choquant à cela : « Ça veut dire concrètement qu'ils peuvent cibler d'autres personnalités. Le Premier ministre peut être écouté. » On croit comprendre des propos du chef de l'État qu'il n'est ni vraiment surpris ni franchement scandalisé par ces pratiques. Sans doute a-t-il retenu l'adage qui veut qu'en matière d'espionnage un pays n'a ni alliés ni amis, seulement des intérêts.

« En fait, le plus délicat, c'est l'espionnage économique, là où il y a des enjeux majeurs. Le vrai problème, c'est le fait que les États-Unis écoutent des conversations dont ils pourraient tirer un avantage économique », précise Hollande. Il assure que la DGSE ne fait pas de même : « Elle fait son travail, mais n'agit pas contre les autorités américaines. »

On n'est, évidemment, pas obligé de le croire sur parole.

Le chef de l'État regrette par ailleurs que les Américains soient « entrés dans un système d'écoutes trop massif ». Un bâtiment est au centre des interrogations des autorités françaises, celui de l'ambassade des États-Unis à Paris, situé… à portée de micro de l'Élysée. « Ils sont à 800 mètres, s'exclame Hollande. Pourquoi ils gardent un centre au-dessus de leur ambassade ? On leur a dit que ce n'est pas possible d'avoir des antennes sur l'ambassade des USA à Paris. On le répète, Fabius le fait à chaque fois… Eux disent que ce centre n'a pas de capacités, qu'ils vont le démonter… Mais s'ils le démontent, ils auront d'autres moyens. C'est un problème, ils peuvent très bien avoir un système d'enregistrement des conversations hors téléphone. Je reçois quand même tous les chefs d'État étrangers… »

Mais que faire, sinon transmettre sa préoccupation aux autorités américaines ? Ainsi, plus d'un an après, Paris attendait toujours un état des lieux portant sur l'ampleur de l'espionnage dont la France a été victime, document réclamé au printemps 2015 à Washington… « Ils ne nous l'ont pas donné, avoue Hollande. Parce qu'ils ne le savent peut-être pas eux-mêmes ! Quand on lui demande de nous dire ce qu'ils avaient pu faire exactement, Obama répond : "Je ne peux pas vous le dire parce que je ne le sais pas moi-même." C'est vrai que c'est désagréable et que ça vicie les comportements entre alliés », conclut Hollande.

Le réalisme hollandais n'a pas de frontières. Encore moins de limites. Sa visite historique, en mai 2015, à Cuba, où il a rencontré le président Raúl Castro mais aussi son frère, le vieillissant *lider maximo* Fidel, en est la meilleure illustration. Une rencontre vivement critiquée, notamment par l'opposition. « C'était une occasion pour la droite, une nouvelle fois, de ne pas comprendre quel était son intérêt à moyen et long terme, ironise-t-il. La droite, un jour, pourra gouverner le pays, l'alternance ça existe, et Cuba, c'est très important que la France soit la première à y mettre les pieds, dans un sens politique, car sur le plan économique on y est déjà. »

« Si je n'avais pas rencontré Fidel Castro, argumente-t-il, certains commentateurs auraient dit : "Les autorités cubaines n'ont pas voulu vraiment offrir à François Hollande le signe de la reconnaissance." J'ai interprété le rendez-vous avec Fidel Castro comme la volonté des autorités cubaines de bien faire valoir qu'elles voulaient nous considérer comme un pays utile et ami. »

« Il y a une demande de France, et une demande de leadership »

Reste la question de savoir, comme pour la Russie, si une telle visite ne revient pas à légitimer un régime malgré tout peu respectueux des libertés. « Il y a dix ans, au moment des atteintes très graves aux droits de l'homme, je n'aurais pas rencontré Fidel, se justifie Hollande. Mais là, j'avais rencontré le cardinal Ortega [figure modérée]. Citez-moi un nom de prisonnier politique, il n'y en a pas. Des gens qui fuient, il y en a, des gens retenus en prison aussi. J'ai dit aux associations des droits de l'homme : "Donnez-moi des noms..." On ne peut pas dire que ce régime ne soit pas un régime autoritaire, mais il n'y a pas de cas de prisonniers politiques identifiés, connus, qui justifient un dossier. Quand j'ai vu le cardinal Ortega, l'homme qui a fait la négociation sur les prisonniers politiques, je lui ai demandé s'il y en avait d'autres, il m'a dit : "Non, je n'en ai pas d'autres à ce stade..." »

Revendiquée et assumée, la realpolitik menée par François Hollande, pour critiquable qu'elle soit, a le mérite d'une certaine cohérence. Exactement ce qui faisait défaut, selon le chef de l'État, à celle menée par son prédécesseur. « Sarkozy, il a, comme souvent, oscillé, constate-t-il. Il faut se souvenir qu'il avait été soutenu par Glucksmann, au nom de la défense de la Tchétchénie, contre les manquements aux droits de l'homme imputables à Poutine... Ensuite, il a fait en sorte de défendre la Géorgie contre les volontés agressives des Russes. Et puis après, comme souvent, il a basculé, et s'est rapproché de Poutine. Il a fait exactement avec les Russes ce qu'il a fait avec les Chinois. Donc moi, j'essaie d'avoir une position à peu près constante. Je n'entre pas dans une forme d'agression qui serait incomprise, mais je ne participe pas à une espèce de connivence... »

À la différence de son prédécesseur aussi, Hollande, aux voyages éclairs, préfère les séjours un peu plus longs. « Ce qu'il faut, c'est montrer de la considération, à tous les pays, des plus grands jusqu'aux plus petits. Il faut aller dormir sur place. L'Arabie saoudite, le Qatar, je vais y passer une nuit, en Suisse, à Cuba... Ça n'a l'air de rien, mais je le fais. »

Autre rupture avec l'époque sarkozyste, la grande méfiance affichée par Hollande pour les « intermédiaires » de tous horizons, toujours prompts à s'immiscer, surtout en marge des gros contrats. À l'image du très encombrant maire de Levallois, Patrick Balkany, qui ne manquait pas un déplacement en Afrique de son président d'ami, Nicolas Sarkozy. « Balkany est allé dans tous les voyages en Afrique. Alors qu'il n'avait pas de responsabilités, à l'Assemblée nationale, pour le justifier », s'étonne Hollande, qui fait mine de s'interroger : « Pourquoi tous ces voyages, pourquoi ? » « Il y a quand même quelque chose, ajoute-t-il. Ce n'est pas simplement pour parler de Levallois ! »

« Nous, on est impeccables, se félicite-t-il. Pas de diplomatie parallèle, pas d'intermédiaires. »

Incontestablement, François Hollande, qui n'était pas attendu sur ce terrain-là, a pris goût à ce Monopoly géant, où son art consommé de la conciliation fait merveille. Au point, pour le chef de l'État, d'y décrocher finalement ses plus grandes réussites.

Il semble même y avoir pris du plaisir. « Du plaisir, c'est quand même beaucoup dire, ce n'est pas simplement un jeu, c'est une réalité », nuance-t-il. D'après le chef de l'État, c'est « la constance » dont a fait preuve la France qui lui a valu d'être respectée à l'étranger. « On juge une action diplomatique sur la durée, assure-t-il. Sinon, cela va apparaître comme des coups. L'Ukraine, le Mali, la Syrie, la COP 21 aussi… Et même sur l'Iran, avec qui on a été assez fermes. L'impression, c'est que la France est à l'initiative. Dans un contexte où le président américain est en fin de mandat, et de toute façon n'était pas dans une présidence d'hyperpuissance, il y a une demande de France, et il y a une demande de leadership. »

Il ne l'avouera pas, mais on peut imaginer que François Hollande a trouvé dans la politique étrangère un exutoire lui permettant d'oublier ses multiples avanies domestiques, entre échecs économiques, image dégradée et montée de l'extrême droite. Même si ce contexte négatif n'est pas, d'après lui, totalement sans conséquences sur ses rapports avec ses homologues étrangers.

« On est toujours à la pointe, toujours les premiers, salués partout [...]. On n'est pas crédités... »

« Le fait que ma popularité soit basse en France est un problème, que le Front national soit haut aussi, car un certain nombre de pays se disent : mais est-ce que finalement François Hollande sera encore là dans deux ans ? Et le FN, que va-t-il se passer demain s'il arrive au pouvoir ? C'est un argument qui commence à être utilisé, en Europe et en dehors », nous confie-t-il ainsi en avril 2015. Il voit le bon côté des choses : « Ça peut être aussi un avantage. Je vois bien, les Saoudiens : qu'est-ce qu'il se passe s'il n'y a plus François Hollande ? Bon, peut-être qu'il y aura Sarkozy, mais Sarkozy c'était compliqué, il avait ses amitiés... Quant à Le Pen, c'est encore plus dramatique, pour les pays arabes... Donc ils disent, c'est toujours un vieux principe en diplomatie : "Un *tiens* vaut mieux que deux *tu l'auras*. Au moins avec celui-là, on sait où on va." »

Si sa catastrophique cote de popularité ne l'a pas trop entravé à l'étranger, le moins que l'on puisse dire est qu'elle n'a pas été franchement rehaussée par ses succès internationaux...

Ce constat, il le partage. Il s'en plaint devant nous, dès septembre 2014. « Je ne veux pas accuser la presse, ce serait vraiment trop commode, mais rien n'est mis en évidence », nous lance-t-il. Sous l'antiphrase perce une grande amertume.

« On est toujours à la pointe, toujours les premiers, salués partout, et à aucun moment on ne dit : tiens, quand même... », soupire-t-il. « Sur la Syrie, on avait raison, l'Irak, on a fait les premiers les livraisons, l'Ukraine, on s'est comportés comme il convenait, on est fermes avec la livraison des Mistral, et puis le Mali, la Somalie... Mais non, rien. Parce qu'il y a ce dénigrement du pays : "Ça ne marche pas, on ne va pas bien…” Et il y a l’illégitimité du pouvoir : “Ce sont des nuls.” On n’est pas crédités. »

Bien conscient qu’en l’occurrence la presse a le dos un peu large, il tente d’analyser le phénomène avec davantage de recul.

« Je crois qu’il y a trois raisons, explique-t-il donc. La première, c’est qu’à la différence des années passées l’international est regardé comme une intervention parfois nécessaire mais qui n’est pas conclusive. La deuxième raison, c’est que l’international ne remplace pas le national. Et la troisième raison, c’est qu’il n’y a plus comme par le passé une sorte de sanctuarisation de l’international. C’était plus facile au temps de la cohabitation, Chirac et Jospin avaient travaillé ensemble, y compris pour faire la guerre au Kosovo. Et Mitterrand avait aussi bénéficié, à cause de la première guerre d’Irak, d’un consensus très fort. »

Il y a sans doute une quatrième raison, que le chef de l’État se garde d’évoquer : l’absence d’acte mémorable, susceptible d’entrer dans le cœur des Français. Par tempérament, François Hollande n’est pas homme à prendre des risques inconsidérés. S’il n’a pas commis d’erreur majeure dans la conduite de la politique extérieure, emportant au contraire, on l’a vu, quelques beaux succès, il est certainement passé à côté d’opportunités. Ces moments où l’on sent que le monde peut basculer, où il faut prendre des initiatives inattendues, spectaculaires, frappantes. Cela est apparu de manière flagrante au moment de la crise des migrants, lorsqu’il a donné le sentiment d’agir davantage en boutiquier timoré et frileux qu’en chef d’État charismatique et clairvoyant.

Et peut-être davantage encore, en creux cette fois, au moment du choc provoqué, fin juin 2016, par la sortie du Royaume-Uni de l’Union européenne. Hollande a pris acte du « Brexit » pour le déplorer, comme la plupart des dirigeants européens, mais à travers des réactions convenues dont il faut bien reconnaître que la mémoire collective ne retiendra absolument rien. On se bornera, à titre d'exemple, à citer le premier paragraphe de la déclaration conjointe signée Hollande, Merkel et Renzi, en réaction au Brexit. Un modèle de verbiage désincarné, dont le seul mérite fut de confirmer que les leaders européens parlent la même langue… de bois : « Le 23 juin 2016, la majorité du peuple britannique a exprimé le souhait de quitter l'Union européenne. La France, l'Allemagne et l'Italie respectent cette décision. Nous regrettons que le Royaume-Uni ne [soit] plus notre partenaire au sein de l'Union européenne. Nous avons pleinement confiance dans le fait que l'Union européenne est assez forte pour apporter aujourd'hui les bonnes réponses. Il n'y a pas de temps à perdre. » On vous épargnera la suite du communiqué, gravée dans la même ébène…

Le chef de l'État français tenait pourtant là une opportunité unique de frapper les esprits. N'aurait-il pas pu se saisir de l'occasion pour faire une annonce-choc, une proposition historique ou plus simplement un discours marquant ?

Sans doute n'y a-t-il même pas pensé. Trop risqué, trop irrationnel. Trop audacieux.

François Hollande, et le constat vaut aussi pour son action intérieure, est plus un gestionnaire qu'un visionnaire. Un technocrate d'élite, pur produit de la méritocratie républicaine, doublé d'un homme raisonnable, souvent calculateur, dont la vie n'aura pas vraiment été traversée par le souffle de l'épopée…

De toute façon, le chef de l'État en a pris son parti, l'international, « ça ne rapporte pas ». Alors, il se console comme il peut : « Un, je pense à l'Histoire. Deux, pour les Français, c'est important quand même de prouver que notre pays peut montrer qu'il est respecté. Et troisièmement, il y a des conséquences économiques. »

Il considère malgré tout que ses victoires sur le terrain extérieur seront portées à son crédit, « mais dans la durée ». « Ça va se dessiner au cours du temps », assure-t-il à la mi-2015. Il prend une énième fois en exemple sa référence éternelle, François Mitterrand. « Lui non plus n'était pas attendu sur la politique extérieure, se souvient-il. Il a été pris par les circonstances, c'est lui qui va tout de même faire chercher Arafat pour le sortir du Liban, en 1981... »

Mais si son prédécesseur socialiste était parvenu à bonifier ses actions par-delà les frontières, lui en semble incapable. « C'est vrai, concède-t-il. Mais ça lui a profité avec le temps. Il faut du temps... Les gens se disent : "Il réussit peut-être bien, mais il est loin." C'est pour ça que je multiplie les déplacements en France. Pour dire, je suis là. On a fait une comptabilité : depuis trois ans, j'ai fait 126 déplacements à l'étranger, et 130 en France ! On ne l'a pas voulu ainsi, mais c'est comme ça. Ça crée une distance, mais aussi une "présidentialité". »

Malheureusement pour François Hollande, les Français ont surtout retenu la distance.

VII
La France

1

L'effroi

La peine, ça se vit seul.

André Mathieu

François Hollande a été élu président de la République le 6 mai 2012.

Mais il est devenu chef de l'État le 7 janvier 2015.

Du moins aux yeux de 66 millions de Français.

Élysée, fin de matinée, en ce premier mercredi de l'année 2015. L'actualité tourne au ralenti. Hollande a bien tenté de restaurer son capital présidentiel, lundi 5 janvier, en consacrant deux heures aux auditeurs de France Inter. Mais, comme toujours ou presque, il ne reste pas grand-chose de son intervention. Plus il parle, moins on l'écoute.

Triste routine.

Pour le reste, la France émerge des fêtes de fin d'année, Thierry Lepaon tente de se maintenir à la tête de la CGT, Michel Houellebecq publie son dernier roman, *Soumission*. Polémique assurée, pensez bien, l'écrivain met en scène une France islamisée, après la victoire d'un candidat musulman à l'élection présidentielle de 2022.

Ce mercredi 7 janvier, François Hollande s'apprête à recevoir le directeur général de Total, Patrick Pouyanné. Le train-train, vraiment. Les conseillers vaquent d'un bureau à l'autre, un vague crachin fouette les fenêtres du palais.

Quand le président interrompt d'un coup sa conversation. Un huissier essoufflé vient de lui faire passer un message écrit. On l'avertit que les locaux de *Charlie Hebdo* ont été dévastés, quelques minutes plus tôt, vers 11 h 30.

Il n'en sait pas plus.

Il ne s'en doute pas, mais le chef de l'État va éprouver, dans les minutes, puis les heures et les jours suivants, la vraie solitude. Celle qui change une vie. Et le destin, aussi, d'une nation, agressée comme jamais auparavant.

L'hebdomadaire satirique n'est pas vraiment la lecture de référence du chef de l'État. Il jette un œil à sa une, parfois, s'amuse de quelques dessins. Il est plus à l'aise dans l'ironie légère qu'avec l'humour trash. Mais il connaît bien l'économiste Bernard Maris, ou encore les dessinateurs Wolinski et Cabu, collaborateurs réguliers du magazine, en faveur duquel il a même témoigné en février 2007, lors d'un procès que lui avaient intenté plusieurs associations musulmanes, heurtées par la publication de caricatures de Mahomet.

Depuis, tout ce qui touche à *Charlie Hebdo*, régulièrement menacé, est à manier avec précaution.

« Je me demande alors qui sont ces morts »

Quelques minutes encore et, cette fois, c'est l'une des secrétaires du chef de l'État qui déboule dans le bureau présidentiel. Elle est en ligne avec l'urgentiste Patrick Pelloux, chroniqueur également à *Charlie*. « Je comprends que c'est grave, se souvient Hollande. Elle me le passe, il est en pleurs. Il me dit : "C'est affreux, ils sont tous morts." Je me demande alors qui sont ces morts, je ne le sais toujours pas ; et combien sont-ils ? »

Hollande a un rapide échange téléphonique avec Bernard

Cazeneuve, le ministre de l'Intérieur. Il lui demande de se rendre sur place, très vite, dans le 11e arrondissement. Le ministre met un temps fou pour rallier *Charlie*, tant la circulation est bloquée. « Quand j'ai confirmation que ce n'est sûrement pas un tireur isolé qui a fait ça, je décide d'aller sur place », explique Hollande. Les services de sécurité tentent de l'en dissuader. « C'est vrai qu'il y avait un risque, je ne peux pas le nier, constate-t-il avec le recul. Il fallait assumer cette prise de risques, qui n'était pas considérable. » Les membres de sa protection rapprochée s'inquiètent, les lieux n'ont absolument pas été sécurisés.

Hollande s'en moque, il prévient Patrick Pouyanné, annule son entretien, et fonce. Impossible de s'approcher en voiture des locaux de *Charlie Hebdo*, même pour le président de la République. Alors, le cortège présidentiel stoppe boulevard Richard-Lenoir, et le chef de l'État parcourt les 300 derniers mètres à pied.

Livide.

Là, il a compris.

Le patron du SAMU, Pierre Carli, se déplace pour le tenir au courant. « C'est un carnage, on n'a pas pu identifier tous les corps », lui dit-il. Patrick Pelloux est présent, lui aussi. Dans une absolue détresse. « Pelloux, je le connais, je l'avais un peu perdu de vue, son itinéraire politique est un peu compliqué. Mais c'est un type que j'aime bien, qui m'a toujours soutenu », dit Hollande. Quelques semaines auparavant, il avait même reçu l'équipe dirigeante de *Charlie*, à l'Élysée, il s'agissait d'aider à trouver une solution pérenne aux graves tracas financiers de l'hebdomadaire.

Au 10 de la rue Nicolas-Appert, tout en bas des bureaux de l'hebdomadaire, règne une sinistre atmosphère. Les policiers, qui ne servent plus à rien, les ambulances, partout, les techniciens de la police scientifique qui relèvent les empreintes. Les caméras. Le bilan tombe. Onze morts, déjà, dont dix collaborateurs de *Charlie*. Ses chroniqueurs vedettes. Onze blessés. Sans compter un policier qui décédera plus tard de ses blessures. L'œuvre lâche et macabre de deux frères, deux tueurs armés de kalachnikovs, Chérif et Saïd Kouachi.

Vêtus de noir, comme leur idéologie obscurantiste et mortifère.

La France bascule à nouveau dans l'horreur terroriste, trois ans après les massacres antisémites de Mohamed Merah, à Toulouse.

Hollande renonce à monter au deuxième étage, dans les bureaux ensanglantés. « Pour ne pas perturber l'enquête, ils étaient en train de relever les empreintes », assure-t-il. Par pudeur, aussi, sans doute. Manuel Valls, le Premier ministre, s'y rendra, lui, quelques heures plus tard. Une scène « qui l'a profondément marqué, car les corps étaient encore là », relate Hollande. On n'est jamais le même après avoir touché l'horreur, senti l'odeur de la mort. Il ne faut pas mésestimer la violence de cet impact, si l'on veut comprendre la réaction sécuritaire du duo Hollande-Valls.

Sur le coup, Hollande « mesure immédiatement ce que ça peut être ». « Le souvenir que j'avais de l'attentat le plus meurtrier de ces dernières années, c'était celui du métro Saint-Michel, en 1995. Et d'ailleurs, l'enquête le démontrera, il y avait un lien entre ceux de 1995 et ceux d'aujourd'hui. Une espèce de transmission du poison terroriste. »

Les chaînes d'information en continu passent en mode « édition spéciale ». Hollande endosse le costume du guerrier placide, mais il lui revient aussi une responsabilité écrasante : rassurer un pays désemparé, sur les nerfs. Il n'a pas été préparé à cela ; comment pourrait-on l'être, d'ailleurs ? Il a bien quelques précédents en tête, il se rappelle ainsi les images de George Bush, aux États-Unis, apprenant, sonné, les attentats du 11 septembre 2001. On n'est pas forcément à la hauteur, dans ces circonstances. Trop martial, pas assez imprégné... Tout est affaire à la fois de distance et de proximité avec le peuple. Ne pas apparaître touché, pour ne pas donner satisfaction aux terroristes, mais faire preuve d'empathie avec les victimes et leurs familles, pour consoler les Français.

Subtil dosage, savant équilibre... François Hollande joue sur son terrain.

Le chef de l'État, même ses adversaires les plus farouches le reconnaîtront, prend enfin, ce jour-là, le pouls du pays, parvient à se pencher à son chevet. Il regagne l'Élysée, déjeune avec son équipe rapprochée, organise une réunion de crise avec Valls et Cazeneuve, dans le salon Vert attenant à son bureau, puis repart dans les hôpitaux, pour réconforter les survivants, les témoins... Hasard de la vie, il retrouve, à cette occasion, un chef de service qu'il a connu adolescent. « Des retrouvailles dramatiques et cocasses », comme il le dit lui-même. « Mais j'étais au lycée avec toi !... Tu étais de gauche, toi », lui lance Hollande. Son vieux copain perdu de vue a assuré l'assistance psychologique des rescapés, à l'Hôtel-Dieu. « Ces femmes qui étaient là, elles n'avaient pas été blessées, elles étaient bouleversées par la mort de confrères, et avaient vu les meurtriers, relate le chef de l'État. Elles avaient été épargnées par les bourreaux. Saisies par un sentiment d'effroi, de douleur, et en même temps d'incompréhension. Pourquoi avaient-elles été épargnées, parce que c'étaient des femmes ?... »

Dans les chambres d'hôpital, il y a des cris, des pleurs. Hollande ne se force pas, il trouve le ton juste, naturellement. Loin des micros inquisiteurs. « Donc, ils l'ont fait... », lui dit l'une des survivantes. « L'idée, explique Hollande, c'était : "Ils sont plus forts que nous puisqu'ils ont tué." Je leur ai dit : "Non, ils n'ont pas gagné, parce que vous allez continuer. On vous aidera." »

Il est en première ligne, comme il ne l'a jamais été.

Comment va-t-il gérer cette situation de crise, lui, réputé velléitaire, pusillanime ?

Ne pas se fier aux apparences, derrière son allure bonhomme, Hollande aime la castagne. Déroutant, ce type, quand même.

Il a une obsession, « tenir » le pays, l'unir. Lui seul peut jouer cette partition. L'Histoire le jugera.

Donc, il fait face.

Déjà, les frères Kouachi sont identifiés, ils vivent la cavale la plus médiatique de nos temps incertains. Ils ont laissé derrière eux une carte d'identité. « Ces deux individus n'avaient aucune idée de ce qu'allait être leur fuite, explique Hollande. Pour eux, ils tuaient les gens de *Charlie* et ils mouraient. Ils fuient parce que c'est humain. » Le soir même, Hollande intervient à la télévision. Marqué, mais déterminé. « Notre meilleure arme, c'est notre unité, dit-il. Rien ne peut nous diviser, rien ne doit nous séparer. »

Déjà, il anticipe la suite. Il faudra bien une réaction forte, à la mesure de l'acte. L'enquête ne dépend pas de lui, la mise en scène, si. Il précise lors de sa déclaration qu'il va rapprocher les différentes composantes politiques du pays au nom, déjà, de l'unité nationale.

« Deux questions se posent, se rappelle-t-il. Comment associer les partis, jusqu'où aller, Le Pen, pas Le Pen ? Puis, comment traiter les anciens présidents ? »

Il décide de recevoir les partis représentés au Parlement, pour commencer, puis de discuter avec les autres formations, dont le Front national. Le soir même, il appelle Nicolas Sarkozy, qui est redescendu dans l'arène politique quelques mois plus tôt – il a été réélu président de l'UMP en novembre 2014. Un rendez-vous est fixé. « Pour lui, c'était important de savoir comment il allait être reçu, relate Hollande. Je pouvais le comprendre, c'est la première fois qu'il revenait à l'Élysée, avec ce que ça soulevait d'émotions, d'interrogations. Je lui dis :

“Je vais vous inviter parce que vous êtes ancien chef de l’État, je ne le fais pas parce que vous êtes chef de parti.” C’est moi qui fais en sorte de prévoir les égards, lui souhaite savoir par exemple de quel côté il va entrer… » La poignée de main acrimonieuse lors de la passation de pouvoir est loin, l’heure est à l’unité, du moins Hollande le souhaite-t-il.

Le lendemain, jeudi 8 janvier, après une très courte nuit, Hollande reçoit donc Sarkozy. « On fait l’entretien dans mon bureau, autrefois le sien », se souvient le chef de l’État.

« Je voulais qu’il n’y ait pas de récupération par le pouvoir »

Les frères Kouachi sont toujours dans la nature. Tôt le matin, à Montrouge, en banlieue parisienne, à 8 h 04 très précisément, Amedy Coulibaly, comparse des Kouachi, vient de faire sa première victime de la journée. Une policière municipale, Clarissa Jean-Philippe, intervenue pour un banal accident de la circulation, s’effondre, une balle lui a traversé la carotide.

« Montrouge, on se pose la question, on n’a pas encore identifié le personnage, témoigne Hollande. Sarkozy m’interroge sur l’enquête. Et après, on parle de la manifestation. » L’idée d’une grande marche a déjà été lancée, mais il n’est pas encore question d’un événement international. Le tutoiement revient naturellement dans la discussion. Les deux hommes se connaissent si bien… Sarkozy veut savoir si les partis sont à la manœuvre. « Je lui garantis que si j’y vais, à cette manifestation, je ferai en sorte qu’il soit avec moi, qu’il n’y ait aucun incident, et qu’il ne soit pas au bras de chefs de parti comme les autres. »

Hollande se souvient de l’affaire Merah. En mars 2012, il avait suspendu sa campagne présidentielle pour aller à Toulouse rendre hommage aux victimes du terroriste, s'affichant aux côtés de Sarkozy, alors président de la République. « Il y avait eu une volonté d'éviter que ce soit un affrontement, dit Hollande. Je voulais qu'il n'y ait pas de récupération par le pouvoir. »

Sarkozy pose la question de la participation du Front national à la manifestation, prévue pour le dimanche 11 janvier. « Il vaut mieux que ce soit entre partis républicains », dit-il au président. Hollande opine. « Sur Le Pen, sa position était assez légitime, reconnaît Hollande. Pour lui ce n'était pas souhaitable qu'elle soit partie prenante à la manif. »

Marine Le Pen s'insurge publiquement – « Je ne vais pas là où l'on ne veut pas de moi », clame-t-elle – et l'UMP, dans la foulée, s'étonne que le Front national soit exclu de la manifestation. Une belle démonstration d'hypocrisie…

Car Hollande se souvient des craintes de Nicolas Sarkozy. « Il m'a dit : "Il faut quand même qu'il y ait du clivage, de la confrontation, ne laissons pas l'extrême droite utiliser une espèce de consensus pour mieux se différencier, la politique doit reprendre ses droits." Thèse que l'on peut parfaitement admettre. »

L'UMP et son chef ne parlent pas d'une même voix, mais peu importe. L'union nationale est tout de même actée.

Puis Hollande appelle un Chirac très affaibli, et un Giscard d'Estaing parfaitement alerte. « Chirac comprend, mais ce n'était pas une conversation. Giscard m'a posé beaucoup de questions, il voulait savoir où en était l'enquête. » Jacques Chirac se fendra ensuite d'un petit mot dactylographié, assurant à Hollande qu'il fallait être intraitable contre le terrorisme.

À l'Élysée, le « bureau ovale » a fait son apparition. En temps de crise, c'est désormais ainsi qu'est surnommé le bureau du chef de l'État, en référence à celui du président américain mais aussi à la table de travail de forme oblongue installée quelques semaines auparavant. Le symbole est fort : le bureau du chef de l'État sera désormais l'épicentre de la lutte contre le terrorisme djihadiste.

Les réunions succèdent aux conciliabules ; il faut traquer les Kouachi. Mais Hollande refuse de s'intéresser au détail des investigations. « Il fallait que chacun soit dans son rôle, détaille-t-il. Je ne m'occupais pas de l'enquête, je ne voulais surtout pas refaire ce qui avait été fait en d'autres occasions, où les ministres de l'Intérieur se prennent pour les chefs de la police, les Premiers ministres pour les ministres de l'Intérieur, et les présidents de la République pour tout. Cazeneuve me rendait compte de tout. Nous n'avions pas la maîtrise puisque c'est le procureur qui conduit l'enquête. » Avec l'ancien ministre de l'Intérieur Manuel Valls à Matignon, Bernard Cazeneuve place Beauvau et l'expérimenté François Molins à la tête du parquet de Paris, Hollande n'a pas de souci à se faire.

À la manœuvre, le procureur Molins informe donc en temps réel la cellule de crise élyséenne des développements de l'enquête. Les caches éventuelles de Coulibaly, finalement identifiées, sont visées par des perquisitions. Sans succès. Les frères Kouachi, eux, sont repérés dans une station-service de l'Oise.

Le jeudi soir, François Hollande va brièvement rejoindre le clan des mitterrandolâtres qui festoient au restaurant La Cagouille, à Paris, tous les 8 janvier, jour de la mort de l'ancien chef de l'État. Il a la tête ailleurs et rejoint très vite l'Élysée. « Cazeneuve me téléphone dans la nuit, on ne dort pas », se souvient-il. Le vendredi matin, il visite le PC de crise de la préfecture de police de Paris, félicite les effectifs de police judiciaire, puis regagne, de nouveau, le « bureau ovale ». Le dénouement est proche. En plein déjeuner avec ses collaborateurs, alors que les Kouachi ont été repérés en Seine-et-Marne, il apprend que Coulibaly a pris en otage des clients de l'Hyper Cacher, un magasin situé porte de Vincennes, dans l'est de Paris. « On ne sait pas combien il y a d'otages, combien il y a de tués, et je décide d'appeler auprès de moi Cazeneuve, Valls, Taubira. Pour qu'on puisse travailler ensemble et prendre les décisions. »

Hollande est tourmenté. Il appréhende une attaque massive, d'autres cibles… « On peut se dire qu'il va y avoir une troisième attaque », pense-t-il. Ce même jour, une prise d'otages a lieu dans une bijouterie, à Montpellier. Un illuminé. « On se dit : "Ça continue." C'est ça le plus inquiétant pour moi, qu'on soit devant une offensive terroriste planifiée, et que ça pète tous les jours. Parce que, d'après toutes les informations qu'on avait depuis plusieurs mois, on savait qu'on allait avoir un mouvement venant de la Belgique. »

Hollande nous tient ces propos en février 2015.

Tristement prémonitoire.

« Même Charlie*, c'est un attentat antisémite quand on y pense, c'est l'idée du complot juif »*

Il sent le poids d'une pression incommensurable sur ses épaules, toute la journée du vendredi 9 janvier 2015. Peut-être aussi est-ce pour cette raison qu'il s'entoure, à l'Élysée, d'une sorte de « dream team » politique. Valls et Cazeneuve donc, mais aussi Taubira et Jean-Pierre Jouyet restent à ses côtés. Ces trois jours sont historiques, au sens propre du terme. « Je le mesure, sans l'évaluer. C'est un journal qui est frappé, et le vendredi, c'est en plus un acte antisémite. Même *Charlie* c'est un attentat antisémite quand on y pense, c'est l'idée du complot juif. » À tel point que les frères Kouachi, quelques instants avant l'assaut décisif à Dammartin-en-Goële, en Seine-et-Marne, interrogeront Michel Catalano, l'imprimeur pris en otage qui tente de soigner l'un d'eux : « Vous êtes pas juif, quand même ? »

Hollande et ses trois ministres disposent d'informations sûres. La situation est assez claire, avec trois terroristes en action : les deux frères Kouachi, qu'ils savent retranchés dans un entrepôt à Dammartin-en-Goële, et Amedy Coulibaly, preneur d'otages à Vincennes. Un jeune Malien leur transmet des informations, depuis le sous-sol de l'Hyper Cacher, BFMTV est en liaison quasi directe avec les criminels. « La question est posée : à quel moment décide-t-on de passer à l'offensive ? Tant qu'il y avait cette affaire d'otages, à l'Hyper Cacher, sans que l'on puisse savoir si Coulibaly était informé seconde par seconde de ce qui se passait à Dammartin. Et sans savoir s'ils communiquaient entre eux – on pouvait imaginer que par les portables ils pouvaient avoir des liens –, c'était difficile de faire l'opération de Dammartin alors même qu'il y avait une autre opération à Vincennes. » Les enquêteurs redoutent en effet qu'intervenir sur un site provoque un massacre sur l'autre.

Le chef de l'État a une hantise, revivre le siège interminable de Merah, à Toulouse, qui avait duré trente heures, le 22 mars 2012. Les directs à n'en plus finir sur les chaînes d'info, les supputations et vaines hypothèses… « Cela donne le sentiment de l'impuissance, ça crée une peur », juge Hollande. Il est déjà 16 h 45. L'ancien avocat de Coulibaly est sur place, porte de Vincennes, pour tenter d'entamer des discussions. « Il y avait deux options possibles : ou on entrait dans un processus de dialogue, il posait des exigences progressivement, et on peut en satisfaire au prix de la libération d'otages ; ou au contraire une action de force. »

C'est un choix délicat qui se pose.

Hollande, réputé si hésitant, doit décider. Il va le faire, sans aucun état d'âme.

Durant ces heures d'intimes réflexions, il se raccroche

à toutes les informations qui lui parviennent, recueille le plus d'éléments possible. Abreuvé de séries américaines, type *House of Cards*, on imagine ce type de scènes, en salle de crise, avec des conseillers galonnés qui indiquent au président les meilleures options, toutes soigneusement pesées.

En France, ça ne se passe pas exactement comme cela.

Curieusement, c'est d'abord une dépêche de l'Agence France-Presse qui nourrit la réflexion du chef de l'État. Il y est question des tractations à mener en cas de crise de cette nature. « J'avais mon portable et, en même temps qu'on discutait, je vois une dépêche de l'AFP. Elle porte sur les prises d'otages, comment il faut faire, les soi-disant experts qui interviennent, comment créer un climat de confiance, etc. Il ne fallait pas se mettre dans cette situation. »

Hollande ne veut définitivement pas d'une crise qui s'éternise.

Il est un peu moins de 17 heures.

Il propose de fixer une heure limite : « Sauf événement nouveau, on donnera l'ordre d'intervenir sur les deux sites à 17 h 15 », explique-t-il. « J'interroge Valls, Taubira… Tout le monde est d'accord. Ça paraissait être le bon moment », précise le chef de l'État.

Mais à 16 h 43, surprise, les Kouachi prennent les devants. « Comme s'ils nous avaient écoutés », se souvient Hollande. Ils sortent de l'imprimerie, à Dammartin, et font feu en direction des forces de l'ordre. Suicidaire. Les deux frères sont tués, après deux minutes de tirs nourris. « Immédiatement, je dis à Cazeneuve qu'il faut faire Vincennes, il faut y aller tout de suite. » Sur la table ovale, une carte, un plan des lieux.

Ces minutes-là sont interminables. Il faut imaginer Cazeneuve, Taubira, Valls et Hollande devant le grand poste de télévision du bureau présidentiel. Pas un bruit dissonant. Le bureau donne sur le vaste jardin de l'Élysée, les sons de la rue parviennent très assourdis. La télé est branchée sur BFMTV, évidemment. Toutes les grandes chaînes retransmettent la fusillade, à Dammartin. Rien sur Vincennes, où l'assaut est en cours. Ce qui arrange le pouvoir exécutif. « Il ne fallait pas que Coulibaly apprenne qu'il y avait eu l'intervention à Dammartin, et qu'il commence à tuer les otages. Très vite, au bout de deux minutes, on sait qu'ils [les frères Kouachi] sont morts et qu'il n'y a pas de blessés. Toute notre inquiétude portait sur l'opération Coulibaly, qui a déjà tué plusieurs personnes. On ne sait son dénouement qu'au bout de trois ou quatre minutes. Interminables. » Il répète le mot. « Interminables… »

Devant nous, il revit la scène. Plongé dans un océan de sentiments.

« Cazeneuve, au bout de très longues minutes, nous dit que Coulibaly n'a pas tué d'otages. Pour nous, à ce moment-là, l'opération est réussie. »

Ils se tombent dans les bras, tous, sans ordre protocolaire. « C'était un soulagement absolu et en même temps retenu, on se dit qu'il y en a peut-être d'autres », dit Hollande. Pas d'euphorie, mais un sentiment de délivrance. Tout s'est passé comme espéré.

Cela semble évident, si longtemps après. Les forces d'intervention de la police comme celles de la gendarmerie ont un immense savoir-faire. Mais quand on est au pouvoir, on sait que tout peut basculer dans l'imprévu. Le « happy end » aurait tout aussi bien pu virer au bain de sang.

« J'étais lucide, confirme Hollande. Qu'est-ce qu'il se serait passé si Coulibaly avait tué tous les otages au moment de l'assaut ? Qu'aurait-on dit ? Ç'aurait été : "Pourquoi n'avez-vous pas négocié ? Pourquoi avoir été aussi vite ?" C'est pour cela qu'il y a cette forme de soulagement, même si c'est terrible pour les quatre morts qui ont hélas été constatés. Mais ce n'était pas écrit. Un carnage, avec vingt morts, ce n'est pas la même chose. »

Une question vient à l'esprit, basique. Que ressent-on au moment de décider de la mort d'un homme, fut-il un abominable assassin ? Comment formule-t-on l'ordre de tuer ?

« Ça, on ne le dit pas, répond Hollande. J'ai dit : "On intervient, vous faites l'assaut." Là, c'est le combat. Le type se serait rendu, ç'aurait été différent. Je prends la décision, mais elle est partagée. On n'est pas sous la pression de spécialistes qui débattent, commentent… Tout avait été rassemblé, pour prendre une décision éclairée. »

Deux jours de pure folie terroriste, dix-sept morts. Trois assaillants « neutralisés », pour reprendre le vocabulaire des chefs militaires.

Les attaques ont provoqué un émoi international sans précédent. Partout fleurissent les « Je suis Charlie », la place de la République ne désemplit pas, jusqu'à George Clooney qui clame son amour de la liberté et de la France. Paris est la capitale du monde.

Après la mort, la poudre, il reste les cris, les larmes.

Bientôt, deux millions de personnes vont battre le pavé parisien. Un défilé historique.

Sait-on seulement que l'accommodant Robert Hue, l'ancien leader communiste désormais à la tête du petit Mouvement des progressistes, est celui qui a lancé tout le processus ? Le vendredi 9 janvier, dans le bureau de Hollande, avec qui il entretient une relation amicale, c'est en effet lui qui soumet l'idée d'ouvrir la manifestation du 11 janvier aux dirigeants de toute la planète. Heureuse suggestion.

Quand les responsables politiques hexagonaux en sont encore à s'étriper sur l'éventuelle participation du FN à ce défilé citoyen, Hollande, grâce à Hue, a déjà un coup d'avance. Angela Merkel, très présente dans ces heures tourmentées, lui téléphone. « On avait rendez-vous le dimanche à Strasbourg avec Martin Schulz [le président du Parlement européen], lui lance-t-elle, je trouve ça étrange alors que vous avez cette manifestation, tu ne pourras pas venir à Strasbourg, donc je propose de venir à Paris. » L'effet boule de neige est garanti. « Cela déclenche d'autres personnalités, le président de la Commission européenne, puis d'autres, et le vendredi soir, la plupart des chefs de gouvernement européens ont déjà confirmé leur présence », raconte Hollande.

Le samedi, c'est le leader israélien Benyamin Nétanyahou qui contacte le président français. Il s'interroge sur sa présence possible, le dimanche 11 janvier. « J'avais eu Mahmoud Abbas [président de l'autorité palestinienne] au téléphone, mais je ne l'avais pas invité, se souvient Hollande. Je ne voulais pas qu'il y ait un déséquilibre : je n'avais pas invité le Premier ministre israélien, je n'allais pas inviter le président de l'autorité palestinienne. »

« On peut se demander pourquoi les États-Unis n'ont pas envoyé une personnalité de plus grande envergure »

Le soir même, le président dîne avec Bernard Cazeneuve, place Beauvau. Laurent Fabius, ministre des Affaires étrangères, l'appelle, il est sous pression israélienne, Nétanyahou tient à être à Paris. À 21 heures, nouveau coup de fil du Premier ministre israélien : « Je ne peux pas faire autrement, dit-il, ce sont des juifs qui ont été assassinés, en plus, Lieberman [son rival, Avigdor Lieberman, ministre israélien des Affaires étrangères à l'époque] a décidé de venir. Et puis je veux montrer ma relation avec la France. »

Hollande acquiesce. « Il est très difficile de lui dire non. Je l'ai prévenu que s'il confirmait sa venue j'appellerais le président de l'autorité palestinienne. Il devait être 22 h 30, j'appelle Abbas, et je l'invite à venir. »

Finalement, les deux ennemis héréditaires seront donc de la grande marche.

Le roi Hussein de Jordanie, dont la présence est jugée primordiale pour l'équilibre diplomatique, fera aussi le déplacement. « On a vraiment le monde entier », se rappelle Hollande. Un seul absent de marque, mais quel absent : le président des États-Unis. « On peut se demander pourquoi les États-Unis n'ont pas envoyé une personnalité de plus grande envergure que le simple ministre de la Justice [Eric Holder], qui d'ailleurs n'est même pas venu défiler boulevard Voltaire », s'étonne Hollande. « Il y a des raisons qui tiennent à la sécurité, ajoute-t-il, les Américains ne pensaient pas qu'il était possible d'assurer la sécurité du président, même du vice-président (Joe Biden), dans des délais aussi courts. Il y a sans doute une deuxième raison, c'est qu'Obama et Kerry [secrétaire d'État] en avaient déjà fait beaucoup, s'étaient rendus à l'ambassade de France à Washington, et ils n'imaginaient pas qu'il y aurait un rassemblement de cette ampleur à Paris. Il y a aussi une troisième raison, qui était une question de délai : venir des États-Unis n'était pas aussi simple. Bref, c'est vrai qu'il s'agit du seul manque sérieux en termes de personnalité. »

Sur ce coup-là, François Hollande en est convaincu, l'expérimenté Barack Obama a manqué d'intuition, de réactivité et aussi, sans doute, de délicatesse vis-à-vis de la France.

Barack ou pas, le monde entier se presse à Paris. « Un événement inouï, unique même. S'il avait été davantage préparé, aucun service de sécurité ne l'aurait autorisé », retient le chef de l'État. Toute la matinée du dimanche 11 janvier, les délégations se succèdent à l'Élysée, où elles sont accueillies par Hollande, parfois secondé par Fabius. Le Premier ministre albanais, Edi Rama, artiste peintre de formation, arbore trois crayons, bleu, blanc et rouge, à sa pochette. « C'est beau, ce que vous avez », lui glisse Hollande. Et puis, Angela Merkel a ce geste, doux et précieux : elle pose un instant sa tête contre l'épaule du président français. « Un geste féminin, maternel, affectueux, raconte Hollande. Et qui n'est pas facile à faire, ça peut être mal compris, ou mal fait. Embrasser, c'est tellement banal, serrer la main, ça a été fait. Je pense que ce geste, elle ne l'a pas improvisé, elle y avait sans doute réfléchi. C'est un beau geste. Cela m'a touché, c'est un geste rare d'Angela Merkel, on n'est pas habitué. »

Entre deux vrais pudiques, l'austère Allemande et l'insondable Français, il est des transgressions qui marquent une relation. Cette image-là, rappelant si fortement celle de François Mitterrand se saisissant de la main de Helmut Kohl, en 1984, restera comme l'une des plus fortes du quinquennat.

Que dit la France ? Elle ne parle pas, elle communie. Déjà, les trottoirs du boulevard Voltaire, dans le 11e arrondissement de Paris, sont noirs d'une foule compacte, serrée, en recherche de sens et de fraternité. On voit des anarchistes embrasser des policiers, des slogans émouvants, (presque) toute la nation est là, assemblée. Dans un silence assourdissant. Les chefs d'État, bientôt, vont venir, groupés dans plusieurs cars. Les tireurs d'élite campent sur les toits de Paris, les égouts ont été fouillés. La foule passe devant le Bataclan. Qui pourrait se douter que, onze mois plus tard…

Dans le bus présidentiel, Nétanyahou, éminemment inquiet pour sa sécurité, est fébrile, il ne cesse de questionner Hollande : « Est-ce que le car est blindé ? » Non, il ne l'est pas. « Et les fenêtres, sont-elles toutes surveillées ? » Pas davantage. « Il avait un gilet pare-balles, il était le seul dans ce cas », raconte Hollande, qui tente de rassurer le dignitaire israélien, lui garantissant que tout est sous contrôle, quitte à prendre quelques libertés avec la réalité…

« Et il y avait le cas Sarkozy... »

Le service du protocole, à l'Élysée, a travaillé comme jamais, en extrême urgence. Un ordre de préséance a été établi, chacun sait où il devra se tenir pour la photo historique. Il a fallu faire cohabiter les ennemis déclarés, ne vexer personne, éviter l'incident diplomatique... Casse-tête garanti. Il est prévu trente minutes d'une marche à petits pas, place Léon-Blum. Évidemment, comme toujours, Hollande a géré lui-même, pas question de déléguer sur un sujet aussi sensible.

« Moi-même, j'avais fait le premier rang, confirme le chef de l'État. La chancelière Merkel, je considérais qu'elle devait être à mes côtés. Et Ibrahim Boubacar Keïta, le président malien, parce que c'était important de montrer que l'Afrique, notamment le Mali, qui avait souffert du terrorisme, était à nos côtés ce jour-là. Ensuite je devais placer le président du Conseil européen, Donald Tusk, et le président de la Commission européenne, Jean-Claude Juncker. Et il y avait le cas Sarkozy... »

Les images captées par les télévisions du monde entier ont fait sourire. Chacun s'en souvient, on y discerne nettement l'ancien président de la République, noyé dans un parterre de seconds couteaux, jouant des épaules pour gagner un rang plus visible, le premier, le seul dont il s'estime digne.

Hollande l'excuse... en souriant sous cape. « Il devait être au deuxième rang, comme ancien chef de l'État, directement derrière moi. Mais il a été gêné tout au long de ce parcours par la présence des gardes du corps de Nétanyahou, ils étaient quatre qui l'entouraient. Comme, en plus, il était avec son épouse, ça ne facilitait pas sa mobilité. Aussi a-t-il pu s'infiltrer sans que pour autant il l'ait vraiment cherché. Je ne crois pas que c'était prémédité. J'essayais de l'aider. À un moment, il a fait un contournement... », s'amuse le chef de l'État.

Il est 15 h 30, tout est en place pour le cliché final, ces quarante-quatre chefs d'État serrés les uns contre les autres, sur un boulevard parisien.

Hollande s'éclipse, après avoir pris dans ses bras Patrick Pelloux. Il visite la famille d'Ahmed Merabet, le policier du 11e froidement achevé par les Kouachi. Là-bas, à Livry-Gargan, il réconforte. Le matin, il avait déjà téléphoné à Lassana Bathily, l'employé qui avait caché plusieurs otages à l'Hyper Cacher. En fin d'après-midi, il se rend à la Grande Synagogue de la Victoire.

Le voici « père de la nation », un costume parfaitement à sa mesure, finalement. Le seul qu'il sera véritablement parvenu à endosser durant son quinquennat, aussi. Ce président prétendument normal doit assumer la situation la plus anormale qui soit.

Essayer de refouler ses émotions, également. « C'est très difficile d'oublier que je suis président de la République. Aussi bien devant le siège de *Charlie* où je vois les médecins s'affairer et Pelloux sortir en larmes, que lorsque je me rends à l'Hôtel-Dieu ou que j'appelle les familles des victimes, je suis le président de la République. Mais j'ai été très touché par l'annonce des morts de *Charlie*. Parce que je les connais, pour plusieurs d'entre eux. J'ai été très sensible aux témoignages des survivants, c'était dur. »

« J'ai eu les larmes aux yeux, en appelant les familles »

Il y a cette litanie des coups de téléphone, les appels aux proches des tués, annoncer à un père la mort de son fils... « C'est ce qui a été le plus douloureux à faire, les appels téléphoniques aux familles des victimes de la tuerie de l'Hyper Cacher », raconte-t-il. « Ça a été très douloureux quand j'ai vu à la synagogue les familles de ces otages assassinés, des douleurs inconsolables », dit-il encore. Il lâche, une nouvelle fois : « C'était dur. » À son regard et à son ton, on sent que ces instants ont été beaucoup plus que ça. Mais il n'en dira pas plus. Dans son esprit, se confier ne signifie pas s'épancher.

Face à tant de vies brisées, de peines indicibles, n'a-t-il pas, parfois, l'envie de se laisser aller ? D'assumer cette tristesse qui le ronge, même parfois le réveille en pleine nuit ? A-t-il pleuré, tout simplement ? « Non. J'ai eu les larmes aux yeux en appelant les familles, finit-il par lâcher. Pas en apprenant, hélas, les tueries, les assassinats, mais en appelant les familles. Je me dis que ça pourrait m'arriver, que je suis père de famille. Je m'exprime comme président, mais aussi comme père, en leur disant que je peux comprendre le chagrin qui les étreint. » Un silence.

Il reprend : « Si on m'annonçait que ma fille ou mon fils est mort, je serais terriblement touché. Sans doute anéanti. C'est à ce moment-là que l'émotion peut me gagner. Pas des sanglots, mais… »

Mais une voix qui tremble. La peur de la mort venant frapper ses proches. La conscience aiguë d'une responsabilité colossale. Évidemment, ces heures terribles vont le transfigurer. À jamais. « Ce qui m'a changé, c'est que jamais je n'avais été confronté à une tuerie comme celle de *Charlie Hebdo*. La gravité de la décision à prendre m'a sans doute transformé. »

Il suffit de revoir les images, poignantes, de la cérémonie d'hommage aux policiers tués, « morts pour que nous puissions vivre libres », mardi 13 janvier, dans la cour de la préfecture de police de Paris. D'écouter ce discours qui claque, enfin, quand il évoque Ahmed Merabet : « Lui savait mieux que quiconque que l'islamisme radical n'a rien à voir avec l'islam, et que le fanatisme tue les musulmans. Son sacrifice est aussi une leçon qu'il nous adresse. »

Ce même 13 janvier, un fait rarissime survient à l'Assemblée nationale : les députés entonnent, ensemble, après une minute de silence, une *Marseillaise* vibrante. Puis Manuel Valls prend la parole, pour un discours marquant. Cette *Marseillaise*, « ça m'a pris aux tripes et je pense que ça a joué dans mon discours », confiera le Premier ministre au *Monde*. Il veut « protéger » les Français de religion musulmane et refuse qu'ils aient « honte », il souhaite entretenir le « feu ardent » du 11 janvier, et clame sa vision de la laïcité : « Puisqu'on nous attaque à cause d'elle, revendiquons-la ! »

Quarante-cinq minutes de belle ardeur, entrecoupées par cinq minutes de standing ovation. « Il a été parfait, exceptionnel », commente Hollande. Les rôles sont définis, respectés. Valls enflamme, Hollande rassure. Lui aussi a repris confiance dans son pays. Le dimanche 11 janvier a constitué un pansement apaisant. « Le pays s'est levé, quand même, et a répondu, dit Hollande. Il ne l'avait pas fait dans l'histoire des cinquante dernières années. Ces manifestations étaient pour les valeurs de la République, et pas pour la vengeance de la République. Ce qui a changé, c'est l'image que le pays s'est donnée de lui-même, qu'il a renvoyée au monde entier. »

La France d'après *Charlie* n'est plus la même. Le mercredi suivant, 1,9 million de personnes achètent le numéro 1178 du magazine satirique, le premier d'après le drame.

La cote de popularité du président de la République suit le même mouvement vertueux. Le baromètre IFOP pour *Paris Match* le voit progresser de 21 points, jusqu'à atteindre la barre inespérée des 40 % de sondés satisfaits de son action. Il a renoué avec les Français un lien qui paraissait définitivement rompu. Même s'il n'est dupe de rien : « Cette popularité, j'en sais la fragilité, car elle témoigne d'une reconnaissance, du fait que l'action était bien conduite par celui qui a incarné la nation. » Il rêve d'union nationale, espère sans doute secrètement, aussi, que les difficultés économiques du pays seront reléguées au second plan. « Mais je sais que la droite reste la droite avec ses intransigeances, et la gauche sera toujours sensible à d'autres thèmes quand elle reviendra à la vie quotidienne, comme l'emploi. »

« Quand ça va mal, on cherche le chef, on attend le chef »

Il s'est enfin vu dans les yeux de ses concitoyens, et ce reflet lui a fait du bien. « Le chef de l'État devenait le président, synthétise-t-il. Il y avait la conviction partagée, quel que fût le vote de chacun le 6 mai, que j'étais le président de la République. Ceux qui n'avaient pas voté pour moi en convenaient, et ceux qui l'avaient fait se disaient qu'ils avaient bien fait de le faire. C'est hélas dans les moments de drames, d'épreuves, que l'on a une espèce d'élévation de l'esprit. Dans le malheur, la guerre, l'action, la sécurité, il y a un besoin d'incarnation. Quand ça va mal, on cherche le chef, on attend le chef. »

Un défi l'attend, une gageure plutôt : comment faire perdurer ce retour d'état de grâce ? « Ce qui va être profondément modifié, c'est l'image du chef de l'État devenant président aux yeux de tous », pense-t-il alors. De quoi le remettre en selle pour 2017 ? Il en doute. « L'éventuel candidat sera regardé par rapport à ses propres résultats, dit-il en parlant de lui. Ce n'est pas possible que ce qui s'est passé puisse être la donnée fondamentale d'une candidature ou d'une victoire. Non pas que cette légitimité n'aura pas de conséquences, mais elle ne confère pas un avantage décisif pour l'élection présidentielle. Cela va tout changer, dans le sens où il y aura un avant et un après, et en même temps ça ne va rien changer, dans le sens où je serai toujours jugé à la fin sur les résultats économiques et sociaux », anticipe-t-il.

Les faits lui donneront raison, bien au-delà de ses craintes.

Car il faut peu de temps pour que les critiques resurgissent. La loi Macron est un bon test. Elle est adoptée en commission spéciale à l'Assemblée nationale, le 19 janvier 2015. Et déjà, Jean-Luc Mélenchon traite, dans *Le Parisien*, le ministre de l'Économie de « personnage inacceptable ». Hollande constate les dégâts. Un peu atterré, notamment par les outrances langagières des plus virulents des socialistes, classés à la gauche du parti. « C'est quand l'esprit du 11 janvier s'est dissipé qu'on a finalement retrouvé des difficultés à l'Assemblée nationale. Ils se sont considérés comme libérés de ce que le 11 janvier avait porté comme exigence. »

Au moins lui est-il devenu « vraiment » président.

Ce 13 février 2015, il ne peut pas résister à une dernière plaisanterie, empreinte de lucidité : « Oui, mais le président n'est pas encore devenu le futur président. »

Comment pourrait-il imaginer, à ce moment-là, que le pire est encore à venir ?

2

La réplique

Tirons notre courage de notre désespoir même.

Sénèque

Ébranlé.

Profondément meurtri, mais pas coulé.

Samedi 21 novembre 2015. Nous retrouvons François Hollande à l'Élysée. Il a fallu insister, convaincre un secrétariat très protecteur, un président hyper-occupé, mais dans cette période exceptionnelle, il nous fallait impérativement voir le chef de l'État, plongé en plein marasme terroriste. Une nouvelle fois, onze mois après les 17 morts de *Charlie Hebdo* et de l'Hyper Cacher, la France est attaquée. Dans des proportions jamais atteintes : 130 morts, le 13 novembre 2015, des dizaines de blessés, un pays désemparé.

Un vendredi 13 d'épouvante. Atroce impression, comme si le scénario cauchemardesque était voué à se répéter, inlassablement.

Hollande semble paisible. Cela peut paraître surprenant, c'est vrai, mais c'est bien le sentiment que nous éprouvons. Sans doute a-t-il intégré, depuis les événements de janvier 2015, qu'il faudrait désormais vivre avec ces tueries de masse, récurrentes et pour partie imprévisibles. Les services secrets lui font sans cesse remonter des informations alarmantes sur des réseaux djihadistes déterminés à noyer le pays dans des torrents de sang.

Hollande s'apprête à entamer une grande tournée diplomatique, un marathon qui va l'amener de Washington à Moscou, en vue de constituer une grande coalition contre l'État islamique. Les résultats d'un tel activisme extérieur sont incertains et, déjà, les critiques pointent : s'agissant de Vladimir Poutine et, plus largement, de sa politique syrienne, François Hollande n'a-t-il pas fait volte-face ? « Il n'y a pas de revirement », lâche-t-il, sûr de lui.

Il ne laisse rien paraître de ses affres, mais ça, on y est habitués, maintenant. Il a vécu de près le drame, encaissé le choc. Il lui faut anticiper les décisions à prendre, les ennuis à venir.

Mais, dans un premier temps, l'objet de ce rendez-vous, c'est de revisiter ces heures de pure horreur.

Alors, il se souvient.

20 h 45, ce vendredi 13 novembre 2015, le président s'apprête à assister à France-Allemagne, au Stade de France. Un bon moment en perspective pour ce grand amateur de football. « Le match commence, se remémore-t-il. Très vite, on entend très distinctement un premier éclat, et puis quelques secondes plus tard un deuxième. Il ne se passe plus rien pendant quelques minutes. Puis, ma sécurité vient me dire qu'il y a un mort à l'extérieur. On ne sait pas à ce moment-là si ce n'est pas un supporteur qui se serait fait exploser avec son engin. Et puis la chef du GSPR (groupe de sécurité de la présidence de la République) me dit qu'on a la certitude qu'il s'agit d'un acte terroriste, puisqu'il y aurait une victime qui ne serait pas simplement le porteur de l'engin. Il est 21 h 20, je sors discrètement de la tribune. »

« On voit un type après l'explosion, son corps est déchiqueté »

Trois terroristes ont tenté de pénétrer dans le stade, munis de ceintures d'explosifs. Refoulés, ils ont actionné leurs dispositifs meurtriers aux abords de l'enceinte sportive, causant un mort et des dizaines de blessés.

Hollande a une seule obsession à ce moment-là, éviter tout mouvement de panique dans le stade ; 85 000 spectateurs y sont massés, 5,7 millions de personnes regardent le match diffusé sur TF1. Il faut absolument éviter la contagion de la peur. Il se rend au PC sécurité, où il visionne le film, en noir et blanc, d'une des déflagrations, captée par les caméras de surveillance. « On voit un type après l'explosion, assez nettement, son corps est déchiqueté », relate-t-il froidement.

Il ne sait pas, à cet instant, que Paris est déjà à feu et à sang.

On a tendance à penser que les plus hautes autorités de l'État sont informées à la seconde même où un acte terroriste est commis. Ce n'est pas forcément le cas, tant il règne, en ces premiers instants d'affolement, une large part d'improvisation. D'autant qu'en l'occurrence les terroristes ont décidé d'attaquer trois sites distincts à la même heure, soit 21 h 20 : le Stade de France, le Bataclan, et des terrasses de cafés de l'Est parisien.

Nous en sommes témoins, nous-mêmes.

L'un des auteurs de ces lignes habite à cent mètres de La Belle Équipe, un sympathique café-restaurant du 11e arrondissement, où vingt personnes vont trouver la mort, ce vendredi soir, aux environs de 21 h 30. Parmi elles, Djamila Houd, une jolie femme brune issue d'une famille musulmane tunisienne, morte dans les bras du père de sa fillette, le patron du restaurant, Grégory Reibenberg, juif ashkénaze… À eux deux, ils symbolisaient le Paris et la France éternels, la tolérance, l'ouverture aux autres. Tout ce que les islamistes fanatisés rejettent.

Nous arrivons sur les lieux quelques minutes après la fusillade. Les secours ne sont pas encore présents. Les tables ensanglantées, les objets du quotidien, tels des briquets, des écharpes, qui deviennent des reliques. Et ces corps, allongés, sans vie. Désarticulés.

À la fois journalistes et citoyens, et en l'espèce simples témoins, nous prévenons notre rédaction à l'instant où nous découvrons la scène d'horreur puis, dans la foulée, contactons Manuel Valls, dont nous disposons du numéro de portable. On s'était souvent demandé à quoi servait, finalement, d'avoir les coordonnées de personnalités que, dans les faits, nous n'appelons jamais ou presque. Maintenant, on sait.

Il habite à cent mètres de là. Le Premier ministre est, ou plutôt était, l'un des « grands témoins » de notre ouvrage. Car à cette date, nous ne le voyons plus depuis au moins un an, déjà. Valls décroche. Sa voix devient blanche, il n'avait pas encore été prévenu des ravages opérés dans la capitale par le commando des terrasses.

Lui seul peut lancer les procédures adéquates.

Il appelle dans la foulée François Hollande, toujours au Stade de France. Voilà l'exécutif placé face à un défi d'une violence inégalée. François Hollande contacte le ministre de l'Intérieur, Bernard Cazeneuve, et lui ordonne de le rejoindre à Saint-Denis. Puis il regagne son siège, en tribune présidentielle. Son voisin, Frank-Walter Steinmeier, le ministre allemand des Affaires étrangères, s'inquiète. Hollande le prend à l'écart pour le mettre au courant de la situation. Il fait de même avec Stéphane Le Foll, ministre de l'Agriculture, et Claude Bartolone, président de l'Assemblée nationale, assis à ses côtés. « J'ai vu mon fils, qui était au match, à la mi-temps, je lui ai dit de rester, se souvient Hollande. Il fallait éviter la panique. Nous avions condamné la moitié des portes, il pouvait y avoir des mouvements de foule, ça pouvait être désastreux. C'est ce qui je pense a été l'intention des tueurs. »

Le chef de l'État fait également couper le réseau internet, pour éviter la propagation des mauvaises nouvelles. Puis il repart, en voiture, avec Cazeneuve. Direction le ministère de l'Intérieur, où il apprend le massacre en cours au Bataclan. Il intervient, une première fois, à la télévision, à 23 h 53, en direct, dans une allocution solennelle à la nation où il qualifie les attaques en cours d'« horreur ».

Le timbre légèrement chevrotant de sa voix trahit son émotion extrême.

Il annonce la tenue d'un Conseil des ministres exceptionnel au cours duquel sera décrété, à 0 heure, l'état d'urgence sur l'ensemble du territoire et le rétablissement des contrôles aux frontières nationales.

« La décision sur l'état d'urgence, on la prend avec le Premier ministre et le ministre de l'Intérieur, lorsqu'on est au centre de crise. C'est là que je demande le texte, pour voir s'il est approprié. On voit d'ailleurs qu'il n'est pas tout à fait adapté. Pour les frontières, si je parle de fermetures, c'est pour faire peur aux terroristes, qu'ils ne soient pas tentés de s'enfuir. »

Dans son expression orale, ce soir-là, on sent un désarroi total, encore plus marqué que lors des attentats de janvier. « Je pense à ce qui s'est passé au moment de *Charlie*, nous dit Hollande. Là, on comprend que ça va être d'une autre ampleur, et encore plus systématique. On suit le Bataclan minute par minute. Nous n'allons sur place que vers 1 h 30 du matin, lorsque nous sommes certains que l'action est terminée, qu'il n'y a plus de terroristes dans le bâtiment. On voit d'abord les secours. C'était très très bien organisé dans ce malheur et cette détresse. »

Et pour cause : le matin même, les secours avaient

procédé à un exercice de répétition, avec un scénario de crise incluant des actes terroristes tuant deux cents personnes…

Hollande ne pénètre pas dans la salle de spectacles. « Ça n'aurait servi à rien que de voir, hélas, des cadavres, et cela aurait gêné l'évacuation », dit-il. Il l'a sans doute oublié, mais il nous avait répondu exactement la même chose, en février, lorsqu'on lui avait demandé pourquoi il n'était pas entré dans les locaux de *Charlie*.

Il évite les lieux de mort.

Sa façon à lui d'exorciser le démon djihadiste, peut-être.

« On découvre alors qu'on a des proches... »

Il n'est pas près d'oublier, néanmoins, les regards hallucinés des rescapés qui passent devant lui, sans même le reconnaître. « Les gens qui sortaient de là, me regardant, hagards, ne prononçant aucun mot, tellement le choc était terrible… On découvre alors qu'on a des proches… Il y a le neveu de l'ambassadeur du Chili que je connais, un homme lié à une Corrézienne que je connais, des amis de mes enfants… », se souvient le chef de l'État, qui lui-même, devant nous, peine à trouver ses mots.

À cet instant, nous sommes toujours assis à ses côtés, dans le salon de l'Élysée où il a pris l'habitude de recevoir ses hôtes. Il est, on le devine, on le ressent, assailli par ces images. Hanté. Sa sérénité était de pure façade.

« Je suis ému par l'ampleur du drame », concède-t-il.

En plus, il connaît bien le Bataclan, où il a tenu de nombreux meetings électoraux. « Je sais comment on y entre, comment on en sort, je connais très bien les loges, je vois ce que peuvent être les attitudes des spectateurs, et ce que pouvait être le comportement des tueurs… »

Il revisite la scène, à sa façon. Sa tristesse semble profonde. Ses angoisses aussi. On attend d'un président qu'il présente en permanence le profil d'un chef, mais c'est d'abord un homme.

Et un père.

Il a quatre enfants. L'un d'eux était donc au Stade de France, un autre cloîtré dans un bar… du 11ᵉ arrondissement. « Il travaille dans un café, il ne pouvait plus sortir, je l'ai fait évacuer. J'avais aussi ma fille qui habite tout près, dans le 10ᵉ. Elle pleurait, elle m'a téléphoné, très inquiète, elle entendait des bruits, je lui ai dit de rester chez elle. Et mon autre fille était dans le 4ᵉ, il n'y avait pas de danger pour elle », nous confie-t-il.

Pense-t-il alors à *Charlie Hebdo* ?

Existe-t-il une échelle dans l'horreur ?

« C'est différent, explique-t-il. Le message, ce n'est plus : on vient détruire un organe de presse qui a blasphémé. Là, c'est une volonté de tuer tout ce qui passe. Le rapprochement que je fais, c'est avec la rue des Rosiers (six morts le 9 août 1982 dans le quartier du Marais à Paris). Mais ils avaient "rafalé" dans un quartier juif, dans une circonstance, le conflit israélo-palestinien. La revendication de Daech est parfaitement claire dans la monstruosité, c'est la volonté de frapper un pays décadent, qui vit, qui s'amuse. »

Le 14 novembre 2015, dans un communiqué, l'État islamique revendique en effet ces attentats en précisant avoir « pris pour cible la capitale des abominations et de la perversion, celle qui porte la bannière de la croix en Europe, Paris ».

« Je n'ai même pas eu le temps de pleurer. […] Les victimes, ce sont mes enfants, au sens large du terme… »

Hollande, au cours des premières heures, quand l'émotion est à son comble, aurait pu se laisser aller. Pas de honte à cela.

Mais, il l'assure, comme au moment de *Charlie*, il n'a

pas pleuré. Il n'est pas l'homme des grandes effusions. Tout se passe à l'intérieur.

« Il n'y aurait aucune gêne à le dire, pleurer n'est pas un signe de faiblesse, nous dit-il. Je n'ai même pas eu le temps de pleurer. Il faut à un moment se mettre de côté, et partager un chagrin. » Il reparle, spontanément, de ses enfants.

« J'ai tout de suite pensé à eux. Mes enfants auraient pu être dans le Bataclan. J'ai pensé à ces parents, voilà ce à quoi j'ai pensé. Les victimes, ce sont mes enfants, au sens large du terme. C'est vraiment la génération de mes enfants, qui vont dans les cafés. J'ai pensé à tous ces parents, fauchés par le chagrin, parce que leurs enfants avaient été massacrés. Je me suis identifié à tous ces parents. C'est vraiment cette jeunesse libre qui a été ciblée. »

Hollande, dès le 15 novembre 2015, reprend son bâton d'éternel pèlerin politique. Il veut convaincre l'opposition de ses bonnes intentions. La veille, après un conseil de défense à l'Élysée, il a annoncé solennellement qu'il s'adresserait « au Parlement réuni en Congrès à Versailles, lundi, pour rassembler la nation dans cette épreuve ». Pour la première fois, il décide de recourir à l'article 18 de la Constitution, qui lui permet de s'adresser aux deux chambres réunies. L'heure est bien au rassemblement. C'est en tout cas le message qu'il entend faire passer aux leaders politiques qu'il a conviés au palais.

Mais l'ambiance a changé.

Sarkozy n'est plus trop *Charlie*, pour le coup.

« J'avais le sentiment d'avoir déjà vécu l'horreur et de revivre la période politique nécessaire, la consultation, raconte Hollande. Je savais que ça ne se passerait pas comme la première fois. Néanmoins, je prends le même protocole. D'abord l'ancien chef de l'État, devenu président de parti, puis les formations représentées au Parlement, puis après Le Pen, Mélenchon et Bayrou. Et Dupont-Aignan. Sarkozy, autant la première fois, sans doute aussi parce qu'il y avait une émotion considérable liée à *Charlie*, et qu'il revenait depuis quelques semaines dans la vie politique, il était… Là, non, le contexte électoral a pu modifier son attitude, il a tout de suite dit : "Bon, qu'est-ce que vous allez faire, quelles mesures vous allez prendre sur le plan international, sur le plan européen, intérieur… ?" Il avait d'ailleurs préparé l'intervention qu'il a faite à la sortie, il l'avait en tête, il n'était pas en recherche d'informations, peut-être aussi parce qu'il en disposait. Il a pensé qu'il était possible d'agir beaucoup plus vite et qu'il n'y avait pas d'état de grâce, il a pu penser aussi que le Front national allait éventuellement être bénéficiaire de ce climat. »

Effectivement, sur le perron de l'Élysée, intervenant à l'issue de son entrevue avec le chef de l'État, Nicolas Sarkozy réclame une « inflexion de notre politique étrangère et des modifications drastiques de nos politiques de sécurité ». Sur le plan intérieur, « le principe de précaution doit s'appliquer », assure le patron des Républicains. « Nous devons tirer les conséquences des failles et adapter notre dispositif […]. Aujourd'hui, les Français ne se sentent pas en sécurité donc nous devons porter les changements qui leur permettent d'être en sécurité », ajoute-t-il.

Pour la concorde, on repassera.

Le soir même, au journal de 20 heures de TF1, Sarkozy, histoire de montrer ses muscles, ira jusqu'à exiger d'assigner à résidence les 11 500 fichés S répertoriés en France, ces personnes suspectées un temps d'avoir voulu porter atteinte à la sûreté de l'État, qu'elles soient djihadistes ou non.

Marine Le Pen dramatise également la situation, comme si elle ne l'était pas assez. « La France et les Français ne sont plus en sécurité, éructe-t-elle aussi. Mon devoir est de vous le dire. »

« C'est le lendemain que les choses dérapent... »

Avec les autres responsables politiques, les rencontres sont plus sereines. « Quand je reçois les chefs de parti, les formations représentées au Parlement, le climat est respectueux, témoigne Hollande. Les solutions qui sont proposées sont dignes. »

Toujours ce même dimanche 15 novembre, le chef de l'État emploie des mots inhabituels, lui qui a fait de la pondération un mode d'expression – et de vie.

« La France est en guerre », lâche-t-il, martial.

« Cette phrase-là, j'aurais pu la prononcer la veille, indique-t-il, mais le samedi je voulais être dans la réaction forte, et dans l'émotion. Le lendemain, il faut qualifier les faits. J'aurais pu dire, c'est du terrorisme. Mais pour qualifier les faits, il faut les interpréter, il faut les connaître. Abaaoud [le terroriste belgo-marocain débusqué et tué par la police à Saint-Denis le 18 novembre 2015], il vient de l'extérieur. On savait que c'était lui qui avait organisé, même si ça n'avait pas marché, l'attentat du Thalys [21 août 2015], Villejuif [un attentat déjoué en avril 2015], et au moins trois ou quatre actes qui avaient été préparés... On savait qu'il y avait des liens avec la Belgique, très forts, et enfin on savait qu'il y avait des Français. On est dans la guerre quand un groupe, Daech, vous fait un attentat pour tuer massivement vos concitoyens. D'où les mots "acte de guerre". On ne décrète pas l'état d'urgence parce qu'on a eu simplement un acte terroriste, la preuve, c'est que face à *Charlie Hebdo* on ne déclare pas l'état d'urgence. À ce moment-là, on pense que ce ne sont que deux individus, avec des complices, qui sont ici, juste un petit groupe... »

La France est en guerre, donc. Ce credo, l'exécutif, par la voix de Manuel Valls, ne va cesser de le marteler, au risque d'être accusé, notamment par une bonne partie de la gauche, de dramatiser à l'excès pour justifier des mesures sécuritaires.

Le lundi 16 novembre 2015, c'est un François Hollande extrêmement tendu qui, bordé par un impressionnant protocole, plus désuet que républicain, se présente à Versailles. Les télévisions du monde entier retransmettent son discours. Quarante-cinq minutes sans lyrisme excessif, finalement. « Nous devons être impitoyables », martèle-t-il. À la surprise générale, le chef de l'État reprend certaines propositions de Sarkozy, sur la déchéance de nationalité ou l'éventuel assignement à résidence des « fiches S », à propos duquel il entend demander au Conseil d'État d'évaluer sa licéité.

Le moment est empreint d'une immense solennité, Hollande ressent presque physiquement l'extrême concentration de son auditoire. « Quand je fais mon discours au Congrès, raconte-t-il, je les vois tous, je les connais, je vois qu'il y a de la gravité, de l'écoute, de l'émotion, une très grande attention à ce que je dis. Je dois saluer le fait qu'il y a eu un moment rare, où tout le monde se lève, *La Marseillaise* est chantée. Je suis applaudi, longtemps, par la droite aussi. C'est le lendemain que les choses dérapent. »

Hollande présente lors de cette allocution une série de mesures. Sur le plan législatif, l'annonce phare est un projet de révision constitutionnelle, mais quand il évoque la déchéance de nationalité pour les terroristes binationaux, cela ne déclenche pas vraiment de protestations. « J'ai conscience qu'il n'y aura pas de répit, dit pourtant Hollande. Mais je ne fais pas non plus un coup politique. Parce que si c'est un coup politique, les Français le voient… »

Dans la semaine qui suit, le président se déploie sur tous les fronts : rencontres avec David Cameron, Barack Obama, Vladimir Poutine, Angela Merkel…

De retour de Russie, le 27 novembre, François Hollande préside une cérémonie d'hommage national aux victimes, dans la cour de l'hôtel des Invalides. Il a écrit son discours, lui-même, dans l'avion présidentiel, jusqu'à 2 heures du matin.

La cérémonie est toute en sobriété.

Glaciale émotion.

Le président de la République parle pendant une vingtaine de minutes. Mais il ne prononce pas les mots auxquels, pourtant, il croit si fort. Ne nous avait-il pas assuré que les victimes du 13 novembre, si jeunes pour la plupart, étaient en quelque sorte ses enfants ? On avait compris qu'il allait le clamer, le revendiquer. Cela aurait eu de l'allure. Il n'a pas osé. Peur d'être impudique, voire indécent, sans doute. Encore une fois, il n'a pas réussi à se déboutonner.

« Je me suis dit : je vais contenir mon émotion »

Quelques semaines plus tard, le 21 décembre, il revient sur ce troublant sentiment qui a été le sien, cette paternité non assumée à l'égard des victimes du 13 novembre, ses « enfants » d'un soir. « Vous nous aviez dit que dans votre discours vous diriez que c'étaient vos enfants, aussi… », lui rappelle-t-on. « C'est vrai, je ne l'ai pas dit, finalement. En tout cas, les miens, ils sont vivants. J'aurais eu un enfant, même vivant, sur les lieux, j'aurais pu le dire. Et puis, je ne voulais pas que mon hommage paraisse comme un hommage personnel. »

Il revit la cérémonie du 27 novembre, s'y revoit. « On m'avait proposé deux chansons, *Quand on n'a que l'amour* de Brel ou *Il n'y a plus d'après* de Béart. Je donne mon accord pour *Quand on n'a que l'amour*, puis on revient me voir, on me dit : “Non, ça ne va pas passer, trop variété, trop Nolwenn, Camélia.” On dit : “On n'a qu'à annuler.” Mais les filles avaient déjà commencé à répéter. Ce n'était plus possible. »

Il n'aura pas à le regretter, l'hommage arrachera des larmes à plus d'un spectateur. Et il y a ces instants bouleversants, ils paraissent des heures, quand les noms des victimes sont énoncés, l'un après l'autre, pendant que défilent leurs portraits. « Je n'ai pas pleuré, mais j'étais ému quand même, confie Hollande. Je savais que j'étais filmé, je faisais attention à ne pas trop exhiber. Je me contrôlais. Je savais que j'allais être tout le temps en gros plan, je ne voulais pas non plus montrer un geste qui aurait pu être interprété. Je voulais rester moi-même. Je me suis dit : je vais contenir mon émotion. Or, il y a l'énoncé des noms... Et les photos... C'est terrible... »

Il revient à son discours. Des mots simples et sans affect excessif, donc. « On m'avait proposé une trame que j'ai complètement modifiée. Jusqu'au dernier moment. Je revenais de Moscou, j'ai repris ça dans l'avion, j'avais plusieurs propositions, j'ai un peu mélangé. Ensuite, j'ai fait ma sauce... »

Et puis, il y a cette dernière phrase – « Malgré les larmes, cette génération est aujourd'hui devenue le visage de la France » – empruntée au fameux discours de Malraux célébrant en décembre 1964, au Panthéon, la mémoire de Jean Moulin. « La fin ? On me l'a proposée, j'ai trouvé ça bien, car ils étaient le visage de la France, dit-il simplement. Je n'avais pas beaucoup de temps, alors je me suis dit : je vais faire court. Pour les familles, il faut que les messages soient passés clairement. »

Certaines de ces familles, justement, ont refusé de se rendre à la cérémonie d'hommage, estimant que la France n'avait pas su protéger les siens. Il doit faire face au ressentiment. « Deux familles l'ont dit, nuance Hollande. Dans le Nord et dans le Var. Ce n'est pas sans lien avec ce qu'on voit sur le plan électoral, malgré tout. La personne dans le Var, c'est un journaliste de *Var Matin*. Bon. Et l'autre personne dans le Nord, je respecte ses positions.

C'est difficile de dire à une famille : “On a tout fait pour protéger votre enfant…” Je comprenais qu'elles puissent se poser cette question. Ne pas venir à l'hommage, elles en avaient le droit, il y a plusieurs familles qui ne sont pas venues, qui ont exprimé un point de vue. Ce que je comprends. Ce n'était pas une obligation. »

De toute façon, le président l'admet, par définition, un acte de terrorisme perpétré sur le territoire national constitue forcément un revers pour les services de sécurité et de renseignement.

« Bien sûr qu'il y a eu une faille », nous confie-t-il. Mais, au-delà d'une éventuelle défaillance des services antiterroristes, se sent-il lui-même responsable des drames, des morts, du sang versé ? « Oui, bien sûr. Surtout lorsqu'il m'est rapporté le soir que les terroristes au Bataclan ont dit : “C'est la faute de votre gouvernement, de Hollande qui a envoyé des…” Ils auraient cité mon nom, oui… » Un court silence. Il nous dit tout ça calmement, sur un ton monocorde.

Comme toujours chez lui, la réflexion l'emporte sur l'émotion. En apparence en tout cas.

Il reprend son raisonnement : « Mais je peux comprendre que certaines familles puissent se dire : “Est-ce qu'on a eu raison d'intervenir sur des situations qui pourraient ne pas nous concerner ?” Mais en fait, elles nous concernent puisque ces jeunes qui viennent nous tuer sont partis en Syrie. Ils sont partis en Syrie bien avant qu'on intervienne en Syrie… »

Ces nuits-là, Hollande, qui a pourtant le sommeil facile, ne ferme quasiment pas l'œil. « Il y a des nuits où l'on ne dort pas du tout. Ça tourne. Il m'arrive de me réveiller à 4 heures du matin. J'arrive à m'endormir aisément. D'abord parce qu'il y a la fatigue, alors je m'endors facilement, sans produits, et vers 4 heures, je me réveille, je pense à ça, je revois des événements, les conséquences… Ça peut durer une heure, deux heures, je regarde les informations sur mon téléphone, et vers 6 heures, je me rendors une heure. »

C'est ça, le quotidien tourmenté d'un président en temps de crise, des nuits sans sommeil, à se demander si l'on aurait pu mieux faire.

Un poids écrasant, celui d'une responsabilité presque surhumaine, qu'il faut pourtant bien assumer.

Les décisions à venir, contestables, les faux pas, les errances, s'expliquent, aussi, à l'aune de ce traumatisme intérieur.

« Vous n'êtes plus le même ? » lui demande-t-on.

« Non », répond-il, direct.

Hollande a oublié, définitivement, l'insouciance, la légèreté.

Désormais, il se vit en état d'urgence.

3

L'urgentiste

Le reniement de nos vies est tragiquement semblable à la mutilation des fanatiques.

Oscar Wilde

Tout va mal.

Déjà accusé de dérive libérale depuis l'inflexion « pro-entreprises » de sa ligne économique en 2014, voici Hollande, un an plus tard, amené à verser dans ce tout-sécuritaire dont la droite et l'extrême droite sont a priori l'incarnation…

Pour une très grande partie de la gauche, la mise en place de la loi sur le renseignement, examinée par le Parlement en mars 2015, quelques semaines après les attaques contre *Charlie* et l'Hyper Cacher, et finalement promulguée le 24 juillet, est une première et grave entaille dans les valeurs dont elle se réclame.

Un reniement, même.

Visant à renforcer le cadre juridique du renseignement en France, la loi prévoit la mise en place de plusieurs mesures controversées telles que l'installation chez les opérateurs de télécommunications de « boîtes noires », pour détecter les comportements suspects à partir des données de connexion, ou l'utilisation de mécanismes d'écoute, logiciels espions et autres IMSI-catchers (des appareils destinés à intercepter des conversations) pour les personnes suspectées d'activités illégales.

Très vite, l'exécutif est attaqué de toutes parts. Jusqu'au vénérable *New York Times* qui se fend d'un éditorial, le 1er avril 2015, intitulé « *The French Surveillance State* » (« L'État de surveillance français »), et appelant le Parlement français « à protéger les droits démocratiques de ses citoyens d'une surveillance gouvernementale indûment expansive et intrusive ».

À gauche mais pas seulement, beaucoup s'indignent. On parle d'un « *patriot act* » à la française, même si, en l'occurrence, la comparaison semble excessive. D'autant que Hollande a pris la précaution de saisir lui-même le Conseil constitutionnel, afin de s'assurer de la licéité de la loi. Devant nous en tout cas, il n'a jamais montré le moindre doute. Pour lui, après les terrifiantes attaques de janvier 2015, l'angélisme n'avait plus cours.

« Je sens assez vite que Nicolas Sarkozy reprend en main ses troupes »

« C'est vrai que tout service de renseignement peut être détourné de son objet initial, mais cette loi n'est pas liberticide », nous assure-t-il au cours de l'été 2015. Ni en contradiction avec ses idéaux, du fait des améliorations apportées au projet initial, du moins le pense-t-il. « L'homme de gauche que je suis est plutôt convaincu car on en rajoute dans les contrôles, et c'est bien. On remet des procédures, on permet même qu'il y ait des recours, par rapport à des situations de non-droit pas forcément attentatoires aux libertés, mais qui pouvaient quand même poser des questions. »

Le chef de l'État estime avoir évité d'éventuelles dérives en saisissant le Conseil constitutionnel. Il n'ignore pas à quel point la frontière peut être floue entre un travail de renseignement préventif et des procédures intrusives, ni ce que cette loi, tombant dans de mauvaises mains, pourrait générer comme menaces pour l'État de droit. « Vous ne savez pas qui va venir à votre place, en l'occurrence à la mienne, pour contrôler, confirme-t-il. C'est pourquoi j'ai fait en sorte qu'il ne puisse pas y avoir de doutes, en saisissant le Conseil constitutionnel. »

En matière d'interceptions téléphoniques, il y a une zone grisâtre. Celle où se meuvent les agents de la Direction générale de la sécurité extérieure (DGSE), habilités à travailler sur des cibles extérieures, à extirper de potentielles pépites des stocks de données saisies... Les services secrets disposent d'ordinateurs ultra-puissants. Mais que captent-ils en réalité ? « Il y a ce que la DGSE fait à l'extérieur, avec ses propres méthodes, mais là, si je puis dire, c'est son travail. Ce qu'elle fait à l'intérieur, si tant est qu'elle fasse, elle doit absolument le déclarer. Dès que ça touche une personne française, on retombe sur les règles du droit français. Pour le reste, ces grandes machines ne font pas des écoutes, elles captent un certain nombre d'informations, mais le contenu n'est jamais pénétré », croit-il savoir.

Toutes les interceptions du monde ne garantissent pas, de toute façon, une sécurité maximale, évidemment. La loi renseignement n'a pas empêché les djihadistes de frapper une nouvelle fois, encore plus violemment, en novembre 2015 – puis encore à plusieurs reprises en 2016. Après ce terrifiant vendredi 13, justement, le chef de l'État juge nécessaire de taper encore plus fort. Et de prévenir une crise gravissime, avec cette hantise en tête : et si les attaques se multipliaient sur tout le territoire ?

Il décide donc la mise en place de l'état d'urgence qui prévoit, entre autres, perquisitions administratives et assignations à résidence, en dépit d'un statut légal précaire. En effet, les situations exceptionnelles d'exercice du pouvoir sont définies par deux articles de la Constitution : l'article 16 (en cas de péril imminent, d'insurrection armée ou d'attaque étrangère) et l'article 36 (qui prévoit la possibilité d'instaurer l'état de siège). L'idée soumise par le chef de l'État dans son discours au Congrès, une nouvelle fois réuni à Versailles, le 16 novembre 2015, est d'instituer un état intermédiaire permettant « la prise de mesures exceptionnelles pour une certaine durée sans recourir à l'état d'urgence et sans compromettre l'exercice des libertés publiques ». Pour ce faire, il convient de réviser la Constitution.

Un enjeu qui sera bientôt totalement éclipsé par la bataille idéologique autour de la déchéance de la nationalité.

En attendant, sur le plan de la sécurité intérieure, l'état d'urgence entre en vigueur samedi 14 novembre 2015 à 0 heures. Il sera bientôt prorogé pour une durée de trois mois. Le provisoire s'étirera finalement jusqu'au 26 juillet 2016, avant d'être de nouveau prolongé le 14 juillet 2016 après le massacre commis, à Nice, par le « camion fou ».

Un renforcement des forces de l'ordre est annoncé. Par ailleurs, la réduction des effectifs militaires est suspendue jusqu'en 2019. Le président justifie publiquement cette dépense supplémentaire en précisant que « le pacte de sécurité l'emporte sur le pacte de stabilité » budgétaire européen. Enfin, donc, des mesures plus strictes visant notamment les Français partis faire le djihad sont décidées : les binationaux même nés en France convaincus de terrorisme pourraient être déchus de leur nationalité. L'exécutif envisage à cette fin une révision des articles 23 et 25 de la Constitution.

Autant de dispositions qui placent la droite dans l'embarras, puisqu'elles épousent ses envies, ses projets. Christian Jacob, le patron des députés LR, paraît même approuver le chef de l'État, avant de se raviser.

De quoi agacer Nicolas Sarkozy, en effet : voilà que

le président de la République vient braconner sur ses terres ! Le lendemain, mardi 17 novembre, lors des questions au gouvernement, la séance à l'Assemblée nationale est particulièrement houleuse. Déchaînés, les députés du groupe Les Républicains, si mal nommés pour l'occasion, couvrent de leurs huées les interventions de Manuel Valls ou de Christiane Taubira.

Choquant, indigne même, vu les circonstances.

« Je sens assez vite que Nicolas Sarkozy reprend en main ses troupes, considérant qu'elles ont été trop loin dans l'adhésion, raconte Hollande. Dans les discours faits après le mien [le lundi 16 au Congrès], notamment celui de Jacob, on sent qu'il ne peut pas donner son quitus. » Hollande désigne clairement Sarkozy, qu'il accuse d'avoir galvanisé ses partisans : « Il est allé au groupe parlementaire le lendemain du Congrès, et il y a eu cette ambiance… »

Devant sa télé, le chef de l'État ne manque rien du triste spectacle, modèle pour le coup de désunion nationale… « Il se trouve que j'ai regardé du début jusqu'à la fin : compte tenu du discours que j'avais fait la veille, je voulais voir comment la séance allait se passer, et j'ai trouvé très vite une tension. Et encore, je n'entendais pas les bruits, car les bruits sont étouffés à la télévision. J'étais très surpris. J'imagine, comme souvent, quand le balancier est allé d'un côté, celui de l'union nationale, la tentation était d'aller de l'autre, dans le conflit, la confrontation. »

On l'interroge : « Cela vous déçoit, vous choque ?

– Ce n'était pas heureux, répond-il simplement. Dans ces moments-là, ce qui rassure les Français, c'est d'avoir des responsables, des représentants, même s'ils posent des questions, les mêmes que celles des Français d'ailleurs. Il y a des questions à poser, ce n'étaient pas les questions qui étaient choquantes, mais la tonalité, les échanges, l'attitude à l'égard de Taubira. »

La droite a très vite ciblé la ministre de la Justice, dès les premières heures suivant l'attentat. Sarkozy ne s'en était pas caché, d'ailleurs, lors de son entretien du dimanche 15 novembre 2015 avec Hollande, qui avait reçu ce jour-là, comme après *Charlie*, les grands leaders politiques. Le chef de l'État raconte : « Il a commencé : "Mme Taubira..." Je lui ai dit : "Quoi, Mme Taubira ?..." Il m'a dit : "Mme Taubira, elle donne une impression de laxisme..." Comme si Christiane Taubira était responsable... »

Hollande regrette vivement cette zizanie, pas imputable selon lui au seul Sarkozy, d'ailleurs. « On ne peut jamais penser que c'est un seul qui décide pour tous, ce n'est pas vrai, assure-t-il. Il y a eu le sentiment chez certains qu'ils avaient été trop loin dans l'unité, et qu'il fallait mettre de la fracture. De la friture. Je connais bien les phénomènes de groupe. Le comportement de quelques-uns suffit à créer un climat lourd pour les autres. Je suis sûr que la plupart des députés Les Républicains ont été choqués par l'attitude de certains d'entre eux. Mais ce qui a été remarqué, pas seulement par les commentateurs politiques mais par les Français, c'est cette rupture de ton. Cette rupture de style, d'esprit. »

Le consensus dont rêvait sans doute un peu naïvement François Hollande s'est fracassé sur le mur des postures politiciennes. Mais n'était-ce pas prévisible ?

De plus en plus de voix s'élèvent, à droite, pour reprocher au pouvoir socialiste l'insuffisance des mesures prises après les attentats de janvier. « J'ai envie de dire : que de temps perdu ! » s'exclame le 16 novembre au soir l'ancien Premier ministre François Fillon. Difficile exercice d'équilibriste pour Hollande, à qui sa gauche reproche au contraire ce virage sécuritaire. « Je fais observer que si l'on avait proclamé l'état d'urgence en janvier 2015, je ne vois pas comment on aurait organisé la manifestation avec 4,5 millions de personnes, se défend-il.

Qu'est-ce qu'on fait après *Charlie* et l'Hyper Cacher ? On protège les lieux de culte, certains sites sensibles. Mais aujourd'hui, vous pouvez protéger tous les lieux de culte, juifs, musulmans et autres, les gens vont dire : mais ce sont les cafés qu'il faut protéger ! »

Il réfute de la même manière les accusations de tergiversation. « Quel temps aurait été perdu ? questionne-t-il. Imaginons qu'on prenne l'état d'urgence après *Charlie* : les terroristes [du 13 novembre 2015] sont en Belgique et Abaaoud est en Syrie. Ça ne veut pas dire qu'il n'y a pas de Français, mais bon… Et les terroristes français n'étaient pas fichés en tant que tels. Les perquisitions auraient pu être faites, ce ne sont pas eux qui auraient été visés. Deuxièmement, qu'est-ce qu'on aurait pu faire ? Des assignations à résidence, ce que permet l'état d'urgence ? Et quand bien même on aurait été jusqu'à faire ce que propose la droite, ce qui aurait été anticonstitutionnel et contraire à la Convention européenne des droits de l'homme, de mettre des bracelets électroniques à tous les fichés S, il n'y en avait pas beaucoup dans l'opération, puisqu'ils viennent de l'extérieur. Ils sont arrivés par plusieurs voitures louées en Belgique. On peut nous dire : "Vous auriez pu travailler plus avec les Belges." Mais on ne cesse de travailler avec les Belges ! »

Le 16 février 2016, l'Assemblée vote la prolongation de l'état d'urgence jusqu'au 26 mai 2016. En trois mois, il y a eu 3 397 perquisitions, permettant la saisie de 587 armes, le tout débouchant sur cinq procédures antiterroristes seulement. Le bilan paraît plutôt mince en terme de résultats, et très problématique sur le plan des libertés individuelles, au point qu'Amnesty international dénonce la réponse « liberticide » du pays des droits de l'homme.

« On trouve des armes qui ne servent pas uniquement aux terroristes, justifie Hollande. Ce sont des armes qui servent pour des actions de banditisme, de criminalité. »

Toutefois, le chef de l'État en convient : « On ne peut pas dans un État de droit faire des perquisitions toutes les nuits. Sinon, on n'est plus dans un État de droit, c'est un état de siège. On peut toujours dire qu'on va éradiquer le trafic de drogue, dont on peut penser qu'il nourrit le terrorisme. Mais vous imaginez ce que ça veut dire ? Au nom du trafic de drogue, vous allez mettre l'armée, la police, capables d'aller dans les maisons pour voir ce que vous avez ? »

« Le meilleur service de renseignement, c'est comme dans les pays totalitaires, quand vous avez une personne derrière une autre personne... »

Conscient de l'efficacité relative des mesures induites par l'état d'urgence, il dit : « Dans la guerre, même si vous avez des défenses anti-missiles, vous avez quand même quelques risques d'avoir des effets sur votre propre territoire… » Fataliste, il ajoute : « La vérité, c'est ça : vous prenez une kalachnikov, vous allez aux Galeries Lafayette, sur une plage, dans un cinéma, vous tirez, vous tuez vingt personnes, et après vous vous faites sauter avec des bombes assez faciles à fabriquer… Donc on ne pourra jamais empêcher. Il faut tout faire pour prévenir, pour être renseigné et intervenir. Le meilleur service de renseignement, c'est comme dans les pays totalitaires, quand vous avez une personne derrière une autre personne. Et encore, on ne peut pas dire qu'il ne se passera rien, même dans un pays qui aurait perdu toutes les libertés. »

Le Premier ministre Manuel Valls en convient aussi : d'origine catalane, il a évoqué l'exemple espagnol, attestant que même les régimes autoritaires, celui de Franco en l'occurrence, finissent par composer avec le terrorisme. « Manuel a eu raison de prendre ce cas-là, qu'il connaît mieux que d'autres, approuve Hollande. Dans un État dictatorial, où les frontières comme en Espagne ont été fermées, où les libertés publiques ont été suspendues, vous avez du terrorisme avec des gens qui se sont fait sauter, au Pays basque. »

Pour Hollande en tout cas, impossible de comparer les deux vagues d'attentats, *Charlie* et le Bataclan, tant elles diffèrent sur bien des points selon lui. « Là, ce que veulent les terroristes, c'est faire la guerre à la France, pas simplement faire la guerre aux juifs, nous dit-il à propos des attaques de novembre 2015. Nous, on considérait que faire la guerre aux juifs, à *Charlie*, aux policiers, c'était faire la guerre à la France, bien sûr. Mais là, les terroristes vont plus loin encore en disant : "On fait la guerre à tous les Français." C'est une guerre qui se rapproche de ce qu'on a pu connaître. Malgré tout, Daech occupe un territoire, a des villes sous contrôle… »

À la fin du mois de décembre 2015, nous le revoyons, pour un dîner.

Ces temps-ci, les recours se succèdent auprès des tribunaux administratifs. L'état d'urgence amène son lot de procédures viciées, ou mal nées. « Oui. Il y a des abus, des excès, admet le chef de l'État. Les préfets en profitent pour faire autre chose que de la lutte contre le terrorisme. Donc, on a demandé aux préfets de faire attention. Surtout si l'état d'urgence devait être prolongé, car à un moment, ce sera insupportable. Les préfets avaient une liste de gens pour lesquels il y avait sans doute des opérations qu'ils auraient voulu mener, et que l'état d'urgence leur permet de mener. Ce ne sont pas forcément des gens liés au terrorisme. Droit commun, trafiquants, des gens dont on savait qu'ils pouvaient détenir des armes… En fait, au bout de quarante-huit heures d'état d'urgence, ceux qui ont des armes les mettent à l'abri. » « En tout cas, reconnaît-il, le risque c'est celui-là, qu'on profite de l'état d'urgence. C'est une facilité. Je n'y suis pas favorable. Car la tentation, c'est de garder un état d'exception. »

Lorsqu'on évoque le bilan de ces mesures restreignant les libertés, il se montre nuancé. « On ne peut pas dire qu'on a arrêté des terroristes, ce n'est pas vrai, consent-il. Mais l'état d'urgence a aussi un caractère dissuasif. »

Sa voix se fait plus grave, soudain. « On n'est pas préparé à une lutte longue contre le terrorisme. C'est miraculeux parfois d'éviter un attentat… On pense qu'il y a encore deux autres équipes qui veulent attaquer. L'une serait en France, et l'autre à l'extérieur. Le fait d'être en état d'urgence fait que l'on crée un climat, pour les armes, trouver des caches… Les terroristes ont besoin d'avoir une petite logistique : quelqu'un qui leur donne des armes, des papiers éventuellement, un logement… Dès lors qu'il y a l'état d'urgence, ce genre de personnes qui pourraient offrir ce type d'appui font très attention. Le logeur de Saint-Denis [Jawad Bendaoud, qui a hébergé trois terroristes en novembre 2015] ne donnerait pas forcément aujourd'hui son appartement. Voilà, ça sert à ça, l'état d'urgence. »

Malgré les critiques, il assume, donc. Et tant pis s'il se brouille avec une partie de sa base.

« La gauche n'aime pas qu'on remette en cause les libertés, et elle a raison, dit-il. Ça touche des militants associatifs un peu énervés, liés aux zadistes. Parce qu'il y avait la COP 21. »

« C'est vrai, l'état d'urgence a servi à sécuriser la COP 21 »

Événement mondial d'envergure exceptionnelle, la 21e conférence sur le climat s'est en effet tenue à Paris du 30 novembre au 12 décembre 2015.

« C'est vrai, l'état d'urgence a servi à sécuriser la COP 21, ce qu'on n'aurait pas pu faire autrement », nous avoue Hollande avec franchise. « Imaginons qu'il n'y ait pas eu les attentats, on n'aurait pas pu interpeller les zadistes pour les empêcher de venir manifester. Cela a été une facilité apportée par l'état d'urgence, pour d'autres raisons que la lutte contre le terrorisme, pour éviter qu'il y ait des échauffourées. On l'assume parce qu'il y a la COP. » En d'autres termes, ceux qui, à gauche principalement, ont estimé que l'état d'urgence avait été détourné de son objectif initial pour des motifs liés au maintien de l'ordre « traditionnel » n'avaient pas tout à fait tort.

La réalité est toutefois un peu plus complexe, à en croire le président. « On reconnaît volontiers que pour la préparation de la COP, où il y avait des chefs d'État, il y avait des raisons d'être attentif, dit-il. Il y a eu des opérations de police liées à la COP 21, et pas liées du tout au terrorisme. Mais néanmoins, c'était utilisé dans le cadre de l'état d'urgence justifié par le terrorisme, parce que cela pouvait entraîner des désordres dont les terroristes auraient pu s'emparer, dans un état de panique. Ce n'est pas que les individus qui ont été assignés soient des terroristes, c'est qu'ils auraient pu par leurs actions créer une confusion telle qu'elle aurait pu profiter aux terroristes. »

En cette fin d'année 2015, Hollande espère sortir de cette affaire et des ambiguïtés qu'elle charrie en obtenant la révision constitutionnelle. « C'est pour cela qu'on veut faire une révision, confirme-t-il. Pour qu'on ne décide pas n'importe comment de l'état d'urgence, et pour le prolonger si c'est nécessaire. C'est un vrai problème, parce que, quand vous commencez avec l'état d'urgence, terminer est compliqué. Exemple, on arrête l'état d'urgence en disant : "Vous voyez, depuis quinze jours, trois semaines, c'est calme." Et il se passe un attentat. Mais on ne peut pas non plus le prolonger jusqu'au moment où il y aurait un attentat pendant l'état d'urgence… Parce que là, les gens nous diraient : "Mais ça ne sert à rien l'état d'urgence." Et je ne peux pas dire qu'il y a encore des équipes de terroristes en circulation, sinon c'est panique générale. »

Bref, aucune solution n'apparaît satisfaisante, charge à lui de choisir la moins mauvaise. La tension est permanente désormais, elle se lit sur son visage. Ses sourires semblent un peu forcés, ses traits davantage tirés. Les services de renseignement ne cessent de faire remonter à l'exécutif des informations toutes plus alarmistes les unes que les autres.

Les prochaines cibles des terroristes seraient encore plus fragiles, les actions encore plus douloureuses pour l'opinion publique. Les responsables de la lutte antiterroriste en sont persuadés, les djihadistes, engagés dans une sinistre compétition, iront de plus en plus loin dans l'horreur. C'est à qui commettra l'attentat le plus choquant. « Ce qu'on craint le plus aujourd'hui, c'est une affaire dans une école, confie-t-il en décembre 2015. Ils ont dit que la prochaine fois, ce serait une école. Parce que pour terroriser, qu'est-ce qu'ils peuvent faire de plus ? Tuer des enfants. »

Comment trouver la parade ? Une intervention au sol ? Pas question, il nous l'a dit. Pourtant, nombreux sont les Français à s'étonner que la sixième puissance mondiale soit impuissante à agir dans un pays comme la Syrie.

Mais non, ce pays ne sera pas à François Hollande ce que l'Irak fut à George W. Bush…

« Il y a des choses qu'on peut dire en privé aux Belges »

En revanche, et il nous l'a confié bien avant les attentats commis à Bruxelles (le 22 mars 2016) le chef de l'État est mécontent de la coopération européenne, largement insuffisante à ses yeux, et plus spécifiquement du comportement des autorités belges. À plusieurs reprises, il s'est étonné devant nous de l'impuissance de la Belgique à lutter contre ces terroristes élevés en partie sur son sol. Même s'il ne le criera jamais sur les toits : il a d'ailleurs tancé son ministre Michel Sapin, quand ce dernier a publiquement stigmatisé la « naïveté » de nos voisins.

Il nous dispense un petit cours de diplomatie, en puisant, comme il aime le faire, dans l'histoire politique. « Le terme "naïveté", c'est un mot qu'il ne faut pas utiliser, ça a été le mot de Jospin… » En mars 2002, en pleine campagne présidentielle, le Premier ministre socialiste avait commis un sérieux impair en reconnaissant, au 20 heures de TF1, avoir « péché par naïveté » en pensant que la baisse du chômage ferait reculer la délinquance.

« Il y a des choses qu'on doit dire publiquement – ne pas dire en l'occurrence ! – et des choses qu'on peut penser, reprend-il. Il y a des choses qu'on peut dire en privé aux Belges. Et il n'y a pas que les Belges, il y a d'autres pays qui n'ont pas eu la même vigilance que nous », nous explique le chef de l'État, le 25 mars 2016, soit trois jours après l'attaque des djihadistes à l'aéroport et dans le métro de Bruxelles.

« En plus, reprend-il, Bruxelles est une capitale européenne, où il y a déjà beaucoup de forces de sécurité, ils se sentaient peut-être protégés. Quant aux quartiers, tout le monde a des problèmes de quartiers… Eux ont des quartiers peut-être moins vastes que ceux que nous pouvons connaître, mais avec des noyaux qui s'étaient installés… » Il revient aux critiques portées contre les responsables belges : « Ils s'étaient irrités quand j'avais dit que les attentats du 13 novembre avaient été décidés à Rakka et préparés, organisés en Belgique. Je comprends que cela ne leur ait pas fait plaisir, mais c'était la vérité, ils avaient été préparés en Belgique. »

En cette toute fin d'année 2015, il est donc bien déterminé à mener bataille pour la révision constitutionnelle, au nom de ces morts, par dizaines, de l'union nationale qu'il appelle de ses vœux, de ces attentats à venir, aussi.

Au prix, surtout, de l'adoption de la déchéance de la

nationalité. Cette mesure, si Hollande en sait l'inefficacité patente, il la juge nécessaire, indispensable même.

Mais il en sous-estime gravement la portée symbolique pour la gauche.

4

L'emportement

La confusion des pouvoirs suit toujours la confusion des esprits.

Gustave Le Bon

Mercredi 7 janvier 2015 : 17 morts.

Vendredi 13 novembre 2015 : 130 morts.

Et ces propos glaçants, prononcés par l'un des terroristes s'adressant à ses victimes et enregistrés par un téléphone retrouvé dans l'enchevêtrement des 90 cadavres, au Bataclan : « Vous avez élu votre président Hollande, voilà sa campagne. Remerciez-le. »

Ces quelques mots, le chef de l'État les a pris en pleine face.

Derrière l'arithmétique macabre, quelques réalités bien concrètes : des familles anéanties, des centaines de blessés, touchés dans leur chair comme dans leur âme. Et tant de citoyens, parfois simples témoins, durablement traumatisés.

Parmi ceux-ci, le président de la République.

Nous avons rencontré tant de fois François Hollande. Avant, après, entre les attentats... Nous avons si souvent tenté de forcer le coffre-fort de ses sentiments. À force de le relancer, sans cesse, d'essayer de s'immiscer au plus profond de son être, on a fini par acquérir quelques convictions. L'une d'elles est que ces attaques meurtrières, d'une cruauté inédite, l'ont atteint très profondément, beaucoup plus sans doute qu'il ne l'a laissé paraître.

En tant qu'homme, bien sûr – qui ne le serait pas ? Mais aussi dans sa fonction de chef d'État. La cloison étanche qu'il pensait pouvoir édifier entre les deux sphères n'a en réalité pas résisté aux rafales de kalachnikov d'une horde d'assassins fanatisés.

La bascule, chez Hollande, s'est véritablement opérée après les carnages de novembre 2015. Certes, les meurtres de janvier 2015 avaient constitué un premier choc, mais il s'agissait d'attaques ciblées, dont il pouvait, en outre, espérer qu'elles resteraient sans lendemain.

Le Bataclan a tout changé.

Ses décisions contestables, ses fautes de carre inhabituelles, et pour finir son initiative décriée sur la déchéance de nationalité, il faut sans doute les analyser à l'aune de ce traumatisme. On ne comprendrait rien à la fin de ce quinquennat, aux erreurs commises, à cet incroyable fiasco qu'a constitué l'affaire de la déchéance, si l'on ne saisissait pas cet aspect de la personnalité de François Hollande : cet homme, calculateur et raisonné, ne se résume certainement pas au politicien cynique dénué d'affect souvent décrit. Non, Hollande a simplement été déstabilisé, heurté sur le plan personnel, traumatisé même, par tous ces morts, ces vies fauchées, ce sang versé… Certains regretteront qu'un chef d'État ne sache passer outre ses émotions, d'autres se féliciteront d'avoir à la tête du pays un homme capable d'en éprouver… Où est la vérité ? Y en a-t-il seulement une ?

François Hollande a vu, aussi, et ce n'est pas négligeable, ce pays sonné se donner en partie au Front national, lors des élections régionales de décembre 2015… Il y a, forcément, une part de calcul politique dans sa décision d'aller chasser sur les terres de la droite. Mais s'il s'agissait de tendre un piège à l'opposition, alors il était grossier, un peu trop pour ce maître tacticien… Il s'est d'ailleurs refermé sur lui, parce qu'il ne pouvait en être autrement.

C'est donc ce président commotionné qui a voulu une union sacrée à tout prix.

En dérogeant aux clivages traditionnels, mais surtout aux valeurs de son camp.

Il pensait avoir l'occasion d'agir, et les moyens de le faire, avec une opinion publique plutôt consentante, car meurtrie dans les mêmes proportions, et une classe politique qui, dans l'ensemble, avait manifesté sa solidarité après chaque attentat. Alors, il s'est lancé, quitte à briser son parti.

Et à s'offrir à la droite.

Il y avait eu ce premier coup de boutoir, la loi sur le renseignement, à l'été 2015. Puis la mise en place de l'état d'urgence, en novembre. Et enfin, dans la foulée, son corollaire, la révision constitutionnelle, incluant, donc, la déchéance de la nationalité pour les terroristes. Cette mesure, une majorité de Français y est favorable. La droite aussi.

L'extrême droite, encore plus.

« Je pense que le pays pouvait basculer »

François Hollande, à titre personnel, ne la soutient pas. Pourtant, en apôtre de l'action tortueuse, il se résout à la mettre en œuvre. Et se fourvoie, dans les grandes largeurs.

« La déchéance n'a aucune incidence sur le terrorisme, nous lâche-t-il dès décembre 2015. Pourquoi on le fait ? Parce que c'est assez logique que l'on puisse expulser à la fin d'une peine quelqu'un qui a commis un acte terroriste et qui n'a rien à faire sur le territoire. Dès lors qu'il est binational. La déchéance, c'est seulement pour régler des problèmes de gestion, éventuellement, de quelques personnes au terme de leur peine exécutée. » À ce moment-là, il sous-estime totalement l'impact de son annonce faite devant les parlementaires réunis en Congrès, à Versailles, le 16 novembre 2015.

On a longuement interrogé le président, pour comprendre. Revenir à la genèse de l'affaire. « J'ai été très frappé dans cette nuit du 13 au 14 novembre 2015 par les messages de proches que je recevais, et qui disaient : "Il faut être impitoyable, ce sont nos enfants qui ont été assassinés, c'est une atteinte à ce que nous avons de plus cher." Je pense que le pays pouvait basculer », nous confie-t-il le 17 février 2016.

Ce soir-là, nous devons dîner à l'Élysée, seuls avec lui. Il a plus d'une heure de retard, il reçoit dans une pièce mitoyenne une fournée de parlementaires. Au menu des discussions, la révision constitutionnelle, et la déchéance de nationalité, donc. À travers les portes en bois patiné, on distingue le fracas des voix. On est entre gens de gauche, mais ça se chamaille sec, semble-t-il.

Le président nous rejoint, enfin, enrhumé mais enjoué. « Il fallait les recharger, remettre le courant », feint-il de s'amuser. En réalité, il a parfaitement compris que sa majorité risque de disjoncter. Cette histoire de déchéance ne passe pas du tout auprès du « peuple de gauche », et encore moins chez ses représentants. Ils sont nombreux à se demander comment le chef de l'État, d'ordinaire si précautionneux, a pu s'embarquer dans une galère pareille.

Sincèrement, nous-mêmes commençons à nous poser des questions.

Et si le chef de l'État avait perdu sa lucidité, tout simplement ? Au mieux, tente-t-on de se persuader, a-t-il essayé de prendre l'opposition à son propre jeu, manœuvre de triangulation pas très glorieuse et finalement assez classique, mais encore une fois, l'hypothèse semble peu convaincante.

Devant nous, Hollande n'a jamais varié dans ses explications. Il redoute de voir le pays se donner aux extrêmes. Foin de tactiques savantes ou démoniaques, il prétend unir, car l'heure est grave. Conscient des soupçons de manipulation qu'on lui prête, il les repousse fermement. « On dit : "Il fait ça pour trianguler, affaiblir la droite." C'est tout ce qu'il ne faut pas faire ! Si on confond l'unité nationale avec la manœuvre politique, la manœuvre politique vous déconsidère. »

Retour donc au lundi 16 novembre 2015. Le chef de l'État s'apprête à proposer au Parlement réuni en Congrès à Versailles l'adoption d'un nouveau pacte national, une sorte de package institutionnel qui irait au-delà des clivages, des intérêts partisans. La veille, Marc Guillaume, le secrétaire général du gouvernement, lui a transmis des notes pointant l'anachronisme d'un état d'urgence datant, sur le plan juridique, de 1955. On l'a dit, Hollande est moralement affaibli, touché sur le plan personnel, par les cent trente morts du vendredi 13. Il hume l'air du temps, écoute ses proches, lit la presse, devine les ravages à venir sur fond de FN triomphant. Il veut faire un pas en avant, ou plutôt un écart, quitte à brusquer ses soutiens, et même ses propres convictions. Il propose donc de moderniser les statuts liés à l'état d'urgence, et surtout d'inscrire la déchéance de nationalité pour les terroristes dans la Constitution. « Nous devons pouvoir déchoir de sa nationalité française un individu condamné pour une atteinte aux intérêts fondamentaux de la nation ou un acte de terrorisme, même s'il est né Français », lance-t-il, sous les applaudissements.

Une vieille antienne, en fait, serinée par la droite et l'extrême droite. Et depuis toujours combattue par Hollande lui-même. En 2010, sur France 5, il jugeait très sévèrement l'extension de la déchéance de la nationalité, voulue alors par le président Sarkozy, à toute personne d'origine étrangère qui aurait volontairement porté atteinte à la vie d'un policier, d'un gendarme ou de toute personne dépositaire de l'autorité publique. C'est « attentatoire à ce qu'est finalement la tradition républicaine et en aucune façon protectrice pour les citoyens », cinglait Hollande. Il avait même cosigné une tribune, dans *Libération*, qui dénonçait « une atteinte intolérable aux principes constitutifs de la nation ».

Manuel Valls était tout aussi intraitable sur le sujet, expliquant à la même époque, sur RTL, son opposition totale à la mesure proposée par Sarkozy, « parce que c'est contraire à nos principes républicains, à nos valeurs »...

Le principe de retirer à une personne sa nationalité française est en soi parfaitement constitutionnel. Après tout, Hollande lui-même n'a-t-il pas déchu de leur nationalité cinq personnes, en 2015, sans que personne n'y trouve à redire ? Décisions entérinées par le Conseil d'État, en juin 2016. Il se souvient même que, durant la décennie passée à la tête du PS (1997-2008), il n'a jamais critiqué Jacques Chirac pour avoir signifié de telles mesures suite aux condamnations liées aux attentats de 1995 lorsque des islamistes, déjà, avaient frappé aveuglément Paris. « Je n'ai même pas de souvenir, dit-il, il a fallu qu'on me le mette sous les yeux... » De fait, la déchéance de nationalité existe depuis l'abolition de l'esclavage, en 1848. Depuis 1927, il est possible de déchoir une personne condamnée pour un acte « constituant une atteinte aux intérêts fondamentaux de la nation », et pour des actes de terrorisme depuis 1996. Mais cette déchéance de nationalité est limitée à certains Français, avec des critères précis. Ils doivent être nés étrangers, et avoir été naturalisés il y a moins de dix ans (quinze ans pour les actes de terrorisme).

Or, la France est liée par plusieurs traités internationaux qui l'empêchent de créer des apatrides. Par conséquent, les seuls Français auteurs d'assassinats terroristes susceptibles d'être visés par le projet du chef de l'État seraient les binationaux nés français ou qui ont été naturalisés il y a plus de quinze ans.

« La droite fera tout pour qu'il n'y ait pas de Congrès en 2016 »

Extrêmement dangereux, tout cela. Car si une telle loi ne concernerait dans les faits qu'une poignée de personnes, le risque est grand de stigmatiser une catégorie très importante de Français – les binationaux sont 3,3 millions sur le territoire hexagonal. Tant pis, il se lance. L'union nationale est à ce prix, croit-il.

Tout, pourtant, le poussait à rester prudent. Pure coïncidence, le 6 novembre 2015, soit une semaine avant les attentats, évoquant l'ensablement de la réforme du Conseil supérieur de la magistrature (CSM), nous l'avions relancé sur sa volonté de convoquer le Congrès, mesure nécessaire pour faire passer ce texte voué à renforcer l'indépendance de la justice. Et déjà, il savait que l'aventure serait périlleuse. Il en voulait en particulier à Sarkozy et à « toutes les consignes qu'il a fait passer aux présidents de groupe de ne rien faire qui puisse permettre le consensus, même sur quelque chose de modeste ». Ce qui gêne son adversaire de 2012, assurait-il, « c'est le principe même d'une réforme constitutionnelle ». Et il prévoyait déjà : « Je pense que la droite fera tout pour qu'il n'y ait pas de Congrès en 2016. » La faute à Sarkozy, bien entendu : « C'est la revanche, la rancune, par rapport à sa propre réforme constitutionnelle, contre laquelle nous avions voté. »

Et dix jours plus tard, 130 morts plus loin, il part à l'abordage. Il se sent contraint, forcé par les événements. Soutenu, aussi, par l'opinion publique. En effet, selon un premier sondage, 94 % des Français se disent favorables à cette disposition. Le Conseil d'État est saisi, afin de border juridiquement la volonté présidentielle.

Peut-être Hollande, qui a pris rapidement conscience des fortes réticences que suscitait son initiative, espère-t-il secrètement que l'instance va lui enlever cette épine du pied, indiquer qu'il n'y a aucun besoin de retoucher la Constitution, voire même lui signifier que le projet ne tient pas la route ?

Il n'en est rien. Le 11 décembre 2015, la haute juridiction administrative rend son avis. Elle reconnaît que cette mesure répond « à un objectif légitime », même si elle juge « sa portée pratique limitée », et qu'il vaut mieux l'inscrire dans la Constitution, afin que la déchéance ne soit pas étendue à d'autres méfaits que les crimes contre la nation.

Regrette-t-il, aujourd'hui, que le Conseil d'État ne se soit pas opposé au projet ? « Il ne l'a pas fait », se borne-t-il à constater quand nous lui posons la question, en février 2016. Un peu court, tout de même… On revient à la charge. « Il aurait pu dire, par facilité, faites-le par la loi. Mais il est vraisemblable que si nous l'avions fait par la loi le Conseil constitutionnel nous aurait sans doute censurés », répond-il alors.

Le chef de l'État ne peut plus reculer, il n'a désormais d'autre choix que de mettre en route ce projet de révision. Ce doit être chose faite au Conseil des ministres du mercredi 23 décembre 2015. Jusqu'alors timoré, le débat politique s'installe, véhément. Pas question, pour la plus grande partie de la gauche, et même une fraction de la droite, de stigmatiser les binationaux qui, puisque la France se refuse à créer des apatrides, seraient donc les seuls concernés par cette mesure.

Le lundi 21 décembre 2015, Christiane Taubira, en déplacement en Algérie, s'épanche sur les ondes de la radio Alger Chaîne 3. L'entretien est diffusé le lendemain, mardi 22 décembre. La garde des Sceaux croit savoir que le gouvernement va renoncer à son projet d'extension de la déchéance de la nationalité pour les binationaux : « Le projet de révision constitutionnelle qui sera présenté en Conseil des ministres ne retient pas cette disposition », assure-t-elle fort imprudemment. La ministre a-t-elle pris ses désirs pour des réalités ? Entendait-elle faire pression sur le duo Hollande-Valls ? En tout cas, il s'agit d'une vraie sortie de route, puisque d'abandon il n'a jamais été question.

« Je ne comprends pas pourquoi elle s'est exprimée... »

Nous déjeunons précisément le 23 décembre 2015 avec François Hollande. Apparemment, il a plutôt bien encaissé les déclarations de la garde des Sceaux. Il la connaît bien. Il sait sa liberté, sa soif de justice. Il a sincèrement admiré son courage dans la gestion si délicate de la loi sur le mariage pour tous. Il l'a défendue lorsqu'elle a été taxée de laxisme, que des élus ou militants bas du casque s'en sont pris à la couleur de sa peau. Mais là, tout de même... L'arbitrage définitif a été rendu lundi 21 décembre au soir. Taubira aurait dû attendre d'en savoir un peu plus avant de faire des déclarations publiques.

« Je ne comprends pas pourquoi elle s'est exprimée, nous dit Hollande en se jetant sur le suprême de volaille. Elle me dit qu'elle était sous pression, en Algérie, que c'était très difficile de repousser le questionnement... Elle pensait que cela pouvait aller dans cette direction, alors que moi, je m'étais engagé devant le Parlement réuni en Congrès. » Ne va-t-elle pas, du coup, être contrainte à démissionner, ne serait-ce que pour éviter de perdre la face ? « Je l'ai vue ce matin, je pense qu'elle va rester au gouvernement », assure le chef de l'État.

Avec un entêtement qui confine à la cécité politique, François Hollande persiste à minimiser la colère de sa ministre et, à travers elle, celle de toute la gauche.

Troublant.

Par ailleurs, nous comprenons par ses réponses que le chef de l'État, en dépit des multiples rumeurs répercutées çà et là, est totalement déterminé. Il en fait une question de principe : cette mesure doit être défendue, coûte que coûte. Le Conseil d'État a statué, pas question de revenir en arrière. « Quand on a voulu mettre en cause son propre pays, comment peut-on encore vouloir être reconnu par ce pays ? » s'interroge-t-il à haute voix, comme s'il voulait se convaincre lui-même. « Il faut que ce soit voté, j'ai besoin d'une majorité dans les deux assemblées, s'encourage-t-il. Ce qui compte, c'est l'état d'urgence. La déchéance, c'est symbolique mais secondaire. »

Pour la gauche, c'est tout l'inverse : l'état d'urgence, c'est accessoire mais la déchéance, c'est crucial, parce que symbolique justement.

Au Conseil des ministres, une autre voix s'élève, celle de la ministre des Outre-Mer George Paul-Langevin. Pour elle aussi, l'extension de la déchéance ne va pas de soi. Qu'importe. « Ce qui compte, assène Hollande, c'est qu'un Conseil des ministres puisse délibérer, mais qu'ensuite il y ait une décision. Et que cette décision soit défendue. Si Christiane Taubira avait dit : “Je m'incline et je pars…” Mais elle ne l'a pas dit… » Il le répète : « Elle ne me l'a pas dit. J'ai senti une forme de cohérence par rapport à elle-même, à la solidarité gouvernementale, et à la soumission à l'autorité du président. C'est Valls qui va présenter le texte, et elle le défendra. » Et d'ajouter : « Dans un gouvernement, le problème n'est pas de savoir si on a une position différente de celle qui a été adoptée, le problème est de savoir si l'on tient la position qui a été adoptée. »

Le président ne compte pas dévier d'un pouce. Il semble clair quant à ses priorités. « L'état d'urgence n'est pas une mesure de gauche ni une mesure de droite, c'est une mesure d'intérêt national quand on est menacé. La déchéance, ce n'est pas une mesure de gauche, mais c'est ce qui permet de mobiliser toute la nation, sans grande concession pour nous », argue-t-il.

Tout Hollande est dans cette tirade. Prêt à faire des concessions, quitte à se renier sur un point important, si cela lui permet de gagner sur l'essentiel. Un joueur d'échecs, en somme, qui sacrifierait ses cavaliers ou ses fous pour conquérir la reine de l'adversaire. C'est faire fi de l'idéal, bien sûr. Mais ce concept abstrait et utopique, Hollande n'y a jamais adhéré, même dans ses jeunes années…

« Cette question ne me paraissait pas majeure », insiste-t-il à propos de la déchéance. Il illustre d'ailleurs lui-même, au cours de ce déjeuner, l'inefficacité absolue de cette mesure, en évoquant le suicide, la veille au soir, de Yassin Salhi, un islamiste qui avait décapité son patron, dans l'Isère, au printemps 2015. « Hélas, déplore-t-il, les terroristes n'attendent pas d'être condamnés, ils veulent se tuer, comme celui qui s'est tué dans sa prison : ce n'est pas parce qu'il attendait d'être déchu de sa nationalité… Le terroriste aujourd'hui, tel qu'on le connaît, c'est la mort qu'il cherche, pas autre chose. »

Lui, ce qu'il cherche, ce sont les voix de la droite, alors s'il peut les « acheter » avec une mesure qui, sur le fond, ne lui coûte personnellement pas plus que ça… « Ce à quoi je dois veiller, nous dit-il, ce n'est pas tellement la gauche de la gauche. C'est plutôt aux binationaux, qui pourraient se dire : "Nous devenons précaires dans nos droits." On doit montrer que c'est une chance pour la France d'avoir des binationaux. La gauche de la gauche ou les écolos, ils ne sont même pas pour l'état d'urgence, alors… Je n'arriverai pas à les apaiser, ils sont contre toute procédure exceptionnelle. »

On insiste, encore. Son initiative est-elle vraiment dénuée d'arrière-pensées politiciennes ? « Il y a une dimension d'abord de concorde nationale, maintient-il.

Je sais que la droite, pour des raisons totalement de posture, ne veut pas m'offrir une révision de la Constitution, c'est ça la dimension tactique ! Si j'avais enlevé cette disposition [l'extension de la déchéance], il était clair que la droite aurait eu un prétexte tout trouvé pour dire : "On ne la votera pas." »

Le Premier ministre monte au créneau publiquement, afin de soutenir la mesure : ce n'est pas « une idée d'extrême droite », ni une « remise en question du droit du sol », plaide-t-il. De leur côté deux fidèles du chef de l'État, l'avocat Jean-Pierre Mignard et l'ex-député de l'Essonne Julien Dray, conscients de l'impasse dans laquelle se trouve l'exécutif, proposent de troquer la déchéance de nationalité contre une peine d'indignité nationale. L'idée, plutôt futée, avait tout pour séduire l'apôtre du compromis qu'est François Hollande. Mais non, rien à faire, il ne cédera pas sur ce point, il en fait une question de principe.

Alors, bien sûr, le Parti socialiste, passé maître dans l'art de la division, se déchire comme jamais, les frondeurs se déchaînent. Les écologistes protestent aussi, l'extrême gauche hurle… L'ex-ministre Benoît Hamon a cette phrase, à l'endroit du chef de l'État : « Commencer le quinquennat par la promesse du droit de vote aux étrangers et le terminer sur la déchéance de nationalité des binationaux, une telle transhumance politique et intellectuelle déboussole. » Le raccourci est cruel, mais il touche juste.

Les coups portés sont rudes. Martine Aubry ne retient pas les siens : « J'ai toujours été contre. La déchéance, elle stigmatise, divise, elle porte atteinte à l'égalité devant le droit du sol. » Mais Hollande tient. Le 31 décembre 2015, lors de ses vœux aux Français, il réitère son souhait de voir adoptée une révision constitutionnelle comportant l'extension de la déchéance de la nationalité. Il subsiste toutefois une petite marge de manœuvre, liée aux modalités pratiques de sa mise en œuvre. Le 22 janvier 2016, il consulte. Les responsables politiques défilent à l'Élysée. La souricière se referme sur le chef de l'État, qui s'y est lui-même placé. La gauche refuse la stigmatisation des binationaux, et tousse quant à l'apatridie. Voyant là une opportunité unique de faire exploser la gauche, la droite, elle, conditionne bien son vote, comme l'indique Sarkozy, « à la question du retrait de la nationalité pour les binationaux ». Hollande est coincé, il est trop tard pour faire demi-tour.

C'en est trop pour Taubira.

Alors qu'il s'envole pour un voyage officiel en Inde, le 24 janvier 2016, elle lui fait parvenir une lettre, avec le manuscrit du livre qu'elle s'apprête à publier. Il l'appelle. « On attend mon retour, on résoudra ce problème », lui dit-il, optimiste. Ils se voient donc, une fois le président rentré à Paris. « Le livre, c'est un acte irréversible », nous confie-t-il. Elle va partir. Il n'exige rien d'elle. « Non, elle est libre... », dit-il encore.

Libre. S'il est un adjectif qui colle à la peau de la garde des Sceaux, c'est bien celui-là.

Hollande, qui regrette tellement la sienne, de liberté, ne fera rien pour entraver celle de l'icône de la gauche, ne tentera pas de la retenir. « Cela aurait été assez inconvenant de ma part », nous dit-il. Elle est remplacée par Jean-Jacques Urvoas, un proche de Manuel Valls. Un homme sûr, donc.

Le 27 janvier, l'Élysée annonce dans un communiqué la démission de la ministre de la Justice. Christiane Taubira et le président de la République « ont convenu de la nécessité de mettre fin à ses fonctions au moment où le débat sur la révision constitutionnelle s'ouvre à l'Assemblée nationale, aujourd'hui, en commission des lois », écrit la présidence de la République. « Parfois résister c'est rester, parfois résister c'est partir. Par fidélité à soi, à nous. Pour le dernier mot à l'éthique et au droit.

ChT. » C'est le tweet très taubirien que l'ex-ministre expédie pour rassurer ses très nombreux fans.

Humainement autant que politiquement, la perte de Christiane Taubira affecte François Hollande. Il ne dispose plus, en stock, d'une telle capacité à fédérer sa gauche. Les envolées poétiques sont remisées, place au réalisme le plus cru. « La perte de Taubira me paraissait sérieuse, concède Hollande le 29 avril 2016. Elle ne parlait pas à tous les électeurs, mais elle parlait à certains électeurs. Qu'elle ne soit plus là, c'est un problème. » Ça l'est toujours, du reste.

Il revient sur la séquence qui a conduit à la démission de la garde des Sceaux. « Je pensais, le 23 décembre, qu'elle l'avait acceptée [la déchéance], confie-t-il. Je crois que c'était le cas, mais qu'ensuite la réflexion, sans doute, l'écriture de son livre, qui a été fait pendant les vacances, la conduisaient, au lendemain des fêtes, à m'annoncer qu'elle voulait partir. Elle m'aurait dit, le 23 décembre : "Je ne peux pas rester", on en aurait tiré les conclusions. Elle a mûri sa décision, le conflit de loyauté la taraudait… Et dans la première semaine de janvier, elle m'en a fait part. Donc je lui ai demandé de réfléchir encore… Et ensuite, elle est revenue vers moi pour me dire qu'elle confirmait qu'elle ne pouvait pas rester. Et qu'elle allait écrire un livre. »

Pourquoi Taubira ne s'est-elle pas décidée plus tôt ? « J'estime qu'on ne part pas dans le vacarme », expliquera-t-elle au *Monde*. Hollande accuse le coup, car ce départ ultra-médiatisé lui fait vraiment de la peine. « C'est une femme attachante, qui a du talent. Ce n'est pas une femme ordinaire, confie-t-il, presque mélancolique. Ce n'était pas une garde des Sceaux non plus ordinaire, mais qui, justement, avait cette capacité, par la parole, d'imprimer dans l'opinion, et ça, ça compte. » Surtout pour un président incapable, précisément, de créer un lien fort avec ses concitoyens.

« C'était pour moi, sur le plan personnel, sur le plan politique, une présence qui m'importait, reprend-il. Je sentais à vrai dire ses réticences, mais elle ne les exprimait pas au point que… »

En creux, il admet n'avoir rien vu venir, ne pas avoir mesuré à leur juste valeur les états d'âme de sa ministre emblématique, et à travers elle, ceux de la gauche.

Un singulier manque de perspicacité politique qui ne lui ressemble pas.

Le débat parlementaire en séance s'ouvre le 5 février 2016. En première lecture, le 9 février 2016, l'Assemblée nationale adopte la déchéance de nationalité, au terme d'un vote serré, par 162 voix pour, 148 contre et 22 abstentions. Le 10 février 2016, les députés votent solennellement l'ensemble du projet de révision constitutionnelle avec 317 voix pour l'adoption, 199 contre et 51 abstentions. Les 3/5 des suffrages sont obtenus, de justesse.

« J'aurais fait un référendum au lendemain des attentats, je l'aurais gagné »

Les termes du texte ont changé entre-temps afin d'ôter toute mention explicite à la binationalité : « la loi fixe les règles concernant la nationalité, y compris les conditions dans lesquelles une personne peut être déchue de la nationalité française ou des droits attachés à celle-ci lorsqu'elle est condamnée pour un crime ou un délit constituant une atteinte grave à la vie de la nation ». Le juge pénal est lui rétabli dans ses prérogatives puisqu'il aura, in fine, la responsabilité de cette peine de déchéance.

François Hollande a gagné une bataille, mais son prix est exorbitant.

« Il faut gagner les combats », nous répète-t-il si souvent. Celui-là est loin de l'être : il reste maintenant à obtenir le plus difficile, l'accord du Sénat, acquis à la droite, déterminée à marginaliser un peu plus ce président si impopulaire.

Le 17 février 2016, il tire devant nous le bilan de cette première session au Palais-Bourbon, entre dépit et déni : « Ce qui a déchaîné les passions, ce n'est pas tellement l'idée de la déchéance, c'est l'idée de la binationalité. Mais le débat est devenu irrationnel. »

Il ne résiste pas à l'idée d'une courte analyse, d'un bref retour en arrière. « Faut voir où il en était, le pays ! S'il n'y avait pas eu ce discours et cette volonté de parler fort, je ne sais pas ce qui se serait passé. Il fallait un discours fort. Après, la déchéance, je pouvais ne pas l'introduire, mais elle serait revenue », tente-t-il de se justifier. Hollande a toujours eu la certitude que la droite aurait conditionné son soutien à la constitutionnalisation de l'état d'urgence en contrepartie de l'adoption de la déchéance de nationalité. Il a été titillé, un temps, par l'idée de lancer une consultation populaire. « J'aurais fait un référendum au lendemain des attentats, je l'aurais gagné, assure-t-il. Mais je ne voulais pas utiliser les attentats, surtout qu'il y avait des élections régionales qui arrivaient tout de suite derrière, à des fins politiciennes. On aurait dit : il utilise les attentats. »

Il se fait alors peu d'illusions. Le Sénat ne lui fera aucun cadeau. « S'il l'amende de telle manière que ça ne puisse pas être voté par l'Assemblée nationale, j'en tirerai les conséquences. On ne va pas prolonger l'exercice », nous annonce-t-il.

Le sentant affaibli par le départ de Taubira, ses adversaires au sein du PS poursuivent leur guérilla. Tous les coups sont permis. Le 25 février 2016, Martine Aubry publie dans *Le Monde* une tribune au vitriol, épinglant le « désolant » débat sur la déchéance, et pronostiquant « un affaiblissement durable de la France ».

De quoi mettre un peu plus en rage le président.

En commission, comme prévu, les sénateurs restreignent explicitement la déchéance de nationalité aux seuls binationaux afin d'éviter de créer des apatrides : « [La déchéance] ne peut concerner qu'une personne condamnée définitivement pour un crime constituant une atteinte grave à la vie de la nation et disposant d'une autre nationalité que la nationalité française. » Le texte réserve cette sanction aux seuls crimes terroristes, le sénateur (Les Républicains) Philippe Bas expliquant : « Nous n'avons pas voulu autoriser à déchoir quelqu'un qui a commis un délit punissable d'un an de prison. » Enfin, la nationalité étant une prérogative étatique, les sénateurs ont décidé que la sanction serait prise par décret sur avis conforme du Conseil d'État et non par le juge.

Les sénateurs adoptent donc le 17 mars 2016 un article 2 très différent du projet des députés. Il est voté par 186 voix contre 150 et 8 abstentions et prévoit donc « une déchéance de nationalité réservée aux seuls binationaux, en cas de crimes terroristes, et qui serait prononcée par décret ». Le 22 mars 2016, l'ensemble du texte est voté par 176 voix contre 161 et 11 abstentions.

Mais la révision constitutionnelle est mort-née.

Hollande ne peut évidemment accepter la version sénatoriale. La référence explicite aux binationaux est un casus belli pour la gauche, la droite le sait parfaitement.

« Une agrégation de gens intelligents peut faire une foule idiote »

Le 25 mars 2016, nous le revoyons. Un fiasco ? « Non », dit-il sèchement. Décidément, reconnaître une erreur semble hors de ses moyens. Alors, il tente de plaider : « C'était l'image qu'il fallait avoir, tout le monde se levant pour dire : voilà, on est tous unis. Je pensais que la lourdeur de ce qui s'était produit ferait qu'il y aurait une volonté de consensus. Cette volonté s'est vite érodée, abaissée. On aurait fait voter ce texte de la révision dans les trois semaines suivant l'attentat, on n'aurait pas eu de problèmes. »

Plutôt cocasse, il s'en prend aux « jeux politiques », lui qui les pratique avec maestria depuis si longtemps. Il nous l'avait dit, bien plus tôt, aux premières heures de son quinquennat : « Ça m'a toujours frappé sur le plan parlementaire qu'une agrégation de gens intelligents peut faire une foule idiote. C'est ce que Marx appelle le "crétinisme parlementaire", c'est-à-dire, en gros, un corps qui se défend. Vous mettez des gens dans une salle, ils sont tous intelligents, et ensemble ils deviennent bêtes… »

Le mercredi 30 mars 2016, François Hollande se rend à l'évidence, il enterre le projet de révision de la Constitution, et donc la réforme de la déchéance de nationalité. « J'ai décidé de clore le débat constitutionnel mais je ne dévierai pas des engagements que j'ai pris pour assurer la sécurité du pays », déclare le président de la République. Un renoncement dont il tente, bien entendu, de faire porter la responsabilité à la droite : « Une partie de l'opposition est hostile à toute révision constitutionnelle. Je déplore profondément cette attitude. » L'argument ne trompe personne. La ficelle est un peu grosse.

L'échec est total. Pour une fois qu'il bénéficiait des faveurs de l'opinion publique, Hollande a échoué à manœuvrer en coulisses, trop faible sur le plan politique. Et personnel.

Une gauche vent debout, une droite revancharde, il n'en fallait pas plus pour enterrer une réforme délicate, issue d'un traumatisme intime, et d'une certitude absolue. Il fallait, pour Hollande, parler au nom des victimes du 13 novembre, combattre pour elles. Le pire eût été, pour lui, de ne rien faire. La gifle en valait la peine, jure-t-il, sans vraiment convaincre.

« Moi, je n'ai pas été élu pour faire l'état d'urgence, pour proposer la déchéance ou pour introduire de nouveaux moyens pour les parquets ou les autorités administratives pour lutter contre le terrorisme, plaide-t-il. Mais il s'est trouvé qu'il y a eu des attentats sans équivalent depuis la Libération… »

En tout cas, il a beaucoup perdu dans l'affaire, encore une fois, épuisant le peu de crédit politique qui lui restait. Pour 58 % des Français, le président a eu tort de renoncer à réformer la Constitution, selon un sondage Odoxa pour i-Télé et *Paris Match*. Pis, 71 % des sondés estiment que cette décision met en cause l'autorité de François Hollande en tant que chef de l'État.

Pourtant, il dit ne rien regretter. Lorsqu'on lui demande : « Si c'était à refaire… », il nous coupe : « Oui. Par facilité, j'aurais pu, le 23 décembre, dire : "Nous n'introduisons pas la déchéance…" Mais, si je puis dire, elle m'aurait rattrapé dans le débat parlementaire. La droite aurait conditionné son vote à l'introduction de cette disposition, ou une disposition analogue. » Il ajoute : « C'est moi qui fais l'effort, le sacrifice. Moi, je n'ai pas été pour la déchéance. Je n'y suis pas favorable, mais j'étais prêt à faire cet acte, pour montrer que je reconnais tout le pays. C'est peut-être un symbole pour la gauche, mais son symbole principal, c'est un symbole d'unité. J'étais prêt à aller au-delà de mes propres convictions. »

Cette dimension « sacrificielle » était sans doute sincère, mais elle a échappé à tous. Peut-être parce que, encore une fois, le chef de l'État n'a pas été assez clair, est resté ambigu. « Quand c'est flou, il y a un loup », lançait méchamment au micro de Jean-Michel Aphatie, sur RTL, Martine Aubry, en octobre 2011, lors de la campagne de la primaire à propos de son concurrent socialiste, à qui elle reprochait d'« essayer de passer entre les gouttes ».

Le chef de l'État n'aurait-il pas dû, dès le départ, être plus explicite, expliquer qu'à titre personnel il n'était pas partisan de la déchéance de la nationalité, mais que la gravité de la situation exigeait un rassemblement de toutes les forces politiques du pays, que chacun devait faire des concessions, qu'on ne fait pas l'union nationale en tendant la main à son camp mais à celui d'en face ?…

Pour cela, il lui aurait fallu retrouver cette extrême clairvoyance qui l'a escorté tout au long de sa carrière politique. Elle semble s'être envolée avec les cendres du Bataclan… Au cours de cet hiver meurtrier, c'est comme si cet extraordinaire animal politique, réputé si perspicace, avait perdu son flair.

Dans l'un de ses plus fameux contes, *Les Habits neufs de l'empereur*, Andersen narrait l'histoire de ce souverain particulièrement crédule, embobiné par des charlatans qui lui firent croire avoir conçu pour lui le plus beau des costumes, jusqu'à lui faire enfiler. En fait, de vêtement il n'y avait pas. Le conte se concluait ainsi : « Seul un petit garçon osa lui dire la vérité : "Le roi est nu !" Et tout le monde lui donna raison. L'empereur comprit que son peuple avait raison, mais continua sa marche sans dire un mot. »

5

Les déchirures

La démagogie s'introduit quand, faute de commune mesure, le principe d'égalité s'abâtardit en principe d'identité.

Antoine de Saint-Exupéry

François Hollande, dans les pas de Jacques Chirac.

Souvenez-vous de la « fracture sociale ». En 1995, Jacques Chirac a été élu sur ce beau concept, ou plutôt ce constat – oublié aussitôt son élection assurée – désignant le fossé en passe de se creuser inexorablement entre la caste des privilégiés et celle des exclus.

Les deux France, en quelque sorte.

Vingt ans plus tard, à en croire Hollande, le mal, loin de se réduire, s'est encore aggravé. Prié, un soir d'avril 2015, d'évaluer l'état d'un pays encore sous le choc des attentats de janvier, le chef de l'État nous lâche : « Il y a trois France, en fait. »

Le diagnostic est sombre, tragique même. Comme si le président de la République actait, en spectateur impuissant, la partition sociale de son propre pays.

L'attentat contre *Charlie Hebdo* et l'Hyper Cacher, puis la manifestation historique, le 11 janvier, dans les rues de Paris, sont passés par là. « Il y a ce trouble dans le pays, la peur qu'il a par rapport à l'avenir, le terrorisme, sa cohésion... », commence-t-il ce jour-là. Le chef de l'État se console en évoquant « le sursaut du 11 janvier », mais se désole de « ce qu'a dit Estrosi ». Le maire de Nice a dénoncé la présence de « cinquièmes colonnes » islamistes sur le territoire. « La cinquième colonne, ça renvoie à ce que pensent beaucoup de gens, c'est terrible », s'inquiète Hollande.

Le livre-choc de l'historien Emmanuel Todd, *Qui est Charlie ?* (Seuil, 2015), dont *L'Obs* vient de publier les bonnes feuilles, fait le « buzz ». La petite musique d'une France fractionnée s'impose. Pour la petite histoire, c'est à Emmanuel Todd qu'on a souvent attribué la paternité de l'expression « fracture sociale » – en réalité conceptualisée par le philosophe Marcel Gauchet... Todd, incarnation de « l'intellectuel de gauche » politiquement incorrect, fait scandale en qualifiant d'« imposture » le soulèvement citoyen du 11 janvier en faveur de la liberté d'expression. Fustigeant l'unanimisme, il va jusqu'à qualifier de « xénophobes » les manifestations, en réalité dirigées selon lui contre l'islam.

Outrancier et provocateur, et donc fortement médiatisé, le propos de Todd a néanmoins le mérite de souligner une réalité désagréable et jusqu'alors occultée, à savoir que toute la nation n'était pas « Charlie ». La France populaire, celle des banlieues, se réclamant de la religion musulmane ou pas, n'est pas descendue dans la rue, note à juste titre l'anthropologue.

« C'est quand même ça qui est en train de se produire : la partition »

Du point de vue du chef de l'État, la France n'est donc pas fissurée en deux mais en trois blocs. « Il y a la France qui était dans la rue, détaille-t-il. La France des Blancs – pas simplement des Blancs, d'ailleurs –, des hommes et des femmes qui mettent les principes par-dessus tout et qui voulaient se soulever par rapport à ce qu'avait été l'attentat et ce qu'il représentait. Il y a une deuxième France, qui est la France des "Je ne suis pas Charlie", des classes populaires des quartiers qui disent : "Insulter le Prophète ne justifie pas de tuer ceux qui font cette caricature, mais en même temps, on n'est pas solidaires de Charlie." Ça fait quand même du monde, ça... Et il y a une troisième France qui dit : "Mais nous, ce qu'on veut, ce ne sont pas des valeurs, des principes... Aujourd'hui, les quartiers nous menacent." C'est le Front national. Il n'était pas dans la manif, le Front national. »

Mais comment leur parler, et surtout les rapprocher, ces trois France qui semblent parfaitement irréconciliables ? « C'est le rôle de la gauche, c'est son destin que les trois France puissent vivre ensemble », estime Hollande. Cet homme, qui peine tant à définir sa gauche, à tracer son idéal, veut croire au sursaut, et au rôle prééminent de la politique dans la société. « Comment on peut faire que la France vive ensemble, comment on peut redonner un lien entre tous les Français, comment on peut éviter la partition ?... Car c'est quand même ça qui est en train de se produire : la partition », juge sombrement François Hollande.

De lui-même, le président de la République en vient à l'essentiel, à ce thème dont il n'ignore rien du caractère inflammable : l'identité de la France. Longtemps revendiquée par la droite et l'extrême droite, la notion d'« identité » est désormais mise en avant, dans le sillage de Manuel Valls, par la gauche dite « réaliste ». Mais que recouvre exactement ce terme, finalement passe-partout, dont Hollande pense depuis le début de l'année 2015 qu'il sera au cœur de la prochaine échéance présidentielle ? « Le thème de l'identité est beaucoup plus présent que la question sociale ou économique, analyse le chef de l'État. Qu'est-ce qui fait que nous sommes encore ensemble, qu'est-ce qui fait que nous formons une nation ? Finalement, la République a été capable d'intégrer une population rurale au XIXᵉ siècle, y compris sur les questions de langue, d'éducation, de partage d'un idéal... »

Nicolas Sarkozy, qui avait popularisé au début de sa présidence la thématique de « l'identité nationale » – avant de le regretter publiquement quelques années plus tard – n'avait peut-être pas tort, après tout ? « Il avait sûrement senti ça, répond Hollande, mais pour lui, l'identité nationale était une identité qui devait se déterminer – c'est pour ça qu'elle n'a pas été comprise, et même qu'elle a été contestée – par rapport à l'étranger. On définissait la France par rapport à l'étranger, les enfants de l'étranger, les modes de vie, la culture, l'alimentation... D'ailleurs, il a continué, dans son thème de campagne en 2012, dans l'entre-deux-tours, il a axé sur les repas de substitution, le voile... » Selon Hollande, « le diagnostic n'était peut-être pas faux, mais le rôle du président de la République, c'est d'essayer, partant de ce diagnostic, d'éviter que le pays ne se rétracte sur une crispation identitaire. Or, il l'a entretenue ».

« L'identité, poursuit Hollande, si c'est pour parler de la France, de son destin, de son histoire, de son idéal, oui. Mais qu'a voulu faire Sarkozy ? C'est que l'identité soit définie par rapport à une menace, fondée sur la crainte de la disparition ou de la dislocation. Sa définition de l'identité, c'est : on est français, donc par définition on devrait être moins musulmans, moins étrangers, moins immigrés... Or on est français même si on est musulman, même si on est étranger par ses parents... Qu'est-ce que ça veut dire, être français ? Partager des valeurs, un destin... Mais quand on commence à mettre l'identité comme une conception négative... »

Pousser l'universalisme du pays des Lumières vers les ténèbres du repli sur soi, telle serait la traduction concrète de la pensée buissono-sarkozyste. « J'ai trouvé que c'était une complaisance à l'égard de l'électorat du Front – ça, c'était un calcul électoral –, mais c'était surtout penser que les Français devaient se déterminer par rapport à ces questions-là », dit encore Hollande à propos de la thématique identitaire de nouveau mise en avant par Sarkozy depuis 2016. « Alors que chacun sait que ce n'est pas la conception de la laïcité, reprend-il. Je pense que, le sujet, il est par rapport aux Français : qu'est-ce qui fait que nous sommes, en France, même si nous habitons des territoires différents, liés par quelque chose qui nous dépasse ? »

Le danger numéro 1, selon Hollande, tiendrait donc dans ce sentiment, de plus en plus répandu, de non-appartenance à une même communauté, de valeurs, de destin… « Ce qui se produit, c'est que les gens pensent qu'ils ne sont plus liés aux autres, résume-t-il. Tout ce qui est revenu dans la campagne des départementales comme dans la campagne des municipales, c'est le thème de l'assistanat : "Il n'y a jamais rien pour moi, tout est pour les autres, les gens des grandes villes, les entreprises, les étrangers, les pauvres…" Il faut trouver quelque chose qui puisse les unir, dans un destin collectif. »

Le mal français, bien plus que le chômage par exemple, ce serait donc celui-là, cette « désunion nationale » d'autant plus complexe à combattre qu'elle obéit à des pulsions parfois irrationnelles. « On a toujours trop tendance à penser que les liens de causalité, c'est l'économie, que c'est avec la montée du chômage, la crise, que les gens basculent, explique-t-il. Moi, je ne crois pas du tout. Ils basculent parce qu'ils ont le sentiment que leur mode de vie va être menacé, que leur horizon est bouché, que leur pays ne leur ressemble plus, ne se ressemble plus par rapport à ce qu'il a été. C'est ce que connaît la France. » « Ce n'est pas le chômage qui explique le vote FN, dit-il encore. C'est la perte de confiance en l'avenir, ce n'est pas tout à fait pareil. Ce n'est pas ceux qui sont au chômage qui votent Front, ce sont ceux qui disent que, demain, il y a trop de doutes, de peurs. Celui qui est au chômage espère encore dans le système de solidarité. »

Il évoque quelques figures médiatiques, porte-voix de cette France qui semble conjuguer son avenir au passé. « Quand on lit Finkielkraut, Zemmour, Houellebecq, qu'est-ce que ça charrie ? s'interroge-t-il. Toujours la même chose, la chrétienté, l'histoire, l'identité face à un monde arabo-musulman qui vient… C'est ça qui fait que les gens basculent, ce n'est pas parce qu'ils ont perdu 3 % de pouvoir d'achat – qu'ils n'ont pas perdu d'ailleurs ! – ou parce qu'ils sont chômeurs. Il y a des choses qui les taraudent, ils arrivent dans un train, ils voient des barbus, des gens qui lisent le Coran, des femmes voilées… C'est dur de répondre à ça. »

Mais « répondre à ça », n'est-ce pas précisément ce qu'on attend d'un président de la République ? Hollande ou le constat permanent.

« La femme voilée d'aujourd'hui sera la Marianne de demain »

Alors, quelle parade trouver à ce sentiment de « dépossession » que semblent éprouver de nombreux Français, bien au-delà du clivage droite-gauche traditionnel ? « L'idée de la France, répond Hollande. Qu'est-ce qui fait que nous sommes toujours ensemble ? Comment peut-on dire à ceux qui sont barbus, celles qui sont voilées, que leur place est ici, à condition qu'ils se plient à nos règles ? Mais c'est bien ce que les terroristes veulent inoculer : dès lors qu'ils veulent installer l'idée qu'il y a une confrontation générale entre les religions, ils ont gagné. »

Au concept de l'identité, Hollande voudrait opposer celui, infiniment plus abstrait, d'« une certaine idée de la France », porté par le général de Gaulle en son temps. Un concept qu'il développera, en septembre 2016, lors du discours de Wagram.

« L'identité, c'est une crispation sur le passé, résume-t-il. Et l'idée de la France, c'est l'idée de mouvement, c'est la France qui construit, qui avance, trouve en elle-même de par son histoire et sa réalité d'autres conditions pour assurer son destin. C'est pour ça que ce débat que l'on croit récent est un vieux débat. Qu'on trouve au tout début de l'Occupation, quand de Gaulle défend l'idée de la France et Pétain celle de la France éternelle : "Je viens protéger la terre qui ne ment pas, la France qui a été trahie par ses élites et la démocratie..." De Gaulle, qui vient d'une famille conservatrice, dit : "Non, je défends l'idée de la France, celle qui ne se soumet pas, qui avance, qui résiste." Il y a toujours eu un débat sur les peurs, l'espoir, l'avenir, le passé... »

Il ose une formule choc : « La femme voilée d'aujourd'hui sera la Marianne de demain. » « Parce que, développe-t-il, d'une certaine façon, si on arrive à lui offrir les conditions pour son épanouissement, elle se libérera de son voile et deviendra une Française, tout en étant religieuse si elle veut l'être, capable de porter un idéal. Finalement, quel est le pari que l'on fait ? C'est que cette femme préférera la liberté à l'asservissement. Que le voile peut être pour elle une protection, mais que demain elle n'en aura pas besoin pour être rassurée sur sa présence dans la société. » « L'identité, conclut le chef de l'État, c'est plutôt l'idée de Nicolas Sarkozy. Le sujet existe, mais il ne peut pas être un thème fédérateur pour la gauche. La gauche ne peut pas gagner sur le thème de l'identité, mais elle peut perdre sur le thème de l'identité. »

« Je pense qu'il y a trop d'arrivées, d'immigration qui ne devrait pas être là »

Évoquer la question de l'identité nationale, c'est en venir naturellement aux sujets qui fâchent, divisent, meurtrissent le pays depuis des décennies, avec une puissance décuplée depuis les attentats de 2015-2016 : l'immigration, l'intégration, l'islam, la laïcité... Sur toutes ces thématiques, souvent imbriquées, la gauche donne le sentiment d'avoir perdu ses repères. Entre l'angélisme empreint de paternalisme de ceux qui assignent par principe aux musulmans de l'Hexagone le rôle de victimes et la fermeté teintée d'intégrisme athée des partisans d'une République ultra-laïque, elle semble écartelée. En témoigne la passe d'armes, en janvier 2016, entre Manuel Valls et Jean-Louis Bianco, le Premier ministre reprochant au président de l'Observatoire de la laïcité d'être complaisant à l'égard du communautarisme. Deux socialistes, pourtant, mais deux visions bien différentes de la société.

Qu'en pense le président de la République lui-même ? Nous avons interrogé François Hollande à plusieurs reprises sur ces sujets, très longuement, car ils sont délicats. Il nous a répondu, avec une franchise parfois déconcertante. Sa position est à la fois ferme et nuancée. Nous avons tenté de la restituer le plus fidèlement, de ne pas la caricaturer.

Le 23 juillet 2014, nous avons posé au chef de l'État la question suivante, de manière volontairement provocatrice : « Est-ce que c'est tabou aujourd'hui, en étant de gauche, de dire qu'il y a trop d'immigration ? »

Nous ne nous attendions pas à cette réponse-là : « Je pense qu'il y a trop d'arrivées, d'immigration qui ne devrait pas être là », lâche-t-il.

Immédiatement, afin de lever toute ambiguïté, il

explicite son raisonnement, citant en exemple le long-métrage de la réalisatrice Julie Bertuccelli, reçue à l'Élysée quelques mois auparavant à l'occasion de la sortie de son film, *La Cour de Babel*. Le long-métrage met en scène des adolescents de diverses nationalités, à peine arrivés dans l'Hexagone et réunis dans une même classe d'accueil pour apprendre le français.

« Vous imaginez le travail ? En un an, les profs arrivent à les faire parler français », s'enthousiasme d'abord Hollande. « Les profs sont très fiers, très heureux, reprend-il. Et en même temps, ils disent : "C'est Sisyphe ! On les fait parler français, et puis arrive un autre groupe, et il faut tout recommencer. Ça ne s'arrête jamais. Donc, qu'est-ce qu'on fait ? On travaille dans un quartier, on arrive à aider ces familles, on leur donne un logement… Et puis après, il y en a d'autres qui arrivent, plus pauvres…" Donc, il faut à un moment que ça s'arrête. Ce n'est pas être mauvais républicain, au contraire : si on veut quand même faire ce travail, arriver à sortir un certain nombre de jeunes, il faut éviter qu'ils soient toujours confrontés à d'autres. »

Trop d'immigration tue l'intégration, si l'on comprend bien. Le propos pourrait choquer, à gauche.

« Le problème, c'est qu'on a une gauche qui vit mal tout ça, qui nous dit toujours qu'on est en train de trahir » déplore-t-il. « Je pense qu'on a une gauche – une partie de la gauche – qui n'a pas compris qu'il y avait des mutations, je ne parle pas que des mutations économiques. Par exemple, on ne traite pas l'immigration avec ou sans la religion musulmane, telle qu'elle est devenue. Avant, cette question ne se posait pas. Aujourd'hui, vous êtes obligé de l'intégrer, avec les risques que l'on sait de djihadisme, de départs – une toute petite minorité. »

Le 15 décembre 2014, Hollande eut l'occasion de rappeler que la France était un pays d'immigration, à la faveur de l'inauguration du musée du même nom.

L'occasion de rappeler nos influences disparates, de revendiquer nos origines différentes, l'apport de l'autre… « Il faut faire des grands discours, nous explique-t-il quelques jours plus tard. L'immigration… c'était le moment de le faire. Il se trouve qu'il y a un contexte : Front national très haut, l'islam mis en cause à cause de la folie terroriste, Zemmour, Houellebecq… Il y a quelque chose qui se passe. Tenir un discours en disant : "L'immigration a fondé notre nation pour une part", ce qui est une banalité, devient presque un acte héroïque ! »

Il prend souvent comme exemple le football, sport où se mêlent traditionnellement toutes les nationalités, religions et couleurs de peau. Mais il en sait aussi la fragilité. En juin 2012, juste après son élection, il suit attentivement les matchs de l'équipe de France au championnat d'Europe des nations. Le parcours est peu glorieux. Surtout, l'équipe dégage de mauvaises ondes. Certains joueurs se prennent pour des cadors, méprisent ouvertement la presse, renvoient une image déplorable… Le président est contrarié. « Il n'y a pas d'attachement à cette équipe, s'emporte-t-il. Il y a les gars des cités, sans références, sans valeurs, partis très tôt de la France. Ce n'est pas le cas de Benzema, il m'a envoyé un mot, il a gardé un lien avec la France. »

Fin 2015, au moment de l'affaire de la *sex tape* mettant en cause l'avant-centre du Real Madrid, il se montrera beaucoup moins laudateur à son endroit, bien sûr – « moralement, ce n'est pas un exemple, Benzema », nous dira-t-il en mars 2016. Mais pas vraiment surpris.

En véritable connaisseur, il observe avec une précision clinique l'évolution du profil technique mais aussi psychologique des joueurs, lui qui est passé de Kopa à Zidane, sans compter les Platini, Giresse, Deschamps, Desailly, Thuram, puis maintenant les Nasri, Pogba et cie.

La nouvelle génération ne l'emballe pas, donc. Il les écoute, lit leurs déclarations. Consterné, parfois. « On voit bien que sur l'expression il y a eu une perte de niveau », remarque-t-il. En cause selon lui, un grave déficit d'éducation. « Ils sont passés de gosses mal éduqués à vedettes richissimes, sans préparation, ils ne sont pas préparés psychologiquement à savoir ce qu'est le bien, le mal. »

Il relève aussi, dans des termes que ne renierait probablement pas son Premier ministre, « une communautarisation, une segmentation, une ethnicisation » qui seraient à l'œuvre en équipe de France, plus que jamais miroir des maux du pays, selon lui. « Les faits sont terribles », assure-t-il. « Et parfois, il y a quand même, heureusement, une capacité à se fondre dans le commun », tente-t-il de se rassurer. De ce point de vue-là, l'Euro 2016 l'aura rasséréné, les Bleus ayant enfin offert un visage attrayant, malgré la visqueuse polémique lancée par l'incorrigible Benzema, accusant le sélectionneur d'avoir « cédé à la pression d'une partie raciste de la France ».

En fait, Hollande aimerait impulser une refonte des mœurs footballistiques. « La Fédération, ce n'est pas tellement des entraînements qu'elle devrait organiser, ce sont des formations. C'est de la musculation du cerveau », lâche-t-il.

On est loin du politiquement correct, mais tout cela est dit sans acrimonie ni agressivité. Juste un constat froid d'amoureux éconduit et de président inquiet.

« Qu'il y ait un problème avec l'islam, c'est vrai. Nul n'en doute »

Au mois de décembre 2015, dans la foulée de la deuxième vague d'attentats djihadistes, François Hollande va de nouveau s'en prendre, devant nous, à cette « gauche de la gauche » engoncée d'après lui dans ses a priori idéologiques, incapable de comprendre par exemple que l'exaltation de la nation peut être, aussi, un réflexe républicain.

Il dit : « Ségolène avait eu cette intuition en 2007 : le drapeau, l'ordre juste… La gauche ne lui a pas accordé le crédit qu'elle aurait mérité. Elle a eu raison trop tôt. Valls l'a fait avant même qu'il devienne Premier ministre, en franc-tireur. La gauche a eu du retard sur ces questions-là, parce qu'elle ne voulait pas donner l'impression de mettre en cause une religion, l'islam en l'occurrence. Et elle n'a pas compris qu'il y avait dans l'islam un risque, si l'islam ne mettait pas de lui-même des limites à la radicalisation. »

D'après celui qui fut premier secrétaire du Parti socialiste de 1997 à 2008, « la gauche a été dans les années 80-90 confrontée à un problème nouveau, qui était le fait que des enfants arrivant à l'école étaient de confession musulmane, ce qui pouvait les amener à avoir des signes ostentatoires, et elle n'y était pas préparée ».

L'islam. François Hollande le sait pertinemment, on est au cœur du sujet. L'écrasante majorité des musulmans présents en France vivent leur foi de manière on ne peut plus pacifique. Pour autant, comment ignorer le fait que la quasi-totalité des attentats terroristes commis dans le pays ces dernières années l'ont été au nom de cette religion ?

Abandonnant toute langue de bois, Hollande confie : « Qu'il y ait un problème avec l'islam, c'est vrai. Nul n'en doute. »

Évidemment, dans la bouche d'un président socialiste, un tel propos peut surprendre. Alors, on le presse de le préciser.

« Il y a un problème avec l'islam parce que l'islam demande des lieux, des reconnaissances, dit-il. Ce n'est pas l'islam qui pose un problème dans le sens où ce serait une religion qui serait dangereuse en elle-même, mais parce qu'elle veut s'affirmer comme une religion dans la République. Après, ce qui peut poser un problème, c'est si les musulmans ne dénoncent pas les actes de radicalisation, si les imams se comportent de manière antirépublicaine… »

Qu'on ne s'y trompe pas, le chef de l'État n'est pas devenu islamophobe. Sur le thème de la laïcité, par exemple, il se tient au contraire sur une position plutôt modérée, réaliste en tout cas. « Sur la laïcité, avance-t-il, il y a sûrement eu de la part d'une partie de la société française l'acceptation – qui partait d'un bon sentiment – des différences, d'une société multiculturelle… Quand Chevènement en parlait, en 2000, il était absolument condamné par une certaine bien-pensance… » Mais lui, qu'en pense-t-il vraiment ? Le port du voile, par exemple, y est-il favorable ?

« Ce que j'en pense, c'est que ça choque beaucoup plus. Qu'est-ce qu'on peut faire ? On ne peut pas aggraver les lois de la laïcité à l'espace privé. » S'agissant de la loi d'octobre 2010 interdisant de dissimuler son visage dans l'espace public, Hollande rappelle qu'il l'avait votée. « C'est une bonne chose », dit-il, tout en soulignant l'effet pervers qu'elle a généré : « Le problème, c'est que les musulmans se sont beaucoup plus affichés comme musulmans. Pour des raisons qui tiennent à leur affirmation, pour d'autres à la provocation, pour certains à la radicalisation… Tant qu'ils se cachaient, ça ne choquait personne. Mais on les voit, peut-être parce qu'ils sont plus nombreux. Dans beaucoup de pays, ça ne pose pas de problèmes. En France, ça pose un problème. »

« Pourquoi interdire à une femme d'être voilée ? »

« Imaginons que je prône la laïcité jusqu'au bout, avance-t-il au printemps 2015. Que je dise par exemple : aucune fille ne doit venir voilée à l'université, aucune femme ne doit venir voilée dans les sorties scolaires pour accompagner les enfants, pas de repas de substitution… Mais qu'est-ce que ça voudrait dire ? On s'en prend à ce moment-là à une religion comme on ne s'en est jamais pris à aucune autre. On n'a jamais interdit aux prêtres catholiques de porter une soutane dans la rue, pourquoi interdire à une femme d'être voilée ? »

Il se souvient à ce propos avoir reçu, en juillet 2012, des lycéens franciliens ayant obtenu une mention très bien au baccalauréat. « Au moment où le déjeuner devait commencer, on me prévient : "Il y a deux jeunes filles voilées." J'aurais pu dire : "Aucune jeune fille voilée ne doit venir à l'Élysée." Ça aurait été contraire aux principes de la laïcité. Les principes de la laïcité, c'est que, lorsqu'elles étaient lycéennes, elles devaient pour passer leur bac enlever leur voile, mais le jour où elles ne sont plus lycéennes, elles deviennent des citoyennes. Elles viennent voir le président de la République, elles l'ont fait à dessein, pour lui dire : "Vous voyez, monsieur le Président, on a eu mention très bien au bac, on a toutes les conditions pour être des jeunes filles exemplaires, et en même temps on s'affirme pour ce que l'on est, des musulmanes." Donc, j'ai bien sûr accepté que ces jeunes filles puissent garder leur voile, qu'elles ont enlevé lors du déjeuner. Autant on doit chasser le djihadiste, punir le terroriste, autant on ne peut pas considérer que le pratiquant musulman serait un danger pour la République. »

Il prend un autre exemple, le projet de construction d'une mosquée à Tulle, son fief corrézien. « Une femme a dit à Bernard Combes [le maire PS] : "On n'a pas voté pour François Hollande pour qu'il y ait une mosquée." Elle a raison, dans mon programme, il n'y avait pas marqué : il y aura des mosquées ! Mais dès lors qu'il y a 5 millions de musulmans... C'est vrai que ça fait un choc, ça ne correspond pas à ce qui était jusqu'à présent l'histoire, les traditions... Mais dès lors qu'il y a des musulmans en France, il n'est pas illégitime qu'ils puissent avoir des lieux de culte. »

Au mois de juillet 2014, nous avions abordé avec le chef de l'État les difficultés d'intégration récurrentes rencontrées, depuis plusieurs décennies, par la communauté maghrébine, souvent reléguée dans les quartiers sensibles, et le fait que la gauche, et lui en particulier, n'ait jamais vraiment pu y répondre.

« Essayons de voir les côtés positifs, c'est mon optimisme qui m'y conduit ! nuança-t-il. D'abord, on n'a pas les émeutes urbaines [durant son quinquennat], peut-être que ça viendra. Deuxièmement, même si l'intégration ne fonctionne pas terriblement bien, on a quand même de plus en plus de jeunes de ces quartiers qui arrivent à s'en sortir, qui font des études. Après, l'aspect plus négatif, c'est que la pénétration de la religion est beaucoup plus forte aujourd'hui qu'il y a quelques années. » Il dit se fonder sur plusieurs instruments de mesure, de l'apparition de « listes communautaires aux municipales » à la multiplication des « femmes voilées », souvent jeunes. « Pas leurs mères, des jeunes, insiste-t-il. Qu'on ne voyait pas dans les quartiers. Ce n'est pas propre à la France, on trouve ça partout. » Parlant d'une « réalité qui est en fait multiple », il dit : « Il y a à la fois des choses qui marchent très bien, et l'accumulation de bombes potentielles liée à une immigration qui continue. Parce que ça continue. »

Il nous fait part d'une rencontre qui, semble-t-il, l'a beaucoup troublé. La veille de notre discussion, il a reçu les parents d'une institutrice de 34 ans mortellement poignardée par une mère de famille, à Albi (Tarn), devant ses élèves. L'auteure de l'agression, connue pour des troubles psychologiques, est une Espagnole d'origine marocaine. Ému, il décrit un couple « de gauche », dont « on voyait bien les valeurs ». « Leur fille, continue-t-il, s'occupait des demandeurs d'asile, dont une famille d'origine gambienne, et pour lui rendre hommage, ils ont demandé qu'elle soit régularisée. Ce qui a été fait. Et cette femme, jeune maîtresse d'école, a été tuée par une Espagnole, d'origine maghrébine, qui était à l'hôpital psychiatrique. Pourquoi elle est venue, bon... Et c'est ça qui ne va pas, ils le disaient eux-mêmes, avec tout l'esprit d'ouverture qui était le leur : "Qu'il y ait des gens qui viennent, on comprend, ils sont bien intégrés, eux ils sont persécutés dans leur pays, on les accepte, mais les autres, qu'est-ce qu'ils font là, pourquoi ? Et pourquoi cette jeune femme qui a tué notre fille n'a pas été suivie, comment elle a pu arriver là, qu'est-ce qui justifie qu'elle soit là, si ce n'est les allocations familiales ?" »

Il laisse passer un silence, comme s'il devait digérer ses propres propos, puis glisse : « Vous voyez, même chez eux, hein », sous-entendu, même chez des gens de gauche…

Cette France qui semble avoir perdu ses repères, François Hollande croit comprendre ses questionnements, à défaut de savoir y répondre. Il semble, comme toujours, bien plus à l'aise pour poser un diagnostic que pour administrer un remède.

« Le déclinisme fait le lit de l'extrémisme »

Ainsi lorsqu'il dénonce, en octobre 2015, cette montée du souverainisme qui a « gagné les esprits ». « On voit bien que l'entre-deux, l'Europe d'aujourd'hui où l'on fait un peu de fédéralisme, un peu d'État-nation, un peu d'intergouvernemental, un peu de communautaire, un peu d'ouverture et un peu d'identité, ça ne marche pas, ça ne correspond pas à ce que les peuples comprennent. Il faut faire un renforcement de l'Europe, il vaut mieux assumer pleinement son engagement européen que de s'excuser. » Selon lui, l'alternative est simple : « Soit on retourne aux nations telles qu'elles étaient avant, au nom du souverainisme, d'une nostalgie du passé, ou on fait d'autres sauts d'intégration, pour être plus forts. » Huit mois plus tard, le Royaume-Uni claquait la porte de l'Union avec pertes et fracas, laissant les dirigeants européens, Hollande au premier chef, totalement désemparés…

Le chef de l'État s'inquiète aussi de la libération, au nom du politiquement incorrect, d'une parole un peu trop décomplexée. « Je suis convaincu que, quand on interroge les Français, ils sont majoritairement sur la position de Morano », nous dit-il en octobre 2015, après que la députée européenne, réputée pour ses saillies poujado-provocatrices, a assuré sur le plateau de *On n'est pas couché* sur France 2 que la France était « un pays de race blanche ». « Ce n'est pas une question de race blanche, précise-t-il, mais de dire : "On est plutôt des Blancs, il y a plus de Blancs que d'autres." »

Il en a parfaitement conscience, c'est à une France convaincue de son propre déclin qu'il doit désormais s'adresser. « C'est vrai que l'idée que nous sommes dépassés, en France, s'est installée, avoue-t-il dès le mois de décembre 2013. C'est très dangereux car le déclinisme fait le lit de l'extrémisme. Et pourtant, les pays émergents nous regardent encore comme un modèle, nous, les Européens. Je pense que le malaise français, il est là. »

Parler de « droitisation » voire d'« extrême droitisation » de la société française serait « trop simple » à ses yeux. Le phénomène, qu'il qualifie de « repli général », est européen, voire mondial, et l'essor des mouvements populistes est le symptôme d'un mal très profond.

« Il y a un mouvement général de repli identitaire, dans tous les pays, analyse-t-il fin 2014. On le voit bien au Royaume-Uni, même avec un gouvernement conservateur, en Espagne, ça prend une autre forme : le premier parti aujourd'hui c'est Podemos, venant de la rue, pour dire : "On en a assez de cette discipline austère qui nous vient de l'extérieur." D'une certaine façon même si c'est un mouvement progressiste, c'est : "Replions-nous, séparons-nous." La Catalogne, l'Écosse… C'est intéressant ce séparatisme et ce repli identitaire, c'est la même logique, pas forcément mue par les mêmes forces. Même en Allemagne, il y a un parti qui considère que l'Europe c'est trop de générosité, trop de solidarité, et en Italie, c'est Grillo. À chaque fois, c'est la peur de disparaître. On se replie sur ce qu'on pense être ses valeurs profondes, son mode de vie. C'est ça qui nous menace. »

Mais quelles réponses apporter aux prophètes du malheur, ces oiseaux de mauvais augure dont les pronostics catastrophistes sont parfois, hélas, confortés par les faits ?

« Il faut peut-être prendre davantage l'électeur aux tripes »

« L'électorat populaire, il faut le rassurer, le protéger, pense Hollande. L'autre réponse, c'est de dire : on ne s'en sortira pas dans ce monde-là en le quittant. Est-ce qu'on entre dans le monde par la porte de sortie ? Non. L'idée, c'est : on est dans l'Europe, elle ne nous plaît pas, il faut la changer, le monde aussi ne nous rassure pas, mais on ne sort pas du monde. » Des propos empreints de mesure, balancés, assurément, mais peu susceptibles de soulever l'enthousiasme des foules.

L'époque est aux tribuns, à la démagogie, à la recherche de boucs émissaires, de l'Américain Donald Trump au Hongrois Viktor Orban. En France, Marine Le Pen ou Jean-Luc Mélenchon prospèrent sur le même terreau.

« Je pense, dit Hollande à propos de l'ancien sénateur de l'Essonne, qu'il utilise une corde qui peut mettre en danger les idées mêmes qu'il prétend défendre. Parce que ce n'est pas lui qui gagnera, c'est l'extrême droite qui gagnera. Et la droite. » « Mélenchon est trop violent, et trop brutal », nous dit-il encore, en décembre 2015.

« Ce qui est en train de se produire dans le monde occidental, au sens le plus large du terme, c'est quand même une dérive populiste et droitière, analyse le chef de l'État au début de l'été 2016. Parce qu'avec Trump aux États-Unis, ce qui se passe en Pologne ou en Hongrie, même le référendum britannique, ou Erdogan en

Turquie, et si on veut ajouter Poutine… On voit bien qu'une dérive autoritaire est en train de se produire. »

En Turquie, le sultan Erdogan mettant au pas toutes les forces de son pays, qu'elles soient médiatiques, intellectuelles ou militaires, l'inquiète au plus haut point. « C'est une véritable épuration qui est en cours », reconnaît-il, peu après le putsch militaire raté du 15 juillet 2016.

Plus que jamais, l'outrancier Donald Trump fait figure, à ses yeux, de symptôme d'un monde malade. « Ce qu'a dit Trump sur la France, en disant finalement que la France connaissait le terrorisme parce qu'en réalité elle avait ouvert ses frontières et qu'elle en payait le prix… », soupire Hollande. « Et il a dit la même chose pour l'Allemagne… Qu'est-ce qui se passerait si Trump était élu président des États-Unis ? Il a dit lui-même qu'il contrôlerait davantage les Français… Cela veut dire que les États-Unis, majoritairement, le peuple américain, accepteraient une position isolationniste comme on l'a connue à d'autres époques, mais avant, l'isolationnisme américain c'était, nous ne voulons pas intervenir dans les affaires des autres, on a suffisamment à s'occuper de nous-mêmes, ce n'était pas rejeter les autres. Alors que pour Trump, c'est un isolationnisme au sens : on ne veut pas de vous… »

Aux yeux de Hollande, le milliardaire américain, inattendu vainqueur de la primaire républicaine et postulant crédible à la succession de Barack Obama, fait désormais figure de repoussoir absolu. Lorsqu'en juillet 2016, Manuel Valls dénonce la « trumpisation » des esprits à longueur d'interviews, c'est le chef de l'État qui lui a suggéré l'expression. « Oui, nous confirme-t-il, je lui ai dit : il faut absolument l'utiliser. Avant, on parlait – c'est Badinter qui avait trouvé cette formule, et il n'avait pas tort – de la lepénisation des esprits. Mais la trumpisation, c'est la simplification, l'attaque contre les élites, la caricature du système, une espèce de provocation permanente, ce qu'on croit être la gaffe qui va l'éliminer définitivement et qui en fait le renforce… Rien ne l'arrête. Il faut dire aux Français, vous voyez, Trump, c'est exactement ce que l'extrême droite pourrait faire demain en France. »

« Trump pense être le candidat anti-système, reprend Hollande. Mais dès qu'il va être président, s'il l'était, les États-Unis seraient LE système. Le système d'ailleurs le pire, le système d'oppression, de domination, de mépris, etc. Je pense que les Américains ont le même problème que nous, moins les institutions : déclassement des catégories moyennes, peur de l'immigration, raidissement moral, les musulmans… »

Trump. La grossièreté du phrasé, la trivialité du personnage le raidissent déjà. « Lui, ce qui l'anime est la vulgarité. C'est un être, je trouve, dans tous les sens du terme, vulgaire. Comme pouvaient l'être des leaders populistes en Europe, qui sont fondés sur la vulgarité. Le Pen, les deux Le Pen sont vulgaires, le père encore davantage… »

Alors, que faire ? S'adresser à la raison. Croire en l'autre. Bousculer, aussi.

« Il faut peut-être prendre davantage l'électeur aux tripes, estime Hollande, fin 2014. Lui dire : "Ne détruis pas la fierté qui t'anime d'être français." Moi, maintenant, je rode un discours sur le thème : il faut aimer la France. "Vous pouvez ne pas aimer le président de la République, vous pouvez ne pas aimer les socialistes, mais aimez la France." »

Ce regain de patriotisme qu'il appelle de ses vœux, et qu'il oppose au nationalisme étroit, il déplore que les médias hexagonaux ne le portent pas davantage. « Pour parler très clairement, toute la presse française est possédée par les plus grandes entreprises françaises, qui devraient avoir comme seule ambition de vendre leurs produits à l'extérieur. Or, les journaux se livrent à un abaissement de la France, ce qui est absurde. »

Un raisonnement doublement contestable, puisqu'il suggère que les journalistes devraient non seulement repeindre en rose une réalité qui l'est rarement, mais en plus le faire pour complaire à leurs actionnaires.

Sans doute faut-il voir à travers cette remarque une nouvelle manifestation du dépit amoureux dont est empreinte la relation entretenue, depuis son accession à l'Élysée, par François Hollande avec les médias.

De son point de vue, de contre-pouvoir, la presse serait devenue « un pouvoir de substitution ». « La presse, argumente-t-il, et ça ne date pas de mon quinquennat, est anti-pouvoir. Sauf peut-être *Le Figaro* dans la période où la droite est aux responsabilités – et encore, il faudrait vérifier. Elle n'aime pas le pouvoir, elle ne reconnaît pas le pouvoir, elle conteste le pouvoir. Ce qu'elle veut, c'est délégitimer le pouvoir politique... Ç'aurait pu se limiter à Mediapart ou au *Canard enchaîné*, mais en fait, ça s'est diffusé. On considère que le pouvoir quel qu'il soit n'est pas sincère, il est intéressé. Tout le monde croit que ce que je fais est toujours motivé par la candidature : "Il fait ça parce qu'il veut être candidat, parce qu'il y a intérêt, il n'est pas pur dans ses intentions..." Et depuis le début du quinquennat. À tel point que, Juppé, quand il dit : "Je suis candidat pour un seul mandat", on dit : "Bravo, ça prouve qu'il n'est pas intéressé." Ça veut dire qu'il faut presque se faire hara-kiri pour plaire... »

« Zemmour n'a rien inventé, c'est le café du commerce du déclin français »

« Le peuple, il peut être parfois abusé, insiste-t-il. Le problème, ce sont les élites, qui peuvent être parfois les plus négatives. Les élites journalistiques, mais aussi les élites économiques qui gagnent des millions et qui trouvent que leur pays qui s'en prend à la fortune, à la richesse, n'est pas à la hauteur. Alors qu'elles devraient se dire : si on est là, c'est parce que notre pays, la République, nous a mis là. Par la formation, la chance qui nous a été donnée d'être dirigeants… Quant aux élites intellectuelles, on ne peut pas dire qu'elles soient très passionnées par l'idée de la France. Ou alors, c'est une espèce de culture nostalgique, à la Régis Debray, sur le thème : "La France a disparu…" »

Dans le registre de la nostalgie, le succès grandissant du très droitier polémiste Éric Zemmour, dont le best-seller *Le Suicide français* met en scène le supposé affaiblissement de la France, fait figure de symptôme d'un pays en plein spleen.

« C'est une vieille idée, le "c'était mieux avant", soupire Hollande. Zemmour n'a rien inventé, c'est le café du commerce du déclin français. Le déclin français est inscrit depuis l'après Première Guerre mondiale. C'est finalement dès que l'on a commencé à perdre économiquement, puis à perdre nos colonies, puis à perdre les guerres, le déclin français. Même dans les Trente Glorieuses, c'est le déclin français. »

Le phénomène serait donc culturel. « On va mieux que dans beaucoup de pays, mais on pense qu'on va moins bien, résume Hollande. Cela tient à une caractéristique de la France, qui est qu'on est un grand pays, où le sentiment du déclin est beaucoup plus présent que lorsqu'on est un petit pays qui peut connaître des malheurs, comme la Grèce, le Portugal… En France, on est hanté par le déclin. »

Ce qui dérange le plus Hollande, c'est que, concernant Zemmour, il n'y ait pas « en face d'autres intellectuels qui disent : la France de demain sera ce qu'on en fera, c'est quand même mieux qu'il y ait plus de femmes dans la vie publique, c'est quand même mieux qu'il y ait plus de diversité dans la société, c'est quand même mieux qu'il y ait des idées d'égalité et de justice qui passent »…

« Si j'étais intello, je ferais un truc qui s'appelle "Vive la France !" », conclut-il, un peu naïvement.

François Hollande est tout sauf un intello.

6

La comparaison

L'homme n'existe que dans le combat.

Pierre Drieu la Rochelle

Un gros titre accroche le regard du président. Il barre la une du quotidien économique *Les Échos*, bien en vue sur son bureau ce mercredi 11 mai 2016. Alain Juppé promet le « plein-emploi » dès 2022. En pages intérieures, le maire de Bordeaux détaille son programme économique, farouchement libéral.

François Hollande, dont le Premier ministre a mis en œuvre, la veille, le dispositif 49.3 pour faire passer la loi travail, se frotte les mains. Non pas qu'il approuve les mesures proposées par Alain Juppé, bien au contraire.

Non, s'il se réjouit, c'est parce qu'il sent qu'il va bientôt pouvoir remonter sur le ring, repartir au combat. Car le temps de la comparaison est arrivé. Enfin.

« Quand je vois l'article de Juppé dans *Les Échos*, je me dis qu'il y a deux modèles possibles, nous confie-t-il quelques jours plus tard : un modèle et un contre-modèle. Ce qu'il propose, c'est tout à fait autre chose. Un contrat de travail avec moins de sécurité, moins de droits. Il propose de baisser les impôts des plus favorisés, d'augmenter la TVA… Pour nous, c'est quand même un miroir de ce que la droite apparemment la plus modérée est capable de faire. Mais elle n'est pas modérée. »

Quatre ans que François Hollande attend ce moment. Depuis le début, il a en tête de se représenter en 2017. Voilà pourquoi depuis le début de son mandat, il observe au microscope, en entomologiste incontesté de la vie politique hexagonale, les soubresauts de la droite parlementaire. Il dissèque ses adversaires potentiels dont il examine méticuleusement les programmes et ne manque rien des interventions publiques, s'amusant de leurs contradictions, et encore plus de leurs féroces querelles, dignes d'une famille décomposée. Sa seule – et maigre – chance de réélection réside, selon lui, dans sa capacité à convaincre les Français que la droite ferait pire.

Quand Hollande se regarde, il se désole, quand il se compare, il se console, en quelque sorte…

Le chef de l'État s'est plus particulièrement concentré sur les trajectoires parallèles des deux favoris de la primaire de l'opposition, Alain Juppé et Nicolas Sarkozy. Au fil des mois, son analyse des forces en présence évolue. Le 4 avril 2014, Hollande nous confie par exemple ceci : « Le plus dangereux, c'est Juppé. On aura même intérêt à ce que Sarko soit là. Juppé aura 72 ans, il a l'air d'un sage, ce ne sera pas la droite dure, il a payé sa dette, pour les autres… Il fait sérieux sur la gestion des comptes. Si j'avais des complots à ourdir ce serait plus par rapport à Juppé qu'à Sarko ! » Comme en écho, Valls nous assure, dix jours plus tard, que « le seul candidat qui le préoccupe, c'est Juppé. Il a raison, il réunit toutes les droites ».

Le come-back de son prédécesseur, à la rentrée 2014, a mobilisé toute son attention, bien sûr. Cette entame de campagne, façon retour vers le futur et jugée unanimement ratée, laisse penser au chef de l'État, dès le mois d'octobre 2014, que l'espace peut se dégager pour Alain Juppé : « C'est ça qui est extrêmement troublant, et qui explique que Juppé soit regardé, alors qu'il est finalement encore plus ancien que Sarkozy, qu'il était au gouvernement en 1986... Mais Juppé apparaît presque comme un personnage qui s'est assagi, s'est recentré, rééquilibré, qui n'est plus le Juppé "droit dans ses bottes". Il a fait un travail sur lui-même, un travail intellectuel aussi de propositions, que Nicolas Sarkozy n'a pas effectué. »

Hollande, c'est évident, se sent davantage d'affinités avec Juppé, plus modéré, plus lissé. « Le discours que fait Juppé est sur l'apaisement », relève d'ailleurs le président à propos du maire de Bordeaux. Peut-être parce que cet homme d'État, technocrate d'élite nourri aux mamelles des institutions de la République, sans appétit connu pour l'argent, et dont le comportement est tout sauf ostentatoire, lui rappelle quelqu'un...

Pour autant, il ne s'y trompe pas : Juppé, sur le plan économique au moins, c'est la droite dure. Un libéral pur jus, dont les propositions vont loin, très loin. « Sur le plan personnel, je pense qu'il a des positions plus compatibles avec ce que je fais, sur le plan de la politique extérieure, la défense, ou même les questions de liberté, résume Hollande. Mais le débat politique, en 2017, ce sera sur les grands choix économiques, sociaux... Avec Juppé, ce sera essentiellement là-dessus. Pour la gauche, entre Sarkozy et Juppé, cet électorat dirait plutôt Juppé. Mais la primaire étant faite, Juppé ayant par hypothèse gagné la primaire, à ce moment-là, l'électorat de gauche viendra sur le contenu des projets. »

Mais au moins Juppé sait-il se tenir, ne sombre pas dans la trivialité, modère ses ardeurs. Tout le contraire d'un Sarkozy, dont Hollande a écouté attentivement le discours, lors de son intronisation à la tête des tout nouveaux Républicains, le 31 mai 2015. Il n'a pas manqué de relever les sifflets qui ont accueilli Juppé à la tribune. L'ennemi est divisé, il compte bien en profiter. « Ce qui était le plus fâcheux pour ce nouveau parti, outre le fait qu'il ressemblait extrêmement précisément à l'ancien, ce sont les sifflets, raille-t-il. C'était le plus malencontreux. Taper sur la gauche, même si pour un ancien président c'est peu compréhensible de le faire avec autant d'outrance, ça peut néanmoins être compris par une partie de l'électorat. En revanche, faire siffler Juppé, même si ce n'est pas lui qui les organise, les sifflets… Il aurait pu, comme Balladur l'avait fait, dire : "Je vous demande de vous arrêter." C'est mettre de l'agressivité dans son propre camp. »

On le sent, depuis le début de l'année 2016, il trépigne, rêve de s'affranchir de ce devoir de réserve présidentiel qui le bride, se languit de pouvoir se confronter directement à ses ennemis « naturels ». Reste à savoir lequel il devra défier. Surexcités par l'odeur du pouvoir qu'ils pressentent à portée de main, les leaders de l'opposition ont entamé une lutte à mort ; un seul en réchappera, comme dans un jeu de télé-réalité.

Le 27 novembre 2016, François Hollande saura.

La première primaire interne à la droite française de l'Histoire aura livré son verdict. Alain Juppé, Nicolas Sarkozy, François Fillon ou Bruno Le Maire, lequel des quatre principaux candidats – même si un Jean-François Copé ou une Nathalie Kosciusko-Morizet peuvent jouer les trouble-fête – sera sur la ligne de départ en prévision de l'élection présidentielle de 2017 ? Fillon reste peu audible, et Le Maire part de très loin, quand même.

Se détachent nettement les deux cadors, grands favoris pour la « finale », programmée donc le 27 novembre, sept jours après le premier tour… et deux mois avant la primaire de la gauche de gouvernement (prévue les 22 et 29 janvier 2017), dont Hollande pourrait ressortir investi.

Rêve-t-il d'un nouveau face-à-face avec Sarkozy, dont beaucoup pensent qu'il serait, pour lui, le challenger idéal ? Pas nécessairement. En réalité, contrairement à une idée reçue largement répandue, Hollande n'a pas choisi son adversaire « préféré », à droite. Si Sarkozy lui permettrait certes de jouer en « contre », de stigmatiser ses excès, de lui renvoyer son bilan – et quelques casseroles judiciaires – à la figure, l'ancien président reste un redoutable bateleur, qui sait parler au « peuple de droite », et dont les coups de menton sont susceptibles de séduire un électorat réputé en demande d'autorité.

Juppé, tenant d'une ligne plus centriste sur les questions de société et nanti d'une personnalité nettement plus consensuelle, jouit pour sa part de sondages flatteurs. Sa traversée du désert l'a humanisé aux yeux des Français. Mais il n'est pas un homme de campagne. De plus, il incarne un autre temps, celui de la génération Chirac, et ne déclenche pas l'enthousiasme, plutôt une forme de rationalité déprimante. Et puis, son passage à Matignon il y a vingt ans, déjà, n'a pas laissé de grands souvenirs aux Français...

Hollande décrypte à l'avance la stratégie qu'adoptera, selon lui, le maire de Bordeaux : « En gros, le discours de Juppé c'est : "Je vais avoir 70 ans en 2017, je ne ferai qu'un mandat." Juppé joue beaucoup plus le barrage. C'est plus facile pour un électeur du centre, de centre-gauche, voire même de gauche, de voter pour Juppé pour empêcher Le Pen que de voter pour Sarkozy. »

Le chef de l'État insiste au passage sur ce qu'il pense être le gros point faible de Sarkozy : « Il sous-estime tout le monde. Et puis, sur Juppé, il a quand même été capable de dire : "Il a été condamné." C'est un argument qu'il va réutiliser : "Moi, j'ai peut-être des affaires de justice, je suis mis en examen, mais j'ai été blanchi. Juppé, lui, il a été condamné. Est-ce que vous voulez un président de la République qui a été condamné, été inéligible ?" »

Alain Juppé, qui feint l'humilité, se réclame du travail studieux et de la modération ferme, va lui aussi jouer en contre, surfant sur son indécent capital sympathie... L'ancien Premier ministre apparaît si rassurant, au regard du tourbillonnant Sarkozy. « Juppé, qui est parfois plus malin, plus nuancé, suscite l'adhésion, confirme Hollande. Sarkozy, en 2007, il était beaucoup plus mobile. Quand il avait commencé à dire qu'il était contre la double peine, qu'il était pour le PACS, que l'opposition devait être beaucoup plus moderne… Là, il avait suscité de l'intérêt. »

Juppé joue donc sa partition, sans à-coup, à bas bruit. Jamais un son discordant. Il est vrai que, lorsqu'on jouit d'une cote de popularité à faire pâlir Omar Sy et Nicolas Hulot réunis, inutile d'élever la voix. Hollande observe le phénomène. Sans inquiétude particulière, mais avec un vif intérêt. « Juppé le candidat, d'une certaine façon c'est vrai qu'il récupère un électorat centriste, mais il perd un électorat qui aura été habitué à considérer que l'extrême droite n'est pas un danger. Enfin, il apparaîtra pour ce qu'il est, un homme qui, sur les alliances, a une certaine rigueur morale, mais qui, sur le contenu, est un homme de droite. Je ne vois pas comment l'électorat de gauche pourra aller vers lui. Mais l'électorat du centre, oui. »

Les commentateurs s'en donnent à cœur joie, le succès à la primaire d'un Juppé serait, pour beaucoup d'entre eux, une catastrophe pour Hollande, qui perdrait son faire-valoir préféré, Sarkozy. « Ce sont souvent des calculs qui ne tiennent pas, réfute le chef de l'État. Une élection ne se passe pas comme il est anticipé qu'elle se produise, il est des faits de campagne qui vont apparaître. Les fondamentaux de la vie politique demeurent. »

« Cela apparaît sur le papier plus simple d'être face à Sarkozy, résume-t-il. Juppé a une base plus large, mais en fait, dès que Juppé serait désigné, il redeviendrait le candidat de la droite, avec des idées de droite, un programme de droite… Et avec le souvenir de ce qu'il a déjà fait. À la limite, si je devais pousser le raisonnement jusqu'au bout, face à Juppé je peux apparaître plus dans le renouvellement, dans le rajeunissement [il sourit], dans la rénovation que lui... » Et puis, l'attitude un brin condescendante de l'ancien poulain de Chirac, victime parfois de rechutes d'arrogance, l'interpelle. « Il retrouve des accents de Giscard d'une autre époque », note-t-il. Il ajoute : « Juppé, c'est : "Je suis le changement sans risque, avec moi, vous n'aurez plus les socialistes, mais vous n'avez pas le risque. Avec Sarkozy, vous n'aurez peut-être plus les socialistes, mais vous aurez le risque, c'est sous Sarkozy qu'il y a eu les émeutes urbaines." » Alors, Juppé ? Sarkozy ? Ni l'un ni l'autre ? Hollande, on l'a compris, ne veut pas choisir. Parce qu'il considère que l'identité de son adversaire à droite importe peu, en réalité.

S'il devait retrouver son prédécesseur sur sa route, il sait déjà, en tout cas, sur quels fils tirer, quels ressorts actionner.

La crainte en est un. Celle qu'un retour des outrances sarkozystes susciterait immanquablement. « Il faudra ramener ça, confirme-t-il. La peur est quelque chose qui existe dans une campagne. Mais il y a l'espoir aussi. Il faut mettre de l'espoir, pas simplement de la peur. Juppé est plus dangereux dans le sens où les gens se disent : "Finalement, je n'ai pas de risques." »

Boulimique de journaux, le président apprécie aussi la radio. Alors, le matin, il écoute souvent les interviews politiques. Celles d'Alain Juppé retiennent son attention. Il en tire une certitude : « Dans le cas de figure où ce serait Alain Juppé, le débat ne serait plus sur les questions majeures de société, sur les questions de laïcité, de mariage homosexuel ou de rapport à l'Europe... Il est plus dans la nuance que dans la différence par rapport à ce qu'on fait. En revanche, il porterait sur l'économique et le social, parce que là, il voudrait montrer qu'il a un programme de droite. Lui-même, ce qui le caractérise, c'est d'avoir à chaque fois fait se diviser le pays sur des questions économiques et sociales. »

Que Juppé – qui ne manquerait pas de lui renvoyer le compliment – se le tienne pour dit, Hollande a déjà son angle d'attaque.

Dans tous les cas, depuis le début de l'année 2016, la droite, la vraie droite, est de retour, au grand jour. On va pouvoir juger sur pièces, pense le président.

Outre Alain Juppé et Nicolas Sarkozy, François Fillon ou encore Bruno Le Maire ont, eux aussi, présenté leurs grandes orientations à partir du mois de janvier. Rien ne distingue fondamentalement leurs propositions, tous se sont lancés dans une course à l'échalote libérale. « Sur le programme économique, ce sera le même, retient Hollande. Je pensais qu'il y aurait des différences… Ce sont des personnalités différentes, mais ils se sont eux-mêmes copiés : 80 à 100 milliards d'économies, baisses d'impôts pour les plus favorisés, augmentation de la TVA pour tout le monde, fin des 35 heures, 65 ans pour l'âge de la retraite… »

Il se gausse ouvertement de cette surenchère libérale, comme s'il rodait, déjà, son argumentaire de campagne. « Juppé dit qu'il faut supprimer 300 000 postes de fonctionnaires dans le quinquennat, ce qui est plus que les départs à la retraite. Donc aucun départ à la retraite ne serait remplacé, mais d'autres devraient être provoqués ! » Il ajoute, ironique : « Sauf pour l'Éducation nationale, sauf pour l'armée, sauf pour la police, sauf pour la justice… Qu'est-ce qu'il reste comme fonctionnaires ? Les diplomates et les préfets, peut-être ?! Cela n'a aucun sens. »

« On remet de la comparaison, dit-il encore. Vous trouvez qu'on n'était pas assez à gauche ? Eh bien, vous allez voir ce que c'est que la droite ! Je ne dis pas que ça mobilise tout de suite notre électorat, mais il y a quand même des gens qui réfléchissent, qui vont écouter… »

Il décèle une incohérence majeure chez ses compatriotes, entérinant ainsi, en creux, son incapacité durant ce quinquennat à faire la pédagogie de son action : « Demandez aux Français s'ils approuvent les mesures que l'on prend, individuellement. Vous approuvez qu'on augmente les fonctionnaires ? Qu'on crée des postes dans l'Éducation nationale ? Qu'on élargisse les mutuelles ? Qu'on parte à la retraite à 60 ans pour les métiers pénibles ? Ils y sont tous favorables. Mais ils sont défavorables à la politique que l'on mène ! Et quand vous interrogez les Français : "Êtes-vous favorables à la retraite à 65 ans ? Non. À la fin des 35 heures ? Non. À la suppression de l'impôt sur la fortune ? Non. À la hausse de la TVA ? Non." Mais si on leur dit : "Vous aimez Juppé ?" ils vont dire : "Oui, oui." Comment peut-on arriver à ce paradoxe ? Parce qu'on n'est pas en campagne. Le jour où on se dit : "Ce programme-là peut passer", on change de jugement. »

« Le Maire, c'est Montebourg, il se vendra le moment venu »

Il pronostique une primaire très serrée. Lui ne commettra pas l'erreur d'enterrer prématurément Sarkozy. En ancien chef de parti, François Hollande mesure mieux que personne l'avantage de disposer d'un appareil politique, de listings, de militants, de finances… À rebours des sondages, en août 2015, il hasarde ce pronostic sur l'issue de la primaire : « Normalement, cela devrait être Sarkozy. Parce qu'il maîtrise l'appareil, et parce qu'il va essayer à un moment de taper sur Juppé, pas forcément sur l'âge, mais sur le caractère un peu coincé du personnage. Mais si, dans les sondages, il apparaît que Sarkozy ne peut pas gagner ou est fragile, alors les gens iront vers Juppé. » S'il devait parier, il jouerait donc la carte Sarkozy. Avec un bémol : « Il est tellement excessif qu'il peut semer le trouble dans son propre camp. »

Et puis, même s'il en relativise la portée, il n'exclut

pas que les « affaires » finissent tout de même par le handicaper. « Les aventures judiciaires vont être lourdes de conséquences », lâche-t-il en juin 2015. Peut-on guigner la présidence de la République avec une double mise en examen, dans le cadre du scandale Bygmalion et dans l'affaire de trafic d'influence à la Cour de cassation ? Pas simple, tout de même. Même si, à force de requêtes, appels et autres recours, Sarkozy, redoutable guérilléro judiciaire, a su éviter le plus handicapant pour lui : un procès devant le tribunal correctionnel (comme l'a requis le parquet de Paris en août 2016 dans le dossier Bygmalion) avant les échéances électorales.

D'ailleurs, en mai 2016, Hollande constate à propos de Sarkozy, qu'il juge manifestement mithridatisé : « Ça y est, maintenant on est entré dans une période où : même s'il y avait une mise en examen de plus, ça ne changerait rien, ça ne le disqualifierait pas... »

Si Sarkozy qui s'est déclaré candidat le 22 août 2016 devait l'emporter, le probable candidat Hollande risquerait d'être confronté au même écueil que son adversaire. Il tient en un mot : « revanche ». Ce remake de 2012 dont les Français ne veulent surtout pas, comme en témoignent toutes les enquêtes d'opinion. Sarkozy et Hollande ne peuvent pas se voir ? Certes, mais leurs compatriotes, eux, ne veulent plus les voir ni l'un ni l'autre – et encore moins l'un contre l'autre.

« Pour l'opinion, ce n'est pas très bon qu'il y ait des matchs retour, admet le chef de l'État. Ce n'est pas bon pour moi. À la limite, Juppé, cela a un côté vieille droite peut-être, mais on se dit : "On va voir ce que ça va donner, on n'a pas vu le match." »

Celui contre Nicolas Sarkozy, il est tout vu.

« Face à Sarko, ça va être violent car il va faire sa campagne sur les musulmans, l'immigration, anticipe-t-il. Sarkozy pense que sa première mission est de dégonfler l'électorat de Le Pen au premier tour et de le récupérer au second. C'est vrai que, s'il récupère 80 % de l'électorat de Le Pen, il a gagné. Donc être "lepenocompatible", c'est pour lui très important. »

Les différences entre les deux favoris de la droite vont apparaître de plus en plus clairement, pense-t-il. Selon lui, « ce ne sera pas Sarkozy le plus droitier sur l'économie, ce sera Juppé. Mais ce sera Sarkozy le plus droitier dans les expressions de peur, de nostalgie, de retour vers le passé ». « Le Pen, de ce point de vue-là, a gagné, se lamente-t-il. On est envahi, ce qui n'est pas vrai, on est submergé, ce qui n'est pas vrai, on est dénaturé... »

Enfin, le ballet des prétendants à la candidature, à droite, le consterne. « Ce qui me frappe, observe-t-il au printemps 2016, c'est la déconsidération de l'élection présidentielle. Le message que ça renvoie, c'est que n'importe qui peut être président de la République. Donc c'est la dévaluation de la fonction présidentielle, et c'est ça qui me paraît le plus dangereux dans le système de la primaire à droite. »

« En fait, martèle-t-il, il n'y en aura que deux, Juppé et Sarkozy. Le Maire n'est là que pour être un troisième larron. Le Maire, c'est Montebourg. Il se vendra le moment venu. Plus à mon avis à Juppé qu'à Sarkozy. Fillon n'a aucune chance. Non pas parce qu'il n'a pas de qualités, il en a sans doute ; ni un mauvais programme, il a le programme le plus explicite ; non pas parce qu'il n'a pas de densité personnelle... Mais son rôle est tenu par Juppé. C'est-à-dire, pourquoi voter Fillon, alors qu'il y a Juppé ? Il n'y aurait pas Juppé, je dirais, oui, sans doute que Fillon est le mieux placé pour disputer à Sarkozy l'investiture. Mais il se trouve qu'il y a Juppé. »

Une certitude au moins, comme toujours au sein de la droite française, le combat entre toutes ces personnalités, Atrides des temps modernes, sera sanglant. Nicolas Sarkozy, notamment, n'a pas que des amis dans son camp, l'affaire Jouyet-Fillon l'a illustrée. On se souvient aussi de ce que nous confiait le chef de l'État, le 24 juillet 2013 : « Il y en a une qui est prête à beaucoup parler, c'est Dati. » « Elle envoie des messages à Lemas. »

L'issue de cette guerre sans merci reste donc imprévisible, selon Hollande.

« Je pense que ça peut être plus serré que tout le monde ne le dit, analyse-t-il encore en mai 2016. Je pense que Juppé a plus de chances s'il y a des électeurs nombreux. C'est sans doute ce qui explique que Sarkozy n'ait pas voulu élargir les possibilités pour les Français de l'étranger de voter. Sarkozy peut encore gagner s'il arrive à convaincre qu'il est le mieux placé pour éviter que l'extrême droite fasse un très gros score. Ça va être ça, son argument. Ça va être : si vous prenez Juppé, l'extrême droite fera un très gros score. Il dira : "Il est l'homme du système, le Front national veut Juppé." Ce qui est d'ailleurs exact : le Front national veut Juppé, c'est-à-dire le candidat de l'establishment, du système, du pouvoir, celui qui a mis déjà des millions de Français contre lui, celui qui apparaît le plus raisonnable, aussi, à droite. »

Reste à savoir dans quelle mesure les nouvelles attaques djihadistes perpétrées en juin et juillet 2016 ne vont pas totalement bouleverser la donne dans la perspective du scrutin du printemps 2017. Comment résister à la droitisation en marche ? Le vendredi 22 juillet 2016, à l'occasion de l'un de nos derniers rendez-vous, on retrouve à l'Élysée un président une nouvelle fois, sur la défensive : la multiplication des attentats a galvanisé l'opposition, qui s'en prend désormais ouvertement à l'exécutif. Il y a eu, le 13 juin 2016, l'assassinat d'un couple de policiers, à Magnanville, dans les Yvelines, puis, le 14 juillet 2016, le camion « fou » qui va faucher 86 vies, à Nice. Et l'on pressent que la triste litanie va se poursuivre. « Il y aura d'autres attentats », prédit d'ailleurs, devant nous, le chef de l'État, quatre jours avant que deux islamistes égorgent un prêtre, à Saint-Étienne-du-Rouvray.

L'heure n'est plus du tout à la concorde nationale. L'opposition réclame des comptes. La droite est mordante. Elle en veut plus, brandissant un constat imparable : malgré l'état d'urgence, le renforcement des moyens affectés au renseignement, la mobilisation policière et militaire accrue, les attentats se poursuivent. Donc le gouvernement a échoué. CQFD.

Comment Hollande va-t-il s'en sortir ? Faire des concessions à l'opposition, annoncer de nouvelles lois ?

La question pouvait se poser : après être tombé dans le piège de la déchéance de nationalité en voulant complaire à la droite pour créer une unité de façade, le chef de l'État aurait pu être tenté de récidiver. Après tout, de plus en plus de voix s'élèvent dans le pays pour réclamer de nouvelles mesures urgentes, concrètes, frappantes. Le massacre du 14 juillet a frappé les esprits.

Caché dans l'ombre de l'ancien maire de Nice, Christian Estrosi, son meilleur lieutenant, qui évoque un « mensonge d'État », Nicolas Sarkozy est à la manœuvre. L'État a-t-il failli à Nice ? Laisser le poids-lourd meurtrier circuler un 14 juillet était-ce une erreur imputable à la police nationale ou à la police municipale ? Une responsable de la vidéo surveillance locale, Sandra Bertin, accessoirement fidèle estrosiste, accuse même le ministre de l'Intérieur, via un membre de son cabinet, d'avoir voulu la contraindre à modifier l'un de ses rapports… De son côté, Alain Juppé, délaissant sa retenue et sa prudence habituelles, croit pouvoir affirmer que « si tous les moyens avaient été pris, le drame n'aurait pas eu lieu »…

En ce tragique début d'été 2016, Hollande sait ce qui l'attend dans la perspective de l'échéance présidentielle : le procès en incompétence, bien sûr, et en faiblesse, surtout. En impuissance. Son instruction a déjà commencé, la droite espère un jugement – sévère – au printemps 2017.

Mais, il nous l'assure, il tiendra bon. « On voit bien qu'on est au bout, estime le chef de l'État. Ce que nous demande une partie de la droite, c'est la rétention administrative, dans des centres, d'individus qui ne sont pas judiciarisés, sur simple suspicion. Cela, on s'y est refusés. On est dans une atteinte directe à ce qui est une règle constitutionnelle, qui est la privation de liberté sans autorisation du juge. » Il est habité par cette certitude, dont il ne veut pas se départir : « La question, ce n'est pas de défendre la France, mais de défendre la République. Il ne faudrait pas que, pour défendre la France, nous affaiblissions la République. Le choix n'est pas de vivre en sécurité au risque de ne pas être en liberté ; l'enjeu, c'est de vivre dans une protection la plus élevée possible mais qui garantit la liberté de tous. » Déstabilisé par les attaques du 13 novembre 2015, qui l'ont conduit à de dangereuses embardées, Hollande, cette fois, semble avoir mieux anticipé le virage à prendre.

En cet été 2016, confronté à une poussée populiste et démagogique sans précédent, François Hollande a choisi d'incarner le camp du refus. Finies les concessions à l'opposition au nom de l'union nationale, les annonces spectaculaires, la surenchère sécuritaire…

Il a, bien sûr, observé la mise en scène orchestrée par la droite. Les leaders des Républicains n'ont pas fait dans la nuance. « Celui qui a été le plus incroyable, c'est Juppé, observe-t-il. Juppé, ça peut arriver, a parlé trop vite, et a pensé que d'autres parleraient plus vite que lui. Mais si on pouvait éviter Nice, on pouvait aussi éviter les attentats de Paris en 2015, au mois de janvier ou le 13 novembre… Juppé, le jour où il serait au sommet de l'État, puisqu'il y prétend, et qu'il se passerait un attentat, comment pourrait être comprise sa parole ? D'une certaine façon, c'était à Juppé de prendre de la hauteur, quitte à se mettre en difficulté avec son camp. Mais finalement, il a été débordé lui aussi, parce que les débats à l'Assemblée et au Sénat – surtout à l'Assemblée – du côté de la droite, ont été quand même très hystériques. »

Janvier 2015 semble bien loin, lorsque le paysage politique s'était reconfiguré, uni, au moins l'espace de quelques jours, en une même respectabilité. « Je le savais, assure Hollande. En janvier 2015, la droite avait été saisie. Il y avait encore le souvenir de l'affaire Merah... Là, peut-être parce que c'est Nice, avec les personnalités que l'on connaît... Car ce ne sont pas les familles des victimes qui ont protesté. La droite a considéré, notamment en raison de sa primaire, et de ce qu'elle voulait exprimer depuis longtemps, que c'était une occasion à saisir. »

Il devine des forces, assez peu obscures, au travail, en sous-main. Le profil de Sandra Bertin, l'agente de la police municipale, l'interpelle : « On n'imagine pas qu'elle ait pu faire ces déclarations sans avoir référé à Estrosi lui-même », pense le chef de l'État. « Ce n'est pas possible, ajoute-t-il, que Sarkozy, par Ciotti, ou par Estrosi lui-même, n'ait pas eu une relation. Après, est-ce qu'il les a poussés, est-ce qu'il les a incités... Mais, ce que veut montrer Sarkozy, il l'a dit publiquement, c'est que l'État n'a pas fait son devoir, que les Français ne sont pas protégés, qu'il faut un chef, etc. De ce point de vue-là, s'il devait chercher une justification à sa candidature, il peut la saisir... »

Il est en tout cas convaincu que, de retour au pouvoir, « la droite pourrait mettre en place des mesures de mise en cause du droit constitutionnel, des référendums... Je ne sais pas si ce sera Sarkozy ou si ce sera Juppé, mais la droite peut très bien dire, vous dites qu'enfermer les fichés S ce n'est pas possible sur le plan constitutionnel ? Mais c'est possible : à ce moment-là, faisons un référendum, le peuple dira ce qui est constitutionnel et ce qui n'est pas constitutionnel... On pourrait dire, oui, mais la Cour européenne des droits de l'homme va nous dire que ce n'est pas possible d'expulser dans n'importe quelle condition un étranger… Eh bien oui, mais on n'est pas obligés d'adhérer à la Cour européenne des droits de l'homme !… »

Ce rejet de l'autre, ce repli sur soi, cette conviction, finalement, qu'il n'y a d'autre choix que de prendre quelques libertés avec les libertés, Hollande pense qu'ils constituent les ingrédients d'une mauvaise sauce susceptible d'empoisonner la France. Il lâche, impuissant : « Oui, sale temps pour la démocratie… » Et pour la gauche, pourrait-on ajouter. Car l'air du temps n'est pas franchement aux valeurs humanistes… Il ne veut pas s'y résoudre, au contraire.

« On pourrait se dire, laissons faire le sale boulot, au sens sécuritaire du terme, à la droite, comme quelques fois la droite se dit, laissons faire le sale boulot économique et social à la gauche, note-t-il. Sauf que la droite ne ferait pas une politique sécuritaire, elle ferait une politique dangereuse, au sens des libertés, de la vie en commun, etc. Donc l'idée qui court à gauche, qui est de dire, on reviendra quand la droite aura commis tant de transgressions sur le plan du droit que les Français reviendront vers nous… Mais ce n'est pas vrai, parce qu'il peut y avoir, après la droite, l'extrême droite. Ce serait une forme d'irresponsabilité autant que de lâcheté, Je pense donc que c'est la gauche qui est la mieux placée pour, précisément, assurer la sécurité des Français. Je le dis après qu'il y ait eu tous ces attentats, ce qui peut paraître paradoxal, ou une incongruité, mais parce que la gauche a été capable, déjà, de prendre des mesures très lourdes… »

« Ce que la droite va essayer d'évoquer, et l'extrême droite encore davantage, c'est : pas de démocratie pour les ennemis de la démocratie, conclut le chef de l'État. On voit bien ce qu'une société finit par accepter, en se disant, bon, si c'est le prix de la liberté, de la nôtre, on peut l'accepter… »

Le raidissement sécuritaire apparu dans la foulée des tueries de Magnanville, Nice et Saint-Etienne-du-Rouvray, a en tout cas eu pour effet de relancer la course à l'investiture chez les Républicains, Sarkozy regagnant une grande partie du terrain perdu sur Juppé. La primaire s'annonce indécise, la bataille sauvage.

Au fond, un seul être de droite lui manque, dans ce grand cirque électoral : Jacques Chirac, mentor des deux favoris. Trop fatigué maintenant pour que Hollande puisse lui rendre visite, comme aux premiers temps du quinquennat. En juillet 2012, le nouvel élu n'avait pas oublié d'aller saluer l'ancien président, en son château corrézien de Bity. Chirac avait appelé malicieusement, quelques mois plus tôt, à voter pour le candidat socialiste, contre le fils renié, Sarkozy. « J'avais été un peu gêné quand il avait parlé de moi, s'amuse Hollande, mais en réalité, même sous forme de plaisanterie, ça m'avait été précieux. Ça accréditait l'idée qu'une partie de la droite pouvait voter pour moi, même sous forme de provocation. »

Il lui rendit à nouveau visite en juillet 2013, se délectant de quelques confidences de l'ancien maire de Paris. « Il m'a dit que, quand il a quitté le pouvoir, Poutine, avec lequel il avait de bons rapports, lui a proposé de prendre la tête d'une entreprise ! » s'amuse Hollande. « Il m'a dit : "Je suis vraiment très touché que vous veniez me voir, c'est la deuxième fois depuis que vous êtes élu, vous savez que j'apprécie beaucoup ce que vous faites, vous savez ce que j'ai dit pendant la campagne…" »

« Je l'aime bien, reprend Hollande. Sur certains choix – quand il était président –, il a été clair, la laïcité, le Vel d'Hiv, l'Irak, l'extrême droite… » En octobre 2014, Hollande, en défenseur de l'héritage chiraquien, se dira même choqué des propos de Bernadette Chirac, sarkophile convaincue, qui venait de s'en prendre durement à Alain Juppé, au micro d'Europe 1 : « Il n'attire pas les gens… Il est très très froid », et autres amabilités.

« Juppé, ça ne veut pas dire qu'il n'avait rien fait, mais il a pris pour Chirac », s'enflamma-t-il en faisant allusion à la condamnation de l'ancien Premier ministre, en 2004, dans l'affaire du financement occulte du RPR. « Que Bernadette Chirac puisse s'en prendre à Juppé, qui a protégé Chirac, pour Sarkozy qui lui a trahi Chirac… »

Alors, bien sûr, Chirac a parfois des absences, son discernement est à géométrie variable, dorénavant. « Mais on a eu une vraie discussion », assure Hollande à l'évocation de la rencontre de l'été 2012. « Il m'a parlé de Sarkozy… Mais je ne peux pas le répéter, ce serait désobligeant vis-à-vis de Sarkozy. »

Dommage. Il faudra se contenter de l'imaginer, même si l'on a quand même une petite idée…

7
Le liquidateur

Espérer, c'est démentir l'avenir.

Emil Michel Cioran

Le vacherin, fraise et glace vanille de Tahiti, nous faisait carrément de l'œil. Et subitement, avant même d'avoir attaqué la meringue, François Hollande a eu ces mots définitifs, surprenants, lâchés au terme d'un long et rare exercice d'introspection politique : « Il faut un acte de liquidation. Il faut un hara-kiri. »

C'est du Parti socialiste qu'il parle, ce soir-là, 11 décembre 2015, devant nous. « Son » PS, dont il envisage ainsi froidement la dissolution. En vue de sa réélection, en 2017, il mise sur une recomposition de sa famille politique.

Car il compte bien y aller, évidemment.

Trop envie d'en découdre, de renouer avec ce sentiment exaltant que procure une campagne présidentielle, cette excitation propre à toute conquête, ces poussées d'adrénaline au moment des grands débats télévisés...

De Gaulle, Giscard, Mitterrand, Chirac, Sarkozy...

Ils ont tous retenté leur chance, avec plus ou moins de succès. Le pouvoir est un opiacé et François Hollande, incarnation même de l'homo politicus, n'est pas le moins accro.

Avec son fatalisme coutumier, il nous confie, début 2016 : « Je pense que si je n'ai pas les résultats, que je sois candidat ou que je ne sois pas candidat, la droite gagnera et la gauche perdra. N'importe qui à gauche et n'importe qui à droite, s'il n'y a pas les résultats. S'il y a des résultats et la dynamique qui laisse penser qu'il y en aura, ce n'est pas gagné, mais alors, ça se joue. Sinon, c'est perdu. On dira, vous, vous écrirez, peut-être : finalement il a fait des réformes, il a tenté… »

Pour cette nouvelle campagne, il le sait pertinemment, répondre aux attaques de la droite, tourner en ridicule ses propositions, se délecter de la primaire fratricide opposant Sarkozy, Juppé et consorts, tout cela ne lui suffira pas à convaincre les Français de lui refaire confiance.

Il part de très loin. Sa réélection ? Plus qu'une gageure, une mission quasi impossible.

Lui y croit, au mépris des cassandres qui lui prédisent, au mieux, un destin à la Jospin, humilié au premier tour de la présidentielle de 2002.

Son salut réside sans doute dans la prise de risques. Lui-même constatait en octobre 2015 : « Une campagne, c'est du risque. » Il va lui falloir forcer sa nature. En tout cas, il a déjà esquissé un programme. Mieux, donc, dans l'idée de provoquer un électrochoc, à gauche, il veut porter le coup de grâce à ce Parti socialiste totalement nécrosé, dont il pressent qu'il est arrivé au bout d'une histoire vieille de près d'un demi-siècle – le PS fut fondé en 1969 sur les décombres de la SFIO.

Il a même imaginé un nom pour ce nouveau mouvement.

Les dîners présentent cet avantage de délier les langues. Il faut croire qu'un président de la République n'échappe pas à la règle. Alors, entre le bœuf bourguignon et le fameux vacherin, Hollande s'est épanché sur cette refondation du PS qui, dit-il, le hante depuis « longtemps ».

Après quelques considérations sur le paysage politique, le chef de l'État en est venu à l'essentiel.

« Tant qu'il y avait des partis de gauche, les communistes, les Verts, qui acceptaient de faire alliance avec le PS et qui représentaient quelque chose, on n'avait aucun intérêt à refonder le PS, commence-t-il. Mais dès lors que ces alliés se sont rigidifiés, sectarisés, il faut faire sans ces partis-là. Comment ? Avec le parti le plus important, on en fait un nouveau qui permet de s'adresser aux électeurs ou aux cadres des autres partis. Ce que vous ne faites plus par les alliances, vous le faites par la sociologie. Par l'élargissement. C'est une œuvre plus longue, plus durable, moins tributaire d'alliances. Vous pouvez imaginer que viennent aussi des gens qui n'ont jamais fait de politique partisane, des gens du centre... » Ça ne peut pas être un jeu d'appareil, insiste Hollande, parce que ce n'est pas en additionnant les socialistes, un bout de Radicaux, quelques communistes et quelques écologistes, c'est en disant : voilà, on fait une grande formation politique... »

Ce nouveau mouvement, susceptible de réunir toute la gauche dite de gouvernement, Hollande imaginait alors le lancer dès le « début de l'année 2016 ». Il a pris du retard, manifestement. Ou n'a pas osé franchir le pas. « Il y a intérêt à le faire dans la perspective d'une élection présidentielle plutôt qu'au lendemain », justifie-t-il, pourtant, ce 11 décembre 2015.

« Le propre d'un militant socialiste, c'est de vouloir gagner »

Et pourquoi pas dans le cadre de la campagne de 2017 ? « Non, dit-il, ça ne marche plus, ça fait "coup". Ou cela fait accompagnement du candidat. » Une évidence à ses yeux : « Ce n'est pas à moi de le faire. » Qui alors pour porter un tel projet, révolutionnaire pour le coup, si ce n'est le premier secrétaire du parti, l'expérimenté, le fiable et surtout l'hyper-manœuvrier Jean-Christophe Cambadélis ?

« Cela devrait être lui, normalement, approuve Hollande. Il n'a pas tellement le choix, d'ailleurs : qu'est-ce que ça devient, son organisation ? Il dit qu'il est prêt. Et Valls est pour. » Le contraire eût été étonnant : depuis dix ans, le Premier ministre, partisan d'une totale mise à jour du vieux logiciel socialiste, ne manque pas une occasion de souligner l'urgence d'un changement de nom, censé symboliser l'entrée dans une nouvelle ère.

Un chamboulement susceptible de contrarier les vieux militants socialistes. « Il y en a de moins en moins ! balaye crûment Hollande. Et puis, le propre d'un électeur ou d'un militant socialiste, c'est de vouloir gagner. Ce n'est pas de conserver. Mais il faut garder Jaurès, on a une histoire, on ne vient pas de nulle part. »

« Il faut créer quelque chose qui ne soit pas factice, insiste-t-il. Si c'est factice, on nous dira : c'est un tour de prestidigitation, on a compris. Vous avez fait un coup comme Sarkozy avec l'UMP, pour échapper à la justice électorale au moins ! Il faut dire que c'est l'héritier du PS. Le PS ne peut se dépasser que si d'autres viennent le rejoindre. Chaque fois que j'en parle à Cambadélis, il me dit : "On va le faire, on va le faire." Mais ça tarde. »

Il faudrait encore trouver une dénomination, un choix plus que délicat.

« Le meilleur nom qu'on pourrait trouver, c'est le "Parti de la gauche", quand on y réfléchit bien », confie-t-il. Oui, mais Jean-Luc Mélenchon a déjà préempté la marque. Au fer rouge.

« Comme on ne peut pas s'appeler comme ça, opine Hollande, il y a le "Parti du progrès". Le parti des progressistes. On peut y mettre les écolos. C'est facile à comprendre : vous êtes pour le progrès ? Oui. Le progrès social, humain. »

Le Parti du progrès, donc. Un nom qui ne fait pas franchement rêver. Sobre et abstrait, consensuel et conceptuel, à l'image de son promoteur, tout simplement. « De toute façon, il faut bouger », assure-t-il.

Près d'un an après ces confidences assez sensationnelles, rien n'a vraiment avancé. Cambadélis semble avoir reculé devant l'obstacle, même s'il a lancé, au printemps 2016, sa Belle Alliance populaire, supposée ramener au bercail les déçus du Hollandisme.

Et comme Hollande ne veut pas apparaître en première ligne…

Ce n'est que partie remise. Débaptiser un parti riche d'une telle mémoire ne sera pas chose facile, mais c'est sans doute le sens de l'histoire. Au mieux social-démocrate, le PS n'a plus grand-chose de socialiste. Il n'est plus, depuis bien longtemps, le parti des classes populaires, et sa conversion à l'économie de marché est désormais totale.

À l'évidence, il ne déplairait pas à Hollande, incarnation du syncrétisme politique, d'être celui qui aura permis au PS d'effectuer sa mue, comme l'ont fait, avant lui, le Britannique Tony Blair avec le « *New Labour* » ou l'Allemand Gerhard Schröder au sein du SPD.

Quitte à prôner une politique de centre-gauche – voire centriste tout court –, sur certains plans plus sociale-libérale que sociale-démocrate, autant l'assumer jusqu'au bout.

Sortir enfin de cette ambiguïté dans laquelle François Hollande s'est lui-même trop souvent complu.

De toute façon, s'il ne le fait pas, Manuel Valls se chargera de la besogne, sans aucun état d'âme. Lui dont le vœu le plus cher est d'en finir une bonne fois pour toutes avec les tenants de l'orthodoxie socialiste, frondeurs ou pas, totalement en décalage de son point de vue avec le monde du XXIe siècle. Le Premier ministre se rêve en Matteo Renzi français. Le jeune et flamboyant président du Conseil italien est lui aussi classé à la droite de son mouvement de centre-gauche, le Parti démocrate.

Cela fait un bon moment, déjà, que l'ex-maire d'Évry, théoricien des « gauches irréconciliables », juge nécessaire une « clarification » au sein du PS, opération dont il ne lui déplairait pas d'être le maître d'œuvre. Si ce n'est pas pour ce coup-là, il patientera. L'avenir lui appartient. Contrairement à une idée longtemps propagée, au cours du quinquennat Hollande, les deux hommes n'ont jamais été en concurrence dans l'optique de la présidentielle de 2017.

Le président nous redit sa confiance totale dans la fidélité de son Premier ministre. Non, Valls ne le trahira pas, il ne se lancera pas dans la course contre Hollande. Ne serait-ce que parce qu'il n'y aurait aucun avantage… « C'est son intérêt, explique Hollande. Il se dit : "Si ça ne marche pas, pourquoi j'irais moi au casse-pipe ?" Il préfère dire : "Finalement, Hollande a fait ce qu'il a pu, je l'ai soutenu, ça a été honorable, on a perdu, je serai le candidat pour 2022." C'est humain. Ça ne veut pas dire qu'il le sera, car pour 2022, il y aura d'autres inconnues. Mais il peut se dire : "Après, qu'est-ce que j'ai ? J'ai Montebourg, je n'en ferai qu'une bouchée le moment venu, Aubry, ce sera terminé, Ségolène, ce sera terminé, Hollande aura donné ce qu'il pouvait…" Voilà. Dans sa génération, sauf à être dépassé par un plus jeune… » Emmanuel Macron, par exemple.

S'il devait se choisir un successeur, entre Valls et Macron, la loyauté d'un côté, l'ingratitude de l'autre, Hollande n'hésiterait pas.

Mais pour l'heure, donc, il lui faut surtout se préparer à sa propre – et improbable – réélection.

Cette échéance de 2017, il l'a dans un coin de sa tête depuis le départ, évidemment. Il nous en a souvent parlé, nous a fait part de ses doutes, de ses convictions aussi.

Par exemple au mois de septembre 2014, lors de cette

rentrée effroyable pour lui, sur les plans personnel et politique. Avec 13 % d'opinions favorables seulement selon le barème de l'IFOP, le chef de l'État bat déjà tous les records : il est, de loin, le président le plus impopulaire de la Vᵉ République.

« Quel est maintenant mon devoir ? Ce n'est pas de me poser la question de savoir si je vais être candidat ou pas en 2017, il faut qu'il y ait les conditions quand même pour être candidat, mais c'est d'avoir fait suffisamment de réformes utiles, suffisamment d'actions bonnes pour les Français, pour qu'on se dise : quand même, ces cinq ans ont permis à la France d'avancer. Je crois qu'on a fait plus de choses déjà en deux ans et demi que nos prédécesseurs ces dernières années », déclare-t-il.

« J'ai fait ce que j'avais à faire, enduré autant qu'il était possible... »

On se décide alors à faire un peu de politique-fiction : « On est en septembre 2016, dans la même situation. À 13 %, vous pourriez imaginer ne pas vous représenter ? »

« Oui », répond-il immédiatement. Amusé, il se prête au jeu, qu'il qualifie de « cas d'école ». Loin d'imaginer, sans doute, que deux ans plus tard il serait toujours scotché autour des 15 % d'opinions positives... Voici donc ce qu'il imagine, en cette rentrée 2014 : « Je suis à 16 % ou 17 % d'intentions de vote au premier tour, Le Pen est à 30, ou même 24-25, et Sarkozy autant... Je ne regarderai qu'une chose : est-ce que c'est un problème par rapport à moi ou par rapport à la gauche ? Est-ce qu'il y a quelqu'un à gauche qui peut faire mieux ? Faire mieux, c'est être au second tour, en l'occurrence pas faire 18 %. Je dirai alors, c'est à celle-là ou celui-là de représenter la gauche. Moi, j'ai fait mon travail, il n'a pas été regardé comme me permettant d'être candidat, je considère que j'ai fait ce que j'avais à faire, enduré autant qu'il était possible, maintenant c'est à un autre de le faire... »

« Ce n'est pas que de l'humilité, c'est aussi une responsabilité, dit-il encore. Et un principe d'évidence. S'il y a quelqu'un qui fait 22 %, on me dira : "François, on t'aime beaucoup, mais vaut mieux prendre celui qui fait 22 que 16 ou 17..." »

Il se réconforte, à moins qu'il ne se « couvre » par avance, en rappelant un fait : « Tous les présidents qui n'ont pas eu de cohabitation ont été battus. » D'où cette interrogation, légitime : cyniquement, n'aurait-il pas eu intérêt à provoquer, par exemple en 2014, une dissolution de l'Assemblée, qui aurait immanquablement amené la droite à gouverner – et donc à être impopulaire –, pour lui permettre, éventuellement, de rafler la mise en 2017 dans le costume du père de la nation ? Après tout, la cohabitation avait brillamment réussi à son modèle François Mitterrand, déconsidéré en 1986 et reconduit haut la main en 1988, mais aussi, d'une autre façon, à Jacques Chirac, réélu en 2002 par la grâce d'une dissolution ratée cinq ans auparavant...

« Ce serait un calcul purement personnel, évacue le président ce 6 septembre 2014. Je ne le ferai pas. D'abord parce que la droite n'est pas républicaine au point de dire (d'ailleurs, elle ne le dit pas) : on gouvernera avec le président de la République. Il n'y a que Marine Le Pen qui l'a dit, c'est quand même un comble ! Donc, faire une nouvelle crise, passer des mois dans une espèce de lutte pour finir dans le chaos, avec Mme Le Pen qui regarderait le spectacle ? Ce n'est pas une option. »

À la fin de l'année 2014, il parie sur le fait que « l'élection de 2017 ne sera pas une répétition de 2012 ». « Ça portera sur d'autres thèmes. En 2007, Sarkozy était sans doute très difficile à battre, mais en 2012, ce n'est plus le même Sarkozy. C'est en cela que Sarkozy se trompe. La société de 2017, pas forcément dans ses meilleurs côtés d'ailleurs, n'est déjà plus celle de 2012. Plus crispée. Il faut essayer de surprendre dans les thèmes. »

Il l'admet, à cette date, « l'hypothèse de la victoire n'est pas la plus probable. Et même l'hypothèse de la candidature ». L'échéance de 2017 ? « J'y pense pour que, un, les conditions soient réunies, et deux, que la victoire soit possible. Une chose est d'être candidat, une autre de gagner. »

Avec, en tête, une préoccupation majeure, le FN : « Il faut malgré tout travailler sur l'hypothèse d'un affrontement gauche/droite au second tour. Et donc faire baisser l'extrême droite. La première obligation est celle-là. Et au second tour contre Marine Le Pen, on n'est pas sûr de gagner. Une partie de l'électorat de droite pourrait voter Le Pen. »

Au fil des mois, on devine, à travers ses propos, les thèmes de campagne qui pourraient être les siens en 2017. Commence à s'imposer, dans son esprit, l'idée de reprendre la stratégie gagnante de Mitterrand en 1988.

« Pourquoi Mitterrand invente "la France unie", avec son conseiller Jacques Pilhan, en 1988 ? s'interroge-t-il au printemps 2015. C'est parce qu'il voit que la droite à l'époque c'est Pasqua, c'est Chirac, le Chirac dur, qui évoque "le bruit et l'odeur" des étrangers, qui a tellement réprimé les manifs étudiantes, la Nouvelle-Calédonie… Et c'est un Front national qui commence à être fort, il a des élus à l'Assemblée nationale – il fera, en 1988, 15 % des suffrages. Pour Mitterrand, c'est très important de dire : "Moi, je vous assure de vivre ensemble." C'est la France unie, contre les factions, les fractions, les divisions. Ça reste vrai. Ce qu'il faut démontrer dans une campagne, dans une société comme celle-là, qui est très apeurée, c'est que c'est l'autre, le risque. »

« Au moins, on ne nous fera pas le procès du laxisme »

Autre préoccupation majeure du chef de l'État : redéfinir les valeurs dont la gauche doit s'emparer, si elle veut rester en phase avec la société.

« Je crois que c'est le destin de la gauche que d'associer tous les Français au destin national, dit Hollande reprenant son raisonnement sur ce qu'il appelle "les trois France". Comment faire comprendre à un gamin des banlieues, à un paysan, à un chômeur de Picardie qu'ils participent au même dessein ? Il faut leur parler de culture, de valeurs, de principes et aussi de modèle social. La gauche, si elle veut continuer à porter les valeurs de solidarité, elle doit les mettre au service d'un épanouissement personnel, de ce qui appartient en propre à l'individu, et pas en masse à la société. »

Et puis, bien sûr, il nous l'a suffisamment répété, il y aura les questionnements autour de cette fameuse « identité » de la France. Au moins, se rassure Hollande, « on ne nous fera pas le procès du laxisme, ou de ne pas avoir de résultats en matière de sécurité, car les résultats sont très convenables ». « Le procès qui sera fait à la gauche, ce sera : "La gauche ne défend pas les valeurs chrétiennes, l'histoire de la France." Voyez la polémique sur la réforme du collège : "Regardez, on apprend l'islam et pas la chrétienté" – ce qui est complètement faux. Ils veulent faire à Vallaud-Belkacem ce qu'ils ont fait à Taubira : "Vous avez vu le nom qu'elle porte, elle veut maintenant qu'on enseigne l'islam plutôt que le judaïsme et la chrétienté. La gauche détruit les valeurs fondatrices de la société française, déjà, elle l'avait fait sur le mariage, elle le fait maintenant sur notre histoire, nos origines, c'est une gauche musulmane…" C'est absurde parce que les musulmans eux-mêmes pensent qu'ils sont discriminés, qu'on n'en a que pour les juifs ! Mais je pense que la droite va faire campagne là-dessus. »

La gauche ne devrait-elle pas être présente malgré tout sur ce terrain-là, ne pas l'abandonner à la droite et à l'extrême droite ? C'est ce que pense Manuel Valls. Identité, islam, laïcité... Sur ces sujets brûlants, dont il sait que la droite en fera des thèmes porteurs, le chef de l'État pense avoir déjà quelques atouts dans sa manche.

Il en fera usage, en expert madré des joutes électorales, lorsque les hostilités présidentielles auront débuté.

« J'attends le moment venu, prévient-il en avril 2015, pour utiliser l'argument suivant : ce sont ceux qui demandent le plus de laïcité à l'école publique qui mettent leurs enfants à l'école privée. Ils sont tous à Sainte-Catherine [une école catholique parisienne], où il y a d'ailleurs des musulmans, et où l'on fait la prière matin et soir ! »

Serait-il prêt à brandir un tel argument dans un débat, quitte même à évoquer du coup la vie privée de ses adversaires ?

« Oui, répond-il sans hésiter. Moi, mes enfants, je les ai toujours mis dans le public. Mais je ne les ai pas mis dans le public parce que je voulais qu'ils n'aient pas d'enseignement religieux. C'est absurde. D'ailleurs, mes enfants ont dû aller au catéchisme de la paroisse, parce que leur mère [Ségolène Royal] y était attachée. Je ne reproche pas à quelqu'un de mettre ses enfants à l'école privée, c'est sa liberté, il en a parfaitement le droit – je crains qu'un certain nombre d'enfants de socialistes soient à Stanislas [autre célèbre établissement catholique de la capitale], c'est possible ! Mais ceux, les Wauquiez et autres, qui nous font la leçon sur le thème “voilà comment il faut se comporter à l'école publique”, et qui mettent leurs enfants à l'école privée pour avoir un enseignement religieux, ce qui est parfaitement légitime, mais où les règles de la laïcité ne sont pas respectées par définition, c'est quand même un problème ! »

À la même période, on lui demande s'il ne songe pas, au vu de sa colossale impopularité, à renouer avec ses accents de campagne sans attendre 2017, quitte à « agresser » ses adversaires. « Ce serait considéré aujourd'hui comme une fuite ou une facilité, pense-t-il. Si je me déclarais candidat, je serais amené à faire des discours qui pourraient être plus incantatoires, mais tant que je n'ai pas de résultats, je pense que ce serait difficile. En revanche, si je disais maintenant : "Les patrons n'ont pas respecté leurs engagements du pacte, je vais leur faire rendre gorge", ça marcherait ! » Mais là encore, il s'y refuse. « Non. Ou alors pas tout de suite. J'attendrai d'aller jusqu'au bout de l'exercice. Pour dire : "Finalement, ils n'ont pas tenu leurs engagements..." »

La droite et le patronat savent à quoi s'attendre, le futur candidat Hollande a déjà affûté ses flèches.

« La seule promesse qu'on n'ait pas tenue, c'est la promesse qui n'était pas écrite, c'est la 61e... »

Mais s'il veut avoir une toute petite chance de rempiler, le chef de l'État va aussi devoir défendre son bilan, lui qui est accusé d'avoir trahi ses engagements. Il l'admet lui-même, en ce printemps 2015, dans une pirouette rétrospectivement fort savoureuse : « La seule promesse qu'on n'ait pas tenue, c'est la promesse qui n'était pas écrite, c'est la 61e ! C'est : "Ça va aller mieux." »

Précisément l'expression qu'il emploiera, un an plus tard, au moment où les clignotants de l'économie passeront enfin au vert.

« Cette promesse, elle n'est pas inscrite dans un programme, développe-t-il. C'est l'idée même de l'élection : "Je vote pour vous parce que je pense que vous allez me donner un meilleur avenir." Vous pouvez faire rêver dans une campagne, mais à un moment, les gens disent : "Qu'est-ce que j'ai, là ? [Il tape sur son bureau du plat de la main.] Ma feuille de paye, mes impôts, mon emploi, l'éducation de mes enfants, ma santé..." Je ne dis pas que l'idéologie ne compte pas, mais ce qui importe c'est : "Qu'est-ce que vous pouvez m'assurer, m'apporter, et que les autres vont peut-être me détruire ?" »

Et lorsqu'on lui demande, le 30 avril 2015, s'il est d'ores et déjà certain d'être candidat à sa réélection, il rétorque : « Non, je n'en suis pas encore persuadé. Non. J'en serai persuadé quand j'aurais vraiment le sentiment que la victoire est possible... »

Pour commencer à construire son éventuelle campagne, Hollande, qui dit pourtant se méfier des « communicants », bénéficie d'un renfort inattendu en la personne d'Alastair Campbell. L'ancien conseiller en communication du travailliste Tony Blair s'est rendu très discrètement à l'Élysée, le 4 mai puis le 1er octobre 2015, afin de prodiguer ses conseils au chef de l'État français, à qui il a ensuite fait parvenir plusieurs mémos (dont nous avons publié des extraits dans *Le Monde*, en août 2016). Ses recommandations sont claires, mais sans surprise. Sarkozy doit être réduit à un simple « homme de scène », tel « le dirigeant qui a échoué ». Selon le *spin doctor*, il faudra impérativement dénoncer « l'héritage de Sarkozy ». Le Britannique évoque ainsi l'« amnésie collective » dont souffrirait la France, un peu trop oublieuse des années Sarkozy et à qui il faudra vanter les progrès accomplis depuis : « hausse de la croissance, baisse du déficit, baisse des impôts »... La campagne du président sortant devra, selon Campbell, reposer sur quatre « piliers stratégiques » : « économie, leadership, équipe, valeurs ». Un danger, déjà, est détecté : « le manque d'esprit d'équipe » d'un certain Emmanuel Macron.

À la fin de l'été 2015, Hollande nous résume ce qu'il a retenu des suggestions du communicant britannique, qui a paradoxalement pris comme modèle la victoire de… David Cameron, le dirigeant conservateur arrivé au pouvoir en 2010, après treize années d'hégémonie travailliste.

« Campbell dit : "Cameron a été capable, dans la campagne, de rappeler le bilan des travaillistes qu'il avait trouvé, et ça a marché", rapporte le chef de l'État. Son conseil, c'est : "Vous auriez intérêt, dans la campagne présidentielle 2017, si vous êtes candidat, à taper Sarkozy sur son propre bilan. À faire la bataille du bilan." Il faut dire : "Nous, on a redressé, voilà ce qu'on avait trouvé." »

Mais cet argument, il ne faudra pas le brandir trop tôt, estime Hollande. « C'est un propos de candidat, ce n'est pas un propos de président, tranche-t-il. Le président, on ne lui demande pas de trouver des excuses ou de charger son prédécesseur. Il est président, à lui de travailler. Mais dans la campagne, où il est question de savoir s'il est meilleur que l'autre, il a intérêt à dire qu'il a trouvé, quand même, une situation déplorable. »

On le constate, consciemment ou non, Campbell ou pas Campbell, à chaque fois qu'il se projette sur l'échéance de 2017, Hollande s'imagine toujours face à Sarkozy…

Il trouve même le moyen d'égratigner son prédécesseur lorsqu'il évoque la perspective d'une défaite, en 2017 : « Si je suis battu, je n'en voudrais pas aux Français, dit-il. Je pourrais dire : le pays est majoritairement à droite, je fais mon devoir, à moi de le convaincre, si je n'y arrive pas, bon, très bien. Je ne pense pas que je serais comme Sarkozy en pensant que ce sont des traîtres qui ont empêché ma victoire. Parce que c'est ça qu'il pense. Il dit : "C'est à cause de Bayrou, parce qu'il a appelé à voter Hollande, et de Le Pen, parce qu'elle n'a pas appelé à voter Sarkozy." Moi je ne dirai pas que c'est à cause de Mélenchon. C'est possible que Mélenchon soit responsable, ou un candidat écologiste, c'est vrai, on trouve toujours une explication… »

Lui, on l'a compris, a déjà la sienne : « La gauche est minoritaire, nous explique-t-il. La gauche, au deuxième tour de la présidentielle 2012, c'est 42 ou 43 %, le reste c'est un électorat flottant, centriste peut-être, antisarkozyste sûrement, une partie même des électeurs de Le Pen qui veulent chasser celui qui est au pouvoir. Mais la gauche n'était pas majoritaire en 2012, ce n'est pas vrai. Et elle est encore plus minoritaire en 2016. »

« Avoir une fusion président-Premier ministre »

Au mois de mai 2016, alors que le chômage a enfin stoppé sa course folle sans pour autant impacter positivement la décourageante cote de popularité, ou plutôt d'impopularité, de Hollande, celui-ci nous confie ne « pas encore » avoir en tête exactement les propositions qu'il pourrait être amené à formuler en 2017. « Ça va dépendre beaucoup de la période », dit-il.

« Je pense qu'il faut faire ce qui n'a pas été fait, précise toutefois le président. Peut-être davantage encore sur l'éducation, sur les quartiers difficiles... Des choses lourdes, qui pèsent, le taux d'échec scolaire, les inégalités... Ce qui a été fait, c'est l'économie. »

Sceptique sur les réformes dites de société, il dit vouloir surtout « changer le mode de décision du pays ». « Je crois que c'est vraiment le problème qu'il a. Ce n'est pas possible de fonctionner comme on fonctionne. En termes institutionnels. Notre système ne tient plus. Lenteur, lourdeur... C'est la démocratie qui est en cause aujourd'hui. On le sent bien. Il y a ceux qui voudraient une démocratie plus directe, qui voudraient faire passer par référendum beaucoup de choses, ce qui n'est pas forcément souhaitable. Mais des lois qui durent des mois et des mois, ce n'est pas possible. Notre système est conçu comme si le président de la République avait du temps, sept ans, comme si le pays n'avait pas d'urgence, comme si on n'avait pas de terrorisme. »

Sans appeler de ses vœux une VIe République, Hollande envisage certains bouleversements institutionnels. Il sera nécessaire, selon lui, de procéder à « un changement de Constitution ». Il a déjà, sur ce plan, tiré un bilan de son mandat. Avec un mot en tête : « lenteur ».

Tout lui est apparu long, alangui, empesé.

S'il est réélu, il jure de lancer de grands chantiers sur ce plan, quitte à dynamiter les vieux équilibres français. Le Sénat sert-il encore à quelque chose ? Et le Premier ministre ? « C'est l'ambivalence française, qui fait qu'on attend du président qu'il soit à la fois très loin, très *imperator*, et en même temps on considère qu'il doit répondre de tout. Même s'il y a un Premier ministre qui a en fait énormément de compétences et d'attributions… Alors, est-ce qu'il faut changer les institutions pour aboutir à un chef de l'État qui serait aussi Premier ministre ? Car c'est ça la question… Mais là, il faut vraiment changer les institutions. Complètement. C'est un vrai chambardement. C'est-à-dire que le président assume qu'il est président. »

Ce « chambardement », même s'il en mesure les difficultés, il le souhaite de tout cœur. « Je pense que c'est nécessaire. Je pense que ça ne se fera pas avant longtemps, parce que c'est un vrai changement qui fait que beaucoup craindront l'hyper-présidence, l'abaissement du Parlement, la concentration des pouvoirs, et donc il y aura de la part notamment des parlementaires, et même du peuple français, la crainte qu'il y en ait trop entre les mêmes mains. Et en même temps, je pense que ça faciliterait beaucoup plus les choses, pour la rapidité, la lisibilité… Et ce n'est pas le problème des Premiers ministres que j'ai choisis, car et Jean-Marc Ayrault et Manuel Valls ont été d'une loyauté totale. »

« Je crois qu'aujourd'hui, conclut-il, si on voulait reconstruire notre République autour de cette idée de rapidité et de clarté, il faudrait raccourcir les délais, faire participer beaucoup plus les Français à l'élaboration de la loi et avoir une fusion président-Premier ministre. »

Inaboutis, car seulement à l'état d'ébauche en ce printemps 2016, les projets de François Hollande pour rénover la Constitution ne sauraient suffire, il en a bien conscience, pour donner une colonne vertébrale à une éventuelle future campagne. « Je commence à y réfléchir, mais je trouve que ce serait prématuré, confie-t-il le 11 mai 2016. Ça ne sert à rien de trouver le thème trop tôt, il faut qu'il soit vraiment dans le moment de la campagne. Il y a un thème qui va surgir, et c'est celui qui a le thème qui va gagner. Quand Chirac trouve celui de la fracture sociale, il le trouve assez tard, novembre, décembre 1994... Quand Sarkozy, dans la campagne 2007, trouve le thème "travailler plus pour gagner plus", il trouve quelque chose, on est après les 35 heures, l'idée a été, à tort, que la gauche avait restreint le pouvoir d'achat, ça correspondait à une aspiration... Moi je trouve le thème de la jeunesse, en 2011, ou le thème de la finance, et Sarkozy n'avait pas de thème, sauf celui de la frontière, que Buisson lui avait donné ; il a essayé de l'installer au second tour, mais ça n'a pas suffi. Le Pen a déjà trouvé son thème : "La France apaisée." Le thème de l'apaisement est un bon thème, que Juppé pouvait utiliser aussi. Elle le construit sur la France en paix, dans le sens où elle élimine ses ennemis, elle les chasse. Elle pense avoir trouvé avec "la France apaisée" ce que Mitterrand avait fait avec "la Force tranquille". »

La thématique « porteuse », celle qui risque d'imprégner la future campagne présidentielle, Hollande pense l'avoir vue se dessiner au début de l'été 2016, dans le fracas d'une énième série d'attaques djihadistes (Magnanville, Nice, Saint-Étienne-du-Rouvray...). C'est de la sauvegarde des valeurs démocratiques dont il est question désormais, rien de moins. Une double responsabilité écrasante pèse désormais sur les épaules du président français : éviter le délitement de la nation et le reniement des valeurs qui la fondent. Rappeler jusqu'où une démocratie ne peut pas aller.

Il s'en explique, le lundi 25 juillet 2016 au soir, lors de notre ultime entrevue, chez nous. « Je me souviens que je me suis engagé dans la vie politique, dès mon plus jeune âge, pour que la démocratie soit élargie, pas rétrécie. Si la justice n'est plus garantie, si les libertés sont diminuées et si la démocratie est abîmée, c'est quand même tout ce que je craignais pour mon pays qui se produirait. Donc voilà, c'est ça l'enjeu. »

« On cherchait le sujet sur lequel allait se faire l'élection présidentielle, nous confie donc ce soir-là le président. On pensait à juste raison à la crispation identitaire, l'économie, le chômage... Et en fait, le sujet, c'est la conception qu'on a de la démocratie. C'est-à-dire, en gros, préférez-vous vivre avec une démocratie un peu abaissée, des droits diminués, ou mourir dans le respect des droits de l'homme et des libertés publiques ? »

Il en est maintenant persuadé, en 2017, quelle que soit son identité, le candidat de la gauche aura pour tâche principale de réunifier un pays plus divisé que jamais, et de redéfinir, finalement, ce que signifie être un citoyen français en ce début de millénaire tourmenté. « Je ne crois plus que ce soit sur le thème de l'apaisement en 2017, qu'il faille s'adresser au pays, confirme-t-il. Et si l'on n'en appelle pas à cette prise de conscience, de responsabilité, les Français peuvent s'abandonner. Ça peut arriver dans certaines périodes... »

Celle-ci laisse la part belle à la caricature, encourage la course à l'échalote sécuritaire. « On a vu les débordements, il y a un glissement, une dérive, déplore Hollande. Si l'on fait un sondage : “Est-ce que vous pensez que les fichés S doivent être emprisonnés ?” la réponse sera, eh bien oui, bien sûr... » Il en tire quasiment un argument préélectoral : « Moi, je pose toujours cette question-là : il y a eu trois attentats, est-ce que vous préférez que ce soit François Hollande président de la République face à ces événements, ou un autre ? En maîtrise, en réponse, en capacité de pouvoir préserver la cohésion, quel président préférez-vous dans cette circonstance ? »

En cette période de « guerre », il qualifie la désunion de la gauche d'« incompréhensible ». « Car le danger, affirme-t-il, c'est l'affaiblissement de la démocratie, le recours à des politiques autoritaires, la division à l'intérieur du pays, la suspicion à l'égard de l'islam... On n'a pas connu une extrême droite à un niveau aussi élevé en France depuis longtemps. Très longtemps... »

Face aux amalgames et aux simplifications, les voix raisonnables, dont la sienne, sont peu audibles, il en a conscience. « Il n'y a pas de parade absolue qui fait qu'un responsable politique puisse dire, vous m'élisez et il n'y aura plus jamais d'attentats, non, admet lucidement le chef de l'État. Et ceux qui se permettent de le dire trompent les gens, au risque d'être rattrapés. »

Ce combat, Hollande souhaiterait continuer à le mener, c'est une certitude. Même si, en cette fin juillet 2016, il estime qu'« il est encore trop tôt » pour se décider à se représenter.

Un chef stoïque dans la tempête terroriste, un président gardien du temple républicain, un homme d'État au-dessus des partis et de leurs médiocres calculs, voilà à l'évidence le personnage qu'entend camper François Hollande désormais. Mais cet homme tant déconsidéré, discrédité, pourra-t-il refaire le coup de « la Force tranquille » inventé par Mitterrand en 1988. Réussira-t-il à incarner la figure du rassembleur de la patrie en danger ? Lui reste-il suffisamment de force – politique – pour y parvenir ?

Il compte sur ses ennemis pour lui en donner. Il mise beaucoup sur cette primaire à droite, presque une incongruité pour cette famille de pensée de culture bonapartiste. Elle va, enfin, lui offrir un adversaire à sa mesure. Ravi de voir la droite s'entre-déchirer, il ne se réjouit pas trop néanmoins. Car s'il souhaite se représenter, lui aussi devra donc passer par la case primaire. Contraint et forcé. Il a fluctué, sur ce thème.

Un coup oui, un coup non.

« Je ne veux pas donner l'impression, si j'étais candidat, d'un bidouillage »

Le 11 janvier 2016, le quotidien *Libération* lance un appel en faveur d'une primaire de toutes les gauches. Soutenu par des intellectuels de toute sorte. Le patron de *Libé*, Laurent Joffrin, appelle Hollande avant sa publication, afin d'obtenir une éventuelle réaction. « J'ai dit : "Je ne suis pas candidat, je ne vais pas m'exprimer sur la primaire, mais si votre primaire permet d'avoir un candidat unique de la gauche, ce sera difficile, pour quelque candidat socialiste que ce soit, y compris si ça devait être moi, de dire : je néglige cette procédure, je la récuse." Si en revanche cette histoire n'est faite que pour créer des débats, sur le thème "n'importe qui peut être candidat", amusons-nous Folleville, et on verra qui sort à la fin, ça n'a pas de sens. Mais c'est vrai que s'il y a un candidat unique de la gauche, quel qu'il soit, il est au second tour. »

Hypothèse enchanteresse mais irréaliste. Jean-Luc Mélenchon a déjà pris son envol, en solitaire, Cécile Duflot lui a emboîté le pas… Appeler la gauche de la gauche à une attitude conciliante, c'est peine perdue, pense-t-il. Alors qu'il était plutôt séduit par la possibilité d'une primaire réunissant tous les candidats de la gauche. « Si j'avais à me déclarer à la fin de l'année, anticipe-t-il en février 2016, que cette primaire ait lieu au même moment, ce serait difficile de dire : "Moi, je n'en suis pas." Si tout le monde dit : "Voilà, venez participer, si vous êtes choisi, on est tous derrière vous..." Et moi je dirais non ? Si c'est vraiment le prix à payer, d'être investi comme candidat unique, ce n'est pas la même chose que d'être un candidat de plus. Mais il y a peu de chances que ça se fasse. Dès lors que déjà Mélenchon s'en est détourné... Et on ne sent pas l'opération mordre. Mais l'aspiration est réelle. D'un point de vue populaire, les gens de gauche ont envie. »

D'autant que cette primaire pourrait lui permettre aussi de roder ses idées, de développer ses arguments. Voire, qui sait, d'introniser son virtuel Parti du progrès : « La primaire pourrait être une forme de dépassement, en fait. Participent à la primaire tous ceux qui veulent former une nouvelle organisation politique, qui est une organisation unique de la gauche. Cela pouvait être ça. Cela aurait pu être ça. »

Le 11 mai 2016, il nous le redit : « S'il y a une primaire qui permet de rassembler toute la gauche, je ne vois pas comment je pourrais me dérober. » Mais il n'y croit plus, manifestement. Trop de prétendants veulent jouer les sauveurs.

C'est le moment pour le rusé Jean-Christophe Cambadélis de sortir sa boîte à malice. Le 18 juin 2016, il prend tout le monde de court : il annonce la tenue d'une primaire rassemblant la seule gauche de gouvernement. Il coupe ainsi l'herbe sous le pied aux Montebourg, Hamon et autres frondeurs tentés par une candidature dissidente. Et offre le moyen à Hollande de se relégitimer sans trop de risques. Du grand art.

Du sur-mesure, surtout, pour le chef de l'État. Qui a fait mine, la veille, devant nous, de ne pas avoir été associé à cette combine d'anthologie signée « Camba ».

« Je ne veux pas donner l'impression, si j'étais candidat, d'un verrouillage ou d'un bidouillage, soutient-il. Ce ne serait pas glorieux. Vous allez le voir demain : la primaire sera décidée. Je ne m'y opposerai pas, parce que ça voudrait dire que moi-même j'impose une règle au Parti socialiste. C'est le Parti socialiste qui doit m'imposer une règle, ou imposer une règle aux candidats. »

Hollande se serait donc rangé, obéissant, à la stratégie élaborée par le premier secrétaire du PS, seul dans son coin ? Difficile à croire… D'autant que, dès le 29 avril, lorsqu'on l'avait interrogé pour savoir si la Belle Alliance populaire avait été lancée par Cambadélis avec son accord, Hollande nous avait répondu : « Oui, bien sûr. C'était d'autant plus nécessaire qu'il pouvait y avoir des primaires, et que l'Alliance populaire peut en être le cadre… » La manœuvre a à moitié porté ses fruits : fin août 2016, si Hamon n'a eu d'autre choix que d'annoncer son intention de passer par la case « primaire » pour se mesurer à Hollande, Montebourg, lui, n'a pas exclu de défier le chef de l'État sans y recourir.

Maintenant que le cadre est fixé, Hollande n'a plus qu'à attendre, patiemment, l'hiver 2016. S'il se lance, ce sera en décembre. Il avait choisi cette période bien avant l'annonce par Cambadélis d'une primaire à gauche. « Je pense qu'il y a plusieurs raisons qui font que cette date me paraît la bonne, nous dit-il en avril 2016. La première : dans l'hypothèse où je n'y allais pas, on ne peut pas imposer à sa propre famille d'improviser au mois de janvier, de février, le choix d'un candidat. Dans l'hypothèse où j'y serais, il faut clarifier cette situation dès le début de l'année. » On notera au passage qu'il évoque l'hypothèse où il « n'y allait pas » et non où il « n'irait pas ». Maladresse d'expression ? Un lapsus, plutôt. À l'évidence, le conditionnel qu'il utilise ensuite en envisageant son éventuelle candidature est de pure forme…

« La campagne, dit-il encore, commence dès les premiers jours de janvier. » La campagne ? Les campagnes plutôt, puisque la primaire de gauche est programmée les 22 et 29 janvier 2017, trois mois avant la présidentielle.

« Mélenchon, je l'ai vu ramper pour entrer au gouvernement Jospin »

Il se rappelle 2012, le départ trop tardif de Sarkozy, désireux de « faire président » jusqu'au bout. « L'erreur qu'il a commise, et je crois qu'il l'a regrettée, c'est d'attendre le mois de janvier que je fasse moi-même mon lancement de campagne, pour ensuite se précipiter au mois de février. Il a perdu du temps. »

Cette fois, la droite aura désigné son champion dès la fin du mois de novembre.

« Le premier qui parle a quand même un avantage, reconnaît Hollande. Mais celui qui va gagner la primaire [à droite], il va avoir un moment difficile, parce que pendant quinze jours, trois semaines, il va falloir qu'il rabiboche tout le monde. Il ne faut pas se tromper de discours. Le premier discours est le discours essentiel, Versailles pour Sarkozy [en 2007], et moi Le Bourget [en 2012]. Si le discours est raté… »

Il se projette, envisage tous les scénarios. N'exclut surtout pas un happy end.

Il sait les sarkozystes sur le sentier de la guerre, se doute que les temps à venir vont être d'une grande agressivité. Il craint les réseaux souterrains, connaît le potentiel de nuisance du camp d'en face… Hollande évoque l'action en sous-main d'un « petit groupe qui va chercher soit pour des raisons politiques, soit pour des raisons financières, à suivre, poursuivre »… « Je ne suis pas du tout dans une interprétation complotiste, mais on sait qu'il y a des intérêts financiers puissants. Et il y a des journaux qui ne me veulent pas de bien, *Valeurs actuelles* colporte des rumeurs… Au-delà même de Sarkozy, pour des raisons idéologiques. »

Fin juillet 2016, il affiche toujours une forme de détachement. « D'abord je ne me suis pas dit en arrivant que je dois tout faire pour être réélu, parce que c'est à mon avis un très mauvais moyen pour y parvenir, confie-t-il. Ensuite, à mesure que le temps passe, que le temps passe vite, cette question devient de plus en plus lancinante, c'est vrai. Et la logique voudrait que le président se représente, presque mécaniquement, mais en même temps les mœurs politiques ont changé, on n'est plus dans cette période où c'était automatique, il y a un besoin, à tort ou à raison, de renouvellement. L'argument majeur, c'est la justification d'une candidature. » Cette « justification », selon lui, « elle commence à se dessiner ». « Unité, cohésion, démocratie… », égrène-t-il.

Il insiste : « Pour vous parler franchement, arrêter là ne serait pas pour moi une forme de démission. Je considérerais que j'en ai fait beaucoup pour le pays, que j'ai donné le meilleur de moi-même et que j'ai affronté une situation difficile. Donc je ne suis pas du tout dans l'idée que la vie serait un immense gâchis si je ne prétendais pas à me succéder à moi-même. Il faut dire que ce que j'ai fait pendant cinq ans est suffisamment élevé pour que je puisse déjà m'en satisfaire, au sens moral du terme. En revanche, si je pense que le pays est en danger et que je suis celui qui peut être la réponse, pour la famille politique que je représente, et plus largement, pour la conception que j'ai de la République… »

Cette campagne, c'est peu dire qu'il l'attend avec impatience. Il piaffe littéralement. Marre des frondeurs et de leurs postures égotiques, des interminables déchirements de la famille écolo… La gauche extrême ? Elle ne le préoccupe pas plus que ça. Il parle d'ailleurs très rarement de Jean-Luc Mélenchon, l'ex-compagnon de route du PS, reconverti en tribun médiatique. Et quand il le fait, c'est pour l'exécuter, sans agressivité aucune, presque à regret : « Mélenchon, il fait partie des soldats perdus. Il se sent humilié. Je le connais depuis si longtemps… Je l'ai vu ramper pour entrer au gouvernement Jospin. »

Les sondages catastrophiques ne l'obnubilent pas. « Quand je vois que Juppé va faire 34, 35 ou 36 %… soupire-t-il. Je rappelle que moi, quand j'ai été investi fin novembre 2011, je devais gagner l'élection présidentielle avec 67 % ! Il y a des fondamentaux. »

« L'enjeu, c'est de gagner, pas de figurer », dit-il encore.

Il y croit. Indécrottable optimiste.

Alors que seul un miracle pourrait le sauver.

Comment rêver à une réélection sachant qu'aucun président sous la Ve République n'a été reconduit quand il était du même bord que le gouvernement ? Comment y croire quand la droitisation du pays est telle que la gauche représente aujourd'hui à peine un tiers de l'électorat ? Comment gagner alors que son camp n'a jamais été autant divisé ?

Comment espérer l'emporter en étant à ce point impopulaire ?

Simplement, peut-être, en s'accrochant à son étoile.

Épilogue

Malheur aux détails, la postérité les néglige tous.

Voltaire

Voilà, c'est fini.

Il a débarqué chez nous, ce soir-là, un grand saint-estèphe à la main, le sourire aux lèvres. Il était 21 h 15.

Jusqu'au bout, François Hollande aura respecté ses trois quarts d'heure de retard réglementaires.

En arrivant, il est tombé, sur Loven, le gardien d'origine mauricienne de la copropriété qui, profitant de cet inattendu face-à-face avec le président de la République, lui a dit sa fierté d'avoir récemment obtenu la nationalité française. En ces temps troublés, la nouvelle a semblé réjouir sincèrement le chef de l'État…

Ce dîner du lundi 25 juillet 2016 marque le terme d'une folle aventure, débutée près de cinq ans plus tôt quand nous était venue cette idée plutôt iconoclaste de pénétrer le cerveau d'un futur président de la République.

Soixante et une longues rencontres, plus de cent heures d'enregistrement, une myriade de déclarations fortes, d'impressions fugitives, de certitudes égarées, quatre ans et demi d'un singulier chemin à parcourir de concert… Il nous fallait bien cela pour décrypter cet ahurissant quinquennat, saisir au plus près cet homme subtil, sa pensée alambiquée mais structurée, ses contradictions et ses ambiguïtés, aussi…

Hollande, calé au fond du canapé en cuir blanc, pioche immédiatement dans la charcuterie disposée sur la table basse, en nous demandant, comme d'habitude, des nouvelles de nos familles – et oubliant, comme d'habitude, aussi vite nos réponses. Le chat de la maison va et vient, la présence d'un chef d'État l'indiffère, manifestement. La petite famille est partie au cinéma, nous voici seuls, tous les trois, sans artifice. Comme toujours.

Curieuse sensation. Tandis qu'il parle comme si de rien n'était, nous sommes assaillis par une rafale d'interrogations. Comment profiter à plein de cet ultime entretien ?

N'a-t-on rien oublié d'essentiel, au cours de ces soixante et un rendez-vous ?

Et puis, comment accueillera-t-il ce livre ? On n'en sait strictement rien, à vrai dire. Mais après tout, peu importe, cet ouvrage, on ne l'a pas écrit pour le satisfaire – ni le mécontenter, d'ailleurs. On a juste voulu s'approcher de la vérité ; celle d'un homme, mais aussi, bien sûr, celle d'un quinquennat, et, à travers l'un et l'autre, peut-être, celle d'un pays.

On passe à table. Installé face à nous, il goûte quelques tomates anciennes avant de s'attaquer à plus roboratif. Il se sert une large portion de pommes de terre de Noirmoutier rôties au beurre demi-sel, finit son verre de rosé, volubile, charmeur.

Il ignore tout du contenu du livre.

Si ce n'est qu'il sera volumineux. Sur ce point au moins, il se dit enchanté : « Compte tenu de son importance, c'est votre livre qui va compter. Le fait qu'il soit lourd, cela écrase les autres. Moi, je ne fais pas de livre, je ne ferai pas le récit de mon quinquennat. Je n'ai pas envie de raconter. Ce n'est pas à moi de le faire… Si j'en faisais un, ce serait un livre de candidature, programmatique. » Il répète, une nouvelle fois, que de toute façon il ne s'est confié qu'à nous durant son quinquennat. Connaissant l'animal, on ne l'a jamais cru – et on a bien fait, vu l'avalanche d'ouvrages, basés sur ses « confidences », déjà parus ou en cours de publication !

En tout cas, à l'évidence, il compte sur nous pour mettre en valeur son bilan. C'est de bonne guerre. Alors, une dernière fois, il plaide sa cause, défend son action. Il sait qu'à partir de l'automne 2016, avec les primaires, à droite puis à gauche, puis la campagne présidentielle, la France entre dans l'une de ces longues séquences électorales dont elle a le secret.

La présidence Hollande est jouée. Son exégèse peut commencer.

« Ce quinquennat, de toute façon, même s'il n'est pas terminé, il a été à tous égards bouleversant, juge-t-il. Il a été bouleversé, mais a été bouleversant. Quand on se voit au moment de la campagne de 2012, on sait que ça va être très dur, on sait que sur le plan économique, ça va être ardu, qu'on va avoir des discussions européennes compliquées, mais on n'imagine pas qu'on va vivre autant d'événements. Je ne dis pas que les mandats de mes prédécesseurs ont été faciles, mais là, il y a une intensité… »

Un silence.

Le chef de l'État n'a pas tort : son mandat aura bien été touché par le mauvais sort. La crise économique qui dure, le grand déballage intime, les trahisons en tout genre, les attaques sur sa personnalité jugée falote et puis, bien sûr, ces monstrueux attentats… À tel point que nous avions envisagé de titrer ce livre « Collapsus ». Un terme qui désigne, en médecine, l'effondrement d'un organe creux et mou…

Pour une fois, le positiviste qu'est Hollande doit en rabattre, un peu. Un quinquennat maudit ? « Oui, c'est vrai… soupire-t-il. Ce qui fait d'ailleurs qu'on se dit : "Mais comment peut-il supporter tout ça, est-ce que finalement tout glisse sur lui, est-ce qu'il a un affect ? Comme s'il n'avait pas d'émotions, comme s'il surmontait tout par une forme d'inconscience, presque, ou d'indifférence." Alors que, pas du tout… »

« On déconsidère, on discrédite, il faut que le pouvoir soit faible »

Son visage se fait grave, soudain. « J'ai assez rapidement compris que ça allait être très… Tragique ? C'était difficile de l'imaginer à ce point. Mais que ça allait être très lourd. Parce que je voyais la tendance générale à l'antagonisation, au durcissement… Parce que ça a commencé très tôt, dès l'été 2012, les attaques inconsidérées, sur la présidence, sur tout ça… Et puis les manifs sur le mariage, qui antagonisent beaucoup déjà. Aujourd'hui, personne ne remet en cause tout ça. Mais il faut voir ce que ça a été. La violence verbale à l'Assemblée nationale, ce qu'a supporté Taubira, les mobilisations dans toutes les villes de France, les gens qui défilaient… Lorsqu'on va revoir ces images-là, plus tard, on va se dire, mais c'était quand, ça ?! Ça nous paraît déjà très loin. Et pourtant, ça montrait qu'on était dans une espèce de durcissement à l'intérieur de la société… »

Il soupire, longuement. « Oui, reprend-il, j'ai senti… du lourd. C'était lourd… Alors que moi-même, et j'y ai veillé, j'avais voulu apaiser. Parce que j'avais bien senti qu'il y avait déjà une tension très forte, qui ne pouvait pas se réduire à la personnalité de Nicolas Sarkozy. Ce serait faux de laisser penser que c'était lui seul qui antagonisait… »

Il stigmatise les professionnels du verbe haut, les imprécateurs médiatiques, ceux qui rugissent dans le vide. « On le sentait déjà dans la campagne présidentielle, reprend-il, les discours avaient été durs. C'est aussi quelque chose qui m'a saisi dès que je suis arrivé : on veut déconsidérer le président élu – l'homme et le président –, comme pour affaiblir son pouvoir et son autorité. Et Mélenchon, croyant faire un bon mot sur le "capitaine de pédalo", c'est la même idée : on déconsidère, on discrédite, il faut que le pouvoir soit faible… »

Le sien l'aura été, incontestablement, dans des proportions jamais atteintes sous la Ve République. Ils auront été si nombreux, jusque dans son propre camp, à bafouer son autorité.

Et si sa personnalité était en cause, tout simplement ?

L'hypothèse, on s'en doutait un peu, ne le séduit guère. Il ne veut d'ailleurs même pas l'envisager. « Je pense que la droite, je ne parle même pas de l'extrême droite, a toujours voulu disqualifier, nous répond-il donc. L'illégitimité… Je crois que c'est quelque chose de très profond… » Il poursuit, avec nous, son introspection. Très relative, puisqu'il élude assez systématiquement sa propre responsabilité. « J'ai pensé que ça s'apaiserait par la présidence que je voulais introduire, que j'avais appelée "normale", pour bien montrer qu'on allait entrer dans une nouvelle phase. Mais j'ai vu que certains ne voudraient pas s'y plier, ou s'y ranger, et qu'ils voulaient l'affrontement. D'ailleurs, il aurait été facile pour moi de le durcir encore, l'affrontement. J'aurais pu dire, par exemple : vous ne voulez pas du mariage pour tous, vous aurez en plus la PMA. »

Mais constater que le pays n'est pas apaisé, n'est-ce pas un formidable aveu d'échec ? « Non, réfute-t-il, parce que le pays est travaillé par des forces qui veulent la confrontation. L'extrême droite et le vote qu'elle recueille en sont l'illustration. Et la droite, plutôt que de mettre une barrière – je ne parle pas de barrière électorale parce qu'elle a été mise, mais une barrière idéologique –, a progressivement transgressé. »

Il veut sans doute éviter de donner l'impression de se dédouaner totalement, alors il concède ceci, du bout des lèvres : « Non, le seul regret que j'ai, c'est qu'il n'ait pas été possible qu'une partie de la droite, Bayrou, puisse à un moment ou à un autre dire : "Voilà, on est prêt à travailler…" Mais bon, ça n'a pas été possible, et la responsabilité est partagée. »

À l'en croire, un homme, fût-il chef de l'État, ne peut panser seul les plaies d'une nation, surtout celle-ci, décidément trop scarifiée… « Mais en revanche, je ne l'ai pas antagonisée davantage », se console-t-il.

« On aura sauvé Peugeot, comme on a sauvé Florange aussi d'une certaine façon, en tout cas la sidérurgie »

« Vous êtes fier de votre mandat ? » le provoque-t-on. Il est trop aguerri pour tomber dans le premier piège venu : « Fier… Quand on dit qu'on est fier, il y a un côté prétentieux, un côté : "Vous n'avez pas vu tout ce que j'ai fait pour vous, vraiment, ouvrez les yeux !…" Mais quand je regarde, proposition par proposition, d'abord quantitativement, le respect des engagements… Ils n'y sont pas tous, il y en a quelques-uns qui manquent – sur le droit de vote des étrangers, on n'a pas pu le faire –, mais pas beaucoup. Pas beaucoup… Quand je vois ce qu'on a fait, même dans un domaine qui n'était pas forcément celui sur lequel j'avais le plus insisté dans la campagne : l'écologie. Sur ce plan, le bilan est considérable finalement, entre – je ne parle même pas de la COP 21 – la loi de transition énergétique, la loi biodiversité, la fiscalité écologique… Beaucoup plus sans doute que je l'avais moi-même conçu. Deuxièmement, sur l'éducation, au-delà des postes créés, on voit maintenant un certain nombre de résultats, l'accompagnement des élèves les plus en difficulté, la priorité à l'éducation, justement, dans les quartiers… Ce sera vraiment un changement important qui aura été introduit. Sur l'économie, c'était le chômage qui était quand même la priorité, mais je pense que ce qu'on a fait sur l'économie de l'offre, qui n'était pas mon engagement, mais qui était une nécessité, sur la restauration de la compétitivité… »

Ah, cette politique de l'offre… Elle lui aura tant coûté politiquement. L'observatoire français des conjonctures économiques (OFCE) a parfaitement résumé la situation en septembre 2016 : entre 2012 et 2017, les prélèvements obligatoires auront augmenté de 35 milliards d'euros pour les ménages, alors qu'ils auront baissé de 20,6 milliers pour les entreprises. Une stratégie économique que n'aurait pas reniée la droite. On repense à ce que nous confiait Hollande un an plus tôt : « C'est une mesure de droite de dire, on fait payer les consommateurs, on allège les charges des entreprises… »

Il réfute pourtant l'éternel procès en trahison.

Il prend l'exemple de Peugeot, « qui était en faillite », et dont le sauvetage constitue peut-être son plus grand motif de satisfaction. « Si on n'était pas intervenu dans le capital à hauteur d'un milliard d'euros… On aura sauvé Peugeot, comme on a sauvé Florange aussi d'une certaine façon, en tout cas la sidérurgie. Mais Peugeot c'est encore plus clair… Mais ça, peu de gens le mesurent. C'est peut-être ma fierté de me dire : bon finalement, on aura permis aux entreprises françaises, notamment certaines qui étaient les plus mal en point, de se sauver et de pouvoir être aujourd'hui des fleurons. Peugeot aurait pu disparaître, purement et simplement… Ce n'est pas toujours ce qu'il y a de plus voyant qui est le sujet de plus grande fierté. » Pense-t-il, à cet instant, à ces quelques 600 000 chômeurs de plus « produits » par son quinquennat ?

Il poursuit, évoquant cette fois ce qu'il estime être la richesse de son bilan social. « Entre la prime d'activité, le tiers payant, la complémentaire santé pour les retraités…

Et puis le compte personnel d'activité, le compte pénibilité, etc. Sur le plan social, dans une période extrêmement difficile du point de vue économique, on aura quand même réussi à faire des avancées importantes. D'une certaine façon, on aura réglé la question des retraites définitivement. Je ne dis pas qu'il n'y aura pas d'autres réformes un jour ou l'autre, mais pour les dix ans, les quinze ans qui viennent… Bon, on aura réglé ça sans bruit, sans drame. »

Mais s'il ne devait rester qu'une réforme dans l'esprit des Français, ce serait sans doute celle du mariage pour tous. « C'était très important, confirme-t-il, mais ce n'est pas une fierté, parce que c'est ce qu'on devait faire. Pas parce que j'en avais pris l'engagement, mais parce que finalement, tous les pays y viennent : en Europe, en Amérique, enfin, les pays développés, tous iront vers cette reconnaissance. »

Voilà pour l'aspect intérieur.

Quant à l'international, selon Hollande, « ce qui restera, je ne parle pas de l'intervention au Mali et des conflits, c'est la COP 21 »… La COP 21, vraiment ? Un joli succès d'estime, certes, mais aussi un événement hyperformaté, oublié aussitôt après avoir été – parfaitement – organisé. « Oui, convient Hollande, personne n'en parle, mais là, vraiment, la France, peut-être à cause de circonstances dramatiques, a été grande, a été forte, a été convaincante, et c'est là-dessus qu'on a une image internationale très forte. »

« Sur le plan européen, ajoute-t-il, ma grande satisfaction est d'avoir sauvé la Grèce. Vraiment. Franchement, je pense qu'un autre que moi l'aurait sacrifiée. La droite l'aurait sacrifiée, et en la sacrifiant, on abandonnait, d'une certaine façon, le projet européen, définitivement. »

« Je m'en veux, parce que je ne peux quand même pas me défausser... »

On aborde alors le chapitre des regrets. Bien mince, à l'entendre. Révélateur : quand on presse le chef de l'État d'exprimer ce qui constitue son principal remords sur l'ensemble du quinquennat, de faire l'autocritique globale de son action, il s'en révèle incapable. Comme s'il se refusait à reconnaître un échec « structurant », une erreur fondamentale.

Bref, à se remettre en cause, devant des tiers du moins.

Tout juste concède-t-il une faute de communication sur un point très précis. « Le regret, dit-il donc après quelques secondes de réflexion, c'est la présentation de la loi travail. Je me souviens très bien du moment où l'on prend cette décision, avec ce raté, cette interview dans *Les Échos*... Je m'en veux, là. Je m'en veux parce que j'arrive trop tard... Je m'en veux parce que, même si le résultat est honorable, j'aurais dû enlever cette disposition [sur le barème prud'homal]... Mais je m'en veux, parce que je ne peux quand même pas me défausser. Même si le résultat final est celui que je peux revendiquer, le coût aura été élevé. Mais le résultat, si on arrive à le valoriser, peut le réduire. »

La loi travail offre, d'une certaine manière, un saisissant raccourci du quinquennat : une réforme présentant des avancées sociales, mais vécue par une grande partie de la gauche comme une trahison. Comment expliquer ce décalage, récurrent, entre son action et la perception de celle-ci ?

« Qu'est-ce qui fait qu'il y a cet écart ? répète-t-il. Je ne veux pas là non plus me défausser parce qu'il y a une part dans la présentation qui relève de moi ou du gouvernement, mais quand une partie de la gauche, y compris socialiste, s'en prend à ce que fait la gauche de gouvernement, dit que vous ne faites pas une politique de gauche, la perception, même si ce sont des parlementaires qui sont minoritaires, même s'ils sont d'une sensibilité par ailleurs respectable de la gauche, pour l'électorat, c'est très perturbateur : "S'ils disent eux-mêmes que cette politique n'est pas de gauche, alors, à qui faire confiance ?" Donc la perception, elle est tout de suite faussée. »

Ce déphasage, cette impression d'un président qui ne fait pas ce qu'il dit, ce sentiment d'avoir affaire à un homme double finalement, on les retrouve, et c'est tout sauf un hasard, sur le plan personnel. Homme simple, chaleureux et convivial en petit comité, Hollande est apparu aux yeux de ses concitoyens comme roublard, froid, corseté…

« Oui, c'est vrai », concède-t-il, désignant aussitôt le, ou plutôt la coupable : « La télévision n'est pas du tout mon alliée – et ne l'a jamais été d'ailleurs. Moi, mon mode de communication n'est pas télévisé, c'est plutôt celui du contact personnel. À la télévision, ou on est figé – ce qui peut être mon cas –, ou on est show man, on fait de la téléréalité – ce que je ne fais pas, mais qui marche très bien. Nicolas Sarkozy avait ce talent. »

Voilà pour la forme, mais pour le fond ?

Cette image qui lui colle à la peau, celle du roi du consensus émollient, n'est-elle pas fidèle aussi bien à son tempérament qu'à sa politique ? « Sur le reproche constamment fait de l'hésitation, un pas en avant, un pas en arrière, le compromis, la synthèse, etc., ça fait partie des clichés qui sont très difficiles à enlever, estime-t-il. Et de ce point de vue-là, le cliché qui m'a fait le plus de mal, parce qu'il est venu pendant la campagne des primaires, en 2011, c'est la phrase de Martine Aubry, sans doute parce que c'était la joute, et aussi parce qu'elle le pensait : "Quand c'est flou, il y a un loup." Combinée avec ce qui a été longtemps ma fonction de premier secrétaire, la synthèse, etc., tout ça a fait cliché. Et au lieu de voir toutes les décisions que je prenais, grand nombre de commentateurs, qui sont dans l'instant, ont dit : "Vous voyez, mais alors, finalement, il y a celui-là qui pense ça, celui-là qui pense autrement, et François Hollande fait sa tambouille..." »

« Le vrai charisme, il est dans le courage, l'obstination »

On en revient à sa personnalité. Il déteste ça. Mais elle nous semble définitivement être au cœur du rejet, d'une ampleur parfois irrationnelle, dont il est l'objet. « N'y a-t-il pas eu un télescopage entre d'un côté votre personnalité et votre politique, marquées par la modération et le compromis, et de l'autre la période, qui est à la caricature absolue et à la démagogie ? » l'interroge-t-on.

« Oui, mais si je n'étais que ça – je suis ça, et je revendique ça –, je n'aurais pas répondu aux exigences du mandat, qui étaient de prendre des décisions, se défend-il. Mais la période fait qu'il aurait été plus facile de se complaire dans une politique du verbe, pour ne pas dire de verbiage, de continuer à dénoncer tout en s'accommodant du reste, de créer la crise... C'est souvent ce qu'on m'a fait comme reproche : pourquoi vous n'avez pas créé de crise ? Au niveau européen, par rapport aux entreprises, etc. Mais c'est parce que je pense que la France ne pouvait pas se payer le prix d'une crise dans un contexte où elle était faible. Mais c'est vrai que la période est aux outrances, on le voit bien. »

L'air du temps, de fait, est à l'extravagance, il sied aux personnages extrêmes, excessifs, les Erdogan, Poutine, Trump et autres Le Pen... « Par définition, l'homme raisonnable n'est pas charismatique, dit encore Hollande. On pense que la transgression, c'est le charisme. Or, non ! Le vrai charisme, il est dans le courage, l'obstination. Le courage, c'est la vraie vertu. Je ne me suis pas dit : je suis hors du temps. Mais c'est vrai que l'époque est très dure pour la politique raisonnable. On aime la transgression. »

On l'écoute. Avec cette troublante sensation, celle de le connaître si bien, désormais. De deviner ses hésitations. D'anticiper ses blocages. Au point d'avoir acquis une conviction : ce président n'était pas fait pour cette époque, ou alors pour ce pays, voire les deux à la fois. On l'aurait bien vu en président du Conseil, sous la IVe République, ou en chef d'État gérant l'opulence et la quiétude des Trente Glorieuses, ou alors, aujourd'hui, chancelier en Allemagne, Premier ministre en Norvège…

« Oui, c'est possible… », répond-il. Il prend un instant pour réfléchir, le logiciel analytique se met en marche. L'objectif est toujours le même : trouver une explication convaincante qui, si possible, lui permette de s'abstraire lui-même de sa propre réflexion. S'il n'a jamais été marxiste, Hollande est, à sa façon, un matérialiste historique. Il pense que l'avenir est conditionné par de grands événements sur lesquels les individus ont finalement peu de prise.

« J'aimerais que l'on dise de moi, puisque c'est la vérité, que j'ai été courageux »

L'ordinateur humain recrache son verdict : « Je pense que l'élection présidentielle – qui est vraiment essentielle, qu'on ne va heureusement pas supprimer – suscite, pas tellement pendant la campagne, mais dans l'exercice du pouvoir, une attente encore plus forte que celle qu'on met dans le chancelier d'Allemagne ou dans un Premier ministre britannique. Et, deuxièmement, le président de la République est élu au suffrage universel, il peut avoir une majorité parlementaire, mais sa base électorale est très étroite. Au premier tour de l'élection présidentielle, je fais 27 % [en fait 28,63 %], la gauche fait 41-42 % [en réalité 43,76 %] toutes sensibilités confondues, y compris l'extrême gauche : ce n'est pas majoritaire. Donc le président de la République de gauche, apparemment doté – ce qui est vrai – de beaucoup de pouvoirs, est minoritaire en France, dès son élection. Tout de suite. »

On tente l'impossible : est-il en mesure d'anticiper, avec un minimum d'objectivité, la marque qu'il laissera dans l'Histoire ? Que diront, dans quelques dizaines d'années, les manuels scolaires de la période 2012-2017 ?

« Ce qu'on gardera de ces cinq ans, ce sont les attentats, prédit-il. On dira, voilà, ça a été la guerre contre le terrorisme qui a été menée… On dira que, face aux attentats, le pays n'a pas basculé. Mais on n'est pas loin, hein, on a quand même évité la bascule. Ce qu'on gardera, dans les livres d'histoire ? La loi sur le mariage : comme l'abolition de la peine de mort, comme l'avortement, ça restera. Ce qui restera, enfin, c'est qu'on a été capable de mener une politique économique qui était courageuse et, je crois, nécessaire et efficace, sans austérité. »

Et sur le plan personnel ? Comme tous ses prédécesseurs, il ambitionne forcément d'inoculer un souvenir, transmettre un legs.

Laisser une trace.

Une gageure pour un homme qui « n'imprime » pas.

« J'aimerais que l'on dise de moi, puisque c'est la vérité, que j'ai été courageux dans cette période, répond-il. Alors, cela peut être présomptueux de dire ça, mais je pense que c'est une valeur, le courage, ce n'est pas simplement une disposition d'esprit. Et courageux, ça veut dire qu'on a tenu bon quand même sur des sujets majeurs, les attentats, le terrorisme au Mali, la crise des finances publiques, la compétitivité, les lois sociales, le mariage… On a tenu, et au prix, par refus de la démagogie et de la facilité, d'une impopularité qui n'a quand même pas été démentie tout au long du quinquennat. »

Précisément, il est à craindre pour Hollande que cette impopularité record passe, elle, à la postérité !

« Oui, oui…, soupire le chef de l'État. Une impopularité qui s'explique assez bien, nuance-t-il immédiatement. Pour les raisons déjà évoquées : une droite totalement hostile, une extrême droite qui l'est par définition, et une gauche qui n'est pas complètement convaincue. Donc ça fait 18 %, ça fait 20 %… On est exactement à l'étiage de ce que serait un premier tour à l'élection présidentielle. »

Il n'a pas connu les joies d'une conjoncture resplendissante, qui autoriserait toutes les audaces : « C'est vrai que si l'économie avait été un peu plus dynamique… Ç'aurait été sans doute plus facile pour moi. Mais on paye toujours les erreurs de ses prédécesseurs. L'impopularité, elle est indexée au niveau du chômage. C'est mécanique. Mais on ne peut pas dire : je n'ai pas eu de chance parce que je suis arrivé trop tard, ou trop tôt. En l'occurrence, sans doute trop tôt ! Parce que je pense que, si l'on regarde les années qui viennent, la prochaine séquence va être bien meilleure… »

Il ajoute, un peu détaché, quasiment désabusé : « C'est dommage… »

Comme s'il avait déjà admis que le futur du pays devrait s'écrire sans lui.

Sa vie d'après, justement, comment l'imagine-t-il ? Il semble parfaitement serein, comme ceux qui estiment n'avoir plus rien à prouver, ni à perdre.

« Cela ne me pose pas de problème, de redevenir un citoyen... »

« Lâcher la place ne me pose pas de problème, dit-il. Il y a une vie en dehors du pouvoir, il n'y a pas l'idée que ce serait déchoir que de n'être plus président : c'est le destin que de n'être plus président ! Après, on n'a plus rien. Et moi je ne suis pas ravagé par l'idée : "Il faut absolument que je reste président parce que je ne sais pas ce que je vais faire de ma vie après…" Je ne serai pas dans une espèce de dépression, me disant : "C'est terrible, j'ai été président, je ne le suis plus, la vie n'a plus de sens." Non ! Cela ne me pose pas de problème de redevenir un simple citoyen. »

Mais que ferait-il, concrètement, si tout devait s'arrêter en 2017 ? Il n'en sait strictement rien, a priori, et cela ne le préoccupe pas le moins du monde, semble-t-il. « Je m'intéresserai toujours à la vie politique et à mon pays, dit-il seulement. La vie a un sens, on peut parler, on peut écrire, on peut délivrer son message… J'aurai 62 ans, je peux dire que j'aurai encore quinze, vingt ans à vivre à peu près correctement, alors, vivons-les pleinement. »

On évoque des postes prestigieux, à l'international, président de la Commission européenne par exemple… « Non, répond-il fermement. Je ne dis pas que ce ne sont pas des postes importants… Mais je considère que le poste le plus important, c'est celui que j'occupe. »

Il a tellement aimé être président, pouvoir imposer sa vision des choses, à l'intérieur comme à l'extérieur du pays : « Je pense qu'être président de la République d'un pays comme la France, c'est quand même l'une des fonctions les plus importantes du monde. Je ne parle pas simplement de ce qu'on fait pour le pays, mais il y a cinq ou six pays qui influent dans le monde, et la France en est un. Il y a peu de pays à propos desquels on peut se dire ça. La France, ça change le destin du monde. C'est pour ça qu'occuper cette responsabilité est tellement fort, même gratifiant. Oui, malgré tout ce que j'ai vécu, c'était extrêmement gratifiant. »

Pas question pour lui de repartir de zéro. « Je ne vais pas revenir faire le parcours… J'aurais 50 ans, je me poserais peut-être cette question, mais là, non… » Pourtant, il l'avoue, « le plus beau mandat qu'on puisse imaginer, c'est d'être maire d'une ville, ou président du conseil départemental, quand ça valait encore la peine ». « Mais je ne veux pas redevenir maire, même si c'est un mandat qui m'a beaucoup plu, qui a correspondu à une période de ma vie où j'étais très heureux, à tous points de vue, familial, personnel, politique... »

« Je ne dis pas que je ne ferai jamais de conférence, mais je ne courrai pas le cacheton ! Non ! »

Il s'imagine sans peine, ce soir-là, alors que ses gardes du corps font les cent pas dehors, dans la cour, devoir quitter la politique active d'ici à quelques mois. Il déguste une part d'un fameux gâteau au chocolat, réfléchit quelques instants. « Il ne faut jamais dire jamais, mais je ne ferai pas de retour, comme Giscard l'avait fait par exemple. Se présenter aux élections législatives, régionales... Il avait tout fait, Giscard, il avait l'âge qui lui permettait aussi de le faire, il a quitté le pouvoir à 55 ans, donc c'était jeune, ça permet d'avoir une autre vie. » Une carrière de conférencier de luxe, à la Sarkozy ? « Non, réplique-t-il. Je ne dis pas que je ne ferai jamais de conférence, mais je ne courrai pas le cacheton ! Non. »

On approche du moment de se quitter. On est déjà un peu nostalgiques... Les questions continuent d'affluer. Se reverra-t-on ? Et puis, se retrouvera-t-il dans cet ouvrage ? Le détestera-t-il ? Les deux, peut-être.

On le remercie d'avoir joué le jeu, jusqu'au bout. En dépit des mises en garde.

« Est-ce que votre entourage vous a dissuadé de faire ce livre ? » l'interroge-t-on. « Oui, après Jouyet », avoue-t-il. On ne s'était pas trompés, l'affaire Jouyet-Fillon a bien été vécue comme un casus belli, à l'Élysée. Mais c'est la première fois que le chef de l'État nous le confirme explicitement. Il était temps...

Qui lui a donc conseillé de ne plus nous recevoir ? « Jouyet d'abord, quand même... », lâche-t-il seulement. De fait, depuis le déclenchement de « l'affaire », à l'automne 2014, nos rendez-vous à l'Élysée ne se déroulaient plus dans le bureau présidentiel, à la demande de Hollande. Le président souhaitait éviter à Jouyet d'avoir à nous croiser…

Mais le chef de l'État lui-même, a-t-il envisagé à ce moment-là de mettre un terme à nos entrevues, s'est-il seulement posé la question ? Il esquive, puis répond à côté. « J'ai trouvé que c'était dur pour Jouyet, élude-t-il. Même s'il s'en est sorti sur le plan judiciaire, totalement. Et puis, on s'est aperçu que ça s'est dégonflé… »

Et d'ailleurs, pourquoi a-t-il accepté, près de cinq ans auparavant, de s'engager, avec nous, dans cette odyssée potentiellement périlleuse pour lui ? Bien sûr, nous ne sommes pas dupes, Hollande a sans doute espéré pouvoir se livrer à une opération de communication, à travers cet ouvrage. Mais il ne pouvait ignorer les risques inhérents à ce projet. Alors, pourquoi avoir dit oui ?

« Peut-être que je vais le regretter ! » rétorque-t-il pince-sans-rire. « Je vous ai fait confiance, j'ai dit : "Ce que vous avez enregistré, vous en prenez les éléments." »

Il n'en dira pas plus.

Énigmatique, insondable, jusqu'au bout.

« C'est vrai qu'on peut instrumentaliser un journaliste politique. C'est assez facile… »

« Le temps a fait que vous avez pu juger de la pertinence, de la cohérence de mon action, se félicite-t-il en tout cas. Vous, vous avez pu vérifier tout ce que j'avais pu vous dire à tel ou tel moment, et voir si c'est confirmé, infirmé, traduit, si ça a eu des effets favorables ou pas. » Il lui en a coûté, parfois. « C'était pesant d'une certaine façon, confirme-t-il, c'était un exercice où j'étais amené à justifier, expliquer, donner du sens… dans le moment ! C'est toujours plus facile rétrospectivement de redonner de la cohérence. Donc ça a été, d'une façon sincère, pesant. Et en même temps, utile, pour que je puisse moi-même éclairer mes propres réflexions sur ce que je faisais, et clarifier ce que j'engageais dans l'action quotidienne. Mais pour moi, il y a un risque quand même, parce qu'il ne faudrait pas que ce que je vous ai dit puisse être exploité négativement. »

Sur ce point, on ne peut à l'évidence rien lui promettre. De toute façon, on ne sait jamais comment un livre va être reçu… « Ce que je ne voudrais pas, dit-il encore, c'est que le livre, compte tenu du travail que vous avez engagé et des entretiens réguliers qu'on a eus, se résume à quelques anecdotes. Parce que ça, c'est terrible… »

Le chef de l'État postule que l'ouvrage va étonner. « Comme vous avez déjà un palmarès à votre disposition, puisque vous en avez déjà fait plusieurs, le livre va surprendre de ce point de vue-là, estime-t-il. Parce que tout le monde pense que vous avez fait un livre d'investigation sur, par exemple : Alors, est-ce qu'il y avait un cabinet noir à l'Élysée ou est-ce qu'il n'y en avait pas ? Est-ce qu'il y a une révélation sur l'affaire Cahuzac ? Bien sûr qu'il n'y en a pas, puisqu'on sait tout de l'affaire Cahuzac. »

On évoque les critiques destinées à nous faire passer pour des affidés du pouvoir, obsédés par les procédures impliquant la droite en général et Nicolas Sarkozy en particulier. Il sourit. Les « affaires », il le redit, le laissent globalement indifférent : « C'est vrai que je n'en ai rien à faire, et d'ailleurs, la meilleure preuve, c'est que Sarkozy est mis en examen et que ça ne change rien du tout à la situation… »

Il croit bon de préciser : « Aucun de vos papiers n'a été inspiré par moi. Et ça, c'est intéressant. Donc, tout ce que la droite a pensé, Sarkozy en particulier, qu'on était là, en train de préparer des mauvais coups, eh bien non, on était là pour parler du fond de la politique. Cela aussi, pour le lecteur, c'est, d'une certaine façon, une révélation, parce qu'il pense que tout est complot, que tout est manipulation, que tout est instrumentalisation, or… c'est vrai qu'on peut instrumentaliser un journaliste politique, dans l'instant. C'est assez facile. Mais dans la durée, c'est beaucoup plus compliqué : on peut vérifier, on peut savoir si on a bidonné ou si on n'a pas bidonné. »

Notre ultime entretien tire à sa fin, François Hollande est fatigué. Il prendra quelques vacances, après le 3 août, plusieurs jours qu'il passera auprès de ses enfants, auprès de qui il fêtera son 62e anniversaire, dans une villa retirée du sud de la France, cachée dans une forêt du Vaucluse, la même qu'en 2015. « Elle est planquée… », se félicite-t-il.

C'est le bon moment pour poser au président de la République une dernière question, légèrement incongrue. Le sujet est totalement anecdotique, certes, mais nous nous étions promis en nous lançant dans ce projet de ne jamais nous censurer, de ne laisser aucune interrogation en suspens, même la plus insignifiante.

L'heure est donc venue de vérifier si, oui ou non, le chef de l'État se… teint les cheveux. Après tout, au moins en privé, ses adversaires politiques ne se privent pas de se gausser de ce président aux cheveux d'un noir un peu trop corbeau. En juillet 2013, *L'Express* rapportait d'ailleurs ces propos de Nicolas Sarkozy, tenus à l'un de ses visiteurs, à en croire l'hebdomadaire : « Tu l'as vu, ce petit gros ridicule qui se teint les cheveux ? T'en connais, toi, des hommes qui se teignent les cheveux ? »

Alors, autant crever l'abcès…

« Le coiffeur devrait en témoigner, je ne me suis jamais fait teindre les cheveux. Jamais ! Jamais ! »

Le Canard enchaîné nous a offert un joli prétexte en révélant, deux semaines plus tôt, que le coiffeur personnel du président embauché par l'Élysée émargeait à 9 895 euros bruts par mois.

« Le type m'accompagnait déjà pendant la campagne, et il avait un salon de coiffure, se défend d'abord Hollande. Il a fermé son salon de coiffure, on lui a dit : "Combien vous allez perdre ?" Bon, il a donné l'équivalent de ce qu'il allait perdre, et ça a été calculé comme ça… » Rien de choquant, selon le chef de l'État, au contraire : « C'est comme pour les interprètes : deux solutions, ou vous avez un interprète permanent, ou vous prenez quelqu'un de l'extérieur et ça vous coûte 500 euros par prestation… Moi, je ne suis pas entré dans ce calcul-là, mais quand le fonctionnaire de l'Élysée s'en est occupé, il a calculé ce que ça aurait coûté en recourant à des prestations extérieures. Et je pense que ça aurait coûté plus cher… »

La – petite – polémique l'a chiffonné, il ne le cache pas : « Oui, parce que j'ai baissé les salaires dont le mien, diminué le budget de l'Élysée, supprimé 10 % des effectifs… »

C'est à ce moment-là que nous lançons au chef de l'État : « Il faut se teindre les cheveux pour être président ? » On craignait un peu sa réaction. Allait-il s'empourprer devant la médiocrité du questionnement, se draper dans sa si précieuse vie privée ? Sa réponse nous a surpris, à tout point de vue.

Hilare, il nous lance : « Alors là, le coiffeur devrait en témoigner, je ne me suis jamais fait teindre les cheveux. Jamais ! Jamais ! Mon père avait déjà les cheveux comme ça… »

Encore plus inattendu, il nous révèle ceci : « Je l'ai interrogé, le coiffeur, je lui ai dit : "Écoutez, c'est bizarre, vous me baratinez peut-être…" À un moment, je me suis interrogé, je lui ai dit : "Dites-moi ce que vous m'avez mis sur les cheveux !" Mais je n'ai jamais eu de teinture. C'est un mythe, oui, je vais demander une expertise ADN ! »

Redevenu sérieux, il précise : « Cela fait partie des sujets qui me sont totalement indifférents, j'aurais les cheveux blancs, pfff... Et même, on pourrait dire : ça fait plus sage, plus raisonnable, d'avoir les cheveux blancs... Les gens qui se font teindre les cheveux, je ne les blâme pas du tout, ils veulent paraître plus jeunes qu'ils ne le sont. Or, quand on est président, on veut paraître plus vieux qu'on ne l'est, pas plus jeune. Si je devais avoir un calcul, à la limite, ce serait celui-là ! » On lui fait observer que ses cheveux, réfractaires au temps qui passe, sont finalement à son image, celle d'un homme imperméable à tous les événements extérieurs, en apparence du moins. Il préfère s'en amuser : « Avec toute la pluie que j'ai reçue, ma teinture aurait dû fondre ! »

Il se lève. Demain, mardi 26 juillet, il n'en sait évidemment rien, il devra bouleverser encore une fois son agenda pour se rendre à Saint-Étienne-du-Rouvray, au chevet d'une paroisse endeuillée.

Une tuerie en chasse une autre.

On risque une dernière incursion dans sa vie sentimentale. Partira-t-il en vacances avec sa compagne, Julie Gayet ? « Jamais », lâche-t-il, perdant instantanément son sourire. « Mais je ne veux pas avoir à évoquer... à montrer ma vie privée », dit-il, mettant un terme à la discussion.

Minuit approche. L'heure de prendre congé, définitivement. Il nous serre la main chaleureusement, dans la cour, où l'attend sa voiture. Un petit signe de la main par la fenêtre arrière, comme s'il était en campagne électorale, et il s'engouffre dans la nuit.

Étrange personnage, oui. En phase avec son quinquennat, si déroutant.

Formidable sujet d'enquête, surtout.

Sommes-nous parvenus à nos fins, avons-nous résolu l'énigme ?

En fait, nous en sommes désormais convaincus, il n'y a pas un mystère mais un puzzle Hollande, un Rubik's Cube humain aux innombrables facettes, que nous avons tenté d'assembler, ici, chapitre après chapitre. Chaque pièce prise isolément n'a guère de sens, mais une fois toutes réunies, elles dressent, nous semble-t-il, un tableau fort éclairant du personnage – et de son mandat.

Cela étant, même reconstitué, le puzzle Hollande s'apparente encore à un trompe-l'œil. Pas étonnant, il l'a voulu ainsi, c'est son mode de fonctionnement, immuable.

Il est tant de choses à la fois : prévisible et audacieux, timoré et courageux, tortueux et simple, réfléchi et insouciant, sentimental et froid. Un paradoxe à lui tout seul, en apparence du moins. À l'instar de son quinquennat, il échappe en fait à toute analyse simpliste. Si loin de sa caricature, finalement. Pour le cerner, il fallait prendre le temps de l'approcher, l'apprivoiser, de décoder ses pensées et ses actes, au fil des années.

A-t-il été un grand président incompris, ou un petit chef d'État indécis ? Ou alors un dirigeant d'un autre type, un politicien hybride ? Nous pensons qu'après avoir lu ce livre chacun sera en mesure de juger.

Nous-mêmes avons fini par acquérir quelques certitudes, et même nous forger une conviction.

De ce long voyage en Hollandie, au faîte du pouvoir, nous retiendrons principalement l'impuissance. Celle de François Hollande, à la fois personnelle et politique, bien sûr. Mais aussi celle qui colle désormais à sa fonction. Son bilan est généralement présenté au mieux comme médiocre ? Pas sûr qu'un autre, à sa place, aurait fait beaucoup mieux, à dire vrai. Dans cet épilogue, Hollande se charge lui-même de la partie la plus plaisante de son devoir d'inventaire, en rappelant ses réussites. Elles existent, indéniablement. Il oublie même de souligner qu'il a redessiné la France, en créant de nouvelles régions, qu'il a mis fin à ce mal très français, le cumul des mandats, ou lutté énergiquement contre la corruption de nos élus – ce n'est pas le moindre de ses mérites, à nos yeux. Mais, et c'est sûrement son plus grand malheur, avec cet homme-là, tout s'évanouit dans les limbes, ses actes sont comme frappés d'évanescence.

Hollande ou le trou noir.

Reste cette circonstance très atténuante, donc : la liberté d'action d'un chef de l'État français s'est considérablement réduite, ces dernières décennies. « Ce qui est difficile à admettre, c'est que, même si j'ai le pouvoir, je n'ai pas tous les pouvoirs, nous avouait-il dès l'été 2013. S'il n'y a pas de croissance en Europe, mon pouvoir est très limité. Je suis tributaire, comme d'ailleurs tous mes prédécesseurs, de ce qui peut se passer dans le monde et en Europe. »

La marge de manœuvre d'un président de la République reste toutefois appréciable. Or, emmailloté dans sa posture d'homme raisonnable, allergique à la prise de risque comme à la mise en scène de sa propre action, il ne sera pas parvenu à dépasser cette image de technocrate besogneux, confiné dans un rôle de terne administrateur de l'entreprise France, obnubilé par les détails de la gestion quotidienne, quand les Français rêvent d'un leader charismatique, capable de bousculer les événements, d'imaginer pour eux un grand dessein...

D'autant que sa « normalité », revendiquée puis subie, a achevé de désacraliser une fonction présidentielle presque autant – quel paradoxe – que la démesure et les dérèglements sarkozystes.

Souvenez-vous, son modèle, son phare, sa boussole, c'est François Mitterrand. Hollande y a fait si souvent référence, lors de nos entretiens. Il lui ressemble si peu, pourtant...

Son prédécesseur socialiste avait su porter une rose au Panthéon, supprimer la peine de mort, construire l'opéra Bastille, la Grande Bibliothèque ou la pyramide du Louvre, voyager dans Sarajevo en guerre, prendre la main de Helmut Kohl, inventer la fête de la Musique, et même finir par se faire affectueusement surnommer

« Tonton »… Tant d'images fortes, de moments marquants.

Et qu'importent, pour les Français, les écoutes illégales de l'Élysée, les financements politiques occultes, le scandale du *Rainbow Warrior*, le sang contaminé, les errances au Rwanda, les amitiés coupables, les trahisons de tous ordres, les manœuvres politiciennes, le cynisme érigé en mode de gouvernance…

Un grand président parvient à faire oublier ses erreurs, pardonner ses fautes, gommer ses béances. Il imprègne la mémoire collective, acquiert une dimension mythique. S'inscrit dans l'Histoire.

Mais François Hollande lui-même a-t-il jamais imaginé frapper les esprits, marquer les mémoires ? Il aura peut-être un destin à la Gerhard Schröder, l'ex-chancelier (1998-2005) social-démocrate allemand loué sur le tard pour ses réformes économiques. Et cela pourrait bien lui suffire.

En réalité, l'ancien premier secrétaire du Parti socialiste n'a pas su dépasser sa fonction – ni se dépasser lui-même. Pour cela, il lui aurait fallu prendre de l'envergure, transcender ses limites, se sublimer. S'abandonner. Ce n'est pas dans sa nature. Sans doute n'a-t-il pas l'étoffe dont on fait les héros. Il reste cet homme à la fois beaucoup trop prévisible et totalement insaisissable.

Les ombres chinoises ne laissent pas d'empreinte.

Combien de fois, pourtant, l'a-t-on vu hésiter, au bord d'une fulgurance, prêt à dégainer la bonne phrase au bon moment, devinant l'attente d'un peuple… Pour retomber ensuite, comme effrayé par ses propres audaces, dans une forme d'atonie, au nom du sérieux, de l'apaisement, de la raison… Cet homme donne le sentiment de se tempérer en permanence, de se contraindre. Et de s'affadir.

Il entendait pourtant réconcilier ses compatriotes avec la politique. Il voulait dépasser les vieux clivages, et même travailler avec François Bayrou. Il ambitionnait d'empêcher les élus condamnés de se représenter. Il rêvait de bouleverser le paradigme de la gauche, de révolutionner le PS, jusqu'à lui imaginer un nouveau nom. Il avait même espéré « réenchanter le rêve français », rien de moins.

Il avait tant d'idées…

Et à l'arrivée, que reste-t-il, que retiendra-t-on ?

La réponse, avec sa part d'injustice, vaut bien… une anaphore.

Lui, président, n'est pas parvenu à enrayer la propagation du poison islamiste, lui, président, n'a pas pu contrôler les soubresauts d'une économie mondialisée, lui, président n'a pas été en mesure d'échapper au voyeurisme ambiant, lui, président, n'a pas été capable d'éviter les crises gouvernementales et les déchirements de la gauche, lui, président, n'a pas réussi à recoller les morceaux d'un pays fracturé, lui, président n'aura pas su se faire aimer, lui, président, n'aura jamais transporté les Français…

Lui, président, n'aura jamais suscité la considération, la crainte, le respect tout simplement.

Certes, lui, président, l'un des plus intègres que la France ait connus, l'un des moins obsédés par le pouvoir et ses attraits, aussi, n'aura sans doute pas été le catastrophique chef d'État si souvent dépeint. Peut-être même l'Histoire rehaussera-t-elle son bilan et le présentera, tout compte fait, comme ayant été, simplement, un président à la hauteur de sa tâche.

Mais cela pèse si peu au final.

De toute façon, l'oracle Mitterrand l'avait prédit : « Je suis le dernier des grands présidents. Après moi, il n'y aura plus que des financiers et des comptables. »

D'un François l'autre.

Avec Hollande, finalement, on en revient toujours à Mitterrand.

Remerciements

À toutes les personnes sans qui cet ambitieux projet n'aurait pu aller à son terme – y compris celles qui ont tout fait pour l'entraver, renforçant d'autant notre motivation ! Outre nos compagnes et enfants, dont l'amour, la patience et le dévouement auront été admirables, toute notre gratitude va à notre éditeur, Manuel Carcassonne, et au-delà, à la merveilleuse équipe de Stock. Un salut amical également à Antoine pour ses conseils précieux.

Ce livre doit aussi beaucoup au soutien manifesté par Jérôme Fenoglio et Luc Bronner, respectivement directeur et directeur des rédactions du *Monde*. Une grande pensée, enfin, pour nos éditorialistes préférés, les Alain Duhamel, Françoise Fressoz et autres Thomas Legrand – liste non exhaustive –, qui nous ont appris à comprendre et aimer la politique.

Table

IV. LES AUTRES

V. LES AFFAIRES

VI. LE MONDE

VII. LA FRANCE

DES MÊMES AUTEURS

Sarko m'a tuer
Stock, 2011

L'homme qui voulut être roi
Stock, 2013

French corruption
Stock, 2013

Sarko s'est tuer
Stock, 2014

La Clef
Révélations sur la fraude fiscale du siècle
Stock, 2015

DE FABRICE LHOMME

Le Procès du Tour
Denoël, 2000

Renaud van Ruymbeke, le juge
Éditions Privé, 2007

Le Contrat
Karachi, l'affaire que Sarkozy voudrait oublier
(avec Fabrice Arfi)
Stock, 2010

L'Affaire Bettencourt
Un scandale d'État
(avec Fabrice Arfi et la rédaction de Mediapart)
Don Quichotte éditions, 2010

RÉALISATION : NORD COMPO A VILLENEUVE-D'ASCQ
IMPRESSION : CPI FRANCE
DÉPÔT LÉGAL : MARS 2017. N° 136099-6 (2036542)
IMPRIMÉ EN FRANCE